# 2023 年全国青年档案学术论坛论文集

中国档案学会 编

中国文史出版社

图书在版编目（CIP）数据

2023 年全国青年档案学术论坛论文集 / 中国档案学会编 . -- 北京 : 中国文史出版社 , 2023.7

ISBN 978-7-5205-4221-0

Ⅰ. ① 2… Ⅱ. ① 中… Ⅲ. ① 档案工作 – 中国 – 文集 Ⅳ. ① G279.2-53

中国国家版本馆 CIP 数据核字（2023）第 136418 号

责任编辑：詹红旗

出版发行：中国文史出版社

社　　　址：北京市海淀区西八里庄 69 号院　　　邮编：100142

电　　　话：010-81136606　　　81136602　　81136603（发行部）

传　　　真：010-81136655

印　　　装：北京中科印刷有限公司

经　　　销：全国新华书店

开　　　本：787 毫米 ×1092 毫米　　　1/16

印　　　张：26

字　　　数：582 千字

版　　　次：2023 年 8 月北京第 1 版

印　　　次：2023 年 8 月第 1 次印刷

定　　　价：76.00 元

# 目录
## Contents

# 论档案学学科派生体系的构建

洪佳惠

上海大学档案馆

**摘　要**：一门学科体系的产生，是人们的主观认知对于客观事物思考的结果。在档案学这里，"逻辑起点"是一个常常被探讨的"发生"。而本文用比较的方法，将档案学发生的起点从抽象的、单向的逻辑体系中抽离出来，置入更为庞驳的、立体的结构中，以"生长起点"替代"逻辑起点"，试图从一个更为多维的、根本的角度，将区别于逻辑体系的档案学"派生体系"构建出来，以适应新时代对档案工作提出的新要求。

**关键词**：逻辑体系；派生体系；起点；福柯

一个学科体系的构成，其起始点就是"发生"。这是认知意义上的"发生"，而非事件的"发生"，也就是说，一门学科体系的产生，是人们的主观认知对于客观事物思考的结果。在档案学这里，"逻辑起点"是一个常常被探讨的"发生"，并已经形成了诸如"档案说""文件归宿说""档案物质实体双重构成说""文件运动说"[1]等基本论点。这些论点皆在逻辑学的范畴中探讨学科的起点问题，尽管逻辑学是一门研究思维方式的基础性学问，但也仅仅是哲学的一个分支，将档案学的起点囿于逻辑学的范畴中未免有所偏狭。进一步来说，将档案学和物理学、数学等抽象学科置于同等讨论地位，从纯粹逻辑的角度来确定其起点，可能会使其"发生"的复杂性丧失。将档案学发生的起点从抽象的、单向的逻辑体系中抽离出来，置入更为庞驳的、立体的结构中，或许能从一个更为多维的、根本的角度，将档案学的派生体系构建出来。本文使用"派生体系"这个表述，即为区别"逻辑体系"而用，以显示这个体系的构建并非逻辑证明的结果，而这个"生长起点"，也并非反向推理而达到。

## 1　档案学学科体系再讨论的实践积累

按照一般的看法，学科是由不断发展和演进的知识体系根据某些共同特征划分而成的，知识体系来自经过运用和验证的知识，知识来自经过思考、归纳、抽象的认识，而认识来自经验的积累和消化。直接来说学科体系来自经验的积累，而经验的积累归根结底来自人类活动，即实践。

尽管中国档案的产生可以追溯到商代的甲骨档案，但是"档案"这个提法的明确却是在清代，而"档案学"这个概念的提出，更是晚近的事：1933 年，国民党在国家机关内部搞起了"行政效率运动"，文书档案工作成为改革重点。1935 年，滕固先生任行政院及所属各部会档案整理处处长，主持文书档案改革工作。滕先生在对机关档案工作进行实地调研的基础上，提出了具体改革方案，并发表了《行政院及所属各部会档案整理处的任务及其初步工作》一文，文中指出，"用科学的方法处理档案，有叫作档案学的学问，在欧洲也是近百年来发达的事"[2]。这也就是说，从档案的产生，到档案成为一门明确的学科，其中经历了近 3000 年的时间，如此漫长的时间经历，似乎足以令档案成为一门独立的学问，但同产生于史前时代的艺术和发端于公元前 400 年左右的文艺批评所经历的时间相比似乎又显得微不足道。当然，以时间来度量一个学科的形成是武断的，毕竟计算机的发明和计算机科学的形成至多经历了几百年的时间。但是，一门学科的形成必须有相对固定的研究对象，这个研究对象的固定可能经历几百年，也可能经历几百万年，这就是"一定阶段"的含义。

在滕固先生的文章中，档案学作为一门独立的学问，似乎已经"积累到一定阶段"，其研究对象也已经相对固定了，即"档案"。而"档案是组织或个人在以往的社会实践活动中直接形成的清晰的、确定的、具有完整记录作用的固化信息"[3]。也就是说档案是一种固化信息。冯惠玲教授对档案的这个定义是到位的，也是彻底的。但在对档案学逻辑起点的探讨中，"档案是一种固化信息"的根本性特点都未得到充分体现。比如"档案说""文件归宿说"和"文件运动说"，三者的基本着眼点皆在"文件"，而未进一步论述文件的实质为"固化的信息载体"，这就让这三种学说在论述电子文件归档问题上显得有些吃力，而"档案物质实体双重构成说"则将"档案实体管理实践"和"档案信息整理实践"看作档案学的逻辑起点，认为"它们是档案形成过程中产生的两种实体物质，在其独立存在的状态下，谁也不能单独地构成档案"[4]，这个论述对于档案与档案产生的实体物质之间的关系似乎有些本末倒置，至少来说，将这两种实体物质作为学科体系的逻辑起点是不彻底的。

事实上，本文认为，逻辑起点对于学科实践和体系的乏力及不彻底性，起因于档案学学科体系的实践还未积累到"一定阶段"。这并非对档案学这个学科的诟病，因为构成学科的知识体系本身就是在不断发展、演进和积累的，学科的起点也由此在一定范围内做着调整。学科实践是造成调整甚至颠覆的主要原因之一，这种调整是必需的，是一个学科体系不断稳固和健全的必经之路。

自古以来，档案具有多种载体形式，我国如甲骨、金文、缣绵、竹简等，国外如羊皮、树叶等。而从造纸术发明以后，纸张一直是档案最主要的载体。纸张对于档案载体的长时间占领，带来的一个直接后果就是将档案与纸画上了等号，无论是在社会大众的眼中，还是在专家研究的视野中，一般称档案总是"纸质档案"。这在无形中将整个学科的思维方式都固定在了"纸质"这一种载体上，无论是哪种逻辑起点的学说，都很难逃脱"纸张"的桎梏。档案学的分支学科如档案管理学、档案保护技术等，也无不建立在"纸质思维"之上。但是，电子文件的出现，对这种建立在"纸质思维"基础上的学科体系提出了挑战。这种情况不仅仅出现在我国，英国国家档案馆馆员露易丝·克莱文在讨论什么是档案，什么是档案工作者时也指出："对档案工作者来说，困难的是他们以纸质档案的思维方式来面对电子文件。"[5]

克莱文认为这是一种困难,而在本文看来,这恰恰给档案学学科体系的构建提供了新的经验。原本在纸质的基础上构建学科体系的问题,转变成为在纸质及电子之共性的基础上构建学科体系的问题。在纸质和电子之间寻找出新的共同点,以此为学科体系的起点,将使得档案学学科体系的根基更为深入,容错性也更强。电子文件给档案学专业积累了新的时间经验,而对其的理论探讨也应同步跟进。克莱文描述了国外的档案学教学现状:"为了适应数字化管理的技术需求,英国的研究生档案课程确实做出了一些改变。但对于档案和档案工作者究竟为何所'是'的问题,在哲学理论层面依旧显得很不协调:大量的精力以压倒性的优势投入了某些特定的技术性课程,而对于数字技术对学科体系带来的冲击却少有讨论。"[6]这种情况在国内档案学专业教育中同样存在,本文认为,对于电子文件的研究应该纳入档案学学科体系中,学科体系与学科实践应是互为补充、相互交叉的。

## 2 生长起点和逻辑起点

本文中引入"生长起点"这个提法,旨在区别于"逻辑起点",这是两个或有交集,但截然不同的起始。

黑格尔对于逻辑起点的论述已经成为共识并被总结成三个规定性:"1. 逻辑起点应是一门学科中最简单、最抽象的概念;2. 逻辑起点应揭示对象的最本质规定,以此作为整个学科体系赖以建立的基础,而理论体系的全部发展都包含在这个胚芽中;3. 逻辑起点应与它所反映的研究对象在历史上的起点相符合。"[7]后又有学者对逻辑起点补充了两点要求,即"1. 应与研究对象保持一致性;2. 应当以'直接存在'形态承担一定的社会关系"[8]。这两点补充对于档案学的"逻辑起点"来说是必要的,尤其是第二点,将档案学的学科理论和实践勾连了起来。

而对于"生长起点"来说,在此使用福柯对"陈述"的表述:"陈述是作为一个最差的、不可分解的、本身可能被孤立并可能同其他与之相似的成分一起进入某种关系游戏中的成分而出现的。陈述是一个没有表面的点,但是我们可以在分配形式和集合的特殊形式中测定它。陈述是在它充当构成成分的某个组织表层上出现的颗粒。"[9]"生长起点"应是一种陈述。依据福柯对陈述的描述,我们大致上也能对"生长起点"归纳出几个要点:第一,生长起点是该学科中不可分解的最小单位;第二,生长起点仅仅是一个位于关系中的点;第三,生长起点位于其中的关系是一个集合,而非一个平面。

对以上两段文字进行比较,就会发现,"生长起点"和"逻辑起点"的差异在于:首先,生长起点是最小的单位,而逻辑起点是最抽象的概念,这两个看似都是相关于学科本质的描述,却有着本质的不同,即逻辑起点是某一学科从实践中抽象出来的概念,而生长起点则与实践和抽象都无关,它仅仅是最小的,在实践学科中可以是实践的,在抽象学科中可以是抽象的,在档案学这类实践与抽象并重的学科也可以是两者兼备的。其次,逻辑起点是学科整个理论体系的胚芽,而生长起点仅仅是一个点,这也就是说学科的逻辑体系全部包含于逻辑起点之中,逻辑起点是"基石",必须是确定的,一旦基石有所动摇，整个体系都会谬以千里；而生长起点仅仅是一个点，由生长起点派生出来的体系本身也是一种陈述，而"陈述的范围不是一个被丰富的时间分割的无生气的平面的整体，而是一个自始至终活跃的范围"[10]，这就有些类似于时下流行的思维导图的绘制，每一个点都直接或者间接与其他点发生关系，每一个点都可以随时调整为其他点的子节点或者父节点。最后，逻辑起点位于学科体系的基石位置，而生长起点则可能是若干个派生体系的交汇点。一个学科的逻辑起点或许同另一个学科的逻辑起点有关联性，但这两个逻辑起点必定是位于同一层级的，逻辑起点之间的相互联系至多存在历时性和共时性两个维度；而生长起点则是一个立体网状结构中的一点，由于没有绝对平面和绝对直线的存在，生长起点与其他无数个点都会存在着关联。本文所说的"或有交集"也正是这个含义，即逻辑起点之间的相互联系，恰好与生长起点之间的联系重合。

## 3 逻辑起点—逻辑体系和生长点—派生体系

由此，以逻辑起点为基石构建起来的学科逻辑体系与以生长点为起始派生出来的学科派生体系也呈现出全然不同的面貌。

首先，逻辑体系是以逻辑起点为中心的，而派生体系则是去中心的。在逻辑体系中，逻辑起点有着极为重要的位置，如一般所认为的，逻辑起点是从具体实践到抽象理论的连接点，恰好位于实践与理论的中心位置，如此，逻辑起点既成为实践高度抽象的内核，又成为理论体系构建的基石，是从实践到理论的关键，一旦这个中心的地位被动摇，整个学科都将岌岌可危。而在派生体系中，没有任何一个点处于如此重要的地位，任何一个点都只有在这个派生体系中才能够获得测定，这也就是派生体系去中心的含义之所在。

其次，逻辑体系预设整个学科存在逻辑关系，尤其是因果关系，而派生体系则更擅长展现其中看似无关的点之间的联系，即"断裂"。逻辑在构建这个看似固若金汤的体系的同时，将众多看似无关的事物剔除，比如"电子文件归档"在现行的档案学框架下就显得有些举步维艰。而派生体系则更多地考虑另一类问题：以什么样的关系形式可以令实践中积累的各种新经验获得更为合乎情理的描述，即便这些新经验与既有的学科体系存在天差地别的差异。

再次，逻辑体系尽可能地强调集中和同一，而派生体系则致力于打开更为广阔的空间。逻辑抽象的主要途径就是假设存在一种唯一的同一形式，以一种全面的描述（逻辑体系）围绕着中心（逻辑起点）将所有的现象集中为概念、原则乃至理论体系。但以福柯的概念来说，这仅仅是"陈述"的一种，在高度抽象的同时，更多其他"陈述"被迫沉默了。而派生体系则总是试图展现一个扩散的空间，使其他陈述发声。对于档案学这门学科来说，这项工作并非多余的，甚至是必须的，因为档案与"真实"密切相关，"真实"是多样的，体系必须将这种多样性包含进去，而非仅仅停留于对"多样性"的描述上。

最后，逻辑体系的构建依循的是实践—理论—实践的路径，而在派生体系中实践和理论是被同时容纳的。逻辑从实践中抽象出理论，再以理论来指导实践，这就生生将经验和理论一分为二，并造成先有经验，再有理论，理论再回到经验的线性时间假象。事实上，经验和理论是互相纠葛在一起的，而派生体系就不做这方面的区分，在派生体系中，经验和理论可以是两个陈述，也可以是另一派生体系上的同一个陈述。这对档案实践来说至关重要，仍旧以电子文件为例，电子文件这种新经验的产生应该同时包含着理论思考，并将这种理论思考进一步纳入整个学科体系中，而非孤单地游离于学科体系之外，等待着并不适合的原则来指导。

## 4 结论

经过以上论述，本文提出将"信息载体"作为这个派生体系的起始点，这也同冯惠玲教授对档案的定义不谋而合。如前文所言，信息载体这个生长点也并非凭空而来，它是若干个陈述的枝杈的交汇点，其中至少包含信息和载体两个陈述。信息和载体之间的关系可能又包含两方面的情况：第一种情况即有信息载体形式，但没有文字，譬如原始人结绳记事所用的绳，绳是一种信息载体，但信息并非以文字形式记录，在狭义档案门类中，并不存在"结绳档案"这个门类；第二种情况即有信息产生，但没有载体和文字，比如唐人笔记《酉阳杂俎》中记录的狼烟和非洲土著的鼓点，这是人们传递信息的一种原始方式，但无论是狼烟还是鼓点，其中传达的信息在当时并不能以任何形式保存下来，所以也不可能将其视作一种档案门类。只有关于信息载体和文字的陈述被固定和保留下来之后，进一步对构建档案学学科体系才能成为可能。这若干个枝杈交汇形成"信息载体"这个起始点之后，继续向各个方向衍生，又同其他若干个派生体系形成交汇点，这些交汇点可能属于档案学科，也可能暂时并不属于档案学科。以档案学与相关的博物学举例来说，两者的交汇点可能就是有形的信息载体，但两个派生体系衍生下去，可能档案学导向的是对真实情状的还原，而博物学导向的是对文化状态的描述，继续衍生下去，对真实情状的还原可能导向考据学，而对文化状态的描述可能导向考古学，但不能否认的是，可能两者又会在其他的陈述分支上形成交叉。

将这个派生体系应用到电子文件归档工作上来，或许这个问题能够获得恰如其分的描述：电子文件归档之所以在现行档案管理体制中举步维艰，是由于以逻辑起点构建的档案学学科体系皆是基于"纸质思维"。也就是说，以逻辑起点构建的档案学学科体系仅仅是以信息载体作为生长点的派生体系中的部分陈述，而电子文件并不属于这个陈述。以档案学的分支学科档案保护技术学为例，纸质文件和电子文件的保护问题应处于相同的级别之上，但又同其他不同的学科发生交叉，这就要求档案保护技术学不能仅将纸质文件的保护放在中心位置，而应将研究视野前移至更为根源性的"信息载体"的保护。这种更大范围的扩纳也加强了派生体系的容错性，为将来更为新颖的信息载体的保存和管理预留了接口。

### 注释及参考文献

［1］张思文，盛梅.2001—2016年我国档案学逻辑起点研究文献计量分析［J］.治淮，2017（10）：42.

［2］滕固.行政院及所属各部会档案整理处的任务及其初步工作（附档案整理处组织条例及办事细则）［J］.行政效率,1935 年 5 月第二卷,第九、十期合刊"档案专号".

［3］冯惠玲,张辑哲.档案学概论［M］.北京：中国人民大学出版社,2001：5.

［4］冯湘君,刘新安.现代档案学理论的逻辑起点——档案物质实体的双重构成［J］.浙江档案,2005（7）：7.

［5］［6］Louise Craven. From the Archivist's Cardigan to the Very Dead Sheep：What are Archives? What are Archivists? What do They Do?［M］// LOUISE CRAVEN. What are Archives? Cultural and Theoretical Perspectives：A Reader. UK：Ashgate Publishing Ltd., 2008.

［7］［8］瞿葆奎,郑金洲.教育学逻辑起点：昨天的观点与今天的认识（一）［J］.上海教育科研,1998（3）：29.

［9］［10］米歇尔·福柯.知识考古学［M］.谢强,马月,译.北京：生活·读书·新知三联书店,2003：99,160.

# 档案信息化视域下个人数据隐私保护路径探索

储丽莎[1]　刘维荣[2]

1　南京市中医院
2　江苏省档案馆

**摘　要：** 5G、人工智能、大数据、物联网等信息技术与传统档案的融合形成了档案信息化，成为当下档案发展的主潮流。本文对档案信息化视域下的个人隐私保护进行研究，论述了档案领域涉及的个人数据隐私的主要内容及特点，从立法、公众意识、档案管理、技术等角度分析了档案信息化环境中个人数据隐私保护的实践困境，最后总结了提升保护个人数据隐私的突破路径。

**关键词：** 档案信息化；档案隐私；个人隐私保护

"十四五"时期，档案作为重要信息资源和独特历史文化遗产，价值日益凸显，档案工作对党和国家各项事业的基础性、支撑性作用更加突出，档案事业发展处于重要战略机遇期，同时也面临着严峻挑战[1]。随着5G、人工智能、大数据、物联网等信息技术的蓬勃发展，新一代信息技术与档案事业各项工作深度融合，档案信息化不仅能够促进档案资源共享规模、质量和服务水平、利用效率同步提升，还能够推动档案科技创新，助力档案工作转型升级，实施科技兴档工程。

新修订的《中华人民共和国档案法》第五章"档案信息化建设"，对档案的信息化合法要件、地位和作用、安全管理要求和信息化系统建设等方面做出了明确规定。《"十四五"全国档案事业发展规划》明确要求加大档案管理数字化、智能化水平建设，实现档案数字转型，主动融入数字中国建设，推动档案事业全面纳入国家大数据战略。总之，党和国家的政策、法规和制度都为档案信息网络化工作的开展提供了坚强的后盾和法制保障。

档案海量信息的采集过程中存在大量的个人隐私，信息化的档案也存在个人信息的隐私内容，网络安全管理的复杂性也会造成档案信息安全性的漏洞，若操作不当，不仅对个人隐私造成威胁，也会使公众对档案产生负面影响。因此，在档案信息化的条件下，提升安全保护策略，将个人的隐私安全问题处理好，是非常重要的一步，这对促进档案事业可持续健康发展有着重要意义。

## 1　档案信息化视域下个人数据隐私的内容及特点

《民法典》第一千零三十二条对"隐私"进行了界定："隐私是自然人的私人生活安

宁和不愿为他人知晓的私密空间、私密活动、私密信息。自然人享有隐私权。任何组织或者个人不得以刺探、侵扰、泄露、公开等方式侵害他人的隐私权。"[2] 隐私权是公民对其个人生活秘密和个人生活的自由享有不受他人干涉的权利，它实际上是一种生活的自由权，包括隐私不被窥视、侵入、干扰和非法收集使用的权利。[3] 每个人都希望在私人生活中不被他人窥视和打扰，而随着互联网技术的发展，万物互联、人机交互使个人隐私信息保护面临前所未有的挑战，公民个人信息被泄露、隐私被侵犯的风险大大增加。[4]

### 1.1　档案个人数据隐私的主要内容

#### 1.1.1　档案本身存在的数据隐私

档案是文字、图表、声像等不同形式的真实历史记录，会涉及许多个人隐私的内容，笔者认为含有隐私权的档案主要包括以下几类：（1）个人基本信息情况，如个人姓名、性别、年龄、肖像、电话、邮箱、地址等基本内容、配偶及子女情况、身体健康情况等；（2）党群行政类档案中的职务任免、岗位聘任、奖励和处分、考核等；（3）科研类档案中的科研经费、科研申报、知识产权等；（4）学生类档案中的在校期间个人基本信息、学籍、奖惩助、毕业、学位、就业、体检、心理健康等；（5）外事类档案中的出国（出境）、中外合作交流、外籍人员活动等；（6）会计类档案中的经费预算、凭单凭证、财务报表等；（7）名人档案中涉及个人隐私的日记、自传、通信、实物、贺词、悼词等；（8）口述档案中涉及个人或他人隐私的材料等。

以上类型的档案，内容除了涉及本人或他人基本隐私，还会涉及家庭住址、联系电话、身份证号、家庭成员等更深层次的隐私内容，具有较强的隐私权性质，成为重要保护对象。

#### 1.1.2　档案大数据关联的数据隐私

近年来，随着图神经网络快速的发展，利用大数据进行分析，信息挖掘能力得到了极大的提升，用户个人信息可以被视为图的节点属性，利用先进的图神经网络技术，对隐私数据具有更强的攻击威胁性[5]。用户利用档案网站、公众号、微博等过程中，会留下大量的个人隐私。如注册的相关信息，包括姓名、年龄、电话、微信号、QQ 号、身份证号码、电子信箱、工作单位等，上网过程的 IP 地址、浏览记录等，同意授权后的偏好信息推送、关联的联系人等，聊天信息或交易信息等。通常来说，档案网站拥有者和网络服务运营商都能掌握用户个人信息数据，用户也明知作为网络服务商会留存这些数据信息。[6] 档案大数据的潜力使得用户信息方便被采集、存储、分析和利用，用户信息隐私权容易被严重侵害。

综上，在档案信息化视域下个人数据隐私应包括两部分内容，即档案本身中的个人数据隐私和档案大数据关联的个人数据隐私，两者共同构成了新型档案领域个人数据隐私主要内容。

### 1.2　档案个人数据隐私的主要特点

档案信息化已经成为档案事业发展的驱动力，档案信息化视域下个人隐私较传统档案隐私呈现出新的特点：

个人隐私信息数字化后易识别。馆藏纸质档案实施数字化，数据信息上传至档案管理系统，新形成的个人隐私信息直接以数据的形式进行收集、管理、存储、利用，这些数字化的个人隐私很容易被网站或软件识别、存储和利用，隐私安全同数据安全息息相关。

个人隐私信息侵犯主体较复杂。在档案信息化环境下，大部分用户都是匿名的，没有实名认证，不法分子往往藏在网络背后，很难迅速锁定侵权人，这会造成个人隐私侵犯主体难以确定。隐私数据产生巨大的价值还会使不法者铤而走险、非法收集和渗透，个人隐私数据一旦进入了不法者的数据库，涉及的隐私主体个人就会彻底失去控制权，其受到的伤害往往是不可逆转的。

个人数据隐私保护形势严峻。在电子档案的整个生命周期中参与的人员较多，使电子档案在形成、存储、转递的各个阶段出现隐私数据泄露的风险逐步加大。随着网络技术的发展，对个人数据隐私权的攻击与侵犯可能出现更多的新形式，致使隐私保护呈现复杂性，形势严峻。

## 2 档案信息化视域下个人数据隐私保护的实践困境

在数据成为重要生产因素的时代，信息收集可以无限膨胀，信息的分散则具有不可逆性，对网络个人数据隐私权的侵犯问题逐渐凸显，受到越来越多的关注。个人数据隐私权的侵犯在很大程度上以技术性较强的方式进行，主要有非法收集、非法使用、故意泄露、诈骗恐吓、利用掌握数据扰乱他人生活安宁等形式。网络打破了地域与时间的限制，个人隐私数据一旦发生侵权行为，由于信息传播范围广、流通速度快，就会在很短时间内给权利人造成难以挽回的影响和伤害，带来精神与物质上的损失。当前我国档案信息化视域下个人数据隐私保护存在的主要问题有以下几点。

### 2.1 《档案法》对个人隐私保护提及不多

新修订的《中华人民共和国档案法》是档案工作的根本遵循，是依法治档的根本保障。在《档案法》中涉及有关个人数据隐私保护的内容不多，第四章"档案的利用与公布"规定"利用档案涉及知识产权、个人信息的，应当遵守有关法律、行政法规的规定。不得损害国家安全和利益，不得侵犯他人的合法权益"[7]。第六章"监督检查"规定"档案主管部门及其工作人员不得泄露履职过程中知悉的国家秘密、商业秘密或者个人隐私"[8]。虽然《档案法》对档案范围内个人信息的保护具有法律约束力做了一般陈述，但是提及个人隐私如何保护的内容很少，且对个人隐私权被侵犯后的惩罚措施未明确，缺乏可操作性。

### 2.2 档案网站过度挖掘用户关联数据

档案网站广泛应用数据挖掘技术，可以更好地了解用户的兴趣与爱好，通过大数据分析预测出用户感兴趣的内容，向用户进行智能化推送。这样做一方面可以提升用户的体验感，吸引更多用户关注档案网站内容，另一方面可以使档案部门通过统计分析，得出在某个时间段用户关注的热点内容，促使档案的编研开发更加具有针对性和时代性。但如果对用户信息进行过度挖掘，将侵犯用户的隐私权，一旦用户信息泄露，将会导致用户账号和关联的其他账号信息有被盗取的风险。

### 2.3 个人数据隐私被泄露后维权艰难

档案需求用户需要填写相关信息内容进行网站注册，往往需要微信号或 QQ 号等授权，存在个人信息被泄露的风险。一旦泄露，用户进行维权也比较困难。就算了解了泄露渠道，证明信息泄露还需要专业的网络知识技能，而一般的用户不具备这些专业知识，举证还需要耗费大量的时间和精力。根据我国《刑法》《刑事诉讼法》规定，启动控诉的前提是个体法益受到侵害并产生严重的后果。在个人数据泄露的情况下，容易产生侮辱罪、诽谤罪、暴力干涉婚姻自由罪、虐待罪和侵占罪等，但是很多用户不知道采用何种方式维权。这些都是用户很少采取追责措施的重要原因。

### 2.4 档案管理人员疏忽导致隐私泄露

档案管理人员作为档案信息管理的主体，其专业素养的高低直接决定着档案信息的安全性[9]。档案管理人员专业知识素养和专业技能的欠缺、保密意识疏忽、操作不当等因素，导致包含个人隐私内容的档案被他人获取的情况时常发生，侵犯了档案当事人的隐私权，无论事后如何处理也弥补不了其所遭受的伤害。各级档案馆推动档案数字化进程中，数字化服务外包存在的风险与日俱增，由于数字化加工流程和操作环节以及涉及的人员多，无形之中也增加了档案信息安全风险系数。

### 2.5 网络技术安全问题导致隐私泄露

目前，档案信息化建设的主要途径之一是兴建档案网站，通过档案网站发布档案信息，开展档案信息建设工作[10]。各级档案馆的档案管理信息系统软件主要包括自我开发，外包或共同开发，购买商业性通用型软件三种形式，有的是利用服务器存储档案信息资源，有的是云存储，基于数字档案信息资源对各种供应商的高度依赖，虽然提升了可用性和可靠性服务的要求，但是也带来极其复杂的安全风险，陡然增加了风险的难以预测性[11]。不法分子或黑客对档案网站和档案管理系统上存在的漏洞或安全缺陷进行攻击，对档案信息进行窃取、篡改、删除等破坏性操作也时常发生，严重危害了包括个人隐私在内的档案信息的安全性、完整性和有效性。

### 2.6 达到保管期限的开放档案导致隐私泄露

档案开放程度，是一个国家文明进步程度的体现[12]。新《档案法》规定，"县级以上各级档案馆的档案，应当自形成之日起满二十五年向社会开放"[13]。到期开放的档案中，有可能存在涉及个人隐私的文件，若不加以甄别而盲目公开，将会产生不良后果。如处罚性文件公开后会对当事人及其后人带来困扰，若被有心人加以利用，将会给社会增加不安定因素。

## 3 档案信息化视域下个人数据隐私保护的突破路径

### 3.1 对立法保护进行不断完善

隐私权作为人格权的一部分，理应受到国家法律的保护[14]。不断完善档案数据隐私的立法，从本质上来说，是现阶段保护档案隐私权的一种最有效方法，不但能够对当事人的合法权益起到明显的维护作用，还能够给档案事业的发展营造一个良好的发展环境。欧美国家和地区比较重视网络个人隐私权的保护，相继出台了国家层面和地方层面的隐私权保护的法律法规，如美国的《信息自由法》《隐私权法》等；加拿大的《隐私法》《个人信息的保护和电子文件法》等；英国的《数据保护法典》等；欧盟的《欧洲隐私指令》等。法国《档案法》还规定，根据内容的不同和与私生活联系的密切程度，将私人档案的保密期限分别规定为 150 年、120 年、100 年、60 年不等[15]。我国可以借鉴欧美国家的立法经验，以《档案法》为主导，建立健全保护个人隐私类的专门法规或条例，将个人数据保护中的相关内容作为《刑法》和《刑事诉讼法》的前置性法律，对个人隐私进行前置性保护，这样就可以用法律来约束公民的行为，树立保护个人隐私安全的法律屏障。

### 3.2 增强公民个人隐私保护意识和保护技能

只有具备基本的法律素养、保护技能和维权意识，才能有效地避免档案信息隐私发生泄露的危险。普法宣传和法制教育起着至关重要的作用，应对不同职业、不同年龄段的公民关注的隐私问题进行调查分类并开展相关工作，一是开展普法宣传和普法教育，增强公民用法律知识来自我约束与管理、保护个人隐私数据和维权的意识，养成居安思危的自我保护意识。二是开展隐私保护技能的培训，教导如何防止个人数据被盗、如何识别钓鱼网站，使用一些简单易用的个人隐私保护小程序，如 Cookies 软件、文件自动删除工具等，使用户能够主动采取安全措施来保护个人隐私；三是设立奖励机制，对检举揭发他人犯罪的行为进行奖励，群防群控。

### 3.3 建立档案信息化行业个人隐私保护认证机制

本文所指的档案信息化行业主要包括从事档案网站、档案管理信息系统软件、档案APP、档案数字化工程、档案挖掘工程、智慧档案馆、档案服务器存储、档案云存储等开发和建设的相关行业。随着国家大力推动供给侧结构性改革，虽然这些行业结构调整和转型升级取得新进展，但是还存在资源整合度不高，同质化竞争严重，"小、散、乱"等问题，尤其是外部资本进军国内市场，更是加大了档案信息隐私泄露的风险。建立相对应的档案信息化行业个人隐私保护资格认证机制，尤其重要。可以将通过资格认证的档案网站或软件设立专门的隐私保护显示标识，用户不需要进一步调查，可以直观地获取隐私安全方面的保护；同时，可将通过资格认证作为档案部门在选择合作机构时的一项必要资质参考。资格认证要有一定的有效期，有效期内要不定期检查，有效期失效后要重新认证，这对规范档案信息化行业健康发展有着重要意义。

### 3.4 加强对个人数据隐私内容的保护

《民法典》第一千零三十四条规定，"自然人的个人信息受法律保护。个人信息是以电子或者其他方式记录的能够单独或者与其他信息结合识别特定自然人的各种信息，包括自然人的姓名、出生日期、身份证件号码、生物识别信息、住址、电话号码、电子邮箱、健康信息、行踪信息等"[16]。因此，在对档案信息数据进行采集时，应向用户进行隐私声明。隐私声明的主要内容包括：（1）收集个人资料的目的和收集范围；（2）收集资料采用的技术；（3）采取的安全保护措施；（4）注明用户的权利，阅览权、修正权、删除权、诉讼权等；（5）是否与第三方共享以及共享的目的等。若通过档案网站提供利用服务，有必要在网站中将隐私声明告知用户，部分敏感隐私内容须进行脱敏处理。档案部门还要对收集的信息内容进行日常审查，包括对隐私泄露、安全风险、法律责任、知识产权限制等因素进行考虑。

### 3.5 加大研发档案数据隐私保护的技术

随着隐私保护计算技术的落地实践，对其的运用逐渐成为档案信息化发展的趋势。档案隐私数据技术保护模式主要是通过档案安全软件来保证实施的，具有相关提示功能、加密技术、安全保护等级系数等。对于个人隐私保护而言，在数字技术迅速的挖掘能力、强劲的关联性以及高效的计算处理能力下，需要按照数字技术社会的进化规律考虑新的隐私保护技术的研发和应用[17]。加大档案数据隐私保护技术的研发，需要充分考虑档案数据存储安全、档案隐私安全、档案数据访问安全和档案数据共享安全等四个因素。档案部门要打造一体化档案隐私技术保护解决方案，加大资金投入，依托行业或企业技术优势，采用先进的硬件设备，配备安全系数高、稳定性强的系统和软件，力求数据流通与数据安全完美相容，逐步提高档案个人网络信息安全系数。

### 3.6 提升档案工作人员的隐私保护责任和专业技能

新一代信息技术广泛应用，档案工作环境、对象、内容都发生巨变，迫切要求创新档案工作理念和方法，全面加快数字转型和智能升级。传统的档案学科人才培养已经不能满足现在档案事业的实践要求，现代的档案学既是一门科学，更是一门应用技术，培养一批档案学学科交叉专业性复合型人才，才能更好地满足档案行业长足发展的需要[18]。加大档案人员的现代专业知识和专业技能的培训，尤其是加大职业道德教育、隐私保护教育和责任感教育对档案数据隐私保护更加重要。档案人员应保持高度敏感性，遵守利用和隐私两原则，科学准确地鉴定和保护档案隐私信息。

## 4 结语

档案信息化不仅能快捷地满足人民对档案的日益需要，还能对促进整个经济发展发挥重要作用。但现实中档案隐私权的保护却还不尽如人意，我们必须正视档案信息化下个人数据隐私安全存在的各种问题，从国家层面完善档案隐私立法，从社会层面提高公民隐私权意识和加强技能培训，从行业层面建立个人隐私保护认证机制，从技术层面引进先进技术手段，从人员层面提升隐私保护责任和专业技能，为档案信息化工作营造良好的生态环境，进而推动档案管理工作的健康发展。

**注释及参考文献**

［1］国家档案局.中办国办印发《"十四五"全国档案事业发展规划》［EB/OL］.（2021-06-09）.https://www.saac.gov.cn/daj/toutiao/202106/ecca2de5bce44a0eb55c890762868683.shtml.

［2］［16］中华人民共和国民法典［M］.北京：法律出版社，2020.

［3］李群，刘维荣.个人数据保护在欧美［J］.机电兵船档案，2006（2）：4-5.

［4］陈俐.严防档案中个人隐私信息在网上"裸奔"［J］.中国档案，2017（11）：

78-79.

［5］李开阳. 社交网络隐私保护关键技术研究［D］. 成都：电子科技大学，2021.

［6］赵艳红. 大数据监控措施的法律规制研究——以隐私权为中心的探讨［J］. 交大法学，2020（4）：132-148.

［7］［8］［13］国家档案局. 中华人民共和国档案法［EB/OL］.（2020-06-20）. https://www.saac.gov.cn/daj/falv/202006/79ca4f151fde470c996bec0d50601505.shtml.

［9］胡敏捷. 大数据环境下档案信息安全管理的探讨［J］. 信息记录材料，2018( 9 )：166-167.

［10］钱小燕. 浅谈信息化管理背景下档案管理安全问题与措施［J］. 办公室业务，2018（11）：96.

［11］何文丽. 基于云存储的数字档案信息资源安全管理［J］. 城建档案，2021（2）：29-30.

［12］卢维珠. 档案开放与保密及政府信息公开之间的矛盾分析［J］. 浙江档案，2016( 2 )：57.

［14］彭礼堂，饶传平. 网络隐私权的属性：从传统人格权到资讯自决权［J］. 法学评论，2006（1）：57-62.

［15］韩玉梅. 外国现代档案管理教程［M］. 北京：中国人民大学出版社，1995：180-191.

［17］张媛媛. 论数字社会的个人隐私数据保护——基于技术向善的价值导向［J］. 中国特色社会主义研究，2022（1）：52-59.

［18］崔楠. 学科交叉在我国档案学领域的发展研究［J］. 档案天地，2022（8）：28-31，57.

# 集团管控型企业高水平数字档案馆
# 建设的理念遵循与实践模式

## ——以中国三峡集团为例

张壮志　　彭登辉

中国长江三峡集团有限公司档案中心

**摘　要：**本文以中国长江三峡集团有限公司数字档案馆建设项目为例，从目标维、馆藏维、服务维、外包维、安全维、评估维分析数字档案馆建设项目的"六维理念"，从面向集团信息化战略的顶层设计、面向合理有力的组织与技术实施、面向知识服务的数智技术引入、面向提质增效的外包工作管理、面向系统完备的安全体系升级、面向连续追踪的运维驱动机制，总结企业数字档案馆建设工程的"六维面向"实践模式，以期为国内集团管控型企业数字档案馆建设项目总结经验、提供范例和样本。

**关键词：**集团企业；数字档案馆；建设理念；企业档案管理

## 1　引言

经济浪潮下，我国部分企业逐渐做大做强，从单一业务型逐渐走向资本运营型，由单一企业走向规模化经营集团。集团管控型企业规模庞大，职能架构复杂，产生文件较多，其原有档案系统已不能满足实际需求，在数智时代和信息化战略下，迫切需要将原有档案系统升级改造，建立集团数字档案馆，以适应企业发展需要。为加强企业数字档案馆建设工作，促进企业档案管理工作长稳发展，国家档案局于 2017 年 9 月印发《企业数字档案馆（室）建设指南》[1]，并于 2018 年 7 月正式启动企业数字档案馆（室）建设试点工作，确定国家电网有限公司、中国长江三峡集团有限公司（以下简称"三峡集团"）等 35 家单位为试点单位[2]。自被确定为试点单位以来，三峡集团高度重视档案工作，积极开展数字档案馆试点建设，由档案中心牵头，协同数字化管理中心、三峡科技有限公司、主责业务部门通力合作，从组织、人力、资金等多方面予以保障，旨在建设面向未来企业发展和知识服务的数字档案馆，试点工作成果丰富、效益显著。2020 年 6 月，三峡集团数字档案馆建设试点项目通过国家档案局验收。

集团管控型企业在数字档案馆建设过程中，往往忽视组织模式与建设理念一环，容易走进"重技术轻理念"的误区，导致了投入大量人财物和技术的同时没有获得预期成效。而三峡集团取得的成果得益于其在目标规划、组织架构、知识服务、技术外包、安全体系、评估运维六个维度精准发力，摸索出了一套可供国内大型企业借鉴参考的建设理念和实践经验。本文通过分析总结三峡集团数字档案馆建设的"六维理念"经验和"六维面向"模式，为国内集团管控型企业数字档案馆建设总结经验、提供范例和样本。

## 2 六维理念：集团管控型企业高水平数字档案馆建设的理念遵循

### 2.1 目标维：双化靶向，业务驱动

三峡集团坚持双化靶向，以"跨界优化盘活整盘棋，协同优化全周期管理"为价值导向，推动数字档案馆建设项目"跨界化"和"协同化"。"跨界化"指集团档案中心与集团外部多元主体跨界合作，在合作对象、合作方式和合作成果方面呈现多元化，盘活建设项目整盘棋。"协同化"指集团档案中心与集团内部各部门、各单位通力合作、协同办公，旨在落实前端控制要求，优化集团数字档案全周期管理流程，高效实现数字资源建设。三峡集团坚持以业务驱动建设项目，做到有的放矢，急用先行。一方面，摒弃打造传统专业职能中心的旧思路，重新构建三峡集团业务职能新框架，依据新框架制定数字档案馆建设规划与工作机制。另一方面，舍弃"一步走""眉毛胡子一把抓"的旧思路，在数字档案馆建设整体规划和框架下，根据职能部门具体需求和情况对建设内容进行调整，对建设任务进行分解，分步且有重点地实施，将改造工程分为一期和二期，优先重视主要业务部门，优先建设亟须建设领域，设定重点子项目。

### 2.2 馆藏维：藏量控制，边建边收

一是稳定存量、控制增量的原则，即一边处理前期存量档案，一边着手建设现有数字档案资源，按照集团领导"加大力度推进工程项目档案数字化"的指示，坚定不移实施"存量数字化、增量电子化"战略。对于已经形成的历史档案，严格落实档案数字化时间及比例要求，开展档案数据稽核，保持历史档案存量相对稳定；对于正在形成的数字档案，实现主要和核心业务系统电子文件"单套制"归档，保证电子档案增量可控。二是边建边收的理念，即集团档案"收、管、用"和数字档案馆建设两条腿走路，升级改造工程与档案收集工作齐头并进。三峡集团十分重视数字档案馆建设期间的档案收集工作，安排专人负责这期间业务部门的归档工作，同时根据需求在建设期开放电子文件在线归档功能，避免因升级改造期间档案收集不全面、不及时，导致档案实体、信息损坏甚至丢失的后果。

### 2.3 服务维：利用导向，知识服务

三峡集团总结经验，吸取教训，提出以业务部门实际利用需求为导向的集团数字档案馆服务目标。坚持以"围绕中心、服务大局"为宗旨的集团数字档案馆服务理念，坚持以人为本，充分发挥档案人员与用户主观能动性。从档案数据知识化开发挖掘和个性化利用共享两个层面入手，加强微观服务环境管理，以引导档案服务迈上新台阶，提升服务能力的上限。在档案资源知识化开发上练就真功夫、真本事，将知识管理融入档案管理工作常态化运行机制。一方面，在档案知识化的大背景下，对企业档案工作进行重新定位，梳理大数据理念和大档案观，将档案资源作为知识财产看待，加强档案资源体系建设，确保文件材料应收尽收、应归尽归。另一方面，积极推动隐性知识向显性知识

转化，推动档案资源知识化、资产化、集成化，建设面向知识服务的数字档案馆集成平台，打造一流的集团档案知识服务智库，以拓宽档案服务新领域，切实为用户提供知识支撑、工作指导、决策支持。例如，为配合集团公司"双碳目标"和"新能源与长江大保护两翼齐飞"战略，满足拓展发展赛道、培育绿色低碳新增长点对做好档案工作的需要，三峡集团开展已投产电站的档案数据调研，尝试利用档案资源统计分析光伏电站和陆上风电场投产运行情况，强力支撑生产经营并指导后续项目建设。

### 2.4 外包维：技术外包，自我学习

三峡集团采取"内部技术公司指导＋外包机构承接"模式以降低成本、确保项目进度和质量，由档案中心提出需求、三峡科技有限公司进行需求分析与模型构建，而对于项目中一些需耗费大量人力、财力和时间进行攻破的基础性技术问题、疑难技术问题，主要交由外包机构负责。同时也做好与外包公司的沟通和前期准备，做好技术对接和人员对接，做好档案实体与信息安全工作，做好外包成果验收，以推动集团数字档案馆建设项目有序、高效开展。在数字档案馆建设外包过程中，许多大型企业缺乏学习意识和学习动力，过于依赖外包公司，导致数字档案馆及相关项目外包数量愈渐增多，外包预算压力随之增加。而三峡集团在引入外包机构的同时，坚持建设学习型组织，强化自我管理、自我架构、自我建设和自我消化，积极向商业性档案服务公司学习数字档案馆建设理念、建设方法和前沿数智技术，争取在后续项目中逐步降低外包率。

### 2.5 安全维：四项两线，双网共行

三峡集团以"四项保证"为方针指导数字档案馆建设安全工作，保证保管场所安全、保证设备设施安全、保证档案实体安全、保证档案信息安全，从而确保数字档案馆建设过程安全与实施运行安全。档案安全工作要"守住安全底线，不越利益红线"，满足用户多样化档案需求，不能以损害档案实体与信息安全为代价，不能以损害集团各方面利益为代价。三峡集团坚持商密网和外网共行，"双网"是档案部门进行内外权限管理的双重通道，依人、依场合使用，可根据用户具体需求灵活赋予使用权限。双网共行实施的目标是在保证档案资源实体信息安全及集团商业安全前提下，打通商密网和外网数据交互渠道，不同密级资源、不同层级场所、不同层级用户赋予不同范围安全密钥权限，具体需求具体分析，便于用户多样化多层次利用。

### 2.6 评估维：合理验收，自评先行

项目验收方面，三峡集团坚持依法依规验收、科学合理验收的理念，依据国家档案局颁布的《数字档案馆系统测试办法》和《数字档案馆系统测试指标表》严格进行系统验收测试，从基础设施、系统功能、档案资源、保障体系、服务绩效五方面打分评估。以客户档案需求和档案工作状况为导向，全面客观地评价项目现有成果和预期效果。当前，大型企业集团往往委托国家认可的第三方测试机构实施项目评估验收，实际操作中第三方机构由于缺乏对集团客户档案需求和集团档案工作具体情况的了解，做出的评估结果容易有失偏颇。而三峡集团率先引入项目自评机制，通过设置自评系统、建立自评规范、撰写自评报告完成自评工作，对存在问题进行检查，再引入第三方评估机构进行再评价，综合两轮评估结果对建设工程进行更为全面的研判。

## 3　六维面向：集团管控型企业高水平数字档案馆建设的实践模式

### 3.1　面向集团信息化战略的顶层设计

一是坚持思想引领。数字档案馆建设工程紧紧围绕集团信息化目标，将升级改造工程融入信息化发展战略大背景中，落实"业务＋档案"工程，以数字档案工作驱动业务工作，以集团档案信息化建设助推业务工作高质量发展。二是落实双化靶向，外部"跨界化"与内部"协同化"双线推进集团信息化进程。积极与相关政府机关、企事业单位、高校进行技术交流、项目共建、课题申报，联合申请数智专利技术，撰写集团信息化报告。档案中心与业务部门，集团总部与子公司在数字资源建设、电子档案归档、档案数据交互方面协同办公，解决电子数据归档不充分、数据交互困难等问题，整体提高集团档案工作信息化水平。三是协调推进集团数字档案馆系统与业务技术系统深度融合。大力推进集团基建管理系统、智慧水务系统等业务系统电子文件在线归档，积极探索基于 BIM、GIS 系统的工程数字资产成果归档功能，推动档案工作在原创技术"策源地"和绿色产业链"链长"工作中发挥作用和价值。

### 3.2　面向合理有力的组织与技术实施

一方面，有力的组织实施。三峡集团有力组织项目开展，优化领导结构、团队结构、项目程序、项目制度、实施方案。具体来讲，一是建设项目由档案中心和数字化中心牵头，三峡高科负责技术支持，建设一支理念前卫、目光敏锐、技术可靠、成分水准高的项目实施队伍；二是集团总部与分级子公司上下一致，要求子公司对项目流程、制度与方案深入学习贯彻，全集团在"云上三峡"系统共用共试，及时进行意见反馈。另一方面，合理的技术实施。基于容器云平台采用微服务架构设计开发集团数字档案馆系统，依靠"四层结构"搭建技术实施架构。数据持久层完成对象数据与关系数据转换，实现档案数据云存储；业务逻辑层使用算法逻辑制定业务规则脚本，规定策略模式，避免各业务功能模块逻辑混乱；资源服务层负责实现档案资源和用户的日常管理；表现界面层直接为用户提供数据展示与利用（见图1）。

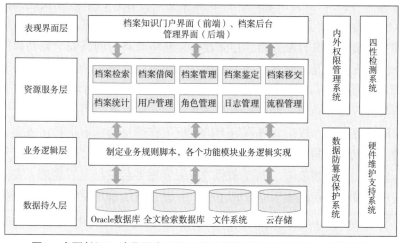

**图1　中国长江三峡集团有限公司数字档案馆建设项目技术实施架构**

### 3.3　面向知识服务的数智技术引入

首先，问函高校、调研同行搭建三峡集团档案知识服务体系雏形框架，通过利用日志、问卷调查、责任人访谈等方式调研公司总部与子公司用户利用数据，汇总业务部门意见，分析用户档案知识需求，形成《三峡集团数字档案知识利用与服务调研报告》。其次，通过引入数据挖掘、人工智能、Oracle 数据库、知识图谱、区块链等新兴技术，对馆藏数字资源进行关联挖掘、智能标引和知识重组，实现档案资源数据化开发，完善档案知识网络体系。再次，建设面向知识服务的三峡集团数字档案馆智慧服务集成平台，既重视客户端界面的美观与优化，又重视用户获取与使用数据的便捷性。最后，落实知识成果的转化、应用、传播和共享，注重用户体验。建设"档案＋用户＋场景"的档案数智化服务方式，通过大数据技术精准分析用户需求，面向用户身份和应用场景实现个性化智能推送；引入百度智能检索技术，实现智能化多模搜索，引入语音搜索、视觉搜索功能，提升用户检索与获取资源的智能化程度，实现检索结果的可视化。

### 3.4　面向提质增效的外包工作管理

其一，做好外包项目管理，确保项目进度。压实外包工作责任，双方进行充分沟通，做好人员对接与分工，明确外包范围和要求；实现项目全方位管理，加强外包流程管理、操作场所管理、设备设施管理、操作人员管理；对外包过程全程监控，及时指出态度不端正等问题，及时纠正操作错误。其二，做好外包质量管理，提升项目质量。在合同中明确规定项目预期效果细则；选择口碑较好的外包公司，选择专业技术能力较强的外包人员；重视外包项目验收程序，严格进行系统验收测试，做好服务质量评价，专人负责后续服务对接；加强理论与技术的自我学习，以驱动项目进展。其三，做好外包风险管理，防范潜在风险。防范法律风险，签订完备的外包合同，规定外包工作细则；防范数据泄露风险，对于一般性的商业数据签订外包保密协议，避免外包公司接触到企业机密信息和核心数据。

### 3.5　面向系统完备的安全体系升级

一方面，升级技术安全系统。集团数字档案馆安全架构由之前的"两大系统"升级为"四大系统"。其中，数据防篡改保护系统主要负责保护档案数据及逻辑算法不受恶意程序侵入或人为破坏，维护档案数据真实性，保持业务算法基本稳定性；硬件维护支持系统对数字档案馆主机、服务器、存储设备、网络设备、网络安全设备提供维护支持服务；内外权限管理系统，通过设计关键接口，使用商密网和外网组成的"双网"打通内外权限管理双重通道；四性检测系统使用 Java 虚拟机工具对业务部门移交到档案中心的电子档案进行四性检测，严格检查文件真实性、完整性、可用性、安全性。另一方面，升级权限管理体系。权限管理规定上，赋权工作严格遵循审批程序备案后赋权。权限管理逻辑上，赋予不同密级的档案资源、保管场所分级权限，赋予不同级别与职权的档案人员、集团用户分级权限，四要素通过权限管理平台进行集成管理。安全管理团队上，成立安全委员会负责档案安全管理工作，并设置系统管理员、信息安全保密员以及安全审计员。协同机制上，数据备份、访问控制、数据恢复方面也都严格执行涉密信息与分级保护要求。

### 3.6 面向连续追踪的运维驱动机制

三峡集团坚持打造信息运维、管理运维、服务运维"三位一体"的企业数字档案馆运维机制。档案数据驱动信息运维，针对档案内容数据、档案管理数据、档案利用数据三方面的数据持续追踪收集，狠抓工程项目建设档案移交和在线归档工作，对档案的收集、整理、套数、内容、质量、移交范围、移交时间等提出明确要求，推进档案数据连续性；技术体系驱动管理运维，"四层结构"与"四大系统"有机协同保障数字档案馆技术体系与安全体系持续高效运维，档案知识门户界面、档案后台管理界面分别在前、后端对接用户；知识服务驱动服务运维，对客户档案知识需求、档案利用数据、历史服务数据连续追踪，在档案数据细粒度开发、知识服务门户建设、知识服务场景打造方面精准发力，全方位加快档案数据互惠共享，有效提升档案知识服务运维能效。

### 注释及参考文献

［1］国家档案局. 国家档案局办公室关于印发《企业数字档案馆（室）建设指南》的通知［EB/OL］.［2022-11-10］.https://www.saac.gov.cn/daj/tzgg/201709/520f7404ff78448f85edc3109bb64e2b.shtml.

［2］福州档案信息网. 全国数字档案馆（室）建设概述［EB/OL］.［2022-11-13］.http://daj.fuzhou.gov.cn/zz/daxw/yjdt/202005/t20200506_3270260.htm.

# 国家治理现代化视域下档案应急管理体系优化

杨 巍

浙江财经大学档案馆

**摘 要：** 应急管理是国家治理现代化的重要组成部分，加强档案应急管理建设是档案现代化治理的重要内容。本文梳理了国内档案应急管理研究现状，基于全流程管理、风险管理和动态管理的理念，构建了由价值目标层、组织体系层、应急处置层、基础支撑层等四个层面组成的档案应急管理体系；提出了强化风险意识、完善档案应急组织体系、加强档案应急预警监测体系、优化档案应急处置体系、健全档案应急评估和监督机制、夯实档案应急基础支撑体系等方面优化的路径，以期进一步完善我国档案应急管理体系建设。

**关键词：** 国家治理现代化；档案应急管理体系；体系优化

## 1 引言

党的十八届三中全会从顶层设计的视角提出国家治理现代化的总目标，国家治理方式逐渐从传统向智能化、高效化、法治化、协同化、精准化方向转变。新形势下，自然灾害频繁发生，社会灾害层出不穷，国际环境云诡波谲，国家安全面临前所未有的挑战和风险，应急管理体系所面临的任务也更加繁杂和紧迫。党的十九届五中全会提出"建设更高水平的平安中国。坚持总体国家安全观，把安全发展贯穿国家发展各领域和全过程"。2022年党的二十大继续强调推进国家治理体系现代化应完善国家应急管理体系，建立大安全应急框架。因此研究应急管理体系对于推动应急管理研究的深入和赋能国家现代化治理都有重要的理论意义和现实意义。

档案现代化治理是国家现代化治理的子体系[1]。档案应急管理是档案现代化治理的重要组成部分，其发展情况直接反映档案现代化治理的水平。2021年6月中共中央办公厅、国务院办公厅印发的《"十四五"全国档案事业发展规划》中明确提出"深入推进档案安全体系建设，档案安全工作机制和应急管理能力明显提升"。2021年1月1日实施的新《档案法》第十九条规定：档案馆以及机关、团体、企业事业单位和其他组织的档案机构应当建立健全档案安全工作机制，加强档案安全风险管理，提高档案安全应急处置能力。研究人员也围绕应急管理内涵界定[2]、应急管理体系的构建[3]、应急管理的问题与对策[4]展开研究，这些显示了档案界在全面推进档案应急管理体系和能力现代化上方面不断做出努力。然而，相比其他方向，面向治理档案应急管理研究仍然处在起步阶段，其概念内涵、框架体系依然没有形成广泛的共识，因此，本文在深度挖掘现有文献的基础上，结合国家治理现代化的内在要求，界定档案应急管理体系的内涵，并构建档案应急管理体系框架，以期为现代化档案应急管理提供一种思路。

## 2 档案应急管理文献回顾

自 20 世纪 90 年代中期以来，随着国家应急管理的不断发展，档案研究人员的关注点也不断变化，从突发事件档案的管理到突发事件档案应急工作机制研究，再到突发事件档案应急管理系统的构建，每一次国家应急管理的变革都推动档案应急管理研究的深入。党的十八届三中全会提出推进国家治理能力和治理体系现代化，档案人员关于突发事件的研究逐渐上升到治理的层面探讨突发事件档案应急管理的内容和档案应急管理体系（详见表 1）。

表1  档案应急管理体系编码分析表

| 作者 | 年份 | 遵循理念 | 研究维度 | 应急体系主要构成 | 研究方法 |
|---|---|---|---|---|---|
| 吴加琪，周林兴 | 2012 | 事件—过程理念全程管理 | 组织维、保障维、技术维 | 决策指挥系统<br>资源保障系统<br>信息管理系统<br>决策辅助系统 | 定性分析法 |
| 张艳欣 | 2015 | 价值—关系理念全程应急管理、协同应急管理与智慧应急管理结合理念 | 突发事件管理维（一案三制）、技术维、保障维 | 应急意识管理"防范力"<br>应急知识管理"智慧力"<br>应急技术管理"硬实力"<br>应急文化管理"软实力"<br>应急差异化管理"抗逆力" | 理论分析法 |
| 向立文，欧阳华 | 2015 | 结构—功能理念顶层设计管理与全程管理结合 | 突发事件管理维（一案三制）、保障维 | 应急组织体系<br>应急预案体系<br>应急响应体系<br>应急保障体系<br>应急法制体系 | 文献研究法 |
| 张艳欣 | 2015 | 事件—过程 | 应急预案体系 | 应急预案修订机制<br>应急预案内容<br>应急预案体系<br>应急预案保障 | 调查分析法 |
| 蒙东东，归吉官 | 2022 | 事件—过程 | 应急保障体系 | 信息资源储备<br>档案集成开发<br>信息联合供给<br>信息持续利用 | 个案研究法 |

### 2.1 档案应急管理的内容

档案应急管理是档案馆为有效预防、控制和处理突发事件而采取的预警、响应、处置与救援、善后处理等系列行为措施[5]。档案应急管理的具体内容包括应急预案管理、应急演练管理、应急组织管理、应急保障管理、应急响应管理与恢复重建[6]。应急预案是档案馆应急管理工作的纲领性文件，向立文[7]指出制定应急预案对于提升档案部门应急能力、维护档案安全，推进档案安全体系建设都有非常重要的意义。张艳欣[8]对我国公布的应急预案详细调查发现，我国档案应急预案体系存在应急预案修订机制缺失、应急预案雷同、应急预案体系失衡、应急预案支撑体系不健全等四个方面的问题。在制定应急预案的基础上，我国多地档案馆开展了诸如数据备份系统、电子文件归档与接收系统、政务服务网归档系统等数字档案系统的应急演练[9]和消防、抗震救灾应急演练。吴加琪[10]构建了应急联动机制具体的思路与对策，指出应急联动体系可以从法规政策、管理模式、支撑系统、信息资源建设、应急演练方面等方面进行加强。

## 2.2 档案应急管理体系

应急管理体系是应对突发事件相关的体制、目标、制度、资源、技术、环境等要素构成的相互关联、相互制约的一个整体[11]。吴加琪、周林兴最先对档案应急管理体系进行了探索性研究，指出档案应急管理体系应包含决策指挥系统、资源保障系统、信息管理系统、决策辅助系统等四个不同功能的子系统[12]，该系统能够实现突发事件事前保障准备、事中应急响应、事后评估优化等功能目标。随后，基于管理的基本要素视角，张艳欣认为档案应急管理体系是由管理维、技术维、资源保障维构成的三维模型，管理维是档案应急管理体制、应急管理机制、应急管理法制和应急管理预案共同构成的"一案三制"[13]；技术维是突发事件应急管理中采用的传统技术和现代信息技术；资源保障维主要包括人、财、物和信息，为应急管理提供支撑。在三维模型的基础上，张艳欣构建了思想上重视应急管理的防范力、利用应急知识管理的智慧力、加强应急技术的硬实力、做好应急文化的软实力与应急差异化管理的抗逆力等管理要素构成的"五力模型"[14]。向立文、欧阳华[15]强调档案应急管理体系应当统筹兼顾组织机构、应急预案、响应处置、资源保障、法律制度等多要素，加强顶层设计，构建全方位、灵活高效应急管理体系。在具体的功能体系方面，蒙东东、归吉官[16]认为档案应急保障体系是包含档案信息资源储备、集成开发、联合供给和持续利用的能力综合体。突发事件一旦发生，档案机构立即做出应急响应，对内按照应急预案启动联防应急机制，对外寻求应急服务[17]。

从以上研究可以看出，档案应急管理机制上涉及应急预案、应急演练、应急保障、应急组织、应急响应等一系列环节，针对档案应急管理机制的研究量多且比较具体，但研究多从突发事件—应急过程的视角，以突发事件为因变量，以应急管理为自变量，提出针对突发事件档案部门应采取的措施。随着国家环境和政策的变化，档案应急管理研究有待于在管理体制上进一步深入和全面。另外，档案应急管理体系从"一案三制"着手整个管理体系的设计和探索，同时，针对实际应急管理活动中存在的问题不断对应急管理体系进行优化。虽然，我国应急管理体系研究已经有了初步的基础，但是档案研究人员对大部制、综合化新环境的档案应急管理体系还鲜有开展讨论。

## 3 档案应急管理体系概念及目前体系下的短板

2018 年 4 月，国家应急管理部正式挂牌，标志着中国特色的应急管理体系进入了以国家总体安全观为导向的新发展阶段[18]。国家应急管理体系的"新"主要体现在应急管理体系和能力在先进科学理念的指导下持续地实现从低级到高级的变革[19]。"以人为本、人民至上"的思想成为新时代应急管理体系建设的指导理念和行动遵循[20]。新时代国家应急管理体系呈现出科学化、协同化、法治化、统筹化、智能化的特点[21]。

### 3.1 档案应急管理体系的内涵

结合新时代国家应急管理体系的特征，结合生态系统的理念，笔者认为，档案应急管理体系是档案主管部门和档案机构在应对档案风险中所遵循的价值理念、制定的应急机制、采用的应急手段、创造的应急环境等各要素构成的有机融合的生态系统。价值理念是档案应急管理体系的导向和目标，档案应急管理体系的总目标是保障人民生命和档案安全；具体目标是防范和化解档案各类风险，高效处置各种档案事故，消除或降低各种档案工作负面影响等。应急机制是指档案应急的组织体系，这是档案应急管理工作的主体，是以档案馆为主，政府、社会、公众等多元主体协同的联防联控系统。应急手段包括档案应急的预防与准备、监测与响应、处置与救援、恢复与重建等全过程管理活动。应急环境是档案应急管理的基础保障，包括档案应急监督与评估、档案应急法律法规、档案应急的人财物等资源、档案应急技术等要素。

### 3.2 当前档案应急管理体系中存在的短板

第一，当前档案应急管理存在法律法规体系（详见表2）不健全、法规实施性不强、应急预案单一且同质化、评估细则缺失[22]等问题。我国档案应急管理法律法规层级上看似完备，但是依然不成体系。档案应急管理工作可依照的档案法律主要是《档案法》第九条、第十二条和第十九条的规定，以及2019年国家档案局发布的行业标准《档案馆应急管理规范》，大部分地方档案主管部门没有根据《档案法》和《档案应急管理规范》制定适合本地的档案应急管理规范和实施细则，导致档案应急法规实施性不强。而在已经制定的档案应急预案中，并没有根据风险灾害的类别进行针对性地制定，而是以一种综合性的预案应对各种突发事件，在实际操作中容易出现失衡现象。突发事件评估是应急处置的重要环节，但是在档案应急法律法规中并没有给出详细的解释和具体的操作方法。地方上的政策文本中，只有甘肃省制定了网络与信息安全应急预案与处置程序，其他省市对档案安全方面做了具体的规范，比如上海市出台了档案备份的办法，天津市和福建省对档案数字化安全明确了管理办法。

第二，档案应急管理意识淡薄[23]。以2021年7月20日郑州暴雨水灾郑大一附院河医院区档案被淹事件为例，暴雨水灾发生前，气象部门已经发出多次预警，但是这并没有引起一附院档案主管领导的重视，没有对档案存在的风险进行排查，没有储备应急物质；档案被水淹掉的过程中，缺乏应急服务意识，没有利用社会力量参与救援档案；在灾后，缺乏专业的档案救援知识和采用先进救援技术和设备的意识，采用曝晒档案的做法，造成档案的二次损害。这整个突发事件中暴露了我国档案工作人员及相关领导应急意识淡薄、应急方式僵化、应急保障薄弱等问题。

表2　档案应急管理法律法规体系

| 层次 | 名称 | 制定主体 | 发布时间 |
|---|---|---|---|
| 法律 | 《中华人民共和国档案法》 | 全国人民代表大会及常务委员会 | 2020-06-20 |
| 部门规章 | 《重大活动和突发事件档案管理办法》 | 国家档案局 | 2020-12-12 |
| 规范性文件 | 《区域性国家重点档案保护中心建设与管理办法》 | 国家档案局 | 2017-10-16 |
| | 《档案行业网络与信息安全信息通报工作规范》 | 国家档案局 | 2017-12-15 |
| | 《关于进一步加强档案安全工作的意见》 | 国家档案局 | 2016-04-26 |
| | 《档案信息系统安全保护基本要求》 | 国家档案局 | 2016-01-04 |
| | 《档案数字化外包安全管理规范》 | 国家档案局 | 2014-12-08 |
| | 《档案信息系统安全等级保护定级工作指南》 | 国家档案局 | 2013-07-10 |
| | 《档案工作突发事件应急处置管理办法》 | 国家档案局、中央档案馆 | 2008-08-27 |
| | 《档案馆安全风险评估指标体系》 | 国家档案局 | 2018 |
| 行业标准 | 《档案馆应急管理规范》（DA/T 84—2019） | 国家档案局 | 2019-12-16 |
| | 《纸质档案抢救与修复规范》（DA/T 64） | 国家档案局 | 2017-08-02 |
| 地方性规范 | 《福建省档案馆消防安全管理规定》《福建省档案馆档案数字化工作安全管理办法》 | 福建省档案馆 | 2021-12-31 |
| | 《云南省档案局切实加强国家综合档案馆档案安全工作的通知》 | 云南省档案局 | 2021-05-28 |
| | 《甘肃省档案馆网络与信息安全应急处置程序》《甘肃省档案馆网络与信息安全应急预案》 | 甘肃省档案局 | 2022-03-05 |
| | 《天津市档案数字化外包安全管理实施细则》 | 天津市档案局 | 2020-12-31 |
| | 《上海市电子档案备份办法》 | 上海市档案局 | 2022-10-19 |

第三，档案应急主体联动性不足。按照国家相应政策和国家档案局制定的规范，大多数档案机构与消防、公安、通信等专业机构一起建立了突发事件应急处置小组，但是小组内各相关主体日常联系和协同演练不多，导致在突发事件发生时，不能及时高效抢救受灾档案；缺少与灾害预警部门的交流，错失突发事件准备时机；缺少与专业技术部门和社会力量的协作，影响救灾效果和灾后档案修复[24]。

第四，档案应急保障不够。一是档案应急管理经费投入少，很少有档案馆将应急管理作为一部分纳入年度预算之中，即使有的档案馆列出了档案应急管理经费，但是经费的使用情况却不够理想。二是档案应急管理专业人才缺乏，档案学专业鲜有开展应急管理课程，而实际工作中的应急演练少，档案工作人员缺少应急的知识储备。三是档案应急物资保障不足，不少档案馆很少开展物资储备工作[25]，馆内设备老化落后，智能管理设备少，应急处理技术传统，在面对突发事件紧急需要物资保障时才发现捉襟见肘。

## 4　面向治理现代化档案应急管理体系的优化路径

面向治理现代化档案应急管理体系的构建应坚持"人民至上"的应急管理理念，全过程坚持党的统一领导，以防为主，以实现档案治理现代化为目标，以提高灾害防范意识和应急能力为核心，以智能化的科技为支撑，以优化顶层设计为抓手[26]，不断完善档案应急组织体系、档案应急预警监测体系、档案应急处置体系、档案应急评估和监督机制、档案应急基础支撑体系等运行机制，构建反应灵敏、责任清晰、全流程管理、与时俱进的档案应急管理体系，该体系分为四个层面：从左到右分别是价值目标层、组织体系层、应急处置层、基础支撑层（详见图1）。整个体系各层级之间是相互递进的关系。价值目标是应急管理应首要思考的问题，理念是先导，是明确为谁管理及要达到的目的和遵循的标准。在确定目标的基础上构建的组织体系层包括应急管理实施主体的组织结构和组织方式，组织体系层是用来实现应急管理价值理念的，处于第二层级；应急处置层是实现应急管理的措施与方法，是整个应急管理的中心环节；基础支撑层处于最后，为应急处置提供支撑保障作用。

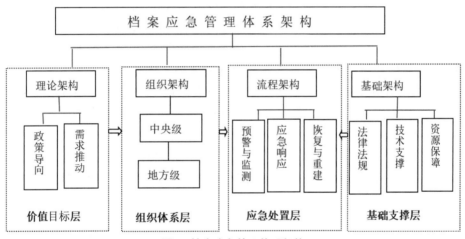

图1　档案应急管理体系架构

### 4.1　价值理念层：强化档案风险意识，树立大风险的综合应急理念

价值目标层包含档案应急政策导向和档案应急工作需求推动。党的二十大报告指出："全面坚持社会主义现代化国家必须增强忧患意识、坚持底线思维，做到居安思危，未雨绸缪。"当前，在建设现代化国家的进程中，各行各业面临的突发事件不确定性显著增强，突发事件的内涵范围不断扩大，不仅包括传统意义上的自然灾害（如地震、火灾）、社会安全事件和巨灾（飓风、洪灾），而且包含新的跨界危机（全球新冠肺炎）。面对突发事件新的不确定性，就需要我们应急管理领导和档案工作人员转变思想观念，坚持以防为主，开展源头治理。一是在日常管理中梳理档案面临的潜在风险，建立风险评估制度，根据实际状况划分风险等级，持续监测风险变化并及时上报档案应急管理领导小组，将风险消灭在源头上；二是应急管理领导和档案工作人员自觉加强灾害防范意识素养建设和应急能力提升建设，制定科学的应急预案，常态化开展档案应急宣教培训，定期开展档案应急演练，切实强化风险意识，提高应急处置能力；三是开展档案应急管理宣传，让公民能够认识到档案和档案应急管理的重要性，在档案突发事件发生时

能够积极参与档案救灾。意识是实践的先导，强化档案风险意识，改变传统观念，筑牢思维底线，才能最大限度地降低档案突发事件的概率及灾害带来的损失。

### 4.2 组织体系层：加强档案管理体制机制建设，完善档案应急组织体系

组织体系层是在党的领导下，由中央应急部门、地方应急部门构成，档案专家、社会机构、公众三方力量共同参与的组织体系。坚持党的集中统一领导这一中国特色的组织优势，从顶层设计上完善档案应急管理组织体系。在横向上，国家档案局和应急相关部门可以设档案应急管理委员会，日常负责制定档案应急管理重大政策，统筹协调档案应急管理体系建设工作，当处理档案应急灾害时可以直接转化为应急指挥总部，代表中央和档案主管部门组织应急处置工作[27]。在纵向上，国家档案主管部门和地方档案主管部门理顺应急权责关系，省市县各层级档案主管部门设立党委统一领导的档案应急指挥中心，在处置档案应急突发事件时，地方档案应急指挥中心根据上级档案主管部门的政策文件，协助各级党委政府应急工作处置小组组织档案应急工作，进而强化地方党委和档案应急主管部门的主体作用与责任。另外，档案应急管理组织也可以允许社会中企业和众力量，形成以政府部门为主体，多元主体参与的网格化体系。

### 4.3 应急处置层：多措并举，优化档案应急处置体系

应急处置层有突发事件事前监测预警、事中应急响应、事后应急评估和监督问责等三个流程（详见图2）。应急预警与监测机制应包括应急预案的制定与完善、档案风险评估标准的制定、档案安全检查及风险等级定级、档案安全备份、档案应急演练、日常风险监测等方面；应急响应机制应由风险评估、预案启动、舆情管理、联防联控、应急服务等方面构成；恢复与重建机制则包括突发事件事后评估、应急管理监督、应急问责等。

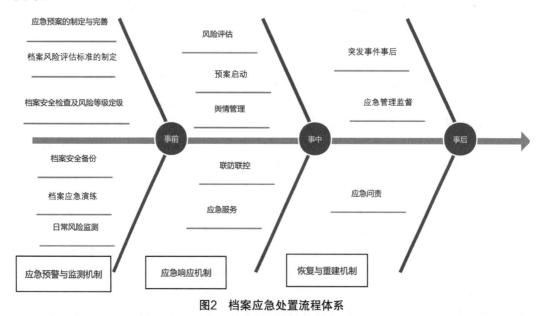

图2　档案应急处置流程体系

### 4.3.1 完善档案风险监测预警机制

一方面，建设档案应急管理系统平台，针对危害档案安全的因素按照时间先后顺序形成报告，公布在应急管理系统平台上。另一方面，设置档案预警监测岗位，明确岗位职责，设立专门人员监测风险，允许专职岗位人员风险直报，使档案风险信息能够及时被领导获悉并响应。依托档案应急管理系统平台上的数据共享和专业"吹哨人"制度，健全舆情监测、预防预警、网络直报的档案风险监测预警管理体系[28]。

### 4.3.2 完善档案应急管理的响应机制

根据档案监测的风险，档案应急工作处置小组应立刻会同相关负责人员和档案专家研判，判定风险级别，启动相应的应急预案，配备合理的应急人员和应急物资，保证应急响应的有序性。组织协调各种应急救援力量抢救档案，明确指出档案突发事件应急响应中社会力量参与的救援流程和救援内容，保证档案救援的合理性。注重利用社会组织提供的应急救援服务，在不浪费资金的基础上，有选择性地购买相应的服务，实现风险处置与救援成本投入的匹配。及时发布档案灾情救援的信息，满足档案相关主体和公众的信息需求，通过及时的舆情引导，最大范围地吸纳群众对档案应急管理的建议和诉求，为档案应急管理和灾后恢复营造和谐的环境。

### 4.3.3 健全档案应急管理恢复与重建机制

一方面，档案应急管理小组应健全档案应急评估机制。首先制定档案应急评估制度和操作规范，定期对档案应急管理政策和制度、档案应急技术、档案应急管理能力进行评估，形成评估报告，供领导决策参考并组织协调改进。档案突发事件发生时，应立即协同应急部门和档案管理专家，研判灾情等级，为救援提供智力支持。在档案灾情发生后，要及时回溯救灾过程中的经验和教训。其次，档案应急评估应由多方力量参与，保证评估的客观性和真实性。档案应急评估应由档案专家力量、社会咨询机构、公众力量等参与[29]，档案专家的评估可以形成专业的评估报告，具有灵活性和机动性，能够在突发事件发生前和发生时发挥参考作用；社会咨询机构的评估可以作为档案专家专业评估的补充，能够在突发事件发生时和发生后对突发事件的深层次问题做出客观的评价；公众力量参与评估则体现在为档案应急处理提供策略上。专家共同体、社会咨询机构和公众力量的参与确保了突发事件评估全过程均衡参与，有助于提升档案应急处置的能力。

另一方面，完善监督问责机制。国家档案局要加强对基层档案机构档案应急管理工作的督察。档案主体所在单位的纪检部门加强对档案应急管理的专项监督，对应急管理各个环节的资源调配、权力使用进行监督，让监督贯穿档案应急管理全过程。健全媒体规范监督机制，保证档案突发事件应急报道的真实性和及时性。纪检和媒体规范利用监督权，提升档案应急处理效率。完善突发事件应急问责机制，要对档案突发事件中实际原因责任人进行问责，同时还应当追根溯源（组织制度、价值观、政策），调查造成档案灾害的相关责任人，重新思考风险来源，减少档案原发性风险[30]。

#### 4.4 基础支撑层：夯实档案应急管理基础支撑系统

基础支撑层包括档案应急管理预案、档案应急管理规范、档案安全管理政策等法律法规体系，同时包括大数据、人工智能、云计算等信息技术和人财物应急保障。（详见图3）

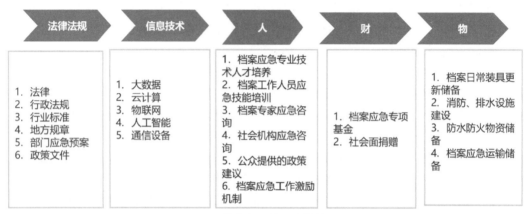

**图3 档案应急基础支撑体系**

##### 4.4.1 优化人力资源，财力与物质资源的支撑

首先，强化应急人力资源保障建设，针对综合性救援人员（消防人员、武警人员），要加强常态化应急救援演练，保证高水平的应急救援能力；针对档案专业技术人员，加强应急技能的培训和学习，把应急能力列入档案专业技能业务培训课程，利用救援演练进行考核，将考核成绩纳入年终考核评价体系中，切实提高档案专业人员的风险意识和突发事件应对能力。完善应急人员激励机制，对在档案突发事件中应急表现突出的人员给予物质或精神上的奖励，提高档案人员和应急救援人员在突发事件处置中的积极性。档案学积极参与应急学科建设，与公共管理与国家安全管理学科联合培养档案应急专门人才，从更高层次上为档案应急管理提供人才支撑。

其次，做好档案应急物质资源储备和调配。凡事从最坏的境况着手准备，做到有备无患。加强档案应急基础设施建设，定期检查水、电、消防、除湿、除虫等基础设施设备，对存在问题的设备和设施及时更换和维修。增加消防器材、铁皮档案柜和移动存储设备的储备，根据实际情况动态调整储备规模。积极利用市场代储模式，制定详细的规范标准来确定代储内容、代储布局[31]，以便发生档案突发应急事件时，第一时间利用储备物资化解风险。

最后，加强档案应急管理财力供给，档案应急主体应当将档案应急管理纳入档案管理财务预算并强化预算执行。建立常态化档案应急管理资金管理制度，确保档案应急管理资金使用的透明化和合理化。建立完善的社会救援捐赠机制，当政府下拨的档案应急处置资金不足时，可以宣传发动档案产业的相关企业进行捐赠。

##### 4.4.2 强化信息技术赋能档案应急管理

信息技术的发展和数字化转型为应急管理工作和应急方式现代化提供了强大支

撑[32]。因此，档案应急管理应围绕预警信息化、指挥信息化、通信信息化、应急装备现代化等主要方向，积极利用大数据、物联网、人工智能等信息技术，建立档案综合指挥应急管理系统、风险智能预警系统、富有韧性的应急通信系统等数字化应急管理系统。数字应急系统的应用实现了跨部门的管理和多主体的协作，档案应急装备现代化也大大减少了突发事件过程中档案的损失，提升了档案部门对突发事件的认识和应急能力。

### 4.4.3 立足档案应急管理制度支撑

一是加强顶层设计，国家档案主管部门要尽快出台新形势下国家层面的档案应急管理制度和实施细则，按照灾害类型制定对应的档案应急处置规范。健全档案风险监测预警、处置、评估、监督等各环节制度体系，使档案法治化建设贯穿档案应急管理全流程。二是修订现有档案应急管理制度，细化档案应急预案的各要素，防止预案之间出现重复，提升预案的可操作性和针对性。三是地方档案主管机构应根据国家档案主管部门制定的法规启动适合当地的规章制度和研究工作。四是各基层档案馆要完善档案安全保管的各项制度，根据国家政策变化定期对档案安全保管的各项制度进行修订，以适应档案应急管理的实际需求。

## 5 结语

面向国家治理现代化，本文基于全流程管理、风险管理和动态管理的理念，构建了我国档案应急管理系统四个层面、三个流程的档案应急管理体系。文章提出面向治理现代化档案应急管理框架，并就建设档案应急管理体系提出了优化路径。笔者将以此为基础，继续深入研究每一个体系层的具体内容。

### 注释及参考文献

[1][21] 张帆, 吴建华. 国家治理现代化视域下档案治理概念体系研究[J]. 档案学研究, 2021（1）: 23-31.

[2] 邱志鹏, 刘永, 吴雁平. 重大突发事件档案应急管理研究[J]. 档案管理, 2021（5）: 65-67.

[3][7] 向立文. 论档案馆应急预案体系的构建[J]. 档案学研究, 2010（3）: 59-62.

[4][8] 张艳欣. 我国档案应急预案体系建设: 问题与优化[J]. 档案学研究, 2015（1）: 53-56.

[5] 国家档案局. 档案馆应急管理规范: DA/T84—2019[S/OL]. （2019-12-16）[2023-01-10]. https://www.saac.gov.cn/daj/dabzk/202005/c866e8f7c49740bc9d966af14f8cec5d.shtml.

[6] 张艳欣, 黄丽华, 张美芳.《档案馆应急管理规范》解读[J]. 中国档案, 2020（9）: 32-33.

[9] 省档案馆电子档案管理处. 省档案馆进行数字档案馆系统应急演练[J]. 浙江

档案，2020（4）：17.

［10］吴加琪. 面向社会突发事件的档案工作应急联动机制研究［J］. 档案与建设，2013（10）：7-10.

［11］钟开斌. 国家应急管理体系：框架构建、演进历程与完善策略［J］. 改革，2020（6）：6-18.

［12］［23］吴加琪，周林兴. 面向社会突发事件的档案部门应急管理体系研究［J］. 中国档案，2012（7）：38-39.

［13］［14］张艳欣. 档案馆应急管理体系研究［J］. 档案学通讯，2015（4）：71-74.

［15］向立文，欧阳华. 档案应急管理体系构建研究［J］. 档案学通讯，2015（6）：64-68.

［16］蒙东东，归吉官. 面向疫情防控的健康档案信息应急保障能力体系建设［J］. 档案与建设，2022（8）：41-44.

［17］吴雁平，梁艳丽，刘永. 基于"新规划"的档案应急处置能力问题与典型案例分析［J］. 档案管理，2022（1）：35-38.

［18］付瑞平. 直面风险挑战加快推进应急管理体系和能力现代化专访清华大学苏世民书院院长、教授、博士生生导师薛澜［J］. 中国应急管理，2021（6）：26-29.

［19］［20］［27］［32］洪毅. 我国应急管理体系和能力现代化的时代意义、着力点和构建路径研究［J］. 中国应急管理科学，2022（1）：1-9.

［22］张丹.《档案馆应急管理规范》（DA/T84—2019）解读［J］. 北京档案，2021（2）：19-23.

［24］曾昊玮. 档案馆自然灾害预防管理研究［D］. 昆明：云南大学，2021.

［25］向立文. 我国档案应急管理工作优化研究［J］. 档案与建设，2021（9）：31-35.

［26］闪淳昌，周玲，秦绪坤，等. 我国应急管理体系的现状、问题及解决路径［J］. 公共管理评论，2020（2）：6-20.

［28］徐龙顺，佘超. 新时代应急管理体系创新：情景变迁、发生逻辑与实践指向［J］. 中国公共政策评论，2021（2）：94-112.

［29］张海波，中国第四代应急管理体系：逻辑与框架［J］. 中国行政管理，2022（4）：112-122.

［30］赵子丽，黄恒学. 新时代国家应急管理治理体系的构建思路［J］. 宏观经济管理，2020（7）：36-44.

［31］李清彬，宋立义，申现杰. 国家应急管理体系建设状况与优化建议［J］. 改革，2021，（8）：12-25.

# 基于区块链技术的档案链架构探究

张佳佳[1]　李筠辉[2]

1　南通市中级人民法院办公室
2　苏州大学文正学院

**摘　要：** Web3.0 时代，区块链技术在全行业显示出极高的价值，其去中心化、不可篡改等特性，有效保证链上数据的可信、可靠。近年来，"区块链＋档案管理"的结合试点开展，但完全的"去中心化"直接颠覆传统档案管理"中心化"的权威性和领导地位，两者结合过于激进。本文利用区块链技术，优化当前"区块链＋档案管理"体系，合理设想"弱中心化"的档案链，提升档案管理的效率，同时保证档案管理的权威。

**关键词：** 区块链；弱中心化；档案链；档案管理

《"十四五"全国档案事业发展规划》提出，基于数字时代背景，档案管理优化是必然发展趋势，推动新一代信息化进展，通过融合数字信息化和现代档案事业中的各项管理工作以进一步提高档案管理数字化、智能化水平，实现现代档案工作不断向数字革新。[1]近年来，在中国的诸多领域，区块链技术都已开展了小范围试行，尤其在金融发展服务管理领域、物联网和物流企业服务贸易领域、公共文化服务领域，另外如数字版权领域、保险领域、工程建设领域、社会环境公益领域等也正逐步布局区块链技术。

## 1　"区块链＋档案管理"引发新堵点

Web3.0 时代的变革不断推进，档案管理领域在引入时下最新的技术和理念，促使档案管理进行革命性升级。传统意义上的档案管理工作主要包括档案接收、档案管理和档案利用，主要是管理档案实体和档案数据并提供相关利用服务。而当前及未来的档案管理工作趋势是由二维管理不断向三维以及多维度管理延伸，让档案管理更为集中、直观、立体、多样，有利于减轻档案主体压力，同时提高档案管理效率。但是，科学技术的发展变革给档案管理工作带来很多不确定因素，不安全、易篡改、易丢失、私密性弱、硬件依赖性强等问题日益突显，也带来诸多弊端，包括存储压力大、技术匹配度低、法律合法性存在质疑、系统维护难度大等，无形中给现阶段档案管理工作增加了新的堵点，让档案主体陷入新一轮思考。

近年来，"区块链＋"的概念逐渐盛行，在档案应用领域，沈阳市档案馆开发"区块链技术在民生档案跨馆利用中的应用研究与实践"项目；南京市建邺区建成基于"一链贯穿电子公文全生命周期"的"区块链+协同办公+档案管理"电子公文单套运行环境；重庆上线全国首个区块链政务服务平台，提升服务效率和群众办事满意度，切实改善企业营商环境；这些都是区块链技术在档案管理方面的深度应用。[2]

笔者以"区块链+档案管理"的结合为切入点，分析"去中心化"对传统档案管理"中心化"权威性和领导地位的颠覆。基于区块链技术，合理优化当前"区块链+档案管理"体系，提出"弱中心化"的档案链设想，以此提升档案管理的效率，确保档案管理的权威，打通档案管理新堵点。

## 2 架构设想：从区块链到档案链

### 2.1 区块链作用原理

区块链技术是一项复杂且综合的现代技术，融合各项技术，包括但不限于加密算法、共识算法、激励机制、P2P网络、分布式系统等，其中不可或缺的为三大技术领域：加密算法、共识算法、驱动机制。加密算法是基础技术组成部分，在链上数据加密、数据完整、工作量证明等方面有重要作用。共识算法是核心技术组成部分，主导规则制定，使区块链中各节点达成一致，造块成链。驱动机制是主要动力来源，通过奖惩措施，促进区块链持续、良性发展。如图1所示，共识算法通过加密算法，在驱动机制的驱动下，持续生成区块，增加区块的数量，共同促进区块链的发展。

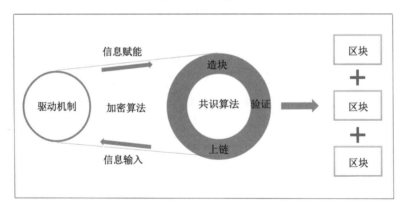

图1 驱动机制、加密算法与共识算法生成区块过程图

### 2.2 区块链分类

按照去中心化程度，区块链有三大不同的类型：公共链、联盟链、私有链。公共链的节点能够自由进出，每个用户就是一个节点，用户可以任意加入或退出公有链，节点用户参与共识管理过程，可以任意读取、访问、参与传送信息，公有链上数据信息是完全公开的，可规避各类安全问题，因此去中心化程度最高。私有链的规则由区块控制者制定，节点由区块控制者确定准入退出及读写权限，共识算法由中心控制者制定，各节点需要通过提交身份认证经个别高级别节点的验证后完成注册才能进入私有链中，具有透明、可追溯的特点，应用于组织内部进行审计及数据管理，因此去中心化程度最低或呈弱中心化。联盟链是个多中心或部分去中心的网络结构，由若干个利益相关的组织

或机构共同参与管理而组成的区块链读取写入权限需要联盟规则来确定，有较严格的节点准入退出机制，节点规模受到限制，共识算法一般使用传统分布式系统一致性解决算法，由此实现部分去中心化。

### 2.3 档案链设想契机

国内传统的档案管理，采用的是"中心＋分布"的模式，即"中心式数据库＋分布式终端管理"；在"区块链＋档案管理"的设想中，采用完全的"去中心化"管理思路，但从"中心"到完全的"去中心化"，意味着将直接颠覆传统的档案管理主体从业人员的认知，直接削弱档案管理部门的权威性，挑战档案管理主体的核心地位，剧烈的变革或将引起强烈的抵触。因此，笔者基于以上原因，介于两者之间，充分结合我国国情与档案管理部门的可接受度与区块链"去中心化"的核心特色，提出"弱中心化"的档案管理思路，即基于区块链技术构建档案链（见图2）。

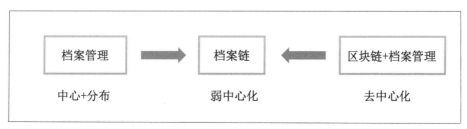

图2　档案链构建设想图

## 3　档案链构建过程

本文基于档案管理角度，以联盟链和私有链为基础构建档案链。

### 3.1 档案链的定义

传统"区块链＋档案管理"的思路往往简单将区块链概念与特征嵌套档案管理，没有深刻融合区块链的真正特性。本文将引入新的定义——档案链，深度剖析区块链技术在档案管理领域的革命性作用。

档案链，即弱中心化的分布式信息数据库。基于性能、安全、监管和管控问题，档案链由档案主体进行构建，基于联盟链和私有链的特性进行组建。[3]档案链由无数区块按照时间顺序组建成链，区块的生成主要包括加密算法、共识算法、驱动机制三大方面。

### 3.2 档案链的作用机理

档案链技术层面主要利用加密算法、共识方法、驱动机制三大技术。[4]

加密算法。哈希函数与非对称加密算法构成加密算法，也是现代密码学中常见的组成。哈希函数能够将随机长度的输入映射为恒定宽度的输出，单向性、防冲击等优点也是哈希函数能够"大显身手"的理由，SHA256、SHA512、RIPEM160为常用的哈希算法。此外，随着密码学的不断发展，质因数分解面临挑战，格（lattice）密码相对哈希函数（hash）具备更加难以破译的优势。档案链在基础的区块链加密方式上，预留相关技术迭代升级的渠道。

非对称加密技术，即同时对公钥与私钥进行加密，即原文经过公钥加密，生成新的密文，而密文又经过唯一的规则进行解密，即通过私钥生成明文。公钥可以公开，原因是唯一的规则不可破解，即私钥无法通过公钥推导得出，故此妥善保存私钥加密就可以保护链上数据不被破解。而利用数字签名，也就是签署主体通过对数据内容进行处理，就能够得到专属的数字串，这段数字串本身也就是对数据的签署主体所发表内容真实性的一种直接证明。通过对信息的数字加密，即利用非对称性加密法则进行加密，该消息内容不宜过长，因此事先就必须通过对明文内容进行哈希计算或采用更为先进的计算方式，以得到被缩短的经过数字签名的秘文。

共识方法。链上各节点就某问题达成一致需要共识算法，这是分布式系统存在分布式一致性问题。分布式系统是档案链的本质，分配记账权限是其核心内容，也是其基础性问题，各节点在此基础上就区块序列达成一致。

驱动机制。基于联盟链和私有链的激励型通证的激励机制作为档案链的驱动机制。激励型通证有多方优势。一方面，能够作为内容管理工具，鼓励各节点的优良行为；另一方面，能够将项目所确认的权益实现有效捆绑，并以此实现区块链技术和现实应用环境之间的更好融合，对档案链进行更有效的控制。激励型通证凭借其高激励的特性，合理进行权力、效益的分配，深度融合应用环境，实现减少交易冲突，达到各方协作的最终目的。

如图3所示，档案数据与区块链二者有机结合共同构成档案链，在档案数据的基础上，深度融合区块链关键技术，通过加密算法、多阶段的哈希值校验与区块链的全过程监管，多链聚合与官方档案管理主体背书，使得档案数据的原生性与元数据完整在档案链上显现为合法、真实、唯一的特性；哈希算法与分布式存储的深度融合，加上区块链的共识算法，一定的社会群体共识在档案链上显现为可靠、安全的特性；通过驱动机制，加上脱机存储、格式转换的优势，档案数据的社会交换价值成为档案链上永久的特性。

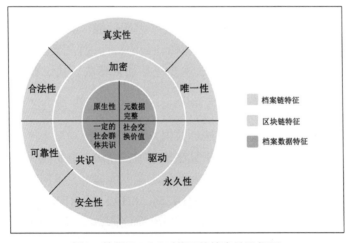

**图3  基于Web3.0时代下的档案链设想图**

### 3.3 档案链的特征

档案链，以合法性为前提，真实性为核心，唯一性为保障，可靠性为要求，安全性为底线，永久性为延伸。

合法性。合法性是档案链的前提和起点。档案管理是一项高度专业化的工作，其权威需要一定组织进行授予。档案链的合法性首先要求档案链存储、内容等过程中的主体、方式等多方面符合相关的法律法规和技术规范，还要确保档案链自身存在的合法合规，这就要求相关法律法规的完善以及政府进行管理组织。[5]

真实性。真实性是档案链的核心与关键。档案链的真实性比档案数据管理的真实性在含义上更加广泛，可以说档案数据管理的可靠、真实、完整三大属性共同指向档案链的真实性。换言之，档案链的真实性包含主观真实和客观真实两重含义。主观真实是指档案链能够客观、确切地反映其所要证实的事物或事实的能力，强调内容可信而非造假，与档案数据的原生性要求趋同。客观真实强调"元数据完整"，指档案链上的内容与其最终形成时的状态保持一致，描述的是档案链自形成后未经修改或破坏的特性，与档案数据的真实性特征相近。

唯一性。在内容唯一性上，档案链要求内容的唯一性且无法修改。相对于档案数据的唯一性来说，首要的是指每份档案数据的内涵、构成、背景信息和元数据等关键要素都不会遗漏或破坏，其次则是指所有与某份档案数据内容存在着有机联系的其他信息内容都是完全真实的。而档案链的唯一性则更注重于微观层次的数据完整性，主要体现为信息内容不被损毁、剪裁或非法更改的状态。

可靠性。可靠性是数字载体对档案链提出的基本要求，即档案链内容能够被查询、搜索、显示和理解的特性，既要满足人们对档案数据的查阅与搜索要求，又要实现档案数据随着系统的改变而移动或变化，并使之在规定期限内处于连续使用的状态。

安全性。安全性是档案链的底线要求。在 Web3.0 时代，数据信息安全是重中之重。档案链的安全性基于区块链的不可更改特性，以其特有的技术保证档案链内容的安全，避免各种非法泄露与侵犯。[6]

永久性。永久性是档案链在互联网时代的拓展和延伸。面对互联网时代各类信息的不断迭代，永久性指向档案链在运行及存储过程中，规避非法删除与意外丢失，避免非法攻击和破坏造成的数据丢失或受损，维护全链能够持续运转的能力。

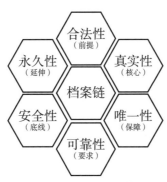

**图4　档案链特征示意图**

## 4　档案链发展因素分析

档案链在架构构建层面上，对于档案管理而言存在诸多优势，主要体现在以下几点。

### 4.1　助推档案数据交互与共享

要实现档案数据交互与共享，首先要打通技术壁垒，将档案数据资源进行整合。档案链在区块链的基础上，给档案数据打造一个集"信任与技术"的生态环境，促使多方达成一致，推动档案数据的提供、共享和利用，保障档案数据的安全性，助推档案数据交互与共享。

### 4.2　依托智能，提高档案管理效率

作为 Web3.0 时代的产物，提升档案管理的智能化是必然趋势。档案链的智能化是指，在实现档案数据格式统一转换的基础上，进一步集中保障存储载体迁移安全，各家档案部门互联互通，在档案链上进行业务处理，减少人为手工核对和校正，从而提高档案管理效率，让档案管理更加智能化、自动化。

### 4.3　档案管理安全性能更强

从实际操作和技术发展来看，区块链非对称加密算法并非绝对安全，区块链技术在档案管理中的技术应用也存在诸多瓶颈，去中心化建设实现存在难度。而档案链基于弱中心化建设，跳出"中心＋分布"模式，降低实现难度，减少档案管理的潜在安全风险，切实保证档案管理数据的安全，在链上进行可靠交换。

### 4.4　减少档案管理成本

档案链技术是档案管理领域的创新设想，可有效减少档案管理成本，管理成本体现在时间成本、人工成本、资源成本等方面。通过利用档案链技术将各类档案资源整合上链，实现各类档案数据集成化管理，可以实时上传和下载所需要的档案数据；基于共识机制组建的档案链，在其建立后，其自带的运行规则和特性可保障高效准确地运行，无需类似当前互联网的多重维护，有效减少档案管理成本。

## 5　档案链阻滞因素分析

档案链作为档案管理新的方向，在未来的发展和推广前景中，其主要制约因素为四个方面：档案主体、档案数据、档案链技术、Web3.0 时代背景。

### 5.1　档案主体：具体分为档案使用者与档案管理者，两者在全过程中动力和能力不足

在档案链全过程中，主体处在绝对主导地位。档案链的主体分为管理主体与使用主体。在弱中心化的档案链中，管理主体即建链的档案部门，使用主体即链上直接使用公众。

对于管理主体——档案部门而言，档案链作为新事物，虽然没有区块链的完全去中心化，但弱化中心即意味着管理部门的核心地位受到冲击，绝对权威性受到挑战；对长期以来的传统管理部门形成的传统管理意识而言，这是认知上颠覆性的改

变，需要重建区块链应用的意识和态度，同时重新学习区块链建设的知识体系，重新分配和协调链上各方档案部门的权力、责任和利益[7]；就目前而言，传统的档案部门内缺乏区块链技术的专业人才，传统管理人员求稳的心理难以改变，链上各部门之间的信任仅局限于"小联盟之内"，链上各部门依然有"绝对的中心"领袖，小范围内的"共识机制"远没有达到档案链最初的设想效果与优势，档案链的建设还停留于表面形式，长此以往，档案链的建设无法深入，会落后于区块链全行业建设的速度。

对于使用主体——公众而言，是否主动参与和使用链上档案数据是核心关键。从传统数据管理升级到新事物档案链的转换过程，是一个相对"痛苦"的过程，实现主动维护档案链、主动进行协同管理，需要公众认可档案链的运行机制和激励机制，也需要及时学习链上使用方法。

### 5.2 档案数据：档案工作本身存在的顽疾难以根治

档案数据是档案生态系统正常运行的根本，是连接管理主体和公众的"鹊桥"。档案链最初的档案原始数据需要人工导入，原始数据在准确性、可靠性、真实性上存在的问题，是档案工作本身存在的"顽疾"，即使档案链具有高度的真实性和可靠性，也无法根治这些问题；同时对于很多高度机密的数据，其本身就无法完全上链，那么是否组建档案链并写入对其影响甚微。

### 5.3 档案链技术：档案链技术自身还有待完善

作为一项新兴的技术，从理论发展到实践验证还有很远的道路。档案链由共识算法、加密算法、驱动机制等多种新型技术共同组成，如何高效组建成功，如何完美运行还存在多方潜在问题。

（1）显性问题。区块链技术目前并未得到国家法律层面的认可，档案链如何在制度的"笼子"里稳定、健康地运行需深入研究；缺乏配套的法律法规，相关技术易被不法分子利用，档案链也如此，一旦链上数据被攻击导致损失，法律援助将难以介入；区块链技术强调不可篡改却非绝对不能篡改，还存在理论上的篡改可能，只是成本与代价更高，攻击者只要掌握链上 51% 算力便可实现档案数据修改和伪造，就档案链的安全性而言，弱中心化的共识机制虽进一步保证链上数据的安全，但理论上仍存在被颠覆共识的风险[8]；不合理的共识机制有可能长期运行，将大大降低共识效率并有可能导致链系统崩溃。

（2）潜在问题。在区块链的应用层面上，除金融领域有相对成熟的应用，其他各领域都缺乏成熟的应用，这将导致档案链在运行的过程中存在一定风险；档案链作为弱中心化建设，仍难以跳出国内档案"中心管理＋分布存储"的旧模式，这一认知问题将长期存在且影响档案链未来发展。

### 5.4 Web3.0 时代背景：Web3.0 时代变革正进行，档案链时代背景尚未成熟

稳定、成熟的时代背景是档案链正常运行的前提和保障，目前档案链受时代制约，Web3.0 时代相对"年幼"——相关行业法律法规、政策制度、行业标准都在建立中。现行所有制度都是基于传统社会体制运行，鲜有或者说暂无对 Web3.0 时代背景下出现

的新事物、新情况、新要求的顶层设计。[9] 即使是区块链应用相对成熟的金融领域，也缺乏现行有效的体系建设，作为新概念的档案链，更无专门的标准指导、技术规范等体系建立，这将导致档案链难以发挥其理论上的高效。

## 6 执行档案链可能性方案

换个角度，转从档案数据共享方面进行分析，以国内当事人、代理人等查询法院诉讼档案为例，全国有 3537 家法院，基本上是每个省份有一套自己的独立法院档案数据管理系统，不同系统之间很难实现诉讼档案数据的共享与交互，而统一全国法院档案管理系统有一定难度，需耗费大量的人力和物力，还需要对档案数据格式进行规范和统一。假设通过档案链技术，在弱中心化的思路下，链上各用户实现数据的自测、传递和管理，即使在全国法院档案数据管理系统不一致的情况下，将单个当事人的诉讼档案查询结果共享在各个档案链中，形成一个共享数据库，即可实现低成本的当事人诉讼档案认证结果的可信任分享，轻松实现全国四级法院诉讼档案共享查询。根据档案内容性质，档案包含文书、照片、诉讼、会计、科技、经济、音像、实物档案等各类类别，在所有的档案中，诉讼档案仅占一小部分，档案链技术可以实现全国诉讼档案共享查询，以此类推，全国各类档案查询亦可通过档案链轻松实现，档案链的设想会让数据多跑路、群众少跑路更有针对性，直接推送数据到群众的"家门口"，全面提高全国范围内档案管理的效率，保障档案数据安全可靠地交互，有效监管档案管理工作全过程，辅助档案管理工作更高效、便携、真实、可靠。

## 7 总结

当前，区块链技术正处在高速发展阶段，科技全方位影响着档案管理工作。本文从切实解决档案交互与共享的角度出发，开创性提出"档案链"设想，基于"区块链＋档案管理"构建起完整的档案链架构模型。档案链技术的应用，对于档案部门而言，将会实现高效的档案管理。档案链作为一个设想概念，在各个层面上处于探索阶段，行业适配度、法律法规、性能、技术水平等未知，各类可能阻碍性因素暂未体现，尤其是合理引进相关技术方以实现设想更需要深层次的思考，对于档案链技术的合理合法合情问题需要继续予以持续关注。

### 注释及参考文献

［1］中华人民共和国国家档案局．"十四五"全国档案事业发展规划［R］.2021-06-08.

［2］聂勇浩，张炘．基于区块链的电子证据保全模式研究——以广州互联网法院为例［J］.档案学研究，2021（5）：28-36.

［3］宋辉宇．应用区块链技术保证档案信息安全［J］.产业与科技论坛，2022（2）：30-32.

［4］耿博耘，闫书明，王超．区块链关键技术综述［J］.信息系统工程，2021（10）：

93-97.

［5］韩新峰. 区块链思维在档案管理系统中的应用［J］.城建档案，2021（12）：95-96.

［6］梁秀波，吴俊涵，赵昱，等. 区块链数据安全管理和隐私保护技术研究综述［J］.浙江大学学报（工学版），2022（1）：1-15.

［7］刘卫铠，杨智勇. 区块链在电子政务服务中的应用研究——基于国内外典型案例分析［J］.档案与建设，2021（5）：20-26.

［8］于欢欢，程慧平. 区块链技术在国内电子档案管理中的应用研究述评［J］.档案与建设，2021（5）：27-33.

［9］钱秀芳，赵小荣. 区块链技术在高校档案工作中的应用研究［J］.档案与建设，2021（11）：59-62.

# 一种针对地质档案数据质量可信度评价的方法

高伟波　　李仲琴

江西省地质局核地质大队

**摘　要：**数据来源质量的可信度管理已经成为当今数据质量管理的重要问题。异构地质大数据来源质量评估作为地质资料信息化管理中的必要过程和基础部分，目前普遍缺乏可细化定量分析地质大数据质量的方法。针对异构地质大数据可信度评估中的这一问题，本文结合地质大数据多维度属性特点，结合时间和熵在数据可信度方面的相互关系，提出了一种针对地质大数据特点的可信度评估模型，阐述了该模型的应用方法，并对地质大数据可信度研究方向进行了展望。

**关键词：**数据可信度；异构地质大数据；评估模型

## 1　数据是促进社会可持续发展重要的组织过程资产

回顾历史，随着社会信息化程度的不断提高，按照数据的要素属性及对现实世界所映射的关系，可以将数据分为三个不同的作用阶段。第一阶段为"信息化时代"，在这一阶段用情报和数据勾勒出现实的轮廓，主要数据的应用方式为单点处理，表现为利用 DPS 和 MIS 等平台初步取代手工或半自动数据处理方式。数据治理等主要内容聚焦于纸质信息化的电子化转录和部分业务等自动化流程处理，数据治理工作相对单一。第二阶段为"网络应用时代"，这一阶段通过对数据的衍生利用和粗粒分析，改变了现实的组成。在这一阶段中，数据以云计算的形式被加以开发利用，借助云计算的特性，数据得以快速传递和汇集，由此衍生出了数据的异构性和高价值附加性等一系列特性。也正是因为这些特性的出现，为数据治理带来了困难和挑战。第三阶段为"数据驱动时代"，这一阶段中，围绕提升数据质量，最大化地挖掘数据价值，释放数据的潜在应用成为重要任务，数据被冠以新的应用形态，数据科学、神经网络等技术驱动了现实社会的发展[1]。

对于大数据，研究机构 Gartner 给出的定义是：需要新处理模式才能具有更强的决策力、洞察发现力和流程优化能力来适应海量、高增长率和多样化的信息资产。学术界对其数据质量和质量标准还没有统一的定义。文献对数据质量的定义各不相同，但有一点是肯定的：数据质量不仅取决于其自身的特征，还取决于使用数据的业务环境，包括业务流程和业务用户。只有符合相关用途并满足要求的数据才能被认为是合格或良好的数据。通常，数据质量标准是从数据生产者的角度制定的。过去，数据消费者要么是直接的数据生产者，要么是间接的数据生产者，从而保证了数据的质量。然而，在大数据时代，随着数据来源的多样化，数据使用者不一定是数据生产者。因此，很难衡量数据质量。图1所示的是通用数据质量框架。

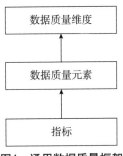

图1 通用数据质量框架

数据成为驱动服务管理和提升决策能力的重要力量，从而数据质量、数据安全、数据管理能力等变得至关重要。当前地质大数据很多都是由地勘单位进行管理，各家单位对于数据的存储方法和存储格式均不一致。如钻孔数据，绝大多数的结构化数据均采用EXCEL、SQL等方式进行存储，空间数据则主要利用ArcGIS、MapGIS、Mapinfo等方式进行管理，对于同一岩性不同单位均采用自有的数据采集和存储方式，由于这些结构化数据、空间数据和非结构化数据之间的存储格式、集成标准都不统一，导致即使是同一组钻孔数据不同单位之间也无法共用，正是因为缺乏针对上述来源数据的质量可信度评估方法，所以加剧了地质大数据在互通互用方面的鸿沟。

## 2 地质大数据质量是评价和影响新地勘工作背景下数字经济发展的关键要素

伴随着信息化的发展，围绕地质数据的相关基础设施和技术体系也在发生变化，与地质大数据治理相关的技术与应用是当前地理信息和地学数字化技术发展的重点。在这个阶段，具有普遍异构属性的地质大数据会经历很多过程，比如被引用，指标计算，从ODS层到集市层等，但是无论是在相关大数据分析还是数据挖掘之后，其结果自然是要保存下来的，所以此时搜集的地质数据仍然要按照标准进行规范的管理，无论是存储结果的表名，还是字段、格式等。此外，在进行进一步数据分析、挖掘的时候，也会有新的数据产生，此时依然需要进行标准化之后再进行统一管理。在这一循环的过程中，会不断地有新的数据质量问题产生，此时需要采用相应的数据清洗工具对异构数据进行统一格式化处理后再保存。

在大数据时代，加强地质数据的治理，需要构建一个适用于国土空间规划、地质档案管理的综合治理体系，在此过程中，需要多方参与，多维共治，推动地质大数据价值充分释放，并借此促进数字经济发展，这是推进国家治理体系和治理能力现代化的重要工作。

### 2.1 地质大数据质量的定义

通用数据质量是有标准定义的，它也同样适用于地质大数据：质量是一组固有特性满足要求的程度，要求是指"明示的""通常隐含的""必须履行的"需求和期望。这里面包含了两层意思，一个是说质量其实是一组特性，另一个是说质量需要满足需求或期望[2]，如图 2 所示。如果从数据分析的角度来说数据质量，就是看当前数据的特性能否满足数据分析或挖掘需求。

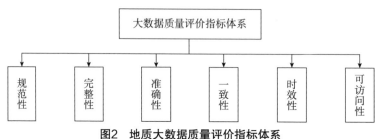

图2　地质大数据质量评价指标体系

### 2.2 地质大数据质量问题的由来

地质大数据质量问题来源于从数据源头到数据存储介质的各个环节。在地质数据采集阶段，数据的真实性、准确性、完整性、时效性都会影响数据质量。除此之外，地质数据的加工、存储过程都有可能涉及对原始数据的修改，从而引发数据的质量问题。所以，技术、流程、管理等多方面的因素都有可能影响到地质数据质量。

在实际应用中，随着地勘单位改革的深入，来自水工环、基建、测绘、生态环境等业务量的增长和延伸，各类数据也发生了增量积累的过程。随着数据类型、数据来源的不断丰富以及数据数量的快速增长，随着档案数字化的推进，地质大数据的管理工作和数据流程面临越来越多的数据质量问题。而且地质数据质量的管理并没有被地勘单位重视起来，其根本原因还是投入与产出效益的倒挂。

地质数据质量管理成本比较高。相比较于通用数据类型，专业的地质数据涉及组织数据标准的制定、规范的落地、生命周期的管理等多个环节以及应用场景和数据的敏感性问题。从经济的角度上来说，对地质大数据开展质量管理对地勘单位的收益影响较为有限，大部分地勘单位不会把地质数据质量作为 KPI。在不同应用场景，地质数据在其关联业务领域的关键指标不一致，例如多种坐标系的换算、物探解析软件的算法、控制点的差异等，导致地质大数据无法共享从而出现数据孤岛[3][4]，大量宝贵的地质数据无法关联，存在明显的数据冗余等问题，并且地质大数据的维护需要投入大量的人员、时间、软硬件成本。所以地质数据的质量管理往往被边缘化甚至趋向于无。

### 2.3 数据质量的评估与审查

美国地质调查局（USGS）在质量管理中对数据质量管理的基本要求是：防止创建有缺陷的数据是确保数据产品和依赖该数据的研究成果符合最终质量要求的最有效方法。从其基本要求中可以得知，数据质量的管理需覆盖数据生命周期的全流程，且数据在采集阶段（创建）的质量保证将对其后续一系列数据场景的应用产生至关重要的影响。

　　数据质量管理是数据生命周期的一个跨领域的组成部分。针对地质大数据异构性的特点，数据管理人员应在全周期内定期进行数据质量评估，以便在某些数据应用之前发现可能存在的错误。此过程无需复杂的操作，可以将其作为对采集的地质数据进行结构化整理的机会，使其满足数据管理、体系目标中对于全面质量管理的要求。

　　开展数据质量评估时要考虑的事项：（1）记录定期数据质量评估的结果。（2）数据管理员要具备相应的技能要求。（3）过程中引用的程序、方法和标准合理。（4）数据标志和质量指标。（5）记录数据值的"不确定性"。

### 2.4　DQAM地质大数据质量评估模型的建立

　　首先，由于地质数据的异构属性较通用数据更为特殊，业内对地质大数据质量并没有一个参考标准或者标准的定义，所以对地质数据质量的形态的理解就会呈现出多样性，而无论是数据评估体系还是数据质量控制体系，都离不开关于数据质量的清晰定义。其次，没有权威性的地质大数据质量标准模型或参考模型。再次，没有系统化的地质大数据质量评估指标，也没有对地质大数据质量评估的指标形成一个量化的标准。所以现在多数对于地质大数据质量的研究都是针对特定领域或特定问题的研究，并不具有普适性，很难推广成为标准化的体系或模型。

　　数据质量评价最早始于对结构化数据的评价，主要是评价存储在关系数据库中的数据，较少考虑数据的内容质量；对异构化、半结构化的地质大数据评价主要是针对原始编录、仪器输出和档案数字化形成的数据资料，除了关注地质大数据的本质属性外，更多关注其内容质量；在地质大数据环境中，数据来源多变，结构迥异，质量评价面临极大的挑战，即使有人工智能的加入，在面对由专业性极强的地质数据构成的背景下，采用现有的质量评价机制也可能造成一定的误差[5]。

　　通过基于通用数据质量在指标性评估体系和地质行业领域多态应用方面的综合评价，同时结合CMMI（能力成熟度模型）和AMM（敏捷成熟度模型）在数据质量评价方面的特点，本文提出了一种称为DQAM（地质大数据质量评估模型，Data Quality Assessment Model）的适用于多态异构的地质大数据质量可靠性验证模型，如图3所示。该模型迭代了CMMI和AMM的基本特点，依然遵循和继承了上述模型的数据评估指标，同时扩展衍生出了适用于地质大数据行业和应用场景的新特点。在DQAM能力域中，需要将评估规则和权重作为两个重要的能力域，直接影响着组织机构的数据质量管理能力。

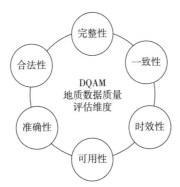

图3　基于DQAM体系的地质大数据质量评估维度

DQAM 模型先通过以 N 种规则为基准的基于权重计算的方式对地质数据的可靠性进行评价，其评价依据来源于时间、采集方式、完整性等多个维度，再对来源于 N 个数据集的质量进行分数计算，最后计算其加权平均值，最终得到基于上述维度的质量评估绝对量化值，计算公式如式（1）所示。用该量化值和期望进行差值比较，可以得出该数据集的质量水平。

$$S_{acc} = \left(1 - \frac{D_q}{C_r \times (C_{al} - C_s)}\right) \times 100\%  \qquad (1)$$

可靠性的评估包括：地质数据分类 $S_q$，采集数据总数 $R_q$、问题数据数 $D_q$、问题数据集数量 $C_q$、缺失数据项 $C$；设 $C_r$ 为所采集的地质数据集的总量，$C_{qd}$ 为初始化定义的数据集个数，可由上述公式求解基于 DQAM 模型的地质大数据的准确性。

## 3 地质大数据质量的评价管理

从数据资产的视角来说，开展地质数据的整理、整合和存储保管工作，对于下一步开展地质数据汇聚质量管理研究，建立数据汇聚质量控制体系具有重要作用，开展数据评价对于地质大数据质量价值提升具有重要作用。

### 3.1 地质大数据采集和应用过程中的工作流质量管理

地质大数据在采集和应用过程中的工作流可以分为以下几部分：数据产生、加工处理、存储、挖掘和应用[6][7]。质量管理的前提是在每一个环节建立质量标准。地质大数据的来源分类包括：业务系统产生的数据（物探解析、电磁大地）、外部系统的数据（航测定绘、DEM）、手动录入的数据（地质报告）等，从这些源头采集数据，然后经过数据通道进行加工处理（ETL，Extract-Transform-Load），数据进入数据仓库或数据集市当中。然后地质专业技术人员、数据科学家、测绘工程师等人员将在诸如中国地调局"地质云 3.0"、阿里云"AIEarth 数知地球"等大数据集合平台根据不同工作目标任务，对数据进行探索和挖掘，这个过程可能发生在数据仓库，也可能是在数据沙箱中进行，最后对数据探索分析挖掘的产出结果，会以数据可视化及具体应用落地的方式发布出来，具体的形式包括：数据报表、数据门户、OLAP、数据产品、数据服务、智能模型等等。

### 3.2 基于完整性的地质大数据质量评估方法

量化评估地质大数据质量的一个重要因素就是对数据的完整性进行校验[8]，校验除了从数据规范和资源类型两方面展开，还需对数据的非空字节进行计算，以衡量地质大数据质量的具体指标。针对非空字节的数据完整性量化方法计算公式如式（2）：

$$Qcomp = \frac{\sum_{i=1}^{N} P(i)}{N} \qquad (2)$$

*Qcomp* 被称为简单完整度，因为公式中的每个字段对于衡量完整性具有等同的意义。但是实际上，随着地质资料数字化的深入铺开，其作为数据源的主要来源越来越普遍，为了实现对地质数据资源的发现、获取和利用，数字化地质资源所属的 URL 链接

完整性、数据库专用格式字段、数据类型等要素在这时就显得至关重要。所以，为了验证上述要素的完整性，就必须对每个字段进行评估，具体的方法是对每个地质数据的属性字段赋予权重，最后统计资源中所含非空字段的量，最终得出数据完整性的量化值。公式（3）如下，其中 $\alpha_i$ 为第 $i$ 个字段的权重[9][10]。

$$Qwcomp = \frac{\sum_{i=1}^{N} \alpha_i \times P(i)}{\sum_{i=1}^{N} \alpha_i} \tag{3}$$

$Qwcomp$ 定义的范围为 [0，1]，即字段中权重不为空时值取 1，反之则取 0。

### 3.3 基于准确度的地质大数据质量评估方法

准确性是指地质大数据中所含内容的正确性和客观性的程度，是针对目标资源描述合理性的量化评估标准。地质大数据质量准确性的测量方法是计算用户从原始数据中获取到的信息与同一个用户从资源本身获取到的信息之间的语义距离。

语义距离的计算是对信息之间关联性的强弱给以定量表述。其定量表述为"概念相关函数"或"语义相关系数"，实际上语义距离的计算就是计算两个包含同样信息的文本在同一空间内相似度向量的关系数，通过计算两个向量之间的距离，从而得出两者间的语义距离，即可得知地质大数据准确度[11]。公式（4）如下。

$$Qaccu = \left( \sum_{i=1}^{n} tfr_i \times ftm_i \right) \div \sqrt{\sum_{i=1}^{n} tfri^2 \times \sum_{i=1}^{n} tfmi^2} \tag{4}$$

其中，$tfr_i$ 和 $tfm_i$ 分别是第 $i$ 个词在被描述资源的文本和原始数据中出现的相对频率，$n$ 为两个文本中不同词汇的总数量。

### 3.4 基于一致性的地质大数据质量评估方法

数据一致性主要是检查数据是否遵循了既定的数据范式和规则。在地质信息化领域，大型空间数据库的主要数据结构均采用 XML，同时 XML 也普遍应用于 WebGIS。作为地质大数据输入的主要格式和语法，尤其是地质大数据资源，诸多关系数据库均采用其作为基础语言构架，XML 既可以共享也可以充分利用数据，在不同平台之间的兼容性也较好。由于计算机系统和数据库系统所存储的数据有多种形式，对于地质专业技术人员来说，在不同的应用系统之间交换数据耗费了大量的时间，而把数据转换为 XML 格式将大大减少交换数据时的复杂性，还可以让这些数据能被不同的应用读取。

利用 XML 解析器，可以对以 XML 格式为基础的地质大数据进行一致性评估，按照评估的规则需对数据的字段和规范进行检测，主要包括必备字段是否存在、空字段、未定义的字段和重复赋值的字段，针对上述情况的检测，可以采用公式（5）进行。

$$Qcons = 1 - \frac{\sum_{i=1}^{N} brokeRule_i}{N} \tag{5}$$

其中，$Qcons$ 为数据的一致性值，$brokeRule_i$ 为记录遵循第 $i$ 条规则的情况，取值范围为 [0，1]，真时为 0，假时为 1，$N$ 为检测时所依据的规范的条数[12]。

### 3.5 基于数据期望值的地质大数据价值评估方法

基于数据期望值的评估是衡量所采集地质大数据是否满足基于特定用户，且满足某个特定功能需求的能力，例如，所采集的钻孔数据需要满足详查工作阶段地质技术人员的数据可视化功能需求。在地质大数据的采集过程中，元数据的基本功能在于"发现、确认、选择和获取"。实现该目标主要依赖于元数据中所包含有能将该元数据记录和数据库中其他元数据记录区别开来的独特信息，例如基于某种同样地质条件下所采集的与其他同类情况下有明显区别的信息，用户也就是基于这些信息来对目标资源进行确认和选择的。元数据记录中这些独特信息量的多少可作为衡量元数据满足用户期望的程度，即在多大程度上帮助用户"发现、确认、获取"目标资源。

衡量数据期望值需要对受控值字段（与或非）信息量进行计算。对于某个受控值字段，它的信息熵 $infoContent$（$cat\ field$）可用公式（6）来计算。其中，$f$（$value$）是 $cat\text{-}field$ 字段取值为 "$value$" 的记录个数除以资源库中记录总数得到的 "$value$" 值在资源库中出现的相对频率。

$$infoContent(cat - field) = -log(f(value)) \tag{6}$$

其中，$N$ 为这条记录受控值字段的个数，$f$（$field_i\text{-}value$）为第 $i$ 个受控值字段的值 $value$ 在资源库的相对频率，计算方式公式（7）所示。

$$Qcinfo = \frac{\sum_{i=1}^{N}\left(-log\left(f(field_i - value)\right)\right)}{N} \tag{7}$$

## 4 其他评价地质大数据质量的量化方式

在实际环境中，评价地质大数据质量还可以从多维度展开，不仅仅局限于上述方法，在必要时，还需要考虑时效性、来源可信度和合法性。

地质大数据的时效性也被称为数据生命周期，其关联着整个数据集其他维度质量，如可用性、一致性、准确性、完整性等，在超前地质预报和气象数据采集等领域中时效性处于核心环节，因此确保数据的时效性对开展地质工作的近—远景预测至关重要。地质大数据的生命周期从数据规划开始，中间是一个包括产生、处理、部署、应用、监控、存档、销毁这几个步骤并不断循环的过程，生命周期越长的数据其质量越高，反之亦然[13]。对地质大数据时效性的计算可以通过比较该数据在生命周期内任意两个时间点内的完整性、准确性和一致性的平均值的变化来得到，首先需要对数据进行预处理[14][15]，其公式如下。

$$G = \sum_{i=1}^{3} Q_1 G_i,\ i = 1,2,3 \tag{8}$$

其中，$G$ 为该数据文件的时效性值，$G_i$ 为结构化数据、半结构化数据和非结构化数据的时效性值，$Q_1$ 为结构化数据、半结构化数据和非结构化数据的权重。在完成预处理后，依据数据类型，可采用公式（9）（10）（11）计算结构化、半结构化、非结构化的数据的时效性值。

$$G_{结构化} = \frac{T_f - T_s}{T_n - T_s} \tag{9}$$

$$G_{半结构化} = \frac{T_f - T_s}{T_n - T_s} \tag{10}$$

$$G_{非结构化} = \frac{T_S - T_R}{T_E - T_R} \tag{11}$$

其中，$T_f$ 表示数据记录的最终时间，$T_s$ 表示数据记录的起始时间，$T_n$ 表示当前时间，为结构化数据的时效性值，取值范围为 [0，1]，$G$ 结构化的值越大，表示结构化数据的时效性越强。

以下是一个利用该公式计算数据有时效性质量的实例：

目标地质大数据源提供了一个 Zip 格式的异构数据压缩包，内含地质编录 XML 文件，钻孔数据 EXCEL 文件，岩芯中段取样图片，Mapgis 点线区等文件大小合计为 1G（1024MB）。该数据包中含结构化数据、半结构化数据和非结构化数据，其中结构化数据 111.5M，半结构化数据 181.36M，非结构化数据 731.14M，其中结构化数据的时间范围可通过 Excel 统计，非结构化数据的时间范围查看文件说明文档可知，其中结构化数据的时间范围是 2017 年 1 月至 2019 年 1 月，利用 R 语言将半结构化数据处理，提取出时间的字段，半结构化数据内容的时间范围是 2017 年 1 月至 2018 年 1 月，非结构化数据的生成时间是 2018 年 4 月，最后一次文件更新时间是 2019 年 4 月，以下通过上述公式对该数据包的时效性进行评分。

$$G_{结构化} = \frac{T_f - T_s}{T_n - T_s} = \frac{2019\text{年}1\text{月} - 2017\text{年}1\text{月}}{2020\text{年}7\text{月} - 2017\text{年}1\text{月}} = \frac{24\text{个月}}{42\text{个月}} = 0.57$$

$$G_{半结构化} = \frac{T_f - T_s}{T_n - T_s} = \frac{2018\text{年}1\text{月} - 2017\text{年}1\text{月}}{2020\text{年}7\text{月} - 2017\text{年}1\text{月}} = \frac{12\text{个月}}{42\text{个月}} = 0$$

$$G_{非结构化} = \frac{T_S - T_R}{T_E - T_R} = \frac{2019\text{年}4\text{月} - 2018\text{年}4\text{月}}{2020\text{年}7\text{月} - 2018\text{年}4\text{月}} = \frac{12\text{个月}}{27\text{个月}} = 0.44$$

这三种数据结构的权重在整个数据源中的占比情况为：

$$Q_{结构化} = \frac{111.55}{1024} = 0.11$$

$$Q_{半结构化} = \frac{181.36}{1024} = 0.18$$

$$Q_{非结构化} = \frac{731.14}{1024} = 0.71$$

利用公式加权求和该数据源的时效性评分为：$G = 0.57 \times 0.11 + 0.29 \times 0.18 + 0.44 \times 0.71 = 0.43$

综上所计算，该地质大数据源的加权评分小于 1，所以时效性质量不高[16]。但需要注意的是地质数据文件的时效性价值评估方面涉及很多因素，需要综合考虑各个因素才能得出数据文件的精确估值。

地质大数据来源可信度通常是以原始数据产生的方式和出处来衡量的。一般情况下，人工方式比自动获取方式产生的数据质量更高。所以，来源也是评价数据质量高低的维度之一，在研究中，在传统数据可信分析理论的基础上，对采集到的地质数据利用 Hadoop 技术进行预处理，提取目标关键属性，通过增加时间因子与惩罚因子等权重参数，计算数据源之间的可信度，动态地构建层次化的基于异构数据来源的地质大数据可信分析方案。数据源的可信度计算公式，即对数据源 A 的可信度的计算方法，如公式（12）所示[17][18]：

$$
Trust(A,t) = \begin{cases} Random()\ or\ 0, t=0 \\ \left[ \alpha \cdot \dfrac{\sum_{data_a \in Data(A)} Trust(data_a,t)}{Sum(Data(A))} + \beta \cdot (\gamma_n \cdot Recommend_n(A,t)) \right] \cdot \lambda(t), other \\ Trust(A,t-1) \cdot \mu(t), \Delta Trust(A,t)=0 \end{cases} \quad (12)
$$

当 t=0 时，可信度的初始值一般是随机数或者 0；当 t 时刻时，若数据源的信任值在 t 与 t-i 时刻的差值是等于，就对其 t-i 时刻的可信度值进行时间惩罚，以作为 t 时刻的数据源可信度值，若数据源的信任值在 t 与 t-i 时刻的差值大于或小于 0，则数据源的可信度为其提供的所有历史数据的可信度期望值与整个可信网络中各层对数据源推荐可信度的综合可信度。但当计算的 t 时刻的可信度值小于 t-i 时刻的可信度值时，那么就需要对其加以系数惩罚。

公式中初始值为一个随机数或 0，表示数据源 A 的信任或非受信状态。$\mu(t)$ 表示在 t 时时间衰减系数，取值范围 $0 \leq \mu(t) \leq 1$。$\lambda(t)$ 表示在 t 时刻时，本模型对数据源可信度的惩罚系数。$\Delta Trust(A,t)$ 表示对于数据源 A 的信任值在 t 与 t-i 时刻的差值。$Recommend_n(A,t)$ 表示在 t 时刻时，每层数据源对目标数据源 A 的推荐可信度，其中它是一个 n*1 的维度向量，第一个元素的值为第一层所有数据源对目标数据源 A 的可信度的期望值，并以此类推，每个向量元素为所对应层次的可信度期望值[19]。一般层数是根据精确度和需求设置的，层数越大，计算量越大相应得到的数据就越准确。

通过数据来源可信度的计算，可与数据本地可信度计算结果相对比，由此动态构建彼此关联的数据可信网络。也可将公式（12）变形为公式（13），并由此得出数据源之间的本地可信度[20]。

$$
LocalTrust_A(B,t) = \begin{cases} Random()\ or\ 0, t=0 \\ LocalTrust_A(B,t-1)\mu(t), \Delta Context(A,B,t)=0 \\ [\alpha \cdot DirTrust(A,B,Context(A,B,t) + \beta \cdot Accept(A,B,t)] \cdot \lambda(t), other \end{cases} \quad (13)
$$

当 t=0 时，可信度的初始值一般是随机数或者 0；当任意 t 时刻时，若数据源之间没有上下文交互，就对其 t-i 时刻的可信度值进行时间惩罚，以作为 t 时刻的本地可信度值，若存在上下文交互时，t 时刻的可信度就由数据源之间直接进行上下文交互的可信度与两个数据源之间的相似度组合而成，但当计算的 t 时刻的可信度值小于 t-i 时刻的可信度值，那么就需要对其加以系数惩罚。当计算本地可信度超过预先规定的阈值时，它们之间就会建立一条有向链路，这样就能逐渐地构建数据可信网络[21][22]。

通过上述方法，地勘单位和终端用户可对地质大数据来源可信度形成较为全面的认识，有利于地质数据的横向流通及应用。另外，在具体的落地实例中还应重点关注相关地质数据的合法性，文中所阐释的"合法性"也可理解为"合理性"，是指各类地质大数据在被创建的形态下，其属性所包含的表单、字符串、取值范围、数据类型，场景则包含数据格式、编码格式、长度和字段类型，上述属性所构成的元素可称为数据矩阵。矩阵应对非法数据提供清晰明确的错误提示，矩阵中数据合法性的计算方法是对矩形的宽度和高度两个字段以单元测试的方式进行字段级数据校验，校验算法代码片段（1）如下：

```
1   * 对数据进行合法性校验
2   function validate（data）{
3   var result = {
4   isOK：false,
5   reason：''};
6   if（data === ''）{
7   result.reason = '不能为空！';
8   return result;
9   describe（'validate（）测试', function（）{
10  it（'科学计数法合法数据', function（）{
11  var result = validate（'3.4e3'）；
12  expect（result.isOK）.to.be.ok；
13  }）；
14  it（'非法数据：非数值字符串', function（）{
15  var result = validate（'abc'）；
16  expect（result.isOK）.not.to.be.ok；
17  }）；
```

## 5　总结

大数据、云计算、物联网等新一代技术方法已在地质档案资料应用领域全面铺开，并形成了一定的规模集群。其中，针对各种条件下的地质监测、评价、预警、预报的技术标准和理论体系也正在逐步完善。当前，全面的评估地质大数据质量既是地质档案信息化治理体系建设中的基础步骤，也是应对迅猛增长、来源多样化的地质数据发展中出现的诸多问题的关键必然选择。构建高质量的地质数据评估体系对于整个"十四五"时期我国地质档案资料向高价值、高效率发展过渡都至关重要。因此，应加大针对异构地质大数据来源质量的可信度的研究工作，力争能够实现多专业、多领域、多类型、多时态地质信息的融合，为我国地质档案数据资料的应用和地质环境的安全做出更突出的贡献。

**注释及参考文献**

［1］张宁，袁勤俭. 数据质量评价述评［J］. 情报理论与实践，2017（10）：135-135.

［2］崔宇红. 机构研究数据管理实践探析：模型、核心服务和优先战略［J］. 情报理论与实践，2017（8）：19-22.

［3］刘如，周京艳，李佳娱，等. 基于数据科学思维的情报事理逻辑揭示与科学解读［J］. 情报理论与实践，2018（8）：22-24.

［4］［10］［11］［12］张晓林. Semantic Web 与基于语义的网络信息检索［J］. 情报学报，2002（4）：413-420.

［5］［6］林爱群. 机构知识库元数据的自动生成与评估研究［J］. 图书馆学研究，2009（7）：21-23.

［7］Xavier Ochoa, Erik Duval. Automatic evaluation of metadata quality in digital repositories［J］. International Journal on Digital Libraries，2009（10）：2-3.

［8］［9］代小东. 图形加工中的语义距离效应［D］. 北京：首都师范大学，2005.

［13］［21］郭承湘，唐忠，石怀明. 融合路径与信息内容的词语语义相似度计算［J］. 广西大学学报（自然科学版），2018（3）：1074-1081.

［14］［16］［17］宋坤芳. 大规模 XML 数据并行处理机制研究［D］. 武汉：华中科技大学，2019.

［15］刘芳，李敏，任洪敏，等. 基于规则库的数据质量评估方法［J］. 计算机系统应用，2017（11）：165-169.

［18］［19］［20］［22］李默涵. 数据时效性的理论和算法研究［D］. 哈尔滨：哈尔滨工业大学，2016.

# 从档案中看新中国支援西部地区高等教育

## ——以新疆大学为例(1949—1965 年)

王梦婕　郭　燕

新疆大学档案馆

**摘　要:** 新疆大学作为新疆首屈一指的高等院校,从 1924 年发展至今,已有近百年悠久的历史。本文通过对新疆大学档案馆馆藏资料的整理与发掘,着眼于新中国成立后党和国家对新疆大学的扶持,通过案例分析,体现党对新疆高等教育的重视,展现国家对发展边远少数民族高等教育从各方面给予的大力支持。新疆大学的成长发展壮大的每一个阶段,都离不开国家的支援。

**关键词:** 档案资料;整理与利用;西部地区;国家支援

## 1　新中国成立初期新疆大学的现实状况

在查阅了 20 世纪 30 年代大量的《人民日报》、张东月等人的手稿回忆录、新疆档案馆和新疆大学档案馆的馆藏档案等史料和文献后,我们逐渐了解到,新中国成立之前的新疆学院,创立初期校舍简陋、资金紧张、师资缺乏、生源稀少,但万事开头难,起步之后逐渐走向正轨。

在张东月老校长的手稿资料中,他是这样描述他初来乍到时学校模样的:当时学校只有红大楼前的校院(没有校园),宽约 80 米,长约 120 米,整个校院也就是 9600 平方米左右。院中有红楼一栋,占用校院面积约 1000 平方米,校院实有面积也就是 8000平方米的空院子。院中连一棵树都不见,甚至连棵草也看不到。坑坑洼洼,高低不平,尘土遍地,乱石累累,就连一条人行道也没有,校院简直像一个戈壁滩。那时又有两所院校拥挤在这里,即红大楼北部为第二师范学校占用(不久二师搬到八户梁),南部及三楼大教室为新疆学院教学用房。新疆学院有 5 个系 10 多个教学班 300 多名学生。红楼除办公室图书室外,供两院校上课,各占一半。土平房除学生食堂外,做院校学生宿舍,各占一半。[1]

查阅了新疆大学校史等资料发现,在这一时期师资队伍严重受损。根据各系科的课程设置,师资力量显得非常薄弱。当时医药系 2 个班学生约 40 名,只有 1 名专职教员,主要靠学校近邻苏联医院医生兼课,医生很忙,经常上不成课;法律系 2 个班学生四五十名，专职教员很少，教学也无法进行。土木工程系学生 200 多名，专职教员 2 名，什么教学制度教学计划均无从谈起。[2]

除此之外，教学物资也匮乏落后。新疆大学档案资料中这样描述：本来就为数不多的教学仪器，经过长期的损耗，已无法应付教学的基本需要。土木建筑系只有一个绘图室，以及水平仪、大平板等少量器材。为土木专业急需的材料实验室和水工实验室，在土木系建系 7 年之后仍然未能建成。专科部的医疗专修科 3 个班（分助理医师组 2 个班和产科组 1 个班）必备的解剖室和分析化学实验室也一直未能建立。土木系的绘图室，连最起码的木器家具也短缺。全院教学仪器的价值，在移交时不到 1 万元。[3] "教学仪器设备总价值不足 1 万元，仅有 1 台破旧车床，1 台破旧显微镜，3 箱海产标本，几百根玻璃试管，桌椅板凳是借用第二师范的。"[4]

此时的新疆学院举步维艰，摇摇欲坠。新疆学院是俞秀松、林基路、杜重远播撒过革命火种的地方，为抗日战争培养过大批有志青年。新中国的人民政府，下定决心，要让新疆学院传承革命传统，为新中国培养合格的建设人才。

## 2 新中国成立之初，国家给予新疆大学的支持

### 2.1 教育发展政策的帮助

党和人民政府从各方面给予新疆学院以亲切的关怀。自新中国成立至 1955 年间，中央从内地各高等院校陆续抽调了许多干部来担任教学和行政工作。解放初期，图书和教学仪器设备是极端缺乏和简陋的，图书馆仅有图书 1 万多册，其中绝大部分又是汉文和外文书籍，少数民族文字的书籍仅占总数的 3%；现在图书馆的藏书量已增加到了 12.6 万多册，各民族文字的书籍也增加了将近 3 万册。仅以显微镜来说，就增添了 76 台。农林和畜牧系附设有专门的实习农场和牧场。新疆学院随着新疆经济和文化建设的发展而不断进步。

据《人民日报》载，根据中共新疆分局和省政府的指示，新疆民族学院的教育方针目前主要是培养中等学校师资与培养农林、畜牧、司法专业干部，为培养经济建设干部打下基础。根据这一方针，将原新疆学院的大学部和专修科的设置，改组为学院部和师范部及预科班。学院部设农林系（包括水利）、畜牧兽医系、医药系、教育系、法律系等。规定招收中学毕业生及有相当文化程度的在职干部，学制暂定 3 年至 5 年，主要是培养各项建设人才。当时由于新疆各项建设的迫切需要，教育系学制定为 2 年，其他系是修业 3 年。师范部学制是 3 年，主要任务是培养小学师资，预科班是专为蒙古族学生开设的。民族学院时期，学院的行政组织机构逐渐完善。[5]

### 2.2 教育资金的帮助

新疆省政府为帮助新疆学院尽快全面恢复教学，克服重重困难，1950 年拨给新疆学院教育经费 27.5014 万元，学院从中拨出 1.4724 万元修缮红大楼和旧平房。经过维修、粉刷，红大楼窗明几净，使学生有了一个很好的学习环境。学院从教育经费中拨 1000 元购买图书，使藏书增到 16218 册，其中民族文字图书增加到 1251 册，比解放时 595 册增加了一倍多。至 1950 年 5 月，全院教师 13 人，其中讲师 4 人，助教 9 人，比刚接

收时有所好转，教学秩序也逐步走上正轨。[6]

新疆民族学院成立之初，学院提出 2.1 亿多元的经费申请计划，高等教育部拨给了 3 亿元，用以购买学校的仪器设备。[7]1951 年政府拨款 16314 元，作为修补旧房费用。全院师生发扬自力更生、艰苦奋斗的精神，自己动手打土坯拉石块，修建厕所和洗漱室，并在校园内挖渠修路，植树种花，美化校园。这些建校劳动，大大培养了师生热爱劳动的观念。

1952 年 9 月，省政府拨给学院 63.9 万元，中央民委拨给 50 万元的基建款。学校购买了价值 7.2 万元的平房，暂时缓解了部分宿舍住房的紧张状况。这一年是新疆民族学院大规模基建开始的一年，为今后学院全面大发展奠定了基础。1953 年春，中央文教委员会拨来 200 万元的基建款。截至 1954 年，新中国成立后学院建筑面积达 25867.7 平方米，为新中国成立前建筑面积的 4.81 倍。1954 年，高教部给学院农林、畜牧两系增拨 5 万元专业教学设备费。1955 年高教部拨给学院 101.2 万元的水暖卫生设备安装费。1958 年至 1960 年，国家建筑和学院自营建筑的工程面积共计 24581 平方米，包括校舍、工厂、农场用房。图书馆藏书 282555 册，其中汉文书籍 178067 册，民文书籍 69274 册，外文书籍 35714 册。

### 2.3　加强干部、师资队伍建设

#### 2.3.1　张东月为新疆教育事业做贡献

1951 年 10 月，张东月受党中央、国务院委派，第二次来到新疆工作，出任中共新疆省府党组成员，并接到西北军政委员会主席彭德怀签发的任命书，担任新疆民族学院副院长。

1954 年 10 月，在恢复新疆学院的校名后，周恩来总理签发任命书，任命张东月为学院党委书记及副校长，并嘱咐他要在新疆学院的基础上建立正规的大学。这既是党对边疆教育事业的高度重视，也是时代赋予张东月的使命，他倍感责任重大，具体承担了新疆学院的扩建、新疆大学的筹建任务。在几十年的任职期间，积极传承延安精神，为学校发展特别是在师资队伍建设和学科建设方面做出重大贡献。

#### 2.3.2　西北局给予物力财力的支持

1953 年，教育部、高教部、西北教育局分别拨给新疆民族学院巨款，购置教学仪器和图书资料，在国内订购图书约 12 万册，由苏联订购民族文字图书约 7 万册。[8]新中国成立后学院对图书工作一直抓得很紧，不仅派人在新疆采购，还与内地各大书店及苏联联系，预订大批新的教学参考书。1951 年书籍杂志报纸订购费增加到 28815 元，1952 年增加到 44438 元。图书的总数也由 1951 年的 24776 册上升到 1952 年的 43840 册，民族文字与外文书籍拨给俄文大队和第二师范部分，仍藏有 844 册，外文图书 1273 册。同时还预订 23152 册书籍。1953 年的书报杂志费为 575414 元，向苏联预购民族文字的书籍 5000 余册，图书馆藏书达到 5 万多册。

同年，西北军政委员会教育局也拨给少数民族教育事业补助费 20 万元，购置教学仪器。学院利用这些专款采购了一批较精密的仪器，主要装备了数理、生化两系的实验室。同时，还以 20.6 万元的专款，购建了农场和牧场，添置农业机械、农作物良种及耕畜等，基本解决了农林、畜牧二系低年级学生的教学实验。1954 年 9 月，高教部又给农林、畜牧二系增拨 5 万元的专业教学设备费，增添了一些教学仪器，进一步改善了这两系的教学条件，至 1955 年，全院除仪器室外，各系的实验室已增加到 20 多个。其中又新设了音乐、美术等专业的模型、乐器室。全院的实验室设备的总价值较解放初增加 80 多倍。[9]

### 2.3.3 解放军部队提供大量人力物力援助

新中国成立后，王震同志历任中共中央西北局委员，新疆分局第一书记，新疆军区第一副司令员、代司令员等职。他请来了涂治、王鹤亭、王恒生等一批有真才实学的知识分子，而且从长远建设新疆着眼，高度重视人才队伍的培养教育。

新疆军区做出决定，从部队节衣缩食开展大生产运动的积累中，捐赠 76.1 亿元（旧币），连同政府拨出的 63.9 亿元（旧币）作为扩建学院经费。王震还调新疆军区骑兵第二十团 3000 多名官兵承担扩建施工任务。1952 年春，时任中共新疆分局书记和新疆军区司令员兼政委的王震带着张东月及工程技术人员在南梁尽头的三甬碑（后改名为三屯碑）附近，圈定了新疆大学校区。不久，王震再次来到新疆民族学院视察，随行人员有苏联建筑专家和军区设计院工程师，并带来了"新疆大学规划图""解放楼设计图"，标明了教学、实验室、礼堂、图书馆、各科系（文、理、工、农、牧、法）位置以及生活设施，共计 21 栋大楼。

正是在王震同志的直接领导下，解放军"自己动手、艰苦奋斗"的南泥湾精神在校园生根开花，学校的面貌焕然一新。学校初具现代大学规模，教学秩序得到恢复，师资队伍壮大，招生规模逐年增加。

新疆学院的每一次进步，都凝聚着党和政府的殷切关怀与期望，都饱含着全国各省兄弟高校的鼎力相助，都谱写着解放军指战员的无私援助……新疆学院的师生员工心怀感恩，都在为创办一所真正的现代化大学而踔厉奋发，砥砺前行。

## 3  20 世纪 60 年代，国家给予新疆大学的支持

经过数年的建设，新疆学院在学科建设、师资建设、基础建设等方面已初具规模，必须为它提供更大更广的平台，使其为新疆的经济建设发挥出更大的作用。

1956 年初，高教部指示，在新疆学院的基础上筹建新疆大学。根据高教部的指示，自治区党委和人民政府命令成立新疆大学筹备委员会，筹委会下设基建工作组和教学设备组，具体着手进行新疆大学的筹备工作。

新疆大学校址定在鲤鱼山以北至二工地区。校园面积原定 1 平方公里，后经张东月赴京请示，决定多留 1 平方公里作远景规划和绿化地带，新校园占地 2 平方公里。大学的远景规划吸取了内地高校校园建设的经验，教学主楼按生均 44 平方米规划设计。

1958 年 9 月，国家副主席朱德在自治区领导的陪同下视察新疆学院，并做出重要指示。1959 年 5 月，中央召开全国教育工作会议时决定由北京大学、清华大学、吉林大学、西北大学、兰州大学、华东工学院、东北工学院和中国人民大学等院校支援新疆大学的成立，由学院副院长张东月同志与上述各院校负责同志进行协商。1960 年 3 月

20 日，举行新疆大学主楼开工典礼，自治区党委第一书记、自治区政府主席及相关主要领导，都出席开工典礼并挥动镐头破土，显示出自治区党政领导对新疆大学的高度重视。

经过紧锣密鼓的筹备，1960 年 10 月 1 日，新疆大学正式成立。新成立的新疆大学，正欲展翅高飞，却遇到国家三年自然灾害时期，国民经济面临严重困难。由于财政困难，致使基建工作迟缓，基建队因难以维持而撤销。1961 年只完成上年两栋学生宿舍楼的扫尾工程。4 个系 15 个班级仍然没有教学用房，教学秩序受到严重影响。为解决这一问题，自治区党委和政府采取紧急措施，把新疆大学建校工作列为专案。

1962 年，根据党中央"调整、巩固、充实、提高"的八字方针和自治区国民经济、高等教育事业发展的新情况，自治区党委和政府决定将新疆大学和新疆师范学院两校合并为新疆大学，校址设于南梁（原新疆学院校址），学制 4 年。在二宫处建设的校园，交归科学院使用。在国家财政开支非常紧张的情况下，仍拨出 28 万元搬迁费，并解决了学校安装实验室、购买教学急须的物资器材等实际困难。

依靠党和政府的关怀，新疆大学的教育制度和教学体系日趋完善，师资队伍逐渐增强，学术气氛浓郁，科研能力不断提高。1964 年全校师生发扬自力更生、艰苦奋斗的精神，修建了红湖。在提高办学质量的同时，学校党的建设工作也得以加强。新疆大学的成立及初步发展标志着自治区科学文化事业跨进了一个新的阶段。

## 4 结束语

通过查阅大量档案资料，我们可以看出党和政府对西部高等教育倾注了无微不至的关怀，投入了巨大的人力支援与财力支持，为西部高等教育的发展打下了坚实的基础，为西部边远地区培养了大批建设人才。

**注释及参考文献**

[1][2][4] 张东月. 风雨兼程话新大（上）（打印本）[Z]. 1987：42，47.

[3] 参见新疆大学档案《新疆学院概况》（1949 年）。

[5] 参见新疆大学档案《新疆民族学院办公室 1953 年工作总结》。

[6] 参见新疆大学档案《新疆学院概况》（1950 年）。

[7] 郝莲承，谢筱洪，刘崇武，等. 坚决制止浪费和积压国家资金的现象[N]. 人民日报，1955-01-09（6）.

[8] 参见新疆大学档案《新疆民族学院综合报告》（1954 年 5 月 10 日）。

[9] 参见新疆大学档案《新疆学院五年来的成就及今后发展方向》（1954 年 12 月）。

# 新时代档案文献再编纂问题探究

周晓莹

云南大学历史与档案学院

**摘　要：**新时代信息技术带来了深刻变革，传统的档案文献编纂已跟不上时代潮流，档案文献再编纂是对新时代机遇和挑战的应对。本文结合新时代背景下档案文献再编纂的目的、工作思想、选题、成果形式与传播渠道，探讨符合新时代发展的档案文献再编纂的实践思路，以使新时代档案文献再编纂展现中国力量、中国精神。

**关键词：**新时代；档案文献；再编纂；新媒体技术

"十四五"时期，新时代的网络冲击和信息化进程加快，档案作为重要信息资源和独特历史文化遗产的价值日益凸显[1]，随之增加的是人民对档案编纂成果的需求。满足人民群众日益增长的档案信息需求，应对新一代信息技术带来的深刻变革，都迫切要求创新档案工作的理念方法，实现高质量发展[2]，档案文献编纂作为档案工作中直接面向用户利用的一环，应与时俱进。新时代，基于传统档案文献编纂本身探讨档案文献的再编纂问题，是大势所趋，也是对现实需求的回应。

## 1　档案文献编纂研究回顾

从孔子编订《六经》坚持无征不信，注重对材料的考证[3]，到清代史学家章学诚在《文史通义》中提出了方志立三书的主张，区分史籍为"著述"与"比次之书"，提出"比次之书"的编纂原则[4]，我国传统的档案文献编纂发展已久。近代以来，得益于学术繁荣和社会政治局势的推动，出现了一批甲骨、金石、简牍、纸质档案编纂成果。档案文献编纂工作中心随之由政治转向学术。1986 年，中国档案学会档案文献编纂学术委员会成立，标志着我国档案文献编纂学研究和编纂工作实践进入新阶段。[5]经过三十多年的发展，我国学界在档案文献编纂研究方面硕果累累，为得出当前学界关于档案文献编纂的研究重点，笔者在中国知网数据库中以"档案文献编纂"为主题词，期刊来源限定于北大核心和 CSSCI，检索日期截至 2023 年 3 月 8 日，共检索出 306 篇文献。分析文章发现，学者们除了将档案文献编纂思想作为研究主题进行持续性研究外，近些年还将关注点放在档案文献编纂与社会记忆构建、档案文献编纂的现代化、档案文献编纂与文化传播以及网络时代下档案文献编纂的发展这几个方面。究其内容，丁华东[6]、吴彧一[7]、单旭东[8]等人在其论文中从社会记忆的角度对档案文献编纂进行了新的诠释；杨毅[9]、丁梅[10]等人围绕档案文献编纂现代化阐释其必要性、内容形式、问题与对策等；王晓莉[11]、曾莉陈[12]等人在论文中探讨了文化传播视野下档案文献编纂工作的理念；董中印[13]、谢奇爱[14]等人将档案文献编纂工作放在信息时代的网络化背景下来讨论其特点与对策；于元元[15]、雍文娟[16]等人立足于新时代档案文献编纂，探讨新时代档案文献编纂的发展趋势及优化路径。

在现阶段已有的成果中，基于社会记忆、文化传播、网络时代等角度研究档案文献编纂的文章已经达到一定的研究深度，对于新时代档案文献编纂的相关问题亦有学者关注并展开相关研究。但深入分析发现，极少有学者对新时代档案文献编纂的再编纂问题进行思考。新时代的特征是什么，新时代下档案文献编纂面临何种难题，如何破解新时代档案文献编纂的困境，本文探讨档案文献编纂的再编纂，试图在解决上述问题的同时，理清新时代档案文献编纂与档案文献再编纂的关系。

## 2 新时代档案文献编纂的机遇

党的十九大报告做出了中国特色社会主义进入新时代的重大判断。中共中央办公厅、国务院办公厅印发《"十四五"全国档案事业发展规划》中强调，新一代信息技术广泛应用，档案工作环境、对象、内容发生巨大变化，迫切要求创新档案工作理念、方法、模式，加快全面数字转型和智能升级。[17]新时代信息技术的发展对档案工作提出了新任务和新要求。同时，档案文献编纂的理论与方式不断发生改变，理论不再局限于史学、档案学、文学等领域，而是拓展到科学研究和社会生活的方方面面。在笔者看来，新时代对档案文献编纂的推动一方面表现为重点突出档案文献编纂工作面向公众，档案文献编纂工作的社会性越来越强烈；另一方面，强调社会快速发展以及信息技术的融入赋予了档案文献编纂更大的操作空间、更新的内涵。唯有牢牢把握新时代带给档案文献编纂的发展机遇，才能立足于国家社会的发展以及广大公众的实际需求。[18]

新时代，面对读者用户的档案需求，档案文献编纂成果作为主要的档案文化资源发挥着当仁不让的作用。就目前情况来看，我国档案文献遗产总量丰富，各级各类档案、图书机构和各地方志所编纂的成果呈现逐年增加的状态。然而在这样一种向好的状态下，暴露出来的却是诸多现实问题。以云南大学图书馆为例，馆内收藏的档案编纂成果有成千上万册，但从借阅和利用情况上来看，这些档案编纂成果属于馆藏中借阅率较低的一类，这主要由于大多数编纂成果体制大、篇幅长且价格昂贵，无法借出馆外；同时，大多数已出版的档案文献编纂成果在选题上过于学术化，编纂主题与出版样式落后于时代潮流，无法引起读者用户的阅读兴趣，也就得不到大幅利用。

对此，新时代的档案文献编纂工作应超越传统的编纂方法，从编纂主题的选定、问题的提出、编纂成果的版本样态到传播方式都应顺应新时代的发展趋势，对新时代档案文献编纂成果进行再编纂，利用新技术、选用新主题，迎合读者用户日益增长的文化诉求，采用多渠道、多方式、多媒体平台以提高文献编纂成果的传播率和利用率。使再编纂工作朝着电子化、网络化方向发展，才能更好地赋予原始的档案文献以新的形式、新的价值，使之在弘扬民族文化、建设新文化方面发挥巨大的作用。[19][20][21]

## 3 档案文献再编纂问题解析

### 3.1 新时代档案文献再编纂内涵阐释

#### 3.1.1 再编纂的目的：资源活化利用，实现综合收益

新时代下档案文献再编纂工作不再局限于对史料的整理与汇编，编纂目的不再局限于存史、服务科学研究。面对束之高阁难以发挥价值的大型文献汇编或是选题枯燥无趣的编研成果，档案文献再编纂立足于此，通过新技术、新手段、新传播方式，盘活原本安放于书架上的大型文献，响应公众的档案需求，注重文献编纂成果的政治功能、文化教育功能的全面实现。再编纂采取各种媒体技术将原本枯燥乏味、长篇累牍的文献转化为动静结合的多媒体资料，在一定意义上实现资源的活化利用。通过多途径传播，扩大档案文献编纂成果的传播面，增加受众，进而实现编纂成果的文化价值、教育价值及审美价值，再编纂工作的价值也将提升到构建社会记忆、传承民族历史文化、缔构文化的高度。[22] 随着大量优秀的编纂成果出版传播，档案文献再编纂的社会效益不断提高。

#### 3.1.2 再编纂的思想："以人为本"，注重用户研究

新时代信息网络化程度愈来愈高，为了实现档案资源的活化利用以及档案文献编纂的长远发展，利用的主体——读者（用户）必须得到重点关注。新时代档案文献再编纂应贯彻"以人为本"的思想观念，以满足用户的多样化档案信息需求为档案文献再编纂的主要目标。与此同时，在档案文献再编纂工作过程中，档案文献编纂工作者开展档案文献整理与加工工作以及一次编纂成果的整理工作时，应不断收集社会公众的需求，满足不同层次用户对档案信息的多样化需求。[23] 除此之外，新时代下档案文献再编纂的服务对象不只是主动提出利用需求的读者用户，还应包括有潜在利用需求的用户。归根结底再编纂工作的一切出发点均是为了用户。

#### 3.1.3 再编纂的选题：与生活接轨，与时代结合

档案文献编纂是具有明显意识形态和政治倾向性的工作，长久以来档案编纂工作者在编纂选题上偏政治性和学术性，以使编纂成果起到资政育人的作用。可在实际利用中，这类主题的成果因其学术性和政治性太强，偏离大众的实际生活，受众有限。与此同时，由于选题形式单一、缺乏新意，档案文献编纂成果质量不高，不具特色。在繁荣发展文化事业和文化产业的思想指导下，新时代再编纂的选题应突破原有狭隘之处，选题视角不再局限于学术研究，格局应大幅拓展，贴近生活。此外，不断变化的政治、经济、文化生活等为档案编研赋予了新时代的使命。因此，档案文献再编纂工作需积极回应时代要求，再编纂选题从服务国策、资政育人，不断拓展到服务社会公众档案文化需求、弘扬民族文化、传承红色基因，围绕《"十四五"全国档案事业发展规划》提出的要求，反映新时代取得的历史性成就。

#### 3.1.4 再编纂的成果形式与传播渠道：依托新技术与多媒体平台

档案文献再编纂成果从载体形式看，包括传统纸质型、音像型、数字型。从加工层次看，若为重新选题并结合新技术编纂而成的成果属于一次档案文献；若材料来

源为一次编纂文献，那么再编纂的成果属于二次档案文献。从档案文献再编纂成果的内容来看，体制大篇幅长的大部头汇编会大大减少；图文并茂、简单短小的编纂成果会成为编纂新趋势。同时内容的呈现会突破时间、空间的限制，读者用户以移动端为阅读工具，随时随地对编纂成果进行阅读利用。新时代的再编纂形成多种形式的编纂成果，以满足不同层次利用者的需求，一改传统大型文献汇编"难利用"的困境。

新时代档案文献再编纂成果的传播渠道日益广泛。除传统的印刷型出版物的发行出版渠道、影视媒体外，还借助新时代最具特色的信息化产物——新媒体进行传播。新媒体因其时效性强、传播速度快、趣味性高的特点，得到社会公众的接受与广泛使用。因此，社交网站、微信、抖音等兼具社交和音视频传播功能的平台都可成为新时代档案文献再编纂成果展示与传播的渠道。新时代背景下的档案文献再编纂成果，是集新技术、新思想、新方法于一体的时代产物。

以上四点，构成了新时代档案文献再编纂的内涵。总的来说，新时代背景下的档案文献再编纂，是档案编纂工作者借助信息技术以大众客观存在的档案需求为主，将符合要求的档案文献及已有成果采取多样的编纂方式进行编辑，借助新媒体传播，最终实现综合效益的编纂。

### 3.2 新时代档案文献再编纂实践思路

#### 3.2.1 转变观念，增强档案文献再编纂意识

档案文献再编纂成果的好坏，与直接接触档案文献的各级档案部门、各地方志所工作人员等档案文献编纂工作者密切相关。为了编纂出符合新时代发展需求的成果，档案文献编纂工作者应该增强档案文献再编纂的意识，重视档案文献再编纂科研工作。上级部门应主动将档案文献再编纂纳入本单位工作计划中，同时意识到档案文献再编纂是盘活档案文献资源、活化利用的途径，是新时代档案文献编纂的新发展方向和趋势。档案文献编纂者要从传统的思想理念中跳脱出来，突破固有思维，主动围绕新时代的发展趋势、依托技术的便利性，确定新的研究课题和编纂方案，做到再编纂理念、思路方法和成果形式的创新。

#### 3.2.2 立足实际，根据调研科学合理选题

与档案文献编纂环节相似，选题也是档案文献再编纂的第一个环节。所选之题要能充分反映档案文献编纂成果的价值，且存在可行性。现有的一些档案文献编纂成果虽然在选题上极具价值，但从利用率来看，其价值并没有得到真正的发挥，这实际是档案文献编纂与社会公众脱节的一个表现。因此，为了保证档案文献再编纂工作与社会同步，再编纂工作中档案馆及其他相关档案编纂部门要准确把握大众对档案文化的需求。通过调查问卷、网络留言等方式，获取社会大众对档案资源的实际需要，并进行针对性的档案资源整合分类，创造特色档案资源库，方便社会大众进行应用。[24][25]除此之外，档案部门要深入调研档案文献编纂成果的实际利用情况，针对利用率低、文化价值发挥难的编纂成果，采取重新选题或运用多种方法途径进行再次编纂，以实现编纂成果的再利用。

### 3.2.3 多方协作，充分利用人力物力资源

作为档案文献资源的保存地，档案部门在档案文献再编纂工作中处于主导地位，承担主要任务。近年来，以学术机构、社会组织、不同领域的专家学者为主的力量，也逐渐成为档案文献编纂工作的中坚力量。新时代高度发达的信息网络，为各领域交叉融合提供极大便利，也为多主体参与档案文献再编纂提供可能。多方协作，在共同参与中汲取各主体的独特优势，促进档案文献再编纂工作的高效开展。以往的编纂经验启示我们，只依靠档案部门人员无法实现编纂理念和方法的创新，也无法有效改变档案文献编纂工作的现状。只有引入优秀人才，才能实现档案文献编纂工作环节的重塑和升级，推动档案文献再编纂工作的顺利进行。除此之外，充分利用网络共享平台和各档案馆已有的档案资源和编纂成果，从中找到主题与聚焦点进行档案文献的再编纂，能够大大降低再编纂的难度，加速档案文献再编纂的进程。

### 3.2.4 扩大宣传，借助新媒体实现文化传播

目前，档案部门已有的一些宣传编纂成果方式，存在传播范围狭窄、传播群体受限、信息时效性不高等问题，其能达到的宣传效果十分有限。[26]新时代背景下网络信息传播速度加快，信息传播途径多种多样，人们对信息的时效性要求不断提高。社交媒体、自媒体、智能移动等新技术的应用也为档案工作的开展开辟了新的途径。[27]传统的档案文献编纂成果多以纸质出版的形式传播档案信息，当图书经历出版再到读者手里时，信息时效性已经减弱，而且单调的编纂成果也难以调动人们的阅读兴趣，致使编纂成果的文化功能大大下降。因此，档案文献再编纂过程中，借助新媒体技术和平台，档案文献再编纂成果通过移动设备、数字媒体等数据终端克服时空限制，将档案信息中蕴含的丰富记忆以形象生动的方式展示给读者用户[28]，这不仅增强了档案信息的趣味性，同时扩大了档案文献再编纂成果的宣传面，推动档案文献再编纂成果文化作用的发挥。

## 4 档案文献编纂与再编纂的关系

关于档案文献编纂与档案文献再编纂之间的关系，首先从概念上来看，档案文献编纂是按照一定的题目对档案文献进行查选、考订、加工、编排和评介，以出版的方式（包括公开或内部）提供档案信息的工作。[29]档案文献再编纂即对现有档案文献编纂成果或档案文献编纂工作采取新选题、新视角或新技术将档案资源加工，以公开出版的方式提供给用户的一项工作。

在编纂性质上，档案文献编纂工作与档案文献再编纂工作都是以为读者用户提供全面、系统、可靠的客观材料，便于读者研究利用为宗旨，而不是以发挥编者的政治见解和学术观点为主要目的。[30]档案文献编纂工作成果主要以书籍、影音的形式出现，是一种史料书、资料书，属于资料性工作成果；档案文献再编纂工作与新时代多媒体技术相结合，在传播方式上也与多媒体技术联系紧密，其编纂成果多以文字、声音、图像、视频等多种媒体形式而存在，讲究为读者用户提供生动有趣、便于利用的档案信息。编纂成果形式不再局限于纸质版印刷物，再编纂形成的成果能够突破时间、空间的限制，

利用网络信息技术使得随时随地查阅利用档案信息成为可能。

在编纂的主要内容上，传统的档案文献编纂包括编纂题目的选定、档案文献的查询与考订、档案文献的加工和编排、档案文献汇编的辅文、档案文献出版物的审核和出版，这五个基本环节即为档案文献编纂工作的主要内容。[31]新时代背景下的档案文献再编纂工作内容与传统的档案文献编纂工作内容相似。不同之处在于，再编纂选题以一次编纂选题为借鉴和参考，更具针对性和实际性；再编纂过程中由于有了档案文献编纂的基础，因此在档案文献的查询、档案资料的选择上更加方便快捷，人财物方面的资源能够得到有效利用；此外，再编纂可直接运用网络信息技术和网络共享平台更高效地完成对档案文献真伪、档案内容是否相符等考订工作。

在编纂成果的功能方面，档案文献编纂成果与再编纂成果均凸显出文化功能，发挥文化传承、文化传播、文化教育等作用，目的是让大众接受并传承档案编纂成果中的文化，在档案文化的熏陶下树立正确的三观，对个人和社会产生积极的作用。[32]传统的档案文献编纂成果因数量大、装帧精美等原因能够经过长时间的保存与流通，并久经时间的考验继而代代相传，也因其数量多、传播速度慢等原因，信息传播的时效性和及时性无法得到保障，档案文化功能实现缓慢。新时代多媒体技术发展迅速，借助多媒体平台再编纂出版的成果能够不限区域广泛传播。通过再编纂，编纂成果文化功能的实现由被动变为主动，档案文化以信息流的形式进入社会大众。

总的来说，档案文献编纂与再编纂联系紧密，无论是概念定义、编纂性质，还是编纂的主要内容及编纂成果文化功能的实现方面，均有异同。档案文献编纂工作不仅为再编纂工作的开展提供基础保障，同时也提供理论和方法论借鉴；而再编纂工作是档案文献编纂工作对新时代机遇和挑战的应对，是对新时代习近平总书记对档案工作的要求做出的回应，是实现档案文献编纂工作改革和升级的积极尝试。

## 5  结语

新时代档案文献编纂工作获得新的生机，档案文献再编纂是紧密结合新时代发展特点、应对时代挑战的成果，是新时代网络信息化和多媒体盛行下档案文献编纂工作的新方向，是档案编纂工作对《"十四五"全国档案事业发展规划》的贯彻实施。作为新时代社会实践活动的产物，档案文献再编纂反映社会政治、经济、文化等方面的状况，同时反映人民群众对档案信息的需求情况。因此，档案文献再编纂工作必须充分利用新时代的技术优势，立足实际，打破传统，实现新时代档案文献编纂工作的新发展，展现中国力量、中国精神。

### 注释及参考文献

［1］［17］［19］中华人民共和国国家档案. 中办国办印发《"十四五"全国档案事业发展规划》［EB/OL］.［2023-03-06］https：//www.saac.gov.cn/daj/toutiao/202106/ecca2de5bce44a0eb55c890762868683.shtml.

［2］云南省档案局."十四五"云南省档案事业发展规划［EB/OL］.［2021-10-22］

http：//www.ynda.yn.gov.cn/html/2021/wenjianxiazai_1022/5790.html.

［3］［4］胡鸿杰．档案文献编纂学［M］.北京：中国人民大学出版社，2012：31，51-53.

［5］徐威．浅析我国档案文献编纂学的历史演进［J］.北京档案，2002（4）：26-27.

［6］丁华东．社会记忆建构：档案文献编纂社会功能的新阐释［J］.档案与建设，2008（4）：1，4-5.

［7］吴彧一．浅析档案文献编纂的社会记忆建构功能［J］.黑龙江档案，2011（3）：7.

［8］单旭东．编纂新记忆：论社会记忆与档案文献编纂之间的关系［J］.档案与建设，2018（5）：27-30.

［9］［20］［24］杨毅．论档案文献编纂工作的现代化［J］.云南档案，2000（4）：34-36.

［10］丁梅．关于档案文献编纂工作现代化的思考［J］.兰台世界，2007（16）：38-39.

［11］王晓莉．试论档案文献编纂的文化功能［J］.陕西档案，2006（5）：34.

［12］曾莉陈．大众文化传播视野下的档案文献编纂理念研究［J］.北京档案，2010（8）：17-18.

［13］董中印．网络传媒环境下档案文献编纂利用研究［D］.合肥：安徽大学，2005.

［14］谢奇爱．浅谈网络环境下档案文献编纂工作［J］.云南档案，2010（7）：35-36.

［15］［18］［21］［22］于元元．新时代档案文献编纂工作发展趋向探析［J］.兰台世界，2021（6）：24-27，41.

［16］［25］雍文娟．全媒体时代档案文献编纂的优化路径［J］.山西档案，2017（4）：57-59.

［23］李洋，于元元．我国档案文献编纂重心的转移及发展趋势［J］.浙江档案，2015（4）：18-19.

［26］［32］王红梅．档案文献编纂成果文化功能实现研究［D］.昆明：云南大学，2020.

［27］王鹏，范智新．美国口述历史工作的特点及启示［J］.中国档案，2019（6）：76-77.

［28］井菲，姚红叶．社会记忆视角下档案文献编纂工作新思路［J］.文化产业，2022（10）：109-111.

［29］［30］［31］曹喜琛．档案文献编纂学［M］.北京：中国人民大学出版社，1990：44.

# 社群档案理论视域下我国性少数群体档案资源建设的困境与出路

孙辰睿　　陈　建

山东大学历史文化学院

**摘　要：**由于不符合主流价值观，性少数群体长期被边缘化，合法权益无法得到有效保障。随着时代发展，关注性少数等边缘群体并改善其生存现状，是一个健康包容的社会所必须考虑的问题。通过文献分析、问卷调查和半结构化访谈发现，基于社群档案理论开展性少数群体档案资源建设，有助于促进档案学新范式的完善与发展，满足性少数群体建档需求，维护社会稳定；目前我国性少数群体档案资源建设面临着社群组织不足、档案收集困难以及边缘群体受环境制约较大等阻碍与困境。我国性少数群体档案资源建设应以社群档案理论为指导，从完善社群工作参与模式、改善整体档案建设环境以及提高技术运用水平等方面进行改进。

**关键词：**性少数；边缘群体；社群档案；身份认同

2016 年联合国开发署发布的《中国性少数群体生存状况调查报告》中将性少数概念界定为"包括在性倾向、性别认同或性别表达等方面属于少数群体的所有人，如同性恋，跨性别等；但拥有恋童、恋兽等具有伤害性的特殊性癖好者不在其列"[1]。传统社会中，由于社会环境不稳定、生产力低下、宗教观念影响等原因，较为"稳定"、能够"合理"分配男女体力并延续后代的夫妻婚姻家庭制与男女性别二元长期以来成为社会主流，而有悖于此的性少数群体则常常被冠以"怪胎""罪人"等称谓，长期被污名与边缘化。但近现代以来，特别是在"二战"之后，由于社会生产力的普遍提高、宗教的世俗化程度加深、民权运动与人权研究兴盛等原因，人类的传统社会制度、生活方式、思想观念等都发生了剧烈变化，包括性少数群体在内的诸多长期被忽略、压制的弱势群体获得了更为宽容的社会环境、更高的社会关注度与更多的发声机会。像其他弱势群体一样，性少数者们抓住机会，要求被主流社会所承认、关注、记录与叙述，积极追求社会的包容与自己的身份认同。在此种境况下，档案作为展示证据、承载记忆的重要信息资源，又应从何入手，助力性少数群体的去边缘化？笔者认为，从社群档案的理论视域出发，帮助性少数群体记录群体记忆、联结共同情感、促进群体理解、探索身份认同是一个可行方向。本文运用文献分析、问卷调查、半结构化访谈等研究方法，将性少数群体与社群档案结合起来，对社群档案理论视域下我国性少数群体档案资源建设的困境与出路进行探讨，以期为推动性少数社群档案建档运动、助力性少数人群的权益提升与社群档案的实践完善提供可资借鉴的经验。

## 1 研究综述

文献梳理可知，目前国内外对于性少数群体与社群档案的研究方兴未艾，具有较高的研究潜力。

### 1.1 性少数研究方面

研究视角丰富且突出人文关怀，研究主题涵盖了性少数身心健康医学研究[2]、性少数基础理论研究[3]、性少数权益诉求与保障路径[4]、性少数生活世界的建构研究[5]、文学与戏剧研究[6]、传播学视角研究[7]以及史学研究[8]等方面，但缺点在于，一是相关研究常常位于"他者"的视角上对性少数群体进行探讨，欠缺了性少数群体自身的独特体验与反馈；二是在性少数群体权益保障方面欠缺社群互助研究，少有探讨性少数群体社群互助对集体记忆建设的价值与影响，这导致对保障性少数群体权益的呼吁常常止步于宽泛地要求提升社会关注度，而缺失具体可行的操作方式。

### 1.2 社群档案研究方面

当前研究视角开阔，能够追逐学科前沿热点，结合档案学新理论与范式进行探讨，研究内容主要集中于社群档案基础理论研究[9]、社群档案实践案例介绍与分析[10]、综述类文章[11]、档案管理体系和模式创新及档案与身份认同、权力等级等社会构建的新结合[12]等方面，但研究不足在于，一是对合作对象的研究局限于档案部门，忽视了与媒体机构等其他文化、商业机构的沟通与合作，具体的合作过程、权责分配研究空白较多；二是偏重个案介绍，除《英国社群档案实践发展历程及相关问题探析》外，几乎没有针对主要国家社群档案的系统研究，这使人们难以系统了解不同国家社群档案案例背后的具体国情，难以评估其建设模式与经验的本土化难度；三是我国社群档案本土化实践不足，案例分析多为借鉴国外优秀成果，相关研究指导效力不高，存在理论与实践脱节的现象。

### 1.3 性少数与社群档案的结合研究方面

在中文检索平台上以主题字段"社群档案"AND"性少数"或"档案"AND"性少数"进行检索，仅能得到一篇文献《英国社群档案实践发展历程及相关问题探析》，该文仅在 3.2.2 章节"性别权利意识与女性和性少数社群档案发展"中简要提及性少数群体社群档案建设在英国的发展历史与现有成果，并无深入探讨。而于 Web of Science 和 ProQuest 学位论文全文库中以主题字段检索"community archives"AND"LGBTQ"，皆得到 27 篇研究文献。其主要研究内容多为创新工作模式促进性少数社群档案建设的可能性，或对域外性少数群体社群档案实践案例的介绍与分析，如《重获女同性恋档案》一文探讨了运用 Web2.0 技术为性少数群体建设开放的档案建设环境的可能性[13]，《同性恋的档案冲动：芝加哥格伯/哈特图书馆和档案馆的建立》则通过对芝加哥格伯/哈特 LGBTQ 图书馆和档案馆这一个案详细发展历史的梳理，细化定义了社群这一成员自我控制、维护与界定的概念，介绍了各种信息专业之间的深刻联系并探讨了社群档案工作参与模式，从多个角度为社群档案研究提供了更全面的阐释[14]。总体来说，目前国内外将社群档案及性少数相结合的研究都相对较少，而国内研究更是空白较多，仍有较大发展空间。

## 2 国内外性少数群体生存现状及社群档案实践概述

### 2.1 国内外性少数群体的生存现状

现代概念中的性少数群体研究滥觞于欧美各国，这些国家的性少数群体也相应获得了较为开放舒适的社会环境与生活。性少数群体曾在西方社会遭受过极为严苛的对待，但随着近现代以来特别是"二战"之后性少数群体解放运动的普遍兴起，这种状况得到了极大的改变，社群成员们采取积极乃至激进的手段以谋求该社群的道德、政治与法律权利[15]。理论层面上，通过米歇尔·福柯、朱迪斯·巴特勒等学者的不断努力，欧美的现代性少数理论逐步发展起来，并于20世纪80年代起逐步构成一个跨学科、开放性的重要综合性理论，即"酷儿理论"。其强调权力与话语在社会建构中的作用，认为人应该自己定义自己，对传统异性恋霸权提出了挑战，一经诞生便成为性少数群体有力的理论与思想武器[16]。而在实践层面，为纪念1969年6月发生的石墙暴动这一现代性少数权利运动的开端，如今的6月已成为"国际同志骄傲月"[17]，当年运动的发生地点美国石墙旅馆也于2016年被时任美国总统奥巴马宣布成为国家纪念碑[18]，表明当代美国政府对性少数群体的认可态度进一步提升。总体来说，在较为开放的现代欧美社会，研究性少数群体并给予必要的社会认可和帮助已经广受认同。但同样应注意的是，截至2016年世界上依然有至少76个国家同性恋属于违法行为，可见世界范围内的性少数生存现状依然不容乐观[19]。我国自古以来便有许多关于性少数的记载，且由于中国缺乏基督教等仇视性少数的宗教，法律看重"男女大防"却忽视同性现象等原因，我国古代对性少数群体的社会态度相对西方社会更为宽松，甚至出现明清男风盛行的现象[20]。而新中国成立后的数十年我国社会对性少数群体的认知水平不断提高，逐步完成了取消流氓罪的"去罪化"与将同性恋移出精神病清单的"去病化"这两大成就[21]，但依然存在社会文化压抑与歧视性少数等问题。正如李银河所提出的，我国性少数所面临的多为主流群体的蔑视与忽略，相较于西方社会那种严酷直接的压制与迫害，我国性少数的处境看似更安全，却也成为该社群恪守中庸之道的土壤，使其处境更难以改变[22]。如今我国并未有针对性少数群体的集体犯罪活动，但社会生活中仍可见忽略与歧视的细节，如联合国《公民权利及政治权利国际公约》关于婚姻法的第23条，中文译本为预设男女的"夫妻"[23]，而英文版为无性别指代的"spouse"即配偶[24]，可见我国虽不似曾经的西方社会一样对性少数群体严加迫害，却存在着隐蔽而根深蒂固的社会性歧视风气，随着社会进步，我国性少数群体的生存现状固然有所好转，但想获得如今欧美国家的开放环境仍有较多阻碍。

### 2.2 国内外社群档案的实践概况

社群档案舶来自英文"community archives"，是档案学受近现代社会学、政治学等学科影响，脱胎自"社群主义"理论而创建的一种新式档案学理论与实践[25]。"社群"

与"社群档案"的概念界定在档案界有诸多表述，本文中笔者采用国际男女同性恋档案馆创始人吉姆·凯普纳的观点来对这两者进行定义，即社群指作为一种方式来描述一群由于特征、行为和态度而"部分联系在一起并且区别于其他人"的人，此种解释使社群成员由其共同的观念、情感等联系起来，不受时空的桎梏。而社群档案则被定义为由社群成员创建、维护和控制的档案，其定义特征强调社群成员"按照自己的条件"参与收集和查阅其历史[26]。

目前关于社群档案的实践探索也有明显的国内外之分，社群档案这一理论概念产生于欧美，在长期实践中诞生了"南亚裔美国人数字档案馆""一个国家男女同性恋档案馆"等诸多实际案例，并产生了如 CAHG 这种专门关注社群档案的组织，通过年度社群档案评奖等活动吸引社会关注、推广社群理念[27]。而相较而言，我国的社群档案建设则较为落后，黄霄羽在 2017 年的研究中称我国的社群档案工作尚在起步阶段，尽管有如皮村打工文化艺术博物馆等一些实践成果，但仍然是零星而不成熟的[28]。笔者通过多平台检索得出，截至 2022 年 4 月，社群档案案例介绍相关的中文文献基本为围绕国外优秀成果展开，较为系统成熟的我国社群档案建设实例介绍与研究则近乎为零，可见五年过去，我国社群档案的实践研究依然停留在引进国外优秀案例层面，本土化建设实践相对缓慢，仍然具有较高的研究潜力与发展空间。

## 3 社群档案理论视域下性少数群体档案资源建设的价值分析

### 3.1 促进理论发展：档案学新范式的完善与发展

特里·库克认为，随着时代的变迁，档案行业最核心的"证据与记忆"之争也走向了一个新局面，作为社会建构的产物，证据天然就是有选择性的，档案天然与权力相关，正所谓"从文件记录到档案的管理方法创造了档案的等级权力结构，而这种等级制度重现了档案被创造时的社会权力结构"[29]。也正因如此，档案界对证据与记忆的关系展开了深入的思考与激烈的辩论，如果过去的真相由保存证据的档案决定，那么由谁决定什么被记录？什么人被允许发声？哪些历史被允许流传？库克认为，"正是这种挣扎构成了后现代主义思维的核心"。他也因此在后现代主义思潮的影响下提出了档案学四个范式的思想，认为档案研究者对自己的工作、职能及社会意义的认识经历了四个主要思想框架，即证据、记忆、认同和社群这四个范式[30]。

库克认为，四个范式并非线性演进后前后替代的关系，而是彼此间互相影响，如今第三范式蓬勃发展、第四范式尚在完善，即我们正身处社群档案这一档案学新范式的成长阶段，面临着诸多机遇与挑战。在这一过渡阶段，档案界愈发意识到过去的档案工作往往与权力为伴而忽视了边缘声音，他们不再仅满足于为主流记录事实、为精英提供支撑，而是更多地转向了 LGBTQ、少数族裔与私人档案这些过去不被重视甚至被予以压制的群体与视域。希望借助档案资源帮助边缘群体增进自我认知，解决"我是谁"和"谁与我一样"这两个身份认同的关键概念所在[31]，从而维护社会的多元与稳定。档案学者们从现代民权运动与后现代主义思潮中获取经验与启发，提出了档案记忆观、档案与权力、档案与正义、后保管模式等诸多档案学新理论，这些理论要求改变原有的档案管理方式，顺应数字技术的发展与公民权利的扩大，完成档案工作者与档案部门职能角色的解构与重构。诸如此类的档案学新理论天然便带有关怀边缘群体的价值取向，正契合社群档案这一新范式的内涵，使社群建档运动生来便极具目的性，具有一套明确完整的价值预设[32]。

而与之相对应的是，对边缘群体进行社群建档，在实践中发现并解决问题、不断探索档案学新范式的可行方向与边界所在，也正能从实践中反哺理论，促进档案学新范式思想的进一步完善。前文主题分析部分论及社群档案研究的四大主题之一"社群档案实践案例介绍与分析"，便是通过对实践个案的介绍与分析，总结提炼社群档案的工作模式与资源建设路径，反哺社群档案理论的细节完善。如中国人民大学黄霄羽等学者便是通过对国内外社群档案工作实践经验进行提炼，方从中总结出"社群独立保管模式""主流档案馆接管模式"与"社群成员主导与档案工作者辅导相结合的共同参与模式"这三种主要社群档案工作模式[33]。总而言之，在档案学新范式正蓬勃发展的今日，为性少数等长期被忽略的边缘群体进行社群建档已是一种不容忽视的趋势。在此阶段将理论与实践紧密结合，以社群档案理论为抓手，探讨边缘群体社群建档的价值意义与可行方向正能推动实践工作发展，扩展档案部门管理模式并提高其服务能力；而实践工作深入发展，也正能细化档案理论，深化档案机构"放权"与边缘群体的被"赋权"的后保管模式等档案学新理论研究。故而笔者认为，将性少数这一边缘群体的代表与社群档案相结合，利用社群理论指导性少数群体社群建档的发展，既可提高理论的指导性与可行性，又能在建设过程中以实践反哺理论，推动"社群"这一档案学新范式的完善发展与本土化转换。

### 3.2 满足社群需求：关注性少数人群建档诉求，助力社群权益保护

通过知网、读秀、超星、百度等多期刊数据库与搜索引擎检索，我国性少数社群档案建设研究呈一片蓝海，相关介绍与研究几近为零，但这并不证明我国性少数社群并无群体档案建设需求。若要探讨我国性少数群体权益诉求，则首先要了解该群体具体数量，而由于性少数群体在人群中所占比例较小，且存在人们对同性恋行为与同性恋倾向认知模糊，大量性少数者出于内外压力考虑选择隐瞒其性取向等原因，很难得出准确的性少数发生概率，但可以肯定的是，性少数十分稳定而广泛地存在于古往今来的各个社会中。我国著名社会学者李银河在其著作《同性恋亚文化》中援引金西调查，盖格农、福特和毕奇等的研究成果，认为我国成年人口中应有 3%~4% 的同性恋者，而在未成年人口中的潜在同性恋者也拥有类似的比例，并提出完全没有同性恋现象的社会是几乎不存在的[34]。美国 LGBT 人口统计学家加里·盖茨在其 2011 年的报告《有多少人是女同性恋、男同性恋、双性恋和跨性别？》中指出，成年美国人中约有 3.5% 的女同性恋、男同性恋或双性恋，约有 0.3% 的跨性别者[35]。同性恋交友网站 blued 于 2015 年所发布的《中国同志社群大数据白皮书》推测，中国应有 5% 左右的同性恋者，以总人口核算后应有约 7000 万人[36]。而权威民调盖勒普于 2021 年的最新调查显示，美国成年人口中认为自己属于 LGBT 的群体比例已上升至 5.6%[37]。结合上述数据分析，笔者认为我国性少数群体占总人口的 3%~5%，属于数量较少的弱势边缘群体，然而于 2020

年举行的第 7 次人口普查公告显示我国约有 14.4 亿人[38]，即性少数群体应有 4000 万至 7000 万人，绝对数量不容忽视，而如此庞大的人群也必然存在寻求社群互助和构建集体记忆的诉求。

将视角转移向我国性少数社群的维权历史，不难发现我国性少数社群成员长期追求去除污名化与边缘化，试图构建社群集体记忆，笔者认为 2016 年轰动一时的"中国同志婚姻维权第一案"正是一经典案例。2016 年，长沙一对男同性恋情侣孙文麟与胡明亮试图前往民政局进行婚姻登记，被拒绝后他们以"我国婚姻法中并没有明文禁止同性恋结婚登记"为由提出了上诉，虽此案最终被法庭宣布败诉，但这对同性恋情侣依然举行了公开婚礼，并自制了结婚证件[39]。此案深切展现了我国性少数群体对为己身正名的渴望与获得社会认同的希冀，而他们自制的结婚证件正是在无法得到官方与主流立场赞同的情况下转而为自身构建档案记录的体现。作为社会生活的原始记录，档案以其原始记录性而拥有了有别于其他事物的重要证据与记忆价值，档案有关叙事，叙事关乎权力，如孙文麟与胡明亮自制结婚证件等案例正是性少数群体渴望利用档案的原始记录性将叙事权掌握于自身手中，为己身正名与去边缘化的体现。笔者认为，尽管我国系统性的性少数群体社群档案建设项目尚十分匮乏，但这可能是由于缺乏社群组织的有力领导与专业档案工作者的引导辅助所导致，出于把握自身叙事、构建群体记忆等目的，性少数社群成员对建设社群档案的需求绝非罕见。以社群档案理论为切入点，助力性少数这一边缘群体构建集体记忆、掌握自身叙事，正利于满足该群体自身需求，助力性少数群体的权益保护。

### 3.3 社会价值分析：维护社会稳定，提升社会活力度

上文援引资料分析得出性少数群体至少应占社会总人口的 3%[40]，属于边缘弱势群体，但考虑到我国庞大的人口基数，我国性少数人群的绝对数量依然有数千万之多，又兼我国政府一向秉持以人为本、执政为民的执政理念，故而笔者认为关注这些边缘群体，为性少数群体进行社群档案资源建设依然有较高的社会价值。

于社会稳定层面，性少数群体社群档案建设项目可助力完善社会构建，化解游民危机，维护社会稳定。其中，"游民"问题本是一个描述封建王朝阶级矛盾产物的概念，旧社会的部分民众作为阶级对抗的牺牲品，被迫脱离乡土社会而转为游民阶层，成为社会的不稳定因素。在今日的中国，阶级矛盾已不像旧日那般不可调和，但处于社会边缘的弱势群体仍有较大的游民倾向[41]。性少数人群作为长期被社会忽略、压制的边缘人群，其群体心理状态不佳，生活易脱离主流秩序，正具备游民意识生根发芽的潜在可能。而由于性少数群体追求社会认同的诉求具有较高合理性，对其强力压制只会适得其反，反而可能促使潜在的游民隐患爆发，如美国 1969 年 6 月发生的石墙暴动正是一场美国警方与性少数人群堆积了数十年冲突的矛盾爆发，最终造成了大量人员受伤和严重财产损失。吸取石墙暴动等冲突的经验教训，将对性少数成员进行强力压制改为与其进行沟通交流，建设社群档案以帮助其构建集体记忆，把握叙事权利，逐渐提升性少数群体的社会接受度，正是与这一边缘群体和谐相处的可行方式，具有化解游民危机、维护社会稳定的社会功用。

而在社会发展层面，为性少数群体建设社群档案还有助于营造宽松社会氛围，提升社会活力度。多伦多大学罗特曼管理学院商业与创意系教授理查德·佛罗里达曾提出自己创设的城市创造力指数，该指数由"人才、技术和宽容度"这三个领域的八个指数共同构成，在全世界的城市理论家和政策制定者中引起了轰动。在这三个类别中，佛罗里达十分强调宽容度，而同性恋指数正是其中的重要组成部分，他的同性恋指数已经成为一个暗示社会群体创造力的强烈象征[42]。而国际男女同性恋、双性恋、变性人和双性人协会的研究报告也为这一理论提供了一定的实践证据，他们声称根据调研，同性恋恐惧症水平下降1%，人均国内生产总值就会增加10%，而那些公民面临性别不平等、人权被侵犯、医疗支出和生活满意度低等问题的国家，也正是恐同情绪较高的国家[43]。可见较高的社会宽容度对社会整体创意指数和活力水平大有裨益，而为性少数群体建设社群档案，正是一种营造宽容社会氛围的可行方式，也因此具有较高的社会价值。

## 4 我国性少数群体档案资源建设的困境分析

我国性少数社群档案建设在大众层面的介绍与探讨极少，资料收集难度较大，为更好把握性少数群体档案资源建设的困境与出路，笔者通过问卷星发放了一份"性少数体社群档案建设情况问卷调查"并回收了152份有效答卷，同时采访了一位来自四川的女同成员"小花"，通过相关文献分析、问卷调查反馈分析以及社群成员访谈，笔者认为，我国性少数群体档案资源建设主要面临着以下三大难题。

### 4.1 社群定义认识不清，建档缺乏有力组织领导

正如前文概念界定部分所述，"社群"这一概念在档案学界有诸多不同表述形式，存在一种模糊性，而具体到社群成员个体上，这一概念的模糊性更是得以加剧。笔者所发布的问卷共回收了152份有效答卷，共142人回答了第9题"您了解我国的性少数社群以及性少数社群组织吗"，其中80.28%的答卷者称其"完全不了解"或"仅听说过"，而田野调查也证明了这点。上海大学社会学院易茜通过参与式田野调查以及深度访谈的方式对北京女同社群进行了调查，在她的调查中，多位女同社群成员虽对社群定义的认识存在一定共性，即认为"社群必然是一群基于性别身份和认同的人组成的集合"，但也存在明显的社群定义认识差异问题。易茜认为，每个受访个体的社群定义都实际上由她特定的拉拉人际关系网以及她是如何构建这种关系网络所决定的，不同的人际关系网以及社会网络构建方式决定了不同的社群认知。具体来说，北京女同性恋们主要有"酒吧、咖啡馆等商业场所"，"民间女同性恋公益组织"以及"互联网"这三种人际网络构建方式，这三种方式差异明显，即使其所构建的社群都可被定义为北京女同社群，但三种社群的边界与含义都大不相同[44]。而笔者对"小花"的访谈也反映出了类似的问题，小花在访谈中介绍她所在的城市并无地区性的社群组织，她及其所认识的女同群体多通过熟人介绍或互联网来互相认识，不同个体对社群这一共同体概念的定义也不尽相同。由以上问卷分析及田野调查结果可推论得出，在性少数群体中"基于共同的观念、情感等联系起来的人的集合"这种宏观性社群概念描述并不存在疑问，但具体的各个小社群

概念则存在割裂，这意味着不同小社群中的社群成员经验记忆、构建自身叙事的意愿与要求都差别较大，故而难以推进较大规模的社群档案建设运动，而这种社群定义认识不清又实际上反映了我国性少数群体缺乏规模较大、知名度较高的民间组织的现状。

随着经济发展与社会进步，我国性少数运动不断发展，社群组织化程度也日益加深，各种性少数民间组织逐步建设起来。但由于自身建设能力不足、社会文化较为排斥等原因，这些民间组织常常陷入资金人员匮乏的窘境，甚至有时还会面临法律风险，发展十分艰辛[45]。根据民间非营利组织"同语"2016 年发布的报告《中国同志组织民政注册研究》，尽管近年来随着社会进步，我国在逐步放宽对各类社会组织民政注册的限制，但性少数民间组织的注册与经营之路仍困难重重。首先，我国政府对于"同志"类组织一贯秉持"不支持、不反对、不鼓励"的三不模糊态度，一些较闭塞城市的官方态度甚至更为保守；其次，《境外非政府组织管理法》等法律在出台之时也未充分考虑到性少数民间组织的实际状况，对一些接受国际艾滋资金等正规款项的性少数民间组织注册造成了障碍；此外，我国深受儒家文化影响，强调异性婚配以养育后代，对性少数敌意较大，影响性少数民间组织的注册发展；诸多原因累加，导致我国已注册的"同志"权益类民间组织的数量极为有限，且常常存活时间较短，发展建设具有严重缺憾[46]，这为社群档案的收集与建设带来了严重阻碍。

黄霄羽通过对域外多个社群档案实例进行分析提炼，总结出三种社群档案工作模式，并认为第三种"社群成员与档案工作者合作"的模式"既尊重了社群成员对自身档案的熟悉又保证了社群档案工作的专业性"，是一种值得借鉴推广的社群档案工作模式[47]。而海伦·帕特里奇等人的研究也为这一观点提供了一定实践支持，他们研究了美国加利福尼亚州的三个著名且成功的性少数社群档案建设项目，"男同性恋，女同性恋，双性恋，跨性别历史协会"，"萨克拉门托薰衣草图书馆、档案馆和文化交流公司"和"一个国家男女同性恋档案馆"，发现其都采取了由有力的社群成员进行开拓工作、档案工作者进行辅助工作的合作建设模式[48]。由上述理论研究与实践案例可见，通过有号召力与领导力的社群组织与个人进行社群内档案的组织收集工作是社群档案建设中十分重要的一环，但我国性少数成员所处阶层、生活方式等存在较大不同，且广泛分布于差异较大的各种不同小型社群中，又因注册困难、经营压力大等原因缺乏规模较大、组织力较强的民间公益组织，故而在个体经验与具体诉求等方面有较大割裂感，难以进行社群内部建档或社群活跃分子与档案工作者合作建档，难以实现社群档案建设的有效组织。

## 4.2 社群成员自我保护意识强，档案资料收集困难

近几十年来，我国社会对性少数群体的认知水平不断提高，权益保障也逐步完善，除 1997 年和 2001 年分别完成了同性恋的"去罪化"与"去病化"之外[49]，在 2014 年举行的联合国《消除对妇女一切形式歧视公约》委员会对中国的审议程序中，国务院妇女儿童工作委员会办公室副主任牟虹女士代表中国政府首次在国际层面就"同志"组织注册问题作出表态，称政府有关机构将尽力为性少数组织的注册提供方便[50]。2016 年发布的《中国性少数群体生存状况调查报告》也提到，调研组在研究过程中看到了"一

个正在转变中的国家"，大多数国民只是不了解性少数，而非具有顽固的恐同心理[51]。

但同样应注意的是，相对于欧美等国，我国性少数群体目前仍面临较高的社会压力，性少数的去罪化与去病化并未真正在社会层面达成共识，恐同现象仍时有反复。如2017年"学生诉高校恐同教材案"的发生缘由便是暨南大学公选课教材《大学生心理健康教育》（2013版）将同性恋归为性心理障碍[52]，而此案的一二审皆败诉更是带来广泛关注，引发性少数污名化是否在加重、权益是否在倒退的社会热议。在诸如此类的社会压力下，极易出现社群成员对公共机构不信任、刻意隐瞒自身性倾向、性别认同或性别表达的情况，这显然有损于社群档案的建设工作。郭凌风等人的研究表明，由于对同性恋等性少数群体进行的污名化与边缘化，异性恋群体会加重性别刻板印象以表示与"怪异"的性少数群体划清界限，如男异性恋群体会刻意推崇性别刻板印象中的"阳刚之气"并对性少数进行欺凌，而这种污名化也会导致性少数群体的"内化恐同"，出现消极隐藏自身性取向甚至加入霸凌以进行掩饰的行为[53]。在笔者与小花的访谈中，小花提及她因家庭观念较为传统，尚未向家庭公开性取向，而这正符合《中国性少数群体生存状况调查报告》所显示的中国性少数普遍处境。该报告的撰写者们调查了3万余人的性身份公开情况，参与调研的样本77%为90后，超过一半为大学本科及以上教育程度，超过八成的样本居住在城市，具有年龄结构非常年轻、平均受教育程度很高、城市居民为主的样本特征，已属于公开自身性身份意愿较高、所受社会阻力较小的人群，但研究成果表明该样本中只有5%的性少数人士选择了公开他们的性身份[54]。考虑到本次调研的样本特征，笔者认为，我国性少数群体隐瞒自身性身份的真实比例很可能高于样本调研结果，大量社群成员出于自保目的而隐瞒自身社群身份，必然不利于社群档案资料的收集工作，最终有损于集体记忆构建工作的开展。

### 4.3 边缘社群档案建设受社会环境制约大，发展不容乐观

自引入社群档案概念以来，我国档案学界便十分重视，也积累了一定的研究成果，但正如前文研究综述部分所述，我国社群档案实践成果较少，整体来说依然存在本土化水平较低，进展缓慢等问题。而这正与社会整体的档案意识薄弱、发展资源不足等环境问题息息相关。

笔者所发布的问卷第10题为"在填写本问卷之前，您了解过社群档案吗"，所回收的152份问卷中共有142人有效填写了此问题，其中84.51%的答卷者回答"完全不了解"或"仅听说过相关概念"，而根据本问卷第2、3题的回答，152名答题者中有66.45%的成员为18~25岁的年轻人，71.05%的学历为"大学本科及以上"，样本偏向知识水平较高的年轻大学学生，其了解社群档案这一概念的可能性高于真实世界。故而笔者认为，我国社群档案概念宣传推广力度不足，且大众普遍较为缺乏档案意识。正如吴建华等人认为的，新时代档案工作的主要矛盾就是社会的迅猛发展与档案事业发展相对滞后之间的矛盾[55]。随着社会经济文化的发展与公民意识的提高，我国民众的信息资源需求大幅增长，但档案部门无论在宣传工作还是服务水平上都存在一定滞后现象，兼之网络时代下信息获取来源丰富，故而民众常会选择其他途径搜寻所需信息，导致社会档案意识薄弱，档案部门定位不清以致其地位不显等问题愈发突出，这在本就受重视

程度偏低的边缘群体档案建设中则表现得更为明显。

在访谈中，小花提及性少数群体，尤其是女同群体自身并不缺乏记录个体生活、构建集体记忆的需求，女同群体们热衷于向微博的"百合吐槽君""姬圈八卦社"以及豆瓣的"天空组"进行投稿，积极记录自身经历，相比男同和异性恋等表现得更为活跃。然而她也提到，在笔者对其进行询问前从未听说过社群档案这一概念，更未考虑过社群建档这一可能。笔者认为，作为一个深受后现代主义思潮影响的档案学理念，社群档案天然便与弱势边缘群体紧密相连，而这些群体相对于大众又难免关注度更低，更难获取社会资源帮助，易受到环境变化的冲击与制约。如今我国正处于产业转型期与后疫情时代，兼之国际局势风云变幻，整体经济发展预期放缓，档案部门也必然因此受到冲击，可能出现宣传资源不足，难以提高社会整体档案意识；资金预算有限，边缘群体档案建设工作推迟等问题，发展前景仍道阻且长，不容盲目乐观。

## 5　社群档案理论视域下我国性少数群体档案资源建设的可行出路

如何合理联结社群档案与性少数群体，是需要深入思考的重要问题，针对上文总结的三大困境，并结合问卷调研以及半结构化访谈中的公众和社群成员意见，笔者尝试从社群组织发展、档案工作者职能转变、多部门协同合作以及技术开发等方面构建我国性少数群体档案资源建设的要素框架（见图 1），并对我国性少数社群档案资源建设的可行出路探讨如下。

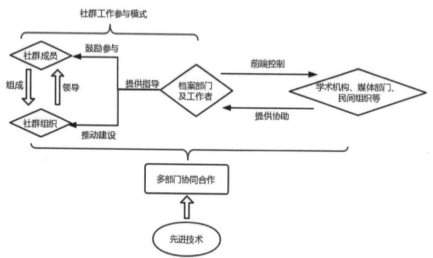

**图1　我国性少数群体档案资源建设的要素框架**

### 5.1　助力社群组织健康发展，推动档案工作者职能转变

档案"archive"一词词源来自意为权力或政府的古希腊词汇"arche"[56]，可见档案这一概念一经诞生便与权力密不可分，古代档案馆作为统治阶级私有财产的形象而出现[57]，档案工作者也曾一度被视为权力的执笔者与代言人。在传统档案工作中，档案资源建设往往采用的是自上而下的模式，即档案工作者作为主体，被记录者作为受体，

代表权力的主体以统治阶级的意愿记录受体的档案，这便出现了人为的选择与边缘化问题。这种自上而下的工作模式持续了漫长的岁月，但已不再适合现在这个档案学第三与第四范式交接的时代，在这一时代，档案工作者们已逐步认识到边缘群体被长期忽视的事实，他们不再只满足于居于幕后保存主流群体证据，而是更希望深入长期被忽略的边缘群体，从幕后走向台前，为社会保留更丰富的声音，提供更多元的服务，而这离不开对边缘群体自身社群组织建设的扶持。

在《同性恋的档案冲动：芝加哥格伯/哈特图书馆和档案馆的建立》一文中，芝加哥性少数社群组织自发地产生了一种"档案冲动"，且要求建设模式为与档案部门合作而非听从档案部门的指挥，要求社群自身掌握社群档案的控制权[58]。笔者认为，社群档案建设与其他社群建设活动最本质的区别就在于，建设相关档案的"档案冲动"是由社群自发提出，而非档案部门自上而下地推动，而这正与档案学新范式下改变档案工作者职能角色、令其由指导者变为辅助者、加强与社群成员的合作等呼声相匹配。对于边缘群体来说，外界档案机构与档案工作者往往并不属于自身社群，其自上而下的介入有时过于粗暴，易引发社群成员的不信任乃至对抗感[59]。因此，只有助力性少数等边缘群体自身社群发展，改变我国社群组织发展困难的现状，才能摆脱档案部门全权负责档案建设的传统模式，实现档案部门的放权。而在社群组织得以发展的同时，档案机构及档案工作者也应在档案后保管模式等理论指导下实现自身职能角色的转变，从档案工作的负责者转变为档案建设的辅助者，鼓励社群成员主动参与，推动"社群组织领导下的社群档案自建"或"社群内积极分子领导下与档案工作者协同共建"的新型档案建设模式发展。如此，档案部门才能真正深入性少数等边缘群体，保证其能够把握该群体的叙事权，不再被主流群体人为地忽略与遗忘，以致销声于历史的簿册中。

## 5.2 推动多部门协同合作，改善社群档案建设环境

前文困境部分述及，我国整体档案资源不足，社会档案意识较为薄弱，而性少数群体社群档案建设作为边缘群体的档案建设项目，则更易受到社会档案环境变化的影响，针对这种情况，性少数群体社群档案建设时应尽可能与多部门协同合作，提高大众参与度，以分散环境变化带来的风险。

事实上，除档案部门外，如今在我国已有多个不同部门与机构参与了档案建设项目，如上海师范大学中国慰安妇问题研究中心就创立了中国"慰安妇"资料馆以收集该特殊群体的经历与记忆[60]，而2020年疫情初发时期《传媒1号》与《之媒》也曾联袂全国14家省级广播电视台推出了《电视新闻人战役口述档案》系列专题[61]，受到广泛关注与好评。可以说，在数字时代的今天，档案工作早已不是专业档案馆的专属，而社群档案这种偏向边缘群体的档案建设项目更是需要多部门协同合作。具体来说，性少数等边缘群体在档案建设过程中应利用全媒体等现代通信技术，广泛联络当地媒体部门、学术机构、民间组织等力量，在宣传层面利用媒体部门开展报纸、网页或影视纪录宣传，多渠道推广社群理念与诉求；在资源收集层面，与民间组织、基层政府等合作开展深度社区活动，鼓励社群成员主动参与、活态传承；在信息利用层面，利用不同区域档案机构的多馆合作开发跨库检索功能，达成跨时空档案信息交流与共享。诸如此类多方

合作，有利于整合社会资源，推广档案知识，提高全社会档案意识并抵御环境变化时档案部门资源匮乏所带来的冲击与制约。

### 5.3 提高技术开发水平，丰富成果展现方式

近年来，我国对档案信息化建设等方面十分重视，也取得了一定的成果，但对比西方发达国家档案资源建设现状，我国仍存在工作过程中技术应用较少，成果展现形式较为单一、传播力较差等问题，许多数字建设浮于其表，并不能真正投入使用。如本文社群定义部分所述，性少数等边缘群体是由共同的处境、情感与诉求等联系起来的社群，不受时空的桎梏。事实上，由于性少数普遍存在于各个社会，故而该社群成员居住的地理空间往往十分分散，彼此联系与共建集体记忆都离不开现代信息技术的支撑。因此，依托现代信息科技，提高技术运用水平，是性少数等边缘群体社群档案建设工作不可或缺的一部分。具体而言，在资源收集方面，应参考互联网众包模式，推动多机构合作共同管理档案资源，并利用社交媒体等平台发布公告鼓励公民自发参与社群档案资源建设；在平台建设方面，应推广数字档案馆等数字资源建设模式，建设更为开放、有序的信息收集处理机构，借助虚拟网络摆脱时空桎梏，最大限度地收集与整理种类多样、分散性强、收集困难的社群档案；在成果展现方面，应采取多媒体技术，利用绘图、视频等易于传播的形式深入开发性少数群体档案资源的叙事性，并丰富成果外化形式……诸如此类的技术提升与运用旨在发展数字档案资源利用体系，便利边缘社群进行档案资源收集与管理，是我国当代性少数社群档案资源建设的重要路径。

## 6 结语

作为弱势边缘群体的重要代表，性少数群体的权益保障、记忆构建等问题是一个健康开放的现代社会所不能忽略的，而社群档案一经诞生便与主流群体的放权与弱势群体的去边缘化紧密相连。故而将性少数群体与社群档案结合起来，探索社群档案理论视域下性少数群体档案资源建设的价值与出路，既有助于帮助性少数群体打破刻板印象，获取社会关注，把握自身叙事权并建设集体记忆；又有助于丰富我国社群档案建设的理论与实践成果，密切我国档案行业与社会的关联，提升档案部门社会地位与知名度。身处档案研究第四范式形成与发展的历史时期，档案行业绝不能止步于"默然无语地保存主流记录"这一传统形象，而应充分发挥档案信息资源价值，打破主流叙事的权力体系，倾听被忽略群体的真情发声，从那些遗落于宏观叙事中的记忆碎片里探寻边缘群体多元精彩的人生之旅。

### 注释及参考文献

［1］［51］［54］联合国开发计划署. 中国性少数群体生存状况调查报告［EB/OL］.［2022-04-25］. http：//www.199it.com/archives/640668.html.

［2］张静，郑丽军，郑涌. 性少数人群的心理健康：理论模型与研究取向［J］. 心理科学进展，2015（6）：1021-1030.

［3］都岚岚. 酷儿理论等于同性恋研究吗？［J］. 文艺理论研究，2015（6）：185-191.

［4］林垚. 同性婚姻、性少数权益与"道德滑坡"论［J］. 清华西方哲学研究，2017（2）：411-437.

［5］［44］易茜. 性少数人群的自组织形态——对北京女同社群的观察报告［C］//2014年中国社会学年会"社会性别视角下的社会治理现代化"论坛论文集. 2014：84-96.

［6］王艳萍. 网络原创耽美小说的叙事转向研究［D］. 泉州：华侨大学，2020.

［7］于铭. 新媒介与赋权：同性恋群体生存状态研究［D］. 西安：西北大学，2017.

［8］曹鸿. 社会政治与历史书写的互动——美国同性恋史研究的发展与思考［J］. 世界历史，2017（6）：76-88，158.

［9］陈珍. 档案学领域社群档案理论基础探析［J］. 浙江档案，2017（6）：21-24.

［10］谢畅，周林兴. 社群档案资源开发利用的三角互动模型探索——以"南亚裔美国人数字档案馆实践项目"为对象［J］. 山西档案，2021（3）：37-46.

［11］［25］李孟秋. 我国社群档案建设的意义、困境与路径［J］. 档案学研究，2019（2）：71-76.

［12］冯雪，王英玮. 全局性档案管理体系与参与式档案管理模式研究——基于英国社群档案管理经验的思考［J］. 浙江档案，2017（1）：28-30.

［13］Elise Chenier. Reclaiming the Lesbian Archives［J］. Oral History Review，2016（1）：170-182.

［14］［58］Bettine A M，Mattock L K. The gay archival impulse：the founding of the Gerber/Hart library and archives in Chicago［J］. Global Knowledge，Memory and Communication，2019（8/9）：689-702.

［15］柯林·威尔森，毛兴贵. 酷儿理论与政治［J］. 国外理论动态，2013（12）：36-53.

［16］李简. 性伦理学视域中的酷儿理论［D］. 长春：吉林大学，2019.

［17］History Hub. 公民档案工作者：档案的骄傲|历史中心［EB/OL］.［2022-04-28］. https：//historyhub.history.gov/community/citizen-archivists/blog/2021/07/28/pride-in-the-archives.

［18］Federal Register. Establishment of the Stonewall National Monument［EB/OL］.［2022-04-28］. https://www.federalregister.gov/documents/2016/06/29/2016-15536/establishment-of-the-stonewall-national-monument?utm_source=newsletter&utm_medium=email&utm_campaign=pride-june2021.

［19］Carroll A，Ramon L. A World survey of sexual orientation laws：Criminalisation，protection and recognition［J］. State-sponsored Homophobia，2017：196.

［20］崔荣华. 明清社会"男风"盛行的历史透视［J］. 河北学刊，2004（3）：155-159.

［21］［49］陆颖珊. 我国性少数群体的权益保障制度研究［D］. 广州：暨南大学，2020.

［22］［34］［40］李银河. 同性恋亚文化（第一版）［M］. 呼和浩特：内蒙古大学出版社，2009.

［23］联合国. 公民权利及政治权利国际公约［EB/OL］.［2022-05-3］. https://www.un.org/zh/documents/treaty/files/A-RES-2200-XXI-2.shtml.

［24］原创力文档. 公民权利和政治权利国际公约中英文对照［EB/OL］.［2022-05-3］. https://max.book118.com/html/2018/0223/154302637.shtm.

［26］［48］Wakimoto D K，Bruce C，Partridge H. Archivist as activist：lessons from three queer community archives in California［J］. Archival Science，2013（4）：293-316.

［27］洪秋兰，潘荣. 社群档案与遗产组织（CAHG）2012—2019 年获奖项目分析与启示［J］. 档案学研究，2021（3）：80-89.

［28］［33］［47］黄霄羽，陈可彦. 论社群档案工作参与模式［J］. 档案学通讯，2017（5）：89-94.

［29］John Ridener.From folders to postmodernism：A Concise History of Archival Theory［M］. Litwin Books，LLC Duluth，Minnesota，2009：96.

［30］特里·库克. 四个范式：欧洲档案学的观念和战略的变化——1840 年以来西方档案观念与战略的变化［J］. 李音，译. 档案学研究，2011（3）：81-87.

［31］孙频捷. 身份认同研究浅析［J］. 前沿，2010（2）：68-70.

［32］李孟秋. 论档案叙事的发展演变：基于社群档案的分析［J］. 浙江档案，2021（6）：23-26.

［35］Gates G J. How many people are lesbian，gay，bisexual and transgender?［J］. The Williams Institute，UCLA School of Law，2011：1-8.

［36］Blued. 2015 年中国同志社群大数据白皮书［EB/OL］.［2022-04-22］. http://www.199it.com/archives/428104.html.

［37］Jones J M. LGBT Identification Rises to 5.6% in Latest U.S. Estimate［EB/OL］.［2022-04-23］. https://www.optumhealtheducation.com/sites/default/files/LGBT%20Identification%20Rises%20to%205.6%25%20in%20Latest%20U.S.%20Estimate.pdf.

［38］国家统计局. 第七次全国人口普查公报［1］（第二号）——全国人口情况［EB/OL］.［2022-05-01］. http://www.stats.gov.cn/tjsj/tjgb/rkpcgb/qgrkpcgb/202106/t20210628_1818821.html.

［39］网易新闻. 长沙同性恋举行公开婚礼自制结婚证［EB/OL］.［2022-04-20］. http://liaocheng.dzwww.com/lbt/lc/201605/t20160518_14306117.htm.

［41］张红显. 游民意识与隐性社会稳定风险［J］. 西北农林科技大学学报（社会科学版），2013（1）：120-126.

［42］Zimmerman J. From brew town to cool town：Neoliberalism and the creative city development strategy in Milwaukee［J］. Cities，2008（4）：230-242.

［43］Lamontagne E，d'Elbée M，Ross M W，et al. A socioecological measurement of homophobia for all countries and its public health impact［J］. European journal of public health，2018（5）：967-972.

［45］谭思铭. 民间"性少数"公益组织的社会动员机制［D］. 广州：暨南大学，2020.

［46］［50］高文谦. 中国同志组织民政注册研究［R］. 北京：同语，2016.

［52］武晓东. 败诉"同性恋是病"教材案原告上诉：放弃意味着认同［EB/OL］.［2022-04-20］. https://news.sina.com.cn/s/2020-09-14/doc-iivhvpwy6592282.shtml.

［53］郭凌风，刘文利. 性少数群体校园暴力与欺凌的危险和保护因子［J］. 中国学校卫生，2019（1）：156-160.

［55］吴建华，高胜楠. 论新时代档案工作的主要矛盾［J］. 档案学通讯，2018（5）：4-8.

［56］闫静，刘洋洋. 酷儿理论视角下档案与性别身份认同的冲突与和解［J］. 档案学研究，2021（6）：21-27.

［57］李灵凤. 从权力到权利——国家档案馆公共服务基本价值取向研究［J］. 档案学通讯，2011（3）：33-36.

［59］杨梦莹. 我国社群数字记忆建构的现状和路径探析［J］. 城建档案，2021（10）：91-94.

［60］连志英. 欧美国家社区档案发展评述与启示［J］. 浙江档案，2014（9）：6-9.

［61］卢枫. 电视人战疫口述档案⑥传统媒体不死［EB/OL］.［2022-04-29］. https://mp.weixin.qq.com/s/Qdr6Cp-Cj-AqOumpGrXxeA.

# 突发事件档案编研存在问题及优化策略探析

霍艳芳　　徐一丹

山东大学历史文化学院

**摘　要：** 突发事件档案编研具有资政功能、精神文化价值和情感价值，笔者基于网络和电话调研发现，目前的编研活动呈现地域不平衡性、回溯借鉴性、编研活动的活跃度与突发事件的影响大小呈正相关等特征，还存在主观作为和"平战结合"意识不强、缺乏资金和编研人员、编研成果利用效果不好、保密问题限制等问题，最终提出提高编研主体的主动性和能动性、灵活借鉴现代传播宣传策略为成果造势、积极开展突发事件档案数字编研工作等优化策略。

**关键词：** 突发事件；突发事件档案；档案编研；档案利用

在世界各地，社会政治和经济高速发展的同时，也面临着自然灾害、事故灾难、公共卫生事件、社会安全事件等频发的问题。在应对这些突发事件的过程中，会形成大量的珍贵档案，即突发事件档案。学者们肯定了突发事件档案的独特价值，从不同的角度探索突发事件档案利用策略，但是缺少以"突发事件档案编研"为主题的整体性研究成果。笔者不揣浅陋，通过网络调研、电话访谈等方法把握突发事件档案编研现状，分析其面临的困境和原因，探索其优化策略，以期抛砖引玉，敬请方家指正。

## 1　突发事件档案编研的必要性

突发事件档案是国家档案资源的重要组成部分，是建立健全突发事件应急处置机制、推进国家治理体系和治理能力现代化的重要资料，对之进行编研有利于提高其利用率和发挥其借鉴价值。

### 1.1　能够提供智力支持，充分发挥资政功能

突发事件档案记录了该事件的发生过程、造成影响，及人们对其发生原因分析和后续处理，是日后新突发事件应急决策获取经验的重要资料，将诸如政府机构形成的指示、批示、会议材料等，执行部门形成的调度方案、物质发放表格等，社会组织和新闻媒体形成的材料，等等，进行汇集编研，有利于充分发挥突发事件档案资政的服务价值，为政府应对类似突发事件提供智力支持。例如，新冠疫情期间，各地档案馆编写资政参考类为疫情防控工作服务，比如山东省档案馆和广东省档案馆分别编写一部《档案资政参考》、广西壮族自治区档案馆编写《档案资政》2册。

### 1.2 能够提供动力支持，充分发挥精神文化价值

政府迅速推进的工作部署文件、抗灾一线的日记、请战书、捐赠单等档案及防护服、救灾工具等实物，无一不是人们应对突发事件过程的真实写照，无一不是社会记忆的生动反映，蕴含着丰富的精神文化价值。例如，武汉市档案馆"新冠肺炎疫情防控档案"展陈包括"情深似海厚望如山""生死阻击战""生命救治战""疫情阻隔战""物资保障战""发展突围战"六部分，深刻诠释生命至上、举国同心、尊重科学、命运与共的伟大抗疫精神，生动记录国家有效守护人民生命安全和身体健康而取得疫情防控重大决定性胜利的历程。

### 1.3 能够提供情感关怀，充分发挥档案情感价值

档案情感价值是指档案作为承载人类记忆的原始记录事实经验，当人们在社会实践活动中接触档案时，受社会文化情境的影响而获得的主观体验感受、情感共鸣、情感力量等。[1] 突发事件档案与其他档案的一大不同之处就在于其参与主体之广泛，在突发事件影响范围内，社会各阶层都是突发事件的见证者，都是突发事件档案的形成者。基于不同公众群体情感需求下的针对性编研，能够将那些凝聚了情感表达和情感力量的档案通过展览、纪录片等形式呈现出来，使曾经的亲历者在档案叙事中触碰过去的自己。例如，2020 年，南京市档案馆举办"与子同袍金陵力量"南京市"抗疫"档案主题展览，南宁市档案馆举办"先锋引领共战疫担当作为强首府"专题展览，引起观众强烈的情感共鸣，让人热血沸腾。

## 2 突发事件档案编研的类型和特征分析

截至 2023 年 1 月，笔者通过网站、微信公众号等渠道搜集和梳理相关资料，并主要对全国 23 个省、5 个自治区、4 个直辖市及省会城市档案馆进行电话调研。根据网络调查和电话调研的结果，再结合其他文献资料的记载，现有突发事件档案编研成果的类型可以从载体形式、文献加工层次两个方面进行分析，并呈现一些明显特征。

### 2.1 突发事件档案编研的类型

突发事件档案编研成果载体形式多样，主要以文字类、图片类和视频类为主。文字类成果是对应对突发事件过程中形成的各种政策、法规、文件等进行编研，是突发事件档案编研中比较常见的，如北京市档案馆主编的《民国时期北京（平）的卫生防疫》等。图片类是对突发事件应对过程中形成的相关照片按照一定的主题进行编研或展览，多以展览形式呈现，比较直观形象，如河北省档案馆主编的《河北援鄂医疗队抗疫档案记录》画册等。视频类是依托多媒体信息技术对应对突发事件过程中所产生的文件、图片、声像等进行融合，生动形象地展示人们应对突发事件过程中的相关活动，如山西省档案馆档案文献纪录片《记忆》第 65 集"卫生模范太阳村"、第 72 集安泽送"瘟神"、第 97 集"山西战疫"等。

突发事件档案编研成果以一次和二次文献为主，三次文献成果相对匮乏。一次文献编研是对原始档案的转化和加工，最接近原始档案，一般适用于需要公布或决策部门内部参考的文献、决策利用比较频繁的法规政策文件、某一专题领域需要研究的文献等，

如厦门市档案馆《厦门市 2003 年抗击非典档案资料汇编》等。二次文献编研是对原始档案或一次文献资料进行进一步加工和提炼而成的编研，一般适用于为应急决策部门提供突发事件应对与处置的专题参考资料、向有关部门介绍突发事件相关档案的内容、为专题档案数据库建设奠定基础等，如新津县档案馆《新津县"4·20"芦山地震专题档案全宗》等。三次文献相比一次文献和二次文献，加工层次更高、信息综合性更强，一般适用于对突发事件档案资源的综合分析、述评和研究，为决策利用者提供有分析、有结论、有建议的编研产品，如北京档案馆《北京市防治非典型肺炎工作大事记》等。[2]

### 2.2　突发事件档案编研呈现的特征

首先，具有地域不平衡性。一方面，虽然大多数档案馆进行突发事件档案编研活动，但是海南省档案馆、新疆维吾尔自治区档案馆、西藏自治区档案馆等阙如，而且编研活动频繁的档案馆多位于经济发达的中东部地区，充分说明文化活动受经济基础的制约和影响。另一方面，关于某种突发事件的档案编研活动多集中于该事件的发生地，例如，地震灾害的编研成果多集中在四川辖属的档案馆，如四川省档案馆《兰台魂——5·12 汶川大地震 3 周年纪念》、阿坝藏族羌族自治州地震局和档案局合编《松潘 7.2 级地震档案资料图片集》、新津县档案馆《新津县"4·20"芦山地震专题档案全宗》、雅安市档案馆《"5·12"汶川地震资料选编》等。

其次，具有回溯借鉴性。在调研中，笔者发现不少突发事件档案编研是在面临同类灾害事故发生时，出于经验借鉴的目的对历史事件进行回顾。大多数防疫类编研成果出现于 2020 至 2022 年防控新冠疫情期间，如北京市档案馆编纂了《民国初年的一场鼠疫防疫战》《中华人民共和国成立初期北京首次防控传染病始末》《清代北京的防疫与卫生》等文章，广东省档案馆编纂《抗"非典"时期医疗废水废物处理及空调设备使用档案选编》《抗"非典"时期社会捐赠款物管理工作档案选编》等图书。这种将目光投向历史上的突发事件，借助档案编研活动观照当下的新冠防控实践，促使人们基于以往经验建立对新冠疫情防控的认知和理解。

再次，编研活动的活跃度与突发事件的影响大小呈正相关。突发事件波及范围越大、影响越广，相应的档案编研活动就越多，编研成果也就越丰富。调研结果显示，关于新冠疫情的编研活动最为频繁，成果也最丰富。这是因为新冠疫情波及全国乃至全世界，极大干扰人们的生产和生活，多元主体的不同利用需求促使档案部门进行新冠疫情档案的编研活动。

## 3　突发事件档案编研面临的困境和原因分析

从档案馆编研工作的不足到突发事件档案自身缺陷，突发事件档案编研仍是档案编研领域的冷门地带，面临一些难以突破的困境。

### 3.1　主观作为和"平战结合"意识不强

对于大多数档案馆来说，进行突发事件档案编研的主观作为意识不强，一方面在于目前突发事件档案法规制度尚不完善，新修订的《档案法》以及新公布的《重大活动和突发事件档案管理办法》虽有条款涉及突发事件档案开发利用问题，但其实施时间相对较短，尚未引起档案部门的足够重视。另一方面是由突发事件档案利用需求的不确定性导致的。突发事件具有偶发性，除了某类突发事件频发的地区或者影响极广的突发事件，大多时候社会对突发事件档案没有明显的主动利用需求，档案部门重视不足，就不会在突发事件发生前未雨绸缪地进行主动编研。

此外，档案馆缺乏"平战"结合的危机意识，使得大多数编研活动在突发事件发生的事中和事后进行，编研工作呈现滞后性，影响了对突发事件档案的利用。这种战时的、紧急性、临时性的编研虽然为应对突发事件提供了信息支持，但难免有所缺漏，开发和编研的深度不够。

### 3.2 档案馆缺乏资金和编研人员

在电话调研中，不少档案馆表示他们虽然对突发事件档案进行了收集、整理，但因为缺乏资金和专业的编研人员无法开展针对性的编研活动。档案馆作为事业机构，其资金来源主要是国家财政拨款，机构内业务繁多，在资金分配上会优先投入诸如档案信息化、数字档案馆等紧急领域。且就编研而言，突发事件档案编研也不是热门编研方向，甚至因为其利用的不确定性等因素导致对其编研更加缺乏关注。

档案馆面临编研人员有限这一问题，一方面是因为从事档案编研工作，不仅需要对整个馆藏了然于胸，熟悉资料收集、挑选、考订、加工、编排等流程，还需要把握相关政策界限和法律规定审核把关相关内容，同时还需要分出精力处理党建、行政等日常工作。另一方面，这些有限的人员大多情况下会优先投入热门方向，例如红色档案资源利用开发，或者配合建党百年、传承弘扬黄河文化、沂蒙精神等党的重要活动进行编研。

### 3.3 以往编研成果没有得到有效利用

档案馆对突发事件档案编研的动力多来自政府资政参考，缺乏对突发事件档案精神文化价值和情感价值的深入挖掘和呈现，面向社会大众的编研成果的利用效果不甚理想。笔者认为主要原因有以下三点：一是服务对象身份的不同。普通群众关于突发事件档案编研的反馈对档案馆影响有限。二是编研成果针对大众需求的调研有限。囿于人员、资金等现实情况，当前档案资源的开发利用活动多是以各级各类档案馆（室）为主体进行，与当前用户需求衔接匹配度较低[3]。档案馆对广大群众利用需求了解有限，只能通过预设或调查划定一定的需求。三是编研成果对群众吸引力不足。多数档案馆仍采用直接堆砌文字、图片等的传统编研模式，导致群众望之即弃。

另一方面，推介和宣传不足限制了编研成果的有效利用。档案馆属于参公类事业单位，由财政拨款出资出版的编研成果不能放在实体和网络书店中销售，只能通过赠送给其他部门、知名学者等公益形式流通，大大影响了推介效果。虽然有些档案馆选择与电视台合作播出，但是随着智能手机的普及，社会大众特别是年青一代对电视频道的关注越来越少，这一宣传的效果也日益减弱。推介和宣传的不足导致编研成果鲜为人知，影响了对编研成果的利用。

### 3.4 档案保密问题限制了编研工作的开展

在调研中，有的档案馆以"档案还在保密期""现在还是敏感期"等理由表示他们没有进行突发事件档案的编研活动。诚然，新修订《档案法》对档案的保密期限做出二十五年的规定，但也强调了只要不是"涉及国家安全或者重大利益以及其他到期不宜开放的档案"且属于"经济、教育、科技、文化等类档案"是可以酌情缩短保密期限的。突发事件档案与人民生活有着密切关系，对社会治理也有重要意义，档案馆完全可以根据需要进行开发利用。

另外，有的档案馆认为编纂出来的成果涉及太多隐私信息，不便于向社会大众公开。其实这跟档案馆信息审核严格有关系，档案馆对于公开的材料非常慎重，上网的信息大多被精挑细选，对于档案编研来说亦是如此。突发事件档案编研活动跟档案文献编纂活动一样，要在法律、政策允许的范围内公布档案，维护国家利益和国家安全，维护公民的信息权利，但是要把握好选材的政策界限，不能因噎废食或止步不前。

## 4　突发事件档案编研的优化策略

针对上述问题，兹从编研主体、传播宣传策略、数字编研模式等三个方面出发，提出突发事件档案编研的优化策略，以期改善突发事件档案编研面临的困境，建立更高效的突发事件档案编研机制，提高编研效率和质量。

### 4.1　提高编研主体的主动性和能动性

首先，提高对突发事件档案编研的重视程度，增强主动服务意识，树立"全流程"工作意识。档案部门应该重视对突发事件档案的"平时"编研，做到"平战结合"，将编研工作与突发事件发生过程深度融合，提高突发事件档案编研质量。一方面可以通过开展突发事件档案法规制度研讨会、突发事件档案价值解读会、学习交流会等形式加强对档案人员的思想教育，提高对突发事件档案编研的重视程度，增强主动服务意识。另一方面，树立"全流程"工作意识，从突发事件发生过程出发，进行深度编研。让突发事件档案编研不仅在事后，更在事中、在事前，活化馆藏突发事件档案，增加编研数量、提高编研质量。

其次，构建多元主体协同编研机制，提高编研效率和质量。在编研时，档案馆可以采取"档案众包模式"，引导群众参与突发事件档案的编研，实现与用户利用需求的直接对接。"档案众包模式"的编研方式，"不仅能提升开发效率、加强开发深度，还能增强开发后档案资源的适用性，以便在不同领域内传播利用"[4]。此外，档案馆可以与图书馆、博物馆、高校等其他机构合作，发挥各自优势，实现资源互补、信息共享、动态合作等，提高突发事件档案编研的质量。

### 4.2　灵活借鉴现代传播宣传策略为成果造势

首先，把握时机，巧用"借势"传播。借势传播是一种广为采用的宣传推广手段，借助、利用现已发生的外界热点新闻、事件及明星的即时轰动效应，结合机构或企业产品的特性，开展一系列相关宣传推广活动，吸引大众和媒体的关注，达到信息传播和营销的目的，具有成本低、宣传效果好等优点，可以起到事半功倍的传播效果。[5]借势传播的核心就是直接借助已有热点或影响力大、知名度广的组织，档案馆资金有限，在宣传突发事件档案的编研成果时，可以多考虑这种传播方式。

其次，积极"造势"，扩大档案馆及其编研成果的影响。档案馆不能总是依靠其他组织，要学会自力更生，深入学习"造势"传播，积极打造自己的文化形象、探索多元宣传途径，扩大自己的影响力，推动突发事件档案编研成果的传播。在造势传播中，要掌握以下技巧：第一，立足品类造势。需要档案馆精心策划编研成果的产品定位，找到产品特色，或针对医疗人员，或针对新冠患者等，从编研成果特色出发进行造势。第二，善用口碑造势。档案馆要重视编研成果的"评论区"，为编研成果的传播利用创造良好的舆论，并形成编研成果的口碑。在开展造势传播中，可以将口碑作为免费的宣传，以群众的相互交流促进编研成果的利用。

再次，统筹运用多元传播渠道，全面辐射不同人群。虽然关于图书的推介和宣传效果难以有所作为，但是档案馆在进行档案展览、纪录片等突发事件档案编研成果的宣传时，要充分考虑到不同人群的偏好，统筹运用多元传播渠道，实现信息的针对性传播。既要考虑传统的以广播电视和报刊为代表的大众传播，也要考虑以短信、微信、微博为代表的人际传播，还要注重以单位发函发文形式为代表的组织传播，以及单位自身的官方发布等各种传播渠道的综合运用。[6]

### 4.3 积极开展突发事件档案数字编研工作

在"数据态—知识态—价值态"的三位一体编研空间内，数字编研可以更好地细化编研对象颗粒度，解构编研对象语义内涵，针对不同价值需求形成编研成果，并将最终编研成果通过数字媒介轻松呈现给更多的用户。

首先，充分运用现代信息技术搭建数字编研框架。第一，建立各类专题知识库为数字编研提供丰富素材。利用数据挖掘及分析技术，根据用户信息需求或某项具体任务系统收集各类档案数据，并加以分析归纳，最终形成专题知识库，为数字编研提供清晰可见的档案数据知识单元。第二，运用叙事可视化技术增强编研成果的呈现效果。现有编研成果基本以文字、展览、视频的方式向大众呈现，大众对其接收度有限，从而影响档案价值的实现。因而，在数字编研中，要注意根据受众利用需求、编研对象特点、编研体例等选用不同的叙事可视化技术，如，时间轴、知识图谱、数据地图、实景 VR 等，以便受众更好地接收和利用。第三，运用区块链技术构建编研成果信息共享平台，方便用户的利用。采用联盟链连接各档案馆突发事件档案编研成果库，建立全国性、分布式的编研成果共享平台，集成档案信息资源，满足社会利用需求。[7]

其次，根据不同价值需求进行针对性数字编研。突发事件档案具有丰富的价值，用户对其价值需求也各不相同，不同的价值需求指向的数据类型有所不同，数字编研的实现路径也就不同。例如，针对文化建设需要的文化类数据，在进行编研时应该更注重成果的可视化展示，提升用户的情感体验。而针对科研学术需要的研究类数据，则要注重档案数据的多维度、全面性和颗粒度，以实现内容要素的有效组织与编排为目标，从而方便用户进行研究利用。

## 5 结语

突发事件档案所承载的大量决策信息、社会记忆、民族精神对于建立健全突发事件应急管理体制、增强社会认同、提高民族凝聚力都有重要意义。但是，我国档案馆对突发事件档案的编研仍存在重视不足的问题。因此，档案馆要准确把握突发事件档案的特点，深入研究突发事件档案的价值，不断加强对突发事件档案编研的重视，以用户需求为导向，积极学习交流，从而进一步提升自己的服务能力和社会认可度，突出档案馆在推动国家治理体系现代化中的地位。

### 注释及参考文献

［1］郭若涵，徐拥军. 后现代档案学理论在突发公共卫生事件档案管理中的应用［J］. 档案学通讯，2020（3）：60-67.

［2］胡康林. 突发事件档案编研产品类型研究［J］. 办公室业务，2018（23）：61-62.

［3］李敏. 档案信息资源开发主体多元化理论探析［J］. 档案管理，2017（1）：18-20.

［4］朱伶杰，罗丹. 突发公共卫生事件档案的开发利用现状与策略研究［J］. 北京档案，2021（2）：28-30.

［5］［6］唐贞全. 注意力稀缺时代的突发事件档案收集与展览传播策略——以广州抗击新冠肺炎疫情档案为例［J］. 兰台世界，2022（7）：87-90.

［7］牛力，曾静怡. 数字编研：一种全新的档案业务模式［J］. 中国档案，2022(1)：70-71.

# 被遗忘权视域下的社交媒体信息存档：
# 挑战与应对

胡　丹　张博闻

武汉大学信息管理学院

**摘　要：**数字时代使信息的长期保存成为可能。对于部分错误的、过时的、非必要的社交媒体信息，人们渴求遗忘的呼声愈加强烈。但一旦已经存档的社交媒体信息被删除，网络空间的原始数据和集体记忆则难以保留，进而带来伦理风险、信息风险、鉴定难题等挑战。为了在集体记忆与个人遗忘之间寻求最佳平衡，可运用比例原则协调公共利益与个人利益，采取温和的策略以保障信息完整性与可用性，建立全生命周期的信息审查机制。

**关键词：**被遗忘权；社交媒体；信息存档

## 1　引言

遗忘是人类的本性，对于人类的大脑而言，遗忘曾是常态，记忆才是例外。但数字技术使得一切都被事无巨细地记录、保存，"记忆成为常态，遗忘成为例外"。数字记忆在给人们带来极大便利的同时，也造成了网络安全威胁、个人隐私泄露、用户数据失控[1]等新的困扰。为了保障数据主体能够及时抹除或隐藏错误的、过时的、非必要的或超出目的的个人信息，"被遗忘权"（right to be forgotten）这一新型权利应运而生。被遗忘权尚无规范的定义，但无论是前互联网时代的"传统被遗忘权"，抑或是互联网时代的"数字被遗忘权"，它们拥有共同的价值基础，即实现对信息的自主决定与控制，彰显人的尊严。理论层面，关于被遗忘权对档案工作的影响，研究成果聚焦于网络信息存档领域，对社交媒体这一特定的网络信息类型关注度不高。如 Henttonen P.[2] 指出数字环境中的隐私问题难以识别，档案工作者在协调个人隐私权与社会的知识需求时会变得更加困难；张涛[3]、连志英[4] 提出被遗忘权的确立不会阻碍图书馆、档案馆信息存档，但可能会导致已存档的某些个人信息被限制利用。实践层面，据谷歌调查分析，当下被遗忘的诉求主要集中于社交媒体平台，美国《华盛顿邮报》也曾发布题为"人们想要遗忘什么：社交媒体发布信息"的新闻，呼吁关注社交媒体被遗忘权的相关问题。[5]此外，社交网络环境也是各国被遗忘权立法关注的重点领域。2009 年法国启动了"被遗忘权在社交网络和搜索引擎中实施"的议案[6]；2012 年欧盟出台《通用数据保护条例》，被遗忘权作为法律概念被首次提出，欧盟委员会副主席和欧盟司法专员雷丁在介绍被遗忘权的立法动议时特别提到了社交网站上的个人信息公开问题[7]；2013 年美国加利福尼亚州州长签署《加州商业与职业法》，特别指出社交网络平台属于被遗忘权义务主体的范围[8]；我国 2021 年 11 月 1 日起实施的《中华人民共和国个人信息保护法》（下文简称《个人信息保护法》）第 47 条所规定的"删除权"也蕴含"被遗忘权"的核心价值理念。[9] 用户在社交媒体平台上形成的记录具有凭证、记忆、研究等价值，是数字档案资源体系的重要组成部分，但被遗忘权主张的个体人格尊严利益与社交媒体信息存档所主张的信息完整保存理念相悖。二者的内在冲突使我们不得不思考：被遗忘权会给社交媒体信息存档带来哪些挑战？相关机构又如何应对这些挑战？目前，国内外已经发生了一些因个人请求删除与自己相关的网络信息而引发的司法案件。作为网络信息的重要组成部分，社交媒体信息的存档工作也将不可避免地受到被遗忘权的影响，本文结合案例，从宏观层面的伦理风险、中观层面的信息风险、微观层面的鉴定难题三方面分析被遗忘权对社交媒体信息存档带来的风险与挑战，并提出解决策略。

需要指出，由于社交媒体信息的权属问题极其复杂，图书馆、档案馆、社交媒体服务商、搜索引擎服务商都有能力开展社交媒体信息存档，但图书馆、档案馆具有相对中立的地位，承担公共服务功能，能够发挥协调各方利益的作用，在社交媒体信息存档工作中拥有不容忽视的潜力。在没有特别说明的情况下，本文所称的"存档机构"指图书馆与档案馆。

## 2 被遗忘权视域下社交媒体信息存档面临的风险与挑战

### 2.1 宏观伦理风险：集体记忆与个人遗忘存在冲突

"集体记忆"最早由法国社会学家哈布瓦赫提出，他将其定义为"一个特定社会群体之成员共享往事的过程和结果"，并认为社会群体延续记忆的需要是保证集体记忆传承的条件。[10] 集体记忆对于把握社会发展规律、提升群体成员的自我认同至关重要，同时有助于实现公众对社会公共事务的知情权、参与权、表达权和监督权，属于公共利益的范畴。社交媒体不仅是人们记录生活、表达观点的话语场，也是大众共同建构集体记忆的重要平台，每个用户在平台上发布的文本、图片或视频等信息以及互动产生的社交记录都可能成为集体记忆的起点与内容，建构集体记忆应使社交媒体信息得到完整保存。然而个人对于其信息保护的需求也在不断扩大，尤其当信息使个人处于不利局面时，个人更希望通过被遗忘权使自己的过去被社会遗忘，如欧盟"冈萨雷斯诉谷歌案"、我国"任甲玉诉百度案"中的原告均认为网络上的负面信息严重影响其工作和生活，故主张依据被遗忘权要求网络公司删除或修改有关页面或断开链接。被遗忘权"本质上是一种个体免于伤害和痛苦的权利"[11]，体现出人类趋利避害的本能，这种本能映射至伦理层面，便是人格尊严这种个体利益的集中表达。[12] 进一步上升至法理层面，集体记忆与个人遗忘的冲突就是公共利益与个体利益的冲突。2010 年末，加州大学伯克利分校橄榄球队一名运动员的父亲哈维·普尔茨（Harvey Purtz）将《加州人日报》的总编辑告上法庭，因为后者拒绝从该报纸的网页归档版本中移除四年前发表的一篇关于他儿子的文章。该文章记载了他儿子在旧金山某脱衣舞俱乐部醉酒后与员工的冲突，事件发生后，他儿子不再代表学校橄榄球队参加比赛，并于 2010 年去世。普尔茨随后联系了该报社，要求从归档的网页中删除这篇文章，但该报总编辑认为此文未达到公司撤销标准而拒绝。最后，法官支持了总编辑的主张并解释说，他很同情普尔茨遭受的丧子之痛，但这并不足以判决总编辑败诉，普尔茨主张的是让关于他儿子的负面信息从在线档案中被遗忘、删除的权利，而这一权利与公众了解该事件的知情权相冲突。[13] 由此可见，当基于保障公众知情权的公共利益而完整保存信息时，有可能导致个体以自主性为核心的人格尊严受到损害，进而产生利益冲突。此种情形下，需要在公共利益与个体利益间进行价值选择与利益权衡。

## 2.2　中观信息风险：信息完整性与可用性遭到破坏

对社交媒体信息进行归档保存的最终目的是实现资源的利用[14]，被遗忘权的引入使归档信息的完整性与可用性难以得到保证。被遗忘权对社交媒体信息完整性的影响主要体现在增量信息完整性以及存量信息完整性两个方面。在增量信息上，假设信息主体在归档前行使被遗忘权，删除部分信息内容，那么存档机构无法完全捕获；为了避免对个人利益造成侵害，存档机构还可能采取相对保守的策略，规避可能引发争议的信息内容，绕开"雷区"以缩小存档范围，造成信息收集不全面。在存量信息上，已经归档的部分社交媒体信息若因个人诉求被剔除，存量信息的完整性将遭到破坏。被遗忘权对社交媒体信息可用性的影响主要体现在信息的可获取性以及信息的利用价值两个方面。首先，被遗忘权赋予用户断开链接的请求权，虽不会使信息本身被删除，但会导致其陷入难以检索的困境。其次，上下文内容对于知悉客观事物的全貌至关重要，部分内容被删除后会影响对信息语义的理解，导致信息的价值难以充分发挥。例如，2010 年荷兰私立学校的创建人 E. Luzac 起诉《荷兰晨报》，请求将 2002 年至 2005 年发表的一些关于他的负面报道从该报的档案馆及网站上删除。法官驳回了他的请求，原因在于删除会破坏已保存的档案内容的完整性，进而导致利用者难以获取。[15] 保证档案资源的完整与可用是档案工作的重要目标，存档机构应坚守档案工作的基本准则与合规要求，采取对档案信息的完整性与可用性破坏最小的方式实现个体的被遗忘权诉求。

## 2.3　微观鉴定难题：信息存档机构难以识别隐私信息

具体到被遗忘权所指向的对象主要是个人信息或个人隐私。个人信息与个人隐私存在是两个具有交叉关系的概念，个人信息中具有敏感性的"私密信息"属于个人隐私，"数字化正以一种新的方式模糊私有与非私有的界限，保护私人空间的墙正在倒塌，所有的空间都可能是公共的"[16]，数字时代个人空间的边界日益模糊，当信息处理活动跨越个体的敏感性界限时，隐私就会受到侵犯。社交媒体平台上充斥着大量涉及隐私的敏感个人信息，且这些信息在实践中往往难以识别[17]，原因有三：其一，涉及隐私的社交媒体信息具有多源异构性，来源复杂、格式多样且分布零散，在对社交媒体信息进行归档时，包含个人隐私的信息常常被裹挟其中，在无明显标识的情况下，隐私信息的可识别性较弱。其二，对隐私的讨论需要结合特定的场景，从事归档的工作人员通常不熟悉信息的形成背景，脱离背景识别隐私存在一定难度。例如发布在社交媒体平台上的手机号码是否属于隐私就需要结合背景分析，如知悉范围限定在单位、亲朋等特定群体内，则不属于隐私，但当知悉范围扩大到不特定的社会公众时，就会增加个体被识别或被骚扰的风险，这种情况下应当将其视为隐私，适用隐私法保护。此外，随着数据分析技术的发展，分散于各大社交媒体平台的非敏感信息经过收集、整理与重组能够形成精准、完整的用户画像，反映个体的兴趣爱好、思想活动、购习习惯甚至性取向等私密信息，使得单一信息的敏感性变得难以判定。其三，除了德国法"领域理论"对"私密空间""个人空间"与"公共空间"的划分，目前各国在立法与司法中实践尚未发展出统一的个人隐私判定标准，社交媒体信息存档工作人员在从事归档活动时缺乏明晰的规范指引与可资借鉴的经验，难以判断哪些信息可能对个人的工作、生活造成困扰。隐私识别是社交媒体信息存档机构必须直面的难题，若存档机构在实践中刻意对个人隐私予以回避，则会面临履责不力的合法性危机[18]，需承担起"数据保护官"与"记忆保存员"双重角色，平衡好保护个人隐私和留存社会记忆的关系。

## 3　被遗忘权视域下社交媒体信息存档应对策略

### 3.1　运用比例原则平衡公共利益与个人利益以应对伦理风险

据前文所述，被遗忘权引发了集体记忆与个人遗忘的冲突。作为公法的"帝王原则"，比例原则是以行政机关为核心的公权力机构从事活动的根本遵循。传统的"三阶"比例原则包括"适当性""必要性"和"均衡性"三个子原则，后有学者主张将"目的正当性"纳入比例原则之中从而确立"四阶"比例原则。[19] 比例原则体现出一种适度、均衡的理念和思想，是调整公共利益和私人利益分歧的工具，该原则打破了绝对的私人利益至上和绝对的公共利益至上的观念，使二者处于具体情境中待分析的状态，没有绝对的优先地位。[20] 集体记忆与个人遗忘之间的冲突应当在个案中依托具体情境予以具体分析。在社交媒体信息存档的情境下，运用比例原则进行利益衡量的方法为：第一，是否符合"适当性原则"，删除的社交媒体信息须为错误的、过时的或与公共事务无关的个人信息，例如，普通人发布在社交媒体平台上的日常生活照片等信息并不承载公共利益，行使被遗忘权不会对集体记忆造成实质性影响，但政治人物、上市公司高管、明星等公众人物承担着行政职责或社会责任，其发布的社交媒体信息往往与公共事务高度相关，属于集体记忆的重要组成部分，行使被遗忘权需要受到严格限制。第二，是否符合"必要性原则"，被遗忘权行使时应贯彻"最小侵损"的理念，将信息的删除控制在最小的范围内，尽可能采用其他措施替代删除以最大限度维护集体记忆的完整，实践中可采用去标识化、匿名化或遮盖等技术对信息予以处理，如我国香港法院审理的 D. Webb 起诉离婚案中，D. Webb 要求在网络公布的裁判文书中删除该案件中原告的姓名等信息，法院以损害社会利益为由驳回了 D. Webb 的请求，未对这些信息予以删除，但对当事人的信息进行了假名处理。[21] 该措施并不会影响裁判文书内容的完整性，也为公众提供了获取信息的途径。第三，是否符合"均衡性原则"，即损益相当，对公共利益的侵害与对信息主体的利益增进应符合一定比例，避免用较大的公共利益损失换取较小的个体利益。一方面，删除社交媒体上的信息应当能够显著增进个体利益，为个体带来福祉，如缓解其精神（心理）疾病或使其正常生活免受干扰；另一方面，个体行使被遗忘权后，公安机关、检察机关、人民法院等国家机构出于履行法定职责的公共利益目的再次调取相关社交媒体信息时，存档机构应当能够花费较低的成本快捷、方便地恢复信息。第四，是否符合"目的正当性原则"，被遗忘权意在保护人格尊严中的自主性，行使这一权利需出于善意，某些公众人物为博得关注，恶意发布自己的炒作信息后主张删除则不符合"目的正当性"原则。比例原则是一套逻辑严密的论证框架，通过引入比例原则在个案中进行权衡，有助于将对个体利益的侵害降到最低，实现集体记忆与个人遗忘的平衡。

### 3.2 采取温和的策略保障信息完整性与可用性以降低信息风险

作为一种实现被遗忘权的手段，删除会造成档案信息完整性与可用性的破坏，也因此引发了档案工作者对被遗忘权的忧虑。为了避免保守主义与激进主义带来不良后果，有学者提出"温和的被遗忘权"主张，该主张提倡有限制的、不能被滥用的被遗忘权，既强调保护个人的数据权利，也不阻碍数据开发利用。[22]笔者认为，删除权并非实现被遗忘权的唯一方式，还包括断开链接、封存等方式，采取温和的策略优于从根本上删除信息，能够在一定程度上缓和信息保存和遗忘间的紧张关系。具体表现为：第一，当信息主体发现存档机构收集、存储的个人信息存在错误时，应当优先行使更正权而非删除权。《个人信息保护法》第46条规定权利人对于不准确、不完整的个人信息，有权请求个人信息处理者更正、补充。更正权既能实现对个人信息的保护，同时又使信息免遭删除。第二，可参照司法实务中的未成年人犯罪记录封存制度，建立敏感信息的"封闭期"制度，将封闭期作为缓冲期，在封闭期以内严格限制利用，采用加密算法、离线存储、专网隔离等方法保证归档社交媒体信息的安全，只允许利益相关者在特殊情况下利用，封闭期结束后再提供社会利用，既不会删除信息本身，也可以通过利用限制保证相关个人的利益。第三，设立"冷静期"制度，以应对信息主体后悔行使被遗忘权或行使被遗忘权后严重危害到公共利益的情况，在冷静期限内对信息进行恢复。信息主体行使被遗忘权后，相关信息可能会被永久删除，然而随着时间推移或环境变化，个体可能对过去的行为心生悔意，若设置一定的冷静期能予以其后悔机会，尊重其自主选择；此外，由于审查失误等原因导致信息被删除，冷静期制度也能给存档机构"挽救"被删除的信息创造条件，保障信息的完整性与可用性。

### 3.3 建立全生命周期的信息审查机制以解决鉴定难题

个人信息的界定具有动态性，依赖于处理个人信息的具体场景。个人信息的处理是否会给用户带来隐私泄露风险，取决于个人信息在具体场景中"被如何使用"，是否符合用户在相应场景中的合理期待以及是否对用户造成不合理的负面影响。[23]针对前文提出的实践中涉及个人隐私的信息难以识别的问题，欧美个人信息保护立法中的"场景导向"与"风险导向"理念可以为社交媒体存档信息的保护与审查提供新思路。"场景导向"和"风险导向"意在将个人信息收集、处理、利用等行为置于特定环境下，依据实际情况进行风险评估，同时根据风险评估结果采取不同的管理措施，体现对数据处理生命周期全程的动态控制，以平衡个人信息的保护与数据的流通利用。首先，在存档信息的收集阶段，可参照欧盟《通用数据保护条例》的风险等级划分方法，建立分级分类审查机制，根据信息对个体的可识别性与内容的敏感性依次划定高、中、低等不同的级别，设置不同的类目，对应不同的收集方式，如涉及个人财产状况的社交媒体信息属于高风险信息，应暂缓收集存档，待信息脱敏处理后再进行归档保存，涉及个人成就或荣誉的社交媒体信息属于低风险信息，可优先收集存档。其次，在存档信息利用阶段，为适应复杂的个人信息利用场景，应建立动态的场景审查机制，存档机构可根据具体利用场景，评估本次信息处理的风险以及本次利用是否符合数据主体的合理预期。例如，当利用存档信息的目的是开展统计分析、提升服务质量，且无须辨识特定个体时，应当直接准许利用；当存档信息用于识别特定个体进行定制化服务或对个体做出不利决定时，需要开展风险评估，对信息处理者的资质和信息安全保障能力进行审查后谨慎提供利用，并订立利用协议以明确责任归属。最后，在存档信息处置阶段，为防止被遗忘权的滥用，存档机构应建立由审查主体、审查程序、审查期限等要素构成的完善的信息删除审查制度，如国家档案馆可依托已成立的档案鉴定委员会，设置"申请""审核""答复""申诉"等流程环节，对信息主体提交的请求进行评估，确保信息内容或链接满足被遗忘权的行使条件，并最终给出"删除信息"或"限制利用"等具体的处理意见。在"场景导向"与"风险导向"理念的指引下，建立全生命周期的信息审查机制，形成全新的个人信息保护架构，既能为解决信息存档机构的社交媒体敏感数据识别难题提供可行方案，也能为被遗忘权的行使提供完善的审查依据。

## 4　结语

被遗忘权是数字时代个体自主性在网络空间的彰显，社交媒体信息存档是保存集体记忆的重要举措，两者之间的冲突造成个人遗忘与集体记忆保存的两难局面，影响社交媒体信息存档的持续推进。本文探讨了被遗忘权对社交媒体信息存档机构的挑战，认为既有伦理方面的影响，更有信息内容与隐私鉴定方面的影响。针对上述挑战，提出引入比例原则、采取相对温和的策略、建立全生命周期信息审查机制的建议，以缓和二者的紧张关系。然而，社交媒体信息存档过程中被遗忘权的行使非由某一方单独决定，涉及国家机构、社会组织与公民个人的多方协同，这也是笔者在后续将要重点探讨的方向。

### 注释及参考文献

[1] 龙家庆. 被遗忘权对档案工作的影响 [J]. 档案学研究，2022（1）：43-50.

[2] [16] Henttonen P. Privacy as an archival problem and a solution [J]. Archival science，2017（17）：285-303.

[3] 张涛. 网络信息存档中被遗忘权适用的冲突与平衡 [J]. 档案学研究，2020（5）：126-133.

[4] 连志英. 被遗忘权对图书馆档案馆信息存档及信息获取的影响 [J]. 图书情报工作，2021（16）：35-41.

[5] What people want forgotten online：social media posts [EB/OL]. [2023-05-13]. http://www.bendbulletin.com/nation/3737562-151/what-people-want-forgotten-online-social-

media-posts.

［6］［22］胡晓萌. 温和的被遗忘权主张——基于权利的信息伦理视角［J］. 伦理学研究，2020（5）：127-133.

［7］Reding.Why the EU Needs New Personal Data Protection Rules? The European Data Protection and Privacy Conference，Brussels［EB/OL］.［2023-05-13］.http://www.bendbulletin.com/nation/3737562-151/what-people-want-forgotten-online-social-media-posts.

［8］Gibert F. The Right of Erasure or Right to be Forgotten：What the Recent Laws，Cases，and Guidelines Mean for Global Companies［J］.Journal of Internet Law，2015（8）：1-20.

［9］中国人大网. 中华人民共和国个人信息保护法［EB/OL］.［2023-05-13］.http://www.npc.gov.cn/npc/c30834/202108/a8c4e3672c74491a80b53a172bb753fe.shtml.

［10］莫里斯·哈布瓦赫. 论集体记忆［M］.上海：上海人民出版社，2002：36-41.

［11］翟小波. 信息作为惩罚——为被遗忘权辩护［J］. 环球法律评论，2022（2）：5-17.

［12］［18］余昊哲. 社交媒体存档与被遗忘权冲突的内在机理及调适路径［J］.情报理论与实践，2021（12）：73-79.

［13］Harvey Purtz Files Claim Against Daily Cal Editor-In-Chief Rajesh Srinivasan［EB/OL］.［2023-05-13］.https://www.huffpost.com/entry/harvey-purtz-files-claim_n_810400.

［14］黄新平. 欧盟 FP7 社交媒体信息长期保存项目比较与借鉴［J］. 图书馆学研究，2019（17）：2-9.

［15］［21］隋美娜. 被遗忘权视域下我国档案事业的应对思路［J］.档案，2022（6）：50-56.

［17］俞艺涵，付钰，吴晓平. 基于 Shannon 信息熵与 BP 神经网络的隐私数据度量与分级模型［J］.通信学报，2018（12）：10-17.

［19］刘权. 目的正当性与比例原则的重构［J］.中国法学，2014（4）：133-150.

［20］姜昕. 对比例原则功能之证成——一种反向推理［J］.辽宁大学学报（哲学社会科学版），2008（4）：154-157.

［23］范为. 大数据时代个人信息保护的路径重构［J］.环球法律评论，2016（5）：92-115.

# 红色档案资源融入高校思政育人工作的实施路径探究

## ——以上海交通大学档案文博管理中心为例

胡焕芝

上海交通大学

**摘　要**：红色档案是培养爱国情怀的重要载体，承载着丰富的文化内涵，与高校思想政治教育育人的内涵本质一脉相承。为此，用好红色档案资源是高校工作者重要的时代命题。文章将从红色档案资源融入思政育人工作的行动逻辑、内涵建设、实践探索以及传播赋能等方面，阐释高校档案馆在利用红色档案资源上的具体实践探索，为进一步激活红色档案价值，提升高校思政育人实效提供良好借鉴。

**关键词**：红色档案；高校；思政育人；融入；路径

党的二十大报告明确提出要"传承红色基因赓续红色血脉"。作为立德树人、开展思政育人的主阵地，高校如何将红色资源转化为教育、宣传力量成为一个兼具理论与现实性的重要问题，因此可以说，对于红色档案资源的多方位挖掘和应用，是高校档案系统一项极其重要而且迫切的时代命题。

## 1　主动思维，树立"档案育人与思政育人相统一"的行动逻辑

### 1.1　红色档案的内涵与思政育人内涵一致性

从广义上来讲，红色档案指的是记录和反映在中国共产党下，在新民主主义革命时期、社会主义革命和建设时期、改革开放和社会主义现代化建设新时期、中国特色社会主义新时代所形成的具有历史价值、教育意义、纪念意义的档案资料。[1]红色档案资源是众多档案资源中一种具有多重应用价值的档案资源，蕴藏着中华民族独特的精神标识，为塑造高校红色文化铸魂育人形象提供有力支撑。高校以立德树人为根本任务，高校思政育人体系的建构与运行，其最直接的抓手之一便是对高校学生开展包括理想信念教育、爱国主义、集体主义、社会主义教育在内的政治教育，引导学生树立正确的政治导向。[2]因此，双方都旨在面向公众，通过有意识建构或者重建一系列有导向、有主旨、有深度的思想改造，从而唤起公众的情感共识和链接。简言之，从二者的内涵及实现目标来看，红色档案资源的开发和高校思政育人具有内在一致性，双方都是通过有意

识的行动，对人这个行为主体开展精神重塑，从而实现公众认识的集体认同，实现价值引领的积极示范作用，也践行着高校立德树人的根本任务。

## 1.2 红色档案为思政育人提供丰富的思想素材

为应对当前我国社会面临的多重文化冲击，应着力增强中华民族的文化自信。红色档案作为一种独特的教育资源，有着深刻的时代烙印，正因为此，其具有更加深刻的影响力、渗透力、感染力；它不仅能以一种最直观与最有利的方式将革命战争时期的历史展现出来，还能让公众铭记与回忆那段艰苦卓绝的革命历史，从而更加深刻认识到中国特色社会主义的先进性，更加深刻认识到中国精神、中国力量，增强中华民族的凝聚力，这是提升我国文化自信的重要资源。

这对于新时代的学子们的思想政治教育工作尤为重要，因为他们远离过去艰难困苦的革命历史，缺乏对苦难历史的感同身受，因此要找到今天与过去的链接点。这可以通过一件件客观具体的实物、一段段历经时间沉淀的音频资料，带动人的情绪价值，产生共情能力。可以说，在一定程度上，红色档案资源是一种红色文化的物质载体，其特殊的文化属性，联结着过去与现在，滋养着一代代人，也延续着红色文化精神的传承，这些都为高校思想政治教育工作提供了丰富的思想养料和物质载体。高校育人就要用好这些鲜活的教材，固本溯源，让青年学生树立"四个自信"，而"四个自信"，既是我们做育人工作的初心，也是进一步开展工作的基础。

## 1.3 思政育人过程深化着红色档案自身内涵

档案不只是沉积在过往岁月中的原始信息，随着档案的产生利用，它的生命历程在一定程度上也是在不断变化着。封存的档案一旦进入公众视野，被人们加以利用，它潜在的内容便随之增加。正如一份诞生于革命年代的宣传单，当它被研究者发掘，用于研究或者展览中，其研究内容及其展览本身也将有可能被收入未来档案中，成为原有档案内容的重要补充。

将红色档案融入学校育人过程中，一方面，是发挥红色档案中积极的文化引领作用，正向的教育引导作用；但同时，在这一育人过程中，产生了大量的社会实践以及社会影响，其本身也将成为红色档案内容的一部分；正是因为这些内容的产生和迭代再塑，才让红色档案有了更加鲜活的生命，使其在不同时代、面对不同受众，会产生新的生命价值，因此可以说，这一育人过程本身，就是对红色档案资源内涵的深化与丰富，在一定程度上，其也逐渐融为红色档案本身。未来，二者将共同组成红色档案的内容，滋养着未来的受众，永葆红色档案厚重的生命力。

## 2　在内涵上，塑造交互式的宏观主流叙事模式

档案内容是档案资源开发利用的逻辑起点，对档案内容的挖掘、诠释和解读是整个全过程的关键，在一定程度上关系着档案所能带来的社会效益。红色档案资源开发的建构根植于记忆的社会属性，但同时受控于人类的主观能动性。因此，对于档案内容的再塑造，需要从档案本体出发，同时需要掌握一定的叙事表达方法，以及历史背景信息，"以拓展社会情境的宽度和届时的意义"，做到历史与现实、感知与真相、艺术与真实的

统一。[3]

### 2.1 从历史出发，注重回归时代感的场景

红色档案记录着发生过往的众多事件，但是每个档案的发生都深深根植于当时的社会环境，脱离不了当时独特的发生土壤，因此红色档案资源开发内容要充分融合当时的社会属性，从历史出发，才能揭开红色档案"镌刻的精神密码"，从而实现对红色档案的深度开发和利用。而当红色档案富有了独特的历史气息，其本身更加具有特色和时代价值，从而可以在高校思政育人工作中发挥其独一无二的思想浸润和引领作用。

上海交通大学档案文博管理中心（以下简称"中心"）充分运用自身红色档案资源优势，积极与学校马克思主义学院、人文学院、媒体与传播学院等合作。当讲述中国近现代历史或者大学精神文化内容时，便把课堂搬到了校史博物馆中，让学生置身在当时的社会环境中，透过历史沉淀的泛黄照片，饱含历史韵味的音频内容等，感受当时特有的社会环境和精神状态，这种身临其境、润物细无声的育人方式，相对于传统被动的授课方式，更得学生青睐。如在学生所修思政课《中国近现代史纲要》实践教学环节，中心还专门组成党史口述采集组，分赴上海、苏州等地，走访为解放战争、保卫和建设新中国做出贡献的交大地下党员校友、离休干部代表，分批采集党史口述资料，征集红色实物文献，在这一过程中，他们也逐渐构成了未来红色档案本身。从历史出发，并且创造历史，这种双向奔赴的育人模式也将更为持久与深入。

### 2.2 从受众出发，打造体验式的交互体验

档案具有公共属性，在档案的整合开发中让公众参与进来，可以实现民治，契合档案的记忆观和资源观的主流思想。注重受众的体验，可以增加叙事过程中的主客体互动，使他们在多元叙事中寻找到精神激励和情感慰藉，进而提升叙事体验，强化档案的育人价值效用。因此，在开发利用红色档案过程中，应充分发掘现代大学生自身的特点，力图通过他们的视角、口吻以及可接受方式，去诠释、再现红色档案。由于现代大学生是极具特性的新时代青年，他们接受多元的文化熏陶、自由的思维方式，因此对于他们的思想政治工作必定是有所区别的。

为此，中心主动打破原有"守株待兔"式的服务模式，主动走进学生课堂，启发学生为红色档案资源的开发利用贡献智慧。如中心与上海交大媒体与传播学院文化产业管理专业建立深度合作，构建教育教学实践基地。利用学生在新媒体、艺术创作方面的专业优势，请他们作为"红色档案资源的传播人"，将他们自身的课程与交大红色故事传播相结合，师生合作自主创作了"把火车开到南京去"沉浸式校史剧、"嘉木成荫　　墀耀万春"——两弹一星功勋科学家杨嘉墀沉浸式党课、"拨雾·寻光——沉浸式校史推理剧"。师生们通过在研读档案、剧情创作以及推广传播方面的全方位历练，一方面加深了他们对红色档案背后的故事认识，另一方面也推动他们成为传播红色文化精神坚定的弘扬者，将红色精神融入内心深处，起到档案育人的积极效果。从受众出发，坚持以需求为导向，激发受众们在与档案互动中，通过体验式交互感受到信仰的力量，从而推动高校的思政政治教育工作做深做实。

## 2.3  从细节出发，注重细腻化的创作风格

历史需要记忆，更需要重温，让历史照亮现实的最好办法，就是发挥历史事件的教育功能，而这需要借助一定的表达方式。叙事表达作为公众和档案的桥梁，对社会记忆的讲述与传承，对解读档案背后的历史、文化与国家精神具有深刻意义。[4]在红色档案的利用过程中，中心注重对于重要历史事件的重点阐释和细节化呈现。在2022年中心利用现有馆藏红色档案，借助短视频，推出"我在交大讲校史"系列活动，邀请交大学子以声传情，深情讲述档案背后的故事。在活动策划之时，中心在对具有良好传播效果的档案传播事件整理时发现，注重细节、会讲故事的档案类活动更受青睐。

据此，在讲校史活动中，明确"以细节打动人，以故事感化人"的宗旨，完成每期红色故事的呈现，内容上不追求大而全，而是要突出细节性的感染力，用细腻的情感化表达，调动大众的情绪价值。如在如何展现交大第一个党团组织的建立时，在内容撰写时摒弃以往以系统的时间串联为主线，而是用一张前中宣部部长、交大校友陆定一写给张永和的信，以情绪带入化的切入，让故事更有吸引力，在故事讲述中以为什么会有"我是偷着入党的"的疑问，来体现当时党组织发展建立的艰难历程。整个故事设定是通过选择一到两个具体的细节展开，引入档案背后的故事，相对于平铺直叙的方式，这种方式使整个故事更加立体、鲜活，生动，也更能激起观众的探索兴趣。

正是秉承着这种以小见大、用细节彰显整体的思路，"我在交大讲校史"系列短视频在抖音播放量高达1240.1万人次，同时中央广播电视总台·央视频开设专栏，传播交大红色故事，这也实现了红色档案主题内容的破圈迭代传播，实现高效思政育人效果呈现级数扩增。

## 3  在实践上，打造一条全链条、分层次的育人模式

高校红色档案育人是一项系统性、持久性的工作，因此，在发掘红色档案融入高校育人工作时，要从全局性出发做好主动谋划和实施计划，从红色档案的整体把握、重点突出以及未来传播利用等方面，进行统筹谋划，不能实行散点式、零碎化的育人方式。

### 3.1  谋篇布局，实现红色档案资源模块化管理

档案的保存是档案利用的前提，作为高校档案馆，都保存着众多在学校发展变化、人才培养过程中产生的大量红色档案资源，它们共同构成了这所高校厚重的精神底色。因此，对于红色档案的利用，首先要做到谋篇布局，心中有数，对于自身馆内保存的红色档案资源有清晰的把握。为此，中心（原名档案馆）自2008年起建成高校最早的数字档案馆时，便开始对馆藏档案进行分门别类的整理，同时开启对事关党史的重要内容进行系统整理，目前已经完成《民主堡垒——战斗在交通大学的中共地下党》书籍编撰，该书以时间为线索，通过大量的档案文字、实物、音频、视频等资料，对中国共产党如何在学校发展过程中逐步壮大的历程，对不同历史时期呈现的红色档案有较为清晰的梳理。同时，对于不同类型的红色档案，也进行特殊整理，比如围绕烈士人物专题等，推出《青青犹在——上海交通大学校史研究专著系列》，对交大历史上涌现出的为中国革命、建设和改革事业做出巨大牺牲的烈士进行系统梳理；自2021年起，又进一

步启动"红色珍档"鉴定，邀请档案界知名学者，对现存红色档案进行鉴别，从而形成有主题、有层次、有重点的红色档案。这既有助于公众多维度了解交大蕴藏的红色故事，也为未来红色档案的利用提供便利。目前，中心在学校支持下，正式启动"百年党史编撰和档案文献整理研究工程"，为有关红色档案的整体研究与未来传播提供更为全面和细致的推动计划，从而使得红色档案资源进一步融入高校育人工作。

### 3.2 因地制宜，分院系、有计划推出红色档案

高校档案区别于一般档案，一个很重要的特点在于其专题性，因为高校是由不同院系、部门组成的，如何针对不同院系和不同专业的学生因地施策、因人施教是档案工作者需要思考的问题。因为档案服务工作不再是笼统式，而是愈发强调其个性化和精准化的服务。因此，在红色档案资源的利用上，中心也秉持精准化服务原则，根据不同院系、不同部门的特点，为其提供更为契合的红色档案资源。如为了进一步彰显各院系人才培养的成果，中心梳理出科学家珍档专题，通过对自 1896 年建校以来交大培养出的众多科学家相关的档案进行整理，从而为相关院系服务。如在 2021 年底，中心选择交大机动学院钱学森校友的档案资料，走进机动学院，推出首期"科学家珍档进院系"，得到了学院领导及师生的高度欢迎。2022 年，结合馆藏，中心又主动征集不少相关档案，策划推出"两弹一星"功勋科学家、交大电院校友杨嘉墀院士的展览，展出大量图文档案、计算尺、公文包、科技模型等实物、音频档案资料，生动再现杨嘉墀院士为中国航天、自动化等事业做出的重大贡献。同时展览邀请学校电院师生担当志愿讲解员和社教活动策划者，这样既能建立电院学生对学生更为真实具体的链接，调动他们的积极性，也能更为有效发挥档案育人的实际作用。为不同院系的学生提供合乎他们自身的档案资源，是对档案更为充分和有效的利用，真正做到以受众需求为导向，为大众提供有料又有趣的资源，为未来推动其他红色档案资源走进学院、走进更多学生心中奠定良好的基础。

### 3.3 应时而动，分享主题高度契合的红色档案资源

育人是一项需要集聚智慧的系统性工程，其中育人效果是关键。为更好发挥红色档案资源育人实效，中心主动分析育人过程，结合重要时间节点以及学校中心工作，适时推出主题高度契合的红色档案资源，为做好育人工作提供丰富的思想素材库。

中心会提前做好规范，提前摸排一年的重要时间节点以及学校重大工作，以提前谋划适宜的档案资源予以配合。如在 2021 年建党百年之际，中心根据馆藏，举办"与党同心与国同行——上海交通大学党史文献实物展"等一系列活动，通过展览、宣讲以及新媒体宣传等多种方式，生动、立体、全面再现党组织在学校发展过程中发挥的重大作用。针对每年的清明、烈士纪念日等活动，中心都将提前策划好相关活动，在每年的缅怀仪式上，师生都会看到诸如烈士手稿、印制革命宣传单的手推印刷机等烈士遗迹，透过这一个个鲜活的档案资料，在场的每一位师生都深受感染。在 2022 年建团百年之际，中心积极鼓励校史志愿者们亲自走进博物馆，利用展示在博物馆里的档案资源，通过短视频的方式，向大家讲述交大第一位革命烈士侯绍裘、第一个雷达兵种子部队等故事，整个活动效果非常突出，其推出的系列视频活动，在"上海学校共青团主题微团课"大

赛中荣获一等奖，同时选派的 2 个视频在上海市举办的红色故事大赛中，也荣获二等奖的好成绩。在合适契机，推出主题契合的红色档案和红色故事，能助力实现档案资源的破圈传播，真正发挥红色档案内在的生命力和感召力。

## 4 在传播上，注重构筑全媒体的融合效应

严格来说，红色档案利用隶属于传播学的范畴，一次好的传播，必然要处理好信息处理、受众以及传播平台渠道等多方面的问题。特别是当前新媒体的日新月异以及大众接受信息渠道的愈发广泛，对档案传播提出了更高要求。为此，要深入研究各大媒体的传播特点以及受众情况，同时要注重整合不同媒体平台，从而做好档案资源的传播。

### 4.1 研究不同媒体的特点与受众，精准发力

红色档案是客观存在的历史凭证，但是档案利用则要发挥人的主观能动性，以不同方式开展多维度的传播，扩大其影响力。特别是当前，档案的开发和利用面临着新的受众以及多元的传播渠道和平台，如何将档案内容精准传递给受众，需要统筹考虑。为此，在面对红色档案的传播时，中心注重关注受众特点以及传播平台的特性。交大已经有 127 年的历史，曾有着"民主堡垒"的称号，蕴藏着多样的红色档案资源，多年来对红色档案进行过深入研究，并出版了《民主堡垒——战斗在第二条战线的交通大学》《思源·激流》《青青犹在》等多种饱含红色革命精神的书籍，得到高校档案校史同仁的认可，因此也形成了一批相对稳定的受众，他们一般来说相对注重史料的来源、背后故事的逻辑与完整性。因此，中心持续不断深耕红色档案资源的挖掘，2022 年围绕交大第一位党员张永和，在汲取大量档案和史料的基础上，编撰并出版了《永励后昆——交大第一位党员张永和》文集，成为学校思政教育的新素材，学校领导也多次推荐该书籍。

在做好传统传播诸如书籍编撰的基础上，中心主动转变思维，注重研究交大新学子的特点，立足于学生的基本需求和内心真实想法，适应大学生思想政治教育的客观规律。作为新时代的青年，如今的大学生有着不同的交流平台和话语体系，为此，中心在学生中进行调研，通过对他们使用的不同媒体平台如微信、视频号、抖音等新媒体进行分析，不断调整红色档案的传播方式。如面对微信，主要通过运用学子们感兴趣的话题，进行衍生转化。如在开学季、毕业季、招生季等，从学子视角选取他们关注的事件，如交大自家火车请愿事件、交大名人们选择交大的心路历程等，找到曾经与当下学生可以产生共情的事件，以更有效的方式赓续红色血脉。面对视频号和抖音等突出短、平、快的新媒体，中心主动抓住这一特点，选取红色档案中的典型事件进行传播。如在 2022 年推出 13 期"我在交大讲校史"，便以原有研究为基础，通过选取最能引爆学生思想的关键点，邀请学子亲自讲述并制作短小、精练的作品，让他们以身传情、现身说法，影响同辈，在润物细无声中发挥档案育人效应。

### 4.2 利用高校丰富的媒介资源，深入讲好红色故事

档案信息传播媒介是传播档案信息符号的物质实体，档案信息的传播通过媒介得以实现，因此利用红色档案要充分发挥媒体传播的功能。特别是在当下全媒体融合的时代，高校档案馆区别于一般档案馆，它自身兼备着高校所特有的属性和资源，在信息传

播上，无论是传统媒体还是新媒体，它都可以享受高校宣传媒体资源集成中心的重要优势。中心也充分认识到这一特点，不断加强与学校宣传部的联动，借助学校宣传方面的资源优势，更大程度上扩大红色档案的传播优势。

一是做实纸质传统媒体传播，如在 2021 年建党百年之际，联合宣传部在学习强国、学校官网、官微推出"交大党史故事""00 后讲党史"等专题；2022 年在疫情封控期，推出"百年交大故事"，通过一件件生动的档案资料，弘扬交大的红色文化精神，在校内外都产生重要影响，其中"百年交大故事"形成的书籍，成为学校新生入学教育的必读书目，新生们也通过图文对交大精神有了更加深入的理解，切实发挥了红色档案育人的积极效果。

二是加强联动，做活新媒体传播。美国传播学者威尔伯·施拉姆提出"媒体是社会的黏合剂"。社会是借助新闻传媒黏合的结果，档案机构可以利用新媒体做出连续的设计、规范和调适，高效地促成社会对红色档案的认同，促成社会群体对红色文化的共同价值追求。中心每年都会在整理重要时间节点时，及时梳理馆内档案资源，形成传播主题内容，并主动与宣传部沟通，实现互动传播的积极效果。如在抗美援朝战争 70周年、上海解放 70 周年之际，推出"抗美援朝出国作战 70 周年 | 致敬，最可爱的交大人""上海解放前夕，交通大学怎样成为打不垮的'民主堡垒'"等主题宣传，都得到学校宣传部的支持，得到人民网等央级媒体、文汇报等地方媒体的广泛报道，同时交大官微新媒体也积极转发。在清明节、五四青年节等重要节日，中心依托馆内红色档案推出的主题视频宣传，也多次得到交大官微、视频号、抖音、快手同步转发，形成效果显著的融媒体集中效应，在充分利用好现有资源优势的前提下，讲好红色故事，将交大红色精神传递给更多的学子和社会公众，让历经时间沉淀的档案化作最动人的传播利器，感染大众。

### 4.3 扩大自身交际圈，多平台传播红色故事

档案是尘封在时间脉络的客观历史见证物，如何让它们活起来，成为高校思政育人的思想库和有力抓手，这需要在做好红色档案管理、研究的同时，加强与育人主体的联动，充分得到育人主体的认可。中心在坚持加强自身宣传的同时，努力扩大自身交际圈，一是主动融入高校党团组织活动和学生社团活动，实现精准化服务。因为高校党团组织和学生社团活动具有重要的育人功能，是大学生自我教育和自我服务的重要载体，因此，中心加强与校团委、学生联合会、招生办等与学生活动紧密相关部门的联系。围绕弘扬交大红色精神，讲好交大红色故事，策划"口述校史""校史演讲大赛"等活动，吸引学生深入了解、主动挖掘交大蕴藏的红色资源，在此过程中，中心充分提供博物馆场馆资源、文博书库等方面的支持，启发学生走进档案馆、博物馆、党史书库中，推出主题党日、主题团日一站式服务，在校内营造寻找交大红色基因库的积极氛围，从而使师生在集思想性、教育性和趣味性的活动中，潜移默化地感受到红色文化的价值与魅力。二是在校外拓宽联动平台，主动多发声、多亮相。如自 2021 年起，加入上海市委宣传部推出的"红途"平台，图文视频并举向社会公众传播红色精神，拓宽育人覆盖面。2021 年选派中心代表参加长三角高校联盟举办的"我的学校·我的红色记忆"主

题宣讲活动，通过沉浸式展演向长三角及网络公众展示交大青年学生史霄雯、穆汉祥等英烈的动人事迹。2022 年，以云端方式为上海少年宫福利会、交大附属系列学校推出多场宣讲活动，将鲜活生动的档案资源融入生动的校史故事中，形塑着交大人敢于奋斗、勇于拼搏的斗争精神。

中心始终秉承"构建历史记忆 传承大学文脉"的宗旨，从校内走出校外，从线下走进线上，多种平台融合推进，让红色档案资源以更广泛的方式走进师生乃至社会大众心中，助力红色档案资源育人提质增效，让红色基因融入中华民族的血脉代代相传，使之更好地彰显共产党人的信仰底色，激活岁月沉淀的精神力量。

### 注释及参考文献

［1］张雷珍. 论红色档案的当代价值及其实现路径［J］. 浙江档案，2022（5）.

［2］卢蔡，程世利，杨波. 红色文化资源融入高校思政育人体系研究［J］. 学校党建与思想教育，2022（22）.

［3］周林兴，姜璐. 红色档案资源开发中的叙事表达研究［J］. 档案学研究，2022（4）.

［4］龙家庆. 叙事表达在档案宣传中的运用与优化策略［J］. 浙江档案，2020（1）.

# 涵化理论视域下红色档案的开发利用

宋鑫娜

北京市档案馆

**摘　要:** 红色档案是各级档案馆馆藏资源的重要组成部分。红色档案的挖掘和利用是档案工作服务中心、服务大局的着力点和发力点。红色档案资源的开发利用在弘扬社会主义核心价值观、开展"五史教育"等方面具有重要意义。本文试图通过涵化理论,结合实际工作,从档案展览、档案编研、文化宣传、新媒体应用等方面探寻新时代红色档案资源开发利用工作的新思维和新路径。

**关键词:** 涵化理论;意识形态;红色档案;开发利用

## 1　涵化理论与红色档案的开发利用

涵化理论作为大众传播中的一种效果理论,将其引入红色档案开发利用工作中进行研究,是一种全新视角。涵化理论也称为涵化分析理论,是美国学者格伯纳(Gerbner)首创的,他的基本观点是:社会作为一个统一的整体存在和发展,所有社会成员就要对自己生存的社会有一种共识,也只有在这个基础上,人们的认识、判断和行为才会有相对统一的标准,从而社会生活才能实现协调。涵化理论的核心是:传播的内容需具有特定的价值和意识形态倾向,并对人们社会观形成于潜移默化之中。因此,从本质上说,涵化是社会现存制度的巩固与维持。

马克思主义唯物史观认为"社会存在决定社会意识",即有什么样的社会存在,就有什么样的社会意识。无论是国家的意志,还是"统治阶级"的思想,都是通过宣传报道、评论等大众传媒向公众传播和灌输的。由此可见,涵化理论与马克思主义唯物史观有着共同的理论基础,即客观存在决定于社会意识。

档案作为最权威、最直接的历史原始记录和客观存在,是意识形态内容传播的基石和资源库。其中,红色档案反映了党的初心和使命,是弘扬以伟大建党精神为源头的中国共产党人的精神谱系,是深入开展社会主义核心价值观宣传教育的宝贵资源。因此,用好用活红色档案资源对于新时代档案工作高质量发展具有重要意义。

涵化理论作为传播学的一种效果理论,其理论核心和实现路径为红色档案的开发利用工作提供了借鉴,对档案馆举办红色主题展览、开展红色档案编研以及传播红色档案文化等,具有现实的指导意义。

## 2 档案馆作为涵化主体的先天优势

### 2.1 真实权威性

真实权威性是红色档案的重要特征，在新时代档案宣传工作中具有特殊意义。红色档案是党的历史记忆，是总结党的历史经验教训最具说服力的权威凭证，蕴含着党的初心使命和百年大党发展壮大的胜利密码，特别是在意识形态领域宣教和反击历史虚无主义方面具有重要作用。近年来，历史虚无主义以"重新评价"为名，肆意歪曲中国共产党历史、新中国史、改革开放史等。在这种形势下，档案工作者要增强政治敏锐性和政治鉴别力，善于挖掘红色档案，敢于拿起档案武器，用真实权威回应历史虚无。在必要情况下，通过举办展览、拍摄视频短片、公布开放档案、史料编研等方式，证实和宣传党的历史，坚决维护党和国家的根本利益，牢牢掌握意识形态工作的话语权，充分展现档案人的政治担当。

### 2.2 舆论导向性

党的二十大报告提出建设具有强大凝聚力和引领力的社会主义意识形态。国家档案局馆长会议提出弘扬伟大建党精神，在管好用好红色档案资源上下功夫。无论是从国家层面还是行业领域的工作目标指向上，都在重点强调文化内容输出的导向性。

红色档案，又称革命历史档案，是特定时期由共产党领导的机关、组织和个人在各种对敌斗争和政治活动中形成并具有保存价值的历史记忆，是党和国家历史发展面貌的真实记录。红色档案蕴含了党为人民谋幸福、为民族谋复兴的初心和使命。而档案工作鲜明的政治属性也决定了红色档案的开发利用要紧紧围绕中心，服务大局，研究和发挥好红色档案的独特价值，把承载优秀革命传统文化的档案史料利用好，用红色档案讲好红色故事，做好正面积极有效的舆论引导，充分发挥其独一无二的价值，形成具有档案文化特色，宣传和弘扬正能量的档案文化成果。

### 2.3 教化育人性

红色档案资源的开发利用是我国档案部门长期进行的一项重要工作。牢记档案工作姓"党"，也是档案工作者开展一切工作的思想先导和政治本色。党史、新中国史、改革开放史、社会主义发展史、中华民族发展史里面记录着共产党人的初心使命、红色基因、精神谱系和优秀传统。中国共产党的历史波澜壮阔，有着深厚的历史积淀和革命传统，是我党宝贵而取之不竭的精神财富。档案馆珍藏的红色档案资源是策划举办爱国主义基地活动的鲜活素材，可以通过举办展览、编研图书、开发课件、拍摄短视频、推出文创产品等方式，有效激活红色档案资源，传播红色档案文化，通过创新活动形式，线上线下齐发力，发挥好档案的"育人"作用。

## 3 涵化理论下的红色档案开发利用的途径

### 3.1 档案展览

涵化理论注重文化传播的过程和效果。档案展览作为档案文化传播的一般形态，在运用涵化理论进行选题策展、内容叙事和空间叙事方面可实现最有效的传播。

第一，主题和内容的涵化。从展览选题和内容上，挖掘具有本地区特点的红色档案。党的百年历史，波澜壮阔，在党的创建和发展的各个革命历史时期，党的红色足迹遍布祖国的大江南北。上海的中共一大会址、北京的北大红楼、江西的井冈山、延安的杨家岭、贵州遵义会议会址、重庆的渣滓洞、河北的西柏坡，以及陕甘宁、晋察冀、冀鲁豫等 16 个抗日根据地，还有穿越江西、福建、广东、湖南、广西、贵州、云南、四川等 14 个省份的万里长征。党的每一个足迹都留下了红色的革命烙印和可歌可泣的英雄故事。这些历史档案都分别保存在各级档案馆中，同时也因地域的不同，形成了不同的馆藏特色。各级档案馆可以立足本馆馆藏，通过策划选题，紧紧围绕"中国共产党为什么能，马克思主义为什么行，中国特色社会主义为什么好"三个问题导向，深度挖掘和讲述红色档案背后的故事，做到旗帜方向有态度，故事讲述有温度，历史阐述有厚度，经验总结有高度，以全面的业务素养当好党史教育的传播者和红色基因的传承者。

第二，空间叙事语言的涵化。档案展览中，主体的叙事元素是档案及相关展品。辅助的叙事元素是空间布局、光影色彩、多媒体技术、各种形态语言等展示手段。一个优秀的展览往往需要好的设计理念作为支撑，空间叙事参与展览主题内容的表达，两者相辅相成，共同促成内容与形式的叙事融合。以红色主题展馆——中国共产党历史展览馆为例，设计团队深入挖掘建党百年历程中的精神内涵，将主体展区与空间界面梳理整合，通过空间异构、元素涵化、气氛渲染等技术手段，从视觉、氛围、互动等方面调动参观者的积极性，使观众融入其中，强化党史的涵化教育效果。在红军过草地、飞夺泸定桥主题展区，设计者用 VR 实景模拟，作用于观众心理，通过图片、影像、声光电等元素不断涵化、丰富和延伸展览主题，让参观者身临其境，真切感受中国共产党人不怕牺牲不畏艰难险阻的革命精神和万众一心英勇奋斗的强大力量。

第三，讲解叙事的涵化。讲好红色档案故事，不仅要讲好档案本身，还要讲活档案背后的故事，以及故事背后蕴含着的深刻道理和内在逻辑。然而，讲好红色档案故事，并获得受众的认可和共鸣不是一件容易的事。首先，讲述者要有高度的政治站位，对党史、马克思主义、社会主义发展史、改革开放史等有较为全面的了解和认知；其次，讲述者要具备挖掘红色档案故事内涵，并进行生动讲述的能力；最后，讲述者在利用档案讲述党的故事时，要善于捕捉"红色基因"，融入真情实感，传递人文情怀，不断点燃人们的情感记忆与家国情怀，让党史与档案文化互促交融，凸显红色档案文化的时代价值，从而带给观众更多的精神营养和思想启迪。

### 3.2 档案编研

编研是档案馆一项传统的文化职能。进入新时代，随着国家档案事业进入新发展阶段，编研工作的选题和服务方式也发生了新的变化。在转变思路、破冰求索中，编研工作的内涵和表现形式也经历着一次由传统向现代的突破与转型，在服务党和国家工作大局以及服务人民群众的创新实践中，以涵化思维和涵化方式，找准工作切入点与着力点，精准对接融入新发展格局，发挥和彰显档案的独特优势。

第一，主题内容的涵化。档案编研是档案开发利用工作的传统方式之一，是档案馆较高层次的文化生产和输出方式，是红色档案开发利用的重要载体。档案馆保存的档案在自然状态下是分散的，在主题和内容上没有内在逻辑联系，要想让这些档案焕发生命，产生意义，就需要编研工作者运用涵化思维，发现有价值的信息，拟定选题，摸查档案，对信息进行辨析和筛选，通过整理选编，赋予其新的主题和意义。党的十八大以来，党领导全国人民取得了世人瞩目的成就。文章合为时而著，歌诗合为事而作，于时于事，档案编研人员都应该责无旁贷地担负起传承红色档案文化以及弘扬社会主义核心价值观的历史使命。

红色档案记录了中国共产党的奋斗历程和初心使命，是讲好党的故事，推介和弘扬革命传统文化，传承红色革命文化，展示立体真实中国的生动素材。档案编研工作者应自觉培养和运用涵化思维，立足馆藏档案资源，紧扣时代发展脉搏，抓住当前社会热点、时政重点，及时挖掘整理编纂出相关主题的档案史料，为领导决策提供参考，为经济、文化和社会发展提供有价值的信息，为人民提供有档案特色的文化大餐。

第二，文字叙事的涵化。编研是一项对文字功底要求比较高的工作。编研的文字叙述与表达需要形成正确的舆论引导，传递以社会主义核心价值观为核心的档案文化输出。一是语言涵化，做好引导。学会和掌握用新时代语言叙事的技能和本领，把习近平新时代中国特色社会主义思想的精髓融入档案文化叙事中，用心用情讲好红色故事、北京故事和中国故事，以继承和弘扬中华优秀文化和红色档案文化为叙事内容，促进新时代编研文体的话语体系建设。二是叙事涵化，突出主题。档案编研不是对档案的搬运，编辑要善于挖掘和研究档案并逐步培养政治思维、历史思维、故事思维，在厘清人物事件的来龙去脉的过程中，结合时代主题和正确的价值导向，将叙事的主旨和结构体现在史料的搜集整理和编排布局中，把红色档案蕴藏的时代精神和思想内核呈现得有厚度、有深度、有温度，引起读者的心理共鸣。

第三，传播方式的涵化。红色档案是见证党和国家建设与发展伟业最真实、最深刻的史料，其中凝聚的历史经验、积淀的人民智慧和蕴含的社会事物发展规律，是维系、促进文明延续和发展的宝贵财富和重要资源。融媒体环境下，面对阅读习惯发生的深刻变革，编研工作者要加强创造性与主动性，树立融合思维与开放视野。探索实现档案编研成果的多元载体呈现、多元化表达、多点位传播，不断拓展平面纸媒的传播边界，打造宣传亮点，实现红色档案文化的有效传播。红色档案传播应以社会主义核心价值观传播为导向，通过多元化的传媒载体讲述红色故事，赋予红色档案文化成果新的时代内涵，让这种红色精神和信仰，传递得更持久，更有力量。

### 3.3 爱国主义教育基地

爱国主义教育基地是各级档案馆向社会开展爱国主义、革命传统教育的活动场所，也是档案馆的一项重要社会职能。涵化理论强调传播的内容应具有特定的价值和意识形态倾向，并在潜移默化中形成人们的现实观与社会观。涵化的过程就是利用大量经过大众媒体"包装"的传播内容，潜移默化地去影响人们的现实社会观的一个过程。

红色档案文化具有引导青少年形成符合时代要求价值观的先天优势。红色档案文化作为思想政治教育工作的重要载体，应该将其打造成社会主义先进文化的一部分，使它集中体现社会主流文化的精神和价值取向。新时代档案工作，要充分利用好红色档案资源，结合中小学生特点，研究、策划和组织形式多样的主题教育活动，丰富涵化的手段和方式，为青少年打造又红又专的爱国主义教育基地和社会大课堂。一是积极探索教育基地和社会大课堂的创新工作方式，打造基地红色文化品牌。依托馆藏红色档案资源，积极拓宽思路，与中小学思政课有效对接，提升课件设计和制作水平，让红色档案文化走进校园，走进中小学课堂。二是创新互动模式，策划举办形式多样、符合青少年儿童特点的活动，积极融入社会大课堂教育，根据不同学习主题定期推出参观学习活动。三是创新服务体验，以"党课式讲解"活化红色档案资源，深入浅出讲述党的故事，在润物细无声的潜移涵化中发挥好档案的育人作用。

## 4 涵化理论应用中的导向问题

### 4.1 注重施动主体的涵化作用

涵化效果取决于施动主体的主观意识和实践能力。档案馆的工作人员，即涵化施动主体，需具备较高的政治辨别力和娴熟的业务能力，并以此树立涵化宣传意识。因此，档案馆要把思想和意识形态工作放在首要位置。红色档案的研究者和开发者要始终把握正确的政治立场和方向，在红色档案的内容筛选和编辑研究方面具有较强的政治敏锐性、判断力和鉴别力，同时具备分析和阐述的能力。首先，要有敏锐的信息意识，即对档案信息的捕捉、判断、分析、吸收的程度。红色档案作为档案馆藏的新门类，具有内容丰富，涉及面广，事件人物关系复杂，政治性强，敏感信息多等特点，在挖掘和研究史料的过程中，需要研究者具有较强的政治辨别力，善于捕捉和科学分析各类信息，去伪存真，为我所用。其次，研究者要有较强的信息驾驭能力，包括对信息的获取、处理和传播能力。档案文化工作者要善于利用各种现代信息技术来获取并充实自己所需要的信息资源和内容，并进行有效的主题涵化和内容涵化，进而增强工作的主动性和创造性。

### 4.2 加强对施动对象的引导作用

当前，价值取向的多元化已成为不可避免的趋势。红色档案文化作为印证史实的权威性信息，在各类媒体信息资源中具有高信度的特性，有利于引导公众形成符合时代要求的价值观。档案文化传播的基础是档案工作者对档案内容客观性现实的涵化。即涵化主体对档案信息进行选择加工，把客观性的现实涵化为象征性的现实，并以大众习惯的言语和符号传播给受众。一方面，档案馆作为施动主体要对档案信息进行系统筛选和深度研究，继而结合时代背景和舆论导向，进行一定的主题深化和精神升华，从而达到理想的涵化效果。另一方面，施动主体要有强化舆论的宣传能力。在对档案信息的涵化过程中，以社会主义核心价值体系为指导思想，通过弘扬主旋律，牢固树立阵地意识，从内容选题、形式表现、时机选择、效果呈现等方面，结合档案文化传播的特点，从传播主体和传播客体的互动关系入手，寻求最有效的合作模式和传播方式。

### 4.3 将涵化思维植入红色档案数字资源开发

2021年一史馆开馆。同年，中办、国办印发《关于推进实施国家文化数字化战略的意见》，为红色档案资源数字开发利用提供了目标和导向，也为档案资源数字化向数据化转型提供了指引和遵循。

面对新环境新课题，档案馆作为施动主体，一方面，应将涵化思维植入红色档案资源开发利用工作中，利用红色档案本体、可视化工具等构建内容联系、再现知识图谱，进行信息符号重构和内容的涵化，实现红色档案叙事的可视化呈现，不断提升静态红色档案主题的表现力、感染力和说服力。另一方面，伴随个人终端、移动设备的普及和人工智能技术的应用，红色档案资源的开发利用应当尝试跳出档案馆的实体空间，积极探索打造移动型、在线型、交互性的服务场景，实现红色档案在新时代的数字化转型。

### 注释及参考文献

［1］孙英春. 跨文化传播学导论［M］. 北京：北京大学出版社，2020.

［2］彭兰. 新媒体用户研究：节点化、媒介化、赛博格化的人［M］. 北京：中国人民大学出版社，2020.

［3］夏松涛. 展览、空间与新生政权的形象建构［M］. 北京：中华书局，2020.

［4］韩震. 社会主义核心价值观的话语构建与传播［M］. 北京：中国人民大学出版社，2019.

［5］蒙象飞. 中国国家形象与文化符号传播［M］. 北京：五洲传播出版社，2017.

# 共同富裕进路中的乡村档案共享：
# 价值意蕴、现实困境与实现路径

孟　蔷

中国海洋大学档案馆

**摘　要**：乡村档案是中国文化之根——乡村文化的符号表征，其共享近则增益乡村文明高质量发展，远则和声共同富裕时代强音、同频融通共享数字文明之义。因于渐趋低迷的全国档案开放共享走势，共同富裕进路中的乡村档案共享外化出理念悬浮、顶层制度缺位、村民主体失语、符号表征复合化、保存场域多元化的现实困境。不过，其可借道"民本"理念下沉、良法具化、多方共治、全景式图景绘制、矩阵化共享挣脱共享困局，赋能乡村"蝶变"。

**关键词**：共同富裕；乡村档案；档案共享

## 1　引言

党的二十大报告指出"到二○三五年……全体人民共同富裕取得更为明显的实质性进展"，"着力推进城乡融合和区域协调发展"，"全面推进乡村振兴"[1]。联动共同富裕、乡村振兴，《"十四五"全国档案事业发展规划》提出"完善农业农村档案管理体制……推动档案查询利用服务延伸到村、社区基层一线，促进档案公共服务均等化、便捷化"[2]要求。"中国文化是以乡村为本，以乡村为重；所以中国文化的根就是乡村。"[3]乡村档案是中国文化之根——乡村文化的符号表征，其共享可增益乡村文明高质量发展，和声共同富裕时代强音，同频融通共享数字文明之义。

与乡村档案正向赋能乡村文化、共同富裕相矛盾的是共同富裕进路中的乡村档案共享研究缺位。目前，关于乡村档案的研究聚焦于以下领域：其一，乡村档案共享政策——《村级档案管理办法》[4]《国家档案馆档案开放办法》[5]等解读。其二，乡村档案发展历程、概念价值、共享逻辑等剖析，如王萍等[6]溯源了新中国成立后60年的村级档案工作；徐欣云等[7]、常建法[8]厘清了传统村落档案、村级档案的概念价值；陈海玉等[9]阐释了乡镇档案共享的理论逻辑等。其三，乡村档案共享应用推介，如江苏省张家港市[10]建设实施下沉至村的"民生档案共享服务平台"；浙江省杭州市余杭区[11]依托"浙政钉"搭建村级档案移动工作平台；福建省龙岩市社前、新民两村借力乡村档案荣登第五批"中国传统村落"名录[12]等。其四，以乡村振兴[13]、数字乡村[14]、数字人文[15]等为切入点开展乡村档案研究。

综上所述，现阶段乡村档案共享尚处于初步理论探讨和零星实践应用阶段，学界缺乏关于该论题的系统研究，以及将之置于共同富裕视角中的探究。因此，笔者拟以乡村档案、档案开放、共同富裕的相关研究成果为基础，解析共同富裕进路中的乡村档案共享。

## 2 应有之义：共同富裕进路中的乡村档案共享价值意蕴

2022年国际档案理事会ICA年会的主题为"档案弥合鸿沟"（Archives：Bridging the Gap），会议强调档案和档案馆是拉近距离，弥合民主、文化、数字鸿沟的战略性因素[16]。源于档案弥合社会鸿沟能量的释放，档案下位概念——乡村档案外化出多重价值意蕴，其共享近则增益乡村文明高质量发展，远则和声共同富裕时代强音、同频融通共享数字文明之义。

### 2.1 增益乡村文明高质量发展

关于乡村档案最权威的解释是《村级档案管理办法》中的概念界定："村级档案是指村党组织、村民委员会、村集体经济组织等在党组织建设、村民自治、生产经营等活动中形成的具有保存价值的文字、图表、音像等不同形式和载体的历史记录"。然而，该办法所指涉乡村档案仅局限于传统"国家档案模式"下的乡村行政档案，缺乏对"社会档案模式"中乡村历史档案、乡村民间档案、乡村口述档案、乡村实物档案等的观照。数字文明时代，乡村档案空间逐渐从"机构空间"扩展至"社会空间"。因此，乡村档案的概念外延除了乡村行政档案外，还应包含古村落档案、历史名村档案、农业遗产档案、灌溉工程档案等；乡村档案价值除了档案双元价值论中对形成机构的第一价值——凭证、参考价值外，还应囊括对社会的第二价值——记忆、认同、资产价值等。其价值辐射范围将以对话古今的方式在国家、世界场域内释放，如中国文化名村申请中，乡村档案价值从一村一域延至九州大地；世界记忆、世界灌溉工程、农业遗产申报中，乡村档案价值从一国一隅迈向全球各地；乡贤档案、族规乡约建构中，乡村档案价值从一时一己走向代代承续。一体多元乡村档案价值的激活，可增加乡村物质文明体量，供给乡村精神文明养料，增益乡村文明高质量发展。

### 2.2 和声共同富裕时代强音

"共同富裕是中国式现代化的重要特征，是人类文明新形态形成与发展的重要内核"[17]。其展现了中华文明、社会主义文明和现代文明的融合发展，使天下为公的文化传统与人的自由全面发展价值追求融为一体。共同富裕是全体人民的富裕，是人民群众物质生活和精神生活都富裕。物质与精神是共同富裕的两翼，物质决定精神，精神为物质发展注入强大动力。在逐梦共同富裕的伟大征程中，乡村积贫积弱，物质、精神双双落后于城市。如果说城市代言着现代、文明与先进，那么乡村注解着贫穷、愚昧与落后。"民族要复兴，乡村必振兴。"为缩短城乡差距，推进城乡融合，国家提出了乡村振兴战略。乡村档案是乡村历史与生活面貌的原始记录，是乡村振兴的重要物质资产和文化资源，亦是中国文化和人类农业文明的宝贵财富。由于档案正义论的运转，乡村档案迸发出增进人民福祉、促进社会公平、捍卫国家正义的巨大能量。因此，乡村档案共享可弥合城乡物质、精神鸿沟，弘扬中国优秀农耕文化，助力人类农业文明新发展，进而为人类文明新形态——共同富裕植入中国基因、中国智慧、中国力量。

### 2.3 同频融通共享数字文明之义

数万年前，植物、动物的驯化带来了农业文明的繁荣；数百年前，蒸汽机、电器的应用驱动了工业文明的兴盛；数十年前，大数据、人工智能等新型数字技术的蓬勃发展拉开了数字文明的序幕。数字文明是指"人们在数字化生存场域中所呈现出的一种社会状态，集中体现为数字化生产方式、数字社会制度以及人类数字需求的进步"[18]。如果说土地是农业文明的泉源，那么石油是工业文明的血液，数据是数字时代的根脉，数据的融通共享是数字文明良性运维的晴雨表。回应融通共享数字文明之义，档案领域开始了档案数据的开放共享布局。《"十四五"全国档案事业发展规划》提出"着力推动档案工作走向依法治理、走向开放、走向现代化""加快推进档案信息化建设，主动融入数字经济、数字社会、数字政府建设"的要求。《档案法》将"档案封闭期的一般标准由三十年缩短为二十五年"，新增"不按规定向社会开放、提供利用档案"的档案利用救济条款。顺应开放共享中国"档情"大势，作为乡村重要数据资产的乡村档案可借力乡村档案共享化解乡村信息孤岛、数据烟囱难题，彰显建档为民、用档惠民服务理念，进而同频融通共享数字文明之义。

## 3 应解之题：共同富裕进路中的乡村档案共享现实困境

18 世纪末，法国《稿月七日法令》的颁布掀开了人类档案开放共享的帷幕；20 世纪 80 年代，中国《关于开放历史档案的暂行规定》的出台启动了国内历史档案共享的开关。进入新世纪，我国综合档案馆档案开放率"从 2001 年的 30% 降至 2020 年的 15%，平均开放率为 21.91%，这意味着将近 80% 的档案尘封在档案库房"[19]。在全国档案开放渐趋低迷的语境中，乡村档案共享亦陷入了理念悬浮、制度缺位、乡村主体失语、符号表征复合化、保存场域多元化的现实困境。

### 3.1 乡村档案共享理念悬浮：理念之困

费孝通指出"乡土社会的生活是富于地方性的……在区域间接触少，生活隔离，各自保持着孤立的社会圈子"[20]。由于乡村的封闭性以及乡村工作的基层性、执行性，除少数改革开放程度深、经济水平高、发展富有特色的乡村，绝大多数乡村档案价值呈现明显的地域性特征。乡村的封闭性和乡村档案价值的地域性先天束缚了乡村档案共享的实践应用，造就了一个又一个的乡村档案信息孤岛、数据烟囱，进而澄显了薄弱、悬浮的乡村档案共享理念。不过，随着工业化、信息化的来临，乡村的封闭性逐渐瓦解，乡村档案的地域性渐趋模糊、淡化，乡村档案价值将突破区域限制，在更大的时空坐标——国家层面、国际范围内发挥影响。譬如，贵州省水族村寨的水书档案支撑着水书成功入选《世界记忆亚太地区名录》[21]；浙江省松阳县的芳溪堰水利档案为松古灌区顺利入选《2022 年度世界灌溉工程遗产中国候选工程名单》（灌溉工程界的诺贝尔奖）贡献了档案力量[22]。但是，"第 50 次《中国互联网络发展状况统计报告》显示，截至

2022 年 6 月我国网民数量 10.51 亿，互联网普及率 74.4%，农村地区互联网普及率为58.8%，即尚有接近半数的农村居民未能融入互联网"[23]，囿于城乡数字鸿沟拉大，村民数字贫困加剧，共享理念悬浮的乡村档案共享在助力共同富裕的进路中任重而道远。

### 3.2 顶层乡村档案共享制度缺位：制度之困

在"王权不下县""教育普及有限"的传统政治文化格局中，乡村是一个相对封闭的熟人社会，是一个没有文字记录、不依赖法律运转的自治行政单元。费孝通认为乡土社会中"我们会得到从心所欲而不逾矩的自由。这和法律所保障的自由不同。规矩不是法律，规矩是'习'出来的礼俗……现代社会是一个陌生人组成的社会……怕口说无凭，画个押，签个字，这样才发生法律"[24]。村民对"档案"抱有朴素理解，认为其多指乡规民约、民间字据、家谱等自发形成的民间材料，如傈僳族文书档案、傣族贝叶档案及少数民族谱牒档案等。囿于乡村自治性、乡村档案认知局限性，乡村档案长期处于顶层制度缺位的自发展阶段，第一部全国性乡村档案制度始于 2018 年国家档案局、民政部、农业部联合制定的聚焦乡村行政档案整理的《村级档案整理规范》。在此之前，乡村档案管理规范制定是处于各自为政、自我探索的阶段，即使有全国性的乡村档案指导条文出现，也是以业务指导非常有限的公文文件来规范乡村档案工作。如 1980年，山西省委办公厅下发的《生产大队档案管理办法》；1998 年，河北省委在《河北省村级民主管理条例》中提出"建立村务公开档案"要求；2007 年，国家档案局、民政部、农业部联合印发的规范农村档案工作的《关于加强社会主义新农村建设档案工作的意见》等。

### 3.3 乡村档案多重凝视中的村民主体失语：主体之困

梁漱溟说："中国文化，多半是从乡村而来，又为乡村而设——法制、礼俗、工商业等莫不如是。"[25]但近代以降，缘于城市工业文明的强势渗透，以乡村为代表的农业文明急遽萎缩，乡村走向了城市的对立面，成为物质、精神的贫瘠地。因之，乡村主体——村民的文化认知逐渐降维，文化认同渐趋瓦解。在"面临工业文化入侵时，村民的第一反应不是重新审视和确认自我，而是在文化等级、文化自卑的心理暗示中，降低自我价值、否定自我文化"[26]，以期尽快逃离传统农业文化，努力融入现代城市文明。为呵护中华文化根脉，筑牢中华民族精神共同富裕的文化之魂，让乡村所代表的传统文明与城市所注解的现代文明实现创造性融合，专家、学者、高校、政府和其他社会团体开始了乡村档案的多重凝视。譬如，档案部门推动的"乡村记忆档案"项目[27]，住建部委托中国民协、中国摄协、中国文学艺术基金会共同组织实施的"中国传统村落立档调查"项目[28]，中国地方志领导小组办公室首创"官书"编纂至村世界先河的"中国名村志文化工程"[29]等。因此，乡村文化、乡村档案的建构权、叙事权渐进让渡于专家、学者、高校、政府和其他社会团体，乡村主体——村民在乡村档案的建构、叙事中逐渐失语、边缘化。

### 3.4 乡村档案符号表征、保存场域复合化：客体之困

人类作为万物灵长，区别于其他动物的重要特征在于发明和使用符号。伴随人类文明的进步，符号的下位概念——档案符号走过了声音符号、图像符号、文字符号、

二进制数字符号的符号表征之路，现已进入多元符号表征——声音、图像、文字、二进制码并行叠加的阶段。因之，现下的乡村档案符号表征除了主流文字、图画符号表征外，还有通过口耳相传的声音符号表征，以及存于声光介质、互联网的二进制数字符号表征。譬如，"浙江省云和县石塘镇小顺村留存的 2016 件'浙江铁工厂'图文档案"[30]，"浙江象山县'海盐晒制'千年技艺传承人史奇刚、'象山渔民开洋·谢洋节'仪式主持传承人韩素莲等存于记忆中的口述档案"[31]，"青海省西宁市城北区三其村保存的 278 件曲艺、社火、花儿演唱光盘"[32]等。因于乡村档案符号表征的多元叠加，衍生出乡村档案保存场域虚实交互、公私并行的困境。其中保管于公共、现实场域的乡村档案有乡村档案馆（室）、乡镇档案馆（室）保存的乡村行政档案、历史档案等，如"山东省临沭县曹庄镇的朱村档案馆馆藏的 7000 多卷（件）清代以来各类档案资料"[33]；保存于私人、虚拟场域的乡村档案有村民、驻村干部留存的日记、书籍等，如"河北省藁城市牛家庄村村民贾增文记录的见证一个村落半个世纪岁月沧桑的 70 余本日记"[34]；"江西省赣州市村'蹲点'干部李桂平撰写的映射乡村改革的书籍——《被颠覆的村庄》"[35]；驻村干部微信工作群、电子邮箱中存储的工作记录等。

## 4 应行之路：共同富裕进路中的乡村档案共享实现路径

共同富裕进路中的乡村档案共享需以乡村档案数字化为依托，以村民融入共享为支撑，以良法规训为导引。但是，因于乡村档案共享理念悬浮、顶层共享制度缺位、村民主体共享失语、符号表征复合化、保存场域多元化的现实困境，延缓了乡村档案的数字化进程，束缚了村民的融入共享，消解了良法的规训效力，进而诱发了乡村档案难以融入以共同富裕为底色的乡村振兴和民族复兴。不过，这一困境可借道"民本"理念下沉、良法具化、多方共治、全景式图景绘制、矩阵化共享的应用得以破解。

### 4.1 深植"以人民为中心"服务理念，赋能乡村档案共享下沉

随着历史唯物主义的发展，"人民群众是历史创造者"这一观念深入人心，"人民史观"逐渐取代"英雄史观"。恰如梁启超在《中国历史研究法》中指出："历史的大势，可谓为由首出的'人格者'，以递趋于群众的'人格者'。愈演进，愈成为'凡庸化'，而英雄之权威愈减杀。故'历史即英雄传'之观念，愈古代则愈适用，愈近代则愈不适用也。"[36]因于档案学母学科——历史学史学观的转向，辅之后现代主义、信息技术的发展，档案模式逐渐从"国家档案模式"转变为"社会档案模式"。国家档案模式下，档案是权力的隐喻，是国家统治人民的工具；社会档案模式下，档案权力逐渐从统治阶级下移至普通民众，档案从治国理政的工具演变为捍卫国家正义、增进人民福祉、促进社会公平的媒介。

回应档案模式变迁，乡村档案外化出弥合社会鸿沟、和声全体人民共同富裕的价值意蕴。为激活乡村档案这一价值，共同富裕进路中的乡村档案共享应延续"民惟邦本，本固邦宁""民为贵，社稷次之，君为轻"的华夏"民本"基因，凸显中国特色社会主义制度"以人民为中心"的发展思想，在《"十四五"全国档案事业发展规划》《档案

法》《村级档案整理规范》等相关规则的导引下，践行"记录一生、服务一生"的建档理念，建设覆盖人民群众的乡村档案资源体系和方便人民群众的乡村档案利用体系，做到建档为民、用档惠民、馆藏贴民、服务亲民，不断提高人民群众的获得感、幸福感、安全感。

### 4.2 细化顶层良法的配套制度，筑牢乡村档案共享制度保障

为维护乡村档案工作规范运转，国家档案局、地方档案主管部门出台了《村级档案管理办法》《乡镇档案工作办法》《关于加强苏州市镇、村两级档案管理工作的实施意见》等政策法规。但是囿于顶层制度抽象概括的法理表述，地方制度立足具体问题、具体区域的制定理念，加之乡村各异的"档情""政情""财情"，无论是国家层面的乡村档案政策规范，还是地方层面的乡村档案制度规范，均无法指导所有乡村的档案工作。因此，乡村档案共享应围绕《村级档案管理办法》《"十四五"全国档案事业发展规划》《国家档案馆档案开放办法》等政策法规，借鉴先进地区的乡村档案共享实践经验，因地制宜制定各地的乡村档案共享配套制度。

档案部门可参考已出台高阶法规制定乡村档案共享的监督评估制度、人才保障制度、资金保障制度等，将乡村档案共享与档案部门、乡村主管部门的绩效考核挂钩，完善乡村档案共享监督评估机制；实施"干部下乡""文化产业特派员"制度，强化乡村档案共享人才保障；构建以政府拨款为主，社会基金为辅的多元资金保障机制。如"江苏连云港市制定《张家港市档案馆新型冠状病毒感染肺炎疫情防控工作应急预案》将疫情防控档案工作纳入市级机关、区镇绩效管理事项考核"[37]；"辽宁省档案局（馆）联合省委组织部编印《辽宁省选派干部到乡村档案工作实用手册》践行档案工作领域干部下乡"[38]；"爱尔兰香农镇引入社会资本——维康信托基金会12.5万欧元，完成照片档案数字化项目"[39]。

### 4.3 唤醒乡村主体文化自觉，推动乡村档案多方共治

乡村档案是连接历史与现实的乡村记忆"凝结"，是携带乡愁意蕴的符号表征，吸引着人们去体味，从而产生不可估量的文化认同和精神共鸣。为了强化乡村文化认同，留住城镇化进程中的美丽乡愁，专家、学者、档案机构、政府机构等纷纷加入乡村档案共治共享行列。其中，档案主管部门是乡村档案共享主导者，承担共享制度、共享绩效的制定与评估；各级档案馆（室）是乡村档案共享具体执行者，负责乡村档案资源建构与共享利用；企事业单位、社会团体、专家学者是乡村档案共享利益相关者，保障乡村档案资源、技术、人才的持续供给。

随着档案机构、政府、学者等群体对乡村档案的"多重凝视"，乡村得到了乡村档案记忆加速黏合的"利"，但亦衍生出乡村档案所有权与话语权分离的"弊"。因之，乡村档案共享除了遵循"他者"群体的多元共治，仍需借道"我者"群体——村民文化自觉的唤醒，促成乡村主体——村民档案建构权、叙事权的回归，破解主体失语的乡村档案文化共享困局。但是"什么是文化自觉？简单地说，就是每个文明中的人对自己的文明进行反省，做到有'自知之明'"[40]。具体到乡村档案共享中，应以村民参与乡村档案建构、叙事来诠释。如"山东省菏泽市白彦屯村、安徽省岳西县榆树村村民个人创办

乡村记忆馆、民俗馆"[41]，"四川省汶川县阿尔村羌族村民在北京文化遗产保护中心志愿者工作小组的帮助下自己完成《阿尔档案》一书"[42]等。

### 4.4 绘制全景式乡村档案记忆图景，夯实乡村档案全息共享根基

特里·库克认为"档案话语在 20 世纪发生了集体转移，即从以国家为基础的司法——行政档案话语转向以更广的公共政策和公共利用为基础的社会——文化档案话语。"[43]因此，"大众记忆模式"逐渐取代"精英记忆模式"成为档案记忆模式的未来走向。回应档案记忆模式演变，乡村档案共享需植入参与式乡村档案资源建构理念，强化多元符号系统档案资源建构，推动全景式乡村档案记忆图景绘制，夯实乡村档案全息共享根基。

首先，遵照《村级档案管理办法》《乡镇档案管理规范》等制度，确保乡村行政档案的应收尽收、应归尽归。其次，征收并举，加大多模态、多元符号表征乡村档案征集力度。再次，固本拓新，黏合农村特色档案记忆资源——农村产权交易档案、乡贤名人档案、乡村记忆影像档案、依法行政档案、地情资料等。最后，践行村档乡管、村档镇馆、村档村管档案管理模式，完善乡村档案保管条件，确保乡村档案安全保管。如江苏张家港市"在全省率先建成存储 37 万余张图片的张家港市图片中心和 1.6 万余条音视频的张家港市音视频档案管理库"[44]，"完成 1.5 万余户乡贤档案、88 万字口述档案建档工作"[45]；"山东省临沂市临沭县档案馆践行'村档镇管'的农村档案管理模式，强化农村档案规范化管理"[46]。

### 4.5 强化技术耦合，护航乡村档案矩阵化共享平安着陆

顺应数字技术发展趋势，乡村档案共享应强化技术耦合，推动乡村档案数字化、数据化，护航乡村档案矩阵化共享平安着陆。

第一，树立数字转型目标，依托大数据、人工智能等信息技术搭建乡村档案共享平台，推进乡村数字档案馆（室）、档案数字化建设，如"江苏省常州市建设 5G 智慧数字农场管理平台，创建翔实的农作物数据资料和电子档案"[47]。第二，引进数字人文、数字孪生等信息技术，利用互联网、两微一端，实现乡村档案共享精准化、个性化、互动化，推动乡村档案叙事智能化、沉浸化、场景化、品牌化等。譬如，"李义敏、叶凯等利用地理信息系统（GIS）和全球定位系统（GPS）等信息技术，完成国内首例'鱼鳞总图'科学复原工作，建立历史地理信息数据库，再现浙江省金华市晚清兰溪县城坊与汤溪县寺平庄一百余年前古城与古村的历史地理空间"[48]；"福建省莆田市建设'乡村记忆档案'示范项目，着力打造独具地方特色的乡村记忆文化品牌"[49]等。第三，筑牢技术防线，规避乡村档案共享可能产生的信息伦理问题——隐私泄露、数据污染等。最后，遵循《周易》"形而上者谓之道，形而下者谓之器"的哲学理念，避免乡村档案共享陷入重"器"轻"道"、唯技术论的数字异化困境。

## 5 结语

"民族要复兴，乡村必振兴。"在赋能乡村振兴、民族复兴的进路中，乡村档案共享释放出增益乡村文明高质量发展、和声共同富裕时代强音、同频融通共享数字文明之义

的价值意蕴，但亦陷入了共享理念悬浮、顶层共享制度缺位、乡村主体失语、符号表征复合化、保存场域多元化的现实困境。不过，其可借道"民本"理念下沉、良法具化、多方共治、全景式图景绘制、矩阵化共享挣脱共享困局，增加乡村物质文明体量，推动乡村文化自信自强，进而为人类文明新形态——共同富裕植入中国基因、中国智慧、中国力量。

## 注释及参考文献

［1］中国政府网. 习近平：高举中国特色社会主义伟大旗帜 为全面建设社会主义现代化国家而团结奋斗——在中国共产党第二十次全国代表大会上的报告［EB/OL］.（2022–10–25）［2023–03–31］. http://www.gov.cn/xinwen/2022–10/25/content_5721685.htm.

［2］国家档案局. 中办国办印发《"十四五"全国档案事业发展规划》［EB/OL］.（2021–06–09）［2023–03–31］. https://www.saac.gov.cn/daj/toutiao/202106/ecca2de5bce44a0eb55c890762868683.shtml.

［3］中国文化书院学术委员会. 梁漱溟全集：第一卷［M］. 济南：山东人民出版社，2005：612–613.

［4］肖妍.《村级档案管理办法》解读［J］. 中国档案，2018（2）：26–27.

［5］黄蕊.《国家档案馆档案开放办法》起草背景及主要看点——《国家档案馆档案开放办法》解读之一［J］. 中国档案，2022（8）：12–13.

［6］王萍，乔健. 回顾与思考：村级档案工作60年［J］. 档案学研究，2018（5）：62–69.

［7］徐欣云，徐梓又. 试析传统村落档案的涵义及与乡土社会隐性档案秩序的关系［J］. 档案学通讯，2020（5）：40–46.

［8］常建法.《村级档案管理办法》的内容评析及修改建议［J］. 北京档案，2021(6)：20–24.

［9］陈海玉，黄发梅，姜舒晨. 乡镇档案资源治理的共建共治共享探究：理论逻辑与行动路向［J］. 北京档案，2022（5）：6–10.

［10］宋立娟，孙静. 聚焦基层治理助力乡村振兴——江苏省张家港市打造档案服务乡村治理的"县域样板"［J］. 中国档案，2022（11）：54–55.

［11］杭州市余杭区档案馆. 聚焦档案共治共享助力乡村社会治理［J］. 浙江档案，2022（11）：18.

［12］赖晓文. 以"名村"为示范做好村级档案管理工作［J］. 中国档案，2022（5）：56–57.

［13］倪丽娟. 乡村振兴战略视域下乡村档案资源个性化建设探究［J］. 档案与建设，2022（1）：37–40.

［14］张东华，高芮. 数字乡村战略背景下公共档案馆文化场域建构的路径探析［J］. 档案与建设，2020（10）：36–44.

［15］周林兴，崔云萍. 面向数字人文的乡村档案记忆资源开发：价值、机制及路径选择［J］.北京档案，2021（10）：10-14.

［16］黄霄羽，管清潆. 凸显"三思维"突出社会化——2021—2022 档案年会主题折射国内外档案工作的最新特点和趋势［J］.档案学研究，2022（5）：11-12.

［17］王友建. 共同富裕：人类文明新形态的重要内核［J］.江苏社会科学，2022（6）：81-89.

［18］姚聪聪. 数字文明的多重面向与建构路径［J］.思想理论教育，2022（3）：44.

［19］陈阳. 我国档案开放之现实困境与路径选择——基于 2001—2020 年的相关数据调研［J］.档案与建设，2022（9）：42.

［20］费孝通. 乡土中国生育制度［M］.北京：北京大学出版社，1998：9.

［21］国家档案局. 贵州黔南进一步加强水书文化遗产挖掘整理和传承保护［EB/OL］.（2022-12-13）［2023-03-31］. https://www.saac.gov.cn/daj/c100258/202212/7c94e817563548b59934d3d3cd05e95b.shtml.

［22］松阳县档案馆.《跟着档案去旅行》助推松阳乡村振兴［J］.浙江档案，2022（8）：25.

［23］中国互联网络信息中心. CNNIC 发布第 50 次《中国互联网络发展状况统计报告》［EB/OL］.（2022-08-31）［2023-03-31］. https://www.cnnic.cn/n4/2022/0916/c38-10594.html.

［24］费孝通. 乡土中国·生育制度·乡土重建［M］.北京：商务印书馆，2011：10.

［25］梁漱溟. 乡村建设理论［M］.上海：上海人民出版社，2006：10.

［26］陈加晋，卢勇. 在解构与重构之间：农业遗产与工业文明交互中的文化认同困境［J］.民俗研究，2022（6）：34.

［27］国家档案局. 福建启动"乡村记忆档案"示范项目［EB/OL］.（2015-12-21）［2023-03-31］. http://www.saac.gov.cn/daj/c100214/201512/da605860daaf484db560ebdec4ce7501.shtml.

［28］冯骥才. 行动起来，盘点我们文明的家园［N］.中国社会科学报，2014-07-11.

［29］李洋，曹航. 乡村档案资源开发方向嬗变：让村志登上乡村舞台——以"中国名村志文化工程"为例［J］.北京档案，2019（8）：24.

［30］汪丽芳. 浙江铁工厂档案简介［J］.浙江档案，2014（11）：42-43.

［31］丁越飞，何力迈，夏振华. 打造"乡村记忆"基地助推农村文化礼堂［J］.浙江档案，2014（2）：10.

［32］陶纯文. 发挥档案在村级文化建设中的作用——对三其村实物档案建立的思考［J］.中国档案，2012（11）：32.

［33］国家档案局.［人民日报报道］小村档案馆见证变迁留住根（人民眼·村庄里的 70 年·壮丽 70 年奋斗新时代·来自一线的蹲点调研）［EB/OL］.（2019-06-17）

［2023-03-31］. http://www.saac.gov.cn/daj/nync/201906/cb184883f30747bf992847485379d
ec6.shtml.

［34］邓群刚，田英宣. 底层农民视域下的国家与村庄［J］. 石家庄学院学报，
2010（5）：40.

［35］徐欣云. "历史层累" 阐述——传统村落档案研究语境的真实性探析［J］. 档
案学研究，2020（3）：59.

［36］梁启超. 中国历史研究法［M］. 长沙：岳麓书社，1998：223.

［37］国家档案局. 江苏张家港市档案馆拟将疫情防控档案工作纳入绩效管理事项
［EB/OL］.（2020-03-04）［2023-03-31］. https://www.saac.gov.cn/daj/c100202/202003/7
d29083277df40cfaa662cac4fc7bd7c.shtml.

［38］李影. 绘就档案助力乡村振兴新画卷［J］. 中国档案，2021（12）：34.

［39］李宗富，赵嘉盈. 勾勒乡村振兴新图景：爱尔兰香农镇照片档案数字化项目
特色及启示［J］. 北京档案，2022（11）：44-45.

［40］费孝通. 费孝通论文化与文化自觉［M］. 北京：群言出版社，2007：432.

［41］汪茜. 乡土社会的留声机：我国村级档案馆建设探索及启示［J］. 北京档案，
2020（11）：30.

［42］徐欣云，刘霄霞. 古村落档案与农村档案的内涵及异同解读［J］. 档案学研
究，2017（4）：47.

［43］特里·库克. 铭记未来——档案在建构社会记忆中的作用. 档案学通讯，
2002（2）：76.

［44］孙静，徐慧，陆晓曼. 发挥档案优势构建"乡村大档案"体系［J］. 中国档
案，2019（6）：41.

［45］孙静，孙晓霞，王健. 多元融合谋发展善治善为惠民生——张家港市推动档
案服务基层社会治理创新发展［J］. 档案与建设，2020（4）：50-51.

［46］徐之光. "村档镇管"：临沭县农村档案规范化管理的探索与实践［J］. 山东
档案，2021（4）：77-78.

［47］李双. 苏南乡村档案治理路径探析——以常州市为例［J］. 档案与建设，
2022（5）：57.

［48］李义敏，叶凯，余康，等. 数字人文视域下鱼鳞总图的复原与数据库建
设——以晚清兰溪县城坊与汤溪县寺平庄为例［J］. 档案学通讯，2022（6）：96-102.

［49］陈念禧. 修志问道留乡愁主动服务振乡村——福建省莆田市"乡村记忆档案"
示范项目建设综述［J］. 中国档案，2020（2）：42-43.

# 档案馆视觉识别系统建设探析

## 丁　威

中国第一历史档案馆

**摘　要**：视觉识别系统是机构向公众传达自身形象与价值的重要手段。伴随着档案工作进一步走向开放，走向现代化，档案馆品牌形象的塑造与价值提升在档案馆建设发展和档案文化价值传播中的作用将愈发凸显。本文通过对视觉识别系统在我国各领域内的应用情况及其功能发挥的简要分析，以笔者参与档案馆视觉识别系统构建的实践案例为基础，系统梳理和阐述档案馆视觉识别系统的具体构成，并结合新时代档案馆业务工作发展，探讨档案馆视觉识别系统建设过程中需要注意的相关问题。

**关键词**：档案馆；视觉识别；VIS；品牌

视觉识别系统（Visual Identity System，简称 VIS）"是指在企业经营理念的指导下，利用视觉传达设计的手法将企业的内在气质、经营理念和市场定位视觉化的结果，是企业在市场和社会环境下进行识别、联系和沟通的最直接和最常用的信息平台"[1]。通过精心打造出的视觉符号，企业可以更有效地将自身的文化、理念、气质、定位和价值等内在精神，进行具体化、可视化的外在表达，进而为受众带来区别于其他主体的独特印象和深刻感受。随着时代发展，视觉识别系统的实施主体逐渐从企业扩展至各类社会机构和大型活动的组织方。

档案馆作为保护文化遗产、传承人类文明的重要公共机构，肩负着"存史资政育人"的重要职责，履行着"服务党和国家工作大局、服务人民群众"[2]的神圣使命。为实现档案工作新时代新发展、更好地发挥社会功能，档案馆必须更加注重塑造和展现自身的工作理念、文化形象、核心价值，传达出档案馆区别于其他机构的形象特色，提高公众对档案馆的形象和价值认知，进而扩大档案馆的知名度和社会影响力，树立和巩固档案馆的品牌文化优势，这都使得视觉识别系统的构建在现代化档案馆建设发展中具有突出的必要性和现实意义。

本文拟通过对我国视觉识别系统应用的研究和对档案馆视觉识别系统实践案例的阐释，为新时代我国档案馆品牌视觉建设提供有益的参考。

## 1　视觉识别系统在国内的应用分析

视觉识别系统诞生于工业化大生产的时代背景，它"把企业理念与内在价值观通过静态的具体化视觉符号有组织有计划地传达给社会，树立企业统一对外形象，最终使消费者形成良好的形象。"[3]这一管理模式在 20 世纪末被引入国内并取得迅速发展，在各类企业、大型活动、文博机构中都积累了丰富的实践经验，并随着档案行业的发展，经过档案馆建设中的实践和探索，成为塑造和提升档案品牌价值不可或缺的重要建设内容。

### 1.1 视觉识别系统在企业的应用

视觉识别系统进入我国后，取得了惊人的效益。中国邮政、华为、京东等为人熟知的大型企业的品牌建设都离不开视觉识别系统的参与。这些企业的业务范围涵盖全球，产品及服务种类繁多，视觉识别系统为其构建了统一化、系统化、生动化的企业形象和品质追求，避免了公众的体验差异，促进了品牌形象的整体塑造。

### 1.2 视觉识别系统在大型活动中的应用

2008 年北京奥运会是国内真正意义上全方位采用视觉形象识别系统的大型活动。这届奥运会的成功举办，使得此后越来越多的大型活动承办方在筹备之初便专门设立工作组，统筹设计视觉识别系统，规范活动全流程的视觉要素，从而在媒体报道、宣传纪念品以及现场布置等各方面，都展现出具有统一性、规范性、独特性、可识别性和相对稳定性的品牌形象，进而巩固和延续特定品牌形象的认知度、流传度、美誉度和影响力。

### 1.3 视觉识别系统在文博行业的应用

上海图书馆早在 1996 年就成功将视觉识别系统引入图书馆的日常管理之中。[4]如今，在国家加强公共文化产品和服务供给的大背景下，更多的文博机构都建设了各具特色的视觉识别系统。如故宫博物院、国家图书馆、沈阳故宫博物院等通过构建更加系统化、规范化、生动化的视觉形象，进一步融入信息时代的视觉表达场域，有效提升了自身的文化品牌价值。

### 1.4 视觉识别系统在档案行业的探索

2022 年，中国第一历史档案馆借助新馆建设的契机，设计制定了专属的视觉识别系统，从档案馆标志、导示、办公、宣传等方面将历史与档案的基本元素有机融入，构建了明清档案馆独特的视觉表达体系，展现了明清历史档案独具的精神气质和差异性内涵，为新馆建设发展注入了新的活力。

## 2 档案馆视觉识别系统的内容构成

"视觉识别系统由基本要素系统与应用要素系统两部分组成，是企业（机构）对外形象最直接也是最直观的表现。"[5]档案馆的视觉识别系统也主要参照这个划分体系进行构建。

### 2.1 基础系统的构成

档案馆视觉识别基础系统包括档案馆标志形态、色彩、辅助图形、标准组合、文字、图片规范和常见错误预演等，其核心是档案馆标志（logo），整个系统都要围绕档案馆标志的使用管理来进行构建，以确保对外视觉识别的规范性、一致性和准确性。

### 2.1.1 标志形态规范

标志形态规范主要规定档案馆标志图形和名称的组合规范，包括档案馆标志的设计释义、固定色彩搭配、比例、制图要求以及黑白稿、灰度稿、使用安全空间界定等内容，是使用档案馆标志最基本的规范要求。

### 2.1.2 色彩规范

色彩规范主要围绕档案馆标志的风格调性进行约定和规范，包含主色和辅助色两种。主色为标志标准形态下所使用的颜色，也是档案馆对外最常用的、最具代表性的颜色或色彩集合；辅助色主要是用来搭配主色而使用的其他颜色集合，需要与主色协调搭配，并符合档案馆的宣传风格及文化氛围。

色彩系统规范主要用来指导档案馆标志在不同环境、主题、渠道的宣传色彩搭配，在执行中应尤其重视色彩系统的构建，以保障能够更广泛地适用于未来多样化档案工作场景的使用需求，尽可能扩展视觉识别系统的应用可塑性。

### 2.1.3 辅助图形规范

辅助图形规范主要是对系统里除档案馆标志以外的其他重要符号元素的规范，是视觉识别系统中档案馆品牌形象的拓展和延伸。区别于标志相对固定、单一的应用模式，辅助图形可以进行多样性的变换并兼顾品牌视觉识别效果，从而极大地丰富档案馆品牌形象的表现形式，激发其表现力、感染力和冲击力。

以大家熟知的天猫品牌为例，其图形标志是一只极具识别性的黑猫，对比历年天猫双十一活动的海报可以看出，品牌方将猫头作为可识别的辅助图形进行了一系列的延伸拓展，创造出形式多样且专属性极强的视觉效果。成功的档案馆辅助图形设计，应该具备同样的可塑性表现。

### 2.1.4 标准组合规范

标准组合规范主要是对档案馆标志的各种组合形式及样式的规范，用以满足各类档案工作场景的不同需求。包括档案馆标志图形和文字的上下、左右排版，文字的横竖排列以及中英文或单一文种组合等。一般情况下会确定其中一组作为标准组合形式，成为档案馆标志使用的首选，其他形式作为备选使用。

### 2.1.5 文字规范

文字规范主要是指在搭配档案馆标志时使用的字体规范。这一规范一方面是为了使所使用的字体符合档案馆品牌传播的调性风格，另一方面也是为了规范档案馆内能够严格遵守字体版权要求，避免侵权情况的发生。制定文字规范过程中，要注意购买特殊字体的使用版权并明确使用范围，同时考虑字体与档案馆品牌调性的匹配度，并采用多种字体以便使用时明显区分文字层级。

### 2.1.6 图片规范

图片规范主要规定了档案馆标志在搭配图片使用过程中对图片选取的审美和技术要求，尤其规范了档案馆标志以图片作为背景时不同情形下的处置方式，例如对杂乱背景图片进行虚化、对色彩近似背景中的标志进行反白处理等。

### 2.1.7 常见错误预演

常见错误预演主要列举了档案馆标志实际应用中的常见错误，以避免其破坏视觉形象的识别性和统一性。如擅自改变图形和文字的比例、对标志进行变形处理、擅自改变标志的颜色搭配等。

## 2.2 应用系统的构成

档案馆视觉识别应用系统是基础系统在档案馆行政办公、多媒体、会务、媒体宣传、产品包装、公共产品、服装服饰等方面衍生使用内容的总和，亦可理解为是基础系统在档案日常工作中延伸应用的样板范例。

在执行过程中，一方面要着重把控好建设内容，尽量涵盖档案馆行政和业务运行的各个方面，贴合实际需求，避免设计内容与实际应用脱钩，合理控制设计与制作成本；另一方面要严格遵循基础系统规范，避免因为偏离规范而导致品牌宣传无法聚焦，影响落地效果。

由于各级各类档案馆在业务目标和具体工作内容上存在一定的差异，因此其应用系统的实际执行内容也会各不相同，以下仅分类讨论其中实施得较为广泛的几项内容。

### 2.2.1 行政办公

主要涵盖档案馆行政办公过程中所使用的日常物料。如名片、信封、工牌、纸杯、便笺、信纸、文件封套、笔记本、档案袋、职位牌、手提袋、徽章、挂钟、证书、意见箱、办公柜标识卡等。这些物品在档案馆日常工作场景中的使用，可以加深档案馆品牌形象的内部认同，同时提高外部的认知程度和识别能力。

### 2.2.2 多媒体及会务

主要是围绕档案馆主办的各类会议、交流、研讨、培训等活动设计使用的电子和实物介质，借此提升档案馆的外部形象，营造精神氛围。多媒体系统可以包含 Word、Excel、PowerPoint、邮件格式等；会务系统可以包含会议邀请函、席牌、水牌、桌旗、会议证件、停车证、会议 X 展架、演讲台等。

### 2.2.3 媒体宣传

主要基于档案馆在现代媒体宣传过程中涉及的各种形式和渠道下的规范集合。包括电视广告标识定格、报纸广告版式、海报版式、展品简介版式、路牌广告版式、楼顶广告版式、灯箱广告版式、户外标识夜间效果、网页页面设计版式规范、网络传播水印、官微标识规范、二维码样式等。其内容覆盖线上和线下各种形式的传播媒介，可以涵盖档案馆宣传方面的各类工作需求，提供基本版式规范标准。

### 2.2.4 服装服饰

主要是对档案馆内不同岗位、职能人员着装要求的规范，可以提升档案馆人员的精神面貌，展现专业、饱满的档案服务形象，推动档案服务质量升级。按照人员职能和岗位划分，可以包括行政职员制服、安保职员制服、讲解职员制服、服务职员制服、保洁职员制服、厨师职员制服、机电职员制服、公益职员制服等，每一类别下在区分出男女差异、季节变化的同时，还可结合工作规范佩戴相应的配饰，如领带、丝巾、胸牌（工作证）等。

### 2.2.5 公共产品及包装

主要包括档案馆在对外交往、展示、交流过程中为了强化档案馆形象宣传、扩大档案文化传播范围而设计的产品和包装。其中的产品可以是多样化的，但应注意区别于文创产品，其目的是要更加专注于档案馆品牌形象传播，设计元素也应紧密围绕基础系统所规定的标志形态、色彩和辅助图形等要素。与此相一致的是，包装也要符合档案馆的宣传理念，突出档案馆的视觉形象风格。如包装箱、包装盒、包装纸、包装袋、容器包装、手提袋、胶带、封缄贴纸、包装绳、产品标识卡、保修卡、说明书等。构建档案馆形象产品和包装系统可以很好地配合线下交流场景中的品牌形象塑造，并有效实现档案馆品牌视觉形象的二次传播。

### 2.2.6 其他

应用系统还可根据档案馆的实际业务需求制定其他适配的视觉规范。如展览陈列、空间导示、装饰装修、车体外观等，凡是档案馆运行涉及的视觉设计要素，都可以涵盖进来。在执行过程中，需要注意明确区分是属于长期、多次、大范围的使用，还是属于短期、一次性、小区域的视觉传播，以决定其是否应纳入视觉识别应用系统规范内。

## 3 档案馆视觉识别系统的建设思考

党的十八大以来，我国档案事业取得长足发展。"十三五"期间，全国档案"馆库设施持续改善，得到中央财政支持的 600 多个中西部地区县级综合档案馆大部分建成"[6]，如何做好新建档案馆的内容建设，更好地"进行爱国主义、集体主义、中国特色社会主义教育，传承发展中华优秀传统文化，继承革命文化，发展社会主义先进文化，增强文化自信，弘扬社会主义核心价值观"[7]，成为"十四五"时期档案部门推进"四个体系"建设和档案事业高质量发展的关键所在。

视觉识别系统在档案馆的应用，为我们构建档案馆文化新内涵、重塑档案馆新形象、表达档案工作新价值提供了有效手段，也为档案馆更好地服务人民群众、传达价值理念、完善科学管理、增强力量凝聚、拓展品牌影响提供了新的实现途径，为新时代档案馆建设注入了新的活力。

与此同时，我们也要看到，视觉识别系统在档案行业的应用尚处于起步阶段，还需要在实践过程中加强规划、突出重点、建立机制、培养人才。

### 3.1 加强整体性规划

视觉识别系统是档案馆品牌和形象塑造的整体性工程，应当尽早纳入档案馆新馆建设的基本规划之内，成为一项基础性、战略性和长期性的内容建设，进而从系统层面提升档案馆价值和理念的视觉传达效能。

### 3.2 把握关键性要素

视觉识别系统是一个庞大的设计指导体系，把握核心要素是其成功的关键。首先，首要要素是档案馆的标志，其作为系统核心决定着是否能够表达出档案馆的文化内涵、品牌价值，需要在设计环节慎之又慎，并注意及时将设计成果申报商标注册，进行版权保护；其次要注意颜色和辅助图形要素设计，这决定了应用系统是否能够符合档案馆的宣传调性、契合档案文化特点，好的颜色和辅助图形能够扩展应用系统的多样性和可塑性；最后是应用系统建设的内容，要全面把握档案馆的形象建设规划，包括建设预算、运营需求、物料制作可行性等，加强应用系统的适配性，避免造成资源浪费。

### 3.3 注重知识产权保护

视觉识别系统作为机构的无形资产，具有潜在的巨大价值，应重视设计成果的知识产权保护工作。目前设计类产权保护有两种手段，一是图形作品版权登记，优势是办理周期较短，授权率高，可作为法律依据；二是商标注册，通过商标注册的标志可以用于商业行为，受到法律保护，注册商标的有效期为 10 年，期满后需要继续使用的应当提前申请续展。依据设计的重要程度，选择合适的方式，在公布前予以保护，可以有效防范品牌形象可能面临的版权和商业纠纷，降低维权成本，同时也是对设计成果在原创性、唯一性、专属性上的全面检验。

### 3.4 建立长效管理机制

视觉识别系统是指导档案馆内各部门及人员在实施档案馆品牌建设过程中必须遵循的设计规范，也是档案馆品牌建设的无形资产。一方面，要建立系统有效的建设、运行和监管机制，保证其能长期、一体化、规范性地执行和发挥作用；另一方面，也要不断适应档案馆品牌建设的发展需求，及时跟进、优化、更新和升级，建立动态的系统维护和保障机制。

### 3.5 培养专业化人才

视觉识别系统是一项专业性很强的管理工作，构建过程中，需要不断融入档案馆的文化、理念以及行政、业务等不同层面需求，要培养、引进和建设具备专业能力的人才队伍，协调、组建和管理专业设计团队，从而更好地把握建设的核心要点和主要方面，控制设计的预期效果。

**注释及参考文献**

［1］张辉，张小叶. VI 设计实战［M］. 北京：中国水利水电出版社，2011：1.

［2］中国第一历史档案馆. 石室记忆兰台映像：明清档案事业发展历程图录［M］. 北京：九州出版社，2021：1.

［3］田卓明. 基于大型会议的视觉识别系统研究［D］. 长沙：湖南师范大学，2020：7.

［4］盛婷. 档案馆视觉形象与品牌塑造研究［D］. 苏州：苏州大学，2016：24.

［5］VI 设计的创意和推广［J］. 制造业设计技术，2000（6）：9-11.

［6］中华人民共和国国家档案局. 中办国办印发《"十四五"全国档案事业发展规划》［EB/OL］.［2021-6-9］. https://www.saac.gov.cn/daj/toutiao/202106/ecca2de5bce44a0eb55c890762868683.shtml.

［7］袁杰. 中华人民共和国档案法释义［M］. 北京：中国民主法治出版社，2020：83.

# 浅谈档案治理之"困"与"辙"

吴歆哲

中国第一历史档案馆

**摘　要:** 本文拟从公共管理视角进行分析,剖析挖掘档案治理之"困",探寻新时代、新思维下对于档案治理之"辙",推进档案治理体系建设,提升档案治理效能,促进档案事业高质量发展,进一步为我国档案事业发展建设提供借鉴。

**关键词:** 档案治理;文化传播;育人功能

## 1　档案治理之"困"

本文从治理模式陈旧、服务水平不足、展览作用不强三个视角切入,以主体协作、手段运用、价值挖掘等多个维度展现档案治理之"困"。以推进档案治理体系现代化进程为纲,注重治理系统化、创新性和协同度,倡导建立政府占主导、主体重联动、制度作保障的多元共治格局;以部门、行业、区域经营驱动为方法论,提出提升档案馆履职能力、深化爱国主义教育、破解发展难题的现实举措;通过"以文育人"、媒体交互等方式,强化档案记忆观构建等方式,提升档案馆管理水平,从而丰富和完善档案治理在"存史、资政、育人"方面的内涵及表现,达到档案治理体系的现代化建设标准要求。现分析当前档案治理存在问题如下。

### 1.1　档案治理模式陈旧,创新发展待加强

党的十八届三中全会提出"推进国家治理体系和治理能力现代化"。档案治理作为国家治理的重要领域,其治理模式的重要意义愈加凸显。然而,我国档案治理在一定程度上仍未摆脱陈旧模式。

一是我国档案治理主体多元化不足。受政治文化等因素影响,公民往往更多地关注社会治理过程中与自身生活密切相关的居住、医疗、教育等民生领域,对档案治理的理念认识不够、政策关注不足、发展建言较少;社会组织与档案馆的合作仍有待进一步加强,社会组织对于所具备的档案治理业务、技术、知识力量发挥尚不充分,对档案治理的补充作用体现不足,多元共治局面尚未完全形成。

二是当前党和国家高度重视档案工作,但对于人员、财政等方面的政策、制度保障还有欠缺,档案部门还存在人员编制不足,财政预算短缺等问题,这对精细化治理、创新型发展都形成了一定制约。

三是数字化建设水平和新兴业务手段运用不够充分。当前，档案展览多为单向输出，呈现出数字化治理不足、形式内容融合生硬、与受众交互不足、展览模式单一等问题。在自媒体平台高速发展的今天，许多档案馆仍主要依靠传统宣传方式进行信息交互，缺少对抖音、直播等新传媒方式的利用。

### 1.2 档案服务水平不足，功能利用待挖掘

回顾我国档案馆发展历史，不少档案展览开设仅仅以响应政府号召、配合政府工作为目的。在自我定位上，大多数档案部门仅仅作为行政单位履职，相关工作也以此为方向开展，开放利用方面谋划不足，服务意识较为淡薄。

目前，在档案馆展览方面，主要依托于爱国主义教育基地来开展爱国主义教育、革命优秀传统教育和基本国情教育。馆藏档案的价值挖掘尚且不足，具体表现在：档案馆公开信息平台利用还不够充分；档案馆史料开放程度还不够，展品的深入挖掘不足；考虑到知识产权和意识形态领域风险，馆藏档案历史渊源讲述不足；中央及省、自治区、直辖市综合档案馆目前实体展览主题较为单一、内容较为匮乏、宣传手段较为有限；网上展览发展不足。

### 1.3 档案展览影响力不足，育人效用待提升

在我国，博物馆作为国家科学文化事业机构，除保护历史遗产、弘扬传统文化等功能，其社会教育功能也日益凸显，博物馆展览功能主要体现在历史文化教育、爱国主义与革命教育、社会档案意识教育、文化与审美教育等方面[1]。档案馆展览作为教育功能发挥的重要途径之一，同样具备上述特点。然而，区别于博物馆展览遍地开花，档案馆展览这一新形式则刚刚起步。

据统计，截至 2023 年 3 月 1 日，一史馆两地线上线下档案展览接待观众近 20 万人次，平均每年约 12 万人次。据《北京市 2022 年国民经济和社会发展统计公报》，截止至 2022 年末，北京全市常住人口 2153.6 万人。在不考虑流动人员，仅以北京市常住人口计算的情况下，公众参观档案馆展览的覆盖率也仅有 0.56% 人次 / 年，覆盖面明显不足。另外，参观档案馆展览的人员具有明显的个体差异。从事档案、历史相关工作的学者或爱好者更倾向于高频参观，其他人员则频率更低甚至从未参观。可见档案馆展览的覆盖面和影响力仍有较大提升空间。

从教育内容看，档案馆根据馆藏差别，所具备的档案属性也不尽相同，对相关档案原始性、历史性、文化性等有针对性的教育推广不足。从展览效果看，档案馆展览教育活动多为参观讲解类的即时教育，对档案意识的培养、档案体系的构建、历史文化的汲取等长期教育、持久教育、终身教育不足，未能打造诸如"故宫"等的知名 IP，不利于品牌化宣传推广。

## 2 档案治理之"辙"

我国档案行业发展较早，却在档案治理方面认识较浅、起步较晚，在展览陈列、服务水平、功能发挥、宣传推广、教育活动等方面有待加强，以传统理念指导当前档案治理工作已无法满足社会需求。结合元治理理论、协同治理理论和博物馆学理论，我们分

别从系统化、协同度、创新性三方面得出档案治理之"辙"。

### 2.1 完善现代化档案治理体系建设，实现治理系统化

#### 2.1.1 发挥政府主导职能，促进档案馆自主治理

从档案馆治理体系的发展沿革来看，档案局和档案馆的关系，经历了从局馆合一到局馆分离，再到局馆协同的改变，而在实际操作中档案馆依旧在档案局的行政权力干预下开展工作，政府在档案馆治理中仍发挥着重要作用。

其一，政府要转变思想观念，从宏观层面推进档案治理现代化。要以档案治理体系现代化为总目标，结合档案馆的职能作用和当前面临的发展问题，为档案馆理清发展脉络，分阶段、分情况、分层次制定发展方案，完善制度体系，打造档案馆合作交流平台，履行好"掌舵"的职能。其二，政府要"放下身段"，以合作共赢的态度做好协调管理。在档案治理过程中，政府要尊重社会组织、企业等多元治理主体的地位，协调发挥各类主体作用，支持并鼓励其发展壮大，必要时采取一定的激励手段，提供政策、技术、资源辅助，充分激发各类主体的积极性和创造性，共同服务于档案事业的发展。

#### 2.1.2 健全配套法律法规，加强顶层制度化建设

从 1987 年《中华人民共和国档案法》颁布到 2020 年 6 月 30 日重新修订，关于档案治理的法律正在不断细化完善，但要想充分管理好、保护好和利用好现有档案，制度化的建设还需要进一步加强。

其一，要健全档案工作的条块管理体制，优化档案治理结构。厘清档案主管部门、档案馆、发展基金会和志愿服务社会组织等多元治理主体的治理职责，制定指导意义大、操作性强的政策性法规，规范档案治理体系。其二，探索建立档案展览行业标准，规范档案馆展览工作。档案展览应确保符合政治要求，践行社会主义核心价值观。档案藏品以文字为主，容易出现断章取义、恶意曲解等问题，在策展过程中要注意档案信息安全和知识产权保护，在展品释义和解读中把好意识形态关，建立相关的舆情监测和监督机制，及时做好正向反馈。

#### 2.1.3 凝聚治理主体力量，优化档案治理结构

由于档案馆本身非营利性的限制，新时代档案馆应突破传统档案馆发展模式，主动建立起与全社会的联动体系，利用好各行各业资源提升档案治理。

其一，深化档案馆与社会组织的合作。民间档案组织、档案学会等社会组织充当着联系政府与公民的桥梁和纽带的角色，也是档案治理体系中十分重要的一部分。其二，完善人才培养机制，建设高质量档案人才队伍。加大对现有人才的专业培养，持续加强信息化技能培训；健全激励机制，弘扬工匠精神，鼓励档案人才积极开展专业理论研究，以研究促管理；提供政策和财政支持力度，加大高层次复合型人才引进。

### 2.2 明确部门区域行业工作责任，实现治理协同化

#### 2.2.1 部门协同：加强档案机构履职能力建设

档案治理中要充分处理好与上级部门及其他职能部门之间的关系，增强各级档案主管部门统筹谋划和指导协调能力，打造有利于档案馆更好履职的"合作圈"。

档案局馆协同，共同做好"合"字文章。机构改革后，档案局馆虽然分设，但工作

性质类似，工作内容互为补充、不可分割。要牢固树立一盘棋思想，坚持局、馆分工不分家。档案局突出行政职能，发挥统筹协调优势，指明档案部门的工作方向；档案馆发挥人才和专业优势，为档案事业发展提供智力和技术支持。第二，文化机构互通有无，优势资源为我所用。目前我国档案馆的发展水平仍落后于博物馆和其他文化机构，在借鉴其成功经验的同时，更要加深与其他文化机构合作联系。在展览表现、技术应用方面，结合实际引入博物馆先进策展理念和新兴技术；在活动开展方面，进行资源互通、加强联动，积极展开业务交流研讨会议，形成资源优势互补。第三，档案企业拾漏补遗，公共服务科学高效。随着档案工作量的不断增加、档案事务趋于复杂化，档案馆有限的编制很难满足档案工作的现代化需求，档案企业应运而生，依托其市场化、专业化、服务化的优势，转移档案部门部分职能，采用更加先进的技术、更加系统的管理，有效减轻档案馆工作压力，使档案管理更加智能化。

### 2.2.2 区域协同：深化爱国教育基地建设

长三角地区、成渝两地档案系统就为区域协同共建红色教育基地做出了很好的范例：2021 年 1 月，苏浙沪皖档案部门首次跨区域联合推出"建党百年初心如磐——长三角红色档案珍品展"，精选域内 20 余家机构的近 500 件革命历史档案资料，各自馆藏珍档历史突破性合体，组合成完整的档案链；2021 年 6 月，四川、重庆档案馆协同两地 68 家档案机构，整合 130 件（组）红色档案，推出"印记 100"——川渝地区档案馆馆藏中国共产党红色珍档展[2]。

早在 2019 年 9 月 1 日，国家档案局就颁布了《国家档案局爱国主义教育基地工作规范》作为行业标准。主要可以从以下几个方面入手：在内容上，要将展示馆藏精品与区域特色相结合，充分体现爱国主义教育基地特点；在设计上，要坚持科学性与艺术性相结合、线下与线上展览相结合、技术与展品相结合，受众需求与教育理念相结合；在功能上，依托巡展进行馆馆交流，依托历史教育课程展开馆校合作；在评价上，建立起全面客观的多层次评价机制，将基地工作人员与基地教育效果等方面纳入评价机制，推进爱国主义教育基地持续优化。

### 2.2.3 行业协同：破解人才和技术发展难关

建立档案馆行业协同关系，形成"走出去、引进来"的开放模式，克服日益边缘化的颓势，改善档案行业相对封闭的现状，有助于档案馆破解人才和技术发展难关，为档案馆事业发展打造良好的社会环境。

其一，深化档案馆与院校等教学单位和科研单位协同共建，破解"人才关"。建立清晰明确的馆校合作制度，构建"产学研一体化"合作体系。其二，深化档案馆与新媒体等宣传机构协同共建，破解"技术关"。目前，我国档案馆展览的开放平台利用率不高。要搭建好新媒体合作平台，充分并善于运用公众使用率高、关注度高的短视频等进行宣传，为档案馆引流，加大档案馆在全社会的知名度和影响力，提升全民档案意识。

## 2.3 完善现代化档案治理体系建设，实现治理系统化

### 2.3.1 以文育人，强化档案记忆观构建

国际档案理事会第二任主席布莱邦曾在第一届国际档案大会上指出，档案是一个国

家的"记忆"，档案馆保存的是一个国家的历史证据和作为国家灵魂的材料[3]。然而，档案因其文字占比大、展陈较为困难、具有知识门槛等特殊属性，往往不易为观众所熟知，如何发挥档案馆以文育人的作用，提高档案馆的"知名度"，是我们下一步应该思考的问题。

其一，立足馆藏资源，培养公众档案意识。档案馆应当由固定的施教者逐渐转化为启发、引导为主的辅助者，以新时代公众喜闻乐见的方式提升公众历史认同感和使命感。其二，申报遗产名录，纳入档案记忆观体系。要有计划地将申报档案遗产纳入档案记忆观体系，丰富宣传手段和形式，科学利用档案展览平台使历史文化、优秀传统得以传承和弘扬。目前，一史馆多件馆藏档案现已被列入《中国档案文献遗产名录》，其中，"赤道南北两总星图"档案入选为《世界记忆亚太地区名录》，而"清代内阁秘本档""清代科举大金榜"两件档案入选为《世界记忆名录》。这是中国历史文化的骄傲，而档案展览恰是最直接让公众了解档案文献遗产的方式。

### 2.3.2 思想认同，促使文化自信深入人心

档案记录在一定程度上是历史情景的再现，为历史发展提供了可供参考的一手资料，保存好、利用好档案可以帮助我们更加深入准确地了解历史，认同中华民族文明属性，从根本上增强全民族的文化认同感和民族自信心。

其一，重视档案研究，完善历史研究脉络。档案专家应当更加深入研究馆藏资源，加强解读和揭秘，从政治高度提出更多资政理念，为治国理政提供历史智慧。其二，重视馆藏合作，推出更具影响力和专业度的综合性展览。2023 年 2 月 15 日，中国第一历史档案馆、敦煌研究院、甘肃简牍博物馆、国家图书馆（国家典籍博物馆）四家文化机构跨界联合推出"二十世纪初中国古文献四大发现展"，历时两年多精心策划、精诚合作，便藏于我国各地的殷墟甲骨、居延汉简、敦煌遗书、明清档案首次集体亮相，引起了社会公众的密切关注与热议。

### 2.3.3 媒体交互，提升档案馆展览水平

当前档案馆的发展正在迈出改变创新之路，努力让故纸堆在新时代焕发新颜。其一，注重技术与内容的融合。从档案展览内容需求出发，搭配数字化技术，便于记录、存储、查询，让科技赋能点亮档案记忆。线下展厅可以充分运用 3D 技术，VR、AR 等可穿戴技术打造云空间，实现沉浸式体验，用身临其境之感深化文化体验之力。线上展览渠道应进一步丰富，实现跨媒体叙事，广泛吸收群众意见建议，在沉浸式观展中进一步充实展览内容，打造立体化传播格局。其二，提高展览服务水平。要构建科学的展览服务体系，加大专业人员投入和培养，保障展览咨询、参观、后期服务的良性循环。倡导精细化讲解服务，针对不同年龄段的观众群体制定差异化讲解服务方案，打造各具特色的讲解风格，使得讲解服务效果更好、公众满意度更高。

档案是社会、国家乃至人类的记忆，档案资源更是社会进步发展留存的宝贵财富。档案馆不仅是保护、保管档案的行政机构，更是我国社会文化事业机构，是社会公共文化建设的重要组成部分。档案治理更要牢牢把握"存史、资政、育人"根本任务，完善现代化档案治理体系建设，明确部门、行业工作责任，加强档案馆文化功能建设，从

而实现治理系统化、协同化、创新化。充分调动档案青春力量，为档案事业发展注入活力，让深处故纸堆的档案"强起来""实起来""活起来""亮起来"。

### 注释及参考文献

［1］汪喆. 发挥博物馆展览价值教育功能的实践与思考［J］. 文物鉴定与鉴赏，2019（23）：120-122.

［2］李忠宏，王萍. 红色档案资源协同开发的实践与路径优化研究［J］. 四川档案，2021（4）：15-17.

［3］丁华东. 论档案记忆理论范式的研究纲领［J］. 档案学通讯，2013（4）：19-20.

# 档案修复工作中的光源和照明问题的解决办法

## ——以中国第一历史档案馆新馆修复间照明供电系统实践为例

邢 洲

中国第一历史档案馆

**摘 要：**档案修复过程中的光源极大影响着档案修复工作的进程和质量，但是研究光源对档案的影响论述颇丰多，却鲜少有提及实际工作中修复光源如何合理适配的方式。本文根据笔者实际修复工作的经验，结合相关规范，对档案修复工作中自然照明光源和人工照明光源的情况进行总结和思考，提出从设计端解决的方案，并对中国第一历史档案馆档案修复工作间的照明设备建设情况做一个完整的总结。

**关键词：**修复；光源；照明系统

众所周知，光对档案的影响是客观存在的，绝大部分档案的载体是纸张，其主要成分是纤维素，长期的光照会使纤维受到破坏，纤维机械强度降低，纸张变黄发脆。另外，光也会影响字迹的耐久性和稳定性，造成字迹变浅、褪色。特别是光对档案的作用具有积累效应和后效应，短时间内虽不明显，长期则会对档案造成不可逆的伤害。

可是，光还是档案保管、修复和利用等业务工作过程中不可避免的环境因素，尤其是开展档案修复工作必须有合适且舒适的照明光线，才能更好地完成修复工作中的染色、拼对、修补、质检等工作环节。目前，对于光的危害和防光措施研究较多，但在论及实际工作中适配修复者的光源时，很多时候只是将其单纯理解为增加照明设备，对于环境光源是否变化、照明参数是否实用舒适、使用过程是否便捷合理、增加设备是否安全规范等方面却极少问津。本文通过对笔者在修复工作中积累的修复光源问题进行分析、总结，并以中国第一历史档案馆（以下简称"一史馆"）的照明供电系统的解决方案作为实例说明，探讨档案修复工作中的光源和照明问题的解决办法，以期在保护档案安全的基础上更好地开展档案修复工作。

## 1 档案修复操作的理想照明

### 1.1 档案修复照明参数标准

中华人民共和国档案行业标准《档案馆照明系统设计规范》（DA/T91—2022）中不仅明确提出了档案修裱工作中的照明参数，而且制定配电、照明控制和安全防护等方面的设计规范。本文从中筛选出修复照明设备可以参考和利用的参数如下。

照明标准值中业务技术用房中裱糊修复室的要求。参考平面及其高度；实际工作面；照度值：300；统一眩光值：16；照度均匀度：0.7；一般显色指数：80。

照明节能方面。天然光利用方面，无特殊要求的档案馆用房应充分利用自然光，房间的采光系数或采光窗地面积比应符合 GB50033 的有关规定。有条件时宜随室外天然光的变化自动调节人工照明照度。

照明功率密度限值方面。裱糊修复室的照明功率密度限值：8.0，对应照度值：300；对应室形指数：1.5。

照明电压及配电系统方面。一般照明光源的电源电压应采用 220V。照明灯具端电压的偏差值宜控制在 ±5% 以内。对供电电压波动较大的情况，可考虑应用稳压电源设备。应根据照明负荷中断供电可能造成的影响及损失，确定负荷等级，选择配电方案。照明控制的自动控制可采用程控、时控、光控、红外等方式，并按需要采取自动调光、降低照度、延时自动熄灭等节能措施。

照明控制方式 / 策略方面。照明功能需求中五种需求：照明仅需全开或全关；需调节照度值、光色，宜平滑或缓慢变化；需实现个性化或小范围控制；控制区域内人员在室率经常变化，需要照明水平同步变化；需在照明运行过程中保持照度恒定。对应的五种照明控制方式 / 策略分别为：开关控制；调光控制；单灯或分组控制；存在感应控制；维持光通量控制：光感调光。

安全防护与接地方面。档案库及业务技术用房应选用防紫外线玻璃，采用遮阳措施防止日光直接射入。灯具与档案、图书资料等易燃物的垂直距离不应小于 0.5m，且应依照爆炸性环境选用对应类型的防爆灯具，防爆灯具的分类参见 GB/T3836.1。安装于建筑物内的照明配电系统应与该建筑配电系统的接地形式一致。配电线路的保护应符合 GB50054 的要求。

各类裸光源紫外辐射含量方面。白炽灯紫外辐射含量参考值是 70~80μW/lm，LED 紫外辐射含量参考值是 <5μW/lm。

### 1.2 处理好修复工作间的自然光源和照明光源

修复工作间的自然采光一方面要注意减少光的辐射强度和作用时间，避免阳光直射工作台面和大墙，从而减少光对档案的影响；另一方面要保证光线充足，节约能源的同时让修复人员工作时更加舒适。在楼层选择上要尽量避开潮湿的底层和太阳辐射强烈的顶层，这样做的好处之一是方便在缺少标准光源的环境中，使用修复间的自然光源进行补纸染色比对。另外，档案修复间要避开强自然光辐射，这就需要合理增减照明光源。修复用的照明光源应固定布置在裱案或工作台面正上方，光线均匀、分散，照度适当，保证操作时不产生阴影和眩光。

## 2 实际档案修复工作中照明现状

### 2.1 自然环境的变化问题

档案馆当地的自然条件决定了修复间环境中温湿度、清洁度和照度的基本情况。其中温度、湿度可以通过空调或加湿除湿设备快速且成熟地获得相对稳定数值。但在照度方面，一天之中太阳公转的固定性和四季里天气的阴晴雨雪变化的随机性，都会直接影响修复工作中所需要的相对稳定的照明参数。特别是北方地区东西向房屋和南方地区梅雨季节的情况下自然光源快速变化是非常明显的。如果相应的照明设备不能及时充分适配环境的自然变化，就容易影响档案修复质量。

### 2.2 建筑物的采光和照明问题

#### 2.2.1 建筑物设计和人类活动影响

档案馆修复业务通常是伴随着整理、复制等业务需要逐渐形成的，因此档案修复工作间往往是延后配置的，房屋的朝向和原始采光并不完全适配档案修复工作需要。另外，即使是带有修复功能设计的新建设档案馆，也会面临周围新建筑物的增加和邻近建筑物的改造问题，从而影响原始设计的采光效果。对于不同地区、不同建筑物外观及不同内部设计的房屋自然采光出现光照过足或不足现象时，通常采用拉窗帘的方式解决光照过足情况，使用移动小型光源的办法解决光照不足的情况，但是这两种方式日常使用过于繁杂且效果不佳。

#### 2.2.2 建筑物原配置的照明光源不适用

无论新旧档案馆，修复功能用房的照明光源通常是建筑初期满足办公功能需求的光源，这种照明光源的数量和排布是按照房屋建筑面积的一定密度进行设计分配，电路管线固定在墙顶的照明设备，因而其照明参数远不能满足修复工作实际操作的照明要求。另外，现实中会出现各类业务设备放入房间后，修复工作台面不能正对应已安装照明光源的正上方的情况，从而影响修复工作的操作环节。

#### 2.2.3 安全措施要求下的照度被动减弱

出于对档案载体保护和消防安全的需求，相关部门会要求对已安装调试好的各类照明设备加装防护罩，这对采用灯管类型照明设备的老档案馆影响尤为明显。比如：档案技术保护部门为防止档案在修复过程中受到自然光中紫外线的影响，采取加装防紫外线灯罩的防光措施，以减少光对档案的危害。消防部门为防止极端情况下电压突然增加造成照明设备爆炸的安全隐患，要求灯具与档案垂直距离不应小于 0.5m 高度，同时还要对已悬挂的照明设备外加装防爆防护罩。上述情况都会减弱原有照明设备的照度值。

### 2.3 实际工作中产生的问题

#### 2.3.1 照明光源和修复设备的不适配

修复工作的理想光源是均匀、柔和的面光源。实际工作中工作案面大小、工作案面反光率大小，会造成同一工作面上不同区域的照度值、照度均匀值、显色指数的不同，这就出现工作面和照明光源不能完美适配的情况。体现在实际工作中，固定光源的照射面积无法完全覆盖工作台面，工作中造成遮挡，形成阴影；工作案面选用了反射率高的漆质或经年使用造成案面光滑，同时光源覆盖不均匀，产生光线反射，干扰到修复工作者实际操作，尤其会影响修补环节中对纸张隐藏裂痕的观察。

#### 2.3.2 修复者个体需求的差异

每个修复工作者是独立的修复主体，不同人的身高、年龄、视觉观感都会有区别。如果每个人都能使用适用于自己的照明光源，就不会对档案颜色、补纸颜色的判断造成显著差别。同时，修复工作是一项长期工作，通过实现照明光源在夏冬季节和晴雨天气的可调节，不仅便于修复者更好地提高档案修复质量，更能延长档案修复师的工作服务年限。另外，修复者的工位通常是相向固定而坐，理论上在单向有窗户的修复间，应将修复工作案面与窗户位置垂直布置，使两人采光相对均匀，但实际工作中两人接受到的光源面积和阴影面积也会有很大区别，在安排工位和增加照明设备时都要有相应的考虑。

### 2.3.3 采购和改造成本高

通常在修复工作开展以后会逐渐发现更多照明方面的问题，需要进行加装和改造电路。但是水电工作往往是隐蔽工程，这就面临着是否要动隐蔽的电路，是否能够采购到真正合适的灯具等问题。目前，对于已建设完成的档案馆修复间，如果电路走房顶是比较容易改造的，但对于电路隐蔽于墙面或地面的档案馆，施工就会比较麻烦，另外电路改造还涉及消防设施，施工安全和室内美观等问题。因此，如果有档案馆新馆建设的契机，业务部门一定要提前充分准备，先与基建部门沟通，如果电路改造费用可以包含在建设费里，一定要纳入施工设计中；不能包含在建设费里，则要考虑环境、采光、设备布置、人员情况等实际情况，提前为以后电路改造做好预留工作。另外，档案馆分管修复业务的领导和实际的修复者要充分将业务需求实际情况和负责采购的行财部门进行深入沟通。这就要求修复业务部门深入调研，以实际工作为基础，提出的产品参数要实用、科学，申请的预算要精确、合理。同样，行财部门按照相应财务制度进行招标或比选时，要参考业务部门建议，真正了解业务部门实际需求，把好厂家关、产品关，采购到实用、性价比高、便于维护的产品。

## 3 工作中对修复光源和照明设备的实践情况

根据上述《档案馆照明系统设计规范》中的适用参数和修复业务工作中自然采光和人工照明的需求和痛点问题，在一史馆修复间建设的契机中力求一并解决的同时做好发展预留，为日后长期稳定高效的修复工作夯实基础。

### 3.1 通过扎实调研和科学统筹，精确排布照明电路点位

在一史馆建设工地时期多次前往工地现场调研，测量房屋尺寸后绘制房间平面图，进行前期的设计规划。将分配给修复工作的8间业务用房先进行功能分区，再按照现有人员数量、未来开展工作的人员需求和各房屋面积进行设计，以相邻修复案子之间间隔3米左右的距离，确定摆放修复案子的位置。根据各个修复工作间的窗户朝向和建筑面积情况，确定南向修复间窗户与修复案子垂直摆放，北向修复间窗户与修复案子平行摆放的方式。同时，确定以修复案子的正上方中点为照明电路定位点，随后与基建处沟通建筑施工中最终的电路和房间照明设备等情况。得知照明设备为通用办公照明，施工方必须按照原建筑设计图纸施工才能完成验收后，请示部门领导，申请需要开展电路改造，增加业务功能的照明设备相关的调研和准备工作。

### 3.2 通过精心设计的自研方案，充分解决照明设备的调节需求

与行财部门比选出的中标单位明确需求，再会同安保部门的机电、物业方面人员调研配电间负荷、引电方式等工作细节，最终确定照明改造的深化方案。该中标单位还涉及修复间其他的改造工作，因此统一要求施工改造过程做到不破坏原有建筑的结构，不影响现行房间的正常照明和消防系统（预作用喷淋系统、火灾自动报警和消防联动控制）、安全防范（监控摄像）、应急照明、空调进出风等设备使用，同时做好瓷砖、墙面的成品保护。

照明设备安装采用吊顶安装吊杆和骨架，悬挂吊装灯具的方式。供电方式方面，采用配电间到配电箱的顶板下敷设电缆桥架方式，配电箱到室内采用 JDG 线管敷设方式。在建筑原有配电箱外单独起一组配电箱，做到一张修复案子配一个照明设备，一个照明设备单独配套一条 220V 线路。照明设备统一采用 300mm×1200mm×70mm 规格，能够充分覆盖整个修复案面。选用紫外辐射含量最低的 LED 无频闪灯珠作为照明光源，单片 LED 灯组功率为 50W，每个照明设备根据案面大小由 6~15 片 LED 灯组横、纵向拼接组成。通常色温在 3300~5000K 之间是柔和的中性色光线，可以使人有愉快、舒适和安详的感受，因此色温参数最高达到 5000K。显色指数 ≥ 90，优于档案行业规范数据。外观使用浅色铁艺框架，稳定拼接的同时还可以更好地融入整体环境。透光板采用 PC 材质，起到减少重量和过滤遮光作用。开关方面，一个照明设备配有两个开关，单设一个白色开闭开关，可以有效防止调低亮度时忘记关闭开关，另一个是玻璃面板的旋钮式无极调光开关，可以调节 0.2%~100% 亮度区间，带过热保护功能，最大功率 250W。

通过独立设计定制修复间照明设备，不仅价格便宜，远低于市面上同类修复照明设备价格，同时，可以安全方便地控制修复间内各种光线亮度变化，从而解决了影响修复工作的照度问题、阴影问题和个体与修复案面适配问题等。

### 3.3 通过实践经验做好线路预留，创造性提出增加可伸缩的移动电源接口

考虑到如果需要临时增加移动光源或者手持的加热、除尘等电器设备的需求，创造性提出在上方的照明设备旁增加一组可以电动控制升移的照明及供电插座。将照明设备的配电箱电路单独分出专用线路，采用 JDG 线管敷设方式。每个供电设备配有照明光源及电源插座。照明启动和关闭可以通过敲击感应进行，每个修复案子两两相向共计有 6 个 220V 可调节高度的插座，最大可使用功率为 4500W。同时在预留空间最近的修复案子边上单拉一路 380V 电源插座，为以后设备用电做好足够的预留。增加以上设备后，每一位修复者可以不受身高限制和线路长短影响，随时用手动遥控器调整电器与用电接口的距离；彻底解决墙插、地插临时增加线路造成手持设备使用取电不便，容易绊人和打扫卫生着水等安全隐患。

自研设计的照明供电系统，通过对照明的亮度调节，解决了长期以来困扰修复工作的自然光源实时变化的问题，同时增加的电源插座位置不仅使得取用电更加安全方便，而且为未来修复设备的发展更新做好预留。

# 解放初期酸化档案纸张保护性策略研究与实践

## ——以天津第一热电厂历史档案为例

卢培婧 苏 洲

中国金茂控股集团有限公司

**摘 要**：天津第一热电厂自20世纪50年代发展至今，其档案完整记录了原一热电遗址到天津金茂汇的转变和焕新。随着时间的推移，一热电厂历史档案受环境、人为等各种因素的影响，遭到了不同程度的损毁，影响其使用价值与保存寿命。针对热电厂档案"病情"，应采取相应的保护措施。本文在对热电厂历史档案损毁原因与保护措施讨论的基础上，选取严重酸化的一热电厂档案纸张为研究对象，采用纳米碳酸钙作为脱酸保护材料，对脱酸前后纸张的酸性、色度、表面形态等进行了表征。结果表明，该方法可以将酸化严重的档案纸张的pH值显著提高到7~8，同时纸张的色差变化微小且脱酸剂对纸张纤维以及字迹无明显影响。该方法实现了对一热电厂历史档案脱酸保护，防止纸张的酸化与老化，实现对档案更好的保存，并为后续项目改造设计方案提供利用。

**关键词**：天津第一热电厂档案；损毁原因；文献保护；纸张脱酸

## 1 天津第一热电厂历史档案保护原因

### 1.1 助力改造设计方案

2016年中国中化旗下中国金茂（以下简称"公司"）获取天津一热电厂地块，经过多次论证，决定将一热电厂房原貌作为文保产业建筑，经过改造后打造成人文主题特色空间——金茂汇，呈现给天津市民，升级城市功能。而在后续设计改造方案时，一热电厂历史档案将是关键的原始依据，而历史档案中有一部分图纸已经出现受损，有些关键数据已模糊不清，纸张出现发黄变脆、酸化等问题，急需修复和保护。

### 1.2 推动打造城市记忆

1938年，天津一热电厂第一台机炉竣工发电，随后经历过多次扩建，标志性的烟囱从低矮变为195米高，曾向天津市河东区、河西区、和平区970万平方米范围内约10万户居民和企事业单位提供采暖用热、生产用气和生活热水，直至如今厂房原貌升级为文保产业建筑的金茂汇。为此整理出一套记录老厂房80多年发展之路的完整有效的档案是档案人为助推城市记忆，赋新城市发展应尽的责任。

### 1.3 历史档案存在破损

2011 年，天津第一热电厂原址被天津市河东区人民政府纳入不可移动文物名录。老热电厂档案本身具有文物保护的价值和意义。随着历史的发展，一热电厂档案文献存储环境较差，受到粉尘、霉菌等环境因素以及人为因素的影响，遭到不同程度的损毁，导致纸张聚合度下降，纸张发黄变脆、酸化等问题，亟待采取相应的措施进行保护。

## 2　天津第一热电厂档案损毁的原因

我国主要的造纸原料包括麻、树皮、藤条、竹、麦草等植物。纸张的成分主要包括纤维素、少量的半纤维素、木质素等。其中影响纸张寿命的根本原因在于纸张纤维中纤维素分子与外部环境中的水、酸性物质发生氧化与水解反应，导致纤维素高分子的聚合度明显降低。纸张中的木质素在大气环境中光与氧的催化作用下，导致纸张加速变黄，机械强度不断降低[1]。纸张的损毁宏观上经历了一个由发黄变脆到严重酸化影响使用的过程。

### 2.1 存储环境温湿度的影响

温湿度是存储环境的重要因素，对纸张寿命有重大影响。档案适宜存储的温度为 14℃ ~24℃，适宜的湿度为 45%~60%。一热电厂留存的历史档案，受存储环境的影响。当时老热电厂存储环境温度高，导致纸张中的水分蒸发，而纸张纤维的老化速率与温度成正相关，保存环境的温度每升高 5℃，纸张载体的变质速率会增加 2 倍[2]，纸张强度降低，导致纸张寿命缩短。

湿度同样是影响纸张纤维的重要因素，空气中的湿度过大，纸质文献便会吸收大量的水汽。工厂内部湿度温度高，纸张变潮，会发生水解反应，造成纸张纤维的水解、断裂，聚合度下降等，同时还可能使纸张字迹发生褪色，字迹变得模糊不清，对后续改造方案提供利用产生影响。

### 2.2 存储环境中大气的影响

一热电厂主要以煤炭作为主要原料进行发热发电，使空气中的有害气体不断增多，如硫化物、氮氧化物、灰尘等，会对纸张带来永久性的伤害。空气中的硫化物，会与纸张中的水分发生反应，使纤维素、半纤维素发生降解，导致纸张发黄、变脆、褪色等现象[3]。氮氧化物等有害气体被纸张吸收后，会发生氧化还原反应，削弱纸张的耐久性，降低纸张强度。有害气体吸附在纸张上，会增加纸张的酸性，加速纸张中纤维素的氧化分解，加速纸张酸化与氧化[4]。

老热电厂周围环境粉尘、灰尘居多，具有很强的吸附性，吸附空气中的水分、酸碱性物质以及各种细菌、霉菌等，会对纸张纤维造成损坏，加速纸张的老化。

### 2.3 微生物以及虫蛀的影响

一热电厂空气中存在大量的霉菌孢子，当温度较高、湿度较大时，霉菌便会大量生长繁殖，会对档案材料造成严重损坏。首先，霉菌以档案纸张中的纤维素为营养物质进行生长繁殖，通过分泌纤维素酶降解纸张的纤维素，导致档案纸张机械强度下降；其次，霉菌在生长过程中，其代谢可以产生柠檬酸、草酸等酸性物质，这些物质会导致档案纸张酸性增加；再次，霉菌在生长过程中会分泌大量的色素，在档案纸张上表现为灰褐色以及黑色等不同颜色的霉斑，会导致纸张中的字迹模糊不清，影响档案的查阅利用[5]。

第一热电厂档案中有些图纸存在虫蛀现象，书虫以造纸、染纸过程中的动物胶为食物。大部分的书虫还会将虫卵以及排泄物留在纸张中，造成纸张的粘连现象。

### 2.4　人为利用的影响

在一热电厂图纸等各类历史档案文献利用过程中，人们在查阅以及整理档案文献时，由于纸张移动与环境变化，纸张在不同程度上接触到空气中的灰尘，灰尘会与档案文献中的字迹产生摩擦，降低字迹的清晰程度。查阅者手中的汗渍等会加剧纸张吸附灰尘、霉菌等。

## 3　天津第一热电厂历史档案保护措施

### 3.1　改善档案室存储环境，减少环境因素的危害

为了文献的长久保存，应主要采用调控存储环境温湿度的方法，保证相对温和稳定的温湿度条件，建设档案库房建筑时，选择空气流通、光线较好的位置，使温湿度适宜。另外，光照也是影响纸质文物保存的关键因素，光的化学反应会导致纸张的老化，档案馆要减少光的照射，定时开窗通风。对于长时间放置在背光阴凉处的文献，要定期检查，对其存储环境进行清洁消毒，防止霉菌的滋生。

### 3.2　采取有效的防治虫霉措施

保持稳定的温湿度环境是防治虫霉的有效措施，可运用防蠹药物达到除虫的效果。在存储环境中放置适量的防蠹药物，如麝香、樟脑等可以散发出让虫子远离的特殊气味，达到防虫效果[6]。对阴暗潮湿的地方及时通风，同时要注意门窗通风时防止害虫进入，定期对档案室监测虫害情况，保持库房环境的清洁，阻止霉菌的滋生。要遵循最小干预原则[7]，对于书虫的轻微残留物或灰尘可以用软毛刷去除，清洁过程中不随意改动纸张上的字迹和颜色，不对纸张做大力的摩擦，对较重的污迹可以用砂纸打磨，但是要注意纸张表面的摩擦。

### 3.3　应用有效的去酸技术

脱酸方法分为气相脱酸和液相脱酸。根据第一热电厂酸化档案实际情况，宜采取液相脱酸法进行脱酸保护。液相脱酸包括碱性水溶液脱酸和碱性有机溶液脱酸，是通过将溶液中的碱性物质与纸张中的酸性物质发生中和反应，来达到脱酸的目的。常用的碱性物质主要有碳酸钙、氢氧化钙等。碱性水溶液脱酸的效果比较好，可以清除纸张中的污渍，残留的碱性物质可以继续防止纸张的酸化，适用于小面积破损档案；碱性有机溶液适用于大面积酸化档案，可以达到对纸张的均匀去酸，碱性物质的储备将减缓纸张的酸化[8]。

## 4　实验部分

为获取最真实的数据，公司档案人员利用扎实的专业知识，经过严格的讨论后，选

取严重酸化的热电厂图纸档案，前往档案馆进行脱酸实验。

### 4.1　实验材料和仪器

实验原料选取 1953 年天津一热电厂历史档案纸，产地天津，试剂为碳酸钙、水、乙醇。实验设备主要有 pH 酸碱度仪，数码显微镜，ZB-A 色度仪，真空干燥箱等。

### 4.2　小面积热电厂档案纸张实验步骤

选取小面积档案机制纸进行脱酸实验，分别命名为 a—f。将纸 a、c、d 放入已经配制好的 20ml 碳酸钙水分散液滴中，将档案纸 b、e、f 放到配置好的 20ml 碳酸钙乙醇分散液中，使得纸样与溶剂充分接触 15 分钟后取出，室温晾干。

### 4.3　表征方法

对纸张 pH 值、色度进行三次测量，取平均值；使用 Dino 数码显微镜对脱酸前后的纸张进行放大 200X。

### 4.4　实验结果与讨论

#### 4.4.1　纸张的 pH 值变化

纸张表面 pH 值用于表征纸张的酸碱度，脱酸前后的 pH 值变化是纸张脱酸保护的重要指标之一。

图 1 所示为纸张脱酸前后纸张 pH 值变化，从数据中可以看出天津一热电厂纸样存在纸张发黄、纸张边缘酸度较高的现象，由于纸张边缘更多地暴露在空气中受到更多外界的影响，同时人们在利用的过程中，更多地翻阅纸张边缘，纸张中心位置更加清洁干净，纸张酸度较低。两种试剂对于纸张脱酸效果大致相同，经过脱酸变为弱碱性，说明纳米碳酸钙试剂可以有效地中和纸张中的酸性物质，具有一定的脱酸效果，能够在一定的时间内保持纸张的弱碱性，更好地保护一热电厂档案。

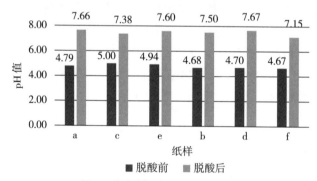

图1　脱酸前后纸张pH值变化图

#### 4.4.2　Dino 图像

图 2 所示为天津第一热电厂档案机制纸的 Dino 图像，通过纳米碳酸钙脱酸试剂浸泡 15 分钟之后，再次进行显微分析。

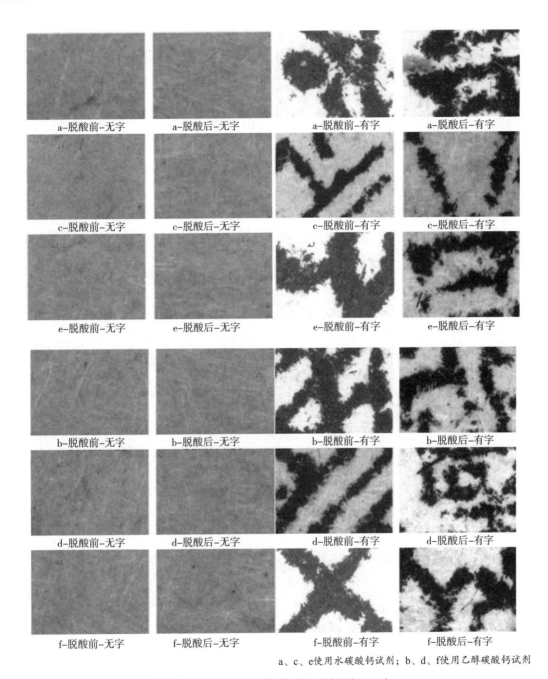

a–脱酸前–无字　　a–脱酸后–无字　　a–脱酸前–有字　　a–脱酸后–有字

c–脱酸前–无字　　c–脱酸后–无字　　c–脱酸前–有字　　c–脱酸后–有字

e–脱酸前–无字　　e–脱酸后–无字　　e–脱酸前–有字　　e–脱酸后–有字

b–脱酸前–无字　　b–脱酸后–无字　　b–脱酸前–有字　　b–脱酸后–有字

d–脱酸前–无字　　d–脱酸后–无字　　d–脱酸前–有字　　d–脱酸后–有字

f–脱酸前–无字　　f–脱酸后–无字　　f–脱酸前–有字　　f–脱酸后–有字

a、c、e使用水碳酸钙试剂；b、d、f使用乙醇碳酸钙试剂

**图2　档案纸脱酸前后纤维拍照对比图（200X）**

　　天津一热电厂老档案机制纸，通过碳酸钙水分散液、碳酸钙乙醇分散液两种试剂进行脱酸，两种试剂实验后，均无明显碳酸钙固体残留，没有破坏纸张原有的纤维形态，对于纸张中的字迹无影响，未出现字迹晕染掉色等情况。

### 4.4.3　纸张色度对比

　　纸张色度表征的是纸张的颜色差异，L、a、b是表示颜色的三个色度空间坐标，

ΔE 为色差。

表 1 为纸张脱酸前后的色度变化，经过碳酸钙水分散液以及碳酸钙乙醇分散液脱酸 15 分钟后，纸张的 L、a、b 值都有不同程度的减小，纸样 a—f 的 L 值都有所减小，表明纸样经过脱酸后，纸张有所变暗；a 值变化较小，b 值都有不同程度的减小，即脱酸后的纸张有去泛黄的现象。对于纸张的色差 ΔE，其数值均在 1 左右，因此该纸张脱酸方法不会影响档案的利用，可以有效地保护老热电厂档案的原始信息。

**表1　脱酸前后纸张色度变化**

| 样品 | L | a | b | ΔL | Δa | Δb | ΔE |
|---|---|---|---|---|---|---|---|
| a原始色度 | 74.84 | 7.27 | 21.75 | — | — | — | — |
| a脱酸后色度 | 74.67 | 7.04 | 21.09 | −0.17 | −0.23 | −0.66 | 0.719 |
| c原始色度 | 75.04 | 6.56 | 21.13 | — | — | — | — |
| c脱酸后色度 | 73.96 | 6.99 | 21.28 | −1.08 | 0.43 | 0.15 | 1.172 |
| e原始色度 | 74.98 | 6.93 | 21.70 | — | — | — | — |
| e脱酸后色度 | 74.40 | 6.82 | 21.12 | −0.58 | −0.11 | −0.58 | 0.828 |
| b原始色度 | 74.89 | 7.36 | 21.82 | — | — | — | — |
| b脱酸后色度 | 74.46 | 7.25 | 21.11 | −0.43 | −0.11 | −0.71 | 0.837 |
| d原始色度 | 74.74 | 7.13 | 21.46 | — | — | — | — |
| d脱酸后色度 | 73.88 | 6.96 | 20.59 | −0.86 | −0.17 | −0.87 | 1.235 |
| f原始色度 | 74.75 | 7.59 | 22.20 | — | — | — | — |
| f脱酸后色度 | 73.33 | 7.46 | 21.70 | −1.42 | −0.13 | −0.50 | 1.511 |

### 4.4　整张热电厂档案拓展实验

将整张热电厂老档案纸张放入已经配制好的 80ml 碳酸钙水分散液、乙醇分散液滴中，使得纸样与溶剂充分接触15分钟后取出，室温晾干。图3是脱酸前后纸张的pH值、色度情况对比。

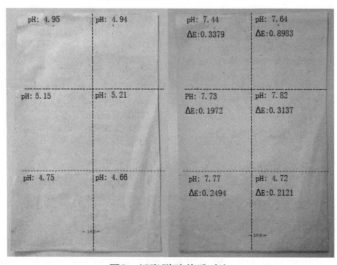

图3　纸张脱酸前后对比

为了保证整张纸脱酸的均匀性，选取整张纸的六个点进行测试，实验数据显示，整张档案纸张脱酸效果较好且较均匀，脱酸前后纸张由弱酸性变成弱碱性；纸张的色度变化较小，纸张脱酸后有一些变暗以及去泛黄的现象，无明显色差，对档案纸张的利用无较大影响。

## 5 效果与影响

### 5.1 提供保护样板

在开展研究前，对于一热电厂损毁较严重的历史档案，我们首先对其保护原因、纸张损坏原因及措施进行分析总结。针对纸张自身以及存储环境的影响，对出现虫蛀、酸化老化等现象的档案"病情"，采取保持档案室温湿度恒定、有效的防虫霉及脱酸技术等具体有效的保护措施对档案进行保护。其次，基于对一热电厂历史档案纸张进行物理化学性能的检测实践，通过脱酸实验更好地防止档案的酸化老化，为档案的保护与修复提供方法，对理论层面进行检验。结果表明，酸化的档案纸张经过碳酸钙试剂脱酸后，纸张的 pH 值由 4.5 左右变成 7~8，纸张变为弱碱性，可保证热电厂历史档案能够提供长久利用。上述对于一热电厂部分历史档案的保护性研究和实践，取得了很好的效果，在有利于更好地发挥一热电厂历史档案价值的同时，也为后续开展历史档案保护提供了借鉴和样板。

### 5.2 支撑方案改造

整个设计过程中，档案人员全程介入，为设计师提供了大量的档案和历史影像，历史档案利用率达到了 50%，其中就包括了经过修复的部分酸化档案，如老厂房标志性的煤斗、钢架等老设计图纸。借助这些档案的信息，公司挖掘老热电厂的文化内涵，本着"修旧如旧""新旧相结合"的原则，将昔日的红砖、厂房、煤斗、钢架以全新的方式重生，设计出了开创天津工业遗产保护开发先河的改造方案，彰显了一热电厂历史档案的价值，改造建成后的金茂汇也将为这一区域带来巨大的价值回报。而对于天津一热电厂历史档案的持续保护，将为建设文保项目、打造城市记忆发挥更长久的价值。

### 注释及参考文献

[1] 张美芳. 纸质历史档案文献毁损的原因的研究 [J]. 档案学通讯，2007（1）：73.

[2] 刘家真. 古籍保护原理与方法 [M]. 北京：国家图书馆出版社，2015：110.

[3] 张美芳. 历史档案及古籍修复用手工纸的选择 [J]. 档案学通讯，2014（2）：75-80.

[4] 王博. 影响纸质文物的五大环境因素 [J]. 中国文物科学研究，2011（2）：62-66.

[5] 陶琴. 霉菌对档案的危害及其防治技术研究进展 [J]. 档案学通讯，2013（6）：90-93.

［6］霍艳芳. 古代纸质文献防蠹措施研究［J］. 图书馆杂志，2015（12）：50-54.

［7］张美芳，陈玲，江付泽. 纸质档案修复中的清洁技术［J］. 档案学研究，2017（6）：110-116.

［8］刘家真. 去酸技术和去酸方式的评价及选择［J］. 档案学通讯，2020（2）：97-99.

# 信息化赋能档案开放全流程工作模式研究

## 赵 喆

南京市档案馆

**摘　要:** 随着新修订《档案法》和《国家档案馆档案开放办法》的公布实施，档案开放工作重要性进一步提升，档案开放力度进一步加大，对综合档案馆及档案形成单位进行档案开放工作的要求也进一步提高。本文基于南京市档案馆档案开放工作实践，探讨信息化如何赋能档案开放，并尝试分析研究出一套较为全面、切实可行、参考性强的档案开放业务全流程线上工作模式。

**关键词:** 信息化赋能；档案开放；开放审核；全流程

综合档案馆档案开放工作的业务环节主要有档案开放业务指导和档案形成单位划控、档案移交接收、档案开放审核、档案审批公布等。本文将从这几个方面，先分析各环节业务流程及存在问题，再逐一探讨如何利用信息化手段赋能档案开放全流程工作。

随着档案数字化工作的全面开展，全国很多档案馆陆续完成了大部分甚至是全部馆藏传统载体档案的数字化加工工作。同时，在国家档案局对电子文件归档和电子档案管理工作的大力推进下，原生电子档案的数量也在逐年增长。因此，本文面向广义上的电子档案来讨论档案开放线上全流程业务处理。

## 1　档案开放业务指导和档案形成单位划控环节

### 1.1　业务场景分析

新修订《档案法》第三十条明确规定，尚未移交进馆档案的开放审核，由档案形成单位或保管单位负责。国家档案局第 13 号令也规定，机关应当按照相关规定对移交档案提出划控与开放意见。由此可见，档案形成单位在日常管理工作中就需要对档案是否开放提出明确意见。

实际情况中，这项工作往往被忽略了，又或是在档案移交进馆时，相关单位直接将档案全部划为"控制"。事实上，现在形成的很多文件特别是电子公文，在制定之初就已经按照政府公开信息的相关要求予以网上公开，如果归档以后反而被划为控制，不利于满足社会对档案利用的及时性需求。因此，档案主管部门在对本区域内档案工作进行日常监督和指导时，就应明确要求对符合规定的档案及时开放。

在对形成单位实际进行档案开放工作的业务指导时，档案员反馈了两个问题：一是作为档案管理人员，往往并不参与文件的制定发布过程，无法准确掌握文件的公开属性；二是很多文件正文部分确实已公开发布，但归档后，档案中包括了发文单等其他组件，部分组件的内容暂不宜开放，因此无法全部开放。这些问题就需要用信息化手段来解决。

### 1.2 信息化赋能

这一环节的信息化赋能主要体现在档案开放业务线上指导、形成单位线上划控两个方面。

#### 1.2.1 档案开放业务线上指导

考虑到档案形成单位对档案管理系统的一致需求，很多综合档案馆都在本区域政务网建设了集中式数字档案室系统。在这个系统中嵌入业务指导模块，相关人员就可以随时检查指导各单位的档案开放工作情况。如果发现没有及时开放，可以在档案数据上直接进行标识或备注，提醒档案员及时整改。

#### 1.2.2 形成单位线上划控

利用数字档案室系统，线上划控这个功能可以非常方便地通过修改"控制标识"这个字段项来实现，所以这里主要讨论如何利用技术手段解决上文中提到的两个问题。

对于文件的公开属性问题，可以对前端办公或业务系统提出要求，将"公开属性"设为发文时的必填项。文件归档时，通过接口将"公开属性"这个元数据的值一同读取到数字档案室系统中来，档案员就可以直观了解到文件的公开发布情况，以便划控时参考。

对于档案的部分组件暂不宜开放问题，可以利用技术手段遮挡不宜开放的部分，或者提取可以开放的部分，发布到档案利用库作为开放档案提供利用（这里再次验证了国家档案局设计"四库"要求的合理性）。当然这又带来一个新的问题，就是这种情况下"控制标识"究竟该如何填写？笔者认为有两种处理方式。DA/T 46 中对"控制标识"这个元数据项的值域，规定的是"开放""控制"以及"其他"，其中"其他"项是允许自定义的，可以将其定义为"部分开放"。还有一种处理方式，是将"控制标识"转换为容器型元数据，把"开放"的情况细分为"开放范围"（全部开放还是部分开放）及其他情况。由于到了档案馆的开放审核阶段仍然需要对这个元数据项进行细分，所以下文还会继续探讨这个问题。

在这个阶段，利用信息化手段还可以进一步辅助划控工作。例如，将本单位的档案开放规则进行关键词和关联关系等提炼，利用自然语言处理算法等人工智能技术来辅助人工划控。如果能做到这一步，不仅可以大大提高档案划控的工作效率，而且到了档案移交接收阶段，这个算法还可以传递给综合档案馆，为到期档案的开放审核工作提供有力的依据。近年来，用新一代信息技术手段来辅助档案开放工作已经被越来越多的档案部门所重视，很多档案馆已经投入实际应用，下文还将详细讨论。

## 2 档案移交接收环节

### 2.1 业务场景分析

国家档案局发布的《中华人民共和国档案法实施办法》中对向综合档案馆移交档案的时间做出了明确规定，市级以上单位档案形成满 20 年、县级单位档案形成满 10 年移交。然而在落地执行时，实际接收年限还是存在一定的差异。以南京市档案馆为例，市馆共有一级进馆单位 122 个、二级进馆单位 102 个，不可能每年都把所有单位的到期档案接收一遍。所以一般都是按照接收年限规定，结合历史接收情况，制定总体接收计划，逐年依次选择部分单位，划定接收档案的年度范围，将到期档案按时接收，未到期档案提前接收。这也就意味着，有很多档案在进馆时，离《档案法》规定的形成满 25 年开放的要求还有很多年。如果进馆时没有明确的划控意见，一方面会造成上文所说的公开信息无法利用的问题；另一方面，在几年甚至十几年后再对这批档案做到期开放审核时，形成单位的档案员可能已经更替了好几轮，无法准确判断档案是否应该开放，而档案馆的开放审核人员并不掌握当时档案形成的背景信息，从而给开放审核工作增加难度。

为了解决这个问题，2022 年南京市档案馆修订了档案接收进馆规范，明确对进馆档案数据的"开放标识"（为了强调档案开放的重要性，把 DA/T 46 中的"控制标识"改为了"开放标识"，与"控制标识"用法相同）和"公开属性"这两个元数据提出必著规定，且规范统一了值域范围，要求进馆单位必须在档案进馆前按要求将开放情况标识到位。

这同时也带来了一个新的问题，那就是如果进馆时档案已经划为了开放，那么档案馆是选择依然将这部分档案控制管理，等到满 25 年审核后再开放，还是将这些档案提前纳入当年或次年的开放审核工作计划，履行审核审批程序后及时开放？据笔者了解，目前综合档案馆档案开放审核的主要对象依然是形成满 25 年的馆藏档案，对于刚刚进馆且可以开放的档案关注较少，因此往往都采取了上述的第一种做法。可事实上《国家档案馆档案开放办法》第七条中明确指出，经济、教育、科技、文化等类档案经开放审核后可以提前向社会开放。因此笔者认为，上述第二种做法是既符合规定又更联系实际的，并且对于落实档案工作"走向开放"，提升档案开放率、提高档案开放及时性，具有重要的价值和意义。

此外，每次接收档案时，档案馆都会同步接收更新该单位的全宗卷相关内容。全宗卷对于档案开放审核有很重要的参考价值，尽管档案馆在接收时对于其内容格式会有统一要求，但是如果只是接收纸质全宗卷内容，或是简单地进行数字化加工，而不利用信息化手段加以挖掘分析，很难发挥出全宗卷应有的作用。现在进馆单位的全宗卷内容一般都是用文本编辑工具编写的，在接收纸质档案的数字化副本时，可以要求将原始文档一并移交，便于后期利用。

### 2.2 信息化赋能

这一环节的信息化赋能主要体现在对进馆档案数据的审核以及对全宗卷等与开放工作相关信息的接收处理上。

### 2.2.1　进馆档案数据审核

进馆档案数据的审核工作由档案馆建立的在线 / 离线档案移交接收平台的数据检测功能完成。对于档案开放工作而言，主要检测进馆数据的划控情况。在配置定义系统的检测规则时，要把对于"开放（控制）标识"和"公开属性"两个元数据合法性、有效性纳入检测范围，例如检测是否为空及内容是否在规定的值域范围内；对于"公开属性"为"主动公开""不予公开"的数据，还要关联检查其"开放标识"是否对应为"开放""控制"。

### 2.2.2　开放工作相关信息接收处理

开放工作相关信息主要包括全宗卷和前面提到的开放规则等。对于同步接收的全宗卷电子文档，一方面可以存入档案馆馆藏档案管理系统进行管理利用；另一方面可以读取其中的文本信息存入数据库，为下一步使用技术手段辅助开放审核工作提供助力。如果没有电子文档，可以对数字化副本进行 OCR 识别，提取其中的文本信息。如果还同步接收了进馆单位的开放规则和算法，那么就需要通过接口读取将其接收到馆藏系统中，作为该全宗的开放审核个性化规则保存下来供以后使用。

## 3　档案开放审核环节

### 3.1　业务场景分析

综合档案馆开放审核环节是整个档案开放业务的核心，流程也较为复杂，概括起来分为初审、复审等过程。

#### 3.1.1　初审

在初审阶段，目前有的做法是直接由档案形成单位初审，还有的做法则是档案馆先形成开放意见，再将初审开放档案目录交由档案形成单位会商，出具形成单位意见。由于形成单位和档案馆对于档案开放问题考虑的角度不同，会导致这两种方式下开放率有很大差异。据笔者了解，目前采用第二种做法的档案馆居多。

无论采取哪种方式，普遍存在的问题都是如果完全依靠人工进行初审，效率太低，无法达到档案开放的工作进度要求。特别是对于馆藏量较大的综合档案馆而言，以南京市档案馆为例，如果每人每年完成 2 万件档案的开放审核（事实上这个工作量已经很大了，因为每一页档案都需要阅读，按一年 250 个工作日算，平均每人每天要审核 80 件、几百甚至几千页档案），完成目前馆藏 1100 万件档案的开放审核，需要 10 个人专职干55 年，这其中还不包括这么多年内新接收的档案量。即使将此项工作外包，受限于财政经费、人员专业水平等条件的制约，完成的难度也相当大。

#### 3.1.2　复审

档案馆根据初审及档案形成单位意见组织进行复审。复审环节一般由开放审核委员会提出意见，再由档案馆工作人员具体实施。

### 3.2　信息化赋能

信息化对档案开放工作的赋能主要就体现在这个环节。根据档案馆实际的开放审核流程设计线上处理过程，以目前使用较多的流程为例，分为线上初审、会商、复审等方面。

### 3.2.1 线上初审

线上初审主要有档案筛选提醒、任务建立分配、档案开放初审几个阶段。

档案筛选提醒。在馆藏档案管理系统中筛选出需要进行开放审核的到期档案，这个筛选过程可以设置由系统自动完成。根据档案形成年度，将满一定年限（这个年限可由档案馆根据国家规定和实际工作情况自定义，不超过25年即可）且未进行过开放审核（需要设计描述开放审核历史情况的管理元数据，记录是否进行过开放审核、开放审核的工作年度等，便于标记、检索和统计）的档案筛选出来，提醒用户需要进行开放审核工作。

任务建立分配。在系统自动筛选出需要进行开放审核档案数据的基础上，由用户选择全部或部分档案加入新建的审核任务单，形成当年的开放审核工作计划。在这个过程中，可以根据实际情况加入申请全文、领导审批流程。以南京市档案馆为例，出于对档案数据安全的考虑，开放审核人员平时在系统中只能看到全部待审核档案的目录，无法查看档案全文。在进行开放审核时需要申请相应档案数据的全文权限，经审批同意后才能查看档案全文。

一般来说，综合档案馆的开放审核工作都是由几个人共同完成的。因此，需要在这里加入审核任务拆分分配功能。将一个任务单拆分，根据工作安排分配给不同的审核人员操作。

档案开放初审。为了解决上文提到的档案数据量和人工审核效率的矛盾，在初审环节引入人工智能手段辅助非常必要。目前常见的做法主要是在对档案全文进行OCR识别的基础上，利用自然语言处理技术分析全文内容，给出开放或控制建议。

笔者了解到，关于智能审核目前有的做法是基于国家规定和人工审核历史经验总结出来的规则建立审核模型，还有的做法是建立完全基于历史数据样本的审核模型，同时也有基于"规则＋样本"的双驱动模型。由于总结规则较为复杂，样本数据又需要足够的准确性，因此在现阶段比较推荐两种方式结合的双驱动模型。

无论用哪种算法模型，现阶段都需要在智能审核意见的基础上，由人工来确认机器判定结果是否准确，对准确的结果予以确认，对不准确的结果予以修正，从而使算法不断进行自主学习、迭代、优化，提高预判准确度。在这个过程中，可以加入机器判定结论置信度的指标，列出判定理由，并将判定依据的档案全文内容区别显示出来，便于人工确认。

### 3.2.2 线上会商

档案馆的初审工作一般都是在局域网馆藏档案管理系统中完成，档案形成单位无法接入。因此，需要在政务网建立开放档案审核平台，以便形成单位提出会商意见。档案馆将初审开放的档案目录导出上传至政务网开放审核平台，由形成单位确认并填写意见后发回档案馆。在这个过程中，可以视实际情况加入领导审批环节。

将会商过程转到线上处理的好处是，档案形成单位可以逐条对档案数据提出意见，在数据传递的过程中避免档案馆工作人员重复录入形成单位意见，且可以将会商过程完整地记录保留下来，供以后查证。

### 3.2.3 线上复审

将档案形成单位的意见导入（导出导入都需要通过接口方式进行，确保数据一致性，同时通过安全方式摆渡）馆藏档案管理系统，由档案馆组织开放审核委员会进行线上复审。复审一般由多个委员会成员同时进行，所以系统可以设计为只记录各个复审人员的审核意见。当所有委员会成员完成复审后，由开放审核工作人员根据初审、形成单位会商及委员会成员意见填写复审结果。

通过全程线上处理，档案开放审核每个环节的工作记录都被完整留存，且所有档案数据全程都在系统管控之中，避免了数据被篡改的风险。

## 4 开放档案审批公布环节

### 4.1 业务场景分析

档案馆将复审结果经馆领导审批后，报同级档案部门（主要是确定延期开放的档案目录及延期理由）审批，通过后档案馆就需要将该批次开放档案进行公布。

近年来，关于开放档案公布形式、范围和内容等问题，是档案部门讨论的热点之一。尽管新修订《档案法》只要求档案馆通过网站或其他方式定期公布开放档案的目录，但是在当前数字时代的背景下，档案部门如果只定期公布开放档案目录，无法满足社会对档案的利用需求，也不易激发、体现档案数据的潜能和价值，更难以在进一步推进网络强档和智慧档案建设、推动档案事业数字化转型上取得实实在在的成效。

事实上，国家档案局早在 2014 年发布的《数字档案馆系统测试办法》中，就已经对除局域网以外的政务网和互联网的"内容数据阅览功能"提出了具体要求。不过在实践中，对于在政务网乃至互联网公布哪些开放档案，如何划定不同网络公布档案的范围，大家看法不一。

2021 年施行的《中华人民共和国数据安全法》从数据安全的角度对数据分类分级保护提出了明确要求，主要将数据分为国家核心数据、重要数据和一般数据。档案开放工作归根结底是为了利用，而开放和安全之间总是存在着矛盾，因此笔者认为可以尝试从安全利用的角度进行档案开放数据分类分级工作，从而解决上述问题。在进行档案开放审核时，不仅对档案提出是否开放的意见，还可以进一步对开放范围进行细分，在目录开放的基础上，明确档案全文是只可在局域网开放，还是可以同时在政务网和互联网进行开放。

### 4.2 信息化赋能

这部分的信息化赋能主要体现在开放档案审批、开放档案数据分级及不同网络开放档案数据的发布上。

### 4.2.1 开放档案审批

复审意见形成后，在馆藏档案管理系统中按照预设的审批流程提交领导审批。按照《国家档案馆档案开放办法》要求，馆领导审批通过后，要将该批计划中仍需控制利用的档案目录导出报档案主管部门审批。这里就可以用到前面提到的功能，将机器辅助审核时建议继续控制利用档案的判定理由经过人工确认整理后导出一并报送。

由于需要报送的都是暂时仍然"控制"的档案目录，为了档案数据安全，不建议将此步骤放到线上处理，利用传统模式报批即可。

#### 4.2.2 开放档案数据分级

为了避免重复工作，这个步骤其实应该在档案馆初审阶段就进行。初审时，对于划定为"开放"的档案数据，要进一步判断其档案全文适合公布的具体情况。前面提到，"控制标识"（"开放标识"同理）可以设计转换为容器型元数据，除了加入"开放范围"的元数据项外，还可以加入"全文开放标识"项，值域定义为"不公布""局域网公布""政务网公布"及"互联网公布"。"不公布"即只公布目录，不公布全文；"局域网公布"即全文只在局域网公布；"政务网公布"即全文在局域网、政务网同时公布；"互联网公布"即三网同时公布全文。

同样地，这里依然可以利用人工智能技术。在已有开放算法模型的基础上，分别加入全文在三网公布的不同规则，实现辅助标识。由于开放档案数据分级目前缺乏样本，现阶段只能依靠制定业务规则来支撑算法模型。经过一段时间的分级训练，具备一定量的样本后，可以逐步由基于规则的算法模型向基于"规则＋样本"的双驱动模型过渡。

#### 4.2.3 开放档案数据发布

根据不同的档案开放分级标识，按照不同网络信息系统的格式要求，通过馆藏系统分别生成开放档案数据发布包，导入对应的利用系统中进行发布。同时，为了保证在互联网的档案全文数据利用安全，可以在利用系统中引入实名认证机制。利用者进行实名注册并认证后，方可查看档案全文。还可以通过在档案全文上加水印、禁止下载、记录日志等技术手段来确保利用安全。

## 5 结语

通过信息化赋能，我们可以进一步规范档案开放工作流程、提高档案开放工作效率，保障档案开放数据安全。需要说明的是，虽然档案开放审核工作是有共性的，但每个地区的档案工作情况必然存在着一定差异。因此，在应用本文研究内容的时候，需要结合实际有所取舍。

### 注释及参考文献

［1］Project Team of Fujian Archives Departments. 基于数字档案的人工智能辅助档案开放审核系统实现研究［J］. 浙江档案，2022（10）：40-43.

［2］［4］马怡琳，李宗富. 赋能·助力·提升：人工智能技术在档案解密与开放审核工作中的应用探索［J］. 山西档案，2022（4）：112-118.

［3］［8］闫静，谢鹏鑫，张臻. 新《档案法》背景下机关档案室开放审核权责探析——基于机关档案室开放审核情况问卷调研［J］. 档案与建设，2022（2）：14-21.

［5］闫静，谢鹏鑫，张臻. 新《档案法》背景下国家综合档案馆档案开放审核的挑战及对策［J］. 北京档案，2022（7）：7-10.

［6］王楠，丁原，李军. 语义层次网络在文书档案开放审核中的应用［J］. 档案与建设，2022（6）：55-60.

［7］王芳. 权力制约理论指导下档案开放审核的立法完善［J］. 浙江档案，2022(4)：63-65.

［9］曾毅. 档案开放审核协同机制研究——基于新修订档案法的视角［J］. 浙江档案，2021（8）：26-28.

［10］丁海斌，康胜利，颜晗. 谈《档案法》与《档案法实施办法》修订的几个问题［J］. 档案，2020（9）：11-20.

# "空间转向"视域下综合档案馆文化空间建构思考

姚　静

中国人民大学信息资源管理学院

**摘　要:** 综合档案馆作为时间与空间交汇的文化事业机构,探讨其在空间转向背景下的文化空间建构问题尤为必要。本文首先辨析空间和场所的概念,指出文化空间是兼具乃至超越物质和精神的、开展文化活动的空间区域和特定场所。其次,梳理第三空间、第三场所理论的核心观点,阐明相关理论与综合档案馆文化空间建构之间的深刻关联。最后,从理念关联、赛道创新、标准助力、技术伴生四个维度提出综合档案馆文化空间的建构进路。

**关键词:** 空间转向;综合档案馆;文化空间;利用服务

## 1　引言

党的二十大报告提出并深入阐述"中国式现代化"理论,指出要"以中国式现代化全面推进中华民族伟大复兴"。档案工作需要全面融入中国式现代化的历史进程,努力建设与社会主义现代化强国相适应的档案强国。[1]当前,我国社会的主要矛盾是人民日益增长的美好生活需要和不平衡不充分的发展之间的矛盾,公众对优质文化服务、文化空间和场所的需求愈加迫切。20世纪五60年代出现"空间转向"(spatial turn),并成为跨学科概念被广泛引入人文社会科学之中,"第三空间"[2]和"第三场所"[3]理论也被引入图书馆和档案馆建设之中。我国综合档案馆理应担负起打造文化空间、提高服务水平的责任和使命。笔者通过对"空间转向"相关的概念和理论的解析,阐释综合档案馆打造文化空间的重要性和可行性,并提出综合档案馆文化空间的建构进路。

### 2　概念辨析和理论溯源

"空间转向"以对空间、场所概念和内涵的理解变迁为基础,受到"第三空间"和"第三场所"等理论的推动,综合档案馆与之有着天然勾连。

#### 2.1　"空间"和"场所"

空间和场所之间有着密切联系,场所是空间的"部分"或"停顿"[4],更加强调人的概念和思维,是承载了特定历史、文化内容而具有独特性格、精神特质、特殊意义的空间[5][6]。"场所"的概念更加精准适用于本研究的"所指",但由于国内习惯将"space"和"place"都译为"空间"[7],且"文化空间"的表述更适用于国内语言习惯[8]，故笔者在论述时取二者的并集，用于指代兼具乃至超越物质和精神的空间区域、特定场所。

## 2.2 "第三空间"和"第三场所"

索亚于 1996 年提出"第三空间"理论。第一空间是物质性的，第二空间是精神性的，第三空间则是二者的解构和重构，具体与抽象、真实与想象、客观与主观汇聚融合，形成批判性的、包容性、开放性的社会空间和思想空间[9]。奥尔登堡于 1991 年提出"第三场所"理论。第一场所是家庭生活之地，第二场所是工作之地，第三场所则是能够让人们展开社交、抛开顾虑、享受交流之地[10]，能够为人们营造一种温暖、欢乐的氛围，承载着特殊的情感寄托。"第三空间"理论和"第三场所"理论有着共通之处。一方面，均产生于 20 世纪 90 年代，有相对成熟的"空间转向"时代背景和历史语境；另一方面，都是对二元现象的批判性思考和创新性超越，提倡摆脱陈旧、固有的空间和场所模式，构建互动、开放、动态的第三空间和场所。

## 2.3 "空间转向"之于综合档案馆

将图书馆、档案馆、博物馆等文化记忆机构打造成第三空间或场所的想法在近年来愈发受到关注，且具备较为充分的理论支持。福柯认为图书馆、博物馆等文化记忆机构是"时间与空间交汇的异托邦"[11]；国际图联大会于 2009 年提出将"文化记忆机构作为第三场所"[12]；荷兰于 2022 年讨论了"图书馆和档案馆作为第三场所"的议题[13]，指出档案馆在深化社会话题、创造对话空间、促进文化和数字参与方面的重要作用，希望将其打造为制造相遇（encounter）、促进学习（learning）和激发灵感（inspiration）的第三场所。综上可知，综合档案馆文化空间建构不仅仅是进行物质层面的实体建造，更是考虑到其在政治、文化、心理等方面的多义现象[14]，希望使之从单一的存储容器向社会关系生产等多样性的功能拓展，在物理空间和精神空间统一体的基础上进行超越，将其打造成为具有可塑性和生产性、包容开放的"生命体"和文化符号[15]。

## 3 综合档案馆文化空间建构进路

"空间转向"视域下的综合档案馆文化空间建构，既应解决如何打造第三空间和场所的共性问题，又需关注如何突出综合档案馆优势与特色的个性问题。

### 3.1 理念关联：互动参与的服务理念

一方面，综合档案馆应实现公益性、均等性、开放性、可达性的空间再造。其一，综合档案馆在位置选择和场景构建时应当更多地考虑对公众的便利程度[16]。其二，"场所精神"理念强调环境的"方向感""认同感"和"归属感"的重要意义[17]，综合档案馆可以从自然景观、特色建筑、家居软装、场景布景等空间环境入手[18]，打造可被公众感知的文化氛围，并关注构建场景与公众体验之间的关系。其三，综合档案馆可以打造知识共享空间、学习交流空间、社会创新空间、休闲娱乐空间[19]，激发馆藏空间资源的活力。

另一方面，综合档案馆应注重服务模式的互动参与性。综合档案馆应当具备更加丰富多元的服务属性，通过多样化的服务模式培育和促进公众广泛性、创造性的社会交往，使之形成联系密切的社会关系网络[20]。具体而言，可以借鉴图书馆的新颖互动方式开展创新活动[21]，如举办红色档案内容学习交流会、专题档案讲座、档案学术沙龙等。同时，也应当牢记为党管档、为国守史的政治性要求，避免提供"泛娱乐性"活动，忽略自身围绕中心服务大局、留存历史传承文明的特殊使命。

### 3.2 赛道创新：发挥档案馆独特优势

一方面，找准文化事业机构定位，避免自身特殊性被消解。相较于商业运营的文化地标，综合档案馆必须在目标宗旨、体制机制等顶层设计中进行特殊考量。必须坚持党对意识形态的全面领导、弘扬主旋律、站稳主阵地，在党和政府的顶层设计、运筹帷幄之下开展工作，避免第三空间和场所的一般属性消解综合档案馆文化空间的特殊属性，第三空间和场所的一般文化形态消解档案馆空间独特的文化形态。

另一方面，最大限度发挥档案资源优势，在同类文化记忆机构中突出特色。档案的保密性、封闭性在一定程度上形成了综合档案馆建构开放包容的文化空间的内部阻力，对此可以与同类文化记忆机构加强合作，在馆际资源共享的基础上打造优势联合、短板互补的文化共同体[22]。此外，档案是记录人类社会活动、再现历史面貌的客观、真实材料，这是综合档案馆建构文化空间的独特优势，可以充分利用已开放档案的资源优势，一方面打造民生服务亮点、举办文化惠民活动，另一方面营造良好的历史文化氛围，彰显自身的历史使命感。

### 3.3 标准助力：为空间建构提供参照

某个空间或场所需要符合一定标准、达到一定条件才能够称之为"第三空间"或"第三场所"，判定标准包括[23][24]：（1）包容、开放、可达；（2）中立、非结构化；（3）正当、低调；（4）价格合理；（5）交流场所；（6）稳定常客；（7）环境温馨、轻松愉悦、好玩有趣；（8）超时间开放。

这为综合档案馆建构文化空间提供了参考：其一，提升包容性、开放性和可达性。可以考虑通过"档案外展"（Archival Outreach）的方式拉近其与公众的距离，或是增加"档案社会化服务"的项目实践。其二，增加对话交流机会和信息共享活动。可以借鉴图书馆的经验做法，适当设置知识共享空间、学习交流空间[25]等。其三，提高用户忠诚度和黏性。可以通过提高用户对于档案资源的涉入程度、提高用户的利用服务体验、提高自身环境舒适度等方式提高用户黏性。其四，打造温馨、轻松的场景氛围。可以在场景设计时引入透明式、穿越式、引入式界面[26]，增加与用户的互动。其五，借助信息技术突破服务时间限制。可以利用人工智能等技术，以线上方式弥补线下闭馆时的服务需求。

### 3.4 技术伴生：数字时代的深层转向

一方面，综合档案馆不能因线上功能的拓展而忽视线下空间的建构。数字技术的迅猛发展使"有形的地点不再是交往的必要元素"[27]，综合档案馆的实体空间面临持续衰落的风险。[28]但"空间既非起点，亦非终点，而是永远处于形成中的媒介与中间物"[29]，综合档案馆的实体文化空间不只具有与线上利用服务同样的功能，其作为特殊文化场景理应具有促进社会归属感、构建集体记忆的独特功能。这启示综合档案馆应当加强对与实体文化空间建构的重视，与网络虚拟空间一道构成更加丰富的文化景观[30]。

另一方面，综合档案馆应当拓展线上元素，丰富和深化传统的空间功能。一是抓住机遇顺势而为，借助数字媒体技术、AIGC 技术等拓展第三场所的功能和内涵，通过虚实空间的协同演进赋予公众更加多元、自由的参与形式[31]；二是积极参与元宇宙视域下档案馆第三空间和场所建设议题[32]，发挥元宇宙个性化、多元化、社交属性等特色，借助元宇宙技术重塑档案利用服务的虚拟场景；三是变革综合档案馆传统的文化传播方式，将原本半封闭、单向度的传播链条转变为多层次、多接点的循环流动结构，使用户获得参与话语生产、共创文本意义的权力，实现综合档案馆文化空间在数字时代的深层转向。

## 4　结语

自 20 世纪后半叶"空间转向"思潮兴起以来，人文社会科学领域对于"空间"概念和内涵的认识经历了反复解构和重构。历史的车轮碾过信息时代、踏上数字时代、迈向智能时代，这也使得立足新时代背景思考综合档案馆文化空间的转向问题显得尤为必要。通过理念关联、赛道创新、标准助力、技术伴生，综合档案馆将改变过去半封闭、单向度的陈旧形象，在互动参与的服务理念引导和标准范例的参照之下，发挥自身文化事业机构的独特优势，实现数字时代文化空间的有序建构与深层转向。

### 注释及参考文献

［1］陆国强. 全面贯彻落实党的二十大精神奋力书写档案事业现代化和高质量发展新篇章［N］. 中国档案报，2023-02-27（1）.

［2］陆和建，王凯. 第三空间视角下我国城市阅读空间发展策略研究［J］. 图书馆，2020（6）：67-71.

［3］Library and Archives Canada，Vision 2030：A strategic plan to 2030［EB/OL］.［2023-05-14］. https://library-archives.canada.ca/eng/corporate/about-us/strategies-initiatives/vision2030/pages/Vision-2030-Strategic-Plan.aspx.

［4］袁源."第三空间"学术史梳理：兼论索亚、巴巴与詹明信的理论交叉［J］. 中南大学学报（社会科学版），2017（4）：180-188.

［5］Gloria J. Leckie，John Buschman. Space，Place and Libraries：An Introduction［M］. Westporty：Libraries Unlimited，2007：3-25.

［6］Setha Low，Irwin Altman. Place Attachment：A Conceptual Inquiry［M］. New York：Plenum Press，1992：65-69.

［7］袁源."第三空间"学术史梳理：兼论索亚、巴巴与詹明信的理论交叉［J］. 中南大学学报（社会科学版），2017（4）：180-188.

［8］王乐. 第三空间：城市文化空间的传播实践研究［D］. 西安：西北大学，2018.

［9］爱德华·索亚. 第三空间去往洛杉矶和其他真实和想像地方的旅程［M］. 陆

扬，刘佳林，朱志荣，等，译. 上海：上海教育出版社，2005：12.

［10］Project for Public Spaces，Ray Oldenburg［EB/OL］.［2023-05-10］. https://www.pps.org/article/roldenburg.

［11］袁源."第三空间"学术史梳理：兼论索亚、巴巴与詹明信的理论交叉［J］.中南大学学报（社会科学版），2017（4）：180-188.

［12］刘志国，陈威莉，赵莹，等. 第三知识建构场服务基于理论基础演绎的图书馆空间服务认知［J］.图书馆理论与实践，2021（1）：38-45.

［13］The Documentation Centre，Libraries and Archives as Third Places – Lecture and panel discussion with Aat Vos and Volker Heller［EB/OL］.［2023-05-12］. https://www.flucht-vertreibung-versoehnung.de/en/visit/veranstaltungen/libraries-and-archives-as-third-places.

［14］闫小斌. 基于空间生产理论的图书馆服务再造探讨［J］.图书馆建设，2014（12）：5-7，11.

［15］刘志国，陈威莉，赵莹，等. 第三知识建构场服务基于理论基础演绎的图书馆空间服务认知［J］.图书馆理论与实践，2021（1）：38-45.

［16］陆和建，王凯. 第三空间视角下我国城市阅读空间发展策略研究［J］.图书馆，2020（6）：67-71.

［17］诺伯格·舒尔茨. 场所精神：迈向建筑现象学［M］.施植明，译. 武汉：华中科技大学出版社，2010：21.

［18］姚春美，苏瑞竹. 新加坡图书馆空间的现代性特征述论［J］.图书馆，2021（6）：99-104.

［19］段小虎，张梅，熊伟. 重构图书馆空间的认知体系［J］.图书与情报，2013（5）：35-38.

［20］李晴. 基于"第三场所"理论的居住小区空间组织研究［J］.城市规划学刊，2011（1）：105-111.

［21］陆和建，王凯. 第三空间视角下我国城市阅读空间发展策略研究［J］.图书馆，2020（6）：67-71.

［22］鲍甬婵. 图书馆：城市的"第三空间"［J］.图书馆论坛，2011（5）：16-18，26.

［23］肖波，宁蓝玉. 俄罗斯实体书店的"第三场所"转向以"订阅书店"为例［J］.出版科学，2022（1）：59-66.

［24］吴慰慈. 图书馆学基础：第2版［M］.北京：高等教育出版社，2017：224-227.

［25］段小虎，张梅，熊伟. 重构图书馆空间的认知体系［J］.图书与情报，2013（5）：35-38.

［26］夏大为，陈勇. 界面消解与空间流动初探公共服务背景下的档案馆建筑设计［J］.华中建筑，2015（4）：25-28.

［27］约书亚·梅罗维茨. 消失的地域：电子媒介对社会行为的影响［M］.肖志军，译. 北京：清华大学出版社，2002：34.

［28］冯笑，刘永昶."可见性"的崛起：数字时代博物馆传播的空间转向［J］.传媒观察，2023（5）：91-98.

［29］亨利·列斐伏尔. 空间与政治［M］.李春，译. 上海：上海人民出版社，2015：23-24.

［30］冯笑，刘永昶."可见性"的崛起：数字时代博物馆传播的空间转向［J］.传媒观察，2023（5）：91-98.

［31］冯笑，刘永昶."可见性"的崛起：数字时代博物馆传播的空间转向［J］.传媒观察，2023（5）：91-98.

［32］梁洁纯，许鑫. 临境图开：元宇宙视域下图书馆"第三空间"建设［J］.图书馆论坛，2023（2）：98-107.

# 纸质档案常用脱酸技术效果评估

李光发　吴静雷　吴艳琴　孙骊君

中国第二历史档案馆

**摘　要:** 纸质档案的酸化和脱酸,一直是档案保护工作者非常关切的问题。目前,国内市场已开发出多种自主批量脱酸技术和产品,并在档案行业得到了一定的应用,但脱酸应用后脱酸效果跟踪评价研究开展得较少。本实验用了四种常用的脱酸技术对馆藏档案中的纸样进行脱酸,跟踪检测纸样在脱酸前后一定时期的表面 pH 值,对其脱酸效果进行评估,从而为档案保护工作者开展档案脱酸工作提供参考。

**关键词:** 纸质档案;脱酸;效果评估

国家图书馆曾对馆藏纸质文献进行酸性和保存状况调查,调查发现我国各时期的文献均存在不同程度的酸化现象,其中酸化最严重的是民国时期文献[1]。中国第二历史档案馆是集中典藏中华民国时期历届中央政府及直属机构档案的中央级国家档案馆,馆藏民国档案 1354 个保管单位 258 万卷。民国时期文献资料保存到现在已有近百年,它们的酸度情况和去酸问题,一直是保护工作者关心的问题。2018 年,中国第二历史档案馆对馆藏数字化后的民国档案纸张酸度情况开展了系统调研,调研结果显示:民国档案纸张表面 pH 年平均值在 5.08~6.67 之间,总平均值为 5.57,酸化比例在 2/3 以上,亟须采取措施保护。

酸性物质是影响纸张耐久性、促使纸张老化加剧的主要原因之一[2],因此脱酸技术是纸张档案文献保护中极为重要的技术。目前,纸质档案脱酸技术理论已经日趋完善,应用研究也取得一定进展,国内市场已开发出多种自主批量脱酸技术和产品[3][4][5],并在档案行业得到了一定的应用,但脱酸应用后脱酸效果跟踪评价研究开展得较少。

2021 年,中国人民大学档案学院与中国第二历史档案馆联合申报国家档案局重点科技项目——《纸质档案脱酸常用方法与效果评估研究》,获得立项。自 2021 年 7 月至 2023 年 3 月,项目组在国内外脱酸方法对比研究的基础上,建立了纸质档案脱酸效果评估指标体系,构建了评估模型,实施了脱酸应用试验。通过实验和实际应用数据的综合分析,从理论验证、实验验证和应用验证三方面综合验证脱酸效果评估体系的可行性、有效性和适用性。

中国第二历史档案馆作为项目合作单位,成立了课题组,根据项目组技术路线设计、制定了应用实施方案，利用馆藏民国时期纸张，应用四种不同脱酸方法平行进行脱酸处理，借助无损检测技术持续跟踪脱酸前后纸张酸度数据，完成了脱酸效果评估的应用研究，从而为档案保护工作者开展档案脱酸工作提供参考。

## 1　实验目的

评价不同脱酸液对民国档案的实际脱酸效果。

## 2　实验材料

### 2.1　脱酸液

脱酸液 A：氧化镁 / 有机溶剂。
脱酸液 B：氧化镁 / 有机溶剂。
脱酸液 C：氧化镁 / 有机溶剂。
脱酸液 D：钙系水溶液。

### 2.2　待脱酸纸样

馆藏档案的纸张类型主要分为手工纸（以毛边纸为主）和机制纸（以新闻纸为主），手工纸脱酸采用收集的无信息的衬纸，机制纸脱酸选用馆藏民国时期的新闻纸。

选取的纸样按五年为一档划分为不同时期，取 1915、1920、1925、1930、1935、1940、1945 等 7 段，每段 / 每种脱酸液同时使用 3 张纸样进行脱酸检测。如当年的纸样数量不够，则选取前后较接近年代的纸样代替。

### 2.3　实验仪器设备

上海和泰仪器有限公司实验室超纯水系统；杭州众材文保公司无损酸度检测系统；3NH 高精度色差仪。

## 3　实验方法

### 3.1　脱酸方法

脱酸液 A、B、C 采用手工喷涂的方式进行脱酸，将脱酸液装入喷壶中，待脱酸纸样平整放在桌面上，将脱酸液尽可能均匀喷洒在纸张表面。脱酸完成后，纸张平铺在桌面上自然挥发晾干一天，然后检测脱酸后一天数据并收好保存。

脱酸液 D 使用厂家提供的雾化脱酸设备进行脱酸。纸样放在密封橱柜里，脱酸液由机器雾化后喷出，均匀喷洒到纸张表面。脱酸后纸张在润湿状态下密封保存熟化一天，然后平铺在桌面上自然晾干，检测脱酸后一天数据并收好保存。

### 3.2　数据检测

对每张纸样均测试右上、中间、左下 3 个点的 pH，在纸张右上区域无字迹、无污渍处检测纸张颜色。

对纸张同一位置检测了脱酸前及脱酸后 1 天、12 天、2 个月、4 个月、6 个月的 pH 及纸张颜色，并在 7 个月时检测纸张反面对应位置的 pH，在 9 个月时，对原检测点偏移一定位置处进行检测。共测得 pH 数据 4032 个，颜色数据 1008 组。

纸张 pH 测试方法，依照《纸和纸板表面 pH 的测定》（GB/T 13528—2015），每一阶段数据检测之前重新校准 pH 计。纸张颜色的测试方法，依照《纸和纸板颜色的测定（漫反射法）》（GB/T 7975—2005）。

## 4 结果与讨论

### 4.1 脱酸液的安全性

安全性是一切档案工作必须重视的前提，脱酸工作中需要注意档案安全和人的安全。

档案安全是档案事业的生命线。档案是一个国家和民族"今世赖之以知古，后世赖之以知今"的宝贵历史记录。只有确保档案安全，才不会出现文明的断裂和断层，才能确保发展有可借鉴的经验作为支撑，从而少走弯路。

在脱酸过程中，脱酸液直接作用于档案实体，因此不可避免地对档案有一定影响，对脱酸方法的效果评估，必须考虑到脱酸液对档案的影响。同时，档案工作也要注重以人为本，档案在脱酸操作、保管、利用的过程中与人有实际接触，脱酸液的安全性同样体现在对人、对环境的友好上。

从分散剂的角度看，实验中使用的四种脱酸液，其中 D 为水溶液，无毒无害，对人体、对环境更为友好。但是档案纸张被水润湿后，纤维分子间结合力受到破坏，强度会明显下降，风干后各方面性能也会有所减弱，操作不当还容易起皱弯曲，一些字迹也会因为遇水产生扩散洇化的现象。脱酸液 D 在使用过程中采取了雾化的方式减少水的使用量来减少这种影响，实验中未观察到对档案有明显损害，但仍不可忽视潜在的风险。脱酸液 ABC 均为非水分散剂，不会破坏纸张纤维分子间作用力，有一定优势。其中进口脱酸液 A 使用的分散剂基本无气味，而国产脱酸液 B、C 有气味，C 有较大气味，需考虑脱酸时对操作人员的影响，大量使用还需要考虑对环境的影响。总的来说，有机分散剂对人体、对环境的影响比水大，某些脱酸液的分散剂成分仍有待改进。

从分散质的角度看，脱酸液 D 使用的是钙化合物，而脱酸液 ABC 使用的是氧化镁，钙镁化合物均无毒，对人体和环境较为友好。但当脱酸液使用量过大，碱残留过多时，脱酸后纸张可能碱性过高，对档案纸张长期保存不利。另外，过多的氧化镁颗粒附着在纸张表面，会使纸张发白，飘散的颗粒还会形成粉尘污染。因此，脱酸过程中必须合理控制脱酸液使用量，以保证档案安全和工作人员的健康。

从颜色的角度看，脱酸前后的纸样在色相上无明显变化，部分手工纸在脱酸后明度值（L*）有所下降（约 -4.0），而机制纸无此现象。推测由于手工纸表面相对较粗糙，残留的氧化镁颗粒对表面形貌的影响相对较大。此色差范围肉眼能察觉区别，但一般情况下影响较小，仍在能接受范围内。

### 4.2 四种脱酸液有效性的比较

档案行业标准《纸质档案抢救与修复规范第 3 部分：修复质量要求》（DA/T64—2017）对纸张去酸的有效性提出要求，纸张去酸后 pH 近中性或弱碱性（$7 \leqslant pH \leqslant 8.5$），我们以此为标准来判断此次试验四种脱酸液的有效性。

我们对每种脱酸液脱酸完成后 1 天和 12 天的纸张表面 pH 进行检测，统计每种脱酸液脱酸后 1 天和 12 天 pH ≥ 7 的数据个数，来比较各种脱酸液的有效性，具体情况见图 1。

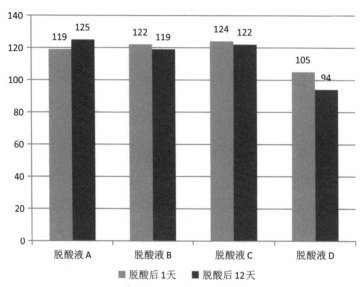

图1 四种脱酸液脱酸后pH≥7的数据个数统计图

脱酸液 A 脱酸完成后 1 天和 12 天 pH ≥ 7 的数据个数为 119 个、125 个，分别占总数的 94.4%、99.2%。脱酸液 B 脱酸完成后 1 天和 12 天 pH ≥ 7 的数据个数为 122 个、119 个，分别占总数的 96.8%、94.4%。脱酸液 C 脱酸完成后 1 天和 12 天 pH ≥ 7 的数据个数为 124 个、122 个，分别占总数的 98.4%、96.8%。这三种脱酸液的有效成分都是氧化镁颗粒，区别在于氧化镁粒径大小和含量。这三种脱酸液均使用手工喷涂的方式进行脱酸，手工喷涂存在喷涂不均匀的情况，这也会对脱酸的有效性产生一定的影响。

脱酸液 D 脱酸完成后 1 天和 12 天 pH ≥ 7 的数据个数为 105 个、94 个，分别占总数的 83.3%、74.6%。脱酸液 D 为钙系水性脱酸液，脱酸时使用了专用的脱酸设备，将脱酸液雾化沉降到纸张表面。此次脱酸的有效性偏低，建议根据情况调整脱酸液的浓度。

我们再从脱酸后 pH 升高的数值大小来比较每种脱酸液的有效性。由于脱酸液中分散质成分和粒径大小不同，脱酸液喷涂到纸张表面后，发生化学反应的速度也不相同，纸张表面 pH 升高所需要的时间不一样。我们用每种脱酸液脱酸后测得的 1 天和 12 天两次 pH 较大的那一个数，减去脱酸前纸张同一位置的 pH，即得出该位置 pH 升高的数值，再取平均值，就是这种脱酸液脱酸后 pH 的升高值。由于手工纸和机制纸脱酸前 pH 差别较大，我们把手工纸和机制纸分开来计算 pH 的升高值，具体情况见图2、图 3。

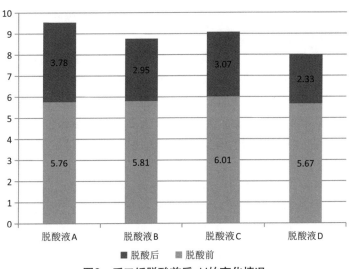

图2　手工纸脱酸前后pH的变化情况

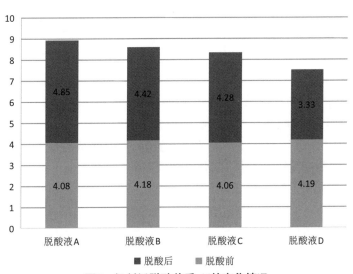

图3　机制纸脱酸前后pH的变化情况

　　从脱酸前 pH 来看，手工纸的整体平均值为 5.81，四种脱酸液所用手工纸极差为 0.34；机制纸的整体平均值为 4.13，四种脱酸液所用机制纸极差为 0.13。由此可见，四种脱酸液脱酸所用的同类型纸张，脱酸前 pH 差别较少，对脱酸后 pH 升高值的影响较小。

　　纸张经过四种脱酸液脱酸后，pH 都有显著升高，脱酸后纸张已显碱性。这四种脱酸液中的有效成分均能中和纸张上的酸性物质，并提供一定的碱残留。

　　机制纸比手工纸酸化更为严重，脱酸前 pH 更低。使用同种脱酸液脱酸后，机制纸 pH 的升高值虽然比手工纸更大，但脱酸后纸张 pH 比手工纸低。说明我们在脱酸时，需要根据纸张酸化的程度，调整脱酸液的浓度或脱酸液的用量，使脱酸后 pH 都达到行业标准中要求的范围。

### 4.3 脱酸效果的持久性

纸张脱酸后，脱酸液中的碱性物质能使纸张表面 pH 快速提高，并提供碱残留，使纸张显碱性。但在后续的时间中，纸张中的酸性物质、空气中的酸性气体会持续消耗这些碱残留，使纸张表面 pH 降低，如果碱残留不足，脱酸后会出现返酸的现象。我们跟踪检测了四种脱酸液脱酸后 2 个月、4 个月、6 个月纸张表面 pH，以此来分析每种脱酸液脱酸效果的持久性。统计数据时我们发现，所用四种脱酸液脱酸 4 个月、6 个月所测得的纸张表面 pH 下降幅度较大，经过分析，我们认为多次对同一位置检测其 pH 对纸张表面 pH 有较大影响，导致其 pH 下降幅度较大，我们在脱酸后 9 个月时在原来检测位置邻近处另外取三点再次检测其 pH，用这组数据作为对比数据，来消除多次对同一位置检测造成的影响，更客观地反映脱酸效果的持久性。具体数据见表 1。

表1　四种脱酸液脱酸后pH≥7的数据个数

| 脱酸液类型 | 脱酸后1天 | 脱酸后2个月 | 脱酸后4个月 | 脱酸后6个月 | 对比 |
|---|---|---|---|---|---|
| 脱酸液A | 119 | 120 | 96 | 83 | 113 |
| 脱酸液B | 122 | 109 | 96 | 99 | 102 |
| 脱酸液C | 124 | 116 | 102 | 49 | 106 |
| 脱酸液D | 105 | 61 | 26 | 22 | 22 |

每种脱酸液每个时间段检测得到的总数据量为 126 个，我们统计了四种脱酸液脱酸后各个时间段检测数据中 pH ≥ 7 的个数，数据见表 1。

脱酸液 A、B、C 均为氧化镁颗粒分散在有机溶剂中所形成的悬浊液，经手工喷涂在纸张表面后，有机溶剂挥发到空气中，氧化镁颗粒残留在纸张表面，氧化镁与纸张和空气中的水反应生成氢氧化镁，使纸张呈碱性，氢氧化镁再与纸张中的酸性物质发生中和反应，从而达到脱酸的目的，脱酸效果的持久性与纸张表面所喷涂的氧化镁颗粒的量有直接的关系。从统计的数据可以发现，脱酸后 4 个月和脱酸后 6 个月 pH ≥ 7 的数据个数快速减少。表 1 中脱酸后 1 天、脱酸后 12 天、脱酸后 2 个月、脱酸后 4 个月、脱酸后 6 个月的数据是对纸张同一位置进行检测所得的数据，每次检测时我们在纸张上滴少量的超纯水，用 pH 计检测纸张表面 pH 后，再用吸水纸将所滴的超纯水吸干。每次检测完后，吸干超纯水的同时，也会将纸张表面的氧化镁颗粒吸走，人为地造成碱损耗，对同一位置多次检测对该位置的 pH 影响较大。从脱酸后 9 个月测得的数据来看，三种脱酸液 pH ≥ 7 的数据个数比刚脱完酸时有所减少，三种脱酸液减少的幅度分别为 5%、16.4%、14.5%。

脱酸液 D 为钙系水性脱酸液，脱酸时使用专用脱酸设备将脱酸液喷涂在纸张表面。水性脱酸液脱酸时使纸张中水分增加，增大了碱性物质和纸张中的酸性物质的接触面积，脱酸液中的碱性物质为水溶性物质，其颗粒直径小于 1 纳米，水性脱酸液与纸张中的酸性物质发生酸碱中和反应的速度比有机脱酸液快。统计的 pH ≥ 7 的数据个数变化也能体现这一点。刚脱完酸时，pH ≥ 7 的数据个数有 105 个，2 个月后下降至 61 个，下降幅度 41.9%，9 个月后只剩 22 个，下降幅度 79%，下降幅度较大。这也说明水性脱酸液能快速地将纸张中的酸性物质中和掉，达到脱酸的目的，但这次脱酸实验中所用脱酸液 D 的量不足，应增加脱酸液的用量或浓度，确保将纸张中的酸中和掉之后，还有一定的碱残留，增加脱酸效果的持久性。

从脱酸前后 pH 变化折线图中（图 4、图 5），我们能发现不同脱酸液脱酸后 pH 的变化特点。A、B、C 三种脱酸液刚脱完酸时 pH 较高，且能较长时间维持稳定，后面才慢慢下降，其中脱酸液 A 脱酸后 pH 还有一定的升高。这是因为有机脱酸液中碱性物质与纸张中的酸反应速度较慢，只要氧化镁还没有反应完，纸张表面 pH 都比较高，且能维持稳定，下降较为缓慢。

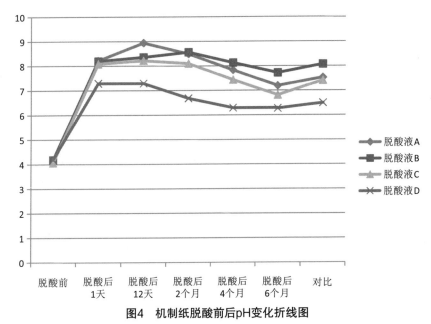

图4 机制纸脱酸前后pH变化折线图

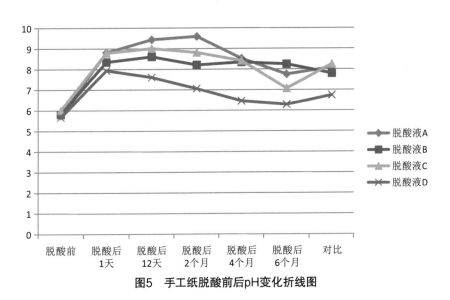

图5 手工纸脱酸前后pH变化折线图

脱酸液 D 脱酸后，一开始 pH 即最高值，然后快速下降，一段时间后才能稳定。下降过程即碱性物质被快速反应掉的过程，待中和反应停止后，pH 就能稳定下来，并不会出现持续下降的情况。水性脱酸液脱酸时，需要根据纸张的初始 pH 控制脱酸液的用量，脱酸完成时 pH 要比较高一些，这样当纸张中的酸被中和完后，还会有一定的碱残留，确保脱酸效果的持久性。

### 4.4 问题与探讨

#### 4.4.1 纸张反面是否有脱酸效果

在脱酸后 7 个月，我们对纸张背面对应位置进行了酸度检测，将测得的数据按每种脱酸液取平均值，与脱酸前 pH 进行比较，所得结果如表 2 所示。

表2  脱酸后纸张背面pH与脱酸前pH的差值

| 脱酸液 | A | B | C | D |
|---|---|---|---|---|
| 差值 | 1.78 | 1.49 | 0.82 | 0.81 |

可以看到，使用各种脱酸液脱酸后，纸张背面的 pH 均有所提升，表明了脱酸作用能有效渗透纸张，在只进行单面脱酸的情况下就能对整张纸起到脱酸效果。但脱酸后纸张背面的 pH 比脱酸后纸张正面 pH 更低，可见，从正面经过纸张内部再到纸张反面，脱酸效果是逐渐下降的。在对一些珍贵或较厚的纸质档案进行脱酸时，双面喷涂能取得更好的脱酸效果。

#### 4.4.2 脱酸后纸张表面 pH 升高到多少为宜

实验中发现，使用不同的脱酸液脱酸后，纸张的最高 pH 出现的时间有所不同。将脱酸后 12 天纸张 pH 按每种脱酸液取平均值，减去脱酸后 1 天对应的 pH 值，所得结果如表 3 所示。

表3  脱酸后12天pH与脱酸后1天pH的差值

| 脱酸液 | A | B | C | D |
|---|---|---|---|---|
| 差值 | 0.67 | 0.20 | 0.18 | −0.17 |

可以看到，使用 A、B、C 脱酸液在脱酸后 12 天纸张的 pH 值比脱酸后 1 天更高，且 A、B、C 升高值依次减小。其原因可能是，这三种脱酸液的有效成分均为氧化镁，生效原理为氧化镁颗粒与纸张、空气中的水反应生成氢氧化镁，然后再中和纸张中的酸性物质。由于氧化镁颗粒与水的反应速率较慢，需要一定时间，因此在脱酸一段时间后，纸张 pH 值还会继续升高。并且由于各种脱酸液中氧化镁颗粒大小不同，pH 值升高的幅度也不同。颗粒越大，比表面积越小，反应速率慢，后续的升高幅度反而越大，即脱酸后 pH 值不会直接达到高点，需要经过一段时间充分反应后才能达到最大值，然后与纸张深层酸性物质反应而逐渐减小。而脱酸液 D 为水溶液，没有与水反应碱性增强的过程，因此脱酸完成后 pH 就已经达到最大值，之后随时间推移逐渐减小。

#### 4.4.3 多次对纸张同一位置跟踪检测，对 pH 是否会有影响

我们认为多次对同一位置检测其 pH 对纸张表面 pH 有较大影响。每次检测时我们

在纸张上滴少量的超纯水，用 pH 计检测纸张表面 pH 后，再用吸水纸将所滴的超纯水吸干。每次检测完后，吸干超纯水的同时，也会将纸张表面的氧化镁颗粒吸走，人为地造成碱损耗，对同一位置多次检测对该位置的 pH 影响较大。

**注释及参考文献**

［1］李景仁. 对善本古籍特藏文献酸度的检测与分析［J］. 图书馆工作与研究，2003（3）：32-34.

［2］张美芳，娄文婷. 针对档案纸张酸化和老化机理的实验论证［J］. 档案学通讯，2019（9）：74-78.

［3］梁国洲，鲁钢张，金萍，等. 纳米氧化镁应用于纸质文物脱酸研究［J］. 化工新型材料，2017（3）：250-252.

［4］孙洪鲁. 纸质档案去酸工艺及设备研制［J］. 中国档案，2018（7）：59-60.

［5］郑金月，陈炳栓，郑丽新，等. 纸质档案等离子去酸技术应用效果评估研究［J］. 中国档案，2021（8）：66-68.

# 人工智能在我国档案管理中的应用风险与应对措施分析

周文欢

天津大学档案馆

**摘　要：** 随着数字化时代的到来，人工智能技术逐渐渗透到各个领域，图书管理也逐渐引入了人工智能技术。本文以此开展了文献资料研究和分析。首先从人工智能在档案管理的主要技术和应用场景两个维度分析阐述了人工智能技术在我国图书管理中的应用现状，阐述了存在的安全问题，包括数据隐私泄露、数据篡改、数据丢失等方面。针对这些问题，文章提出了一些解决方法，包括制定人工智能应用安全指导规范、强化人工智能的安全理论研究和档案管理融合、注重人工智能实施安全重点等。

**关键词：** 人工智能；档案管理；安全问题；数据隐私；数据篡改；数据丢失

2021 年，《"十四五"全国档案事业发展规划》明确指出要应用人工智能助力档案管理工作转型升级；2022 和 2023 年，国家档案局在科技项目立项工作中也表明要开展人工智能技术研究。越来越多的数字档案馆（室）开始将人工智能技术应用到档案管理中以提高档案管理的效率和精度[1]。在这个过程中，人工智能技术应用于档案管理的现状如何，可能对档案管理引发哪些安全问题和风险？本文通过系统性的文献研究和实践案例分析研究人工智能在档案管理中应用时的安全问题，并提出解决方法，以便机构在应用人工智能技术时能够更好地保护档案信息的安全。

## 1　人工智能应用于档案管理的现状

数字化档案管理已经成为各个行业的必然趋势。传统的档案管理方式已经无法满足快速高效的信息管理需求，数字化档案管理可以更好地解决这一问题。而人工智能技术的发展则为数字化档案管理提供了更为先进的解决方案。人工智能技术可以通过数据分析、自动分类、语义理解等方式，提高档案管理的效率和准确性，为用户提供更加便捷、快速、可靠的服务。[2][3]

### 1.1　人工智能应用于档案管理的主要技术

就技术而言，人工智能技术在过去几十年里出现了很多重要的分支，如机器学习、自然语言处理等，已经逐渐成为当今科技领域的重要驱动力之一，不同分支技术也先后出现了很多具有革命性的技术进步，如从机器学习到神经学习。就档案管理领域而言，目前人工智能主要有如下技术被应用[4]：

自然语言处理（NLP）：NLP 是人工智能中的一个重要分支，它涉及文本处理、语音识别、语义分析和生成等方面，可用于自动分类和索引文本数据。

光学字符识别（OCR）：OCR 技术可以将纸质文档和手写文档数字化，使其可以在数字档案系统中进行管理。

图像识别技术：图像识别技术可以将数字化的图片进行分类和索引，帮助档案管理员更好地管理图片资料[5]。

机器学习技术：机器学习可以从大量的数据中学习和预测，帮助档案管理者更好地管理档案数据，例如对档案数据进行分析、提取信息、进行分类等[6]。

自然语言生成（NLG）技术：NLG 可以自动生成自然语言文本，例如自动生成描述文件或文件摘要，从而减少人力工作量。

数据挖掘技术：数据挖掘可以发现大量数据中隐藏的模式和关联性，帮助档案管理员更好地管理档案数据[7]。

### 1.2　人工智能应用的主要档案业务场景

在档案管理的整个生命周期中，人工智能技术也越来越被广泛应用[8][9]，比如：

在档案收集上，"数据化"是近年来在档案行业被反复提及的热门词汇。档案数据化旨在将图像、声像等档案中的内容识别成计算机可编辑、处理、分析、检索的信息，人工智能技术在档案收集整理过程中提供辅助功能。如档案数字化，人工智能技术可以帮助将纸质档案数字化，包括自动扫描、识别和分类文档，使其便于管理和检索；再如档案智能分类，通过自然语言处理和机器学习技术，人工智能可以自动分类档案文档，提高分类的准确性和效率。

在档案分类保存管理上，分类与赋予保管期限工作一直是档案管理领域的基础性工作，但由于重视程度不够、专业人员匮乏等原因，该工作一直是部分基层档案部门面临的比较棘手的问题。通过人工智能技术辅助缺乏经验的档案管理工作人员开展归档分类工作，可解决基层档案部门的难点问题，提高归档效率与准确性，具有一定的实用价值。通过自动化流程、自动化提醒和自动化归档等技术，人工智能可以帮助实现档案的自动化管理，提高管理效率和精度。

在档案检索利用上，人工智能技术可以帮助进行智能检索，包括语音检索和图像检索等，大大提高档案的检索效率和准确性；人工智能可以利用其自然语言处理的能力，对大量的档案文本和相关图片进行处理和分析，建立档案知识库，这样人工智能模型可以进行智能问答，回答研究者提出的问题，并从档案材料利用，提高研究效率和成果。福建省档案馆承担的科技项目"基于数字档案的人工智能档案开放审核系统实现研究"通过国家档案局专家组验收。专家组认为，该项目设计训练了深度神经网络辅助开放审核算法模型，编制了档案开放审核关键词表，提出了档案开放审核工作流程，对规范档案开放审核工作，提升档案开放审核工作效率，具有很好的参考价值。

## 2　人工智能应用于档案管理的风险

　　然而，人工智能在档案管理中的应用也带来了一系列安全问题。由于档案管理的信息具有一定的敏感性和隐私性，一旦被泄露，可能会对个人、组织和社会造成严重的影响。因此，如何保证档案管理中的信息安全问题，成为人工智能在档案管理中应用时亟须解决的问题[10]。

### 2.1　人工智能在档案管理中技术风险

　　数据隐私：档案中可能包含大量敏感信息，如个人身份信息、财务信息、商业机密等。如果这些数据被用于训练人工智能模型，可能会导致数据泄露或滥用。同时随着档案管理信息化程度的加深，数据的网络传输和存储也会变得更加便捷，但也会面临网络攻击和数据泄露等风险。

　　数据质量：如果档案中的数据质量不好，训练的人工智能模型可能会产生错误或不准确的结果。训练数据不足等原因，导致档案的信息不准确或者分类错误。

　　算法公正性：人工智能算法的设计和实现需要考虑公正性问题，以避免算法中出现歧视性和偏见性，人工智能算法可能会受到种族、性别、年龄等因素的影响，从而导致不公平的结果。如果档案中的数据包含这些因素，使用这些数据训练人工智能模型可能会导致算法不公正，难以保证档案数据的客观性和真实性；同时人工智能模型可能会受到攻击或滥用，例如通过对模型进行针对性攻击或通过误用模型来做出错误的决策[11]。

　　技术瓶颈：人工智能技术虽然已经有了很大的发展，但是在档案管理中的应用还存在一些技术瓶颈，比如语音识别、图像识别等方面的技术仍需进一步完善[11]。

### 2.2　人工智能在档案业务场景风险

　　档案收集：在档案管理中，人工智能可以通过各种手段收集数据，包括扫描、识别、文本提取、图像分析等。然而，这些数据可能包含敏感信息，如个人身份信息、健康状况、财务情况等，因此在数据收集阶段需要特别注意数据隐私保护。

　　档案存储：在档案管理中，人工智能会将收集到的数据存储在云端或服务器中。因此，在数据存储过程中，需要采取一系列措施来确保数据的安全性和隐私性，如加密、访问控制、备份等。

　　档案数据处理：在档案管理中，人工智能需要对数据进行处理，如数据分析、分类、聚类等。在数据处理过程中，需要确保处理过程中不会泄露数据的隐私信息，例如不会对个人身份进行暴露[12]。

　　档案利用：在档案管理中，可能需要与其他机构或个人共享数据，如提供给研究机构、政府部门或个人用户。在数据共享过程中，需要特别注意数据隐私保护，确保只有被授权的用户可以访问数据[13]。

　　档案销毁：在档案管理中，需要定期销毁或清理不必要的数据，避免数据泄露或滥用。在销毁或清理数据过程中，需要采取相应的措施，如加密、彻底删除等，确保数据无法被恢复[14]。

## 3 档案管理中人工智能应用的安全对策

人工智能技术在档案管理中的应用，虽然有许多优势，但也存在一些潜在的风险，应用人工智能技术于档案管理时，需要充分考虑这些风险，加强数据安全和隐私保护措施，并对人工智能算法进行深入的分析和评估，以确保算法的公正性和准确性。同时也需要进一步完善人工智能技术的研发和应用，以提高档案管理工作的效率和精度。

### 3.1 制定人工智能应用安全指导规范

2021 年《"十四五"全国档案事业发展规划》提出要加强大数据、人工智能等新一代信息技术在数字档案馆（室）建设中的应用，积极探索知识管理、人工智能、数字人文等技术在档案信息深层加工和利用中的应用，推动数字档案馆（室）建设优化升级。2023 年国家互联网信息办公室为促进生成式人工智能技术健康发展和规范应用，根据《中华人民共和国数据安全法》等法律法规，起草了《生成式人工智能服务管理办法（征求意见稿）》，对数据来源、个人信息保护、模型算法等方面提出了安全要求。尽管我国高度重视人工智能技术发展，从国家层面、行业层面、地方层面纷纷制定人工智能相关政策，积极推动人工智能技术发展及其落地应用，但是相关规定较为粗略，更偏向宏观层面的路径指引，缺乏具体的实施细则和指导意见，对于安全问题更是缺乏明确的、可实施的细则。因此，建议相关部门需要加快制定与人工智能技术应用相关的法律法规和安全指导细则，为实际应用提供指导和安全保障。同时需要加强国际合作，加强与发达国家在人工智能技术方面的合作与交流，吸收先进经验和技术，推动我国档案管理领域的发展。此外，还需要注重人才培养，培养一批具备先进技术和管理能力的人才，为我国档案管理领域的安全发展提供有力支持。

### 3.2 强化人工智能的安全理论研究和档案管理融合

研究人工智能的安全理论，可以帮助识别和防范人工智能系统中的各种安全威胁和漏洞。安全理论的研究内容包括安全模型、攻击和防御技术、漏洞挖掘和修复等，旨在提高人工智能系统的安全性和鲁棒性。其中，安全模型是研究的核心，包括基于数据的安全模型、基于网络的安全模型、基于行为的安全模型等，这正是档案管理中最容易出现安全问题的环节。人工智能的安全理论研究和档案管理结合，可以提高人工智能系统的安全性和可追溯性，确保数据的完整性和准确性。在实践中，需要将安全理论研究和档案管理紧密结合，通过安全理论研究来识别和防范安全漏洞和威胁，通过档案管理来记录和追踪人工智能系统的运行情况和数据变化。具体而言，可以通过安全理论研究来建立安全模型、攻击和防御技术、漏洞挖掘和修复等，为人工智能系统提供全面高效的安全保障，强化人工智能安全理论与档案管理融合可以提供更全面和高效的数据保护和安全解决方案。安全理论可以帮助确定人工智能系统中的安全漏洞和威胁，并提供相应的安全保障措施。

### 3.3 注重人工智能实施安全重点

从人工智能在档案管理应用的场景上看，其安全问题主要集中在人工智能技术处理档案数据安全上，因此需要对可能存在的风险和漏洞要进行提前防范和处理，并明确具体的实施措施。在数据隐私安全方面，要采用数据加密技术对敏感数据和信息进行加密保护，在数据共享时对敏感数据进行去识别化处理，采取数据脱敏、数据清理等措施，保护档案中的个人隐私信息，确保数据不被未经授权的人员访问；在数据质量方面，要使用高质量的数据，对数据进行清洗和预处理，以确保模型训练的准确性。人工智能算法在处理档案数据时可能会出现误差和误判问题，例如误判重要档案数据、出现不可预期的偏差等。

从人工智能在档案管理应用的过程上看，在人工智能实施的具体过程中，参与的算法、模型和人员的不确定性也会造成一系列的安全隐患，需要对这些重点关注。对于模型安全，可采用模型监控和防护措施，检测模型被误用的情况，并实施访问控制和身份验证等安全措施，防止模型被非法访问和滥用；对于算法公正性，需对人工智能算法进行公正性评估，确保算法不会对某些群体产生歧视性，要确保训练算法的数据集不带有个人敏感属性，对训练数据进行平衡性处理，对算法进行审计并定期检查，以确保算法的公正性。对于参与人员，要对使用人工智能技术的员工进行安全培训，抽样核验标注内容的正确性，提高员工的安全意识和安全技能。对于安全合规性，人工智能应用中的数据管理和处理行为必须符合法律法规的规定，包括数据保护法、隐私保护法等。需要在人工智能应用的设计和开发过程中，充分考虑这些法律和政策要求，并确保系统的合法性和合规性，严格遵守相关法律法规，确保档案管理中的人工智能应用符合法律法规的要求。

从人工智能技术本身上看，它属于计算机信息技术的集合，属于技术系统集合，因此还需注重系统漏洞和黑客攻击问题。人工智能系统中存在着各种漏洞和安全隐患，这些漏洞可能会被黑客利用来获取档案信息或者对档案系统进行攻击和破坏，为此要加强人工智能系统的安全性设计和管理，采取有效的防御措施，如加强网络安全监控、漏洞扫描等。

## 4 结论

本文介绍了人工智能技术在档案管理中的应用现状，包括主要技术和主要业务场景，分析了人工智能技术在档案管理中的应用风险，包括技术风险和业务风险，提出了档案管理中人工智能应用的安全对策，包括制定安全指导规范、注重实施安全重点、强化安全理论研究和档案管理融合等，旨在为档案管理领域的安全发展提供参考和指导。

### 注释及参考文献

［1］刘越男，周文泓，李雪彤，等. 我国档案事业"十四五"发展图景展望——基于国家及省级地方档案事业"十四五"规划的文本分析［J］. 图书情报知识，2023（2）：71-79.

［2］金波，杨鹏."数智"赋能档案治理现代化：话语转向、范式变革与路径构筑［J］. 档案学研究，2022（2）：4-11.

［3］倪代川，金波. 论数字档案资源数据化发展［J］. 档案学研究，2021（5）：

17-22.

[4] 贠疆鹏，加小双，王妍. 人工智能在我国档案管理中的应用现状与对策分析 [J]. 档案与建设，2023（2）：62-65.

[5] 余英杰. 基于卷积神经网络的图片深度学习和人工智能技术在照片档案管理领域应用研究 [J]. 中国档案，2023（1）：31-33.

[6] 赵栩莹. 新技术环境下的档案智慧服务：思维、业态与机遇 [J]. 北京档案，2021（11）：13-17.

[7] 倪代川，金波. 论数字档案资源数据化发展 [J]. 档案学研究，2021（5）：17-22.

[8] 基于数字档案的人工智能辅助档案开放审核系统实现研究 [J]. 浙江档案，2022（10）：40-43.

[9] 沙洲. 人工智能在档案工作中的应用研究 [J]. 档案与建设，2018（2）：36-39.

[10] 张茜. 数字档案馆风险管理研究 [D]. 上海：上海大学，2020.

[11] 丁海斌，赵锦涛. 数据集成技术在档案管理系统中的应用研究 [J]. 档案管理，2022（6）：94-99.

[12] 李映天，陈洪亮. 辽宁馆：智能筛密系统助力档案安全保密 [J]. 中国档案，2022（6）：20-21.

[13] 郭鑫杰. 基于"互联网+"思维的智慧档案建设策略研究 [J]. 浙江档案，2015（11）：10-12.

[14] 王秋洁，孙军. 综合性档案馆应用人工智能创新管理的SWOT分析 [J]. 山西档案，2020（3）：148-152.

# 核电厂实体档案智能库房建设的方案及其可行性分析

赵银龙

辽宁红沿河核电有限公司

**摘　要:** 随着核电厂从工程建设期到生产运营期的不断推进,实体档案的数量呈几何级增长。叠加近年来档案安全管理内外部监管要求不断提高、文档工作数字化转型升级需求日益迫切的大背景,传统实体档案管理的模式和手段,已经无法有效满足核电厂实体档案在档案出入库、档案保管、档案利用、档案统计等方面日益增长的管理需求,亟须进行智能化升级。本文提出核电厂实体档案智能库房建设方案,并对其可行性进行分析,以期为核电厂实体档案智能化管理提供一定参考。

**关键词:** 核电厂;实体档案;智能库房;方案;可行性分析

## 1　核电厂实体档案智能库房建设的方案

### 1.1　核电厂实体档案智能库房建设的需求背景

核电厂实体档案智能库房建设方案的提出,主要是基于以下背景。

#### 1.1.1　国家法规及文档工作数字化转型的迫切需求

随着新修订《中华人民共和国档案法》的颁布实施、《"十四五"全国档案事业发展规划》的发布,企事业单位依托最新的信息技术手段,提高文档管理业务工作自动化、信息化、智能化水平,助推文档数字化转型升级,已然是大势所趋。如:新修订《档案法》第十九条中规定"档案馆应当按照国家有关规定配置适宜档案保存的库房和必要的设施、设备,确保档案的安全;采用先进的技术,实现档案管理的现代化";《"十四五"全国档案事业发展规划》第三部分"主要任务"中"(四)深入推进档案安全体系建设,筑牢平安中国的档案安全防线"提出档案馆库建设与管理要求,如"加快档案安全设施设备配备和更新""推动档案馆(室)实现精细化管理"。

#### 1.1.2　核电厂传统实体档案管理工作的实践反馈

基于核电厂多年馆藏实体档案管理工作实践发现,传统实体档案管理存在"实体档案出入库管理自动化程度低、效率低下""实体档案数量增长导致人力投入成本增加""传统实体档案排架流程与方式耗时长且易出错""实体档案出入管理及在库盘点等业务与档案借阅利用、档案统计业务未进行有效流程整合"等问题,现阶段馆藏实体档案管理已不能完全满足最新的管理要求和需求，亟须进行智能化升级。

### 1.1.3 核电厂强化档案安全体系建设的必然要求

近年来国家档案局和核电行业结合国内外档案安全管理经验反馈、《档案馆安全风险评估指标体系》规定等发布的一系列关于加强档案安全管理的通知要求以及各类档案工作内外部检查及自查对标等，均对新形势下的馆库构筑物、设施设备、档案实体、保障机制等档案安全管理内容，提出了更为严格的要求。依托实体档案智能库房建设，实现档案馆安全防护、档案库房环境监控、实体档案安全管理相关设备设施的优化升级、集成管控、智能预警，是核电厂强化档案安全体系建设、夯实档案"九防"根基、筑牢档案安全防线的必然要求。

### 1.2 核电厂实体档案智能库房建设的目标方案

按照整体功能，核电厂实体档案智能库房建设可以划分为实体档案智能管理模块、档案库房环境控制模块、档案馆安全防护模块，并通过软硬件搭配、整合为统一的智能管理平台，形成"一个平台 + 三个子系统"的建设架构。即依托档案馆"九防"管理要求，采用物联网、互联网、大数据、虚拟现实等新一代信息技术，建成集人防、技防、物防为一体，包括集成展示层、业务应用层、数据管理层、网络传输层、智能感知层在内，建成包含实体档案管理子系统、库房环境监控子系统、档案馆安全防护子系统为核心功能的"三位一体"智能管理平台（如图1所示），实现馆藏实体档案、设备设施、文档管理系统与库房管理人员的互联互通，实现实体档案全流程自动化、智能化、可视化、信息化管理。

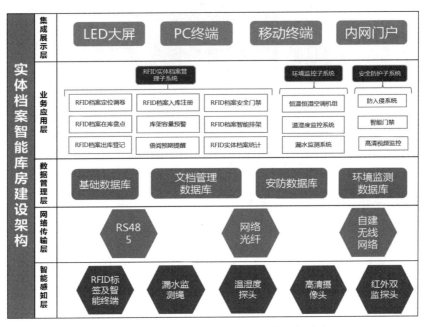

图1 核电厂实体档案智能库房建设架构图（设想）

### 1.2.1　智能管理平台建设

智能管理平台建设，主要是基于物联网、云计算等新技术构建的智能管理、多元化管控平台，采用跨平台、标准的、开放的、先进的应用集成技术进行系统建设，搭建具有智能感知与处置档案信息能力并提供档案信息泛在服务的档案服务平台。与现有软件的信息对接，将安防数据库、环境监测数据库、实体档案基础数据库、文档管理数据库中已有数据或即时采集的数据，关联集成为虚拟"数据池"。从数据的智能化采集、整合、管理、利用、服务多个维度实现对各个业务子系统的所有相关数据信息进行综合分析处理，进而实现智能库房管理在信息追溯、展示、预警、提醒、统计、查询、利用、趋势分析等方面的功能（如图 2 所示）。

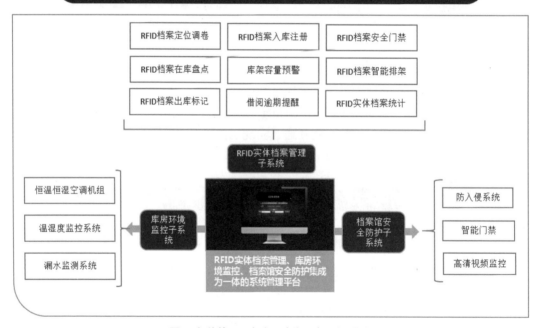

图2　智能管理平台建设功能示意图（设想）

### 1.2.2　实体档案管理子系统建设

实体档案管理子系统，主要是利用物联网 RFID 电子标签、3D 建模虚拟现实、无线局域网络等技术应用，依托档案实体的电子化标识、档案库房的虚拟建模、与文档管理系统的接口数据实时交互、RFID 档案标签和层架标签及其配套设备使用，实现实体档案入库（还库）、在库、出库全流程和智能化的辅助管理，实现实体档案入库批量注册、智能排架推荐、智能查找定位、智能出库控制、借阅预警催还、全库智能盘点、数据智能统计等功能（如图 3、图 4 所示）。

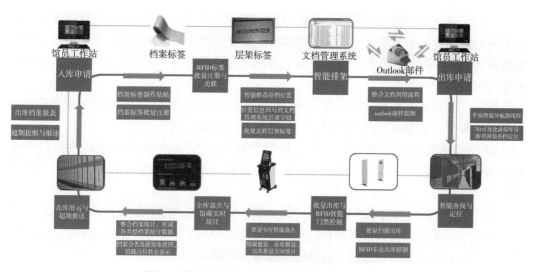

图3 实体档案管理子系统建设场景示意图(设想)

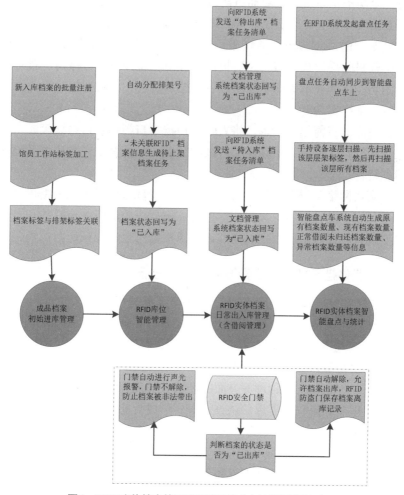

图4 RFID实体档案管理子系统建设业务流程图(设想)

### 1.2.3 库房环境监控子系统建设

库房环境监控子系统，主要实现对库房温湿度进行监控和预警、对恒温恒湿空调机组进行远程操控与故障报警、对库房漏水情况进行检测报警，实现实体档案库房环境的智能调节和预警。

第一，库房温湿度监控和预警。接口集成温湿度监控设备，根据温湿度采集布点进行均值计算，对温湿度不符合情况进行预警和提示处理。

第二，恒温恒湿空调机组控制。接口集成恒温恒湿空调机组及其 PLC 控制系统，根据库房温湿度超限预警信息，对空调机组进行远程控制、报警提示、维修通知等。

第三，档案库房漏水检测报警。建设由漏水检测感应器和控制器组成的漏水检测系统，通过实时采集被保护区域中预先安装的检测模块的工作状态，及时准确报告漏水位置，并产生告警通知管理人员，有效地消除漏水隐患。

### 1.2.4 档案馆安全防护子系统建设

档案馆安全防护子系统，主要通过防入侵报警、智能门禁、高清视频监控的集成应用，实现档案馆实体保卫、人员出入等有效管控。

第一，档案馆防入侵报警。通过采用自动防盗报警有效地防止档案库房被非法入侵，防止档案资料的丢失、被盗。防盗报警管理中心软件可进行撤防、布防管理，同时具有电子地图功能，能显示库房平面图及各监控点位置，出现警情时可方便查找报警位置，同时具有自动报警功能。

第二，档案库房智能门禁管理。将人脸识别技术与门禁管理系统集成，可对正常的库房区出入进行管理，控制人员在相关区域的行动，与防盗及视频监控系统联动，实现人员在库状态统计。

第三，档案馆网络高清动态视频监控。安装高清视频摄像头及网络传输链路，对重点监控区域进行布点监控，实时采集图像信息，根据需要进行图像抓拍和录像，能通过硬盘录像机实现视频回放，可根据时间点或摄像机自由定位视频起始位置。

## 2 核电厂实体档案智能库房建设的可行性分析

### 2.1 核电厂实体档案智能库房建设的策略选择分析

新馆建设或旧馆改造档案库房智能化建设，需要区分新馆建设和旧馆改造。结合信息技术更新迭代的速度，新馆建设在符合相关建设标准且预算充足的情况下，应尽可能广泛应用智能化设备并做好后续的设备运维规划。而旧馆改造升级需要充分考虑性价比，结合实际业务管理和安全管理等方面的需求，明确智能化改造升级的范围，做好本单位实体档案管理业务流程和需求的调查摸底，形成智能化改造的可行性评估，充分考虑系统接口、网络部署、硬件集成、业务匹流程配度等问题，以便将相关工作落到实处。此外，还需关注档案馆布局、库房功能设置、设备设施功能型号匹配、网络部署及信息安全要求、密集架数量、档案案卷数量等相关因素。

## 2.2 核电厂实体档案智能库房建设的投入及价值点分析

### 2.2.1 核电厂实体档案智能库房建设投入参考清单

核电厂实体档案智能库房建设投入参考清单如表 1 所示。

表1 核电厂实体档案智能库房建设投入参考清单

| 序号 | 功能模块 | | 主要设备/服务 |
|---|---|---|---|
| 1 | 档案智能管理平台 | | 智能管理一体化平台—基础平台 |
| | | | 3D档案馆环控安防检测报警系统 |
| | | | 档案馆3D虚拟展示系统 |
| | | | 可视化数据分析系统 |
| | | | 服务器 |
| 2 | RFID实体档案管理 | | 馆员工作站 |
| | | | 智能密集架 |
| | | | 智能盘点车 |
| | | | 手持盘点仪 |
| | | | 安全门禁 |
| | | | 标签打印机 |
| | | | 室内无线AP |
| | | | 档案盒签及服务 |
| | | | 层架标签及服务 |
| 3 | 库房环境监控 | 温湿度监控 | 接口服务 |
| | | 恒温恒湿空调机组 | 接口服务 |
| | | 漏水检测报警 | 智能漏水控制器 |
| | | | 漏水采集模块 |
| | | | 漏水报警单元模块 |
| | | | 漏水检测模块 |
| | | | 漏水检测绳 |
| | | | 警灯警号 |
| | | | 漏水检测软件 |
| 4 | 档案馆安全防护 | 高清视频监控 | 网络硬盘录像机 |
| | | | 高清摄像头 |
| | | | 录像专用硬盘 |
| | | | 网络交换机 |
| | | 智能门禁 | 人脸识别设备安装及接口服务 |
| | | 入侵报警 | 入侵信号检测器 |
| | | | 复合智能移动探测器 |
| | | | 防盗智能管理软件 |

### 2.2.2 核电厂实体档案智能库房建设价值点分析

核电厂实体档案智能库房建设，主要在以下几方面体现其重要价值：

第一，经济效益。核电厂实体档案智能库房建设，能够一定程度上代替档案馆库房、设备设施、实体档案的传统人工管理方式，减少馆库及设备设施的人工巡检频次，缩短实体档案管理时间（如档案出入库、上架、盘点、查询利用、定位调卷等），从多个管理环节上实现人工成本的降低。

第二，管理效益。核电厂实体档案智能库房建设，能够实现档案实体管理自动化、业务管理规范化、综合监控智能化、信息采集自动化、数据传输网络化、统计数据标准化，全面实现管理效益的提升。

第三，安全效益。核电厂实体档案智能库房建设，能够从文档库房"九防"及智能环控管理方面，可以实现对档案安全管理的保障和提升，满足档案安全管理相关法规标准最新要求。

第四，示范效益。核电厂实体档案智能库房建设，可以在一定范围内形成示范效应，具备推广和移植应用的价值。

### 2.3 核电厂实体档案智能库房建设的业务风险及其应对措施分析

#### 2.3.1 项目管理风险及其应对措施

风险描述：项目的实施有一定的周期，涉及的环节也较多，尤其是项目管理在质量、安全、进度、成本、技术、环境六大控制方面。在这期间如果出现一些人力不可抗拒的意外事件或某个环节出现问题以及宏观经济形势发生较大的变化，公司组织结构、管理方法可能不适应不断变化的内外环境，将会大大影响项目的进展或收益。

对策分析：第一，项目采取专业部门、专业人员负责制度，选择具备运营管理方面经验的专业人才进入项目管理团队；第二，加强对管理人员组织结构、管理制度、管理方法等方面的内部培训、外部培训，提高其整体素质和经营管理水平；第三，推行目标成本全面管理，加强成本控制；第四，落实核电厂"一切按程序办事"要求，做好项目安全和质量管控。

#### 2.3.2 技术应用风险及其应对措施

风险描述：本次项目的技术风险主要是在数据采集、接口对接和数据展示部分，及相应的网络与信息安全风险，如数据采集不全或无法采集、新老软件无法对接、二次加工数据不符合业务要求、不符合网络安全管控要求等风险。

对策分析：第一，部署前期对产品进行充分测试；第二，组织不同厂家进行技术沟通，对各自软硬件产品进行技术交流；第三，组织信息技术人员对相关产品进行技术考察；第四，充分沟通和了解内外部网络安全要求，采取符合要求的网络传输部署方案。

### 注释及参考文献

［1］雷雨，刘帝勇，黄冬梅. RFID 物联网技术在核电档案实体管理中的应用［J］. 浙江档案，2020（8）：56-57.

［2］范乃荣，展霄鹏，王慧. 电力企业档案智能库房运营机制研究［J］. 中国档案，2021（4）：60.

［3］刘开元. 如何实现档案库房一体化智能管理［J］. 机电兵船档案，2016（4）：24-26.

# 核电工程项目电子文件归档管理探索与实践

**摘　要:** 随着当今社会信息化和智能化的迅速发展, 在新时代数字化转型的大背景下, 各行业各单位产生的电子文件的类型和数量都日趋增多和丰富, 电子文件的归档和长期保存成为新时代档案工作者面临的新挑战。本文通过论述某核电项目在电子文件归档管理过程中的相关举措, 以探索核电工程项目电子文件归档管理工作中的实践与应用。

**关键词:** 电子文件归档; 数字签名; 元数据封装; 四性检测; 电子档案长期保存

## 1　电子文件归档管理的背景

随着当今社会信息化和智能化的迅速发展, 在新时代数字化转型的大背景下, 各行业各单位产生的电子文件从类型和数量上日趋增多和丰富, 电子文件的归档和长期保存及后续开发利用成为新时代档案工作者面临的新挑战。

2021 年新《档案法》的实施, 国家从"来源可靠、程序规范、要素合规"对电子档案的管理提出要求和指引, 在国家法律层面上对电子档案的效力和地位进行了肯定。与此同时, 核电行业范围内对电子文件归档和电子档案管理有效性的研究也已取得了一定成果, 行业内相关试点项目和科研课题的研究陆续获得国家档案局的验收通过, 相关研究成果均可提供借鉴参考。随着各核电业主公司及项目建设总包单位数字化转型工作的推进, 需要电子文件单套制的落地实施以实现电子文件单套制在核电项目上的应用, 助力核电项目的高质量发展。基于此, 某核电工程项目以具备电子文件归档条件的工程设计文件、调试变更文件为切入点, 开展了相应电子文件的归档管理探索与实践。

## 2　电子文件归档管理的组织和制度保障

为保障项目电子文件归档工作的顺利开展与实施, 某核电工程项目业主单位联合项目建设总包单位及其相关业务部门建立了与之相适应的组织体系和制度体系, 开展了电子文件归档和电子档案管理制度、技术和工作规范的对标工作。

### 2.1　电子文件归档管理相关组织及职责

项目业主公司文档部门: 负责电子档案的接收归档与长期保存, 对电子档案的移交工作进行指导, 确保电子档案"来源可靠、程序规范、要素合规"; 负责实现业主文档管理系统与项目建设总包单位文档管理系统的电子档案移交接口。

项目建设总包单位文档部门：负责项目档案的移交工作；负责电子文件组卷及移交方案的制定，确保总包合同范围内电子档案的完整性、准确性、可用性、安全性；对下游合同商及相关业务部门进行监督、指导和检查，对合同范围内电子档案开展编目、分类保管、开发利用和处置等工作，负责业务系统电子文件归档功能需求，参与业务系统规划、设计、开发、实施等工作，实现业务系统、业主文档管理系统与项目建设总包单位文档管理系统的归档接口。

项目建设总包单位相关业务部门：负责业务范围内电子文件实施前端管理，负责电子文件的形成、流转、整理与归档，确保电子文件真实性、完整性、有效性；管理相关下游合同商保证电子文件符合电子文件归档要求。

## 2.2 电子文件归档和电子档案管理制度、技术和工作规范编制对标

项目业主单位联合项目建设总包单位根据《电子档案单套管理一般要求》（DA/T92—2022）开展了一系列电子文件归档和电子档案管理制度、技术和工作规范的编制对标工作，相关对标情况如下。

### 2.2.1 管理制度

表1 管理制度

| 序号 | DA/T92要求 | | 对标情况 | |
|---|---|---|---|---|
| | 名称 | 主要内容 | 程序/方案名称 | 对标结果 |
| 1 | 电子档案管理基本制度 | 电子档案效力、职责分工、基本管理要求 | 《电子文件归档及电子档案管理规定》 | 内容基本覆盖 |
| 2 | 办公自动化系统、业务系统归档制度 | 办公自动化系统、业务系统的归档流程、工作要求 | 《某核电项目电子文件归档和电子档案管理试点实施方案》 | 内容基本覆盖，需要根据业务实施情况更新、完善"实施方案" |
| 3 | 电子档案管理系统运行维护制度 | 系统操作规程、系统修改规程、系统定期维护要求、系统安全保密要求、系统运行状态记录和日志归档要求等 | 数字档案馆运维制度 | 根据程序《信息系统建设与运维管理规定》《信息系统授权管理细则》《应用软件管理规定》等编制 |
| 4 | 电子文件归档范围、电子档案分类方案与保管期限制度 | 电子文件归档范围、电子档案分类方案、保管期限与处置要求 | 《电子文件归档及电子档案管理规定》 | 内容基本覆盖 |
| 5 | 电子文件整理与归档制度 | 电子文件归档格式、元数据要求、整理要求 | 《电子文件归档及电子档案管理规定》 | 内容基本覆盖 |
| 6 | 电子档案鉴定、利用、统计与移交制度 | 电子档案鉴定程序、利用规则与权限设置、统计、移交要求 | 《电子文件归档及电子档案管理规定》 | 内容基本覆盖，电子档案统计相关要求需完善 |
| 7 | 电子档案安全（保密）管理制度 | 电子档案备份、检测、审计、应急处置及涉密信息与载体管理要求 | 《电子文件归档及电子档案管理规定》 | 有部分相关内容，需结合要求适应性调整 |
| 8 | 电子档案管理培训制度 | 电子档案管理培训计划、安排 | 需针对本项目编制专项培训计划 | 需针对本项目编制专项培训计划 |

### 2.2.2　技术和工作规范

表2　技术和工作规范

| 序号 | DA/T92要求 | | 对标情况 | |
| --- | --- | --- | --- | --- |
| | 名称 | 主要内容 | 程序/方案名称 | 对标结果 |
| 1 | 电子档案数据规范 | 电子档案数据格式、内容及相关要求 | 《电子文件归档及电子档案管理规定》 | 内容基本覆盖 |
| 2 | 电子档案管理系统接口规范 | 向办公自动化系统和业务系统提供电子档案移交、利用等接口以及接口使用说明，明确接口调用方式、接口名称、接口参数 | 《电子文件传输接口方案》 | 内容基本覆盖，需要根据业务实施情况更新、完善 |
| 3 | 电子档案存储和备份策略 | 电子档案存储要求、备份范围和方式 | 《电子文件归档及电子档案管理规定》《电子档案备份方案》 | 内容基本覆盖 |
| 4 | 电子档案转换与迁移策略 | 系统迁移、数据迁移、格式转换等情况时，所应采取的策略 | 《电子文件离线存储、转移、迁移、灾备及应急预案》 | 内容基本覆盖，需要适应性调整 |
| 5 | 电子档案数据恢复方案 | 电子档案数据因系统软硬件故障、极端特殊情况等导致数据丢失后的数据恢复 | 《电子文件离线存储、转移、迁移、灾备及应急预案》 | 内容基本覆盖，需要适应性调整 |
| 6 | 电子档案管理应急处置方案 | 电子档案管理突发事件应急准备、应急响应、应急处置、应急恢复 | 《电子文件离线存储、转移、迁移、灾备及应急预案》 | 内容基本覆盖，需要适应性调整 |

## 3　电子文件归档及电子档案管理策略

### 3.1　基本原则

来源可靠原则："来源可靠"是指电子档案由经过授权和确认的法定形成者，在既定的业务活动中，在特定时间，使用安全可靠的系统形成。"来源可靠"是电子文件成为电子档案的前提，也是目前电子文件单套制归档的首要攻关之处，电子签名、时间戳、数字摘要、区块链等验证电子文件来源的技术也逐步被试点应用。要求实行单套归档的电子文件应通过安全可靠的系统形成，产生的电子文件应确保来源可信，内容和效力合法合规。

程序规范原则：是指电子文件形成、归档、保存和利用服务的过程遵循一定的制度规范要求，符合国家相关法规标准的规定。电子档案是否以及如何遵守规范的程序要求，可以通过详细的背景元数据和过程元数据来记录和审计。要求电子文件的形成、组件、归档、保存、利用全过程应通过技术手段进行规范化控制，确保各环节程序规范，符合标准规范要求。

要素合规原则：是指电子档案构成要素满足规范要求。电子档案由内容（content）、结构（structure）和背景（context）构成。电子档案在长期保存过程中，内容、结构和背景不可改变，但是呈现方式可能会变化。不同种类的电子档案，其具体的构成要素不同，相关的规范要求也会有所区别。所以要求电子档案的内容数据、元数据及管理数据要素均应符合相关标准要求，各组成要素齐全、完整、规范、可读。

安全可用原则：应采取措施保证电子档案在安全可信环境下管理和运行，确保电子档案安全、过程可溯、长期可用。

### 3.2 电子文件归档移交范围

工程设计文件：通过项目建设总包单位的设计生产平台生成或文件交换系统接收的工程设计文件（设备制造完工文件、设备竣工图除外）。

调试变更文件：通过项目建设总包单位相关业务系统生成并归档的调试变更文件。

### 3.3 电子文件单套制归档策略

基于某核电项目实际情况，为解决当前项目电子文件归档面临的真实性、完整性、可用性和安全性等问题，项目业主公司联合总包单位经充分论证和调研，确定采用"电子签章 + 元数据 XML 封装 + 长期储存格式 + 电子文件四性检测 + 长期保存策略"的电子文件单套制归档实施策略，归档实施策略示意图见图1。

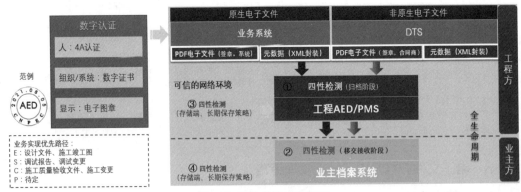

图1　归档实施策略示意图

#### 3.3.1 电子签章要求及实现方案

通过在项目范围内部署数字签名（电子印章）中台服务，对业务系统生成的电子文件进行签章，保障电子文件在脱离业务系统后不被篡改。电子文件生效时或归档时自动加盖电子印章，并为归档电子文件加盖时间戳，可以达到防止数字签名被伪造、保障电子档案真实性的目的。数字时间戳的实现形式主要有本地时间戳、联署数字签名、附加数字时间戳三种，本项目采用的是项目范围内建立本地时间戳的形式，时间戳应用示意图见图 2。

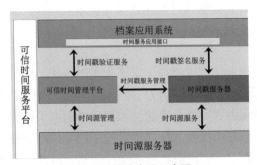

图2　时间戳应用示意图

为满足项目范围内各系统安全保密的要求，防止电子文件被篡改，保证用户审批业务的真实性、有效性等，项目还搭建了 PKI/CA 体系建设实施项目。通过对数字证书、双因子认证服务的引入，为保证电子文件的真实有效和安全创造了基本条件。

### 3.3.2 电子文件格式、元数据封装要求

电子文件格式要求：电子文件格式应具备格式开放、不绑定软硬件、显示一致性、可转换、易于利用等特性，能够支持格式转换。电子文件应以通用格式形成、收集并归档，或在归档前转换为通用格式，可采用 PDF、PDF/A 格式。

（1）以文本、位图文件形成的文书、科技、专业类电子文件应按以下要求归档：电子公文正本、定稿、公文处理单应以版式文件格式，其他电子文件、电子文件组件可以版式文件、RTF、WPS、DOCX、JPG、TIF、PNG 等通用格式归档；或电子文件及其组件按顺序合并转换为一个版式文件。

（2）在计算机辅助设计与制造过程中形成的科技类电子文件应按以下要求归档：

①二维矢量文件以 SVG、SWF、WMF、EMF、EPS、DXF 等格式归档；

②三维矢量文件，需永久保存的应转换为 STEP 格式归档，其他可根据需要按给出的要求转为二维矢量文件归档。

（3）以数据库文件形成的科技、专业类电子文件，应根据数据库表结构及电子档案管理要求转换为以下格式归档：以 ET、XLS、DBF、XML 等任一格式归档，或参照纸质表单或电子表单版面格式，将应归档数据库数据转换为版式文件归档。

（4）照片类电子文件以 JPG、TIF 等格式归档；录音类电子文件以 WAV、MP3 等格式归档；录像类电子文件以 MPG、MP4、FLV、AVI 等格式归档，珍贵且需永久保存的可收集、归档一套 MXF 格式文件。

（5）公务电子邮件以 EML 格式，网页、社交媒体类电子文件以 HTML 等格式归档。

（6）专用软件生成的电子文件原则上应转换成通用格式归档。

元数据策略及封装要求：元数据是描述电子文件、电子档案的内容、结构、背景及其整个管理过程的数据。针对不同类型的电子文件应分门别类制定元数据策略，包括归档类型、范围，保管期限、密级及电子文件编号生成规则等参数。

XML（eXtensible Markup Language）：可扩展标记语言。基于 XML 技术进行电子档案封装是利用标准的、与软硬件无关的 XML 语言将电子档案与其元数据按照规范结构封装在一个数据包中以维护电子档案与其元数据的完整性，保障两者之间的可靠联系以实现电子档案自包含、自描述和自证明。

本项目元数据封装参考《基于 XML 的电子文件封装规范》（DA/T 48）实施，项目业主公司与项目建设总包单位应保持元数据封装"必选项"的一致性。

### 3.3.3 四性检测要求及实现方案

本项目"四性"检测要求参考《电子档案单套管理一般要求》（DA/T 92）、《文书类电子档案检测一般要求》（DA/T 70）、《建设项目档案管理规范》（DA/T 28）、《产品数据管理（PDM）系统电子文件归档与电子档案管理规范》（DA/T 88）等规范实施，具体检测要求及方案详见表 3。

**表3　检测要求及方案**

| 项目 | 检测内容 | 检测项目 | 检测方法和依据 | 检测对象 | 目的 | 适用环节 归档 | 适用环节 保管 |
|---|---|---|---|---|---|---|---|
| 真实性 | 电子文件来源真实性 | 固化信息有效性检测 | 对归档电子文件中包含的数字摘要、电子签名、电子印章、时间戳等技术措施的固化信息的有效性进行验证 | 归档电子文件 | 对归档电子文件中包含的数字摘要、电子签名、电子印章、时间戳等技术措施固化信息有效性进行验证 | √ | √ |
| | 电子文件元数据准确性 | 元数据项数据长度检测 | 依据《核电文档管理元数据标准》（以下简称"标准"）中的元数据项或自定义的元数据项进行检测：a.对数据库中电子文件元数据项进行数据长度检测；b.对归档信息包中元数据项进行长度检测 | 归档电子文件元数据 | 检测元数据项数据长度是否符合要求 | √ | √ |
| | | 元数据项数据类型、格式检测 | 依据标准中的元数据项或自定义的元数据项进行检测：a.对数据库中电子文件元数据项进行值域范围的检测；b.对归档信息包中元数据项进行值域范围的检测 | | 检测元数据项数据类型、格式是否符合要求 | √ | √ |
| | | 设定值域的元数据项值域符合度检测 | 依据标准中的元数据项或自定义的元数据项进行检测：a.对数据库中电子文件元数据项进行值域范围的检测；b.对归档信息包中元数据项进行值域范围的检测 | | 检测设定值域的元数据项的数据是否符合值域要求 | √ | √ |
| | | 元数据项数据值合理性检测 | 依据GB 18030—2005中的双字节非汉字符号或自定义的特殊字符进行检测：a.对数据库中电子文件元数据项进行数据值是否在合理范围内的检测；b.对归档信息包中元数据项进行数据值是否在合理范围内的检测 | | 检测元数据项数据值是否在合理范围内 | √ | √ |
| | | 元数据项包含特殊符号检测 | 依据标准中的元数据项或自定义的元数据项进行检测：a.对数据库中电子文件元数据项进行数据值是否包含特殊字符的检测；b.对归档信息包中元数据项进行数据值是否包含特殊字符的检测 | | 检测元数据项数据中是否包含特殊字符 | √ | |
| | | 档号规范性检测 | 依据档案分类编码规则和用户自定义的档号编制规则进行检测：a.对数据库中的归档号/档号进行检测；b.对归档信息包中的归档号/档号进行检测 | 档号 | 检测归档电子文件编制的归档号/档号是否符合规范 | √ | |
| | | 元数据项数据重复性检测 | 依据用户自定义的元数据项（如：归档号、文号、题名）进行数据库记录和归档信息包的数据重复性检测 | 用户自定义重复性检测元数据项 | 避免业务部门重复归档电子文件 | √ | √ |
| | 元数据与内容关联一致性 | 内容数据的电子属性一致性检测 | 捕获电子文件内容数据的电子属性信息（计算机文件名、文件大小、文件格式、创建时间等），与电子属性信息中记录的数据进行比对 | 归档电子文件内容数据 | 保证电子文件内容数据电子属性的一致性 | √ | √ |
| | | 元数据是否关联内容数据检测 | 依据元数据中记录的文件存储路径检测电子文件内容数据是否存在 | 元数据关联的电子文件内容数据 | 保证电子文件元数据与内容数据的关联 | √ | √ |
| | 归档信息包真实性 | 信息包一致性检测 | 采用数字摘要比对等方式对归档信息包的一致性进行检测。归档前计算归档信息包的数字摘要，接收时重新计算数字摘要并和归档前的数字摘要进行比对 | 归档信息包 | 保证信息包在归档前后完全一致 | √ | |

| 项目 | 检测内容 | 检测项目 | 检测方法和依据 | 检测对象 | 目的 | 适用环节 归档 | 适用环节 保管 |
|---|---|---|---|---|---|---|---|
| 完整性 | 电子文件元数据完整性 | 元数据项完整性检测 | 依据标准中的元数据项或自定义元数据项进行检测，判断电子文件元数据项是否存在缺项情况 | 电子文件元数据 | 保证电子文件元数据项的完整性 | √ | |
| | | 元数据必填著录项目检测 | 保证电子文件元数据必填项的完整性 | | 依据DA/T 46—2009中的元数据项或自定义的元数据项进行检测，判断元数据必填项是否为空 | √ | √ |
| | | 连续性元数据项检测 | 依据用户自定义的具有连续编号性质的元数据项（合同号等）和起始号规则进行检测。具有连续编号性质的元数据项是否按顺序编号，是否从指定的起始号开始编号 | 具有连续编号性质的元数据项 | 保证电子文件元数据的连续性 | | √ |
| | 电子文件内容完整性 | 内容数据完整性检测 | 打开电子文件内容数据进行人工抽查 | 电子文件内容数据 | 保证电子文件内容数据完整 | √ | |
| | | 附件数据完整性检测 | 打开电子文件附件数据进行人工抽查 | 电子文件内容数据中的附件部分 | 保证电子文件内容数据中附件内容不丢失、不遗漏 | √ | |
| | 归档信息包完整性 | 信息包内容数据完整性检测 | 依据归档信息包元数据中记录的文件数量检测归档信息包中实际包含的电子文件数量，比对两者是否相符 | 归档信息包 | 保证归档信息包中内容数据齐全、完整 | √ | |
| 可用性 | 电子文件元数据可用性 | 信息包中元数据的可读性检测 | 检测归档信息包中存放元数据的XML文件是否可以正常解析、读取数据 | 归档信息包中的元数据 | 保证电子文件元数据可正常读取 | √ | |
| | | 目标数据库中的元数据可访问性检测 | 检测是否可以正常连接数据库，是否可以正常访问元数据表中的记录 | 数据库中的元数据 | 保证电子文件元数据可正常访问 | | √ |
| | 电子文件内容可用性 | 内容数据格式检测 | 依据电子文件归档要求对电子文件内容数据格式进行检测，判断其是否符合GB/T 18894—2016、GB/T 33190—2016等标准要求 | 电子文件内容数据 | 保证电子文件内容数据格式符合归档要求 | √ | √ |
| | | 内容数据的可读性检测 | 模拟人工打开文件的方式进行检测；人工抽查 | | 保证特定格式的电子文件内容数据可读 | √ | √ |
| | 电子文件软硬件环境 | 软硬件环境合规性检测 | 对电子属性信息中记录的软硬件环境信息进行检测，判断其是否符合归档要求 | 电子文件元数据中的电子属性信息 | 保证电子文件软硬件环境信息符合归档要求 | √ | |
| | 归档信息包可用性 | 信息包中包含的内容数据格式合规性检测 | 对归档信息包是否包含非公开压缩算法、是否加密、是否包含不符合归档要求的文件格式等进行检测 | 归档信息包中的电子文件内容数据 | 确保归档信息包中的电子文件可读、可用 | √ | |
| | 保存信息包可用性 | 保存信息包中元数据的可读性检测 | 系统自动检测保存信息包中存放元数据的XML文件是否可以正常解析、读取数据 | 保存信息包中的元数据 | 保证可正常读取电子档案元数据 | | √ |
| | 备份数据可用性 | 备份数据可恢复性检测 | 采用专业的备份数据恢复工具检测备份数据是否完好，是否可恢复 | 备份数据 | 保证备份数据可以恢复 | | √ |

| 项目 | 检测内容 | 检测项目 | 检测方法和依据 | 检测对象 | 目的 | 适用环节 | |
|---|---|---|---|---|---|---|---|
| | | | | | | 归档 | 保管 |
| 安全性 | 保存信息包病毒检测 | 系统环境中是否安装杀毒软件检测 | 检测操作系统是否安装国内通用杀毒软件 | 系统环境 | 检测系统环境是否安装杀毒软件 | 项目范围内统一策略/文档信息系统自身策略 | |
| | | 病毒感染检测 | 调用国内通用杀毒软件接口，检测归档信息包是否感染病毒 | 归档信息包 | 保证归档信息包没有感染病毒 | | |
| | 归档载体安全性 | 载体中多余文件检测 | 对载体进行读取操作，判断载体内是否含有非归档文件 | 归档载体 | 检测载体中是否包含多余文件 | √ | |
| | | 载体读取速度检测 | 对载体进行读取操作，和常规的读取速度进行比对判断载体是否安全可靠 | | 检测载体读取速度是否正常 | | |
| | | 载体外观检测 | 人工判断载体外观是否正常 | | 判断载体外观是否正常 | / | |
| | | 光盘合格性检测 | 依据DA/T 38—2008的要求对光盘的PIE、POF、BLER等指标进行检测，判断光盘是否合格 | 归档光盘 | 检测归档光盘是否合格 | | |
| | 归档过程安全性 | 操作过程安全性检测 | 按照国家安全保密要求从技术和管理等方面采取措施，确保归档信息包在归档和保存过程安全、可控 | 系统环境 | 判断归档过程是否安全、可控 | √ | |

### 3.3.4 电子档案长期保存策略

电子档案长期保存参考"3-2-1-1-0"保存策略，即对于要长期保存的电子档案，至少要有 3 份备份（任何单一事件的发生都不会破坏所有的备份），至少存储在 2 种不同的物理介质上（比如硬盘或光盘），至少 1 份异地备份，可有效防止本地的物理灾害如地震、火灾、洪水等。至少 1 份必须是可移动的、离线的备份，还要保证实现 0 恢复错误。

本项目的电子文件归档后由项目建设总包单位移交至项目业主公司文档管理系统中，并由项目业主公司文档管理系统提供给用户利用。业主公司文档管理系统采用数据存储服务器方式保存电子文件，在核电基地综合办公楼和二期综合办公楼机房部署有本地存储服务器互为热备，可支持随时切换。业主公司文档管理系统在市区办公楼设立了同城异地备份数据存储服务器，定期传输电子文件至市区办公楼同城异地备份数据存储服务器中，每天完成增量异地备份。在本地在用和备份服务器均不可用时，可切换连接市区办公楼同城异地备份服务器使用电子文件。对于重要文档，项目业主公司与其上级集团公司总部签署了异地备份协议，通过异地备份专用设备每半年进行一次增量备份，并定期对已异地备份的数据进行检测。

### 3.3.5 电子档案利用方式

项目业主公司文档管理系统提供在线的电子档案利用服务，用户可通过多种查询方式查询所需电子档案，可在线浏览打印和下载电子档案，还可通过在线借阅利用申请流程申请查阅利用相关电子档案。

下列极端情况下的电子档案利用方式，从如下几个方面也考虑了相应措施：

（1）数据存储服务器不可用。数据存储服务器故障或所在机房失电超出 UPS 供电时间仍未恢复时，数据存储服务器不可用，及时切换到二期综合办公楼机房备用服务器，可继续正常使用。

（2）数据存储服务器及备份服务器均不可用。数据存储服务器及备份服务器均发生故障时，可切换至市区办公楼异地备份服务器，通过数据还原后可正常利用电子档案。

（3）数据存储服务器、备份服务器和市区办公楼异地备份服务器均不可用。项目业主公司也对电子档案进行了硬盘和光盘异质备份，并定期维护线下的全引目录。因网络故障或极端情况下各数据存储服务器均不可用时，可线下利用本地备份硬盘和光盘中的文档数据。

（4）遭遇极端不可抗力导致机房或服务器及本地备份硬盘和光盘均无法利用时，可以根据利用需求，向上级集团公司总部提出利用协助，查询利用保存在集团总部异地备份设备中的电子档案。

## 4 结语

核电工程建设具有高度的复杂性和特殊性，对核电项目管理也提出了较高要求，尤其在大数据和数字化转型的新时代背景下，保障核电工程项目海量电子文件归档的真实性、完整性、可用性、安全性就显得极为重要。电子文件归档和电子档案管理方面各项技术的不断发展，给核电工程项目电子文件归档和电子档案管理方式带来了有力的信息化技术支撑，能够充分保障电子档案的真实性、完整性、可用性、安全性，并实现电子文件的全生命周期和长期保存管理，从整体上提升核电工程项目电子文件归档和电子档案管理的规范化水平。

### 注释及参考文献

［1］徐拥军，李晶伟．核电文件档案管理研究评述［J］．浙江档案，2017（3）：27–30.

［2］蔡盈芳．尝试、破冰、扩围、再出发——企业单轨制电子文件归档管理的回顾与展望［J］．浙江档案，2019（5）：24–26.

［3］国家档案局．文书类电子档案检测一般要求：DA/T 70—2018［S］．北京：中国标准出版社，2018.

［4］国家档案局．建设项目档案管理规范：DA/T 28—2018［S］．北京：中国标准出版社，2018.

［5］国家档案局．产品数据管理（PDM）系统电子文件归档与电子档案管理规范：DA/T 88—2021［S］．北京：中国标准出版社，2021.

［6］国家档案局．电子档案单套管理一般要求：DA/T 92—2022［S］．北京：中国标准出版社，2022.

# 基于深度开发利用的档案专题知识库构建研究

李雪莹　郑　潇　杨　帆

广东省地质科普教育馆

**摘　要：** 从档案治理体系和治理能力现代化的角度来看，立足于档案治理的"细分化"趋势，对档案进行"专题知识库"建设和开发就成为治理现代化的应有之义。基于深度开发利用的档案专题知识库构建之必要性有三：一是档案治理目标趋于多元化、专门化；二是档案治理的价值链视角要求对档案知识深度挖掘；三是档案治理的"制度逻辑"要求深度开发。基于深度开发利用的档案专题知识库构建需要遵循一定的原则进行，例如应当搭建档案专题知识库治理生态、应当形成档案专题知识库之间的"正和博弈"、应当形成数字化技术参与的深度赋能。基于深度开发利用的档案专题知识库构建本质上是一种需求导向、市场导向、客户导向、价值导向的档案治理过程。因此，我们需要从搭建基于档案知识资源本体的元数据体系、加快建设全国统一的档案综合服务平台、专题档案资源的高级检索和主动推送、大数据挖掘技术参与的档案专门数据分析等方面加大治理力度。

**关键词：** 深度开发利用；档案专题知识库；档案治理现代化

"档案"是客观反映人们特定领域、特定实践行为、特定精神领域活动等的信息记录载体，是依附于特定的"主体"而存在的。档案的表现形式大致上可以分为有形的档案（如纸质档案、非物质文化遗产档案等）和无形的档案（如特定形式的音频、视频、著作权等）。人类社会从农业文明社会进入工业文明社会乃至后工业化社会发展阶段之后，在档案领域发生的一个显著变化就是档案的生产主体趋于多元化，责任主体趋于多元化。与这一趋势相适应，档案资源本身也呈现出行业细分、市场细分的趋势，档案管理呈现出"碎片化"的特征。因此，从档案治理体系和治理能力现代化的角度来看，立足于档案治理的"细分化"趋势，对档案进行"专题知识库"建设和开发就成为治理现代化的应有之义。

## 1　基于深度开发利用的档案专题知识库构建之必要性

在人类档案实践史上，档案的管理与开发具有同样悠久的历史，因为档案的管理最终的目的就在于档案知识资源、档案信息资源的开发和利用。一份档案只有实现了开发利用，才能实现其最终价值。档案治理现代化理论认为，档案的"深度开发利用"指的是借助于人工智能、数字化、数字人文、物联网、互联网等多元化的科学技术手段，以某一个前沿热点、焦点、难点问题为导向，开展系统化、集成化、全寿命周期化档案知识挖掘的过程。

## 1.1 档案治理目标趋于多元化、专门化

进入档案治理的现代化进程之后，档案治理领域的主要矛盾"从重视档案文本的管理"转化为"档案知识资源的开发"，也就是越来越强调档案知识资源对人们各类社会实践的价值反哺。在市场经济条件下，以利益的分化为主要动力，人们的社会阶层分化、产业结构分化、价值选择分化等都呈现出多元化的目的。以组织中比较常见的党建工作、纪检工作、人事管理工作等为例，在传统的语境中，组织中个体的档案往往只有一套档案即人事档案（含入党档案），并且传统意义上的档案知识开发也不注重对人事档案的"大数据分析"。但是进入市场经济发展阶段之后，除了传统的人事档案之外，根据组织特定的治理目标需求，又衍生出了类似于廉政档案、党建日志档案等新型档案类型，专门用于党风廉政建设和全面从严治党等。

## 1.2 档案治理的价值链视角要求对档案知识深度挖掘

对于档案治理的主体来讲，尤其是对于处于特定价值链上的主体来讲，档案治理的一个核心逻辑就是服务于"建链、补链、强链、沿链"，确保自身所处的价值链在同行业、同领域、同区域等保持竞争有利地位。总的来讲，档案治理的现代化理论尤其重视围绕着价值链终端的"客户需求"这个中心工作开展价值整合，将"客户需求"作为价值链整合与档案治理的核心动力、将"客户需求"作为市场经济的核心维度。因此，无论是从科学研究、基础研究、管理实践、反腐倡廉还是从社会民生、市场竞争等方面来看，我们都必须超越传统的"档案综合开发"，转而寻求"档案专项开发"和"档案深度开发"。

## 1.3 档案治理的"制度逻辑"要求深度开发

档案治理走向现代化的一个核心特征就是越来越强调"制度逻辑"，即通过制度顶层设计和体系联动，实现档案治理工作的法治化、制度化、规范化、标准化。早在1987年9月5日我国就颁布了《档案法》，2021年新修订版的《档案法》也得以实施。根据我国现行的《档案法》，国家鼓励各类档案馆藏机构开放、开发利用档案馆藏资源，鼓励利用信息化和数字化手段加强对档案资源的深度开发。例如《档案法》第三十四条明确规定，"国家鼓励档案馆开发利用馆藏档案，通过开展专题展览、公益讲座、媒体宣传等活动，进行爱国主义、集体主义、中国特色社会主义教育，传承发展中华优秀传统文化，继承革命文化，发展社会主义先进文化，增强文化自信，弘扬社会主义核心价值观"。同时，《中华人民共和国档案法实施办法》也明确对档案知识资源的深度开发利用中所涉及的类似于"知识产权保护""档案服务收费标准""档案的公布机制"等进行了详细的规定，为我国档案的深度开发提供了制度层面的驱动力。

## 2 基于深度开发利用的档案专题知识库构建之原则

在档案学知识领域，"档案专题知识库"最早被称为"档案专题数据库"，它指的是依靠现代信息技术和数字化处理技术等，基于传统的档案知识资源所抽取出来的一种定

向化、专门化的档案知识集合。例如，我们根据特定的档案治理目的，针对同一个档案数据库（如人事档案）可以抽取出人物廉政档案、人物教育档案、人物家庭档案、人物工作履历档案、人物违法犯罪记录档案、人口户籍档案等多元化、差异化、专门化的档案知识库。当然，在一个母档案集合之下产生的若干个子专题知识库的构建过程中，我们应当基于特定的价值典范开展档案治理。

### 2.1　搭建档案专题知识库治理生态

上文有所提及，档案治理现代化所面对的一个基本环境就是"档案治理主体的碎片化"以及"档案治理目标的多元化"。换而言之，市场分化、社会分化、社会领域的分化仅仅是档案治理现代化过程的开始，而非终点，一个较为合理的选择是由多元的档案治理主体去整合不同的社会组织和中介力量去形成档案治理合力，集中解决各类焦点问题。因此，我们搭建档案专题知识库必须坚持生态治理原则，使不同的档案专题知识库与档案专题知识库之间围绕着价值链或特定的产业链、协同链等形成一种有机互补的生态联盟，而不能是彼此隔绝、互相分离的"数据孤岛"。

### 2.2　形成档案专题知识库之间的"正和博弈"

档案深度开发利用需要根据档案治理具体的需要、需求开展定向的挖掘，这就导致一个悖论：一方面要追求档案知识的专门化、精深化和纵深化，另一方面又要兼顾一定的档案知识的整体性、系统性和协同性，这就要求我们在设计不同的档案专题知识库时必须坚持"正和博弈"。正和博弈的终极目标在多种情况条件下并非寻求"帕累托最优"，而是寻求一种相对的"纳什均衡"，即这种多决策主体合作的目的着眼于协同网络内所有主体的收益都有所增加或者至少一方收益有所增加而其他主体收益不受损害。

### 2.3　数字化技术参与的深度赋能

经过几千年的发展，我国各行各业形成了十分丰富的档案知识资源，可谓"卷帙浩繁"。从档案知识资源深度开发利用的"技术可能性"和"技术可行性"上来看，面对传统的档案资源，如果没有数字化技术的参与和符号转换，大规模、批量化、可持续的深度开发利用是不可能的，档案专题知识库的建设也无法实现。通过深挖"档案专题知识库"解决方案的内层，最核心层面的内容实际上是一种提供高效率知识服务的能力，这种能力可以描述为深度服务赋能，即打造数据化、可视化、标准化和自动化的知识服务（如表 1 所示），为客户提供更加优质的服务体验，这一层面也可以称为是一种操作层面或者说技术层面。

表1　数字化技术参与档案专题知识库建构的主要要素

| 治理目标 | 治理内容 |
|---|---|
| 数据化 | 通过特定的数据分析来进行档案治理决策。数据工作在预测、计划、库存优化、网络规划等领域都发挥着巨大的作用。档案专题知识库数据化的基础是档案专题数据的获取和数据的结构化 |
| 可视化 | 可视化的顺序是可见、准确、可追溯。通过流程搭建，固化为 IT 系统，通过物联网等手段进行优化。可视化提供了更加直接的参与和监督途径 |
| 标准化 | 标准化的构建，可以获得最优流程和秩序，以降低成本、提升效率。但标准化与定制化并不冲突，二者可以寻求平衡。最佳的解决方案就是通过标准化来实现个性化 |
| 自动化 | 档案专题知识库相关设备、硬件的自动化以及软件、流程的自动化。自动化需要利用多种技术手段，全部的自动化在前期资源投入较大。自动化应作为利于全局发展的考量指标，而不是局部优化的手段 |

## 3 基于深度开发利用的档案专题知识库构建策略建议

基于深度开发利用的档案专题知识库构建本质上是一种需求导向、市场导向、客户导向、价值导向的档案治理过程。从某种意义上讲，这种档案专题知识库的建构强调的是"本组织和其他组织形成的网络关系"，强调的是"本组织和其他组织的相互关系的总和"，而不是"单纯的单个组织的职能作用"，也就是说它是组织和组织之间档案知识信息资源的交换、合作、交流、协同等方式和过程，同时也是交换、合作、交流、协同形成的结果。

### 3.1 搭建基于档案知识资源本体的元数据体系

档案学者们认为，档案专题知识库的搭建从低到高至少包括"档案文本阅读的基底层""元数据搭建的桥梁层""文本内容数据化的加工层""数据分析和可视化的知识发现层"四个不同的层次。从中不难发现，"档案文本的基底层"作为档案知识数据的最终来源，充当着"元数据"的功能。因此，我们建议特定的组织在建设基于深度开发利用的档案专题知识库时，可以按照"1+N"思路建设元数据体系，其中"1"代表的是一个本体、母体档案综合数据库，"N"代表的是若干个不同的、专门的档案知识数据库和资源库。外部档案需求用户借助于外部访问端口进入"1"，即可实现对若干个"N"专门数据库的访问，不同的"N"与"N"数据库之间不是隔绝的关系，而是可以从不同的"档案主体间关系""档案内容间关系""档案主题间关系"等方面进行技术关联，从而可以最大化实现档案的知识价值挖掘。

### 3.2 加快建设全国统一的档案综合服务平台

档案专题知识库解决方案的直接目标是在有效的时间内最大化地将尽可能准确的档案知识资源交付给档案用户，而在这一过程中客户会有不同的价值诉求。因此，准确了解客户的价值诉求是提供档案专题知识库解决方案的重要一部分，只有完整了解客户的价值诉求，才能有依据地提供更加符合需要的档案知识服务，从而得到客户的满意。目前，我国国家档案局已经初步建立起来了一个跨区域、跨层级、跨部门的"全国档案查询利用服务平台"，并已接入全国1000多家档案馆馆藏资源。对于档案需求者来讲，只需在该服务平台实名制注册个人信息，选择平台下特定的目标档案馆、在线提交个人查档需求，即可通过"电子邮件接收""快递查收""在附近档案馆自取或代取""到目标档案馆获取"等方式实现对档案资源的快速利用。但是目前该平台一方面缺乏对档案需求的调查和统计，另一方面尚未完成对全国所有公共档案馆馆藏资源的吸纳。下一步，"全国档案查询利用服务平台"应当开辟专门的服务模块收取社会大众的档案知识需求，并通过数据资源的供给进行价值匹配，同时也应当加快接纳更多档案馆（包含企业档案馆、民间档案馆等）的步伐，实现"一网通办"。

### 3.3 专题档案资源的高级检索和主动推送

我们探讨的档案专题知识库是一个"线上 + 线下"联动的快速反应系统，其中"线下档案资源"是底层资产，而"线上档案资源"是底层资产的数据化呈现形式。在推进档案专题知识库建设中，可以综合采用类似于舆情检测软件、热门推送、"其他人还在搜"等类似的技术手段，向档案服务受众提供精准的知识推送和主动推送，把客户需求的专门档案资源相关的档案主体、背景信息、热点事件、焦点问题等"打包"呈现给客户。仍然以上文提到的"人事档案"为例，在一个组织内部，"人事档案"可以作为一个元数据库存在，其下可以设立人物廉政档案专题库、人物教育档案专题库、人物家庭档案专题库、人物工作履历档案专题库、人物违法犯罪记录档案专题库、人口户籍档案专题库等。当客户基于特定的需求（例如政审查档、提拔查档、档案专审等）对某一人物的"廉政档案专题库"进行查询时，系统可以将与此相关的人物违法犯罪记录档案专题库、人物家庭档案专题库等相关知识资源专题推送给客户，从而帮助客户建立起一种"整体性"的档案知识感知。

### 3.4 大数据挖掘技术参与的档案专门数据分析

档案数据的深度利用本质上是通过数字化技术将底层的档案资源数据化、数字化、代码化、可复制化，进而通过一定的大数据挖掘技术（如 Hadoop 软件）对档案数据进行敏感性分析，进行帮助客户寻找到有价值的档案知识的过程。因此，基于深度开发利用的档案专题知识库构建从数据标准的设定之初，就要以档案数据资产化为着眼点，以各类业务数据为重点，寻求实现数据的可变现属性、体现数据价值，进而将档案数据转化为对行业和市场的洞察与知识，通过"数据资产化"实现档案数据应用转型。仍然以"廉政档案"的数据化挖掘为例，当我们前期按照标准化的程序将相关人员的廉政档案组建完毕之后，要通过数据挖掘技术对廉政档案信息进行敏感性分析。例如，可以将领导干部廉政档案上所载明的本人信息、近亲属任职信息、有无任职回避信息等单独组建数据库，并与"天眼查"等第三方 APP 服务软件联网检测，查实或证伪领导干部近亲属有无存在"违规经商办企业""违反任职回避规定"等廉政风险，为组织反腐倡廉、党风廉政建设决策提供大数据支持，这便是一种档案专门数据库的深度挖掘。

### 注释及参考文献

［1］梁继红. 走向文本的历史档案数字整理：历史追溯与时代转型（下）［J］. 档案学通讯，2022（1）.

［2］李宝玲，李珂，郭立鑫. 面向深度利用的历史档案专题知识库构建研究——以中福公司档案为例［J］. 档案管理，2023（2）.

［3］中华人民共和国档案局. 中华人民共和国档案法［EB/OL］.（2020-06-20）. https://www.saac.gov.cn/daj/falv/202006/79ca4f151fde470c996bec0d50601505.shtml.

［4］刘莹莹. 信息服务在档案信息化建设中的应用探索［J］. 黑龙江科技信息，2017（11）：260.

［5］李晨鹏. 谈谈档案利用工作与档案基础工作的关系［J］. 档案天地，2017（12）：42-43.

［6］关丽君. 档案信息的深度开发与利用研究［J］. 办公室业务，2018（7）.

［7］邵成林. 多元管理模式下的高校基建档案管理探析［J］. 兰台内外，2020（32）：37.

# 工程项目档案治理研究

高大伟　李如洁

郑州航空工业管理学院信息管理学院

**摘　要:** 工程项目档案治理面临档案数量规模快速增长、质量要求更趋严格、治理环境深刻调整的重要挑战。这些挑战与工程项目档案实践的既有问题交织叠加,构成了亟待解决的治理裂隙,主要表现为档案归属流向不清、管理权认识分歧、多套制度体系并立。应以档案治理的宏观生成机理为中心,探索治理裂隙的弥合优化策略,包括凝聚价值共识、协调治理逻辑和健全制度建设三个方面。

**关键词:** 工程项目档案;档案治理;档案监管;依法治档

## 1　引言

加强档案监督指导,不断调整丰富法规约束、行政管理、标准引领等治理方式一直是工程项目档案治理的重点,提升治理协同化、数智化水平是当前探索的主要趋势。《国务院关于加强数字政府建设的指导意见》(2022)指出要创新政府治理理念方式,推进整体协同、敏捷高效、智能精准、开放透明等数字治理,加强跨地区、跨部门、跨层级协同监管。[1]"十四五"时期档案治理体系建设也强调应健全"互联网＋监管"手段,创新工程项目档案监督指导方式,提升治理效能。[2]针对社会覆盖面广、价值需求多元、利益关系复杂的工程项目档案治理难点,研究者提出应构建国家站位下的管控协调机制[3],探索"互联网＋"新型监管机制[4],拓宽"新基建"治理视域[5]等观点,然而,相比学界对档案治理综合研究的广泛关注,工程项目档案治理的专门探索亟待加强。

工程项目档案治理关联科技档案、企业档案和城建档案管理,涉及档案、建设、自然资源与规划(以下简称"资规")等主管部门和项目所属领域的其他主管部门、投资主管部门等,也包括直接参与工程建设的建设五方责任主体。广义的治理有党和政府实施的监督管理、执法检查、业务指导、档案验收、信用管理等外部性活动,也有建设单位主导的验收交付、合同管理等内部活动。本文将重点围绕外部性治理活动,通过治理背景透视与裂隙剖析,探讨工程项目档案治理弥合优化的宏观策略,以期为相关探索提供参考。

## 2　工程项目档案治理的背景透视

考察档案资源及其治理环境的变化趋势是认识工程项目档案治理问题的逻辑起点。

## 2.1 档案数量规模快速增长

当前我国工程建设规模长期保持高位，工程项目档案数量快速增长。以高速公路为例，2011 年至 2021 年我国高速里程已从 8.49 万公里增至 16.91 万公里[6]，按每百公里高速建设形成 1 万卷档案测算[7]，年均档案增长量达 765 万余卷。基于急剧增长的档案数量催动档案理论与实践变革的历史经验[8]，不断扩大的档案增量存量规模，势必会对档案治理带来新的机遇挑战。无论是健全档案政策法规和标准规范，支撑工程质量控制，还是适应建筑业信息化转型，促进档案数字资源扩容提质，都将离不开对治理问题的关注。

## 2.2 档案质量要求更趋严格

由于工程项目档案具有内容专业、知识复杂、主体多元等特点，兼之现实利益诱惑、过程监控与协同管理困难及重"外业"轻"内业"等因素影响，档案质量问题呈易发频发态势。如河南郑州"7·20"特大暴雨灾害调查[9]、福建泉州欣佳酒店"3·7"重大坍塌事故调查[10]等都披露出工程项目档案不真实、不准确、不规范等情形。工程项目档案质量问题的经常出现和严重影响，也启示应建立起更具植根性、时代性和系统性的治理策略。

## 2.3 档案治理环境深刻调整

### 2.3.1 信息技术环境

当前数字经济已成为经济高质量发展的重要引擎，数字政府、智慧城市、数字乡村建设快速发展，工程项目档案模拟态、数字态和数据态多态并存特点显著，数智治理转向愈发明显[11]。工程审批、验收阶段政务服务事项电子文件如何跨部门平台获取聚合，工程设计、施工、竣工阶段各类电子记录和 BIM 数据如何收集移交，开发利用阶段如何挖掘档案内容价值以服务新型智慧城市建设等问题大量涌现，推进工程项目档案治理数字化转型尤为紧迫。

### 2.3.2 法规政策环境

近年来随着《中华人民共和国档案法》(2021)、《中华人民共和国城乡规划法》(2019)、《企业投资项目核准和备案管理条例》(2017)、《政府投资条例》(2019)等法律法规的不断完善，工程项目档案监管要求、主体职责与业务模式不断调整。尤其是国家密集出台了"一网通办""一网协同"及工程审批制度改革等一系列政务服务、助企纾困政策，取消了档案监管传统"抓手"——"档案预验收、专项验收"及"档案完整移交后再出具验收证明"等，提出了多部门"联合验收"和跨平台数据共享等新任务，也需加快探索工程项目档案治理的新方法。

### 2.3.3 社会管理环境

随着党和国家机构改革逐步落地，在档案事业管理体系发生重要调整的同时，伴随着政府规划职能"多规合一"改革推进，建设系统原城乡规划管理职能划入资规系统，地方上大量原隶属于建设系统规划部门的城建档案馆转为资规系统下属单位，使得全国范围内工程项目档案和城建档案工作网络、监管体系和档案归属流向发生了较大变化，带来了档案工作思想认识混乱、机构协调困难、监督指导存在"黑洞"以及各地方发展不均衡等诸多问题，也需加强顶层设计，理顺各类监管关系，下好全国工程项目档案工作的"一盘棋"。

## 3 工程项目档案治理的裂隙呈现

治理背景变化带来的挑战与工程项目档案实践的既有问题交织叠加，构成了工程项目档案治理亟待弥合的裂隙。

### 3.1 档案归属流向问题

归属流向问题是工程项目档案归口管理的基础问题。早在 20 世纪八 90 年代该问题便引起了一些争议。1997 年国家档案局曾批复指出综合档案馆和城建档案馆在接收范围上相抵触时，原件仍应移交前者，后者可接收复制件。[12] 同年，国家档案局发布《城市建设档案归属与流向暂行办法》，力求统一归属流向要求，但该办法在长期实践中存在诸多需解决的问题。

如，该办法规定"前期文件的原件，应保存在档案形成单位，城建档案馆留复印件或副本"，但国家建设主管部门则发文强调"建设工程项目前期文件的原件应当保存在城建档案馆"[13]，其主导的《建设工程文件归档规范》（GB/T 50328—2014，2019 年版）同样要求工程档案"一套（原件）应移交当地城建档案管理机构保存"。再如，该办法规定城建档案报送时间为工程竣工后 6 个月内，然而国家建设主管部门在 2001 年修正的《城市建设档案管理规定》中已把报送时间缩短为竣工验收后 3 个月内，《城市地下管线工程档案管理办法》（2019）、《建筑与市政工程施工质量控制通用规范》（GB 55032—2022）则明确将报送时间定为竣工验收后的竣工备案前，这一制度"打架"现象在 20 余年内未得到解决。有研究者认为该办法"关于国家专门档案馆的规定不切实际"[14]，是导致国家档案资源流向不合理性的重要原因。此外，随着国土资源与城乡规划的动态发展和新型城镇化建设、开发区建设的持续进行，乡村、镇、开发区建设活动中工程项目档案归属流向问题也亟待理顺。

### 3.2 管理权认识分歧

归属流向问题只是治理裂隙的表现之一，更为主要的问题是档案与建设系统对工程项目档案工作管理权的认识分歧。

回溯历史，1990 年国家档案局对建设部"管理城市建设档案工作"职能设置提出"法律依据不足"异议[15]，然而在 1987 年两部门联合印发的《城市建设档案管理暂行规定》中已然明确城建档案工作由城市建设主管部门管理。1993 年国务院办公厅亦发文对建设部具有"管理城市建设档案工作"职能予以了支持。[16] 建设部曾发函强调该部办公厅管理全国城建档案工作，城建档案部门负责业务指导。[17] 此外，1991 年建设部就《全国档案馆设置原则和布局方案（草案）》向国家档案局申明城建档案馆由主管城市建设的部门直接领导[18]，然而，次年国家档案局印发的正式方案规定专门档案馆是归口中央或地方各级档案行政管理部门（或与有关部门）直接管理的事业机构，即强调档案主管部门具有归口性"直接管理"职责，没有使用此时《档案法》中的"主管""监督、指导"措辞，客观上也带来了城建档案馆"直接领导"部门和"直接管理"

部门的认识混乱。

在实践中，建设主管部门的城建档案工作管理职能一直有所延续，相关办事机构（即城建档案管理办公室、科等，多与城建档案馆、室合署办公）设置较为普遍，这些机构掌握了城建档案工作相对全面的信息，广泛开展档案监督指导和验收管理。相反，虽然法律赋予了档案主管部门管理各类档案工作的权力，但现实是其难以全面介入工程项目档案工作体系，仅对政府机构及相关投资主体的部分项目（如重大、重点建设项目，地方公建项目等）实施散点式监管，也更多依赖企业档案的管理口径推进制度建设，施加影响力。

此外，据笔者多次参加建设系统有关会议的感受，相当比例的城建档案工作者对档案主管部门、综合档案馆的管理和业务能力存疑，对档案主管部门直接管理职能及开展项目档案验收持不同观点。这一现象也有研究者论及[19]，甚至有研究认为突出的实践问题不是建设主管部门"越权""侵权"，而是档案主管部门不能切合实际地监督指导[20]。

### 3.3 多套制度体系并立

管理权的认识分歧致使工程项目档案制度建设冲突现象愈演愈烈，加深了档案治理裂隙。自国家建设、档案主管部门 1987 年联合发布《城市建设档案管理暂行规定》后，至今 30 余年来，两部门协作产出的制度成果大幅减少，兼之其他行业领域主管部门主要参考档案系统的有关制度细化落实，导致当前我国工程项目档案治理逐渐形成了档案和建设系统"两套"制度体系——事实上在档案、建设等系统各自的制度体系中也存在协调性不足的问题[21]。这"两套"制度体系虽依据相同的法律法规，但在更具指导性、操作性的部门规章、行政规范性文件和标准规范上存在诸多不协调之处。

历史上在《建设项目（工程）档案验收办法》（1992）发布的前一天，国家档案局曾发函建设部商议废止《城市建设档案管理暂行规定》，但建设部未予支持[22]。2011年国家档案局也提到与住建部启动了该规定的修订[23]，但现实是国家建设主管部门在 1997 年单独发布了《城市建设档案管理规定》并在 2001 年、2011 年、2019 年修正了 3 次。这是工程项目档案制度不协调的真实写照。又如《国家重点建设项目档案管理登记办法》（1997）、《重大建设项目档案验收办法》（2006）等均为国家档案局单独行文并授权各地档案局实施档案登记验收，只在验收成员构成上提出如验收工程在城市规划区，应吸纳城建档案管理机构。然而，江苏省建委曾对该省转发的《国家重点建设项目档案管理登记办法》提出异议，认为该文件与现行法规规章不符，将带来行政管理的混乱，不宜在本省执行。[24]

针对建设领域国家政策的调整，尤其是 2019 年工程审批制度改革变专项验收为联合验收的情形，国家建设主管部门及时调整了《城市建设档案管理规定》《城市地下管线工程档案管理办法》等文件，但目前档案系统的《重大建设项目档案验收办法》《建设项目档案监督指导工作指南》等仍未做出修改，不仅降低了这些制度的实际效力，同时由于这些制度常作为其他行业主管部门拟定其文件的依据，客观上对建设项目领域档案监管的规范性产生了不利影响。

"两套"制度体系并立的现象在标准化建设上更为显著。如《建设项目电子文件归档和电子档案管理暂行办法》（国家档案局，2016）与《建设电子文件与电子档案管理规范》（CJJ/T 117—2007）在规范术语、管理要求上有多处不一致。在《电子文件归档与电子档案管理规范》（GB/T 18894—2016）有关科技类电子文件归档依据上，仍要求参照文书类电子文件有关规定执行，也忽略了建设系统《建设电子文件与电子档案管理规范》和《建设电子档案元数据标准》（CJJ/T 187—2012）的已有成果。

在归档整理上，《建设工程文件归档规范》与《建设项目档案管理规范》（DA/T 28—2018）也有多处不一致，如前者仍把档案保管期限划分为"永久、长期、短期"，无视档案系统早已采用"永久、定期"划定方法的要求；又如前者提出建设单位不需保存监理日志和施工日志，但后者仍要求建设单位必须保存。研究者认为项目档案验收已事实形成了分别以 GB/T 50328 和 DA/T 28 为核心的两个"标准族"[25]，所给出的建议是除在合同中明确约定外，若档案需向城建档案馆移交则使用 GB/T 50328，若建设单位自己保存则使用 DA/T 28，亦即需要整理"两套"不同的档案，这与当前政务服务"坚持整体协同""坚持以人民为中心""利企便民"[26]的要求背道而驰。

当前建设工程档案跨行业领域治理挑战正逐步加剧。由于社会管理环境的变化，建设系统城建档案管理工作逐渐分化为建设、资规两个序列，这将导致已存在的"两套"制度体系，有向档案、建设和资规系统"三套"制度体系进一步变化的趋势，弥合治理裂隙任重道远。

## 4　工程项目档案治理的弥合优化

工程项目档案治理在宏观层面的生成机理上是价值目标、治理逻辑和制度设计的集合，即来自工程项目档案各类治理主体的价值目标，基于行政、知识、契约等治理逻辑，通过控制、协作、竞争等多种形式渗透到实践活动中，完成宏观制度设计，形成某一时期的治理体系。弥合优化治理裂隙应以该生成机理为中心，探索可行策略。

### 4.1　凝聚价值共识

工程项目档案治理是多元治理主体价值目标集中化的过程。理顺治理需求，凝聚价值共识，驱动松散并带有分歧的治理关系转为基于共识的治理共同体是治理体系弥合优化的首要任务。

促进资源管控和有效利用是工程项目档案治理的基础共性需求。资源管控关注国家工程项目档案资源的完整与安全，有效利用则强调再造档案产品形态，实现档案价值。随着社会进步和时代发展，各类治理主体也会有各类进阶需求，如适应信息技术发展的数智转型、适应机构改革的实践网络完善、适应一体化政务大数据体系建设的资源整合等，反映档案治理发展新方向，添加治理活动中"国家意志""组织意图"的新内容。

在价值共识凝聚上，多元治理主体应立足国家站位下加强资源管控与有效利用的共性需求，强化系统观念，坚持整体协同，贯彻"党的领导、人民立场、依法治档、改革创新、安全底线"[27]总原则，以包括质量问题易发频发、归属流向不清、管理权认识分歧等在内的档案运行链条"补链强链"为行动主线，统筹推进工程项目档案实践与外部治理环境的融合共生，提升工程项目档案业务、流程、制度及监管信息的协同管理与服务水平，形成"嵌套共生的发展格局"[28]，营造档案主管部门主导的共治生态，实现动态发展环境中多元治理主体自身适应性调整和价值共创。

### 4.2　协调治理逻辑

工程项目档案治理体现价值目标驱动的治理逻辑的显性化。在政府、市场和社会主体等类型主体的治理活动中，政府以档案、建设、资规和数据等主管部门为主，既有基于科层制的秩序井然的行政逻辑，也有基于专业领域蕴含着壁垒性的知识逻辑；市场基于契约型逻辑，涉及各类参建单位、投资主体等；社会主体基于各类理性逻辑与感性化诉求的集合，以非营利性机构、媒体、公众等为主。治理逻辑的调和与冲突发生于政府内部、"政府—市场"及"政府—社会"的关系之中。如历史上"档案保证金制度"脱胎于建设主管部门以行政逻辑管控档案的力有不逮与市场经济大潮下的启发，又很快消失于对理顺"政府—市场""政府—社会"关系，减轻企业负担等契约逻辑的尊重。前述政府内部的治理裂隙既反映了专业主管部门与行业主管部门行政逻辑的博弈，也有档案、建设等领域知识逻辑的竞争。

应当认识到，无论是推进建设项目电子文件"应归尽归、应收尽收"，实现数智时代档案工作"守土有责""守土尽责"，还是提升档案利用服务均等化、智慧化水平，抑或是价值共识凝聚中对共治生态的营造，都表明新时代对治理裂隙的弥合不能局限于对现有行政、知识或契约逻辑的简单修补，而应挖掘强化具备变革、赋能因子的新变量，引领撬动多重治理逻辑协调，有效推进基于共识的治理共同体打造。

一方面，中国式现代化历史进程中档案工作现代化的发展定位[29]及新时代档案事业发展取得的历史性成就[30]，都突出强调党对档案工作的领导。作为党的机构的档案主管部门应加强行政逻辑背后的政治引领，跳出现有政府内部治理逻辑不畅的"怪圈"，引领政府内部、"政府—市场"及"政府—社会"关系调整，做好以"三个走向""四好两服务"等为根本遵循，以依法治理为主要路径的治理体系现代化体制机制建设，强化各主体法定职能落实，真正推动"多元治理主体协调统一、各尽其能"[31]。

另一方面，当前数字政府、数字中国建设的"数据赋能"[32]"以数字化驱动生产生活和治理方式变革"[33]趋势启示工程项目档案治理应深耕独立于传统逻辑之外的，具有刺破现有治理坚冰的技术逻辑。即加强大数据、智能化、非现场等技术手段应用与数据治理，探索基于"互联网＋监管""智慧监管"的一体化在线协同监管，统一分散化治理口径，推动建立以多元主体协同、数据互联互通为特点的网络型治理结构。以"自上而下"模式为例，可由国家档案主管部门建设一体化在线协同监管系统，搭建监管"总站"，采集管理全国重大（重点）建设项目信息；在各行业、各地区等设立"分站"，在行业、地方数据管理部门信息化基础设置与数据共享的支持下，接入各治理主体数据并统一管理，消除"数据烟囱"，各治理主体实施相应职责范围内的监管事项，同时向社会公开有关信息，接受社会监督信息反馈。通过"总站""分站"数据交互和监管信息分析处理，支撑国家档案主管部门对全国工程项目档案工作的全面实时管控，提升数据治理效能。也可参照此模式推进行业性、地方性一体化在线协同监管系统建设，创新

"自下而上"实践。

### 4.3 健全制度建设

制度建设指通过制度设立、改革与创新等方式支撑固化价值目标和治理逻辑，是工程项目档案治理的关键要素。工程项目档案制度建设有三个主题，一是协调，即消弭制度体系的抵牾冲突；二是强基，即调整完善已有制度设计的某些惯例与不足；三是更新，即实施满足治理新需求的制度设计，突出时代主题下的改革创新。协调、强基与更新紧密关联，相互渗透，需要在制度建设时通盘考虑。如在推进工程项目档案数字治理制度建设时，既要分析《建筑法》《建设工程质量管理条例》等立法依据多使用"经济技术资料""相关资料"词语，未使用"档案"概念及未对工程项目档案工作做出专门条款规定的历史问题，也要正视近年来城市更新、智慧城市建设等政策多见"数据""数据治理""城市数据体系"的提法，鲜见表达工程项目档案、城建档案的发展问题，还要解决各类主管部门制度设计的协调问题。

在发展建议上，一是宜统筹设立高层次议事协调机构，在综合考虑不同行业领域工程项目档案实践情形及地方政府自主权的基础上，针对"条块结合"中"条"的"离心""互斥"和"块"的"松散""滞后"问题，宜以党和政府多部门联合发文、国务院行政法规等形式发布有关政策制度，强化"统一领导、分级管理""按专业统一管理"原则，建立党领导下的档案主管部门主导，各方面共同参与的体制机制，健全制度顶层设计；二是从国家档案资源体系建设的站位出发，协调科技档案、企业档案、城建档案、村级档案、开发区档案等制度设计的多条口径，丰富行政管理、合同管理、信用管理等多种手段，明确直接或委托性执法监督、业务指导机构，规范综合档案馆、城建档案馆（室）、企业档案馆（室）等管理职责，清晰档案归属流向，健全工程项目档案治理网络；三是强调各行业系统及地方应贯彻落实依法治档，依据"合政、合法、合公、合德""双随机、一公开"等要求，加快推进政策规范、技术标准建设并构建联动机制、审查机制，推进监管互认，同时及时跟进社会各领域出现的工程项目档案新现象，建立企业、社会有效参与机制，推进协同共治。

在制度建设重点内容上，以笔者参与的某省城建档案管理地方规章建设为例，为应对数字政府、新型城镇化、城市更新、韧性城市等建设及工程审批制度改革挑战，解决该省城建档案馆（室）在建设、资规系统分设导致的归口管理混乱及规范化信息化建设滞后等问题，在草拟阶段建立了包含建设、档案、发改、资规、人防、数据等部门及城建档案管理机构、高校的团队，重点实施了以下制度探索：一是明确政府职责，即明确人民政府对城建档案工作的领导与支持，明确省住房城乡建设行政主管部门是省级城建档案工作主管部门，要求县以上人民政府应结合实际情况确定当地主管部门，要求各级主管部门应在业务上接受同级档案主管部门监督、指导；二是厘清城建档案管理机构职责及包含建筑信息模型在内的城建档案管理范围，明确建设项目责任单位职责，强调各责任单位对其形成的工程文件负终身责任；三是建立告知制度与数据共享机制，要求各级行政审批和政务服务机构负责在政务服务网、受理窗口等公共平台或场所，书面告知建设单位移交城建档案的责任，要求行政审批和政务服务机构对当地城建档案管理机构开放工程审批与验收数据的收集渠道或开通、预留通用数据接口，便于档案收集；四是规范移交报送，实施信用管理，即要求建设单位在工程竣工联合验收备案前移交建设工程档案，若暂缓移交应提交信用承诺，并纳入地方建筑市场信用管理体系；五是突出城建档案信息化建设，推进数字转型，规范原生电子档案法律效力与条件要素等；六是健全城建档案事业发展保障，完善利用服务、科技创新、队伍建设、应急响应、法律责任等要素。

## 5　结语

工程项目档案治理是档案治理体系与治理能力现代化建设的重点难点，坚持国家站位下的宏观考量，揭示治理裂隙并探索弥合优化策略，打造基于共识的治理共同体是当前工程项目档案治理的关键任务，也是本文研究的主要内容。除在资源建设、技术进步等维度跟踪推进社会性治理研究外，未来研究还应关注建设五方责任主体构成的各项内部性治理活动，建立更为全面的治理体系优化策略，进一步提升档案治理效能。

### 注释及参考文献

［1］［32］中国政府网．国务院关于加强数字政府建设的指导意见［EB/OL］．（2022-06-23）［2023-04-14］．http://www.gov.cn/zhengce/content/2022/06/23/content_5697299.htm.

［2］［27］中办国办印发《"十四五"全国档案事业发展规划》［J］．中国档案，2021（6）：18-23.

［3］高大伟．国家建设工程档案资源保障体系研究发凡［J］．档案管理，2018（3）：23.

［4］郝伟斌，周昊，李璐璐．"互联网+"环境下建设项目档案新型监管机制研究［J］．档案管理，2020（6）：49.

［5］王会粉，刘永，张硕．新基建：建设项目档案治理研究的新视域［J］．档案管理，2021（4）：62.

［6］国家统计局．年度统计数据［EB/OL］．［2022-06-16］．https://data.stats.gov.cn/easyquery.htm?cn=C01&zb=A0G02&sj=2020.

［7］巫建文．交通工程项目电子档案标准及系统研究［J］．中国档案，2016（9）：69.

［8］高大伟．档案学的元问题及可能的形而上［J］．档案学通讯，2012（4）：47.

［9］澎湃新闻．河南郑州"7·20"特大暴雨灾害调查报告［EB/OL］．（2022-01-24）［2023-04-14］．https://www.thepaper.cn/newsDetail_forward_16425153.

［10］戚利．严惩安评造假行为，筑牢房屋安全底线［N］．北京青年报，2022-05-02（A02）.

［11］金波，杨鹏．"数智"赋能档案治理现代化：话语转向、范式变革与路径构筑［J］．档案学研究，2022（2）：4.

［12］［13］［15］［17］［18］［22］［24］李忠谋，王淑珍，姜中桥．中国城市建设档案事业简史［M］．北京：中国建筑工业出版社．2005：104，123，98，110，100，104，119.

［14］傅华，冯惠玲．国家档案资源建设研究［J］．档案学通讯，2005（5）：42.

［16］国务院办公厅．国务院办公厅关于印发建设部和建设部管理的国家测绘局职能配置、内设机构和人员编制方案的通知［EB/OL］．（2010-12-13）［2022-06-16］．http://www.gov.cn/zhengce/content/2010-12/13/content_7946.htm.

［19］郝伟斌．机构改革背景下城建档案管理的转型［J］．档案学通讯，2019（5）：106.

［20］陈文平．也谈城建档案工作中的几个问题——兼答荆绍福同志［J］．城建档案，1999（1）：23-25.

［21］谷丽莹，丁华东．我国档案法制化建设发展管窥——以"国家档案局令"发布的行政规章为分析对象［J］．山西档案，2020（5）：24-34.

［23］国家档案局关于印发西部大开发建设项目档案工作推进会文件的通知［EB/OL］．（2011-12-27）［2022-06-16］.https://www.saac.gov.cn/daj/tzgg/201112/bd38504e0006403094c692ec5dfa3145.shtml.

［25］王毓慧，王红琴．关于建设项目档案"标准族"的几个问题［J］．机电兵船档案，2020（5）：34-36.

［26］［33］中共中央国务院印发《数字中国建设整体布局规划》［N］.人民日报，2023-02-28（001）.

［28］高大伟，蒋雪洁，丁晓雪，等．供需问题、理论内涵与关键策略：企业档案资源体系高质量发展探析［J］．档案学通讯，2022（2）：52.

［29］陆国强．全面贯彻落实党的二十大精神 奋力书写档案事业现代化和高质量发展新篇章［N］.中国档案报，2023-02-27（001）.

［30］陆国强．新时代档案事业发展取得历史性成就［J］．中国档案，2022（10）：19.

［31］王逸凡，张斌．建党以来档案制度建设：功能变迁、制度优势与效能转化［J］．档案与建设，2022（5）：7.

# 中国式档案利用服务现代化的科学内涵与独特优势

张 一

中国人民大学信息资源管理学院

**摘 要**：本文以中国式现代化为研究背景，以中国式档案利用现代化为研究对象，由中国式现代化的概念结构入手，解读中国式档案利用服务现代化的基本概念，指出"中国式"是使其具有独特优势的关键核心；再由原生、现实要求和未来导向三个维度，分别归纳了我国档案利用服务现代化的独特优势。

**关键词**：中国式现代化；中国式档案利用服务现代化；档案利用服务

## 1 引言

党的二十大报告指出要"以中国式现代化全面推进中华民族伟大复兴"，这一关键论述不仅向外界明确了在中国这样一个人口规模巨大的国家，实现现代化、实现"伟大复兴"所要走的道路，更因其结合中国国情的"五大特征"，为我国推进各项事业现代化提供了重要生长点。当前我国档案事业现代化和高质量发展已成为重要命题，而档案利用服务作为档案工作向外对接环节，对其开展现代化研究具有重要意义。当前，学界对于档案事业及档案利用服务的现代化多解读为其管理模式、技术手段等的现代化，这不利于深刻阐释档案事业现代化与"中国式现代化"这一时代命题的客观联系，也不利于进一步指导档案部门开展符合时代要求的实践工作。基于此，本文拟论证中国式档案利用服务现代化的基本内涵与独特优势，通过把握"中国式"为关键核心，解读中国式现代化语境下档案利用服务的特色优势，阐明具有推广价值的中国智慧，为研究与实践提供科学参照。

笔者先做文献研究。以"中国式现代化（主题）+档案（主题）"在万方、知网、维普期刊和人大文库进行检索，命中 12 篇文献。多数文献集中于近两年内，与"中国式现代化"命题提出时期基本一致，但数量较少，表明学界对档案工作在中国式现代化语境下的研究尚不充足。内容上，只有少数学者明确在中国式现代化背景下的问题研究，如张斌关注中国式现代化背景下档案学专业人才的发展战略[1]，或如陈强等关注中国式现代化在档案法治领域的表现[2]；多数研究仍将这一命题与"现代化"混淆，或将技术水平现代化与现代化等同看待，部分学者以此为背景对档案队伍人才建设[3]或机构组织内档案部门管理等开展研究[4][5]。文献研究表明，档案领域现有成果整体上缺乏对于"中国式现代化"背景的深入研究，就其与档案的关联研究寥寥，其中对中国式档案利用服务现代化的理性探究则有较大空白。这即证明本文选题的必要性。

文中所指档案利用服务是基于"大利用观"的理解，即在实体管理流程后进行档案信息资源开发并提供利用服务的过程性环节。本文将从相关概念解读入手，通过解读概念结构，分析中国式档案利用服务现代化的独特优势，梳理其中关联，为后续相关研究提供理论支持与铺垫。

## 2 中国式档案利用服务现代化的概念解读

中国式现代化既构成中国式档案利用服务现代化的研究背景，也是构成该概念的重要组成，因此，科学探究中国式档案利用服务现代化内涵需要以中国式现代化的概念解读为理论认知前提。

中国式现代化既有"现代化"的共同特征，更有基于自己国情的"中国式"，是现代化的普遍性（共性）与中国式的特殊性（个性）的辩证统一体[6]。就共性而言，从各国发展实践中抽象出的市场化、工业化、理性化、结构分化、制度化和民主化等特征，可被概括为现代化的理想特质[7]；而就个性而言，党的二十大报告中总结其中国特色为人口规模巨大、全体人民共同富裕、物质文明和精神文明相协调、人与自然和谐共生、走和平发展道路五个方面。笔者认为，共性层可理解为中国式现代化的外在表现，个性层即"中国式"可理解为使其区别于其他类型现代化的优势所在，也是中国式现代化的关键核心与内在驱动。

参照此解读结构，中国式档案利用服务现代化也可理解为档案利用服务现代化的普遍性与中国式档案利用服务的特殊性的辩证统一。笔者认为，中国式档案利用服务现代化应解读为以"档案利用服务现代化"为外在表现、"中国式档案利用服务"为内驱核心的整体性概念。档案利用服务现代化普遍表现为人才专业化、技术前沿化、流程数字化、服务社会化等特征，也是如今学界研究较为集中的领域；而后者决定了中国式档案利用服务现代化的独特优势，但关于档案利用服务现代化中的中国模式或中国特征却甚少研究。故后文着重探讨这一内容。

## 3 中国式档案利用服务现代化的独特优势

中国式档案利用服务现代化的内在驱动在于其"中国式"，是结合中国式现代化背景形成其独特优势的关键核心。中国式档案利用服务现代化与中国式现代化一样，是发展演进的动态概念，不仅继承了自古以来我国档案利用服务实践所积累的本土经验，还包含立足当下、面向未来的发展性与全局性思考。因此，中国式档案利用服务的独特优势可从发展的视角加以分析：一是档案利用服务在中国长期实践所积累的本土经验，二是结合中国式现代化发展逻辑梳理档案利用服务的现实要求，三是衔接中国式现代化建设愿景的档案利用服务的未来向度。

### 3.1 原生土壤：具有本土特色的实践经验

事实上，现代化一词进入我国档案事业领域仅约半个世纪，档案利用服务现代化自20世纪50年代才在我国初露萌芽。但我国作为一个文明从未中断的大国，档案利用服务的长期实践为中国式档案利用服务现代化积累了本土特色经验，是其发展演进的原生土壤。

封建社会时期，历代王室或皇室因史官"君举必书"而重视文史记录工作，一国档案更被视作政权"正统"的标志，故统治阶级历来高度关注档案工作。进入近代，我国档案利用服务出现全新转折。时值国内时局飘摇动荡，档案逐渐失去其形同王权的表征含义，转而被视作行政管理工具，逐步形成更加务实的档案利用萌芽；又因被国外大规模向社会开放档案的巨大变革所影响，档案走向社会的趋势愈显。

自此，我国档案利用服务突破了行政机关和历史档案机构的限定范围，为其现代化事业发展奠定基础。一方面，我国档案利用服务始终注重维护政权稳定与国家长治久安的根本价值。封建时期，历代统治者重视档案工作，可视作一种自上而下以较低成本维持国家与民心稳定的有效方式；步入近代，档案工作者转而关注档案的现实意义，使其作为管理工具服务于行政参考，可视作自下而上尽力维系政局、避免遭受更多动乱的自救措施。总的来说，档案工作服务于维护国家稳定始终是从统治阶级到研究学者、业界人士的共识，至今仍具有现实意义。另一方面，我国档案利用服务逐步体现了档案用于行政参考和史学研究的延伸价值。封建时期的档案管理较为封闭，但仍重视文献整理与史书编纂工作；时至近代，利用档案进行史学研究与行政参考也基本形成共识，我国各朝各时期的历史皆在档案记录中有迹可循，从未间断，其中不乏许多"以古鉴今"史学巨著的诞生。

梳理我国档案利用服务实践的历史演进脉络，笔者发现，早在未步入现代化的历史时期，我国档案工作者已形成并深化了档案价值认知，为档案利用服务现代化积累了丰富的本土实践经验。

### 3.2 现实要求：围绕中心任务的求实原则

关于"中国式现代化"时间起点，学界仍有争论，笔者此处采用学者秦德君的观点，"中国式现代化的现实起点以1954年9月周恩来首次提出'四个现代化'为标志"[8]，同时这也是我国档案利用服务现代化开端的现实依据。伴随我国现代化建设的演进，我国档案利用服务现代化逐步明确了围绕国家中心任务的求实原则。

首先是该原则的萌芽阶段。新中国成立初期，面对恢复被破坏了的工业和农业体系，从兴修水利、修筑铁路等重大工程入手，我国由"一化""二化"逐步推进"四个现代化"的建设目标，旨在尽快恢复国民经济；围绕这一中心任务，在同一阶段，我国档案领域提出了"以利用为纲，为社会主义建设服务"的方针，指出服务对象要由政府机关转向社会主义各项事业建设。吴宝康先生曾将其最本质内容概括为"利用"与"服务"，这一思想和认识充分说明我国档案利用服务继承了务实的实践经验，该方针是我国档案利用服务现代化围绕国家中心任务的标志性实践。

其次该原则经历了发展与充实阶段。随国内形势与需求发展变化，我国现代化建设方略几经完善，档案利用服务现代化的求实原则也日益清晰，并在实践中反复充实。第一，以加大档案开放回应改革开放以来现代化建设中"开放"的成功经验。尤其1980年《关于开放历史档案的几点意见》成为档案利用服务迈向现代化的催化剂，而后这一趋势得到拓展与延伸，表现为开放途径多样、封闭年限缩短、开放鉴定智能等多种形式。第二，在侧重经济建设时期，关注档案利用服务中档案信息资源价值的实现。20世纪 80 年代，档案信息资源的含义、重要性以及如何开发等问题被深入探讨，为档案利用服务引入了"效益"的度量维度，最终体现为档案价值表现的丰富程度或多重贡献领域，即通过利用服务实现档案的社会效益，一定程度上突破了主要面向行政服务的传统局限，达成了广泛面向社会公众利用档案的基本共识。第三，随着我国现代化建设重点从经济建设转向全面发展，档案利用服务社会化的趋势越发鲜明。社会化趋势使档案利用服务面向我国"五位一体"的整体布局全面开展，档案文化惠民、爱国主义教育等功能得到充分发挥。得益于此，我国综合档案馆的职能定位迅速丰满，极大充实了我国档案利用服务现代化的务实原则。

实践证明，在档案利用服务中坚持围绕国家中心任务的求实原则完全符合我国现代化建设背景与要求。目前，我国为实现现代化建设目标规划了"两步走"战略，富强民主文明和谐美丽的社会主义现代化强国将容纳更加丰富的现代化建设维度，因此，求实原则要求我国档案利用服务现代化不仅要面向现阶段的中心任务，还需要树立长远发展观念，锚定更加高远的建设目标、做出长远规划，也即下文明确未来向度的必要性。

### 3.3 未来向度：实现更加多维的"人的现代化"

中国式现代化这一命题经历了不断发展、拓展和深化的过程，在形成较为系统的理论认知和实践自觉后，于党的二十大报告中作为核心概念被正式提出，是对内"全面推进中华民族伟大复兴"、对外"为人类实现现代化提供新的选择"的中国方案，包含有深刻的发展性与全球观，将是我国各项事业现代化建设的未来遵循。因此，面向未来的我国档案利用服务现代化也需要具有发展视野、全局思想。笔者认为，以档案利用服务实现更加多维的"人的现代化"将是我国档案利用服务现代化独具优势的未来向度，分别有如下体现。

首先是利用者维度的现代化。中国式现代化将始终遵循"以人民为中心"的底层逻辑，从解决温饱、走向共同富裕、再到精神文明建设，我国现代化建设始终关注人民的切实需求，解决制约发展的根本矛盾。同理，我国档案利用服务现代化是面向广大人民群众的现代化，旨在实现我国最广大群体的利益，如我国特有的民生档案利用服务即能解释这一优势，反观美国国家档案馆近期深陷总统选举的党派竞争，左右为难，也可作为对比说明。基于此，笔者认为，利用者维度的档案利用服务现代化不仅要完成已有环节与要素的现代化，如利用档案权利的制度回应，档案服务公共文化、社会教育，服务手段的信息化与数字化等；还要结合我国优势，始终围绕最广大人民利益，主动跟随社会公众"美好生活的需要"，全面、深入、主动地嵌入政治生活、经济生活、文化生活等社会生活的各个方面，以档案利用服务弥合"发展不平衡不充分"的问题，充分挖掘我国档案利用服务现代化面向人民群众的现实深度。

其次是服务主体维度的现代化。中国式现代化将始终秉持"物质文明与精神文明相协调"的建设理念，因此，物质与精神文明并重在国家治理中贯穿始终，这就要求党和政府积极引导社会价值观念、有效教化人民群众的实践认知。秉持这一理念，我国档案利用服务现代化相应承担主流价值观念塑造等精神文明建设的重任与使命。在这一领域，国外已有较丰富和成熟的实践成果，但需要注意的是，档案部门需明确我国物质与精神文明并重的建设前提，辩证思考、相应取舍经验。如国外社群档案利用服务盛行，但未在我国普遍推广的原因即在于其本质是对非主流价值观的迎合，将导致集体认同趋于分裂。这是国外现代化建设推崇极端个人主义导致的潜在隐患，社群档案将可能被文化多元主义推向否认认同、文明断裂的极端。档案馆作为档案利用服务现代化的主要承担主体，是我国社会生活的重要组成，始终重视档案利用服务中的正向引领，把握精神文明主流旗帜，彰显我国档案利用服务现代化的主体优势。

最后是服务目标维度的现代化。对比西方现代化的对外本质是资源掠夺、强权依附和文明蔑视，中国式现代化旨在"创造人类文明新形态"，致力于为更多非西方国家实现现代化贡献智慧与方案。聚焦档案领域，以此宏大理想衡量当前我国档案利用服务现代化水平，显然存在较远距离，这就需要设计阶段性、周期性、规律性的中长期规划，谋求我国档案利用服务赋能本文明与其他文明共同进步。诚然，档案学界与实践部门仍存在对于本国实践的不安与信心不足，这是我国档案利用服务起步晚、理论少、发展滞后的客观现状导致的，但弥补差距非盲目迎合。中国式现代化的提出旨在解构并重建"现代化即西方化"的封闭认知，因此，"平视"客观差距、认清本国优势、谋求长足发展是中国式档案利用服务现代化建设的未来应循之策。

总结由服务对象、服务主体到服务目标的三种未来发展维度，中国式档案利用服务现代化的未来蓝图中始终有"人"的参与：档案利用服务的对象、主体及其共同组成的人类文明。有学者曾指出中国式现代化主要在于人的现代化[9]，但主要强调人作为个体的现代化含义；笔者之所以强调更加多维的人的现代化，即在其基础上增加由政府、国家、全人类等群体单位的更多维度的现代化，如治理现代化、文明新形态等，是对其未来发展向度的系统概括。

## 4 结语

从"站起来"到"富起来""强起来"，中国式现代化这一时代命题凝聚了党与国家一路栉风沐雨的宝贵治理经验，至今焕发强大生机即得益于总结并把握其科学内涵及独特优势。探索中国式现代化语境下的档案利用服务现代化亦应遵循这一规律，先解读其科学内涵，从中发掘其独特优势。

本文以中国式现代化的概念结构为指引，总结了中国式档案利用服务现代化的科学内涵，概括其为以"档案利用服务现代化"为外在表现、"中国式档案利用服务"为内驱核心的整体性概念，且后者能够析出中国式档案利用服务现代化的独特优势。一是在长期历史实践中积累了档案价值认知的本土经验，为档案利用服务现代化提供了原生土壤；二是遵循始终围绕国家中心任务的求实原则，并在发展中充实了该原则的实际内涵；三是以更加多维的"人的现代化"作为未来建设导向，谋求与中国式现代化建设理想的和谐并轨。

中国式现代化绝不仅是政治叙事的转变，其实质是我国对于现代化的深刻思考和重新定义，反映出我国经实践检验的高度制度自信。与此同时，这一视域下的档案利用服务现代化也应从强调个性化的"中国特色"转向可借鉴的"中国经验"，是一种从解决自身问题到提供智慧方案的转变，不但要体现文明型国家的包容与担当，还应为突破相关理论边界、深化现有实践及未来规划等提供话语参照。

### 注释及参考文献

［1］张斌.中国式现代化发展进程中的档案学专业人才发展战略研究［J］.档案与建设，2023（2）：4-7.

［2］陈强，余惠民.推进中国式档案法治现代化的理论逻辑与实践进路［J］.档案，2023（2）：53-57.

［3］梁健.新时代档案人才队伍现代化建设研究［J］.兰台内外，2023，（12）：39-41.

［4］王强，杨文.治理现代化背景下企业档案机构设置及其运行研究——以中国石油为例［J］.档案学研究，2021（5）：45-51.

［5］张婷婷.现代化背景下医院档案管理现状与优化策略［J］.山西档案，2022（5）：173-175.

［6］胡长生.中国式现代化理论体系的重要范畴与思想溯源［J］.湖南社会科学，2023（3）：9-16.

［7］李路曲，赫婧如.现代化理论的适用性与不适用性分析［J］.当代世界与社会主义，2023（2）：160-169.

［8］秦德君.中国式现代化的历史进程与历史启示［J］.学术界，2022（11）：23-33.

［9］洪银兴，杨玉珍.中国式现代化促进人的现代化：内涵与路径［J］.南京大学学报（哲学·人文科学·社会科学），2022（6）：5-13.

# 档案文献遗产影响力提升策略研究

马双双　　张文静

郑州大学信息管理学院

**摘　要:**《"十四五"全国档案事业发展规划》明确提出"深入推进档案对外交流合作,提升国际影响力和贡献力",为档案事业接下来的发展指明了道路,并将档案文献遗产影响力提升工程列为"十四五"时期档案事业重点发展的七大工程之一。本文通过分析档案文献遗产影响力发展现状,总结目前档案文献遗产影响力提升过程中面临的困境,从申报工作、文化内涵挖掘及宣传与发展等方面提出针对性建议,旨在为档案文献遗产影响力提升提供借鉴。

**关键词:** 档案文献遗产;文献遗产影响力;影响力分析

## 1　引言

1992 年联合国教科文组织设立了世界记忆项目,旨在促进世界文献遗产的保护与普遍利用,提高全世界对文献遗产存在和意义的认识,我国是世界上较早参与世界记忆项目的国家之一[1]。1996 年,我国成立了世界记忆项目中国国家委员会,由国家档案局牵头负责,主要致力于开展联合国教科文组织世界记忆项目的实施、推广、研究、交流、宣传和展示等活动[2]。为了更好地配合世界记忆项目开展活动,2000 年,我国正式启动了"中国档案文献遗产"项目,并在 2002 年推出了第一批《中国档案文献遗产名录》。截至目前,我国已经进行了 5 次评选工作,总共评选出了 197 件档案文献遗产,共有 13 件文献遗产入选《世界记忆名录(国际名录)》,12 件文献遗产入选《世界记忆亚太地区名录》。同时,我国积极推动世界记忆项目的推广与实施,参与国际档案交流活动,在国际档案界的话语权有所加强。

随着世界记忆项目的不断推进,国际档案交流活动日益密切,越来越多的国家都参与世界记忆项目进程,以更加积极的态度参与《世界记忆名录》申报工作,同时加强与其他国家的档案合作交流,分享档案文献遗产工作现状,传递档案文献遗产工作经验,力求提高本国档案文献遗产工作的影响力,提高在国际档案界的地位和话语权。

2021 年发布的《"十四五"全国档案事业发展规划》提出,要深入推进档案对外交流合作,提升国际影响力和贡献力,并从项目管理、宣传推广和学术中心建设三个方面提供了实施路径,而且将档案文献遗产影响力提升工程列为"十四五"时期档案事业重点发展的七大工程之一[3]。以上政策的出台为未来档案事业的发展指明了方向,充分体现了国家对档案文献遗产工程及提升档案文献遗产影响力的重视。本文通过分析档案文献遗产影响力发展现状,总结目前档案文献遗产影响力提升过程中面临的困境,从申报工作、文化内涵挖掘及宣传与发展等方面提出针对性建议,旨在为档案文献遗产影响力提升提供借鉴。

## 2 我国档案文献遗产影响力发展现状

### 2.1 档案文献遗产的行业影响力

自世界记忆项目成立以来,我国就积极参与其中,是最早成立世界记忆项目国家委员会的国家,也是世界记忆项目亚太地区委员会的主要发起国和重要支持者[4]。我国积极参与《世界记忆名录》申报工作以及档案领域的国际交流活动,截至目前,我国共有 13 件档案文献遗产入选《世界记忆名录(国际名录)》,12 件档案文献遗产入选《世界记忆亚太地区名录》。同时,我国启动了档案文献遗产工程,推出了《中国档案文献遗产名录》,目前已经进行了 5 次申报工作。申报《世界记忆名录》丰富了我国档案文献遗产工作内容,提高了我国在档案界的参与度和相关档案文献遗产在档案领域的知名度,吸引了更多国际关注,推动了其影响力的提升。

此外,我国全程参与了 2016 年启动的世界记忆项目改革,历时 5 年,积极提出中国主张、贡献中国方案,积极响应联合国教科文组织各项号召,特别是关于文献遗产界积极应对新冠肺炎疫情的倡议,所做工作得到联合国教科文组织官员在多个场合的宣介和赞扬。同时我国担任世界记忆项目亚太地区委员会主席,引领和支持项目在亚太地区的推广与实施,向世界传递我国档案文献遗产工作的经验,在国际档案界具备一定的领导力和管理能力,提高了在国际档案界的话语权和行业地位。

### 2.2 档案文献遗产的学术影响力

一方面,为了更好地参与国际档案交流活动,在世界记忆项目国际咨询委员会教育与研究分委会的认可和授权下,我国建立了澳门、北京、福建和苏州四个世界记忆项目学术中心。自成立以来,各中心通过开展学术研究项目、召开学术交流会议、举办文献遗产展览、出版文献汇编书籍、开发文献遗产课程、拍摄文献宣传纪录片等方式,协助世界记忆项目中国国家委员会和教育与研究分委会开展工作。目前各中心都取得了一定的成果:

澳门学术中心目前共有三份档案文献列入了《世界记忆名录》,彰显了澳门深厚的文化底蕴。北京学术中心自成立以来,开展了北京记忆数字资源平台建设、高迁村数字记忆等代表性研究项目,举办或协办了敦煌文化遗产数字化国际研讨会等活动,在记忆项目的支持与发展、数字人文、教学培养、科学研究等领域取得了一定成绩。福建学术中心深度打造侨批文化品牌"百年跨国两地书——福建侨批",在主流媒体开设"侨批故事"等专栏,打造流动展厅,使《百年跨国两地书》展览走进侨乡、校园和海外华人社团,先后赴美国、日本、新西兰、菲律宾、泰国、马来西亚、印尼、柬埔寨等国举办巡回展览，并出版了《福建侨批档案文献汇编》等系列书籍。同时，福建学术中心注意加强合作，推广世界记忆项目，与澳门学术中心联合举办"闽澳世界记忆与海上丝绸之路"展览暨国际学术研讨会，与新加坡晚晴园——孙中山南洋纪念馆开展以侨批文献遗产为重点的档案文献遗产保护利用交流合作。其积极探索档案文献遗产与其他遗产间协同发展，在福建晋江梧林华侨古村落侨批馆设立"世界记忆项目福建学术中心实践基地"，配合第 44 届世界遗产大会举办"记忆·遗韵——世界记忆在福建"展览。苏州学术中心自建立以来建设了苏州中国丝绸档案馆；建立档企合作基地，形成独具特色的档案开发利用模式；开展国家档案工作交流，在多国合作举办丝绸档案文化展览，宣传中国传统丝绸文化。

另一方面，从 2015 年开始，我国连续五年承办"世界记忆项目在中国""发展中的世界记忆"等国际学术研讨会，每年邀请联合国教科文组织官员，参与国际和地区世界记忆项目事务。同时，为推动海上丝绸之路申报联合国教科文组织世界遗产，开展世界记忆项目的文献遗产保护与利用计划，助力粤港澳大湾区文化交流，传播岭南文化，我国召开了"海上丝路·双城忆——清代广州十三行之广州与澳门印迹"图片展览暨学术研讨会[5]。

这些学术交流活动充分向世界展现了我国档案文献遗产的魅力与价值，为中国档案学术界提供了一个国际交流、学习与合作的机会，促进了国内外档案学术界的交流与合作。而且，通过与其他国家和地区的档案部门进行交流，在全球范围内展示我国在档案工作领域的成就及贡献，发挥了我国档案文献遗产对档案学术界的作用，提升了学术影响力。

### 2.3 档案文献遗产的社会影响力

自参与世界记忆项目以来，我国档案文献遗产的社会影响力得到了一定提升：

第一，相关部门对档案文献遗产重视度提高，加大了档案文献遗产的宣传力度。通过新闻报道、图片和视频的形式进行介绍，原本"默默无闻"的档案文献遗产随着曝光度的增加，知名度得到一定提高，在一定程度上推动了社会大众对档案文献遗产了解度与认可度的提高。

第二，档案文献遗产逐渐与教育融合。例如，2018 年，世界记忆项目进校园实践基地落户苏州，依托世界记忆项目，把保护和传承世界文化遗产融入教育之中，致力于提升社会档案意识。

第三，档案文献遗产工作也推动了相关文化产业的发展和文化设施的建设，如徽州文书档案在开发过程中产生了一系列的陈列馆、博物馆来进行文化宣传与教育，同时开发一系列的文化产品，建设集旅游、观光、购物为一体的综合馆。这些文化产业和文化设施对满足大众的文化需求，增强文化认同与文化自信都具有重要意义。

但是，目前在世界范围内有较大影响力的档案文献遗产只是一小部分，社会大众对大多数档案文献遗产的了解度和认可度还是比较低，提升档案文献遗产的知名度和影响力仍然是一个问题。

## 3 我国档案文献遗产影响力提升面临的困境

### 3.1 档案文献遗产数量受限于申报工作进程

参与申报《世界记忆名录》能以名录申报和入选为契机，提升档案文献遗产的国际知名度和影响力，是实现世界记忆项目宗旨的重要途径[6]。但是根据现状来看，我国档案文献遗产申报工作的开展存在一些问题。

第一，档案文献遗产申报工作进展较慢。目前我国公布了五批档案文献遗产名录，分别是在 2002 年、2003 年、2010 年、2015 年、2023 年，中间档案文献遗产申报工作停滞较久。截至目前，我国共有 13 件档案文献遗产入选《世界记忆名录（国际名录）》，自 2017 年之后无入选，且 2001 年和 2009 年的申报均无入选。12 件档案文献遗产入选《世界记忆亚太地区名录》，自 2018 年之后无入选，档案文献遗产申报《世界记忆名录》工作进展较慢。同时，档案文献遗产申报单项耗时较长，例如甲骨文申报《世界记忆名录》历经七年才最终入选；上杭客家族谱历经十年才入选《中国档案文献遗产名录》。

第二，在目前列入《中国档案文献遗产名录》的 197 件档案文献遗产中，有 155 项是由档案馆申报，13 项为档案馆联合其他机构申报，仅 29 项为图书馆、博物馆、科学院和社会组织等非档案馆机构申报，档案馆是其中的申报主力，其他文化部门和社会组织参与度较低[7]。同时，部分档案文献遗产保管机构对申报《世界记忆名录》热情不高，从未开展这项业务。

第三，我国档案文献遗产申报工作还受到一些其他因素的干扰。例如近些年来，韩国多次争抢我国文化进行申遗，东医宝鉴和儒教册板被韩国抢先申遗[8]。2015 年我国申报南京大屠杀档案也遭到了日本的阻挠，虽然最终我国申报成功，但是这种情况也在一定程度上影响了我国档案文献遗产申报工作的进程。

### 3.2 档案文献遗产文化内涵挖掘不深

#### 3.2.1 数字化资源建设不足

目前对于档案文献遗产的数字资源建设，多数省份档案网仅仅设置了档案文献遗产基本内容的简介专栏，没有对相关信息进行资源整合，只有少数档案馆网站建设了档案文献遗产数据库，如浙江档案网、江苏省档案信息网等[9]。浏览中国国家记忆委员会世界记忆项目官网，可以发现其中对于入选《中国档案文献遗产名录》的文献的介绍非常简单，只简单介绍了名称、形成年代、数量以及内容等，对于文献背后包含的历史事件、社会实践、价值观念和艺术价值等介绍都不够全面。利用搜索引擎进行搜索，对部分文献遗产的介绍也并不丰富。而且其在建设的时候没有考虑到文化之间的联系性与连贯性，文献之间的文化联系较弱，同一时期或同主题、文化相关的档案文献遗产比较分散。

除此之外，多数档案馆对于档案文献遗产工作动态更新得不够及时，没有及时将相关工作的开展情况以及结果生成数字信息，用户在查找相关信息时得到的检索结果较少，获取信息比较困难。并且，相关信息收集得不够全面，没有整合网络环境中生成的各种电子文件以及信息，使得档案文献遗产对信息的抓取不够完整，这在一定程度上影响了档案文献遗产信息资源的控制力，影响了档案文献遗产社会影响力的提高。

### 3.2.2　创新开发不足

档案文献遗产是承载社会发展和文明延续的历史凭证，具有不可替代的历史价值和文化内涵。它作为档案的一部分，也具有档案文化存储、文化传承与传播、文化教育和知识生产和文化休闲与娱乐功能。

虽然目前我国已经先后公布了五批档案文献遗产名录，但是其社会影响力仍比较弱，单一化开发明显，创新性开发明显不足，忽视了档案文献遗产文化教育和知识生产、文化娱乐和休闲的作用，对一些具有独特性以及具有世界级文化意义的档案文献遗产缺乏深度开发，例如对少数民族地区特色档案文献遗产和我国革命档案等的历史文化价值挖掘不深，没有采取多样方式进行文化宣传、传播和教育，大部分没有开展或应用文化创意研发、数字编研、数字人文等。

而且，目前仍旧存在重藏轻用现象，申报档案文献进入档案文献遗产名录之后就不注重档案文献遗产文化功能的挖掘，不注重现实利用，这也在一定程度上影响了档案文献遗产影响力的提升。

## 3.3　档案文献遗产宣传不到位

### 3.3.1　宣传力度不足

虽然同样是世界级项目，但相比起非物质文化遗产，档案文献遗产的知名度远远不足，其中一个重要原因就是宣传力度不足。档案文献遗产的宣传主体主要是与档案相关的部门，开放渠道不畅通，再加上没有采用社交媒体进行广泛传播，档案文献遗产的传播范围有限，大众对于档案文献遗产的认同度和了解度较低。而且，有些部门以及媒体对档案文献遗产宣传工作的热情并不持久，宣传工作也只是在评选过程前后进行，热度过去之后就再无音信。

### 3.3.2　宣传策略不合理

目前档案文献遗产同质化宣传严重，不同档案文献遗产在宣传内容和宣传形式上都有很大的相似性，且内容比较单一，局限于档案文献遗产的基本信息，对其背后的历史文化很少提及，且主要利用新闻报道、图片形式进行宣传，直观性较差，社会公众对其了解度不高。再加上某些档案文献遗产政治性较强，对社会群众开放度不高，宣传部门对这部分档案文献遗产比较保守，也会影响大众对其了解度的提高。

## 4　我国档案文献遗产影响力提升策略

## 4.1　提高档案文献遗产申遗意识，加快世界记忆项目申报工作进程

档案文献遗产具有巨大的社会文化价值，不仅可以满足人民群众的精神文化需求，而且有助于加强人们对民族文化的认同感和自信力，增强对世界文化的影响力。正因如此，我们更应该重视档案文献遗产的申报工作。目前我国已经逐渐形成了地市级—省级—国家级—世界级的档案文献遗产申报体系，通过开展申遗工作，珍贵的档案文献遗产可以得到保护和开发利用，并发挥其所包含的档案文化价值。

对此，第一，我们应该加强档案文献遗产申遗意识，对于符合申遗标准的档案文献遗产，积极申报进入《中国档案文献遗产名录》，然后争取机会申报《世界记忆名录》，不断提高我国档案文献遗产的世界影响力。

第二，为加快推进我国申报《世界记忆名录》进程，我们可以借鉴侨批档案的申遗经验。侨批档案成功申遗有几个非常重要的因素，一是自身拥有宝贵价值；二是得到国家档案局和政府部门以及社会各界的关注和支持；三是注重保护与开发工作；四是重视国内外的宣传推介工作[10]。除此之外，毛建军在《韩国"世界记忆工程"的建设与启示》论文中，也分析出韩国开展世界记忆项目工作的特点包括重视同一文化主题的连续性以及对宗教文化、现当代档案文献和民族文化遗产的挖掘，这对我国档案文献遗产申遗也具有借鉴意义[11]。

总而言之，要依据申报标准，选择符合标准的文献进行申遗，对具有独特性的档案文献要加强宣传力度，提高其知名度。档案馆间以及各部门之间可以进行联合申报，如"侨批档案"和"南京大屠杀档案"就是联合申报的典型例子。对于保存有珍贵档案文献的非档案馆部门，要鼓励其开展文献遗产申报工作。同时因为各种历史原因，有一部分档案文献遗产流失在各个角落，仅靠档案馆等机构来进行收集是不够的，这就需要更广泛的社会力量，要鼓励民间机构参与档案文献遗产申报收集过程，增强整个社会的申遗意识，提高各部门的参与度。

第三，对于某些国际力量对我国档案文献遗产申遗的阻挠，一方面要加强对我国档案文献的宣传，提高其知名度，建立文化与国家之间的联系，谨防文化偷盗行为的发生。另一方面要坚持正确的历史观与发展观，严厉谴责颠倒黑白、试图抹黑历史的行为，以档案史料为证据，组织评审专家仔细研究相关档案文献，为我国档案文献申遗创造良好的国际环境。

### 4.2　深度挖掘文化内涵，深化档案文献遗产影响力

#### 4.2.1　加强数字化资源建设

世界记忆项目中国国家委员会网站的上线，为传播中华优秀遗产文化、提高我国文献遗产的国际知名度和影响力提供了权威平台。要充分利用好网络平台，加强数字档案库与网站的建设，综合运用图像音频等对档案文献遗产进行介绍。我国地大物博，并且经历了几千年的发展过程，档案文献遗产中也蕴含了丰富的文化内涵，要注重档案文献遗产背后文化内涵的挖掘，不只是让大众知道有这个文献的存在，还要宣传其背后蕴藏的历史文化价值，注重相关历史故事与社会实践的传承与传播；要注意研究文献背景和历史，了解其所处时代的政治、经济、文化，了解文献遗产的起源和发展过程，挖掘其中的价值观念，分析其中传递出的世界观和价值体系等；同时发掘其中的艺术价值，通过分析研究这些不同形式的文献遗产，深化档案文献遗产影响力。

此外，要注意数字资源的及时更新，利用一定的技术手段，加强档案馆与博物馆间的协同合作，将同一时期、同一主题或具有某种文化联系的文献遗产联系在一起，整合之后进行统一管理，促进馆藏资源的整合与共享[12]，增强档案文献遗产连贯性。要收集在网络环境中形成的不同形式的电子文件、网络信息，盘活馆藏资源，使用户可以直

接通过检索就查询到相关档案文献遗产信息，便于社会公众了解档案文献遗产的历史背景、文化价值等，实现档案文献遗产的在线利用。

### 4.2.2 增强创新发展动力

要加强档案文化教育，提高社会对档案文献遗产的认知度与了解度，推动档案文献遗产与其他产业的融合，如开发文化旅游资源，形成浓厚的社会文化氛围，同时提高档案文献遗产的开放度，在保护宣传的同时能够让人们以更直观的方式感受到档案文献遗产的魅力，提高档案文献遗产影响力。

要考虑到文化特色对档案文献遗产开发的影响，对于地方特色档案，要将档案文献遗产开发纳入城市历史文化体系建设，与地方特色文化进行捆绑宣传，例如成都市档案馆提出要将茶馆文化与成都老茶馆档案文献进行共同开发利用。对于少数民族档案遗产也可以利用当地文化环境与宗教氛围等进行挖掘，例如彝族古籍文献《查姆》包含了丰富的劳动斗争实践，可以结合当地的社会风俗进行研究探讨。

同时，要转换以往的开发思路，通过引入数字人文、开发文化创意产品等创新文献遗产的开发方式。例如，徽州文书档案在开发过程中产生了一系列的陈列馆、博物馆来进行文化宣传与教育，同时开发一系列的文化产品，建设集旅游、观光、购物为一体的综合馆[13]；我国苏州丝绸档案馆的创新发展也为我们提供了借鉴经验，如利用 VR 和人工智能技术打造特色服务，举办主题体验活动，加强与其他领域的跨界合作，推动"文创产品 +"特色活动给丝绸档案注入新的活力，同时还注意到了相关文旅产业的发展，形成地方特色名片。除此之外，一些国外发展经验也为我们提供了借鉴参考，例如韩国会通过书籍、影视作品创作以及各种庆典活动等途径推动档案文献遗产的传承与发展，提高档案文献遗产的知名度与影响力。

最后，针对部分档案馆存在"重申报轻开发"的现象，主管机构可以建立一定的奖惩机制。一方面，可以对积极开发档案文献遗产的档案馆和机构进行奖励，例如给予表彰、经费补贴、技术支持等；另一方面，对不重视档案文献遗产开发的档案馆，通过降低评价分数或限制后期入选资格等手段对其施加一定压力，使其更加积极地参与其中[14]。除此之外，还可以通过完善相关政策法规和设立专项基金来鼓励档案馆进行开发工作。

## 4.3 加大宣传力度，扩大档案文献遗产影响力

### 4.3.1 加大宣传力度

形式多样化地开展中国档案文献遗产的宣传推广，对于留存集体记忆、弘扬民族文化乃至促进国际交流都有重大意义。一方面，要让更多机构参与档案文献遗产宣传的过程中，要明白档案文献遗产宣传并不只是档案部门以及相关工作人员的工作，而是整个社会都应该积极参与其中的一项事业。另一方面，相关机构以及媒体要持之以恒地开展档案文献遗产宣传工作，不能只是停留在每次评选的时候，要广泛地对进入名录的档案文献遗产进行宣传，让档案文献遗产深入人心。

### 4.3.2 优化宣传策略

要丰富档案文献遗产宣传内容，将档案文献遗产包含的历史文化内涵和知识等传递

给更多人，并且改变传统陈展、海报等宣传方式，在各部门的共同参与下，采用多种媒介多种形式宣传档案文献遗产，充分利用好网络平台，运用微博、公众号、小红书等常用的社交软件，以主题展览、视频宣传、有声书介绍等方式和虚拟现实技术、增强现实技术等进行宣传。同时加强对传统媒体如电视、报纸等的利用，扩大宣传范围，增强档案文献遗产的传播能力。对于政治性较强、不能全部开放的档案文献遗产，宣传部门要把握好开放程度，在合理范围内进行宣传，提高社会公众对其了解度。

## 5　结语

《"十四五"全国档案事业发展规划》是未来一段时间我国各地档案事业发展的重要指导。而档案文献遗产影响力提升工程作为"十四五"时期档案事业发展的七大工程之一必将受到更多关注。对于提升我国档案文献遗产影响力，相关部门一定要主动参与世界记忆项目开展的各项工作，加快我国档案文献遗产申报世界记忆项目的进程，同时注重档案文献遗产文化内涵的挖掘，运用数字化平台，采用多样化方式宣传档案文献遗产，推动档案文献遗产的保护与创新发展，提高社会公众对档案文献遗产的认同感与了解度，更好更快地提升我国档案文献遗产影响力，推动我国档案事业的发展。

**注释及参考文献**

［1］中国国家委员会世界记忆项目. 世界记忆项目介绍［EB/OL］.［2023-05-10］. https://www.SAAC.gov.cn/mowcn/cn/index.shtml.

［2］王玉珏，吴一诺，许佳欣.《"十四五"全国档案事业发展规划》解读：档案服务国际传播能力建设［J］.山西档案，2021（4）：78-87.

［3］中华人民共和国国家档案局. 中办国办印发《"十四五"全国档案事业发展规划》［EB/OL］.［2023-05-10］.https://www.saac.gov.cn/daj/toutiao/202106/ecca2de5bce44a0eb55c890762868683.shtml.

［4］［6］中华人民共和国国家档案局.《"十四五"全国档案事业发展规划》解读（八）：参与世界记忆项目 提升档案文献遗产影响力［EB/OL］.［2023-05-10］. https://www.saac.gov.cn/daj/lhgjk/202111/44ec51486e68457095411fd26d07656f.shtml.

［5］中国国家委员会世界记忆项目. 学术中心［EB/OL］.［2023-05-10］.https://www.saac.gov.cn/mowcn/cn/c100459/xszx.shtml.

［7］周林兴，徐承来. 绘"图"点"睛"，助力中国档案事业迈上新台阶——《"十四五"全国档案事业发展规划》解析［J］.档案与建设，2021（7）：4-8，24.

［8］刘晓璐. 中韩入选世界记忆工程档案文献遗产对比研究［D］.郑州：郑州大学，2017.

［9］李红霞. 我国档案文献申遗管理研究［D］.福州：福建师范大学，2018.

［10］福建省档案局《福建侨批与申遗》课题组. 福建《侨批档案》的申遗之路［J］.中国档案，2013（8）：37-39.

［11］毛建军. 韩国"世界记忆工程"的建设与启示［J］.中国档案，2013（8）：

52-54.

［12］黄天娇，邱志鹏，于雯青．数字人文视域下南侨机工档案文献遗产开发路径研究［J］.浙江档案，2021（10）：21-23.

［13］马璀莹，吴飞，谈隽，等．徽州文书档案保护利用经验对苏州丝绸档案的启示［J］.山西档案，2022（2）：158-163.

［14］徐拥军，郭若涵，王玉珏，等．中国档案文献遗产工程建设的问题与策略［J］.浙江档案，2022（4）：16-20.

# 国家航空影像档案开放利用关键技术研究

## 王陈哲　李　明

国家基础地理信息中心（国家测绘档案资料馆）

**摘　要:** 本文立足国家航空影像档案开放利用现状，从推动档案工作数字化转型和推进档案利用服务方面，采用图形可视化表达、档案定量化划控和时空动态化开放等技术，对航空影像档案的分级划控、时空管理和开放利用进行深入研究。

**关键词:** 航空影像；档案；时空管理；开放利用

## 1　前言

航空影像档案是全球地理信息资源建设、全国地理国情普查、自然资源监管监测的主要资料来源，是测制和更新基本尺度地形图和影像图的重要信息源。航空影像档案最真实地记录了各个时期的植被覆盖、社会发展和生态环境等地表信息，最客观地记录了自然景观与人文景观的演化变迁过程，可以用于城市动态变迁和生态环境变化的对比研究，具有极高的研究应用价值，可以为自然资源变化监测和生态环境修复治理服务，可以为社会进步和可持续发展提供科学的决策支持，是人类进行资源环境问题研究和改造客观现实世界的基础信息资源[1]。航空影像档案具有可见性、唯一性和可追溯性，是特殊的历史文化遗产。国家山水田林湖草的布局，农林垦殖的程度，河溪渠港的状况，都最为真实、最为直观、最为客观地反映在这些航空影像档案中，其开放利用具有重要意义[2]。

国家基础地理信息中心（兼国家测绘档案资料馆）馆藏国家航空影像档案包括模拟航空影像档案和数字航空影像档案两类。模拟航空影像档案主要包括航空摄影胶片档案6013卷约137万片，底片类型涉及黑白、彩色和彩红外，存有航空摄影像片档案22430卷约283万张，纸质文档档案1821卷，涉及676个摄区，时间跨度从1945年到2013年，影像分辨率从0.1米到1米不等。数字航空影像档案约4.3PB，涉及910个摄区，时间跨度从2004年至今，影像分辨率从0.03米到0.5米不等[3]。针对上述航空影像档案，本文基于国家航空影像档案管理和开放利用现状，开展航空影像档案图形可视化表达、档案定量化划控和时空动态化开放等研究，提升航空影像档案为自然资源重大项目服务，为社会民众服务的能力。

## 2 总体技术路线

为解决航空影像档案航空影像档案查询手段单一、可视化水平较低，在控制等级更新调整时开放利用和信息资源价值无法快速实现等问题[4]，国家测绘档案资料馆基于航空影像档案时空特性，通过对档案可视化表达、定量多维划控智能开放利用管理等关键技术研究，形成了一套基于空间化的多态高效服务模式，搭建了基于多维度的档案定量划控分类体系，实现了航空影像档案的智能开放利用，提升了国家航空影像档案的服务利用效能。总体技术路线如图 1 所示。

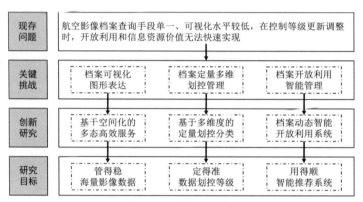

图1　总体技术路线

国家航空影像档案开放利用技术体系的主要特点是对多维、多态、海量航空影像档案实现了空间化、定量化、智能化管理和开放利用服务。

## 3 关键技术研究

### 3.1 航空影像档案图形可视化表达技术研究

采用图形化、可视化元数据采集的方式对多形态航空影像档案进行研究，实现航空影像模拟档案（胶片档案、纸质像片档案）和数字档案的可视化图形表达、规范化分类组织和可视化时空管理。通过建立统一的空间坐标系统，以度、分、秒表示（格式为"Xn1° n2′ n3″"）来表示档案对应的地理经纬度坐标[3]，将图形化后的航空影像档案元数据与全国矢量地理底图和多尺度图幅索引一体化融合，形成基于网络的无缝数据拼接与动态信息连接的综合航空影像档案资源，实现多态航空摄影档案的集成管理[5]，确保航空影像档案管理稳定。

#### 3.1.1 基于时空特性的精准图形化定位管理

通过地理空间的点、线、面三种矢量图层，分别对应航空影像档案的像主点、航线、摄区范围等不同属性项（见表 1），按照统一的空间坐标系统和信息分类体系将航空影像档案的扫描影像、索引影像、定位数据（元数据）和文档参数等数据信息进行规范化分类、组织与存储，形成航空影像胶片档案空间图层、纸质像片档案空间图层、数字成果档案空间图层[3]。

表1　航空影像档案空间表示方法

| 数据类型 | 空间表示方式 | 说明 |
|---|---|---|
| 点类型 | （X0，Y0） | X0表示该点的经度，Y0表示该点的纬度 |
| 直线型 | （X1Y1，X2Y2） | X1Y1表示起点的经纬度，X2Y2表示终点的经纬度 |
| 曲线型 | （X1Y1，X2Y2，…，Xn-1Yn-1，XnYn） | X1Y1表示起点的经纬度，X2Y2，…，Xn-1Yn-1表示中间点的经纬度，XnYn表示终点的经纬度 |
| 面状类型 | （X1Y1，X2Y2，…，XnYn，X1Y1） | X1Y1表示起点的经纬度，X2Y2，…，XnYn表示中间点的经纬度 |

以全国省市县乡镇不同等级的矢量地理底图、1：1000000 至 1：10000 多尺度的图幅索引和航空影像档案摄区范围覆盖范围为空间数据支撑，形成基于"天地图"国家地理信息公共服务平台的无缝数据拼接与动态信息连接的综合航空影像档案资源管理，实现多源空间数据的按需组合叠加和集成，满足航空影像档案覆盖范围的精准空间定位与基本信息的图形化显示[6]。

### 3.1.2　基于利用需求的高效空间化检索查询

顾及航空影像档案管理工作的业务特点，研究设计实用化的查询检索方式，实现对航空影像档案资源的便捷查询及可视化显示。通过不同等级行政区划查询、不同等级基本比例尺图幅编号查询、经纬度坐标范围查询以及元数据项组合 SQL 条件查询等灵活多样的检索查询，帮助航空影像档案管理人员精确定位航空影像档案的空间坐标位置、库房存储位置，数据资源位置[7]，实现多空间的一体化管理。

针对航空影像档案分发与提供工作的业务要求，研究解决多种方式的空间范围交互式划定、数据需求清单的自动生成、配套元数据的模板化制作和数据文件的自动提取等技术难题，实现交互式确定生成准确的影像数据需求清单，辅助完成航空影像档案的分发服务与数据提取，提升航空影像档案的查询服务效率。

### 3.2　航空影像档案定量多维划控管理技术研究

针对航空影像档案划控管理中与新时代测绘和档案分级管理不匹配的问题，采用测绘定量＋档案定性的技术方法，开展航空影像档案的划控管理研究，对航空影像档案的要素类别、空间精度、覆盖区域等属性进行定量划分，通过"属性＋精度＋空间位置"的航空影像档案分级划控体系，实现航空影像档案的时间维、空间维、用户维等多维化控管理，确保航空影像档案划控等级定得准确[8]。

### 3.2.1　面向开放的定量"多级"划控

在系统分析整理《中华人民共和国保守国家秘密法》《中华人民共和国测绘法》《中华人民共和国档案法》和《测绘地理信息管理工作国家秘密范围的规定》等对档案划控相关规定的基础上，深入分析航空影像档案划控分级需要考量的时间、空间、精度、属性等各种因素，针对航空影像档案要素类别、几何精度、空间覆盖范围和是否涉及管控区域等进行精确化整理，形成基于"属性＋精度＋空间位置"的航空影像档案分级划控体系。

根据测绘地理信息业务档案的密级和敏感性，结合开放审核工作结果，将航空影像档案划分为涉密档案、受控档案和非受控档案。中华人民共和国成立前形成的档案根据敏感性可划分为受控历史档案和非受控历史档案。中华人民共和国成立后形成的档案根据图 2 中的划控指标，分为涉密业务档案、受控业务档案和非受控业务档案。受控业务档案和受控历史档案统称为受控档案，非受控业务档案和非受控历史档案统称为非受控档案。

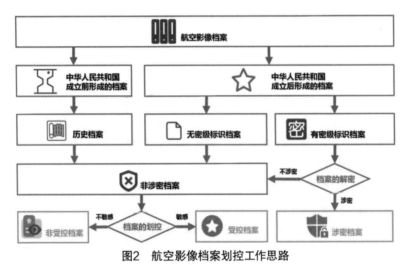

图2　航空影像档案划控工作思路

在划控基础上，根据相关管理要求，对涉密档案、受控档案和非受控档案分别制定开放利用的审核方法，以确保开放利用合法合规合理。航空影像档案开放利用的工作思路如图 3 所示。

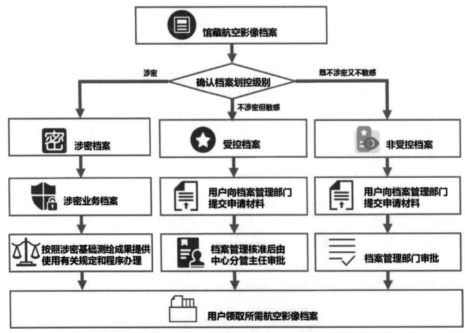

图3　航空影像档案开放利用工作思路

### 3.2.2 面向管理的"多维"集成划控

根据航空影像档案的时空特性和申请用户的不同,基于时间维、空间维、用户维三个维度要素构建了多维度航空影像档案管理模型,这是实现航空影像档案多维度多属性集成划控管理和推荐的关键技术[9]。

利用非结构化数据库通过拓展字段长度的方式来解决航空影像档案元数据多属性、重复属性的表述问题;针对航空影像档案内容中的空间属性,将地理空间递归划分为不同层次的点—线—面结构,将已知范围的空间分成三种不同的子空间,如此递归下去;将点—线—面的存储结构信息作为其空间属性,基于统一的索引构建规则进行统一的航空影像档案内容索引,实现属性—空间一体化的索引构建;在传统航空影像档案利用的基础上,深入分析用户对数据的具体需求与使用形式以及档案数据间的空间联系与适用领域,根据用户的查询搜索条件与偏好,对相似的航空影像档案进行综合排序与推荐。利用前期已有的档案调阅记录,分析用户的可查询密级范围,对用户类型进行统计归类建模。从档案信息高效利用的视角确定数据库中的高价值信息维度,建立主要用户类别和原始数据的关联度模型。

综合"属性+精度+空间位置"的航空影像档案分级划控体系与时间维、空间维、用户维三个维度要素的多维航空影像档案管理模型,建立航空影像档案多维度划控管理系统,可实现各年代全国省市站点空间化影像档案目录管理、划控查询、对外服务与动态推荐等功能的统一集成管理与"一站式"快速服务,通过分级检索、多维划控等多种模式,可以满足部委数据开放共享与各省测绘档案目录数据的快速检索使用需求[10]。

## 3.3 航空影像档案开放利用动态管理技术研究

对航空影像档案动态划控和服务关键技术开展研究,动态调整定量多维划控的指标,实现航空影像档案从数据管理转变为资源管理。基于用户对航空影像档案的差异需求,开展航空影像档案"属性+时间+空间"查询利用研究,提高航空影像档案信息结构化程度,细化航空影像档案查询管理粒度[9],实现航空影像档案快速查询、推荐和统计,确保航空影像档案开放利用顺畅。

### 3.3.1 针对政策变化的时空动态划控管理

为了更加迅捷、精准地开放利用航空影像档案,将航空影像档案的时间属性和空间精度由"静"转"动",根据档案的时限性要求动态调整档案划控等级,使航空影像档案的划控管理真正实现动态化,实时基于国家政策和要求变化自动进行分级调整。通过建立基于国家政策、时限管理、空间精度"三位一体"的联动机制,实现动态划控管理。将航空影像档案的各个属性在时间、空间等维度进行细化拆分,并建立与国家政策动态关联,实时监测各影像的属性变化,动态调整分级,根据空间精度属性中的空间分辨率、航摄比例尺和定位精度要求动态调整档案划控等级,根据现行政策中时间限度的要求及时调整档案控制使用等级,确保影像档案实现真正意义上由"静"转"动"的动态划控管理。

### 3.3.2 针对量增级变的开放利用动态管理

在明确用户需求前提下,细化航空影像档案库中的数据粒度,提高档案信息结构化程度，以便计算机自动进行更为复杂的查询统计和动态受控变化提醒[10]。对单次分量划控级别和多次总量划控级别变化的服务进行研究，当单个用户累计利用档案超过划控控制线时提出预警，由档案划控管理人员判断是否需变更档案划控等级，档案服务人员根据新的划控级别为用户提供服务。

## 4 研究实验效果

研究成果已在国家航空影像档案管理中顺利应用，提升了航空影像档案的划控管理水平，搭建了航空影像档案开放利用管理系统，确保了历史珍贵航空影像档案的高效率、高质量服务利用。

（1）对航空影像档案进行图形可视化表达，实现了航空影像档案的空间化管理，搭建了一套安全、完整、可靠的航空影像档案查询检索系统，有效地解决了航空影像档案查询检索效率低的问题，可为各省份自然资源管理部门和其他行业部门的航空影像档案管理提供技术支撑和科学依据。

（2）对航空影像档案进行定量多维划控，形成一套合理有效的划控参考体系，编制的技术手册可面向国家、地方自然资源管理部门和其他行业部门的航空影像档案划控管理工作，极大地提高了航空影像档案划控准确度和服务利用工作的标准化、规范化程度，降低业务人员工作岗位交接的管理和数据风险，为航空影像档案的安全、完整、可靠开放利用提供了强力的保障。

（3）构建了航空影像档案动态管理技术体系，实现了航空影像档案划控定量化、服务空间化、管理动态化，解决航空影像档案的动态化、定量化、安全化管理问题，形成科学、合理、完整的航空影像档案"查—管—用"一体化动态管理策略，可为航空影像档案管理部门提供航空影像档案管理经验和技术指南。

## 5 总结

本文围绕提高国家航空影像档案管理和开放利用能力，对航空影像档案进行图形可视化表达和定量多维划控等关键技术研究，形成了航空影像档案"查—管—用"划控管理和开放利用技术体系，在带有位置信息的档案管理方面具有很好的应用推广前景。

### 注释及参考文献

［1］廖安平，赵俊霞，李明. 国家航空影像获取工程技术体系构建与实现［J］.科技成果管理与研究，2015（12）：2.

［2］韩娟，戚文来，张鹏. 山东省遥感影像数据的高效归档与管理［J］.山东档案，2021（5）：2.

［3］李明，王陈哲，王小平，等. 遥感影像档案时空多维管理［J］.测绘通报，2022（10）：5.

［4］李明. 测绘地理信息档案管理对策研究［J］.测绘与空间地理信息，2020（3）：4.

［5］李明，刘磊，李然. 国家测绘成果档案管理与服务关键技术研究［C］//中国

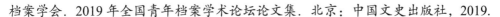

档案学会. 2019 年全国青年档案学术论坛论文集. 北京：中国文史出版社，2019.

［6］李明，齐阳. 测绘档案虚拟库房管理系统设计与实现［J］. 测绘技术装备，2018（3）：4.

［7］李明，王树良，谭成国，等. 一种测绘档案的管理方法和装置. CN 2018 1080 6042.2［P］.2023-06-14.

［8］乌玮，李明. 新时代测绘地理信息业务档案管理浅谈［J］. 地理信息世界，2018（3）：5.

［9］王树良，李明，曹雪. 基础地理数据智理［J］. 复杂科学管理，2021（2）：44-56.

［10］王海清，李明，李涛，等. 国家测绘档案业务管理系统设计与实现［J］. 地理信息世界，2020（4）：6.

# 戴维·比尔曼档案思想述评

赵杨培[1]　陈琳琳[2]　吴静静[1]

1　西北农林科技大学档案馆
2　西北农林科技大学人事处人事档案室

**摘　要:** 戴维·比尔曼因对电子文件的许多开创性研究而闻名国际档案界。他强调来源的重要性,重新发现新来源观;重视文件的凭证价值,明确了电子文件的基本构成——内容、背景和结构;最先引入了"元数据"的概念,构建了 BAC 元数据模型,为电子文件管理提供了基本功能模型。比尔曼关于电子文件宜采用分散保管的模式观点引发了关于分散保管和集中保管的讨论。从实践来看,分散保管对长期保存和可信性提出了挑战。尽管他的思想并未完全被接受和认可,但他的创新视角和方法对档案学的发展产生了深远影响,激励着档案工作者不断探索新的管理方法和职业角色,以适应数智时代的档案管理需求。

**关键词:** 戴维·比尔曼;来源原则;电子文件;BAC 元数据模型

戴维·比尔曼(David Bearman,1950—)是美国著名档案学者,电子文件管理专家、文化机构情报战略咨询专家。曾任美国档案工作者协会国家信息系统工作组组长、史密森学会信息资源管理办公室副主任[1],是档案馆与博物馆信息学企业创始人[2]。在电子文件对纸质文件管理造成冲击的变革时期,比尔曼新锐的观点成为许多讨论的开创性起点。他的贡献丰富而广泛,推动了电子文件管理的进步与创新,极大地促进了学界对电子文件的研究,引领了一个全新的"文件保管时代"的发展[3]。通过对国内相关文献研究的梳理,发现国内对比尔曼倡导的来源原则、元数据、电子文件管理等的研究给予了较多关注,但缺乏对比尔曼的档案学术经历、档案思想主要内容等的系统研究。本文通过挖掘比尔曼著述、访谈及相关论著,来系统研究比尔曼的档案思想,为学界更好地探讨电子文件管理提供参考。

## 1　比尔曼的档案经历

尽管比尔曼从未直接从事过档案工作,他的研究却涉及电子文件基础理论、电子文件法律凭证等多个领域,并在 20 世纪后半叶的美国和国际档案思想演变中扮演了极具影响力的角色。比尔曼主要从事顾问工作,在职业生涯中,他撰写了很多论文,编写的一些书被翻译成了其他语言。比尔曼致力于传播"对成功管理现代文献至关重要的新闻","而专业档案和博物馆界几乎无法获得这些新闻"[4]。1979 年至 1999 年间,他发表了 80 多篇文章并出版了一些书籍，此外还写了数十篇图书和软件评论，并贡献了具有开创性和启发性的季度通讯和技术报告。因其在 1985 年《来源原则的力量》（*The Power of the Principle of Provenance*）和 2006 年《风险时刻：识别电子文件的威胁》（*Moments of Risk：Identifying Threats to Electronic Records*）两文中展现的对研究、思考和写作的完美结合及对加拿大档案思想发展的推动作用，他两次获得 William Kaye Lamb 奖。1985 年，他成为美国档案工作者协会（SAA）的会员。比尔曼还曾在匹兹堡大学信息研究学院（1989—1995）和多伦多大学信息研究学院（2003—2004）担任兼职教授。1986 年，创办"档案馆与博物馆信息学"的独资企业，随后创办了《档案馆与博物馆信息学》期刊并担任编辑。该期刊成为档案领域的重要研究期刊《档案科学》（*Archival Science*）的前身。澳大利亚档案工作者协会理事安·佩德森（Ann Pederson）曾对《档案馆与博物馆信息学》期刊表示了肯定和赞赏，对档案工作者来说，该期刊所涉及的信息技术是独特而迫切需要的手段，可以使他们了解正在重塑人类沟通交流的新方法和新技术[5]。1993 年，比尔曼担任了匹兹堡大学电子文件项目的顾问，组织相关工作。丰富的咨询和项目经验为他的档案理论奠定了坚实的基础，在学术编辑领域的工作使他深入了解档案职业中的挑战和需求，从而使他能够更准确地把握问题的本质并提出创新的解决方案。1997 年，比尔曼和伙伴詹妮弗·特兰特（Jennifer Trant）举办关于电子文件的国际研讨会，研讨会的成果在学术文献中得到了广泛报道。此后，比尔曼告别了档案领域，将注意力转向了博物馆问题。

## 2　比尔曼档案思想主要内容

### 2.1　"重新发现"来源原则

在 20 世纪中叶，随着机读档案的广泛应用，国际档案界开始强调档案信息的利用研究。在 20 世纪七八十年代，随着计算机在各种组织机构，如企业和政府中的广泛应用，信息化进程迅速推进。计算机在档案领域的使用逐渐增多，档案界提出了重视文件主题内容而忽视文件来源的观点，在档案的鉴定、编目和利用过程中，强调利用文件所涵盖的历史主题内容来取代过去的来源原则，这使得来源原则遭受冲击。在这样的背景下，比尔曼开始接触档案及档案工作。1975 年至 1979 年之间，他担任一个生物化学历史记录项目的主任[6]。该项目利用计算机搜索和整理分布在多个机构的相关档案材料的描述性信息。基于该项目经验，他发表了《自动化获取档案信息：评估系统》（*Automated Access to Archival Information：Assessing Systems*）一文[7]。由于上述经历，1980 年他被邀请加入美国档案工作者协会国家信息系统工作组（NISTF），并担任组长。其间他撰写了一系列论文，后来以 SAA 专著的形式出版，指导工作组建立国家信息系统。在 NISTF 任期内，比尔曼起草了《来源原则的力量》一文初稿并分发给同事们，但由于同事们对论文的观点表现出强烈的不认可，所以该文在几年内没有被发表出来[8]。1982 年起，他在史密森学会的信息资源管理办公室担任行政职务，为该学会提供咨询，在这里积累了丰富的经验。他负责监督信息政策和规划以及史密森学会的计算工作，并整合信息系统以及关于昆虫、邮票、绘画和飞机等各种物品的知识。他对如何更好地展现这些知识的兴趣使他与档案工作者建立了更紧密的联系，特别是与他的直属上司理查德·莱特（Richard H. Lytle）。莱特是史密森学会的档案工作者。从代表信息检索的来源的角度，他们重新审视来源的性质，共同重新评估并确定了来源信息在文件管理实践中所生成的位置。

1985 年，比尔曼和莱特在加拿大档案工作者协会会刊《档案》（*Archivaria*）上发表了《来源原则的力量》。该文指出，来源原则并不是为适用计算机专业知识或信息管理技能而必须抛弃的旧有遗产，而是决定档案人员"美妙前景"的相关因素，即机构如何形成，信息的利用和淘汰的前提[9]。该文强调档案员应该将来源信息视为提供检索访问点的重要因素，并将其用于改进档案信息系统；呼吁通过研究文件形成者的职能和文件格式来提高信息检索能力；主张档案员应重视对文件形成者和文件格式的深入研究，整合记录创建、鉴定到著录等档案流程，以支持更好的文件管理和检索。此外，该文还提议建立来源索引，以反映机构的职能、组织结构和其他特征。美国档案学家和历史学家理查德·伯纳（Richard C. Berner）批评了比尔曼和莱特关于档案信息检索中"来源力量"的观点，认为比尔曼和莱特文章未解释"来源力量"在哪方面具有推理能力，并且对"信息检索"的描绘是误导性的，忽视了实际的检索过程通常从目录或索引开始的事实[10]。伯纳从档案管理实际的角度对比尔曼文中不恰当的观点提出了批评；特里·库克（Terry Cook）从辩护传统档案概念——来源出发，认为《来源原则的力量》一文具有开创性[11]，指出来源这一关键概念的重新发现使得"作为历史学家的档案工作者"或"作为计算机专家的档案工作者"转变为"具有上下文背景的知识工作者"，重新确立了档案职业的合法性。

在深入研究的基础上，比尔曼坚持来源原则在档案管理中的核心地位，强调依靠来源进行档案管理。他断言"档案工作者将会发现在电子文件环境中进行数据管理的需求迫使他们重申自己最基本的理论原则，而不是像他们经常担心的那样将其拒之门外"[12]。在比尔曼看来，来源是档案学中最重要的概念，应该通过业务职能而不是起始办公室来理解来源[13]。他的研究推动了档案学界对来源原则的重新关注，特别是来源原则在电子文件管理的作用。比尔曼将"元数据"引入电子文件管理领域，最终完成了来源原则的"重新发现"[14]。

来源原则的"重新发现"赋予了该原则新的活力。在 20 世纪 90 年代初，比尔曼基于来源原则提出了在数字环境下档案工作者的鉴定对象不再是文件和档案本身，而是涉及文件和档案形成的业务和职能。这种鉴定工作需要在文件和档案管理系统设计阶段就完成，即档案工作者参与系统设计，提出功能需求，并将鉴定方案融入管理系统中。这样，文件和档案就能够依据技术自动完成鉴定。这种思想得到了一些档案学者的认可，例如职能鉴定和宏观鉴定等思想。这种鉴定观念从技术角度出发，在技术支持下具有很强的适用性，在国内外的电子文件鉴定实践中已得到广泛应用。

### 2.2 提出电子文件证据观

基于来源原则，比尔曼进一步明晰了档案的凭证价值，并确立了其证据观。他指出，"文件是机构业务活动的证据"，"电子文件的管理都取决于机构对档案来源原则的深入理解。这一原则集中体现了档案作为机构活动凭证的含义，它适用于任何形式的档案"[15]。比尔曼将证据定义为数据（即"文件形成者形成的文字、数字、图像、声音"）、结构（即"文件数据间的关系"）以及背景（即"文件与其形成活动之间的关系"）的交汇点[16]。这为比尔曼率先提出电子文件的基本构成要素——内容、背景和结构——奠定了基础。菲利普·C. 班廷（Philip C. Bantin）指出，也许最广泛引用的证据定义是由比尔曼提供的[17]。

在应对电子文件挑战的实践中，比尔曼进一步完善了电子文件证据观。1986年，在密歇根大学本特利历史图书馆的国家人文科学基金会梅隆奖学金的资助下，他撰写了题为《档案方法》（*Archival Methods*）的技术报告[18]。该报告探讨档案工作者在数字环境下面临的挑战，获得了美国档案学会的特别奖[19]。为应对该挑战，他与世界各地的档案工作者举办多次研讨会，研讨会的结果与同事们的评论被整理发表在《档案策略》（*Archival Strategies*）一文中。在该文中，比尔曼提出了六种新的归档方法来代替传统方法：创建证据、识别证据、记录活动、维护证据、支持使用、衡量成功[20]。

在信息化的大潮下，比尔曼持续关注技术本身及技术的使用对于文件、档案及其证据性的影响。离开史密森学会后，比尔曼受到生物医学信息学的启发，创办"档案馆与博物馆信息学"独资企业及同名期刊。比尔曼创造了术语"档案信息学"（archival informatics），认为"这个概念的重要性在于取代了自动化（automation）、文件（records）或计算机化（computerization）这些术语，体现了以系统为导向、基于信息活动的协同作用……该术语也表达了一系列能够增强组织自动化的新方法、技巧和技术"[21]。他成为最早将信息学（Informatics）引入档案学领域的学者，并专注于软件归档、自动化档案控制系统以及信息技术在馆藏管理和跟踪中的使用等主题。在比尔曼看来，信息学可以从面向系统的角度审视基于信息活动的协同，通过新的路径、方法和技术来提升档案馆和博物馆的能力，实现它们的文化信息使命。1989年，比尔曼担任联合国信息系统行政协调委员会（ACCIS）的顾问，解决电子文件管理策略问题。接下来的几年里，他的经验进一步完善并最终整理成书《电子证据——当代机构文件管理战略》（*Electronic Evidence：Strategies for Managing Records in Contemporary Organizations*）[22]，该书成为电子文件管理领域的重要参考，明确了电子文件的证据性是电子文件管理的核心所在。该书出版至今已将近30年，基本实现"经历了技术变革和时光流逝，仍然能够指导文件管理工作的基本原理和准则"[23]。该书中提出的前端控制、元数据管理和连续管理等理念和方法对于解决电子文件管理中的挑战具有重要的指导意义，为电子文件管理提供了宝贵的思路和策略[24]。当前档案学界仍在持续努力探索并应用这些理念，以进一步提高电子文件管理的效率和质量。

### 2.3 构建 BAC 元数据模型

1992年，在《文件著录》（*Documenting Documentation*）一文中，比尔曼首次将"元数据"的概念引入了电子文件管理领域[25]。这标志着元数据开始进入档案学界研究人员的视野，并逐渐成为档案学界的新研究热点，尤其是在电子文件管理元数据方面。比尔曼认为，"未经恰当著录过的电子文件系统即使保存下来，也不会有证据作用……

由于文件系列之间的联系表现为复杂的数据结构，并与业务环境中的元素相关，因此，必须运用元数据表示法中的数据管理技术来描述文件保管系统"[26]。元数据是对文件形成、保管和利用过程中原始信息的忠实记录，一旦形成就被封装起来，只能进行写入和读取操作，无法被修改或删除。元数据为电子文件的原始性和证据性提供了有力的保障，由此，比尔曼认为"元数据不仅是一种管理和转载电子信息系统的工具，同时还可视为检索工具"[27]。元数据这一概念的引入为档案信息化管理奠定了基础。

1993 年，比尔曼作为顾问组织领导了匹兹堡大学电子文件项目即"文件管理中凭证性的功能要求"项目（Functional Requirements for Evidence in Recordkeeping，也被称为 Pitt 项目）。该项目由美国国家历史出版和文件委员会（NHPRC）资助，是该领域第一个重要的学术研究项目。该项目首先确定了各个社群档案管理的功能要求，涵盖法律、医疗和商业等社群。其次，为了确保电子文件满足功能要求，该项目建立了能够同时满足政策法律需求和电子文件管理系统设计的基本功能模型，即 BAC 业务可接受通信参考模型（A reference model for Business Acceptable Communications），并明确了确保电子文件凭证性所必需的元数据，即 BAC 元数据模型。从 1993 年到 1996 年，比尔曼和他的团队定期通过互联网上的网站报道他们的工作，并详细说明了文件保存的功能要求。遗憾的是，匹兹堡大学丢失了该网站和该项目产生的所有电子文件，只能通过互联网档案馆的 Wayback 机器来获取这些记录。Pitt 项目以获取及维护证据为重心，BAC 元数据模型使元数据的著录范围扩大至文件形成背景、内容与结构。BAC 元数据模型包括六个层次：处理层、条件层、结构层、背景层内容层和利用历史层[28]，通过分层和分类，明确了文件元数据的基本构成，揭示了文件元数据的基本指向，通过对文件形成利用等过程中各要素的著录来保障文件的原始性和证据性，从而确保封装元数据对象的电子文件的真实性、完整性、可靠性和可用性。

Pitt 项目以文件连续体理论为指导，为了确保证据性，在文件系统的建立阶段就内置了必要的功能，采用单一的捕获方法把传输的所有信息都当作文件进行预先捕获，尽管捕获的文件可能只有几秒钟的"保留期"。在比尔曼看来，文件是预先收集的，并根据档案原则加以控制，那么它们实际存放在哪里、档案控制的责任被分配给谁、或者它们是否被"转移"到专门的档案机构都无关紧要[29]。可见，Pitt 项目中，决定文件真实性的是元数据，而不是保管机构。在这样的项目背景下，比尔曼提出了"掌舵而非划船"（steering rather than rowing）的档案管理方法和策略，强调档案监测和监督活动，强调授权他人解决他们的文件问题，最终发展成分散的或分布式的档案管理方法[30]。美国数字史学的开拓者罗森茨威格（Roy Rosenzweig）认为 Pitt 项目提出了旨在确保电子文件能够产生法律上或组织上被接受的业务证据的战略和策略，对证据的关注特别精准地回应了对电子文件"真实性"的担忧[31]。该项目结题后，引发了一批机构进行测试和实践。例如佛蒙特州档案馆据此发展了佛蒙特信息策略计划；费城档案馆发展了费城式 BAC 模型；印第安那大学根据该项目发展了适合自身需求的电子文件管理元数据规范。另外，澳大利亚维多利亚电子文件策略（VERS）也是基于 BAC 项目的成功案例。澳大利亚国家档案馆 1999 年发布的政府机关文件管理元数据标准 1.0 版本采用了

BAC 元数据六层次模型。

Pitt 项目的研究方法和成果被国际学术界和档案界广泛认可，被誉为匹兹堡模式（Pitt 模式）[32]。匹兹堡模式在某种程度上满足了电子商务的需求。它首要解决的基本问题是如何确保在业务交换过程中电子数据的互认可性。在当时相关技术不成熟、电子文件系统造价昂贵的背景下，比尔曼指出"档案工作者在政治上、专业上、经济上或文化上都负担不起获取文件的费用，除非作为最后的手段……事实上，有证据表明，获取电子文件以及将档案作为储存库进行维护阻碍了档案目标的实现"[33]。因此，对于研究人员而言只要能够正确生成文件并保存下来以供合作伙伴使用即可，文件并不需要集中保存在档案馆中，这进而促使了分散保管观点的提出。然而，澳大利亚早期的分散式电子文件管理实践表明，分散保管的思想与档案管理的要求不符，最终未能取得成功[34]。

### 3 比尔曼档案思想的影响

比尔曼在电子文件领域的开创性和引领性地位备受肯定。比尔曼虽是美国档案学者，但他的专业地位和影响早已超越国界，库克将其称为"20 世纪后期国际领先的档案学思想家"，并肯定他在档案学理论和实践方面的贡献[35]。阿德里安·坎宁安（Adrian Cunningham）认为比尔曼和他的同事及伙伴一起颠覆了档案思维[36]。詹姆斯·L. 盖尔里克（James L. Gehrlich）对比尔曼的方法和策略进行了分析，并认为比尔曼建立了以电子文件档案管理为核心的"新范式"[37]。他指出，比尔曼的方法和策略旨在涵盖各种形式的文件保存，并在档案思维和想象力方面具有前瞻性。然而，比尔曼的观点也有其不足之处，受到一些学者的批评。库克从比尔曼对文件的定义出发，批评了比尔曼对于个人档案及更广泛的少数群体档案的漠视。琳达·亨利（Linda Henry）认为，比尔曼的思想对传统档案理论和实践提出了挑战，甚至可能颠覆了以 T. R. 谢伦伯格为代表的传统观念[38]。总体而言，比尔曼被广泛视为电子文件管理领域的先驱和领导者，他的思想具有开创性，对档案学产生了深远影响。

### 3.1 吸收传统档案学思想的精华并发展创新

比尔曼的档案思想是在传统档案学思想的基础上发展而来的，并继承了传统档案学思想的精华。比尔曼非常注重维护档案的证据性，他继承了希拉里·詹金逊强调的"证据的神圣性"理念，以及玛格丽特·诺顿提出的档案的首要价值应为证据价值和法律价值，其次才是历史价值的观点[39]。库克认为，比尔曼通过辩护传统概念如证据、文件和背景等，为世界各地的档案思想提供了坚实的支持；比尔曼在认可档案学的专业优势和传统的基础上，将过去与未来紧密联系在一起，以成熟的方式解决了电子文件管理的难题；他成功地应对了档案工作者面临的最深刻挑战，并将文件管理专业人员从过去被视为办事员和边缘人物的刻板印象中解放出来，使他们成为组织变革中不可或缺的重要参与者[40]。在《电子证据——当代机构文件管理战略》一书的序言中，比尔曼列举了来自三大洲的 30 位同事对他的支持，强调这本书完全是三大洲同事智慧和慷慨援助的结晶[41]，这显示了他在档案界的广泛影响及集体智慧对其思想的裨益。

### 3.2　积极应对电子文件对档案学带来的挑战

比尔曼通过引入新的概念、理念和方法，对电子文件管理等现代档案工作领域进行了深入研究和实践，从而推动了档案学的发展和进步。事实上，作为一位没有档案学专业背景的学者，比尔曼以独特的视角来审视档案界的实践、思想和未来。他的思考和提出的概念在当时是极具创新性的。比尔曼率先提出了电子文件的基本构成要素，将其划分为内容、背景和结构，从而为电子文件管理奠定了基础。他首次引入了"元数据"概念，构建了 BAC 元数据模型，明确了文件元数据的基本构成和指向，为电子文件管理提供了基本功能模型。另外，比尔曼还引入了"档案信息学"这一概念，将信息学的原理和方法应用于档案领域，强调信息技术在档案管理中的作用和协同效应。同时，他还首先使用了"recordkeeping"这一术语和概念，为文件保管系统提供了技术规范，强调了信息技术在档案管理中的重要性[42]。苏·麦克米西（Sue McKemmish）认为，比尔曼在 20 世纪 80 年代和 90 年代初的著作中提出的复杂的系统思维、业务和政策证据方法，以及他对澳大利亚的访问，推动了连续思维和澳大利亚国家标准的发展。这为国际标准化组织（ISO）文件管理标准的概念化奠定了基础[43]。

比尔曼重视数字环境下的档案管理，并强调了电子文件标准的必要性，"要想保管由新的技术手段生成的大量信息，尽量采用并参与制定信息系统的标准无疑是必由之路"[44]，在当前大数据、物联网和云计算的数智时代，这一观点仍然具有重要意义。比尔曼关注机构文化对档案实践的影响，"无论如何，我相信进一步探讨机构文化十分必要，这不仅有利于了解历史档案实践，还能预测文件管理在不同环境下的有效策略。因为机构文化不只因国家而异，还因公司而异。即使我们只对一个国家感兴趣，关注机构文化的差异可以帮助我们找到有效的电子文件管理方法"[45]。比尔曼提出了从业务及职能的角度来鉴定文件与档案，强调在系统设计中嵌入鉴定方案，实现自动化鉴定。比尔曼说："只有在电子文件产生之前就积极参与确定系统需求，设计电子文件管理系统乃至参与系统的运行与维护，才能对电子文件实施有效的管理。"[46]这体现了全程管理、前端控制的思想。比尔曼的档案思想在继承传统基础上的创新贡献不容忽视，他引入了新的概念和方法，开拓了档案学领域的新思路。比尔曼的工作为电子文件管理和档案信息学领域奠定了基础，并对国际档案标准的制定和发展产生了重要影响。

### 3.3　推动档案学科体系的进一步完善 ###

比尔曼的研究促进了档案学基础理论和档案实践的进步，推动了档案学科体系的进一步完善。比尔曼率先提出了"在电子文件管理中应导入风险概念，进行风险管理"。中国人民大学冯惠玲教授主持的"电子政务系统中文件管理风险分析与对策研究"项目对这一思想进行了系统研究，并于 2008 年出版了专著《电子文件风险管理》。1996 年，在十三届国际档案大会上，比尔曼发表了《虚拟档案》。他宣称："我们社会所建立的几乎所有组织机构的文件都将用电子技术制作和传送"，"现在以保管为基础的实态档案库，再像过去那样将档案集中于某一个具体地点的做法，已显得不甚合理了。……未来的虚拟档案不再用收集、保管和提供现场检索的办法来管理，而是用控制有关文件信息及其利用的方法来确保它们的保存、处理和利用"[47]。这些观点引起了国内对电子文件和虚拟档案的研究热潮，促使我国国家档案局于 1996 年成立了电子文件归档与档案管理研究领导小组，推动了我国电子文件管理的实践和理论研究[48]。比尔曼的研究成果在国内外引起了广泛关注，2001 年，他应邀参加了中国人民大学档案学院主办的"21 世纪的社会记忆——中国首届档案学博士论坛"，并宣读了论文《接受新方法：以真实性和可利用性为目的的电子档案管理》，阐述了他对电子证据的探索历程及其研究成果，指出只要档案人员抛弃旧的管理思路，建立新的管理方法和职业角色，电子档案当比纸质文件更加廉价、可靠和便于使用[49]。此外，比尔曼与澳大利亚档案工作者之间的交流也为双方带来了丰硕的成果。他与澳大利亚档案工作者的互动使得后者开始意识到后保管思想的重要性，并逐渐形成了一种新的文件管理话语，即后保管范式。比尔曼的研究对档案学的发展和实践起到了积极的推动作用，促进了新理念和方法的应用，并为全球的档案界提供了档案学发展的重要参考。

比尔曼等学者采用了独特的研究路径，从古文书学和韦伯的官僚制度入手，对电子文件管理进行了深入探究，这种研究风格在一定程度上影响了其他学者的研究取向[50]。比尔曼以古文书学和官僚制度为基础，将其与电子文件管理相结合，贯穿于对电子文件真实性、证据性、文件管理系统功能需求、元数据等各个方面的研究中。这一研究方法与其他档案学者的风格有所不同，引起了国际档案界的广泛关注和积极反响，吸引了众多电子文件研究的专家学者参与其中。这种研究路径的独特性为电子文件管理领域的理论和实践提供了新的思路和方法。

## 4 结语

不可否认，比尔曼是一位伟大的思想家，为档案学界带来了新的视角和方法，其思想极具创新性，他在 20 世纪八九十年代的论述中展现了对时代变化和发展的先见之明。乔纳森·弗纳（Jonathan Furner）和安·吉利兰（Anne J. Gilliland）指出，比尔曼早在 20 世纪 80 年代就强调的许多问题仍有待档案界系统开发[51]。比尔曼提出的一些概念和术语，并未得到普遍的接受和认可。例如，"档案信息学"的概念并未在档案学界广泛应用，存在一定的概念争议和替代观点。此外，比尔曼的思想中强调分散保管和分布式档案管理，这也引发了对于长期保存和可信性的担忧。有人认为分散保存可能会导致档案丢失、篡改或不完整。然而，这些也是囿于当时的时代背景和技术条件，使其档案思想具有一定的局限性。研究比尔曼的档案思想，启发我们检视档案学的传统，拥抱电子文件管理的当下，以更多维、更丰富的视角来应对数智时代档案管理的挑战。

**注释及参考文献**

［1］美国史密森学会是全球最大的综合性博物馆和研究机构之一，由 19 个博物馆和画廊、1 个国家动物园以及 9 个研究机构组成。

［2］该公司专门为档案馆和博物馆机构提供商业模型和经济构架的咨询，利用信息技术重新为企业制定管理和传播文化资源的策略。参见 David Aaron Bearman Curriculum Vitae［EB/OL］.［2023-4-23］. https://www.archimuse.com/consulting/bearman_cv.html.

［3］肖秋会，赵文艳. 欧美电子文件研究综述［J］.图书情报知识，2014（5）：116-123.

［4］［5］PEDERSON A. Do Real Archivists Need Archives & Museum Informatics?［J］. The American Archivist，1990（4）：666-675.

［6］［42］GILLILAND A J. David Aaron Bearman（1950-）［M］//DURANTI L，FRANKS P C. Encyclopedia of Archival Writers，1515-2015. Lanham etc.：Rowman & Littlefield，2019：36-40.

［7］BEARMAN D. Automated Access to Archival Information：Assessing Systems［J］. The American Archivist，1979（2）：179-190.

［8］［25］BEARMAN D. Documenting Documentation［J］. Archivaria，1992，34：33-49.该文随后收录于 BEARMAN D. Electronic evidence：strategies for managing records in contemporary organizations［M］. Archives & Museums Informatics，1994. 而后翻译为中文，参见戴维·比尔曼. 文件著录［M］//戴维·比尔曼. 电子证据——当代机构文件管理战略. 王健，译. 北京：中国人民大学出版社，2000：180-199.

［9］BEARMAN D，LYTLE R H. The Power of the Principle of Provenance［J］. Archivaria，1985：14-27.

［10］BERNER R C. The Power of the Principle of Provenance：A Critique of David Bearman and Richard Lytle［J］. Archivaria，1986：4-6.

［11］［35］［40］COOK T. The Impact of David Bearman on Modern Archival Thinking：An Essay of Personal Reflection and Critique［J］. Archives and Museum Informatics，1997（1）：15-37.

［12］BEARMAN D. Archival data management to achieve organizational accountability for electronic records［J］. Archives & Manuscripts，1993：14-28.

［13］［26］BEARMAN D. Record-Keeping Systems［J］. Archivaria，1993，36：16-36.该文随后收录于 BEARMAN D. Electronic evidence：strategies for managing records in contemporary organizations［M］. Archives & Museums Informatics，1994. 而后翻译为中文，参见戴维·比尔曼. 文件保管系统［M］//戴维·比尔曼. 电子证据——当代机构文件管理战略［M］.王健，译. 北京：中国人民大学出版社，2000：25-55.

［14］张芳霖，唐霜. 大数据影响下档案学发展趋势的思考［J］.北京档案，2014（9）：9-13.

［15］［16］BEARMAN D. Archival principles and the electronic office［M］//Information handling in offices and archives. KG Saur，1993：177-193.该文随后收录于 BEARMAN D. Electronic evidence：strategies for managing records in contemporary organizations［M］. Archives & Museums Informatics，1994. 而后翻译为中文，参见戴维·比尔曼. 档案原则与电子办公室［M］//戴维·比尔曼. 电子证据——当代机构文件管理战略. 王健，译. 北京：中国人民大学出版社，2000：115-137.

［17］BANTIN P C. Strategies for Managing Electronic Records：A New Archival

Paradigm? An Affirmation of Our Archival Traditions? ［J］. Archival Issues, 1998（1）: 17-34.

［18］BEARMAN D. Archival Methods, Archives and Museum Informatics Technical Report #9［R］.Pittsburgh: Archives and Museum Informatics, 1989.https://www.archimuse.com/publishing/archival_methods/

［19］1990 SAA Awards［J］. The American Archivist, 1991, 54（1）: 132-155.

［20］BEARMAN D. Archival Strategies［J］. The American Archivist, 1995, 58（4）: 380-413.

［21］BEARMAN D. What are/is informatics? And especially, what/who is Archives & Museum Informatics［J］. Archival Informatics Newsletter, 1987（1）: 8.

［22］BEARMAN D. Electronic evidence: strategies for managing records in contemporary organizations［M］. Archives & Museums Informatics, 1994.戴维·比尔曼.电子证据——当代机构文件管理战略［M］.王健,译.北京:中国人民大学出版社, 2000.

［23］BEARMAN D. Management of Electronic Records: Issues and Guidelines［M］// United Nations Advisory Committee for Coordination of Information Systems. Electronic Records Management Guidelines: A Manual for Policy Development and Implementation. NY: United Nations, 1990: 17-189;该文随后收录于BEARMAN D. Electronic evidence: strategies for managing records in contemporary organizations［M］. Archives & Museums Informatics, 1994.而后翻译为中文,参见戴维·比尔曼.电子文件管理政策的制定与实施［M］//戴维·比尔曼.电子证据——当代机构文件管理战略.王健,译.北京:中国人民大学出版社, 2000.59-89.

［24］张燕.电子文件管理的经典之作——评《电子证据——当代机构文件管理战略》［J］.云南档案, 2010（6）: 52-53.

［27］［46］BEARMAN D. New Models for Management of Electronic Records by Archives［J］. Cadernos BAD（Journal of the Portuguese Association of Librarians, Archivists and Documentalists）, 1992, 1（2）: 61-70.该文随后收录于BEARMAN D. Electronic evidence: strategies for managing records in contemporary organizations［M］. Archives & Museums Informatics, 1994.而后翻译为中文,参见戴维·比尔曼.档案馆电子文件管理新模式［M］//戴维·比尔曼.电子证据——当代机构文件管理战略.王健,译.北京:中国人民大学出版社, 2000: 223-234.

［28］（1）处理层（Handle Layer）:描述文件特征、文件来源、文件价值以及查找内容所采用的叙词规范和文件检索、利用或处理时的限制状况。（2）条件层（Terms& Conditions Layer）:文件检索、利用和处理时所遵循的限制条件。（3）结构层（Structural Layer）:与文件相关信息的数据结构及软硬件设备信息的描述,主要包括案卷说明、文件说明、内容结构、文件来源等信息。（4）背景层（Contextual Layer）:文件的形成背景,主要包括对文件形成负有责任的机关、团体或个人的说明:系统和过程记录情况的

说明。（5）内容层（Content Layer）：有关文件的主题、主要内容的描述。（6）利用历史层（Use History Layer）：文件利用的详细记录描述（包括利用者、利用时间和利用效果）。参见金更达. 国外电子文件元数据标准简介［J］.浙江档案，2004（11）：8–10.

［29］BEARMAN D. Moments of Risk：Identifying Threats to Electronic Records［J］. Archivaria，2006：15–46.

［30］BEARMAN D，HEDSTROM M. Reinventing Archives for Electronic Records：Alternative Service Delivery Options［M］//Hedstrom M. Electronic Records Management Program Strategies，Archives and Museum Informatics Technical Report #18. Pittsburgh：Archives & Museum Informatics，1993：82–98.

［31］ROSENZWEIG R. Scarcity or Abundance? Preserving the Past in a Digital Era［J］. The American Historical Review，2003（3）：735–762.

［32］对 Pitt 项目及模式的研究有以下相关文章：MARSDEN P. When is the Future? Comparative Notes on the Electronic Record-Keeping Projects of the University of Pittsburgh and the University of British Columbia［J］. Archivaria，1997：158–173. BANTIN P C. Strategies for Managing Electronic Records：A New Archival Paradigm? An Affirmation of Our Archival Traditions?［J］. Archival Issues，1998，23（1）：17–34. HIRTLE P B. Archival authenticity in a digital age［M］//COUNCIL ON LIBRARY AND INFORMATION RESOURCES. Authenticity in a digital environment，2000：8–23.黄玉明. 关于匹兹堡模式与哥伦比亚模式重新思考［J］.档案学通讯，2007（3）：4–7.章燕华，徐海静. 超越模式之争：国外电子文件管理模式反思及启示［J］.北京档案，2007，No.196（4）：26–28.廖颖. 国内外电子文件管理模式比较研究［D］.上海大学，2014.

［33］BEARMAN D. An indefensible bastion：archives as repositories in the electronic age［J］. Archival management of electronic records，1991，13：14–24.

［34］黄玉明. 关于匹兹堡模式与哥伦比亚模式重新思考［J］.档案学通讯，2007，176（3）：4–7.王宁，刘越男. 集中与分布的博弈：数字时代澳大利亚档案保管模式的发展及启示［J］.档案学研究，2019（6）：108–114.

［36］CUNNINGHAM A. Ensuring Essential Evidence – Changing Archival and Records Management Practices in the Electronic Recordkeeping Era［EB/OL］.［2023–6–10］. https://www.netpac.com/provenance/vol2no2/features/evidence.htm.

［37］GEHRLICH J L. The Archival Imagination of David Bearman，Revisited［J］. Journal of Archival Organization，2002，1（1）：5–18.

［38］HENRY L. Schellenberg in Cyberspace［J］. The American Archivist，1998（2）：309–327.

［39］徐琴. 诺顿的档案人生述评［D］.天津：天津师范大学，2013.

［41］陈祖芬. 论档案学共同体的责任［J］.档案学通讯，2007（2）：8–11.

［43］MCKEMMISH S. Recordkeeping in the Continuum：An Australian Tradition［M］//GILLIAND A J，MCKEMMISH S，LAU A J. Research in the Archival Multiverse.

Clayton，Victoria：Monash University Publishing，2017：122–160.

［44］BEARMAN D. Information Technology Standards and Archives［J］. Janus，1992（2）：161–166. 该文随后收录于 BEARMAN D. Electronic evidence：strategies for managing records in contemporary organizations［M］. Archives & Museums Informatics，1994. 而后翻译为中文，参见戴维·比尔曼. 信息技术标准与档案［M］// 戴维·比尔曼. 电子证据——当代机构文件管理战略. 王健，等，译，北京：中国人民大学出版社，2002：165–199.

［45］戴维·比尔曼，黄霄羽. 古文书学、官僚机构和欧美电子文件管理（续）［J］. 四川档案，1998（1）：31–34.

［47］戴维·比尔曼：虚拟档案［M］// 国家档案局. 第十三届国际档案大会文件报告集. 北京：中国档案出版社，1997：120–134.

［48］徐欣. 我国 20 年来电子文件管理的实践探索与理论研究及其发展趋势［J］. 档案学通讯，2009（1）：4–7. 于英香. 我国电子文件管理研究的三次转折［J］. 档案学通讯，2010，193（1）：29–33.

［49］王绍侠.“21 世纪的社会记忆”［N］. 社会科学报，2002-5-2（3）.

［50］陈祖芬. 论档案学共同体的责任［J］. 档案学通讯，2007（2）：8–11.

［51］JONATHAN F，GILLILAND A J. Archival IR：Applying and Adapting Information Retrieval Approaches in Archives and Recordkeeping Research［M］// GILLIAND A J，MCKEMMISH S，LAU A J. Research in the Archival Multiverse. Clayton，Victoria：Monash University Publishing，2017：581–631.

# 新发展格局下数智赋能档案资源开发利用的实践方向探析

任越　袁蕾涵

黑龙江大学信息管理学院

**摘　要:** 在推进国家各项事业高质量发展, 加快构建新发展格局的总体战略背景下, 我国档案事业亟待借助数智技术增强档案资源开发利用水平, 充分发挥档案事业在国家各项事业发展中的基础性支撑作用。木文从工作重心、工作逻辑、工作模式、工作效能四个方面阐述了新发展格局下数智赋能档案资源开发利用的主要特征, 基于此, 结合数智赋能档案工作实际, 提出"走向智慧化的信息服务和走向社会化的档案文化数字化服务"两大实践方向, 以推进新发展格局下数智赋能档案资源高质量开发利用。

**关键词:** 新发展格局; 数智技术; 档案开发利用

## 1　引言

2021 年 3 月召开的十三届全国人大四次会议表决通过的《中华人民共和国国民经济和社会发展第十四个五年规划和 2035 年远景目标纲要》明确提出"十四五"时期推动高质量发展, 必须立足新发展阶段、贯彻新发展理念, 构建新发展格局。[1]构建新发展格局最本质的特征是实现高水平的自立自强, 必须坚持深化供给侧结构性改革, 以创新驱动、高质量供给引领和创造新需求, 提升供给体系的韧性和对需求的适配性。[2]

《"十四五"全国档案事业发展规划》(以下简称《规划》)从人民利用需求、信息技术发展、档案工作发展障碍短板等方面总结了当前档案事业发展面临的形势与挑战, 基于此提出要切实推动档案的高质量发展。档案资源开发水平决定着最终呈现在利用者面前的档案服务质量, 高质量的档案资源开发利用对重塑档案事业公共形象, 提升档案事业社会认可度有着重要影响, 是档案事业是否能实现高质量发展的核心环节之一。《规划》中同样体现出对档案资源开发利用的重视, 在主要任务中明确提出要"深入推进档案利用体系建设, 充分实现档案对国家和社会的价值", 在此背景下推进档案领域供给侧结构性改革, 构建档案资源开发利用新发展格局, 为社会持续输出独具特色的档案信息产品、档案文化服务, 充分满足人民对档案的利用需求, 是推动档案事业高质量发展的必然选择。

## 2　新发展格局与"数智"背景下的档案资源开发利用

### 2.1　新发展格局下数智赋能档案资源开发利用的现实背景

构建新发展格局作为政治经济学的前沿研究话题，其强调通过供给侧结构性改革，主动挖掘国内市场需求，通过加强技术创新增强满足需求的能力，进而实现国内循环为主体，国内国际双循环相互促进的新发展格局。从微观层面看，构建新发展格局在档案领域同样具有适用性。

随着局馆分离的持续推进，档案馆作为一个独立的公共文化服务机构，如何更好发挥其社会服务属性也成为当前必须考虑的问题。档案馆由于馆藏资源本身的特殊性，使其既能提供具有凭证价值、情报价值的信息服务，也能提供满足社会教育、公众休闲娱乐需求的文化服务。但由于长期以来受传统工作模式的影响，档案资源开发利用主要服务于政府行政活动需要，忽视了更为广大的社会公众的利用需求，这使得档案馆的发展空间较为局限，且在社会中的公众认可度不高，不利于档案馆未来的高质量发展。尤其在公共文化服务方面，相较同属公共文化服务机构的图书馆、博物馆，档案馆对于馆藏资源的多元价值开发不充分，提供的文化服务类型和产品尚处于低端层级，缺乏智慧化、创意性服务及产品，难以充分满足公众日益增长的精神文化需求。随着"数智"时代的来临，各行各业均在积极融入数字化转型大潮，数据成为社会生产生活的重要资源，国家也随之成立国家大数据局，同时公共文化服务领域也开始走向文化数字化阶段。档案资源开发利用是提供高质量档案服务的重要环节。当前，档案资源的数字化以及各级各类数字档案馆的建设已取得了良好成效，但档案资源数据化程度尚有待提升，对档案资源内容的深层次开发相对欠缺。如何把握"数智"时代契机，借助技术手段开发档案资源内容，挖掘公众利用需求，创新档案服务模式，构建档案资源开发利用新发展格局，为社会持续输送高质量、特色化的档案信息产品和文化服务，实现档案服务的供求动态平衡，使档案事业在"数智"时代永葆活力，是新时代档案事业现代化发展必须思考的重要课题。

### 2.2　数智赋能：新发展格局下档案资源开发利用的核心动能

新发展格局强调技术创新和产业结构升级。第三次技术革命的到来，大数据、人工智能、物联网等技术的普及应用，推动形成了数字经济、数字文化等新业态，带动整个社会进入了"数智"时代。在此背景下，一方面，数据的大量产生，改变了档案工作对象及工作环境；另一方面，人民的信息利用需求也在不断升级，呈现出多元化、智慧化趋势。这都给档案工作带来了极大的挑战。然而，各种数字技术的出现也为档案工作的转型升级带来了新的可能，尤其在档案资源开发利用环节，档案资源以更加细粒度的数据单元存在，数据挖掘、数据重组、数据关联、数据分析等技术手段得以运用于档案资源的开发当中，使档案资源开发可以深入内容层面，档案资源中蕴含的隐性知识得以被发现。档案资源的深层次开发也为档案利用服务提供了高质量的素材，借助人工智能、用户画像、虚拟现实、增强现实、数字孪生等技术，使得档案利用服务从传统的一次信息服务以及档案展览等交互性较差的服务形式走向了精准化、个性化、场景化、沉浸式的智慧服务模式。例如，"数智"背景下档案知识库、档案信息一站式服务、档案文化数字化服务等高质量服务形式的出现，丰富了档案利用服务模式，有效满足了多元主体的档案信息及文化利用需求，提升了档案优质服务的供给能力。"数智"赋能档案开发利用不仅使档案资源的价值得到了更好实现，增强了档案开发利用能力，为持续输出适应社会需求的档案信息产品和文化服务提供了助力，更扩展了档案工作的社会影响力，使档案资源能够更好融入数字社会的各项事业当中，从而在促进档案事业自身高质量发展的同时，以更高水平的档案开放促进全社会的进步发展。

### 3 新发展格局下数智赋能档案资源开发利用的主要特征

#### 3.1 工作重心：从档案资源的数字化转向深层次的档案资源内容开发

2000 年发布的《全国档案事业"十五"规划》提出要加快现有档案数字化进程，2021 年最新发布的《全国档案事业"十四五"规划》提出中央和国家机关传统载体档案数字化率达到 80%，中央企业总部传统载体档案数字化率达到 90%，全国县级以上综合档案馆档案数字化率达到 80%。[3] 经过 20 年的发展，我国馆藏档案数字化建设已相对成熟。同时，随着信息技术的迭代升级导致信息由数字态向数据态的转变，档案管理粒度不断细化，档案信息与载体逐渐分离，对档案载体的保护逐渐被弱化，相反档案内容本身所具有的信息属性和文化特质越来越受到人们的重视。仅仅对传统载体档案进行数字化扫描，建立档案目录数据库和全文数据库已无法满足档案开发利用的现实需要，档案工作的重心已转向通过全文识别、深度著录、描述标注、关系抽取、图谱关联，将数字化的档案资源转化为可被机器识别的数据化档案文本。[4] 在这一阶段，数据挖掘、自然语言处理、虚拟现实等技术在档案资源开发利用中的融合利用，对外能够以生动直观的方式将档案知识以故事化形式展现在公众面前，对内能够深入挖掘档案内容价值，推动档案学科实现更大范围、更高层级的学科协作交流。档案资源开发从信息表征的文献处理向档案数据的知识化组织、叙事化呈现转型；档案利用从单一单向利用向价值多元形式多样的高阶利用模式转型。[5]

#### 3.2 工作逻辑：从"要素驱动"转向"创新驱动"

当前档案信息产品和文化服务供不应求与档案资源数量巨大、开发力度不足并存。随着档案数字化的不断推进，电子文件大量产生以及数字背景下信息存储能力大大增强，数字化、数据化的档案资源存量越来越大，但由于档案部门缺乏对这些档案资源进行进一步的开发挖掘，导致其仅仅被保存起来，并不能真正发挥其价值。只有数量的增加而没有质量的提升，严重制约了档案事业的高质量发展。"数智"背景下构建档案开发利用新格局不仅需要持续性的政策供给和资金投入，更需要在依托丰富档案资源的基础上，将创新思维融入档案资源开发的各个环节当中，通过培养懂技术、善钻研的创新型人才，促进技术创新、模式创新、业态创新和制度创新。尤其技术创新在其中发挥着重要作用，"数智"技术的快速发展，各类技术在档案开发利用各环节中的融合利用，为创新档案资源开发利用模式提供了重要支撑。这要求从工作机制上通过畅通和扩展档案资源开发利用过程中的技术获取与融合，塑造"数智"技术与档案资源开发利用各环节联通协作的工作模式，以创新驱动档案资源开发利用的全面升级，通过"数智"赋能创新档案资源开发利用，发挥档案资源所蕴含的巨大价值数，使档案事业更好地服务于经济生产和人民文化生活的核心需求，以创新驱动档案资源数量增长与质量提升协同发展，实现档案资源数量增长的外延式扩张向重品质的内涵式发展转变。

### 3.3 工作模式：以高质量供给引领和创造需求

长期以来，在我国公众的意识中，档案馆更多作为政府行政部门，很少有人会将档案馆视为公共文化服务机构，这也使得档案馆长期处于门庭冷落的局面。而国外档案馆一直重视对档案馆公共休闲文化服务功能的建设，许多欧美国家档案馆已成为公众日常休闲娱乐甚至中小学开展教学活动的主要场所。我国档案馆面临的这种情况，表面的原因是公众需求不足，但从本质上来看，实际是由于档案资源供给与公共需求脱节造成的"供需失衡"。一方面，档案资源开发利用主要集中于行政业务和史学研究，忽视了档案资源在公众教育、社会文化方面的价值，资源配置失衡；另一方面，档案资源开发利用力度不足、质量不高，社会整体对于精神文化需求水平不断提升，公众对于档案资源的有效需求受到供给制约不能得到有效满足，公众档案信息需求与档案资源开发利用产出之间脱节现象日益显著。因此，构建档案资源开发利用新发展格局既要"上档次"，重视技术驱动和创新驱动在其中的重要作用；也要"接地气"，加深以公众需求为导向的档案资源开发与利用服务的融合。深刻把握公众对于档案资源利用需求，既要关注公众对于档案资源利用的现实需求，更要关注到公众需求可能存在的变化，通过创新档案资源供给达到引领公众需求的目标，形成"供需平衡"的理想状态。充分利用数据要素完成档案资源开发过程与公众信息需求满足过程的有效对接和无缝衔接。在档案资源开发过程中就将利用服务需求考虑其中，实现投入服务化与产出服务化。不断提升档案资源利用服务水平与层次，使档案资源开发利用的重心从服务行政活动向服务多元主体需求转变，向综合性信息服务方案提供者转变，形成差异化竞争优势。

### 3.4 工作效能：走向更加开放、智慧的档案资源开发利用模式

档案资源开发利用新发展格局倡导一种外向型的档案工作模式。档案资源的开发利用需要与时代同频，只有准确把握时代发展对于档案资源开发利用的要求，才能不断更新观念，找准档案资源开发利用的工作重心，实现档案资源开发利用的创新发展。同时，"数智"背景下无论是档案资源开发的对象还是档案资源提供利用的模式都发生了巨大变化，在此种情况下若档案部门仍故步自封，那档案工作无疑会在社会各项事业的发展过程中被逐渐边缘化。因此，在档案资源开发利用的过程中需要以开放的心态，一方面，走出自我循环的封闭轨道，打通与外界的连通渠道，积极寻求与各行各业的交流合作；另一方面，通过深层次的档案资源开发向社会提供优质的档案资源利用服务以争取各方的支持，以"输出"换"输入"，为构建档案资源开发利用新发展格局提供有力的支持和保障。"数智"赋能下的档案资源开发利用新格局呈现出智慧化的发展趋势。这种智慧化一方面体现在利用"数智"技术工具，使得档案资源开发的深度不断扩展，实现了档案数据关联、档案知识再现，大大提升了档案资源开发的质量和效率；另一方面体现在依托"数智"技术工具，使档案信息服务更加智能，档案文化服务更加生动，

档案信息查询"一网通办"、档案数字记忆构建等智慧档案服务模式正逐渐成为主流。

## 4 新发展格局下数智赋能档案资源开发利用的实践方向

### 4.1 走向智慧化的档案信息服务

#### 4.1.1 打造档案知识库：赋能政府智慧决策

档案因其记录内容的真实性和权威性，具有很强的资政价值，在辅助政府制定重要决策中发挥着重要作用。"数智"技术背景下，档案数据的大量产生，数据挖掘、知识发现等技术的不断发展，为档案知识库的建构提供了重要支撑。张斌等将档案知识库定义为"档案知识库是一个档案知识系统。这一系统不仅包含大量的档案事实，还具有一定的规则和推理，依此帮助用户找到解决问题的档案知识和相应的解决方案。"[6] 当前，面向政府智慧决策的智库建设成为学界研究的热点话题，然而目前国内的智库发展存在专业优势不强、研究独立性不足、研究成果浪费等问题。将"数智"背景下建立起来的档案知识库融入智库建设中能有效克服以上问题。一方面，档案是政府机关各项具体工作中形成的一手资料，依据档案资源提供的资政服务能更好把握政府决策者的真实需求，提升产出成果与政府决策活动的契合度。同时，档案记载的某些信息具有独一性，能有效提升资政服务的专业性和针对性，增强档案知识库的核心竞争力。另一方面，政府决策活动往往需要的是基于某一问题整合，加工后形成的知识化信息。"数智"背景下构建的档案知识库基于对档案数据的深入挖掘、关联分析和知识化组织，从语义层面描述抽取出知识元及其相互之间的关联，进而将大量档案数据资源按照不同的知识主题进行组织整合，实现基于知识元的多维网状知识地图。[7] 政策决策者仅需在检索系统中输入检索词，档案知识库就能依据检索词自动整合相关档案数据信息，为决策者提供高质量、系统性、专题化的档案知识产品，进而提升决策者的决策水平和能力。同时，档案知识库所具备的推理预测功能，使其能够依据决策者的用户信息、行为数据等生成用户画像，精准识别和预测决策者的需求，提供定制化的档案知识化服务，使档案知识服务更具针对性，提高政策决策效率。

#### 4.1.2 面向用户需求的智能档案信息服务：赋能档案用户服务体验

信息时代，我们在享受大数据所带来红利的同时，也逐渐迷失在信息的海洋当中，面对数量巨大信息资源如何获取真正需要的高质量信息成为当前用户面临的主要问题。在此背景下，基于各种"数智"技术对海量档案信息资源进行挖掘开发，形成创新性、专题性的档案信息服务产品与应用成果，为用户提供知识化、场景化、精准化的档案智慧服务是新发展格局下档案资源开发利用的主要任务。在对档案信息资源进行开发的同时，准确把握用户需求同样重要。这需要依托数据挖掘、聚类分析、关联重组等技术对系统中存储的用户基本数据、用户行为数据等进行分析与处理，构建用户数据关系图谱，标记用户特征标签，对不同用户特征标签进行分类，全方面识别用户的不同需求，结合实际情况为用户绘制专属画像或在此基础上聚类绘制群体画像，进而为档案智慧服务准确识别用户需求，提供个性化服务提供有力支撑。不论是对档案信息资源的开发还是对档案用户数据的整合分析，都是为了实现智慧化档案服务。新发展格局下的档案智慧服务是一种基于用户需求更加高效且充满人文关怀的主动服务模式。一方面可以依托用户画像精准把握用户需求，为不同用户提供定制化、个性化的档案信息服务模式，提供与用户需求高度契合的高质量档案信息资源，增强用户在获取档案信息服务过程中的满足感，同时可结合用户画像的动态变化，实时跟踪用户需求的变化，满足用户在不同阶段的特定档案信息服务需求并及时为用户提供必要的参考咨询服务。另一方面，可以针对用户当前检索或浏览情况结合其用户画像预测用户潜在需求，为用户推送关联档案信息及用户可能感兴趣的内容。在此过程中若用户对推荐内容不满意，也需尊重用户选择，给予用户自主检索档案信息的自由和空间，为用户提供舒适的体验，进而增强用户黏性，提升用户对于档案智慧服务的满意度和认可度。

### 4.2 走向社会化的档案文化数字化服务

#### 4.2.1 数字叙事：数智赋能档案文化服务质量升级

随着人们对于档案资源文化价值的重视程度不断提升，如何对档案内容进行深度挖掘，进一步讲好档案故事，是档案馆社会化转型过程中亟须解决的重要问题。传统模式下，叙事思维通常被运用于档案的编研和展览活动当中，随着"数智"时代的到来，数字技术为叙事提供了互动的、非线性叙述的可能性，"旧叙事"让位于具有多元情节、多重意义、多种媒介的新叙事，声像结合、虚实相伴、智能互动的数字叙事逐渐成为主流。[8] 2019 年 8 月出台的《关于促进文化和科技深度融合的指导意见》提出："加强智能科学、体验科学等基础研究，开展语言及视听认知表达、跨媒体内容识别与分析、情感分析等智能基础理论与方法研究，开展人机交互、混合现实等关键技术开发，推动类人视觉、听觉、语言、思维等智能技术在文化领域的创新应用。"[9] 这也为档案资源的开发利用提供了新的思路，经过深层次挖掘和组织后形成的多维关联档案数据资源是构建多重叙事维度的基础，多样化、交互式的叙事手法能够丰富档案价值的实现方式。尤其在档案文化服务方面，数字叙事思维有力推动了互动性、沉浸式的数字文化服务快速发展。数字叙事为档案故事的讲述提供了灵活多样的叙事顺序和叙事节奏，能够使档案故事更具情感关怀和人文柔性，增强听众在此过程中的沉浸感和体验感，从而有效激发听众的情感共鸣，更好实现档案的文化涵养功能。[10] 档案资源的文化价值同样体现在人类记忆建构方面，档案记录的完整性和真实性为记忆的再现提供了有力的支撑。记忆的再现涉及人物、时间、地点、事件等基本要素，从这个角度看也可将其视为一种叙事行为，数字背景下，记忆正逐渐被外化为数字形式，相较传统记忆形态数字记忆更具动态性，同时数字叙事的交互性使得数字记忆能够进行不断的自我更新和丰富，记忆的流转与文化的阐释在动态交互过程中被记录和表达出来，更多普通民众的记忆被保存下来，推动构建更加完整多元的社会记忆和集体记忆，使人类记忆拥有更加蓬勃的生命力。

#### 4.2.2 数字文旅：数智赋能档案文化服务边界扩展

数字文旅既是需求端消费升级的推动，也为文化领域的供给侧结构改革提供了新的方向。当前，公众需求已不再单纯满足于欣赏传统的旅游资源和浅层的文化资源，转而寻求二者相互融合、更具体验感的产品和服务。[11] "数智"技术的注入则为文旅融合的高质量融合发展提供了全新的动能，数字文旅注重对文化资源的挖掘和呈现，以文化为内涵、以旅游为载体、以科技为动力，利用物联网、大数据、人工智能等多种信息技术，整合通信和信息资源，对文化旅游资源进行分析和挖掘，最终通过智慧文旅产品贯穿于用户全场景的旅游服务中。档案资源具有很大的文化价值，数字人文相关技术在档案资源开发利用过程中的广泛应用，为打造基于档案资源的数字文旅提供了思路和方向。一方面，可以利用数字人文研究方法对历史档案中所记载的场景、人物、事件进行3D 建模，并通过 AR/VR 技术对其进行活化再现，打造虚拟互动的数字文旅产品，用户便能在智能穿戴设备的辅助下足不出户穿越时空，亲自参与历史事件、欣赏古籍，并与其中的人物互动。例如，字节跳动联合中国第一历史档案馆、敦煌研究院、甘肃简牍博物馆、国家图书馆，与 PICO、抖音共同打造的古籍活化项目《古籍寻游记》依托 PICO 的 6DOoF 交互技术以及火山引擎视频云的三维重建及视频扫描技术，还原殷墟甲骨、居延汉简、敦煌遗书、明清档案，围绕 4 个专题中的代表性文物展品，以相关史料记载、考古遗存等为依托，创作了 4 段故事化、情景化的 VR 互动纪录片。《古籍寻游记》利用 VR 技术构建宏大的场景，设置合理的道具和互动，用户在虚拟环境中可以走动的范围是相当大的，其中的文物都能够拿近欣赏，这种体验更像是沉浸式 VR 游戏，而非传统的电影式观赏。[12]另一方面，可以依托结构化的档案数据资源，通过构建知识图谱进行知识关联，最后通过 GIS 技术将知识图谱映射到地图当中，将档案文化数据与地理数据相结合，便能将基于档案的数字人文研究成果应用于数字文旅产品当中，形成基于某一特定主题的旅游知识地图，将档案中所蕴含的知识与地理信息相互关联，既能将档案中蕴含的文化资源展示在公众面前，使公众更加便捷地获取到档案文化资源，也能带给公众以高质量、全景式的文旅体验。[13]

## 5 结语

新发展格局下的档案资源开发利用，其主要特征体现在从档案资源的数字化转向深层次的档案资源内容开发、从"要素驱动"转向"创新驱动"、以高质量供给引领和创造需求，进而走向更加开放、智慧的档案开发利用模式。数智技术的运用极大提升了档案资源开发利用水平，为实现新发展格局下高质量的档案资源开发利用提供了必要支撑。未来档案部门应进一步思考如何将数智技术更好融入档案资源开发利用的各个环节当中，在保留档案本质属性和内容特色的同时，为社会各项事业发展以及公民提供更加智慧、精准、多元、便捷的信息服务和文化服务，充分发挥档案事业价值，不断提高社会各界对于档案工作的认可度，实现档案事业的高质量发展。

**注释及参考文献**

[1] 中华人民共和国中央人民政府. 中华人民共和国国民经济和社会发展第十四个五年规划和 2035 年远景目标纲要[EB/OL].[2021-03-13]. http://www.gov.cn/xinwen/2021-03/13/content_5592681.htm.

[2] 中华人民共和国国家发展和改革委员会."十四五"规划《纲要》名词解释

之 5| 新发展格局［EB/OL］.［2021–12–24］.https://www.ndrc.gov.cn/fggz/fzzlgh/gjfzgh/202112/t20211224_1309254.html.

［3］中华人民共和国国家档案局. 中办国办印发《"十四五"全国档案事业发展规划》［EB/OL］.［2021–06–09］.https://www.saac.gov.cn/daj/toutiao/202106/ecca2de5bce44a0eb55c890762868683.shtml.

［4］杨鹏，金波. 数智时代智慧档案建设的逻辑理路与运行线路［J］. 档案学通讯，2023（2）：48–56.

［5］丁家友，周涵满. 数字叙事视域下档案内容管理的发展趋势——档案数据资源生态圈的构建探索［J］. 档案学研究，2022（6）：80–85.

［6］张斌，郝琦，魏扣. 基于档案知识库的档案知识服务研究［J］. 档案学通讯，2016（3）：51–58.

［7］牛力，赵迪，陈慧迪. 面向政府决策的档案知识库基本定位对比探析［J］. 档案学研究，2019（2）：55–60.

［8］Lucia Garcia-Lorenzo. Framing Uncertainty：narratives，change and digital technologies［J］. Social Science Information，2010（3）：329–350.

［9］中华人民共和国中央人民政府. 科技部等六部门印发《关于促进文化和科技深度融合的指导意见》的通知［EB/OL］.［2019–08–27］. http://www.gov.cn/xinwen/2019–08/27/content_5424912.htm

［10］曲春梅，何紫璇. 概念、意义与实践：档案与数字人文的双向考察［J］. 档案学研究，2022（6）：10–17.

［11］戴斌. 数字时代文旅融合新格局的塑造与建构［J］. 人民论坛，2020（Z1）：152–155.

［12］人民数据. "活"过来的古籍：在数字化中守护传承［EB/OL］.［2023–04–27］. https://baijiahao.baidu.com/s?id=1764119345912536081&wfr=spider&for=pc

［13］朱蓓琳. "数字人文 +"智慧文旅应用产品的功能展望［J］. 图书情报工作，2021（24）：35–43.

［14］黄群慧. "双循环"新发展格局：深刻内涵、时代背景与形成建议［J］. 北京工业大学学报（社会科学版），2021（1）：9–16.

［15］王一鸣. 百年大变局、高质量发展与构建新发展格局［J］. 管理世界，2020（12）：1–13.

［16］徐拥军，王兴广. 强化新时代档案事业高质量发展的基础性、战略性支撑［J］. 中国档案，2023（3）：10–11.

［17］金波，杨鹏. "数智"赋能档案治理现代化：话语转向、范式变革与路径构筑［J］. 档案学研究，2022（2）：4–11.

# 档案事业现代化视域下档案馆服务价值共创路径研究

刘怡瑶

西北大学

**摘　要:** 随着档案工作现代化建设新要求的提出,如何全面提高档案工作服务能力水平、服务人民群众成为档案工作高质量持续开展的关键。本文拟借鉴"价值共创理论",以部分省级、副省级档案馆官方网页中的用户留言为切入点,从需求和供给两方面梳理当前公共档案馆实现档案馆服务价值共创的有利条件及制约因素。在此基础上提出了逐层控制档案服务、实现跨部门数据融合、着重挖掘当地特色等对策建议,以期为提高档案服务水平、实现档案服务价值共创提供参考。

**关键词:** 档案事业现代化;公共档案馆;档案馆服务;价值共创

## 1　引言

党的二十大报告深入阐述了中国式现代化理论,并对全面建设社会主义现代化国家、全面推进中华民族伟大复兴进行了战略谋划。在"两个一百年"奋斗目标的历史交汇期,加快我国档案事业发展,推进档案工作现代化具有重大而深远的意义。为此,2023年的全国档案局长馆长会议上提出:"档案工作要紧紧跟上党和国家事业发展步伐,全面融入中国式现代化的历史进程,聚焦高质量发展,不断创新工作理念、方法和模式,加快推进档案工作现代化建设,以档案工作自身现代化服务推进中国式现代化。"

档案工作的现代化是以档案事业现代化为基础的,档案事业现代化的内涵是指实现档案工作的制度化、规范化、标准化、信息化,以及与之相适应的服务理念、管理模式、人才队伍和保障体系等方面的全面现代化,使档案事业在观念现代化、服务现代化等方面,与社会经济发展相适应。[1]由此可见,服务现代化是档案事业现代化的根本要义,即坚持围绕中心服务大局,牢牢锚定"国之大者",全面提高档案工作服务能力水平,努力建设与社会主义现代化强国相适应的档案强国,服务党和国家工作大局、服务人民群众的切入点和着力点。

为此,本文拟借鉴"价值共创理论",以已经开启用户留言功能且用户留言数量较多的省级、副省级档案馆官方网页中的最新用户留言为切入点,从需求和供给两个方面总结当前公共档案馆实现档案馆服务价值共创的有利条件及制约因素,在此基础上提出了逐层控制档案服务、实现跨部门数据融合、着重挖掘当地特色等对策,以期为提高档案服务水平、实现档案服务价值共创提供参考。

## 2　服务现代化是档案事业现代化的根本要义

档案工作现代化是在一定历史条件下形成的，它是现代科学技术在档案工作中的应用和体现，是推动档案事业发展、提高档案事业社会影响力的必然要求。

### 2.1　引入数字技术是实现档案事业现代化的必然途径

2023 年 3 月 2 日，中国互联网络信息中心公布了《中国互联网络发展状况统计报告》（以下简称《报告》）。根据《报告》，截止到 2022 年 12 月，我国的网络用户数达到了 10.67 亿，比 2021 年 12 月增加了 3549 万，网络普及率达到了 75.6%。民众获取信息的方式发生巨大改变，电子化检索的需求愈加高涨。在"互联网 +"、云计算和大数据等新技术的支持下，对档案信息资源进行网上利用、远程利用、共享利用、智能化利用等利用方式的改革，是档案工作自我革新、档案资源创新利用的重要途径。随着数字技术和网络技术的不断发展，档案信息服务的方式和内容都在发生变化，特别是在服务方式上，传统的档案馆已经不能满足用户的需求。[2]借助数字技术是推动档案工作自我革新的重要途径，利用互联网信息技术建立档案网站，对档案信息服务进行创新和发展是社会信息化和档案事业现代化的必然要求。

传统档案馆与面向大众的公共服务之间有其内在的根本矛盾，"档案"在民众的印象中常常与执政党、统治有关，因此很大程度削弱了档案所蕴含的文化性，极不利于档案服务的"出圈"和推广，阻碍了档案馆服务价值共创的实现。

而档案馆网站是一个与传统意义上的档案馆截然不同的概念。档案馆网站是指国家档案行政管理部门在其指定的范围内，通过互联网向社会公众提供档案信息服务的站点。[3]传统意义上的档案馆一般只收集和保管档案，而档案馆网站除了具有档案馆原来所具有的职能外，还增加了提供信息服务、收集网络信息资源等新功能，即档案馆网站是各级国家档案局所设立或指定的各类型档案馆所开设的以提供档案信息服务为主，并兼具网络信息资源收集、整理、开发和发布功能，是一个既能为用户提供传统意义上的档案信息服务，又能为用户提供网上信息服务和网上资源开发利用等功能的综合性网站。它以网络为主要平台和手段，对馆藏档案进行数字化加工整理后通过互联网向社会公众提供服务。

档案馆网站是档案界与网络界合作而建立起来的一个新事物，它是实现档案工作信息化、网络化、现代化、国际化和社会化进程中，从传统档案信息服务模式向新时期新环境下档案信息服务模式转变过程中具有里程碑意义的一项重大举措。随着我国经济体制改革和社会信息化的快速发展，档案事业的现代化进程也随之加快，档案馆建设的重点也由过去传统的封闭式管理逐步转向现代化管理，由单纯的馆藏建设和保管逐步转向为社会公众提供利用服务，为实现档案信息资源共享，必须将档案馆网站建设作为数字档案馆建设的初期形态之一，加强档案馆网站建设，以实现公众与档案馆服务的价值共创。

## 2.2 档案公开利用是实现档案服务价值共创的必要前提

《中华人民共和国政府信息公开条例》（以下简称"《条例》"）是为了推进国家治理体系和治理能力现代化，保障公民、法人和其他组织依法获取政府信息而制定的。我国档案馆是法律所规定的"党和国家的科学文化事业机构"，其自身性质决定了政府信息公开是其工作中重要的一部分。其颁布实施对于推动我国档案事业的现代化，无疑大有裨益。为了便于公众尽快行使知情权，《政府信息公开条例》也进一步规定了信息公开的期限，即政府应当在信息形成或变更之日起 20 个工作日内决定是否公开。这不但便利公众更好地了解相关信息，也对各级档案馆的工作安排益处良多，利于形成良好的和可循环的政府信息公开模式。档案公开利用是提高档案事业影响力的迫切需要。《条例》的颁布实施，标志着我国政府信息公开工作进入了一个新的阶段，政府信息公开工作的开展对档案事业现代化进程产生了深远的影响。[4]

档案开放是常态，不开放是例外。档案开放利用工作是档案工作的最终目标，是实现档案价值的主要途径。信息价值是档案工作的能量之源，如果大量的馆藏资源在很长一段时间内都被封闭起来，不能借助数字时代的力量，不能将蕴含在档案信息中的价值链信息利用起来，那么，档案工作的发展就会变成一潭死水，档案工作就会受到来自各方的信息力量的干扰，甚至被其巨大的洪流所吞噬和淹没。因此，档案馆应当从自身做起，要不断开发和提供各种有价值的信息，满足社会各方面已经存在的需求和未被发掘的需求，以此作为实现档案馆服务价值共创的基石和根本。作为公共部门，档案馆要在进一步完善《条例》规定的各项制度的基础上，切实履行职责，提高服务能力。如何充分发挥档案资源在社会生活中的作用，成为摆在档案馆面前一个亟待解决的问题。

## 3 档案馆服务中的价值共创基础与机制

### 3.1 档案馆实现档案服务价值共创的可行基础

公共档案馆是连接档案和社会公众的一座桥梁，它是档案和社会公众之间相互联系的纽带，是实现档案和档案工作价值的一个重要场所。[5] 其服务功能主要体现在两个方面：一是以国家意志为主导，使其服务于党和国家的工作大局。二是以社会公众为主体，使其服务于人民群众。对于档案馆来说，如何满足使用者的需要、吸引更多用户关注档案馆开展的业务工作，是档案事业能否得到使用者的认可以及能否实现可持续发展的关键。在传统的条件限制下，公共档案馆因为种种原因，所提供的档案信息服务经常比较单一，常常局限于用户到馆进行查询和借阅，这显然已经不能满足新时代下用户对于信息获取便捷化的要求。而在当下的互联网环境中，网络平台为档案事业自然地提供了一个开放的、适宜于公众使用的服务环境。

档案馆服务是指档案馆为社会公众提供档案信息资源利用与服务的行为。主要包括两方面：一是档案馆基本服务，即在档案馆已有的基础上，面向社会公众提供以档案信息查询、档案编研、档案开放、提供参考咨询等为主要内容所进行的服务，是基础性、本职性工作；二是档案馆拓展性服务，主要是指持续开拓档案馆服务的新领域，促进档案馆服务职能的扩展，也就是在做好档案馆基本公共服务工作的同时，积极开辟档案馆公共服务的新方式与新领域。[6]

档案馆拓展性服务是档案馆在基本公共服务形式之外的一种创新，是指针对用户需求，提供更加多样化的服务。它能够为用户提供更多有价值的信息，提高用户对档案的认知度和利用度，提高档案管理效率和质量，同时也能够更好地满足用户的需求。此外，档案馆还可以为用户提供数据分析、修复、档案展览等服务，以帮助用户更好地了解和利用档案信息，从而实现更大的价值。

档案馆服务不仅是为社会公众提供档案知识和信息资源，更重要的是帮助他们更好地理解、利用档案。档案馆基本服务与拓展性服务有很多不同之处，其实施模式、服务特点和目标群体都有所不同。

档案馆基本服务的实施模式通常表现出了档案馆相对被动的服务特性。由于档案馆在向社会提供档案信息时，往往都是根据用户的档案利用需求来提供相应的服务，所以大多数情况下，传统的档案馆服务都是处于一种等待用户上门的服务形式中。而档案馆的扩展性公共服务，改变了档案馆等着用户上门的方式，采取了主动出击的方式，在预判用户的档案信息需求的前提下，主动提供服务，这就是为了满足用户对档案信息不断增加、多样化的需要，档案馆积极主动的服务功能的拓展。档案基础服务通常以馆内服务为主体，在服务范围上呈现出内向型特征；档案馆拓展性服务很有可能突破档案馆的场域范围，与公众工作和生活的地方场所融合在一起，关注到不以档案基础服务的方式与档案馆建立使用联系的用户群，服务领域表现出从内部向外部扩展的趋势。

在目标群体方面，以第九届国际档案大会所提出的三种档案利用类型为基础，可以看出，档案馆的基本服务对象以档案的学术使用和实际使用群体为主，而档案馆的扩展性服务更倾向于对档案的普遍利用群体提供服务。档案普遍利用群体一般没有非常明确的档案利用需求，这是由其档案意识水平和档案利用素养决定的。档案普遍利用群体不知道自己和档案馆之间会存在怎样的联系，也不知道档案馆在哪些方面能够为自己提供服务。因此，他们很少会主动到档案馆去寻找档案利用，需要档案馆为其主动提供扩展性服务。

总体而言，档案馆基本服务指的是档案馆在其基本职能范围之内所提供的服务形式，包括了查档、提供参考咨询等内容，目的是保证社会公众对档案信息最基本的需要。而档案馆的扩展性服务，就是对档案馆的基本功能进行突破，它向社会提供了更多的档案信息服务，具体内容有更快捷的档案信息查询、档案资料的数字化处理、档案数据库的构建等，还可以开展多种形式的公共宣传和服务。它是对档案馆基础公共服务的延伸和补充，目的是向社会提供更多的方便、优质、高效的服务，满足人们对档案信息服务的需要。

### 3.2  档案馆实现档案服务价值共创的机制要求

如何把用户的需求放在核心位置，在数字时代激发档案馆的创新活力，同时有效地利用信息技术对档案馆自身的发展进行赋能，是目前档案工作面临的一个重大问题。近几年来，档案界"价值共创"思想的兴起，给档案界带来了一种全新的服务方式，也给档案界带来了新的机遇。"价值共创"是指以档案信息为载体，以用户为中心，以档案资源、数字技术和公众为主体，通过档案信息与用户的互动，使档案资源和数字技术与公众进行互动，共同创造和实现其价值。在这个过程中，读者不仅可以获得更多的资讯，还可以为档案服务的革新做出自己的贡献。[7]

### 3.2.1 "价值共创"理念的提出

21 世纪初，著名管理学家普拉哈拉德认为，企业在未来的竞争中，将依靠一种全新的价值创造方式，即以个人为核心，让顾客和公司一起创造价值，这就是所谓的"价值共创"。[8]"价值共创"作为一种新的商业理念，其核心在于：企业要通过与消费者和其他利益相关方的合作，共同创造产品或服务，以满足消费者需求。"价值共创"的核心是以用户为中心，以用户需求为导向，其理念与"用户中心"理念是一脉相承的，在本质上都是强调企业与消费者、社会公众之间的价值互动、互动协作，最终创造出满足消费者需求的产品或服务。

然而，由于公共服务的非竞争特征，使得其服务供给主体很少重视需求主体的参与。因此，在公共服务领域内，对价值共创的研究相对滞后。但随着社会经济的发展和公众服务需求的改变，政府等公共服务提供主体逐渐意识到了社会力量对协同供给的重要作用，更加注重公众的获得感和满意度，并鼓励公众参与公共服务的产品供给、政策制定和流程设计，从而具备了实现服务价值共创的可行性。[9]

### 3.2.2 馆藏档案资源是价值共创的基础

档案资源是用户需求的来源，也是价值共创的基础。将档案资源、数字技术与社会公众结合起来，通过互动协作，共同创造价值。信息资源体的生产、存储和传播是档案工作开展的核心与灵魂。

在用户与档案馆之间存在着信息不对称的情况下，档案馆通过挖掘、整合各类档案资源，为用户提供符合其需求的服务，从而达到服务目的。为此，档案馆应主动获取用户需求，并建立档案资源体系，对各种档案资源进行整合、加工，使之成为服务产品，并将其转化为档案价值共创的推动力。

### 3.2.3 以用户为中心是价值共创的内核

"价值共创"是以用户需求为核心的一种创新模式，是基于用户需求进行的创新。档案服务创新只有以用户需求为出发点，才能真正实现档案部门与用户之间的"价值共创"。用户的信息行为模式需要构建和反馈，如何"圈定"用户，"俘获"用户，是每一位档案工作者必须认真考虑的课题。在这一过程中，档案馆应充分考虑不同种类用户不同的思维、行为、需求与体验，并通过合理规划设计、灵活选择资源、建立完善机制等措施，增强用户的参与感，提高用户的参与度。通过对用户需求和体验的把握，档案馆应以用户为中心开展服务创新，从而实现档案部门与用户之间"价值共创"。

### 3.2.4 利用技术赋能是价值共创的手段

新冠疫情的冲击对用户获取信息的方式产生了深远的影响。在大数据时代，档案馆应当充分利用现代信息技术手段，建立以档案数字化、档案资源开放化、档案服务个性化为基本特征的新型档案信息服务模式。对档案馆而言，这意味着要突破传统的档案工作思维模式，创新服务手段、拓宽服务范围和丰富服务内容，要主动满足社会大众对档案信息的多样化需求，而不是被动接收用户的档案需求。档案馆可以通过智能导览、大数据分析、线上展览等方式，向用户提供更多便捷、智能的服务。同时，探索数字档案资源的分布式存储和共享利用，充分运用区块链技术，更好地实现档案信息价值的增值。

### 3.2.5 多主体参与是价值共创的要求

"价值共创"的理念是一个开放的系统，其本质是用户和档案机构在价值共创过程中共同创造价值。这一理念强调的是用户和档案馆之间的合作关系，而并非档案机构和用户之间的关系。在实践中，档案馆需要协调不同利益相关者之间的关系，让各主体都参与价值共创过程。

## 4 档案馆服务价值共创的需求与障碍分析

### 4.1 档案馆服务的价值结构

在档案管理中，第一价值是指档案作为记录历史、证明权利等方面的价值，体现了档案的工具价值，即在发文机关产生的实际利益价值。档案本身记录了历史的真实性和客观性，可以作为证明权利的重要依据，并为相关司法机关和公共服务机构提供信息支持。第一价值的产生，依托于档案馆的服务对象需要首先具备一定的专业性，其用户有明确的指向性需求，且大部分需求集中于档案的实际使用，因此档案工作的服务重点可以集中于档案的保管和管理过程中，这一环节体现了档案的基本服务功能。

档案的第二价值则体现为档案的参考价值和知识价值，主要体现在档案的教育、研究和文化传承等方面。档案资源在档案馆经过整理、编研，可以作为研究历史、文化、社会等方面的重要资料来源，并为相关学术机构和研究者提供支持，可以为社会提供历史文化、社会经济等方面的研究和交流。档案的学术使用需求体现了档案的参考价值，为社会文化传承和教育等方面提供信息支持，档案的使用蕴含了档案产生的知识价值，既包含档案的基本服务功能，也为档案馆拓展性服务提供资源支持。

第一价值和第二价值在档案管理中各具特点，服务对象也有所不同。第一价值主要服务于政府、司法机关、公共机构等，为其提供重要的信息支持和证明依据；第二价值则主要服务于学术机构、研究者、文化传承机构等，为其提供重要的研究资料和文化遗产继承支持。但在信息资源膨胀的新形势下，要实现"档案破圈"，就必须把服务重点放在对档案使用没有十分清晰的要求的普遍使用人群上，为公众提供历史文化的认知和体验。只有在普及型社会中，档案的知识性价值才能与其有直接联系，所以，对档案进行拓展服务，应该注重以此作为出发点。

### 4.2 档案馆服务中的需求与供给现状分析

#### 4.2.1 需求板块：基于档案网站用户留言的用户需求分析

从用户的角度出发，以用户的需要为出发点，才能使档案馆和用户达到"价值共创"的目的。本文将从档案网站中的用户评论入手，对网上档案用户的利用和使用需求进行分析。

通过调查统计发现，目前各我国省市公共档案馆均已建立了自己的官方档案网页，但各省市之间的用户留言量存在着很大的差异。本文在已经开启了用户留言功能且用户留言量较多的各个省市档案馆官方网页中，分别截取了在用户参与板块功能下的最新用户留言各 100 条，时间跨度集中于近 5 年。随后，利用文本挖掘的方法，对用户的评论进行抽取，并提取评论中被提及最多的、最受关注的关键词。

通过软件分析，展示出了不同省份档案用户的档案信息需求，反映出档案用户通常会对何种档案资源有实际的利用需求，以及档案用户对于档案馆有什么潜在诉求。借此，对档案用户的需求特点有一个全面的了解，从而便于开展对档案用户画像的刻画，展现出档案利用群体的不同身份、不同层次以及不同诉求，用以对档案网站的用户信息需求进行分析。图 1—图 7 展示了不同省市地区用户评论中的高频词汇统计，字体越大则代表该词被提及的频率越高。

图1　贵州省用户参与高频词汇统计

图2　安徽省用户参与高频词汇统计

图3　山东省用户参与高频词汇统计

图4　陕西省用户参与高频词汇统计

图5 四川省用户参与高频词汇统计

图6 天津市用户参与高频词汇统计

图7 浙江省用户参与高频词汇统计

（1）网上查档的普遍信息服务需求。随着互联网技术的发展，公众获得更多的信息途径已经由传统的线下借阅转为线上查询。尤其是在新冠疫情期间，对于大多数用户来说，他们更希望能够直接通过互联网进行档案的查阅。

（2）以职业、考试信息为主的档案实际利用需求。部分省份用户重点关注档案部门在职称、人事等方面的信息，体现了用户对于档案部门基础业务信息的需求，属于特定群体的实际利益需求。

（3）以学术查询为主的档案实际利用需求。由于档案部门所掌握的资料可以为社会上某些行业提供参考、借鉴，所以档案部门与学术机构有着密切的联系。学者和学生在撰写论文时都希望能够借阅文献资料，因此在撰写论文时也会对所查阅到的档案信息进行综合利用，体现了档案的历史文化价值的发挥。

（4）查询近亲属的生平档案的个性化信息需求。除了具有专业身份背景的档案利用者以外，还存在一些普通的非学术、行业以外的档案利用群体。一些用户来馆查询近亲属的生平档案和履历，可以借此建立家谱，体现了档案用户个性化的信息需求，档案资源在此过程中有助于构建一个家族的完整叙事，激发档案用户的身份感和归属感。传统文化的唤起、家族意识的产生，创造了大量潜在的档案利用需求，使得一些档案使用者由被动接受转变为积极抉择，更多地期望得到个性化的档案服务。

（5）关注档案"文创"等新兴领域的潮流需求。近年来，已有用户关注档案领域的文创发展情况，这是档案实现"走出去"的方式之一。除了文创产品之外，还有一些档案资源，如馆藏珍贵文物、珍贵档案、文献资料等。这些档案不仅是人类社会发展进程中文化传承的见证，也是人类文明发展历程中文化财富的积累，更是档案部门开展拓展性档案服务活动的重要载体，档案部门应效仿博物馆等文化机构，满足用户的传统与现代相结合的文化潮流需求。

（6）各省市档案用户需求显示出极大地域化特征。通过数据调查，可以看出，各省市档案用户的档案需求区域化明显，集中于本地人和事件的专题档案，希望能够获得与其有关的文献、资料、清单、图片等。因此不同省市档案馆在进行资源建设时，应当着力发掘本地特色的、杰出的人物和事件，尽量将人物和事件具体化，为地区用户的普遍利用需求打造独有的地域环境。

### 4.2.2 供给板块：基于网站模块设置的档案服务分析

档案网站公众留言数量的多寡，反映出了该省市公共档案馆与用户间交流联系的紧密程度，具有一定的代表性和参考意义。因此，本文选取了公众留言数量较多的省市级公共档案馆网站，将各个网站的功能板块按照用户使用目的和使用场景的不同，划分为基础性服务和拓展性服务，如表1所示。

表1　部分省市级公共档案馆网站栏目设置

| 省份 | 网站名称 | 基础性服务 | 拓展性服务 |
|------|---------|-----------|-----------|
| 浙江省 | 浙江档案 | 档案政务、信息公开、档案业务、机关党建 | 档案文化（包含内容：杰出人才、浙江方言、记忆浙江、档案文献遗产、档案公布、历史追踪、档案故事、珍品博览、网上展厅、编研成果、电子书刊、视频荟萃、非物质文化遗产）、浙江之最、查档服务（将档案资源按形态分为数字档案、图书期刊、历史图库、声像档案，还开辟了特色专题栏目，以名人档案为主。并且可以链接到浙江政务服务网下的档案便民利用系统）、公众服务（专家答疑、在线咨询链接浙江政务服务网） |
| 四川省 | 四川档案 | 新闻资讯、政务服务、政务公开 | 查档服务、档案文化、专题展示（档案文化和专题展示中红色档案居多） |
| 天津市 | 天津档案方志网 | 入馆指南、馆务信息、业务工作 | 记忆天津、成果展示（按档案载体分为视频、图册、文献汇编等，以红色档案为主）、档案查阅（将民生档案分类，包括婚姻、医疗、保险、工资、文娱等）、专题专栏（记录了近几年的主题征文和档案活动） |
| 陕西省 | 陕西档案信息网 | 政务公开、新闻中心、政策法规、档案业务 | 查阅服务、档案文化（视频、编研、兰台文苑、陕西方言、《陕西档案》。老字号、红色档案。对杰出人物关注较少，多集中于团体组织的档案收集）、公众参与 |
| 黑龙江省 | 黑龙江省档案馆 | 政务信息、资讯中心、业务园地、服务大厅 | 龙江史话、走进展厅 |

基础性服务包含了档案馆所提供的基本服务，大多数与档案馆自身建设相关，用于日常发布和提供本省及全国范围内档案行业的相关资讯，更多包含了档案行业的制度法规、人事任免、时事新闻等机关行政性业务内容，多由用户主动需要获取服务。用户进入该类模板查询信息时，多数是有着特定的目的、有确切的使用需求，需要进行实际利

用。基础性服务满足了具有特殊专业和身份的用户的服务需求。

而拓展性服务则更加侧重于档案馆的文化建设，以及馆藏档案资源的文化性开发，侧重于档案馆向用户的主动输出。该类板块通常会收录并展示出已经编研成册的档案文化资源和各种形式的档案成果，供网页用户搜索、浏览和观看。浙江省档案馆以各历史阶段上的名人事迹为主，包括个人事迹和企业组织"老字号"等事迹，尽可能收录一切与浙江省成就有关的档案资源，收录浙江之最、新闻联播中的浙江，提高地区人民自豪感。近年来出现的对档案文创的文化诉求，显示了档案网页中档案文化在未来的巨大潜力，可以为档案拓展性服务领域大放异彩，在档案资源价值链中蕴含的信息价值、资产价值、人力资源价值有待进一步发挥。拓展性服务属于档案馆向档案普遍利用群体主动输出档案资源的行为，可以为潜在的普遍利用群体提供档案服务，从而更充分地发挥档案资源的文化价值。

## 4.3 档案馆公共服务实现价值共创的制约因素

### 4.3.1 数据治理体系尚未建立

档案数据治理是档案资源数字化转型的关键一环，档案数据质量是档案数字转型的重要基石。在档案用户对档案网上查阅与浏览的信息服务需求日益增长的今天，各省市级档案馆档案数据质量良莠不齐的现状不容忽视。然而，由于我国档案馆在数据治理领域起步较晚，多数档案馆还处于起步阶段，难以满足数字时代的数据质量要求。同时，在档案数据的存储质量方面，不同档案馆之间也存在较大差异，最主要的原因在于档案行业尚未形成统一的档案数据标准，我国大部分档案馆没有建立起完善的数据治理体系和数据质量管控机制，导致在数据治理过程中出现了一系列问题，在这一方面与信息资源快速获取的时代要求"脱轨"。

### 4.3.2 档案数据流转过程受阻

为实现档案资源内容的挖掘和关联，在这种情况下，档案数据间的流转必将成为一种常态，这也是知识共享时代的一种价值的体现，是实现档案价值共创的必然要求。这一过程将不可避免地牵扯到两个或多个主体之间的"跨界"合作。但是，因为当下缺少一个整体统一的管理机制和数据治理规则，即使在档案行业中，也存在着档案数据的建设标准不统一、速度不一致的问题。档案部门在和其他部门进行合作共享数据时，尚且存在数据管理职责的划分上不明确的问题，重重关卡都阻碍了档案数据治理的共建共享，难以实现有效的价值共创。

### 4.3.3 档案服务效能无法释放

档案资源的数据化必然消耗大量的财力、人力和物力，即使档案馆有心推动数字资源建设，但其效果可能差强人意。究其原因，首先，单个档案馆的档案资源数据化并不能改变整个行业生态，无法撼动档案在社会形象中"传统库房""纸质化"的固有印象，进而档案用户的档案需求被限制在实际利用、学术利用层面，档案服务的目标群体也只局限于具有专业性的特定用户，档案馆的文化影响力难以突破桎梏，进而造成档案馆服务愈加封闭，效能无法释放的局面。

## 5  档案馆公共服务价值共创的实现路径与对策

在数字化转型的趋势下，在越来越快、越来越强的竞争环境下，档案馆需要对自身的生态进行合理的定位，并及时地进行相应的调整，以获取并持续保持自己的核心竞争力，从而适应不断变化的社会生态环境。

### 5.1  逐层控制档案服务，推动价值共创实现

按照档案馆提供档案服务行为的不同阶段进行分类，从物质层、资源层、应用层的角度出发，将档案服务过程分为前端控制、中端控制、后端控制，对档案馆服务的价值共创进行分析。

#### 5.1.1  前端控制——物质层：实现档案资源数据化

前端控制的工作重心在于档案馆工作的前沿环节，为保证用户网上查档、网上浏览的基本需求，要求对入馆的档案资源进行数据化建设。其重点在于实现档案资源的全电子化，由实物纸质转为档案资源上网浏览观看，改变档案实际利用的形式与方式，实现档案资源数据化，以适应当代用户的档案使用需求。同时，要做好档案数据的采集和管理工作，建立一个体量丰富，类型多样，质量过关的电子档案资源库。

在这个过程中，档案资源的电子化应达到完整和安全两个方面要求。为实现档案资源电子化，在双轨制向单轨制转化的过程中，不能仅满足于档案馆硬件设备的达标，更关键的是国家整个档案系统需要有一个完整的体系。档案电子化利用体系能否顺畅，极大程度依赖于资源存储的标准统一性和兼容性。为此，需要档案行业牵头制定统一的数据存储行业标准，并且对建设能力不足的档案馆进行帮助和指导，为打造档案系统新生态奠定坚实的基础。

并且，为了确保电子文件的安全性和可靠性，档案部门需要跨专业借鉴和采取一些计算机领域的技术手段，与其他行业进行合作，促进档案服务实现价值共创的数据基础建设。可以通过聘请计算机领域的专业技术人员，构建四性检测等归档标准，在初步实现档案资源全电子化后，同时进行电子证伪技术的开发和使用。通过规定文件的使用频率、特性、价值以及保管设施，建立档案馆移交档案的规则。但在此之前，应当由档案行业最上级部门牵头，制定行业数据化标准，再逐级推广到各级公共档案馆使用，建立一套以管理、业务、技术为基础的档案管理系统。档案资源电子化的核心要义在于各级档案系统的整合与兼容，而不是仅靠个别档案馆购买先进技术便能够打造成型的。应依照各地档案馆实际条件，同时、同步、取长补短地开展国家标准建设，相互借鉴和学习，互通有无，共同打造档案数据系统新生态，为价值共创机制营造适宜环境。

#### 5.1.2  中端控制——资源层：推动档案数据关联化

中端管理要求增强档案资源在知识空间连通和转化的能力。档案资源的内容开发要具有一定的内生性，仅仅依赖于计算机技术，对于档案的核心业务起不到根本性的影响。应当深入挖掘档案资源，细化文本资料的颗粒度，在此基础上，利用语义本体构造等相关技术，对馆藏数字档案资源的内容要素进行深度挖掘，并进行知识建模，从而解构档案对象载体。将档案管理从案卷的管理向本文要素和主题的数据化构建转变，形

成强大准确的关联体系，达到档案资源多维组织、活化全盘的最终期许。为实现"以价值为导向，以知识为动力"，要以档案馆馆藏资源为核心，进行档案信息资源中的知识元素的定位和要素间的语义关联。先实现文件本体的关联，再使得文件与整个文档系统建立联系，最后从整个档案系统中形成以人物、环境（包括时间和空间）、事件为中心的不同主题和脉络关系。运用语义聚合和关联，对主体关联进行扩展，将客体从个人到岗位进行记录，从本级部门扩展到上下级别部门。这样，档案的价值也就从个人价值提升到部门价值，再逐渐扩展到全社会价值，用以满足个人、政府、国家等多方面的应用需求。[10]

在建立起电子化的档案资源库后，应该着重开发档案知识挖掘体系。在微观层次上注重数据的相互关联，以及有利于人机理解的上下文信息，让每个人都可以准确、有效、可靠地找到并使用这些相关的信息和知识。[11]将档案资源"传递式利用"向档案内容"开发式利用"转变，提高档案数据内容管理的执行能力，改进档案数据内容管理的应用体系，使档案资源内在的信息流价值得到最大限度的发挥。

在内容制作上，建立精准的推广渠道，例如，天津市档案馆就按照分类建立了婚姻档案、医疗档案等与人民生活密切相关的查询板块。一些国外的档案馆率先开辟了创新档案服务的版块，比如收集和记录个人成长的轨迹、家族宗族的兴衰历史。这体现了档案部门关注用户实际需求，并且主动与用户进行联系，共同创造了受大众欢迎和关心的档案产品或服务，以满足消费者需求。这有助于集体记忆的构建，形成民族自尊心和自豪感，满足普遍利用群体对拓展性服务的需要；有助于展示档案馆走在前列，想在用户之前，创造用户的档案服务新需求，扩大档案的服务层次，实现档案的价值共创。

### 5.1.3 后端控制——应用层：多元利用档案数据

后端控制关注用哪一种形式去利用档案数据资源，并且强调进一步优化档案社会化服务并加强数字档案的智慧化能力建设。同时，还提出了要进一步完善档案馆的社会化服务，提高档案馆的智能化水平。

这就要求档案馆首先应该以服务对象的需要为导向，发挥档案的历史价值、参考价值，在资政学术、集体记忆的领域，进行应用拓展建设；在档案应用场景构建上，强调将新一代信息技术应用于档案利用，可以效仿博物馆等展演方式，拓展创新应用的档案资源价值空间。提高档案领域的技术智能化，将重点放在智能鉴定、智能编研、数据可视化、知识计算和智能推荐等技术能力的建设上，将数字档案管理、数据治理向智慧档案应用的方向转变。[12]其次，要注重新理念、新技术和新方法的应用，立足于档案建设的前期工作，针对社会需求和用户心理趋势，创新发展新功能，为档案用户提供新服务，满足用户拓展性服务需求，实现档案服务价值共创，推动档案普遍利用。

## 5.2 实现跨部门数据融合，构建文化资源生态

随着人工智能的发展，数据之间的融合将变得更加紧密。档案部门首先应打破行业内的档案数据壁垒，建立统一的档案数据存储规范，实现档案资源的共建共享。建设"一站式"的档案信息资源服务平台，实现各部门之间的互联互通。例如陕西省档案网

站链接了国内其他档案网站、市区档案网站以及高校档案网站，这虽然是一种网页形式上的初步连接，但也体现出了档案行业共建共享的思想。

其次，档案部门也需要向外拓展，将其网站与其他政府网站平台进行链接。目前，浙江省档案网站就能够链接到浙江省政务服务网，这一方面有助于民众直接处理业务，节省民众办事时间；另一方面可以在一定程度上提升用户使用满意度。对于档案馆来说，这也是一次将档案资源更广泛地运用于社会服务的尝试。未来，档案馆可以将其链接到诸如博物馆、艺术馆之类的文化网站，与其形成文化艺术集群，构建社会文化生态，从中借势，充分发挥出档案资源独特的历史性和文化性。

### 5.3 着重挖掘当地特色，推动档案服务"破圈"

早在 2012 年，宁波市鄞州区档案局在实施"名人建档"工程时，便开始探索新的档案文化建设之路，率先提出了"跳出档案建档案"的概念，从"档案"中走出来，由档案部门主动牵头，经过广泛征集、进行筛选、上门征集、拍摄专题四个主要环节，最终形成了建筑界泰斗张乾源的专题档案。通过对档案网页的功能和作用进行分析，可以发现，各个档案馆应立足本地特色的文化资源、人物、建筑、民间文学、戏曲等历史记录，将档案网页作为地区的一张文化宣传名片，通过对档案网页进行整理和开发，实现文化价值与经济价值的双重发展，为当地文旅事业的发展提供助力。

"档案文化"的发展是为了更好地服务于社会，促进社会发展。相较于博物馆中留存的人类文明历史中伟大的瑰宝，档案馆保存的则是每个普通人的一生，更加贴近普通人的一生，它记录了个人的成长轨迹，而档案的优势恰恰在此。档案故事核心的吸引力在于对人物形象的塑造和精神传承，在引起人们的骄傲感、自豪感、共鸣和归属感方面有着天然优势。在新的应用场景下，建立用户互动、记忆聚集的平台，搜集民间流散的手工艺品，为艺术创造提供新的灵感，为体验类农家旅游提供历史文化资源支持。借助互联网与网络出版物、印刷资料、公共项目、商业媒体、教育和推广活动，将档案馆作为一个平台，将这些有特色的历史文化资源整合起来，丰富本地区旅游项目。将档案与当地的旅游资源相结合，定能发挥其特有的、强大的影响力和感召力，产生更多的档案服务创新。

"价值共创"作为一种全新的用户参与模式，是档案馆服务创新的重要路径。档案馆要充分挖掘数字资源，做好馆藏档案的数字化转化工作，实现"以用促收"；要通过深度挖掘用户需求，搭建用户参与平台，引导用户主动参与档案馆服务；要强化技术赋能，构建开放共享的档案信息资源体系，以技术引领档案工作高质量发展。拓展大众信息流，就是要以问题为导向，以目标为导向，以利益为导向。这对档案馆建设和管理人员的素质和能力提出了很高要求，需要他们有主动融入大众信息流的意识，进而促使他们做出相应的决策，促进档案馆生态的全面演化。

### 注释及参考文献

［1］马仟婷，刘曦. 关于档案管理现代化的思考［J］. 中国集体经济，2022（18）：51-53.

［2］吴佳怡．网络环境背景下档案信息服务创新的思考［J］.城建档案,2018（11）：23-24.

［3］张慧敏．浅谈档案馆网站在档案公共服务能力建设中的作用［J］.信息记录材料，2021（5）：228-230.

［4］刘霞．政府信息公开背景下强化档案利用的价值与措施［J］.城建档案，2021（11）：59-60.

［5］陈君兰．公共档案馆——综合档案馆的归宿［J］.办公自动化，2018（12）：50-52+35.

［6］杨静．档案外展与档案宣导——国外档案馆拓展性公共服务研究［J］.档案学研究，2022（4）：140-148.

［7］宋雪雁，于梦文，王阮．价值共创视角下数字时代档案文献编纂模式研究——基于用户主导的逻辑［J］.档案学研究，2019（6）：94-101.

［8］李亮，齐善鸿．管理学研究的价值管理新范式探微［J］.管理学报，2019（4）：491-499.

［9］韦鸣秋，白长虹，华成钢．旅游公共服务价值共创：概念模型、驱动因素与行为过程——以杭州市社会资源国际访问点为例［J］.旅游学刊，2020（3）：72-85.

［10］沈红雨．语义关联聚合模型在乡村档案中的应用研究［J］.中国档案，2022（7）：68-69.

［11］李姗姗，赵跃．基于关联数据的非物质文化遗产档案资源开发［J］.中国档案，2016（6）：71-73.

［12］祁天娇，王强，郭德洪．面向知识赋能的档案数据化编研：新逻辑及其实现［J］.档案学通讯，2022（1）：45-52.

# 用户空间：民生档案数据资产化整合利用研究

## ——以苏州工业园区为例

张 舒[1]  白文琳[2]

1 苏州大学社会学院
2 天津师范大学管理学院档案学系

**摘 要：** 本文针对苏州工业园区民生档案数据及系统互不统属、相互割裂的问题，提出以数据资产化为契机，深入理解民生档案资源利用和园区数字政府建设的双向需求，利用数据治理和数据挖掘技术将民生档案资源优势转变为民生档案资产，释放园区民生档案数据价值，通过构建集成式、一体化的用户空间，提升园区公民查档、用档的效率与质量，深度赋能园区数字公共服务能力。

**关键词：** 民生档案；数据资产；资产化整合利用；苏州工业园区

## 1 引言

数据资产化是数据治理的高阶形态，相较于资源化的数据整合，数据资产化管理是激发组织数据要素活力、加速数据价值释放的关键。[1]民生档案数据涵盖了公民生活的各个方面，是党和政府各部门、各单位在保障和改善民生工作中形成的真实记录，涉及广大人民群众的切身利益。[2]因此，对民生档案数据进行资产化管理，以充分挖掘数据价值，是建设服务型政府、保障民生福祉的必然要求。

我国"十四五"规划提出建设数字中国的目标，做出推动政务信息化共建共用等深化政务服务改革的相关规划。[3]因此，"十四五"时期成为民生档案整合利用模式转型升级的重要阶段。苏州工业园区（以下简称"园区"）档案管理中心自成立以来，精心打造数字档案馆信息平台，园区档案事业的发展基本形成了具有园区特色的管理模式。园区民生档案馆藏量大，且在资源化方面具备一定的数字基础，目前已实现移动端"民生档案掌上查"模块中三类民生档案的在线查档和下载，但民生档案数据整合利用的价值并未得到充分的挖掘和释放。因此本文以苏州工业园区为研究案例，以民生档案资源开发服务深化工程与园区数字政府建设双向需求为导向，探讨如何以"一人一档""一企一档"为契机，进一步将园区民生档案资源规模优势转变为数据资产。

## 2 概念辨析

理解民生档案数据资产化管理，首先要理解民生档案资源化与资产化的关系以及"一人一档""一企一档"用户空间的概念。

### 2.1 民生档案资源化与资产化

档案资源化的本质上是档案的有序整合和多元价值利用。周文泓等从档案社会化的视角出发，认为档案资源化是对档案信息进行充分的收集、组织、开发、利用，资源化是档案社会化升级导向的并行维度。[4]陈巍等学者提出"档案资源化指有价值的档案记录经过加工处理使之有序化并大量积累而成的有机体。"[5]赵玲玲基于大数据的背景，提出档案资源化是大数据技术推动海量档案资源分类并利用。[6]结合前人从不同视角对档案资源化概念的相关研究，并基于对民生档案与公众的特殊关联以及档案信息化的发展趋势，本文对于"民生档案资源化"的定义为，利用现代化技术，通过采集、组织与公民生活、工作质量密切相关的档案数据，并将之转化为有序、逻辑连贯的信息实体，实现民生档案数据的质化，从而深度强化其在公共决策、公众生活质量提升以及社会全面发展中的价值引领地位。

而目前业内、学界并没有"档案资产化管理"的相关解释，相近的有"数据资产管理""政务数据资产化"等相关概念。《数据资产管理实践白皮书》[7]《资产评估专家指引第9号—数据资产评估》[8]《数据资产管理》[9]等文献从产权、价值、主体等不同角度对"数据资产"进行了定义，且不再局限于经济学领域。因此，本文总结前人研究并基于数据在社会领域的多元价值，将"数据资产化"定义为企业或组织通过识别、分类、管理和利用其合法拥有或控制的电子或物理数据资源，使其能够持续发挥作用并在未来一定时期内带来直接或间接的经济和社会效益。

由于数据资产的主体已经从企业扩展到组织，包括政府机构、企事业单位，民生档案作为政府保障民生、推进社会公正和构建和谐社会的重要数据，其资产化的定义即为将民生档案从原初的信息存储载体，升华为富含深度价值的资产型实体，具备直接或间接催生民生福祉及经济增长潜能的数据实体的过程。

民生档案资源化为民众提供档案的多途径、便捷的利用方式，是资产化的初级阶段，而民生档案资产化则在资源化的基础上，进一步挖掘民生档案的潜在价值，实现档案数据价值的经济和社会效益的可量化。

### 2.2 用户空间："一人一档"和"一企一档"

用户空间主要借鉴新加坡的全国个人信息平台MyInfo，它将每个新加坡公民的个人信息整合到同一平台，所有电子政府密码用户都可拥有个人化档案[10]。其中"一人一档"是指对公民的信息进行全方位的整合，创建集成的个人档案，包括但不限于个人基本数据、就业数据、家庭数据、驾驶执照、财产数据等。"一企一档"是将全面收集和整合企业的各类数据集成到同一平台，包括注册信息、法人材料、员工信息、财务数据、信用记录等。

因此以"一人一档""一企一档"为基础的用户空间，实质上是将每个公民和企业散在各个政府机构间的个人和企业信息整合成单一档案，不同政府部门间用户资料共享，即用户登录公安、卫生、教育等政府部门系统只需输入一次资料。用户空间能够通过民生档案数据治理，实现政府政务能力提升与人民生活水平提高协同目标[11]，消除用户查档、用档不便和混乱，使公民更容易与政府打交道。

## 3 园区民生档案数据整合利用现状问题分析

随着数字化的发展，园区现有的资源利用体系已经不能满足庞大而复杂的民生档案体系发展要求，为进一步挖掘和释放民生档案数据的潜在价值，本节将对园区民生档案数据整合利用现状和存在的问题进行分析。

### 3.1 民生档案数据整合体系

园区档案管理中心是园区民生档案实体资源与数据资源的归集中心，馆藏量为36万卷，48万件[12]，从构成要素上来看，民生档案主要是园区开发建设以来管委会机关各局办的档案，园区各国有控股大公司、直属企事业单位、各街道的永久保存的档案，以及婚姻、拆迁、会计等专业档案和照片、声像、视频、实物等载体档案。

但受制于政务／业务条线的限制、政策因素、场地问题等，园区档案管理中心实际上只实现了民生档案资源的相对集中，大量更有价值、更精细且更及时的民生档案资源还分散在各个形成部门／单位。如园区行政审批局的个体工商和企业法人等档案，公积金中心的社会保险、公积金等两大类95小类档案和退休档案等，房产交易中心的不动产交易档案以及人力资源中心的人事档案等等。因此，园区档案管理中心尚未实现各个单位／部门民生档案的归集整合工作，民生档案的数据整合体系并不完善。

### 3.2 民生档案数据利用体系

园区为民众提供多渠道民生档案查档服务，除传统的线下和半线下查档以外，相关部门近年来陆续上线了园区本级的网上查档、掌上查档等服务（详见表1），满足园区民众多元化的查档需求。

表1　园区本级民生档案查档系统统计

| 归属单位 | 上线时间 | 获取途径 | 查档范围 |
|---|---|---|---|
| 园区档案管理中心 | 2019.07 | 服务窗口查阅 | 园区档案管理中心归集的各类民生档案 |
| | | 服务大厅自助检索 | |
| | | "一网通办"单套归档查询模块 | 10个局办（31种）：建设、人社、公安等 |
| 园区行政审批局 | 2022.12 | "融易办"小程序民生档案掌上查模块 | 3种：婚姻、出生证明和独生子女档案 |
| | 2018.09 | 企业工商档案网上查询系统 | 企业法人登记档案 |
| 园区不动产交易中心 | 2022.11 | 不动产登记电子档案"单套制"管理系统 | 不动产档案 |
| 园区公积金中心 | 2008.05 | 数字化档案管理系统 | 4类（66种）：社保、医保、住房公积金等 |

但是由于园区各个政府部门的民生档案数据来源彼此独立，难以互联共享，导致专门用于民生档案查档的平台无法集中为民众提供一体化的档案查询服务，很大程度上制约了园区政府在改善政务环境方面的能力。以园区依托于"一网通办"的移动端小程序"民生档案掌上查"为例，虽然掌上查档目前实现了三类民生档案的移动端查档功能（详见表2），但从时间、范围、内容三方面来看，其覆盖范围并不全面，诸如民众生活中常用的行政驾驶、教育就业等方面均未涉及，说明民生档案数字化系统尚未归集公安、教育等部门的业务系统数据。可见园区民生档案数据在集中度、价值密度、时效性等方面存在显著的缺口。

表2 园区民生档案"掌上查"范围

| 查档时间 | 查档范围 | 查档内容 |
| --- | --- | --- |
| 1984—2021年 | 在区内办理 | 婚姻登记档案 |
| 1992—2020年 | 园区星海医院、星湖医院、星浦医院、星塘医院和九龙医院 | 出生医学证明档案 |
| 2005年 | 在原跨塘镇申领 | 独生子女证 |

除了民生档案数据在园区各业务系统的逻辑分散问题外，在系统层面也存在类似的瓶颈，即用户在网上查询不同类型民生档案时，要重复登录不同的系统。一方面，用户身份认证缺乏统一性，不同系统的登录方式和账号密码互不相通，会导致数据的重复办理，增加了办事成本和时间；另一方面，上述系统有的是园区本级建设平台，有的是省级平台，各业务系统间数据互不联通，格式、标准存在差异，为园区民众查档、用档设置了障碍。

园区民生档案的资源化工作虽然已经实现单套查档、掌上查档等成就，但是仍然存在档案中心数据归集不全面、业务部门系统数据不能互联共享等问题，民生查档缺乏多领域、全方位的信息支持，更未能形成以个人或企业为单位的、全面集合民生档案协同一体的数据资产，导致民生档案数据的潜在价值无法完全释放。

## 4 园区民生档案数据资产化管理策略

如前所述，园区民生档案工作还存在诸多问题，在数字政府建设的大背景下，本文建议园区民生档案工作应不断探究适合本级特色的新模式，以激活民生档案数据价值、提高政府政务能力和人民生活水平为目标，从以下四个层面实现园区民生档案的资产化。

### 4.1 组织构建：构建民生档案资产管理的组织框架

鉴于园区档案管理采用"大档案"的管理模式[13]，且园区民生档案工作跨层级、跨部门，各条线业务独立性高而数据相关性强的特点，本文借鉴集中式管理与联邦式管理数据组织框架，形成符合园区实际的混合式数据组织框架（详见图1）。

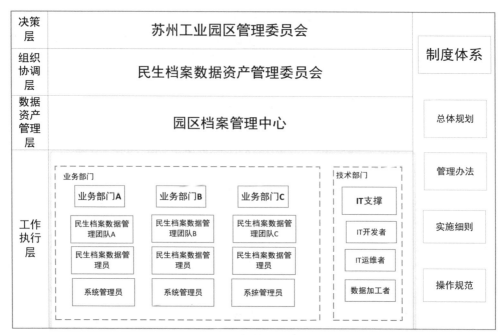

| 决策层 | 苏州工业园区管理委员会 | | | | 制度体系 |
|---|---|---|---|---|---|
| 组织协调层 | 民生档案数据资产管理委员会 | | | | |
| 数据资产管理层 | 园区档案管理中心 | | | | 总体规划 |
| 工作执行层 | 业务部门 | | | 技术部门 | 管理办法 |
| | 业务部门A | 业务部门B | 业务部门C | IT支撑 | |
| | 民生档案数据管理团队A | 民生档案数据管理团队B | 民生档案数据管理团队C | IT开发者 | 实施细则 |
| | 民生档案数据管理员 | 民生档案数据管理员 | 民生档案数据管理员 | IT运维者 | |
| | 系统管理员 | 系统管理员 | 系统管理员 | 数据加工者 | 操作规范 |

图1　园区民生档案资产管理组织框架图

以园区管委会作为民生档案数据的最高决策层，负责民生档案数据资产管理决策、战略和考核机制；由园区主要的民生档案保管部门（如园区档案管理中心、行政审批局等部门）和信息基础设施建设部门（如大数据管理局等）组成虚拟民生档案数据管理委员会，负责统筹管理和协调资源，细化民生档案数据资产管理的考核指标；由民生档案数据资产管理的主要实体管理部门即园区档案管理中心，负责构建和维护组织架构，修订《园区民生档案管理细则》，制定《园区民生档案数据资产管理制度》及长效机制，并提请决策层、组织协调层审批，定期开展检查和总结；由园区各个民生档案保管部门共同承担落实数据资产管理工作中的制度体系与技术对接，管理和梳理本单位的民生档案数据资源与资产，协调本单位档案系统与数据资产管理层协同参与各项活动。

### 4.2　数据治理：构建园区民生档案数据资产化管理模型

从新时代档案的资源体系、利用体系的建设来看，进行民生档案数据整合、资源化建设是其资产化的前提，资源化、资产化是档案数据资产化管理的两个主要方面。而从民生档案价值、服务目标来看，资源化数据并不能增值民生档案，因此，构建园区民生档案数据资产化管理模型分资源化和资产化两步走：

#### 4.2.1　园区民生档案数据资源化

以园区档案管理中心馆藏民生档案数据资源为中心，归集园区行政审批局、社会事业局、不动产交易中心、公积金中心、人力资源中心、不动产登记中心、教育局等园区档案数据保管部门的民生档案数据，通过中间件技术对多源异构的档案数据进行标准化处理，然后根据制定的园区民生档案数据制度，进行集中归集，形成园区民生档案数据资源池（详见图 2）。

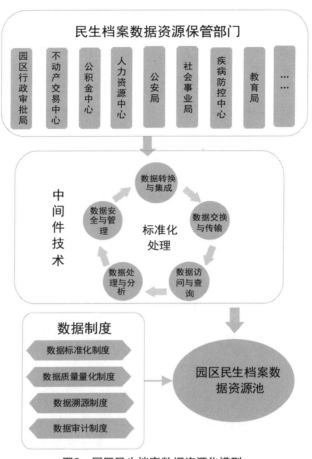

图2　园区民生档案数据资源化模型

### 4.2.2　园区民生档案数据资产化

基于园区民生档案资源池，通过对资源池数据的挖掘与分析、服务化、战略制定、分类分级、数据治理的数据资产化步骤，形成基于"一人一档""一企一档"的民生档案用户空间，对外基于"一网通办"实现民生档案"一网通查"。（详见图 3）

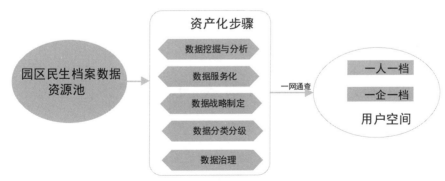

图3　园区民生档案数据资产化模型

### 4.3 技术框架：构建基于"一人一档""一企一档"的用户空间系统

园区民生档案用户空间的构建主要分为数据归集、存储、处理和应用四个方面，前文已对民生档案资源池和资产化管理模型从规划层面进行叙述，图4从技术架构的层面对基于"一人一档""一企一档"的民生档案用户空间进行了构建。

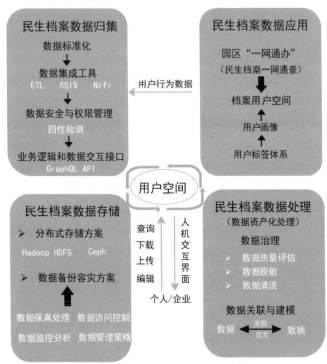

**图4　园区民生档案用户空间系统技术框架**

#### 4.3.1　数据归集

各个业务部门向数字政府大数据平台汇集民生档案数据，系统使用ETL等集成工具来标准化各系统不同数据标准的数据。由于民生档案具有敏感性，归集过程还需采用安全和权限管理策略来保护数据安全和完整性，并选择灵活、可扩展、高安全性的API接口来实现数据的交互。

#### 4.3.2　数据存储

园区民生档案数据体量巨大、类型繁多且价值高，因此在数据存储中选择分布式存储方案，以实现数据备份、冗余存储等多种技术保障数据安全性。同时根据民生档案数据的安全级别和权限要求进行数据访问控制，对数据进行监控和分析，保证民生档案的安全性和隐私性。

#### 4.3.3　数据处理

本步骤旨在资产化处理民生档案数据库中的数据。数据治理涉及数据标准、元数据和数据质量的评估、脱敏和清洗等操作；数据整合与建模是通过数据挖掘技术建立模型，挖掘各类民生档案数据之间的潜在关联关系和规律，为后续的用户平台构建提供支持。

#### 4.3.4 数据应用

数据应用主要指建设基于"一网通办"平台，实现"一人一档""一企一档"的用户空间网络平台，为园区公众提供门类齐全、智能化的民生档案一体化"一网通查"，足不出户即可实时查档、即时出证，实现各政府网站互通互联。

在用户平台真正运行过程中，会产生大量行为数据，包括浏览内容、搜索关键词等，这会将每个用户的行为特征归集至数据库，为后续构建用户画像提供基础。

### 4.4 精准服务：构建用户空间数据标签体系和用户画像

用户画像是一种高度集成的数据分析方法，旨在构建用户的详细特征描述。它可以帮助我们理解用户的行为、习惯、需求和偏好，从而提供更个性化的服务[14]。为实现园区民生档案工作更加便民利民，用户空间应探索用户数据自治机制，丰富"一人一档""一企一档"及用户数据标签体系以完善用户画像。如表3所示，根据上文所述民生档案用户空间平台和用户群体的特性，本节基于七类用户数据标签构建用户数据标签体系，完善园区查档、用档民众的用户画像。同时平台利用机器学习技术构建推荐模型[15]，预测用户可能感兴趣的民生档案内容和与用户相关的政务服务，并为用户生成一个推荐列表，实现智能推荐和个性化服务流程的优化。最终形成面向"用户"的专属档案服务、场景用数服务、亮数亮码服务三大服务能力，助力打造个性化、精准化、智能化服务。

**表3　园区民生档案用户空间数据标签体系**

| 数据标签分类 | 用户数据 |
| --- | --- |
| 基础属性标签 | 姓名、年龄、性别、出生日期、民族、籍贯、户籍地址、现居住地、民族等 |
| 职业属性标签 | 职业类型、职位、工作年限、所在公司、行业、公司规模、工作地点、职业技能、职业培训与资质等 |
| 经济属性标签 | 个人收入、家庭收入、财产、负债、投资情况、贷款情况、信用状况、储蓄习惯、信用评分等 |
| 健康属性标签 | 健康状况、医疗保险状况、近期体检结果、慢性疾病情况、疾病历史等 |
| 教育属性标签 | 学历、毕业学校、专业方向、学位、继续教育经历等 |
| 家庭属性标签 | 家庭成员、婚姻状态、配偶信息、子女数量和年龄、家庭收入、房产信息、家庭车辆情况等 |
| 行为属性标签 | 页面浏览行为、搜索行为、交互行为、反馈行为、来源信息、在线申请行为、数据下载行为、服务需求行为、分享行为、反馈行为等 |

## 5　结语

随着数字化转型和数字政府建设的不断推进，民生档案工作作为园区档案管理中心和行政审批局的重要业务，其服务模式的创新将成为园区政府数字化转型、政务服务效率提升和园区民众生活水平提升的重要举措。通过上述研究，本文认为尽管园区已经通过"一网通办"单套制归档查询平台、政府各部门的档案数字查询系统和掌上查档工作实现部分民生档案网上查档，但仍存在档案管理中心数据归集不全面、业务部门系统数据不能互联共享等问题。因此，为充分挖掘民生档案资源的数据价值，园区应当从组织构建、数据治理、技术框架、精准服务四个层面推进民生档案资产化，构建以用户为核心的、以园区民生档案价值释放为目标的、以"一人一档""一企一档"为基础的一体化用户空间。

**注释及参考文献**

［1］中国信息通信研究院计算与大数据研究所. 数据资产管理实践白皮书（6.0 版）［R］. 北京：中国信息通信研究院，2023.

［2］中华人民共和国中央人民政府. 五问档案与民生——专访国家档案局局长李明华［EB/OL］.（2016-06-09）［2023-05-14］. http://www.gov.cn/xinwen/2016-06/09/content_5080801.htm.

［3］中华人民共和国国民经济和社会发展第十四个五年规划和 2035 年远景目标纲要［EB/OL］.（2021-03-13）［2023-04-27］. http://www.gov.cn/xinwen/2021-03/13/content_5592681.htm.

［4］周文泓，文传玲. 档案社会化：基于参与式社交媒体信息档案化管理的内涵解析及启示［J］. 档案学研究，2020（2）：98-106.

［5］陈巍，王爱萍，张小红. 档案管理信息化的对策研究［J］. 黑龙江史志，2008（9）：21，49.

［6］赵玲玲. 基于大数据条件下现代档案馆建设思考［J］. 黑龙江档案，2019（1）：98.

［7］中国信息通信研究院云计算与大数据研究所. 数据资产管理实践白皮书（4.0版）［R］. 北京：中国信息通信研究院，2019.

［8］中国资产评估协会. 资产评估专家指引第 9 号——数据资产评估［R/OL］.（2020-01-09）［2023-03-10］. http://www.cas.org.cn/docs/2020-01/20200109165641186518.pdf.

［9］高伟. 数据资产管理——盘活大数据时代的隐形财富［J］. 金融电子化，2016（7）：96.

［10］赵大伟，山成英. 新加坡监管科技创新实践与经验借鉴［J］. 南方金融，2021（6）：69-80.

［11］白文琳. 基于协同创新理论的政府大数据治理框架的构建——基于 G 省的案例研究［J］. 信息资源管理学报，2022（2）：52-64.

［12］苏州工业园区档案管理中心. 中心介绍［EB/OL］.（2023-05-04）［2023-05-24］. http://www.sipac.gov.cn/szdaglzx/zxjs/list_tt.shtml.

［13］李健，项文新. "大档案"理念下的开发区档案管理模式研究——以苏州工业园区档案管理中心为例［J］. 办公自动化，2014（23）：40-44.

［14］Ma Z, Silver D L, Shakshuki E M. User profile management：reference model and web services implementation［J］. International Journal of Web &amp；Grid Services，2010（1）：1-34.

［15］师亚飞，彭红超，童名文. 基于学习画像的精准个性化学习路径生成性推荐策略研究［J］. 中国电化教育，2019（5）：84-91.

# 角色理论视角下档案部门参与数字政府建设研究

唐长乐　赵钰婷

上海大学文化遗产与信息管理学院

**摘　要**：数字政府建设是国家治理体系和治理能力现代化的重要组成部分。档案部门作为政府的基础职能部门，应主动对接、积极融入数字政府建设，因此需要明确自身角色、找准发力点。本文以角色理论为认知基础，分别从角色期待和角色评判出发，认为档案部门在数字政府建设中扮演着资源池、思想库和助推器的角色，有着为数字政府提供基础资源，辅助数字政府决策，实现档案治理与政府治理双向赋能的角色期待，但从角色评判来看，在实际工作中存在角色职能模糊、角色思维固化和角色行为行动力不足的问题，可以从明晰权责分配，加强协同合作；创新工作理念，提升资源质量；实现双向激活，丰富服务内容等方面进行角色优化。

**关键词**：档案部门；数字政府；角色理论

2019 年 10 月，党的十九届四中全会通过《中共中央关于坚持和完善中国特色社会主义制度、推进国家治理体系和治理能力现代化若干重大问题的决定》，针对政府治理提出 "推进数字政府建设，加强数据有序共享，依法保护个人信息"[1]；2021 年 3 月，《中华人民共和国国民经济和社会发展第十四个五年规划和 2035 年远景目标纲要》指出 "加快建设数字经济、数字社会、数字政府，以数字化转型整体驱动生产方式、生活方式和治理方式变革"[2]；2022 年 6 月，国务院印发《关于加强数字政府建设的指导意见》，部署全面开创数字政府建设新局面[3]。自此，建设数字政府已成为推动经济社会高质量发展、实现治理体系和治理能力现代化的必然要求。

档案部门承担着 "为国守史，为党管档，为民服务" 的使命，档案工作是数字政府建设必不可少的部分[4]，一方面，数字政府建设离不开档案部门的支持，档案部门有着以资源促服务、变资源为知识、以知识助决策的独特职能，具备参与数字政府建设的先天优势，作为拥有庞大政务信息资源的档案部门，将档案服务主动融入政务服务工作中，能为相关职能部门提供数字档案资源的共享服务；另一方面，数字政府的发展也反作用于档案部门，数字政府建设新环境对档案部门提出新挑战、新要求，这能反向加速档案工作的数字化转型，推动档案管理水平提高、档案服务质量优化、档案信息资源深度开发、档案治理能效提升，档案部门若想有进一步的发展，紧跟数字政府建设步伐是应有之义。

角色理论是阐释社会关系对人的行为具有重要影响的社会心理学理论，后被管理学、社会学等学科沿用，是按社会个体身份、地位及其对自身角色的理解、期望等揭示其中规律的理论[5]。角色理论最初被用来分析个体的社会行为，但组织作为人们为实现特定目标而建立的有机体，也像社会中的个体一样，具备扮演角色的内在要求，即它具有特定的社会地位或身份、执行特定的社会职能、遵循特定的社会期望而行动[6]。可以看出，组织是具有明确目的的有机体，就如同社会中的个体，它们拥有着特殊的地位和对应的身份，因此，人们也会对组织有不同的期待，并要求它按照社会角色和规范来履行特定的功能。数字政府建设的新环境对档案部门提出新的期待，档案事业的发展面临着新挑战、新目标、新任务，因此，档案部门以何种角色参与数字政府建设值得进行系统研究。本文正是以角色理论为切入点，研究档案部门参与数字政府建设的角色期待、角色评判，并提出相应的角色优化建议。

## 1　档案部门参与数字政府建设现状

虽然我国正式提出数字政府这一概念的时间并不长，但是档案部门参与数字政府建设已有一定的研究与实践，并取得了一些成果。

从政策层面来看，2021 年 6 月发布的《"十四五"全国档案事业发展规划》中明确提出"主动融入数字经济、数字社会、数字政府建设，推动档案全面纳入国家大数据战略"[7]；各地政府也纷纷出台相关政策，将本地档案工作纳入数字政府建设计划，期望实现档案工作数字化转型与数字政府建设的双向赋能，表 1 列举了部分省市的相关文件，可见全国多地都有以档案服务数字政府建设的总体规划，在政策层面为档案部门参与数字政府建设提供保障。

从实践层面来看，各地档案部门也为融入数字政府建设开展了相关行动。如上海市档案局在档案服务网上设置一网通办入口，挂靠上海市人民政府办公厅，连通全国一体化在线政务服务平台，总体上实现电子文件归档功能，网上业务基本覆盖高频政务服务事项，方便群众在线资政查档；海南省档案部门在当地数字政府建设过程中，加速全省档案工作数字化转型进程，构建起完整的数字档案收、管、用体系；吉林省开创"全省统筹、省建市用"的数字政府建设吉林特色模式，"吉林祥云"为公众政务服务提供极大便利，其中电子证照的使用大大减少了纸质证照的生成量，实现了数据多跑路、群众少跑腿；黑龙江省档案部门主动融入数字政府建设，以数字档案馆的建设成效助力数字黑龙江发展[8]；浙江省各地档案部门聚焦为数字政府背景下党政机关的整体智治提供归档技术支撑，2021 年全年累计归档政务服务电子文件 2400 万件[9]。

从研究层面来看，自数字政府这一概念被宏观提出后，档案学者便进行了相关研究。如金波[10]探究档案部门参与政府治理的作用机理并提出路径；何思源等[11]通过编码分析指出档案事业与数字政府的关系最为密切；丁玉霞[12]提出数字政府背景下城建档案服务社会发展的措施；武亚楠和唐长乐[13]提出了面向数字政府的数字档案精准化服务模式；2022 年 9 月"档案赋能数字政府"学术研讨会顺利召开[14]，专家们探讨了档案工作在数字政府建设中的角色与作用，为档案服务数字政府提供了有建设性的意见。从长远来看，档案部门参与数字政府建设仍有空间，刘越男[15]在对全国各地档案事业规划进行研究之后提出，我国地方政府需要进一步将电子文件、数字档案管理与应用纳入数字政府建设。

表1　各地相关政策

| 省份 | 时间 | 文件 | 内容 |
| --- | --- | --- | --- |
| 北京 | 2021年9月 | 《北京市"十四五"时期档案事业发展规划》 | 第五章第18条：主动融入数字政府、数字社会建设和数字经济发展，推动档案全面纳入城市大数据战略 |
| 上海 | 2021年4月 | 《上海市档案事业数字化转型工作方案》 | 第三章第9条：积极融入全市政务服务"一网通办"、城市运行"一网统管"<br>第三章第10条：全面推进市、区"一网通办"政务服务单位电子档案规范化、标准化、常态化管理 |
| 天津 | 2021年11月 | 《"十四五"时期天津市档案事业发展规划》 | 第五章第16条：主动融入数字天津建设，在本市相关政策和重大举措中强化电子档案管理要求，推进对国家和社会有长久保存价值的数据归口各级各类档案馆集中管理 |
| 山西 | 2021年12月 | 《山西省档案事业发展"十四五"规划》 | 第三章第8条：加强档案开放与政府信息公开的衔接，完善配套工作制度<br>第三章第9条：提升档案服务能力，把"档案库"建成各级党委和政府的"思想库" |
| 辽宁 | 2020年12月 | 《辽宁省一体化政务服务平台电子文件归档与电子档案管理暂行办法》 | 具体规定了政务服务平台电子档案收集采集、整理归档、保存利用、移交接收的要求 |
| 辽宁 | 2021年12月 | 《辽宁省"十四五"数字政府发展规划》 | 电子档案管理纳入应用支撑体系建设及业务应用体系建设中 |
| 江苏 | 2021年8月 | 《江苏省"十四五"档案事业发展规划》 | 第五章第17条：大力推进党政机关电子文件单套制归档，深化"互联网+政务服务"等领域电子文件归档工作，逐步开展其他业务系统电子文件单套制归档<br>第五章第19条：深化全省档案共享平台建设，省内各级综合档案馆达到100%向互联互通，推动共享平台向机关单位、乡镇（街道）延伸，实现档案信息资源跨层级、跨部门共享利用 |
| 浙江 | 2021年8月 | 《浙江省档案事业发展"十四五"规划》 | 全面融入数字浙江建设，运用人工智能、云计算、区块链等新技术，加快档案资源和档案管理数字化转型，推进档案工作质量、效率、动力变革，努力实现档案工作整体智治 |
| 安徽 | 2021年12月 | 《"十四五"安徽省档案事业发展规划》 | 第六章第20条：依托"皖事通办"平台，深化"互联网+政务服务"等领域电子文件归档工作，建立健全政务服务数据归档机制，建设政务服务网电子文件归档系统，逐步推进政务服务数据的单套制归档 |
| 河南 | 2020年12月 | 《河南省数字政府建设总体规划（2020—2022）》 | "建立电子档案管理系统"作为统一共享公共支撑体系中一项重要内容被纳入其中 |

## 2　角色期待：档案部门参与数字政府建设的功能发挥

对于任何角色，社会期待是客观存在的，角色期待即社会或个人对某种角色应表现出特定行为的期待，其内容会随着时代的发展而变化。通过赋予角色期待可以引导角色更好地审视自身的角色定位，进行角色扮演[16]，因此，对角色期待的遵循度决定了角色行为的好坏。在政府转型过程中，档案部门被赋予了不同的角色期待，在传统政府和电子政府时期，档案部门分别扮演保存备查的纸质资料库、辅助政务服务的电子资料库，如今在数字政府建设背景下，档案部门扮演着资源池、思想库和助推器的角色，有着为数字政府提供基础资源，辅助数字政府决策，实现档案治理与政府治理双向赋能的角色期待。

### 2.1 资源池：档案部门为数字政府提供基础资源

数字政府建设离不开数据和信息资源的支撑，而档案部门积累了丰富的政府信息资源，是政府信息资源的聚集池和积累地，能持续为数字政府建设提供所需的各种资源。从资源内容上看，档案部门既保管大量政府业务部门文件，也存有各类专题档案资源以资参考，如红色档案资源、各地民俗文化档案资源、各行业专门档案资源，覆盖面十分广泛，这些档案资源在发挥档案资政功能、服务数字政府建设中发挥了重要作用；从资源形式上看，早期档案信息资源基本为纸质档案形式，档案部门就是为各政府业务部门提供纸质档案的"资料库"，随着电子政务的兴起，再到如今数字政府建设的如火如荼，档案部门也走上数字化转型之路，伴随"存量数字化、增量电子化"的档案资源建设理念，档案资源不再是单一的纸质形态，数字档案资源开始逐渐取代传统的纸质档案资源，并能够为各个业务部门提供高效、方便、快捷的档案信息资源共享服务，成为数字政府建设中高质量的数字资源。例如，常熟市档案馆依托政务外网的稳定网络环境，融入数字政府一体化生态，致力推动数字档案信息纵向贯通，加强档案信息资源跨部门共享，发挥档案资源在"数字政府"建设中的基础支撑作用，通过"数字档案馆共享利用平台"为相关职能部门提供数字档案资源共享服务，目前已经为各板块、卫健委、婚姻登记处等有需求的部门提供婚姻、独生子女、农村建房、土地承包、退役军人等民生类档案的共享利用服务计 18464 人次，利用档案 38965 件[17]。

### 2.2 思想库：档案知识服务辅助数字政府决策

新兴技术发展为档案知识服务创造了条件，档案工作不只局限于实体档案的收集整理，档案数据的采集保存和分析成为重点[18]，这意味着档案资源不再处于被动利用状态，而是向知识化发展，不断成熟的档案知识服务将为数字政府决策提供支持。从档案资源本身最原始的特性来看，档案信息具有原始记录性、真实可靠性，是权威的凭证性信息，开发其中优质的信息内容有利于数字政府科学决策，同时使数字政府的公信力得到一定程度上的保障；从档案资源记录的内容来看，其中包含了大量以往的工作经验，一旦出现情形相似的问题，便可从中借鉴解决方案；从档案事业未来发展方向来看，变资源为知识是大势所趋，档案资源中不乏政府工作经验、危机应急对策、全国各地各领域发展情况等有价值的内容，档案知识服务要求对这些内容进行数据分析、知识挖掘、提供智能服务，有助于数字政府科学精准决策，优化各项事务发展。例如，浙江省打造档案数据助力"三服务""一件事"典型应用，深化"机关查档直通车"，打通档案馆室数据通道和应用边界，充分挖掘馆室藏档案数据资源，为省委省政府科学决策、史料研究提供档案数据支撑[19]。

### 2.3 助推器：档案治理与政府治理双向赋能

随着国家治理现代化进程加快，政府治理、档案治理等都被提上日程，在数字政府环境下，二者可以实现双向赋能。一方面，档案治理是政府治理的奠基石，档案部门作为整个政府体系中的重要一环，为政府部门总结规律、优化事务决策、开展公共服务奠定了厚实的治理基础，在数字政府建设背景下档案治理也符合政府治理的大势，是夯实政府治理的基础力量。从前文调查的政策现状来看，档案部门有着主动对接政府转型的积极性，并且已经融入诸如"一网通办"的实践，实现数据多跑腿、群众少跑路，这与数字政府的发展理念是一致的。另一方面，政府治理是档案治理的推动力，档案部门作为政府机构的子系统，在参与数字政府建设过程中，政府治理变革能够推动档案治理进程，重塑档案工作思维、方法、流程、手段、工具等，另外数字政府建设对档案事业数字化转型升级提出新的要求，能够倒逼档案管理升级、流程再造、业务创新和实践变革。由此，政府治理和档案治理双向赋能，共同推进，实现工作效率、服务能力、公众满意度的多方面提升。例如，浙江省嘉兴市档案部门联合市政务数据办共同推进区域一体化查档、出证、办事"一条链"服务，持续深化"最多跑一次"改革，努力共同推进"数字政府"建设[20]。

### 3　角色评判：档案部门参与数字政府建设的现实困境

角色评判是人们依据角色期待对角色行为的评论与判断，通过角色评判可以获得大众对角色行为的信息反馈，从而不断地调节自己的角色行为，使其符合角色期待。档案部门只有接受外界的角色评判，才能了解自身参与数字政府建设的痛点与不足，并以角色期待为准则，优化一贯的工作模式，提升实际工作水平。对档案部门参与数字政府建设的角色评判，可以从角色职能、角色思维和角色行为三个方面展开。

#### 3.1　角色职能：档案管理工作中的职能模糊导致多主体协作混乱

在我国的数字政府建设中，相继建立了政务数据中心、大数据中心等相关部门。档案部门是我国政府传统信息资源的主要保管单位，在新的数据管理机构设置和制度调整的过程中，其角色职能和自身定位都比较模糊。一方面，政府数字化转型以及多主体参与数字政府建设过程中，与专门的数据管理部门、政务服务部门相比，档案部门的角色权责并不明晰，存在重复管、漏管、由谁管、怎么管、怎么调用等问题，管理工作界限较为模糊，存在一定的责任交叉，例如一些省市的政务信息资源依然滞留在政府部门正在使用的电子政务业务系统中，不仅影响政务工作效率，还无法保证历史政务信息资源的安全[21]；另一方面，跨部门、跨行业、跨层级的政务服务对各个相关部门提出合作要求，而档案部门、数据管理部门、政务服务部门等隶属不同的国家系统，职能也没有统一规定，尚未形成完全互联互通的工作模式，各部门之间缺少协作将导致数字政府的信息资源管理混乱、不成体系，难以良性运作。

#### 3.2　角色思维：档案资源建设中的理念固化阻碍价值的充分发挥

厘清数字政府建设过程中档案部门与其他部门的权责分配固然重要，档案部门更新角色思维也十分关键，处理好档案部门收管存用的各项工作才能使档案事业为政府建设起到作用。一方面，要想服务好数字政府建设，档案部门必须有丰富的档案资源可供参考，而实际上有些档案部门的档案收集工作往往局限于红头文件、会议纪要等常规内容，各类专门性的内容较少，只能为常规政府事务服务，若遇到突发情况可供参考的内容不多，难以实现精准分析[22]；另一方面，过去重藏轻用的思想固化将导致档案资源无法得到及时有效的利用，阻碍档案资源开发利用进程，限制其价值发挥，难以满足社会公众对档案资源内生价值的需求，为此亟须树立档案资源开发理念，推动档案资源开发利用工作良性发展。

### 3.3 角色行为：档案信息服务中的行动力不足难以满足用户需求

数字政府的最终价值就是服务，档案部门作为政务服务的一个窗口，具有提供档案信息为民服务的本职行为，然而开展服务的行动力不足将导致档案信息服务效率低下、水平有限，无法真正满足用户需求。一方面，档案信息服务基础设施建设的行动力不足，导致开展档案信息服务的配套设施不齐全，在此情况下，即使服务理念已适时更新，服务方式仍难以实现变革；另一方面，档案部门了解用户需求的行动力不足，通常都是用户查档、档案部门提供其所需的资源，档案部门处于被动地位，随着数字政府建设进程加快，档案部门虽主动对接在线政务服务平台，但是与用户之间缺少互动，对用户的真正需求了解不足，实际存放在平台上的档案资源并不一定全面，用户有时查不到自己所需的内容。例如，宁夏银川市的档案馆虽然已经开始拓展馆际共享服务，但事实上仅仅是馆与馆之间帮忙查询，查到所需的档案信息后传真共享，本质上依旧是依靠档案工作人员进行档案服务，没有实现真正意义上的跨馆服务、资源共享，并且当前在数字政府平台中生成的一些电子文档只能作为简单的存档和备用，难以形成标准的档案信息资源。[23]

## 4 角色优化：优化档案部门参与数字政府建设的有效路径

### 4.1 明晰权责分配，加强协同合作

为解决数字政府建设中各主体工作界限不明的问题，需厘清各部门权责分配。一是要建立健全相关的规章政策，在法律层面规定档案部门、政务数据中心、大数据中心等的职能范畴，从宏观上明晰权责关系。需要强调的是，档案是国家发展的重要资源，档案部门有着保存社会记忆、总结历史规律的基本职能，在数字政府建设中应当居于基础性地位，而有的数据管理部门产生时间短，机构设置反复横跳[24]，因此，在设计归档机制、分配管理权责时，档案部门的职能不应削弱，才有利于妥善保管服务于数字政府建设的各类信息资源；二是要加强档案部门与其他部门的协同合作，完善各部门职责分工机制，针对归档、档案资源开发共享等业务达成协议并接受政府的总体布局，将档案部门纳入政府信息系统和公共数据互联开放共享的统筹机制[25]，由此实现信息资源的互联互通、工作流程的优化重组、部门工作能力的提升，产生 1+1>2 的效果，更好地服务数字政府建设。

### 4.2 创新工作理念，提升资源质量

档案是治国理政的重要资源，随着时代发展，数字化、数据化的档案资源是数字政府进行决策、开展服务的基础，为解决档案资源建设中角色思维固化阻碍价值发挥的问题，创新工作理念、提升资源质量是服务数字政府建设的必然要求。一是要创新工作理念，拓宽档案资源收集思路，丰富档案资源内容，广泛收集各类档案，内容涵盖各领域，与社会信息资源充分融合，并且要充分关注前端政务文件的数字转型进程，做到前端整合、资源分类、价值评估、按需制定数字化或数据化目标[26]，方便后续对档案资

源的开发利用，使档案部门扮演好资源池的角色；二是要提升档案资源的质量，合理开发档案资源，既不能开发层次太浅从而掩盖档案资源的真正价值，也不能过度开发导致资源过载，要明确档案为国家守史、为政府服务、为人民所用的特性，充分考虑档案内容的实用性、档案格式的标准化、档案利用的可用性等，并借助文本挖掘、语义分析等技术实现知识服务，辅助数字政府智慧决策，真正发挥档案部门作为思想库的价值。

### 4.3　实现双向激活，丰富服务内容

档案部门是政府服务大众的窗口，在数字政府建设环境下，公众对于信息公开的透明度、效率等提出了更高的要求，这需要档案部门提升服务行动力，实现信息与公众的双向激活，由此提高服务水平，增强公众的信息获得感。一是要树立主动服务公众的意识，完善档案信息服务的配套设施，加强与各方面的联系和沟通，努力发挥档案部门优势，实现信息资源的互联互通，构建面向公众的智能化、精细化档案信息服务模式，以此突破传统被动服务的限制；二是要丰富服务内容，主动融入数字政府建设，对接在线政务服务平台，将档案资源为政府所用，并推算公众对不同类型信息资源的需求程度，满足公众各式各样的服务需求，另外要配合建立成果反馈评价机制，不仅有助于了解公众的实际需求，进而提供相关服务，还能知晓公众对当前服务的满意度，便于档案部门听取建议并优化档案工作安排，实现信息与公众的互动，体现档案部门参与数字政府建设的价值。

## 5　结语

档案部门有着提供资源和服务的先天优势，应当成为数字政府建设的积极参与者。本文对档案部门参与数字政府建设的研究与实践做了概述，分析了档案部门参与数字政府建设的必要性、角色期待、角色评判，提出档案部门参与数字政府建设的有效路径，以期丰富档案部门参与数字政府建设的研究成果，推动档案部门参与数字政府建设的角色优化，实现数字政府更高效便捷、精准科学、面向用户的服务。目前全国多地的档案部门都在融入数字政府建设格局，数字档案馆室建设、档案数据管理、档案部门与一体化平台对接等问题值得更多思考。

### 注释及参考文献

[1]新华社.中共中央关于坚持和完善中国特色社会主义制度 推进国家治理体系和治理能力现代化若干重大问题的决定［EB/OL］.［2023-01-31］.http：//www.gov.cn/zhengce/2019-11/05/content_5449023.htm.

[2]新华社.中华人民共和国国民经济和社会发展第十四个五年规划和2035年远景目标纲要［EB/OL］.［2023-01-31］.http://www.gov.cn/xinwen/2021-03/13/content_5592681.htm.

[3]国务院.关于加强数字政府建设的指导意见［EB/OL］.［2023-1-31］.http://www.gov.cn/zhengce/content/2022-06/23/content_5697299.htm.

[4]王燕民，王大众.乘势而上加速推进档案工作数字化转型发展［J］.中国档案，

2022（10）：30-31.

［5］奚从清. 角色论——个人与社会的互动［M］. 杭州：浙江大学出版社，2010：11-20.

［6］杨江帆，王海林，罗洁，等. 和谐视阈下的基层组织建设研究——以社会角色理论为视角［J］. 福建论坛（人文社会科学版），2011（7）：148-152.

［7］中共中央办公厅，国务院办公厅.“十四五”全国档案事业发展规划［EB/OL］.［2023-01-31］.https://www.saac.gov.cn/daj/toutiao/202106/ecca2de5bce44a0eb55c890762868683.shtml.

［8］张博. 数字档案馆建设融入数字龙江格局发展分析［J］. 黑龙江档案，2022（4）：32-33.

［9］浙江省人民政府. 打造“浙里数字档案”浙江纵深推进档案工作数字化改革［EB/OL］.［2023-03-06］.https://www.zj.gov.cn/art/2022/3/17/art_1229603977_59682643.html.

［10］金波. 大数据时代政府治理的“档案参与”［J］. 求索，2021（3）：135-143.

［11］何思源，袁焱艳，姜盛新，等. 我国数字转型相关规划中的“档案参与”分析及启示［J］. 档案与建设，2022（9）：14-17.

［12］丁玉霞.“数字政府”背景下城建档案应用优化策略［J］. 城建档案，2021（5）：54-55.

［13］武亚楠，唐长乐. 面向数字政府的数字档案精准化服务研究［J］. 山西档案，2022（2）：85-91.

［14］中国档案学会.“档案赋能数字政府”学术研讨会成功举办［EB/OL］.［2023-01-31］. http://idangan.cn/2022/09/19/1077.html

［15］刘越男，李雪彤. 档案事业在地方政府“十四五”规划的纳入情况研究——基于 31 个省份“十四五”规划的文本分析［J］. 档案与建设，2022（9）：8-13.

［16］孙大东，杨子若. 社会角色理论视域下社会力量参与档案事业的角色失调与调适［J］. 北京档案，2022（12）：11-14.

［17］常熟市档案馆. 数字档案赋能政府服务［EB/OL］.［2023-03-06］. http://www.changshu.gov.cn/zgcs/c100297/202206/cce10572a7074c258b6dcf2a45c3adda.shtml.

［18］夏天，钱毅. 面向知识服务的档案数据语义化重组［J］. 档案学研究，2021（2）：36-44.

［19］业务分享之浙江省档案工作数字化改革［EB/OL］.［2023-03-12］.https://www.aesinfo.cn/news10/szhgg.html.

［20］中国档案报. 浙江嘉兴政务服务“一条链”破解群众查档难题［EB/OL］.［2023-03-12］.https://www.saac.gov.cn/daj/c100206/201912/68f286cddac143eaac956550f7d4946a.shtml.

［21］薛四新，黄丽华，杨来青，等. 大数据环境下政务信息资源归档研究的框架体系［J］. 档案学研究，2018（4）：92-96.

［22］管先海，程媛媛. 新时代档案部门怎样服务党委政府重大活动［J］. 档案，2020（4）：46-50.

［23］李昊洲. 数字政府建设背景下银川市民生档案信息服务优化研究［D］. 银川：宁夏大学，2022.

［24］黄璜，孙学智. 中国地方政府数据治理机构的初步研究：现状与模式［J］. 中国行政管理，2018（12）：31-36.

［25］徐拥军，张臻，任琼辉. 国家大数据战略背景下档案部门与数据管理部门的职能关系［J］. 图书情报工作，2019（18）：5-13.

［26］詹逸珂，陈析宇. 合理实践"前端控制"——数字政府建设背景下档案管理职能的延伸［J］. 浙江档案，2021（8）：17-19.

# 航天自主研发智能识别技术在军工人像照片档案中的应用与实践

陈洪磊　张　迪　王　莹　王　颖　朱悦妮

北京电子工程总体研究所

**摘　要:** 本文基于航天企业技术创新能力与基础,自主研发智能识别技术与模型,与涉密档案系统深度集成并应用、实践,将优于常见智能图册App的技术与能力引入军工企业档案系统,使档案系统实现照片档案基于人像的智能专题库建设、人员信息数据一键批量治理、以人像搜图、以文字搜图等功能,实现军工企业涉密人像照片档案的智能化管理及开发利用,以智能化的档案管理手段为军工企业提质增效赋能,为档案领域智能化发展提供一项可复制的解决方案。

**关键词:** 智能识别;人像照片档案;军工企业;智能化;档案管理

## 引言

人工智能是引领新一轮科技革命和产业变革的战略性技术。近日,工信部科技司遴选出 100 个人工智能典型应用场景,包括城市管理、交通运输、文旅教育等领域,展示了人工智能应用的广阔前景。档案领域,人工智能技术同样能为档案资源开发利用带来机遇。2018 年中国档案学会年会关于人工智能的大会主旨发言引发档案学界广泛关注,如何推动新形势下档案资源的开发利用值得思考。

随着新一代智能技术的发展,人工智能已更广泛地在各领域发挥作用。各行业的应用场景不断涌现,其中最常见的人脸识别技术已广泛应用于政府、军队、银行、社会福利保障、电子商务、安全防务等领域,智能手机相册 App 更是在此基础上实现了图册智能分类及检索。

在档案领域,将人脸识别等人工智能技术应用于档案资源开发利用的研究更多集中在应用前景分析等理论方面,应用实践成果较少。部分档案馆曾开展基于内容的照片档案检索研究,并初步实现了基于图片相似度的检索,有别于基于人像的识别,此种技术的局限性使得照片档案检索还只能止于针对特别照片的查找,功能单一且无延展性;部分企业将档案系统及智能识别系统独立运行,这种将档案本体和智能识别应用割离开来的管理方式,无法有效支撑档案数据批量治理、专题库建设及未来可能产生的诸多复杂利用需求。

基于档案系统中海量的人像数码照片的管理现状、需求，及人工智能技术在其他领域的成熟、深度应用能力，亟待将新技术引入档案管理和档案系统中。

## 1 将智能技术引入档案领域是实现档案管理现代化的必然趋势

### 1.1 加快档案数字转型和智能升级，践行档案工作"四个好"使命

《"十四五"全国档案事业发展规划》在"面临的形势和挑战"中指出：新一代信息技术广泛应用，档案工作环境、对象、内容发生巨大变化，迫切要求创新档案工作理念、方法、模式，加快全面数字转型和智能升级。在"发展目标"中指出：档案信息化建设进一步融入数字中国建设，新一代信息技术在档案工作中的应用更为广泛，信息化与档案事业各项工作深度融合，档案管理数字化、智能化水平得到提升；重大理论和实践课题攻关有新突破，科研成果转化应用加速推进。

### 1.2 人工智能技术将助力应对新形势下海量照片档案资源管理困境

数字时代，海量具有保存和利用价值的数码照片产生，照片中又记录着大量人物、设施设备、建筑、场景等。面对海量的照片档案及更为复杂的利用场景，传统模式已无法满足大量著录、整理需求和便捷的利用需求，传统的手工填写或著录元数据、制作实体照片册等模式，其效率远无法满足持续高速增长的数码照片整理需求，以至于海量的数码照片元数据缺失，面向利用时有如大海捞针。

档案发展新态势新需求，对档案整理与著录、数据治理提出了严峻挑战，高效整理治理、检索定位、利用等需求，迫切需要人工智能技术的有效加持。

### 1.3 自主研发智能识别技术是军工企业照片档案管理现实需求

在高质量发展、数字中国及数字航天新形势下，档案管理及利用亟须数字化、智能化转型，尤其要从概念、研究落到实实在在的应用、实践、推广、普及上。军工企业档案的特殊性质和保密要求，对互联网人工智能新兴技术的应用产生障碍，呼唤军工企业自主研发人工智能技术与模型，并通用于军工涉密档案信息系统予以应用实践及推广。

## 2 基于人像的照片档案智能化管理方式概述

通过梳理传统模式下人像照片档案管理及利用过程中的痛点，结合未来档案赋能企业经营管理高质量发展目标需要，我们认为人像照片档案的智能化管理方式应具备以下能力：

（1）基于人像的智能专题库建设：通过对所有人像照片档案的人脸特征识别，将海量人像照片按人员分类，建立基于人像的专题库。

（2）人员信息数据一键批量治理：对一张人像照片档案进行人名等元数据信息的著录，将该著录项内容自动同步给该人员专题库中所有图片。

（3）以人像搜图：对上传的人像图片进行人脸特征识别，并与照片档案中人像进行人脸特征比对，检索出所有该人员的照片档案。

（4）以文字搜图：在完成人像照片档案著录的基础上，通过人员姓名等信息，可检

索出满足条件的照片档案。

（5）照片档案群体人像识别：对密集人群进行人脸识别，如大礼堂中的成百上千张人像，对每个人的人脸特征进行提取、比对。

（6）照片档案跨越长时间尺度人像识别：人脸识别模型经过人脸特征提取、比对，可将某人两张分别在年轻时和数十年后年长时形成的照片档案准确识别为同一人。

（7）照片档案模糊人像识别：人脸识别模型可将照片档案中处于角落的、侧脸的、低头的人员进行准确识别。

## 3 基于人像的智能识别模型设计及实现

### 3.1 智能识别模型框架构建

将人像照片档案作为研究和测试对象，智能识别模型的整体技术架构见图 1。

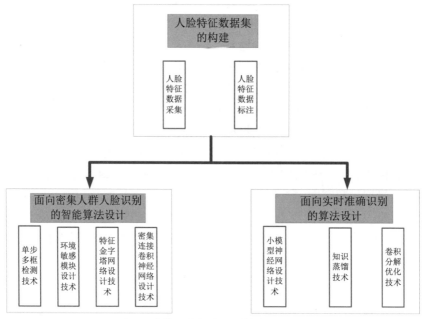

图1 人像照片智能识别技术架构图

#### 3.1.1 人脸特征数据集的构建

深度学习算法的效果与训练数据密切相关，因此数据集的构建至关重要。为了能够满足算法在不同应用场景下的使用情况，需要收集足量的不同场景下的数据。数据图片应该满足但不限于以下条件：数据集中应包含密集人群的场景；数据集中应包含不同场景下的图片，例如会议、试验、办公室等；数据集中图片总量不少于 10 万张，同时应保证各类图片数量尽可能均衡。

完成数据收集后，需要对数据进行标注。可采用开源数据标注工具 Labelme 对所收集图像进行标注，标注前应对标注人员进行训练，以保证标注质量。标注应包含图片中人脸的边界框坐标等信息。

### 3.1.2 面向密集人群人脸识别的智能算法设计

人脸检测可以看作目标检测方法在人脸识别领域的应用，采用经典的 SSD 目标检测算法作为基础方法，SSD 算法在检测精度和检测速度上都具有良好的性能。

人脸检测技术在近年来已经获得了长足的发展，但是，针对密集人群场景下小的、模糊的人脸检测仍然是一个具有挑战性的问题。检测小的、模糊的人脸，通常需要高分辨率的底层特征，但是由于高层卷积的感受野较大，直接使用底层特征进行检测将会引入大量非人脸噪声。因此，为了使算法针对不同尺度的人脸具有良好的检测效果，在 SSD 主干网络的基础上，使用 FPN（Feature Pyramid Network，特征金字塔网络）对底层特征和高层特征进行聚合，其中单个 FPN 模块的架构见图 2。

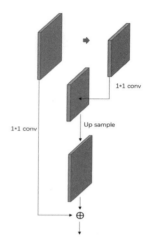

图2　特征金字塔网络示意图

FPN 模块的输入为上下两层特征，高层特征经过 1*1 卷积后，经过上采样与低层特征做元素间相加后，输出融合后的特征。

同时，基于环境敏感预测模块（CPM），利用一个广而深的网络来吸收目标人脸周围的环境信息，进而提升预测网络的能力和最终输出的准确度，其中环境敏感预测模块见图 3。

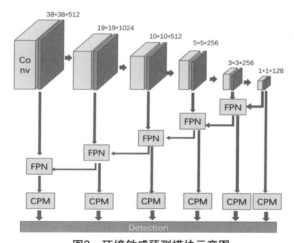

图3　环境敏感预测模块示意图

在 SSD 架构基础上，进一步引入 DenseNet（密集卷积神经网络）模块加深 CPM 网络，以提升模型性能。

在之前的人脸检测框架中，例如 MSCNN、SSH 和 PyramidBox，都阐述了更大的感受野和更深的网络结构对模型精度提升影响巨大，潜在的原因可能是感受野的增加，以涵盖更多的上下文信息范围。为了进一步提升性能，可对 CPM 模块进行进一步加深，采用 DenseNet 中的密集连接模块，其结构见图 4。

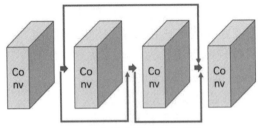

**图4 密集卷积神经网络模块**

密集连接结构可以更有效地传递信息，并保持更多的多尺度上下文特性，将此模块与 CPM 模块结合，增大感受野，加深网络深度，以实现模型精度的提升。

### 3.1.3 面向实时准确识别的算法设计

深度模型由于需要大量矩阵运算，其推理速度通常较慢，通常需要较大算力才能满足实际需求。但是由于深度模型可能部署在移动计算设备或者边缘计算设备，这类设备的算力通常受到较大限制，这大大限制了模型在实际场景下的应用。为了对模型进行压缩，提高模型运行速度，采用模型蒸馏的方式对复杂模型进行去冗余压缩，同时采用 MobileNet 对卷积操作进行分解。

传统方法训练得到的神经网络模型很大，不便于在移动端部署使用。模型蒸馏技术，通过将复杂模型的最后输出结果作为先验知识，并让小网络模型学习，使复杂模型的泛化能力迁移到小模型上。

针对模型蒸馏技术，用于构建损失函数的 softmax 表达式为：

$$q_i = \frac{\exp\left(\frac{z_i}{T}\right)}{\sum_j \exp\left(\frac{z_j}{T}\right)}$$

其中，$T$是控制系数，在进行模型蒸馏时，$T$值越大时，输出的概率之间的差异越小，产生的概率分布越平滑。

首先使用较大的 $T$ 值来训练模型，这时候复杂的神经网络能够产生更加均匀分布的软目标，之后小规模的神经网络采用相同的 T 值来学习由大规模神经产生的软目标，接近这个软目标从而学习到数据的结构分布特征，最后在实际应用中，将 T 值恢复到1，让类别概率偏向正确类别。

同时，对小模型进行卷积分解，使得模型更加高效，其中传统的卷积操作见图 5。

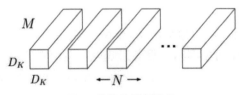

**图5 传统的卷积操作**

标准卷积的计算复杂度为 $D_K \times D_K \times M \times N \times D_F \times D_F$，其中 $D_K$ 为卷积核大小，$N$ 为输出特征图的通道数，$M$ 为输入特征图的通道数，$D_F$ 为输入特征图的大小。MobileNet 提出将传统卷积分解为基于深度的卷积和基于点的卷积。基于深度的卷积计算复杂度为 $D_K \times D_K \times M \times D_F \times D_F$，见图 6。

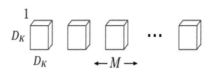

图6　基于深度的卷积操作

基于点的卷积结构计算复杂度为 $N \times M \times D_F \times D_F$，见图 7。

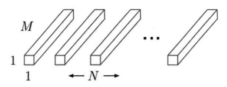

图7　基于点的卷积操作

因此分解后的总的卷积复杂度为 $D_K \times D_K \times M \times D_F + N \times M \times D_F \times D_F$。与原始的传统卷积的复杂度对比：

$$\frac{D_K \times D_K \times M \times D_F \times D_F + N \times M \times D_F \times D_F}{D_K \times D_K \times M \times N \times D_F \times D_F} = \frac{1}{N} + \frac{1}{D_K^2}$$

若卷积核大小为 $3 \times 3$，分解卷积能够在理论上带来8~9倍的效率提升。因此本项目拟用分解卷积操作代替SSD主干网络中的标准卷积操作，以加快模型的推理速度，进而满足模型的实时性需求。

### 3.2　智能识别模型功能设计

依据基于人像的照片档案智能化管理方式设计，智能识别模型应具备对初始及新增人像照片档案的持续获取能力及专题数据库建设、一键批量治理、以人像搜图等功能。

#### 3.2.1　图片初始化

（1）存量初始化：智能识别模型一次遍历档案系统中所有图片，预先提取所有照片图像中的人脸特征并存储，见图8。

（2）增量初始化：档案管理模块定期（如每天晚上）向智能识别模型发送新增图片及元数据，智能识别模型对新增图片进行人脸识别处理并更新图像、元数据信息、人脸数据库，见图 9。

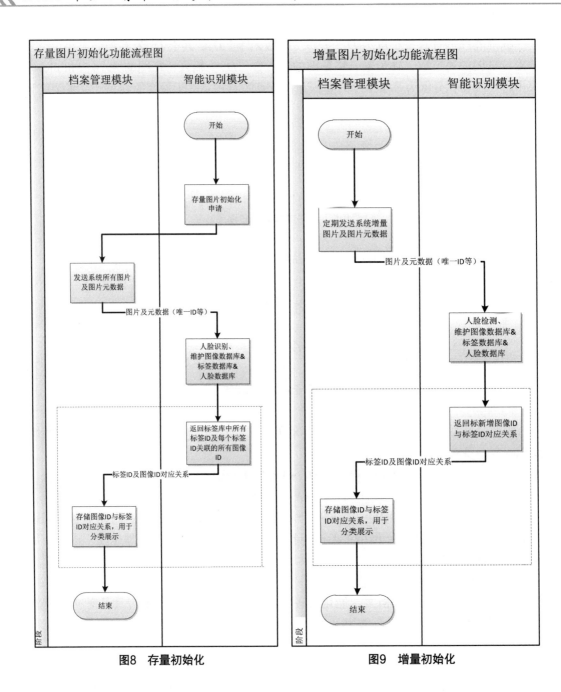

图8　存量初始化　　　　　图9　增量初始化

### 3.2.2　以人像搜图

对图片进行人脸识别，显示所有匹配人脸图片缩略图并支持选中放大，见图10。

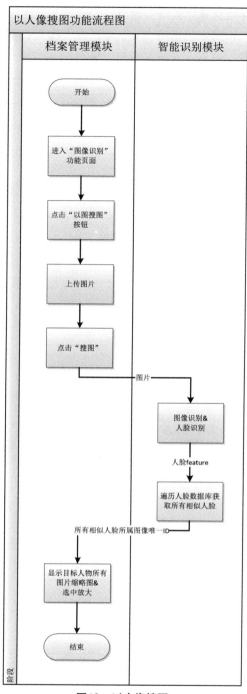

图10　以人像搜图

### 3.2.3　专题库建设

智能识别模型对所有人像照片档案进行人脸特征识别，并两两进行相似度计算，同时智能识别模型设定照片内容相似度的阈值，相似度大于阈值的两张人像被认为是同一个人，赋以同类标识，并依此建立人员专题库。

在档案系统页面按一定顺序展示所有人员专题库，按人员拥有照片数量排序。在上述展示界面选择一张头像，可显示其所有图片，见图 11。

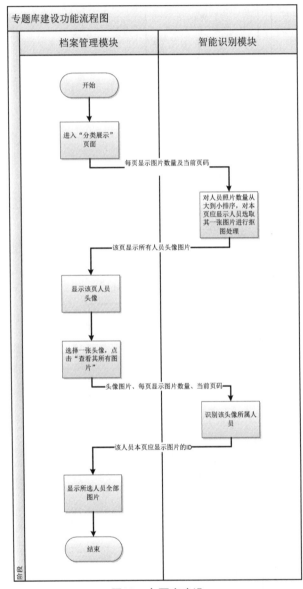

**图11　专题库建设**

#### 3.2.4　一键批量治理

在人员专题库展示页面选择一张头像，支持人名等元数据信息著录，人脸识别模型将该著录项内容自动同步给该人员专题库中所有图片。支持上传图片，并对其进行人名等元数据信息著录，人脸识别模型对新上传图片进行人脸比对及智能分类等处理。

### 3.2.5 以文字搜图

在完成人像照片档案著录的基础上，从档案库中将特征符合输入文本的图片检索出来并显示。

## 3.3 智能识别模型集成

完成智能识别模型的训练与测试后，需将智能识别模型集成进档案系统中。应将智能识别模型部署在与档案系统服务器同网段服务器端。

智能识别模型作为档案系统数码照片智能开发利用工具，担负遍历系统照片、图像识别、深度学习、实时运算并回传照片元数据信息等任务。档案系统需进行 UI 设计用于图像的智能展示与著录。

两功能模块通信协议包括如下接口信息：

（1）建立索引接口；

（2）以人像搜图接口；

（3）查询姓名信息接口；

（4）识别姓名信息接口；

（5）查询属于指定人员的所有照片接口；

（6）设置人员名称接口；

（7）根据图像设置人员名称接口。

## 4 智能识别技术在人像照片档案中的应用案例

基于上述研究、设计与开发集成，实现基于人像的数码照片智能专题库建设、一键批量治理、以人像搜图、以文字搜图等功能，并在群体人像识别（对会议等典型场景中的人物进行准确搜索）、跨越长时间尺度人像识别（对不同年龄段的同一人物进行准确搜索）、模糊人像识别（能够对模糊人物进行准确搜索）方面表现优秀。具体案例如下：

### 4.1 智能专题库建设实例

将系统中所有照片按人员进行智能分类并建立人员专题库，按图片数量从多到少排序并展示。选择一张头像双击，则展示其所有图片。见图12—图15。

**图12 智能专题库建设实例**

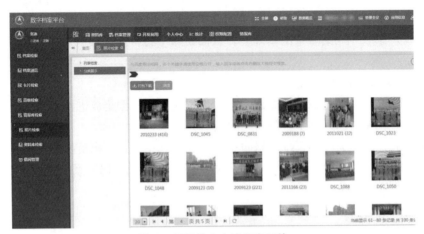

图13　展示选中人员所有图片

图14　选中人员单张图片1

图15　选中人员单张图片2

## 4.2 一键批量治理实例

支持以两种方式批量著录：

在专题库展示界面选择一张头像输入人名，则此人所有图片同步著录该人名信息，见图16、图17。

**图16 选择一张头像进行一键批量治理**

**图17 一键批量治理效果**

从本地选择一张单人照上传，并输入人名，则系统通过图像比对识别出库中此人所有图片，并著录该人名信息，见图18、图19。

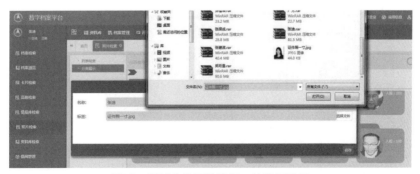

**图18 通过上传图片进行一键批量治理**

图19　通过上传图片进行一键批量治理效果

## 4.3　以人像搜图实例

从本地上传一张图片，系统识别出图片中所有人像并分类展示，选择其中一张人像，则显示此人所有图片，见图 20、图 21。

图20　以人像搜图

图21　识别出图片中两人并分类展示

### 4.4　以文字搜图实例

在检索框中输入人名，系统将包含或等于输入文字的人员图片分类展示，并可选择单人进行进一步操作，见图22。

图22　以文字搜图

## 5　结语

本文立足（军工）企业人像照片档案智能化管理理念，对档案领域引入人工智能技术的必要性进行了阐述，对基于人像照片的智能识别模型从框架设计、功能设计、实现方式、应用实践等几个层面进行了详细介绍。军工企业涉密人像照片档案的智能化管理及开发利用，以智能化的档案管理手段为军工企业提质增效赋能，为档案领域智能化发展提供了一项可复制的解决方案。照片档案智能化管理，迈出了档案数据智能化管理的第一步，也从理念、方法、途径等层面为自然语义识别等人工智能技术、大数据技术在文本类档案、结构化数据档案中的应用，提供了有效参考，助力档案管理全面智能化转型，赋能企业与国家高质量发展。

### 注释及参考文献

［1］黄海鸥. 信息科技背景下数码照片档案管理要素探究［J］. 兰台世界，2013（14）：30-31.

［2］涂晋熙. 基于人像识别的视频档案处理方法及系统：重庆市，CN111597385A［P］. 2020-08-28.

［3］肖轶涛，张义泰. 基于人像识别技术在"一人一档"系统中的应用与探索［J］. 数字技术与应用，2019（3）：208-209.

［4］王小勇. 基于人像生物识别技术的大规模数据库人像搜索比对系统：福建，CN201751901U［P］. 2011-02-23.

# 面向设计重用的航天产品档案资源开发利用研究

## 胡 芳 时 光 韩 璐

北京空间飞行器总体设计部

**摘 要:** 航天产品档案作为航天企业重要的信息资源，在竞争日益激烈的新形势下发挥着不可替代的作用，如何开发利用好档案资源是航天企业面临的一项重要课题。在面向设计重用的大背景下，本文分析了航天产品设计对档案资源开发利用的具体需求，从树立资产认同的档案开发利用理念、建立场景视域的档案开发利用路径、拓展技术赋能的档案开发利用手段、构建协同交互的档案开发利用机制四个方面阐述了航天产品档案资源开发利用策略，从而实现档案工作助力航天事业发展。

**关键词:** 设计重用；航天产品；档案资源；开发利用

## 1 前言

对于航天企业而言，航天产品档案是航天科技进步与成果创新的重要载体，真实记录了航天器在各研制阶段的技术知识、思考路径、问题处理经验等信息，对于后续航天器研制、产品设计有着重要的指导参考价值。随着航天事业的不断发展壮大，航天器型号研制的技术难度和综合性能指标不断提高，总体设计周期大幅缩短，且设计要素众多，如何在设计之初准确地表达设计意图并综合各类信息发掘所需设计资源，是当前航天器设计师面临的问题。因此，充分利用已有航天产品研制成果与项目经验知识，对实现更高效的设计有着积极意义。

## 2 设计重用与航天产品档案资源开发利用

### 2.1 关于设计重用

设计重用，作为一个新兴的研究领域，开始逐步成为解决航天器设计"痛点"的重要方向和措施。设计重用主要是指通过对以往设计知识、设计历史和设计实例等的重用，达到提高设计效率的目的，通过挖掘、利用已有设计资源，支持新产品的快速开发。具体到航天器设计领域，设计重用思路的应用场景包括两个层次，一是设计师重用同一领域的已研制型号的设计知识及相关信息，二是设计师重用不同领域的相关研制型号的设计知识。

在航天器新产品开发、继承性产品研制过程中充分利用已有产品的设计状态和过程数据，有着三个方面的重要作用。一是可以避免大量的重复工作，提高工作效率，同时能使设计师有更多精力专注于创新设计；二是通过对已有设计结果的参考可以减少设计中可能出现的错误，提高设计质量；三是在重用过程中，设计者通过参考已有的设计结果，提升个人能力，收获新的启发和思路。

### 2.2 设计重用对航天产品档案资源开发利用的需求

#### 2.2.1 对档案进行数据转化利用

航天器研制在设计过程中较多依赖于设计师的经验，难以通过有效手段进行准确性评估。在承担高密度、快节奏的科研生产任务中，设计师需花费较多精力用于技术文件编写，对全心投入产品设计与工程研制存在一定的制约。由于工程技术报告繁多、相互独立，出现问题很难进行关联性分析，设计质量无法保证，亟须利用全文检索、信息挖掘等技术手段实现对档案数据的利用。航天企业经过多年的发展，积累了大量宝贵的航天器档案数据，需要综合利用航天器设计研发、生产制造等研制过程中各类结构化、半结构化及非结构化数据，开展档案大数据的应用分析，为型号设计重用提供参考与借鉴。

#### 2.2.2 对跨领域档案进行集成共享

航天器总体设计、单机产品设计是一个复杂的过程，需要跨领域、跨专业、跨单位的协同，但传统基于设计结果的协同模式迭代周期长、协同效率低，难以满足当前型号快速研制的需求。例如，型号研制中的某些专项试验，由于知识与设计流程的脱节，导致不同领域、不同型号的设计师重复开展试验，浪费了大量的时间和成本，严重制约了设计知识的重用效率和质量。基于此，需要充分发挥航天产品档案资源的整合效应，通过专题数据库建设、数据内容关联等途径促进档案资源开发与共享，打破不同研制领域之间的信息壁垒，满足不同型号领域之间的设计重用需求。

#### 2.2.3 对档案知识进行高效获取

在航天器设计过程中，针对不同的设计阶段和环节，设计师需要多方利用不同的平台和方法查阅所需的信息内容，再经理解消化后开展设计。这一过程需要花费的时间精力较多，设计知识获取的工作量较大。在航天器研制复杂化的新形势下，从海量的档案资源中获取所需的设计资源对设计师的知识结构和专业水平也提出了新的挑战。从这个角度而言，应通过了解不同产品设计、不同研制阶段对档案数据的需求，开展航天产品档案信息资源深度加工，建立精准的知识推送机制，结合继承性单机设计、新产品研发等航天器研制具体需求，主动为设计师提供高质量的档案知识服务，不断提升航天产品设计重用效率。

## 3 面向设计重用的航天产品档案资源开发利用策略

### 3.1 树立资产认同的档案开发利用理念

在信息技术的助推下，档案逐渐凸显出信息、知识、智慧等更深层次的价值，随着档案整体价值密度不断提升，将为企业带来更可观的收益，越来越多的单位和个人将会增加对档案价值的认同感，从而形成良性循环，进一步推动档案资源开发利用工作。作为承载航天科技知识的信息资源，航天产品档案在航天器设计领域的嵌入性、渗透性不断加强，对航天器研制的支撑作用更加明显。因此，航天企业应树立资产认同的档案开发理念，充分挖掘档案的独特价值，将档案转化成支撑航天事业发展的新生产要素，实现档案资产的保值增值。

第一，单位组织层面，积极推动档案资源纳入组织资产体系，将档案上升到企业战略资源和核心竞争力的高度。全面识别航天产品档案中蕴含的设计方案、核心数据、知识成果等宝贵的科技资产，在档案资产管理理念下，从体系运行、制度规范、资金预算、技术开发等方面进行保障，加大对档案资源开发的投入力度，大力寻找实现档案经济价值、更好配置档案资源的路径。提升科研人员对档案资产价值的认识，督促其在关注产品设计、科技研发等核心工作的同时，做好业务活动中各类档案资源的前端管理。

第二，档案人员层面，应从档案管理向档案数据管理、知识管理理念转变。重视并积极宣传档案资产价值观，密切结合航天器产品设计利用需求，深度挖掘档案资源价值，致力档案经济效益创造，最终实现航天企业档案的资产转化。例如，在数字化环境下，纵向把握航天器产品设计的档案历史数据，横向比对同类型产品设计档案数据，从中总结科研活动的周期性规律，为航天器研制提供信息支撑。

### 3.2 建立场景视域的档案开发利用路径

在业务活动中，用户对档案资源的需求往往来源于其特定的工作场景，因此从场景视域的角度，准确识别场景的业务需求，是提升档案资源开发利用工作成效的有力途径。场景思维主要是围绕场景对问题进行思考，结合具体业务场景行为发生的背景、特点、目的，分析场景相关信息，从不同角度和不同维度深入分析和理解用户需求，并提供需求适配的档案服务或产品。结合航天科研生产活动需求，在具体实施路径中，对航天器型号设计业务场景进行分类，根据优先级选择几个场景进行试点，再由点到面实现档案资源开发工作的全面推广。

#### 3.2.1 细分场景，档案需求提炼具象化

航天器研制是一项庞大而复杂的系统工程，涉及总体、分系统、单机三个层级的研制，分系统又包含机械、电力、热控、光学等多个专业，每个专业又可以细化成多个单机产品。根据航天器研制的特点，在面向设计重用的档案资源开发利用工作中，其相关的业务场景大致可分为总体设计、各分系统设计、各单机产品设计、各分系统及各产品之间的接口设计。在场景视域下，从时间、空间、设备、人、信息传播渠道等场景构成要素进行统筹分析，掌握航天器型号设计活动相关数据，提取场景需求特征，明确具体需求。

因此，航天档案工作者应通过走访调研实际业务场景、查阅相关技术文献材料等措施，获取航天器总体设计、分系统设计等业务场景分别发生在型号项目研制哪个时间阶段、由哪种角色的科研人员主导设计、在设计中的难点和重点是哪些方面、设计活动中提供哪些基础设施、科研人员如何获取设计所需的信息资料等场景相关要素，形成场景"画像"，使特定场景的档案利用需求更加具象化。

#### 3.2.2 精准定位，提升场景服务获得感

在挖掘航天器设计业务场景中档案信息需求的基础上，制定场景服务目标，通过对匹配的档案信息资源进行整合、加工，迅速为场景用户提供精准的档案产品，提高航天器设计活动获取设计知识的效率，促进设计重用。在此思路指导下，航天档案工作者应根据场景"画像"，梳理出与该场景密切相关的档案分布范围、档案类型与档案内容，

思考采用何种方法和手段将具有关联的内容数据进行提炼、组合或对比分析,形成哪种加工深度或展现形式的产品、利用何种渠道或平台为设计场景的设计师们提供适配性强的档案资源服务,从而不断提升用户在档案利用中的获得感。

### 3.3 拓展技术赋能的档案开发利用手段

信息技术的迅猛发展为档案开发利用提供了有力工具,拓宽了档案资源开发利用的方式方法,提升了档案开发利用能力,为档案在更多场景下发挥价值和作用提供了可能。作为高科技产业,航天企业在信息技术的应用方面更具优势,通过技术赋能,将使航天档案资源开发利用工作取得突破。

#### 3.3.1 新技术赋能档案内容开发深度

大数据、人工智能等新一代技术的发展,使档案内容成为可供计算机识别、分析和处理的数据,从而推动档案之间关联关系的构建、业务发展相关趋势的总结,甚至能为某些问题的解决提供答案。在信息技术的助力下,传统的"档案库"逐渐演变成"知识库",档案的价值空间进一步扩大。

结合航天器研制需求,围绕某个设计业务场景,可以利用神经网络、关联规则、聚类分析等技术,对档案数据内容进行整合、统计、比对、分析,总结出某项设计的内在规律和发展趋势。通过机器学习、自然语言处理等关键技术,将海量、分散的档案资源加以采集和组织,挖掘提炼隐形知识,面向航天器研制各领域、各专业建立参考价值高的设计要素、设计禁忌等专题档案知识库。

#### 3.3.2 新技术赋能档案利用服务模式

在档案内容得以深度挖掘的基础上,大数据、人工智能等新兴技术的应用同样将颠覆传统的档案利用服务模式。一方面,借助模式识别、智能语义检索等技术实现档案内容的搜索提示、智能纠错,提升档案资源访问的时效性和精准度。另一方面,利用数据挖掘、智能算法等技术,对档案数据进行统计分析,预测用户未来的信息需求,最终实现为用户群体提供多元化、个性化的档案服务。

基于航天器设计业务场景的要素构成,根据总体设计师、分系统设计师、单机设计师等不同用户对象的分类,提取其利用行为习惯、检索方法等数据,研究类别需求与个性化需求,挖掘出潜在需求,开展档案信息资源智能推送,实现"超前服务"。同时,统计、梳理航天器设计各类场景中对档案资源的利用情况,针对浏览频率高的档案内容和档案产品,利用大数据技术,结合用户的角色定位、浏览路径综合分析,进一步锁定、预测未来可能具有同类档案利用需求的目标群体,主动向其推送档案。

### 3.4 构建协同交互的档案开发利用机制

#### 3.4.1 在开发阶段调动多方力量协作

档案资源开发利用工作的成效评价很大程度上取决于是否很好地满足了用户的需求,用户的积极介入将对开发利用工作起着重要的作用。此外,新技术的快速发展使得信息资源共享更加便捷、高效,在"多方共赢"的大背景下,档案部门联合多方优势力量协同开发档案资源将会更好地发挥档案价值。

在场景视域的开发路径下,航天企业应建立上下联动、横向协作的档案资源开发利用机制。一方面，档案部门主动出击，与型号研制项目办、专业技术研究室等用户部门建立深度合作关系，并联合科研生产管理、信息化建设部门，合力推进面向航天器设计重用的档案资源开发利用工作。另一方面，积极争取外部专业力量，加大档案资源跨单位、跨层级整合力度，共同提升档案资源开发能力。航天企业内各科研院所基本都设置了档案机构，可以通过建立协作平台，强强联合，互通有无，在技术开发能力上形成优势互补，围绕型号研制设计重用共同的目标，开发出系列知识共享的档案成果产品。

### 3.4.2　在利用阶段畅通效果反馈渠道

档案资源开发利用方向是否准确、是否收到实效，需要通过科学快速的反馈机制辅助证实，并根据反馈的结果，实时调整、修正、优化。航天器研制过程中，档案人员需要与用户在不同阶段进行交互。在前期与用户交流共同梳理出航天器设计对档案的利用需求，在开发过程中主动寻求用户指导，提升档案资源成果的专业性，在后期紧密跟踪、掌握用户的利用情况或用户及时将利用效果反馈给档案人员，档案人员通过分析再进行决策、优化。在数字时代，可以充分利用信息化平台，建立档案人员与用户之间畅通高效的反馈交互渠道，及时总结经验，促进档案开发利用工作。目前航天企业内各单位在陆续开展数字档案馆的建设和应用，以此为契机，将档案利用的反馈与评价同步纳入信息化建设中，确保面向航天器设计的档案开发利用工作更加精准有效。

## 4　结束语

航天产品档案真实记录了航天器设计与研制过程，凝聚了大量的经验知识和设计智慧，具有重要的重用价值。在航天强国建设新要求下，基于当前多型号研制并行的形势任务，迫切需要提高航天器研制效率和质量，缩短设计迭代周期。作为航天档案工作者，应及时抓住信息技术发展机遇，创新航天产品档案资源开发利用模式，助力航天事业发展。

### 注释及参考文献

［1］杨文，王强. 数字时代国有企业档案资源开发利用的内在机理与实践路径［J］. 档案学研究，2022（3）：76-83.

［2］费建梅. 新技术环境下工业遗产档案开发利用研究［J］. 北京档案，2022（7）：15-18.

［3］王静波. 数字环境下科技档案资源开发与服务模式创新［J］. 黑龙江档案，2021（3）：82-83.

［4］黄书书. 企业档案信息资源服务的创新性研究［J］. 档案天地，2020（3）：26-28.

［5］吴志杰，王强. 组织机构视角下的业务系统电子文件归档：问题、理念与策略框架［J］. 档案学通讯，2020（4）：79-86.

［6］雷荣，尹君. 基于 Python 的档案场景化利用探索［J］. 陕西档案，2022（4）：37-39.

# 基于区块链技术的电子文件四性保障研究

李翼翔　杨　驰　张倩男

北京航天长征飞行器研究所

**摘　要:** 随着科学进步和技术革新，电子文件的增长量级越来越大，逐渐成为档案管理的主要对象。但受制于技术和管理平台，电子文件的真实性、完整性、安全性和可读性难以通过传统手段进行保障。区块链技术以其去中心化、全程可溯源、分布式存储、共识机制、智能合约、非对称加密等技术，能够充分保证电子文件的形成与流转、管理与维护、检索与利用、鉴定与处置阶段的真实性、完整性、可用性、安全性，保护电子文件的数据安全。

**关键词:** 电子文件；区块链；四性保障

## 1　研究背景

在全球范围文件管理数字转型及我国"数字中国"和"数字航天"的背景下，电子文件逐渐有代替纸质文件的趋势，成为企业业务信息记录、传递、交换和利用信息的主要方式，也是航天档案的重要组成部分。而电子文件归档的真实性、完整性、安全性和可用性（以下简称"四性"）保障是电子文件管理的重点与难点，本论文基于区块链技术，试为该问题带来一种全新的解决思路与方案。区块链技术具有去中心化、公开透明、集体维护、全程可溯源等特点。在该技术的应用下，可以建立一个高度安全可靠的系统，任何用户都可经互联网利用共识机制、点对点记账、智能合约、非对称加密等技术达成信用共识，从而实现有针对性地防范电子文件真实性难以保障、归档完整性缺失、安全性不可控以及不可用性等风险。

## 2　现状

通过电子文件单套制归档，大量结构化、半结构化以及非结构化数据，进入档案管理系统，在系统中完成整理、立卷、利用、鉴定等工作。随之带来的文件可靠性和流转过程的安全性是巨大的风险，电子文件流转过程应用节点多、程序覆盖广、数据传输量大，在大数据前提下如何保证电子文件没有遭到恶意篡改，且在不暴露内容的情况下证明内容完整可靠是一大难题。依靠纯粹的中心化服务器架构难以应对单套制电子文件管理问题，若全部升级改造，将会产生巨大的建设和维护成本。传统方式是基于数据库完成对电子文件的存放，但在电子文件流转过程中，面对如今大规模的文件传输量，需要有既满足安全性又能超越传统数据库限制的电子文件优化平台。传统的电子文件流转过程采用的是中心化模式，其应用的前提是用户基于信任选择使用该应用，而攻击者可以利用应用程序漏洞伪造身份进行非法访问，获得文件阅读下载等使用权限，并抹除系统的访问记录，从而导致文件失泄密风险和非法传播。因此，在电子文件的发展前景中，如何解决电子文件流转过程中的可靠性和安全性，使文件内容不被轻易窃取、篡改，确保文件流转过程日志清晰、透明是电子文件应用领域和电子文件流转亟须解决的问题。

为确保电子文件单套制归档规范，北京长征航天飞行器研究所做了理论研究和基础实践，从制度、系统、指引等方面确立了电子文件有效归档。

制度先行。建立电子文件制度、技术和工作规范，保证业务系统和档案管理系统有效衔接，实现档案管理系统对电子文件单套制管理的需要。据此编制了《电子文件管理办法》，其中明确规定电子文件单套管理的部门职责分工，分类方案、电子文件整理、归档要求、移交要求等，建立匹配电子文件管理要求的专项制度。

系统部署。档案管理系统应具备成熟稳定的电子文件流转、四性检查、安全认证等功能，支持完成电子文件归档工作。按照电子文件格式要求，形成电子文件和其组件。支持电子文件形成和流转过程中自动采集电子文件元数据，支持电子文件办结或业务流程节点上完成电子文件整理工作，确保电子文件收集的齐全性和完整性。在整个过程中，档案人员应提前介入、深度参与，主动牵头搭建档案管理系统与业务管理系统的集成，定期检查电子条目和原文的介入情况，以每周一次的频率进行问题排查解决，相关经费纳入档案管理系统运维预算。

归档指引。针对电子文件单套归档的要求，档案人员应主动作为，从归档操作要求和规范上对电子文件归档进行监督和指导，确保电子文件归档准确，电子文件单套制管理可行。从规范上提要求，指导归档人员通过 avidm 进行电子提交，通过电子流程完成文件编写、校对、审核和批准流程，使文件版本可控。对于仅有纸质文件的历史文件，将纸质文件进行数字化，通过旧文档提交等流程，完成纸质到在线的转换。档案人员把电子文件档案要求固化到归档表单模板里，如图 1 所示，在流程中指导归档人员高效准确完成电子文件归档。

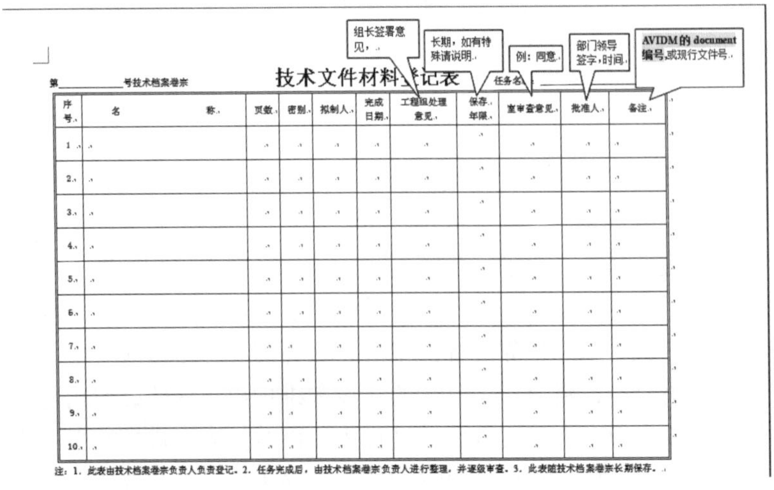


第＿＿＿＿＿号技术档案卷宗　　技术文件材料登记表　　任务名：

| 序号 | 名　　称 | 页数 | 密别 | 拟制人 | 完成日期 | 工程组处理意见 | 保存年限 | 室审查意见 | 批准人 | 备注 |
|---|---|---|---|---|---|---|---|---|---|---|
| 1 | | | | | | | | | | |
| 2 | | | | | | | | | | |
| 3 | | | | | | | | | | |
| 4 | | | | | | | | | | |
| 5 | | | | | | | | | | |
| 6 | | | | | | | | | | |
| 7 | | | | | | | | | | |
| 8 | | | | | | | | | | |
| 9 | | | | | | | | | | |
| 10 | | | | | | | | | | |

注：1. 此表由技术档案卷宗负责人负责登记。2. 任务完成后，由技术档案卷宗负责人进行整理，并逐级审查。3. 此表随技术档案卷宗长期保存。

图1　电子文件单套制归档指导模版

明确四性检测要求。根据《电子档案与接收办法》《企业数字档案馆（室）建设指南》等规章标准和要求，从电子文件真实性、完整性、可用性和安全性等角度，提出电子文件检索过程中的检测对象、检测内容等检测项目，确保电子文件在移交接收与长期保存中的准确可靠、齐全完整和安全可用。四性检测要求具体见表1。

表1　四性检测要求

| 类型 | 检测要求 |
|------|---------|
| 真实性 | 1.目录信息长度在范围内<br>2.目录信息数据格式为定义的类型<br>3.检测目录信息中不包含特殊字符<br>4.元数据中记录的档案大小与实际档案大小相符<br>5.元数据中记录的电子文件格式与实际档案一致 |
| 完整性 | 1.目录信息必填项不为空<br>2.文件编号无间断<br>3.档案条目中标记有原文记录的，确有对应电子原文 |
| 可用性 | 1.电子文件目录数据可以正常访问<br>2.电子文件可以正常打开<br>3.电子文件是长期可读的格式，如PDF等 |
| 安全性 | 1.著录项目中的密级和控制标识规范<br>2.电子文件病毒检测 |

科研电子文件不同于一般电子文件，其具有内容专业性和管理规范性，单一文件从生成到归档过程中含有大量流转信息，以及多样的著录信息，是科研工作的真实反映。因此电子文件的四性有效，是档案管理的重要课题。基于传统档案管理技术手段，电子文件的四性难以保障。其中，在电子文件的收集、传输与存储途中，由于使用设备、档案管理系统、操作者以及网络环境等因素的影响，其真实性往往容易受到侵害，主要表现为数字档案与传统实体档案记录内容不符或虚构不存在的虚假档案等问题。电子文件具有范围复杂、数量繁多、面向用户群体广泛等特点，在电子文件工作过程中有可能会存在电子文件完整性缺失的问题，主要体现在内容缺失、元数据缺失、归档信息包缺失与数字签名缺失四个方面。保证电子文件可用最重要的一环就是保证其载体安全。电子文件载体的安全性受限主要有两方面原因，一是载体本身性质，如磁力、振动、环境、灰尘和温湿度范围等；二是载体寿命，相比传统纸张等实物载体，电子文件载体寿命相对较短，对于电子文件的长期可用有很大影响。电子文件的安全性威胁，一是计算机黑客的非法闯入、盗取和篡改；二是计算机病毒、非法软件对档案安全性的影响，导致档案信息泄露，档案管理系统崩溃等。

## 3　区块链技术对电子文件四性保障

### 3.1　区块链技术分析

区块链技术尽管是伴随各种虚拟货币的出现与发展而进入大众视野的一项新技术，但是从本质上来讲是一条链式的数据结构，该数据结构中每个块或节点中存储一批交易信息或内容，并采取各种密码技术相互连接，用以证明自身可信并生成下一个区块或节点。其技术特征，可以在一个不完全可信的环境中实现一种去中心化、无须信任的分布式数据账本，该账本具有不可篡改、公开透明、可溯源、集体维护等特征，适合应用于电子文件管理上，为保障电子文件四性检测安全提供新的思路。区块链主要由区块、链接两个主要部分组成。区块是区块链的组成部分，由区块头和区块体两部分组成，区块头中包括上一区块哈希值、时间戳、版本号和其他描述信息，区块体内主要保存档案数据和变动信息，如图 1 所示。区块链中的各项交易记录以加密信息的形式存放在区块中，这些交易信息是证明该区块可信的"证据"，当区块被证明合法之后，会再生成下一区块。链接在不同的区块之间搭起桥梁，将它们互相联系在一起，区块经链接联系在一起，就形成了完整的区块链。在区块链之中，所有产生的信息全部会被记录下来，并存储在所有节点的存储设备上。区块链在数据的储存、传输等方面有独特的优势，在隐私与安全防护上也有不错的开发前景。

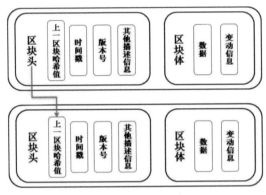

图1　区块链结构示意图

### 3.2　适用于电子文件的区块链关键技术

非对称加密。非对称加密是将公钥与私钥两个密钥文件搭配使用的一种密钥加密方式。非对称加密可对数据进行加密或签名，密钥文件可以是一串代码、一张图片、一段文字等任何形式的文件。公钥向所有人公布，私钥由个人保管不对外公布，这两者存在一一对应的关系，对某个文件加密或签名后只可使用与之成对的另一密钥进行解密或验证。公钥与私钥的结合使用可有效减少密钥文件在用户之间的交换，这样不仅简化了加解密流程，也降低了密钥丢失的风险，其基本操作流程是甲生成一对密钥，同时将公钥在网络中公开，这时乙就可利用该公钥对文件进行加密之后发送给甲，甲收到后可通过自己的私钥解密文件，或者甲使用私钥对文件签名后发送给乙，乙再用甲的公钥验证该文件签名的有效性。

分布式账本。在整个链中，所有节点全部拥有一份相同的账本，新的记录需获得至少一半以上节点的认可才可记录，账本的修改需要所有节点同意。该账本具有两个特征，一是所有数据通过链式结构以数据块的形式保存在链中所有节点。二是所有节点相互独立、地位一致，通过共识机制保证存储内容一致，不存在某个节点单独记载数据的情况，从而保证了账本数据的安全性。

智能合约。智能合约可以在区块达到特定条件后自动运行一些事先设定好的程序或规定，该合约基于可信任、无法更改的数据，主要利用时间戳与数字签名技术，并随区块链交易的进行自动更新，具有去中心化、防篡改的特性，只要不是全部节点同时发生问题都不会影响其合约的自动执行。

共识机制。共识机制是所有节点都认可并达成一致的规范或规则，是区块链防止数据篡改的办法，现在经常使用的主要有四种，第一是股权证明（POS），第二是工作量证明（POW），第三是委托权益证明（DPOS），第四是消逝时间量证明（POET）。不同的场景选择不同的共识机制，以达到效率与安全的平衡。

## 4 区块链保障电子文件四性有效方法研究

### 4.1 电子文件真实性保障

电子文件的真实性是指电子文件的内容、逻辑结构和背景与形成时的原始状况相一致的性质。区块链对电子文件真实性的保障可贯穿档案收集归档保管整个流程。在文件收集阶段，将业务系统与区块链相连接，对业务系统进行归档需求改造，利用区块链技术在归档同时抓取符合文件管理要求的各项元数据信息，包括电子文件自身元数据以及生成电子文件行为的一些环境元数据等，用以证明电子文件在生成的过程中是真实且可控的。在归档过程中，验证用户权限，确保仅有上传权限的用户可以将电子文件上传入区块链内，保证无权限用户无法操作，且授权用户仅可操作赋权范围内工作，超出权限范围则无法操作，并实时更新用户和文件的操作信息。在电子文件存储阶段，对电子文件信息进行操作后再次验证其有效性。区块链通过非对称加密算法控制操作者访问电子文件的权限，参与区块链的各归档部门均可获得其唯一的公钥与私钥，保证其主体身份明确。结合区块链的基本特点，可以记录所有的操作记录。数字签名技术能够防止推诿，档案收集与上传的用户需对档案进行最终确认，保证了档案的原始记录。电子文件信息和数据之间的一一对应关系由时间戳负责保证，当电子文件内容发生变化，例如电子文件被转移或接收，该变化会在附加时间戳后被记载入区块链中，用以证实该变化的确发生过。因此，将电子文件管理与区块链进行结合，能保证电子文件在创建、转移、使用等各环节都不会存在恶意的行为，从而确保电子文件的真实性。

### 4.2 电子文件完整性保障

电子文件的完整性是指电子文件的内容、环境和背景信息齐全且没有破坏、变异或丢失。保证电子文件应归尽归，形成完整的电子文件案卷。在电子文件收集阶段，为避免认为疏忽导致的档案内容不完整，可利用区块链中的智能合约技术自动执行链中节点事先制定的协议，自动完成电子文件的收集工作，规避人为失误造成的归档不全。通过共识机制、点对点网络，使档案系统改变原有的数据库形式，变为所有参与者共同维护、信息共享、具有共识性的"分布式账本"，所有节点均可参与检查电子文件类型、数量等信息，保证电子文件的完整性。为防止电子文件信息在发送与接收过程中被修改或伪造，可利用哈希算法确保档案信息的完整性。区块链的数据结构使档案信息数量和状态变化全程可追溯，且所有操作过程中的每个步骤及其结果都会被记载在区块中，并对这些记录和结果进行签名。这些技术手段可确保电子文件管理的行为事实透明可见、记录明确，对电子文件的所有操作都有记录。除此之外也可设立特定的报警机制，可以监控恶意操作，以此来确保电子文件信息内容完整。

### 4.3 电子文件可用性保障

电子文件的可用性是指电子文件可以被检索、呈现和可读。目前电子文件可用性主要面临文件格式与存储载体技术过时、载体寿命有限、电子文件受到破坏导致不可用三方面威胁。区块链技术没有出现由于格式原因导致文件不可用的问题，电子文件格式的转换主要通过迁移、仿真等技术实现，智能合约技术的应用可免去人工操作，推动电子文件格式的智能化自动转换。同时，电子文件信息在区块链中所有节点内分布式存储，区块链分布式存储的特点使电子文件脱离了载体技术与寿命的限制，电子文件不会因载体技术过时、寿命到期或载体受到破坏而变得不可用，而且即使某一节点存储的信息丢失，也可以通过其他节点恢复丢失节点的数据，保证电子文件长期可用。另外，区块链技术能够通过智能合约、加密算法等技术，在不改变电子文件本身的基础上，保证电子文件传输的安全性，避免电子文件被篡改或窃取，从而确保电子文件长期可用。

### 4.4 电子文件安全性保障

电子文件的安全性是指电子文件的管理过程可控、数据存储可靠，未被非法访问和破坏的性质。区块链的去中心化存储，使整个档案系统不再局限于传统的中心化存储设备，区块链上所有节点的存储设备都可作为档案系统的存储设备使用，既降低了系统对于储存设备的硬件要求，也降低了系统搭建、运营与维护的成本。档案管理系统也可以由原来的以不同档案人员维护各门类档案工作转变为区块链中多节点共同参与维护，改变档案系统中心化的形式，档案信息的上传与存储也不再限制在档案管理部门这一单个主体内，即使出现某些人为或系统故障致使档案信息丢失或被侵害，也可以依据链中其他节点进行数据的恢复，从而为电子文件提供了较高的容错率。同时，区块链内信息的修改会通知链内每个节点，需要至少一半以上的节点同意后修改才会生效，这也在一定程度上防范了档案数据被篡改的风险。而且即使出现一半以上的节点被攻破，档案数据被篡改的情况，由于区块链系统的可追溯性，被篡改前的档案信息记录无法被删除，事后也可将档案信息恢复至被篡改前的样子。除此之外，可对不同节点、不同用户授予不同的权限，包括数据访问权限、共识权限等，同时也可为档案系统监管机构提供特殊的监管、审计权限，以便对电子文件整个生命周期进行风险管理，可以有效避免非法访问。

综上所述，电子文件四性检测项目与区块链的对应关系如表 2。

表2　四性检测项目与区块链对应关系

| 类型 | 区块链对应技术 | 类型 | 区块链对应技术 |
|---|---|---|---|
| 真实性 | 可信时间戳<br>非对称加密<br>数字签名 | 可用性 | 分布式存储<br>非对称加密<br>智能合约 |
| 完整性 | 共识机制<br>可追溯<br>点对点网络 | 安全性 | 分布式存储<br>共识机制<br>可追溯 |

## 5 总结与展望

电子文件的四性保障问题是目前电子文件管理面临的最重要的问题。本文试对区块链技术进行分析，与电子文件四性检测项目匹配后，得出如何利用区块链技术完成电子文件四性检测要求。区块链的可追溯特性配合共识机制、数字签章与可信时间戳、智能合约、非对称加密、分布式存储等技术可保证电子文件的真实与完整性，安全性和可用性。并且该技术经过广泛应用，已被验证是稳定、可靠且扩展性强的存储技术，因此，区块链技术可以有效解决电子文件的四性保障问题。

任何技术都有两面性，区块链技术在保障电子文件信息安全可用方面的确有其自身独特的优势，但是对繁重冗杂的电子文件管理工作来说，仅利用区块链技术并不能解决所有的问题。目前档案行业对区块链技术的探索和应用尚且处于初步摸索阶段，各方面研究还不深入，存在许多尚未解决的问题，例如建立电子文件四性验证体系，加强电子文件元数据管理等方面。同时区块链技术与现有档案系统的结合需要大量专业人才，对档案管理系统的改造升级也会有一定的研发成本；对于档案系统用户来说，新的改造升级需改变原有使用习惯，带来新的学习成本，这些问题都需要档案产、学、研共同研究实践，促进电子文件管理工作的快速发展与进步。

### 注释及参考文献

［1］冯惠玲. 拥有新记忆——电子文件管理研究［J］. 档案学通讯，2003（1）：57-59.

［2］刘越男，张一锋，吴云鹏，等. 区块链技术与文件档案管理：技术和管理的双向思考［J］. 档案学通讯，2020（1）：4-12.

［3］王平，李沐妍，刘晓春. 区块链视角下文件档案管理可信生态的构建［J］. 档案学研究，2020（4）：115-121.

［4］袁嘉新，杨安荣. 基于区块链技术的电子档案管理应用实践——上海信联信息发展股份有限公司成功实践［J］. 中国档案，2020（10）：28-30.

［5］闫晓璇. 基于区块链的电子文件流转系统设计与实现［D］. 北京：北京电子科技学院，2019：22-56.

# PDM 系统产品研试文件归档完整率研究

王璞珉　范好为　董智文

北京无线电测量研究所

**摘　要：** PDM 系统中产品研试文件的归档完整率至关重要，而诸多因素导致实际工作中研试文件收集与归档存在困难，缺少有效的管控手段来保证研试文件归档的完整率。对此本文进行了探索，通过研试文件归档完整率检查、产品文件结构化控制、系统催收归档和全生命周期管理等手段，提高产品研试文件归档完整率，便于对研试文件归档过程中的各个环节进行规范化的质量管控，保证归档文件的完整、统一，缩短归档周期，提高产品档案管理的质量和水平，为企业科研生产保障工作提供助力。

**关键词：** 研试文件；归档完整率；完整性规则；完整性清单

## 1　引言

军工企业产品涉及面广、系统构成复杂、技术高度综合、专业协作广泛、研制周期长、使用资金巨大、研制任务艰巨。作为客观反映产品研制与定型过程中的真实记录，产品技术文件的归档历来是军工企业产品档案工作的重点。归档文件是否完整，直接影响其发挥文件的业务功能，影响到型号成果积累的完整，是衡量产品档案管理及归档质量的关键。

产品的研试文件是指在产品设计、试验、生产过程中产生的，反映任务由来、方案论证、试验状况、研制总结、定型鉴定和技术管理以及预先研究、技术基础研究项目中产生的技术文件。

研试文件归档完整率 = 实际完成归档的研试文件数 ÷ 应归档全部研试文件数。要提高归档完整率，首先应归档研试文件要尽可能保证齐全，其次实际完成归档的研试文件也需要无限趋近于应归档全部文件数，但目前实际工作中要做到这两个要素都存在难度，诸多方面的因素导致研试文件收集与归档存在困难，其归档完整率较难得到保障。

## 2　制约研试文件归档完整率的因素分析

一项产品从立项之初到批产交付各阶段均会形成多种研试文件，这些文件均应及时归档。本单位承研产品数量多，多个产品开展设计研制时间周期同步或交叉，形成的研试文件数量大。在产品研制各阶段中，相关涉档部门往往未充分做好研试文件形成整理工作的及时跟进，未能确保文件在产品研制的各阶段过程中的同步建立与整理，且多为在院所要求的节点前集中归档，导致归档时问题较多，PDM 归档签审流程反复被驳回修改，且归档文件不全难以催收，导致研试文件归档周期拖长，难以按时完成研试文件的完整归档。而且研试文件不涉及生产使用，设计师是文件的形成者，往往一个人兼负多个型号任务，工作量和压力都很大，如果没有科研管理部门下达的归档考核节点，设计师有时无法及时完成归档或者归档长时间拖期滞后，保证研试文件归档完整齐套难度较大，缺少有效的管理方式与控制手段来保证研试归档的完整。

另外，航天行业标准文件管理制度通用性较强，而每一项产品研制过程的实际情况不同，产生的文件也不同。作为档案人员，而非标准化、科研管理部门和技术人员，无法深入了解产品研制的全部过程，对产品文件形成的规律和完整率无法把控，对每一项产品实际应该归档哪些研试文件不能确定。除了航天行业研试文件完整率标准文件中要求的必须归档的文件以外，归档文件的多与少取决于文件编写人员的档案意识，文件归档完整率较难提高。

## 3 提高研试文件归档完整率的策略

要改善当前研试文件归档所面临的一些困境，需要通过各种手段措施，来提升产品研试文件的归档完整率，增强档案部门对研试文件的管控能力。

基于对 PDM 系统功能的开发，系统后台制作了一个文件归档完整率检查工具。首先，根据 QJ 1167.4A 的要求和产品实际情况，编制并导入产品研试文件完整性检查规则和产品研试文件完整性检查清单；其次，要求设计师对 PDM 系统产品研试文件进行结构化控制，然后进行研试文件归档完整率检查并分析结果数据，同时把归档工作纳入产品全寿命周期管理；最后，针对未归档的研试文件进行节点考核，使文件完成归档发布。

研试文件归档完整率检查流程可以简化为图 1 所示。

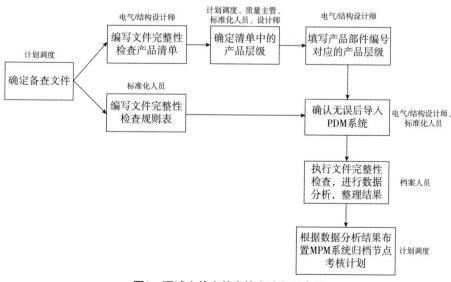

**图1 研试文件完整率检查流程示意图**

### 3.1 编制完整性检查规则和清单

研试文件完整性检查规则和产品研试文件完整性检查清单的编写，需要编写者既能熟知贯通相应的制度标准，又对产品的研制过程有着深入的了解，清楚型号产品的实际特点、组成层次，对借用情况等信息全部掌握，才能形成满足产品实际情况的研试文件完整性检查规则和清单。所以规则与清单的编写，最好是由研究室、科研管理部门和标准化部门共同商议，逐步明确产品研试文件归档完整率检查的流程、参与负责的相关部门人员、各自的职责分工以及各项工作的时间节点。

#### 3.1.1 编制产品研试文件完整性检查规则表

在产品项目初期，根据 QJ 1167.4A、产品研制总要求、研制计划、标准化大纲等文件，编写型号研试文件完整性检查规则表，对各研制阶段研试文件的完整性提出具体要求。对不同的产品或者是同一产品不同阶段下编写完整性规则时，需归档的文件种类会有差别，所以，在满足产品试制、生产、使用、维护和管理等前提下，完整性规则表需遵循"少而精"的原则，给出哪些是必须编制的文件、哪些是根据需要可选编的文件，哪些是不编写的文件。有"△"标记的表示必须编制研试文件，有"○"标记的表示根据实际需要进行选择是否编制研试文件，有"—"标记的表示不编制研试文件。在规则表中，文件的名称较为具体，指导性和规范性更强。编制好产品研试文件完整性规则后，将规则表导入 PDM 系统文件完整率检查工具。编制的研试文件完整性规则表格式如图 2 所示。

| 研试文件 | M阶段 | | | C阶段 | | | | | S阶段 | | | | | D阶段 | | | | |
|---|---|---|---|---|---|---|---|---|---|---|---|---|---|---|---|---|---|---|
| | 雷达 | 车 | 分系统 | 雷达 | 车 | 分系统 | 机柜 | 组合 | 雷达 | 车 | 分系统 | 机柜 | 组合 | 雷达 | 车 | 分系统 | 机柜 | 组合 |
| 产品实现策划报告 | △ | — | — | | | | | | | | | | | | | | | |
| 设计策划报告 | △ | ○ | ○ | | | | | | | | | | | | | | | |
| 方案报告 | △ | △ | △ | ○ | ○ | ○ | | | ○ | ○ | ○ | | ○ | | | | | |
| 设计报告 | — | — | — | △ | △ | △ | | ○ | △ | △ | △ | | ○ | | | | | |
| 可靠性工程报告 | — | — | — | △ | △ | △ | | | △ | △ | △ | | | △ | △ | △ | | |
| 可靠性指标分配报告 | — | — | — | △ | △ | △ | | | △ | △ | △ | | | △ | △ | △ | | |
| 可靠性预计报告 | — | — | — | △ | △ | △ | | | △ | △ | △ | | | △ | △ | △ | | |
| 故障模式影响及危害度分析报告 | — | — | — | △ | △ | △ | | | △ | △ | △ | | | △ | △ | △ | | |
| 特性分类分析报告 | | | | | | | | | | | | | | | | | | |

图2　研试文件完整性规则表格式示例

#### 3.1.2 编制产品研试文件完整性检查清单

在编制产品研试文件完整性检查清单前，需要确定文件归档完整率的检查对象。一般根据上级对项目产品验收、鉴定或会议审查的要求，确定需要归档的文件，根据文件归档完整率的检查对象，编写研试文件完整性检查清单。研究室、科研管理部门和标准化部门确定清单中的产品共包含哪些产品层级，以及清单中产品部件编号与产品层级的对应关系，在文件完整性检查清单上填写产品部件编号对应的产品层级，核对确认无误后，将清单导入 PDM 系统文件归档完整率检查工具中。编制的研试文件完整性清单格式如图 3 所示。

| | A | B | C | D | E | F | G | H | I | J | K |
|---|---|---|---|---|---|---|---|---|---|---|---|
| 1 | 序号 | 部件编号 | 部件名称 | 部件视图 | 产品级别 | 产品层级 | 产品代号 | 阶段标记 | 所属型号 | | |
| 2 | 1 | FP1.231.209 | | | 雷达 | 1 | | S | | | |
| 3 | 2 | FP2.008.639 | 载车 | | 车 | 2 | | S | | | |
| 4 | 3 | FP2.008.671 | 备车 | | 车 | 31 | | S | | | |
| 5 | 4 | FP3.869.351 | 车 | | 车 | 31 | | S | | | |
| 6 | 5 | FP2.008.711 | 场景模拟车 | | 车 | 31 | | S | | | |
| 7 | 6 | FP2.907.610 | 组控阵天线 | | 机柜 | 32 | IC | S | | | |
| 8 | 7 | FP2.928.099 | 机柜1 | | 车 | 41 | S02 | S | | | |
| 9 | 8 | FP2.928.100 | 柜2 | | 雷达组合 | 41 | S020602 | S | | | |
| 10 | 9 | FP2.933.494 | 源 | | | 41 | | S | | | |
| 11 | 10 | FP2.301.644 | 组合 | | 组合 | 41 | T020801 | S | | | |
| 12 | 11 | FP2.932.2460 | 组合 | | 组合 | 41 | T01-1 | S | | | |
| 13 | 12 | FP2.722.247 | 组合 | | 组合 | 41 | T030201 | S | | | |
| 14 | 13 | FP2.657.112 | 组合 | | 组合 | 41 | S030201 | S | | | |

图3　研试文件完整性清单格式示例

### 3.1.3　编制规则表与清单的注意事项

（1）清单中出现的所有产品层级必须和规则表中出现的所有产品层级保持一致，否则后续检查时系统无法匹配。

（2）同一产品、同一阶段研试文件完整性清单需要修改时，每次导入新版清单将覆盖替换掉原有清单。

（3）在产品研制各阶段的初期，均应编制相应阶段的产品研试文件完整性规则表与清单，指导本阶段研试文件的编制归档工作。

### 3.2　产品研试文件结构化控制

设计师对产品研试文件进行结构化控制，后续进行文件归档完整率检查时，系统依据结构树能够清晰查询到文件的状态。本单位产品通常包含车、舱、机柜、组合、插件、部件、零件等多个层级的产品部件，产品部件按产品装配层次进行创建，形成完整的树状产品结构，为实体产品结构树。有些系统和分系统级产品，不代表物理实体，仅表达逻辑组成，在结构树中无装配关系，此类产品的研试文件往往被要求与顶级产品结构挂接，造成顶级产品结构上的文件杂乱，难以清晰地统计产品研试文件归档情况。此类产品可以按功能建立虚拟部件，虚拟部件按照研制阶段、工作内容进行构建，与实体产品结构树相互独立。

设计师根据研试文件完整性规则与研试文件完整性清单编制研试文件，完成编制后在 PDM 系统中通过在"部件"上使用"创建关联文档"的方式进行创建，所有文件必须基于实体产品结构树或功能虚拟结构树进行创建。没有与部件关联的历史文件，由文件创建者手动进行文档与部件的关联。

会议产生或外单位通过正规渠道传递来研试文件完整性清单以外的文件时，当文件来源方不具备 PDM 系统连通条件时，由相关设计师收集并移交给档案人员，档案人员接收后将文件扫描形成电子版上传至 PDM 系统，不进行签审，直接发布，发布后，设计师确认文件技术状态，在 PDM 系统中完成文档与外协部件的关联；文件来源方具备PDM 系统连通条件时，可通过 PDM 系统传递至本单位，设计师确认文件技术状态，在

PDM 系统中完成文档与部件的关联。

### 3.3 进行研试文件归档完整率检查

用某型号作为试点，通过 PDM 系统文件归档完整率检查工具进行检查，如图 4 所示。

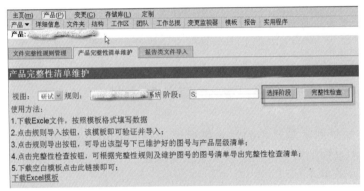

图4 研试文件归档完整率检查

（1）进入产品的详细信息—操作—文件完整率管理，选择检查范围。选择研试文件。

（2）选择按照哪种规则执行检查。如果产品在第一步配置了型号产品的研试文件完整性规则表，则此环节按规则进行检查；如未配置，则需要选择"院控型号"或者"所控型号"。

（3）选择阶段。

（4）进行归档完整率检查并导出报表。

系统根据产品研试文件完整性规则和产品研试文件完整性清单给出检查结果报表。

档案人员根据检查结果报表的显示情况进行数据分析。对于未归档未发布的文档，出现的情况有以下几种可能性原因：PDM 系统中不存在文档，即未编制未归档；PDM 系统中存在文档，但文档未和结构部件关联；PDM 系统中存在关联部件的文档，但文档没有关联在正确的结构部件上；同一个文件小类存在多份文档，需人为具体查询文档内容来辨别是否为此次查询需要的文件；文档名称或阶段标记与文件完整性清单上的名称或阶段标记不一致；文档处于编制状态或签审状态。

### 3.4 产品研制全寿命归档管理

根据产品研制程序，将归档工作纳入产品全寿命周期的管理中，制定符合产品研制特点的"三纳入""四参加""四同步"方法：将研试文件归档工作纳入产品研制计划、产品进度议事日程和产品相关部门人员的岗位责任制中，明确归档职责；档案部门参加产品有关的鉴定、课题评审、设备验收、成果评审等；下达产品研制计划任务与提出研试文件归档完整率的具体要求同步，检查计划进度与检查研试文件的形成情况同步，验收、鉴定科研成果与验收、鉴定研试文件归档同步，上报登记和评审奖励科技成果与档案部门出具产品文件归档情况证明材料同步。产品研制过程中相关部门全力跟进，做好各阶段产生的研试文件的同步建立、整理，按计划定期向档案部门移交归档，缓解最终归档压力。档案人员在此过程中对研试文件归档工作进行指导和审查，及时发现问题并提出整改意见完成整改，确保归档文件质量。通过产品全寿命周期管理过程中相关部门全力跟进的方式，确保研试文件在产品研制过程中的同步建立、整理，有力保障研试文件归档工作更规范、更科学地进行。

### 3.5  归档考核管理

采取约束机制，制定完整的考核工作体系，结合信息化手段，将产品研试文件归档考核纳入产品责任令管理，落实归档主体职责，运用可操作、可评估的指标对归档责任单位或个人实施绩效考核，降低档案收集工作的难度。

（1）明确考核对象，落实责任主体。将目标责任通过部门分解并落实到个人，归档考核对象是产品研试文件，归档责任主体是文件的编制者或产生该文件的业务部门。

（2）制定考核目标。以季度实施催收，档案部门向各涉档部门及人员做好归档催收和提醒工作，制定年度产品研试文件归档完整率。归档考核目标与个人绩效挂钩，同时也作为科研生产管理部门考核业务部门归档工作情况的主要依据。

（3）设置考核周期。通常情况下，以 PDM 系统产品研试文件归档完整性清单编制完成并下发之日起的一个月为考核周期。在该阶段内，业务部门须归档相应的研试文件，各产品实际情况不同，档案部门与科研管理部门可根据实际情况灵活设置完成时间。

（4）实施归档考核。本单位生产计划管理系统（MPM 系统）已与 PDM 系统实现了同步联动，计划调度通过 MPM 系统对科研生产节点进行考核。档案人员对 PDM 系统研试文件归档完整率检查结果进行数据分析后，将未归档需催收文件清单反馈给计划调度，计划调度将未归档文件列入 MPM 系统考核节点，形成考核清单，设置归档节点对相关部门进行考核，督促责任人归档应归文件。

## 4  结束语

本文对提高研试文件归档完整率的有效管控手段进行探索，根据产品特点制定研试文件完整性检查规则与完整性清单，指导和规范产品研制各阶段文件的编制归档，在 PDM 系统中执行文件归档完整率检查，针对未归档文件通过各种手段措施催收，同时将研试文件归档工作纳入产品全寿命周期管理中，从产品、技术、管理三个维度对研试文件归档过程中的各个环节进行规范化管控，促进了研试文件归档的完整与及时，提高研试文件归档完整率，可以推广至 PDM 系统其他产品。

### 注释及参考文献

［1］李冬青. 型号技术文件完整性要求的策划与编制［J］.科技资讯. 2011（20）：47.

［2］中国航天工业总公司. 航天产品设计文件管理制度. 设计文件的完整性：QJ 1714.6A–1999［S］.

# 虚实与幻变：新时期档案陈列展览现代化探索与实践

邵澍赟

江苏省档案馆

**摘　要：**档案事业现代化建设背景下，进一步推进档案陈列展览工作是扩大档案资源影响力、弘扬传播档案文化的重要方式之一。本研究选择新时期档案陈列展览中虚拟展览这一微观角度切入，结合用户调研与工作实践探讨，从感官、交互、内容、情感体验层面提出档案虚拟展览呈现形式、要素渲染、交互操作、测试评价设计模型，并通过实际案例展示论证，以打造虚实相生、多样幻变的档案展览空间，希望能为助力档案陈列展览现代化提供一些思考和启发。

**关键词：**档案展陈；档案事业现代化；虚拟现实；多媒体技术

党的二十大吹响了以中国式现代化全面推进中华民族伟大复兴的奋进号角，为档案工作高质量发展提供了更为广阔多元的空间。华夏地大物博，档案资源数量种类浩繁，档案馆肩负着保护和传承历史文化的重要职能。当前档案事业现代化建设背景下，推进档案陈列展览工作成为各级各类档案馆贴近民生、服务社会，扩大档案资源影响力、弘扬传播档案文化的重要方式之一。

现代信息社会人们已习惯于从网络环境获取新的认知，进行可视化浏览。《"十四五"全国档案事业发展规划》指出，要推进档案资源数字化、网络化宣介展示，展现中国力量、中国精神、中国效率。[1]伴随虚拟现实、多媒体等技术进步，档案虚拟展览作为档案数字化、网络化展示的一种崭新形式应时而生并逐渐发展。当前国内档案系统大多采用在官方网站设置专门栏目或新媒体公众号推送的形式呈现档案虚拟展览[2]，展陈设计多采用直接复刻线下展览的方式，忽略了受众视觉、听觉感官上的沉浸体验。本文从档案虚拟展览角度切入，结合用户调研归纳与工作实践探讨，规划设计虚拟场域下通过氛围渲染，打造虚实相生、可扩展交互、变幻多样的网络展览环境的策略模型，以期扩大新时期档案陈列展览吸引力、影响力、传播力，为助力档案陈列展览现代化提供一些思考。

## 1　档案虚拟展览用户体验调查

开展用户体验调查的根本目的是明确用户期望，了解用户需求。用户体验（User

Experience，UE 或 UX）的概念由美国认知心理学家 Norman D. 等[3]在 20 世纪 90 年代中期提出，意指用户在使用或预计要使用某产品、系统或服务时产生的主观感受和反应。[4]如何提供良好的用户体验对档案虚拟展览系统发展完善至关重要。目前档案虚拟展览领域还缺少系统性的用户期望与体验研究，因此本研究从用户态度与行为研究角度展开调研。

### 1.1 用户态度研究

使用问卷调查的方式，目标群体覆盖档案学者、档案工作人员与社会公众，主要调研以下方面：一是用户对档案虚拟展览的了解程度，二是用户对档案虚拟展览的态度、浏览的契机与期望。本研究共发放 300 份问卷，收到有效问卷 198 份。统计发现 79.8%的用户听说或者接触过档案虚拟展览，少部分用户表示非常了解档案虚拟展览，5.6%的用户对其不甚了解。在接受调查人员中，多数均表示对档案虚拟展览有兴趣，期待尝试，认为其能有效强化档案宣传效果。了解档案虚拟展览的用户群体表示虚拟展览最吸引人的地方在于能随时随地浏览、不受时空限制，同时能体验虚实融合和精美画面。在明确表示实际体验过档案虚拟展览的用户中，超过半数以上表示在体验过程中最不能接受的是闪退和卡顿，同时对虚拟场景、界面美观以及信息完整度相对有要求。32.3%的用户对档案虚拟展览的感受只是新技术的尝试，未感受到沉浸感，认为场景效果有待提升，功能仍需丰富。从问卷调查结果来看，档案虚拟展览的普及度还有限，多数人还处于初步了解阶段，但对于其应用均呈现积极态度。

### 1.2 用户行为研究

共邀请 10 名对档案虚拟展览有兴趣的受调者实际体验"百年征程 初心永恒——中国共产党在江苏历史展"网上展馆。[5]该虚拟展馆以中国共产党在江苏波澜壮阔的奋斗历程为主线，将实体展览上 3990 个展项（含图片、文字版、图表、视频、实物、场景等）内容，通过 360° VR 全景、亿像素等技术手段进行数字化复原。体验时间计时 20 分钟并观察受测者浏览行为，结合使用后访谈获取用户行为信息。通过用户行为与访谈结果发现，在虚拟展馆尝试上用户大多比较满意，认为该种形式新颖有趣；少部分人兴趣点集中在新型的交互体验上。在操作熟练程度上大部分人能根据页面指示完成档案展览浏览，但对于具体的功能使用不甚熟悉，需要花费时间摸索甚至寻求帮助。整体感受上大部分人开始使用时兴奋期待，浏览时专注力较强。但也提出一些问题建议：一是操作过程中需强化操作提示，二是界面的缩放和流畅度要提升，三是要加强沉浸感和细节展示。

结合当前档案领域虚拟展览技术应用和用户体验调查结果，总结档案虚拟展览现实需求如下：在感官上要色彩美观、虚实融合、有沉浸感；交互上要进程流畅、逻辑性强、布局合理；内容上要精简趣味、层级明显、知识性强；情感上要引发思考，有教育意义。

## 2 构建档案虚拟展览设计模型

### 2.1 基本思路

#### 2.1.1 以满足需求为导向

满足需求是档案虚拟展览创新的最直接动力，档案馆作为现代社会最重要的档案信息资源存储和交流服务中心，最为重要的职能就是尽力使资源获得最大限度利用，充分了解受众想法。为此，档案虚拟展览引入档案展陈的最现实目的应为满足需求，并以此为依据使公众在获取档案资源的过程中获得最满意的体验。

### 2.1.2 以实际应用为基础

一项技术在档案工作中引入是为了体现其实际应用价值，即通过相关技术应用可以起到提升档案服务利用水平的功效。目前档案工作的最大实践就是应用先进技术手段，实现档案馆工作改革创新，档案虚拟展览应当基于这一目标努力挖掘虚拟现实、多媒体等技术实际应用方式，着重解决档案资源开发利用与宣传中存在的问题。

### 2.1.3 以科学实施为原则

档案虚拟展览必须规范化、科学化、客观真实地来呈现。档案馆集中统一管理党和国家需要长远保管的档案和史料，档案资源向社会公众开放使用，要对社会负责。应明确档案部门职责，在目标明确、方案合理、实施科学的条件下开展档案虚拟展览设计工作。

### 2.1.4 以社会效益最大化为目标

档案展览价值在虚拟技术引入和应用中得到最大化彰显，其实质就是要使档案资源存史、资政、育人功能更好地发挥，使用户获得更好的参观体验，因而在技术应用中须集中分析各种影响因素，以最少投入获得最大效益。

## 2.2 模型构建

在浏览档案虚拟展览时，大众通过网络页面或智能终端进入虚拟空间界面，点击操作标识，系统随即对要呈现的内容加以渲染，完成终端媒体屏幕上的多维成像，或播放保存在系统后台的影像、图片、音频资料等。终端页面往往会配置控制选项以供进行视觉效果和播放模式调节，如提供清晰度选项和控制播放速度等。当前，国内各级档案部门积极打造新媒体方阵，开通微博、微信等新媒体平台账号[6]，如国家档案局开设同名微信公众号，江苏省档案馆注册微博账号等。开发档案虚拟展览后要充分利用这些平台显著发挥档案新媒体矩阵作用，宣传推送虚拟展览，介绍使用方式并吸纳公众建议，不断改进档案虚拟展陈内容实现效果。

### 2.2.1 呈现形式

档案虚拟展览的表现形式要体现丰富层次，不能一成不变，通过色彩与场景上的新鲜感吸引公众自主融入展陈场景，强化代入感。以往的虚拟展览多通过文字、图片形式呈现档案，可根据不同场景信息要素重塑表现手法，拓展 3D 模型、动画、多维混合等表现形式，注重档案内容多样性与界面呈现活泼性相结合。在档案虚拟展览的界面布局上要尽可能减少复杂组件的内容，只出现有用的功能控件，用户浏览过程中视线与注意力一般首先聚焦页面中心，因而要预设档案材料位置处于中心视线可及，符合公众浏览习惯。

### 2.2.2 要素渲染

根据档案展览特征与网络空间设计习惯，档案虚拟展览视觉要素色彩明亮为佳，可通过几何线条搭建色彩区间，同类色、互补色搭配出视觉风格统一的场景标识，体现档案展览历史性特点。功能控件设计要强调与展览主视觉场景的风格一致性，保持画面整体颜色简洁轻快、和谐美观，富有感染力。2D 画面构建与 3D 模型渲染可通过 UI、Unity3D 系统等[7]进行，利用渲染系统模块为档案虚拟展览场景加入光影粒子效果，模拟现实世界中的物理形态，实现旋转缩放交互，调节物体移动像素距离。

### 2.2.3 交互操作

要结合档案展品的原始记录性特点和档案专业知识点设计交互要素，规划可以与公众形成互动的交互架构。通常来说，实现虚拟交互操作的目的一是集中公众注意力，二是提升展陈效果。因此对于交互内容须做选择与取舍，不可能在虚拟展览中每处都设置交互控件，只有在对应空间与知识点内容处才适合完成交互操作。如融入恰当音效烘托渲染档案中呈现的历史场景，进一步加深读者理解。配合交互环节选择合适的背景音效，营造场景气氛、虚拟沉浸的环境，实现公众与档案虚拟展览的整体交互体验。

### 2.2.4 测试评价

档案虚拟展览开发完成后要对其涉及的历史事件、时间节点、信息准确性、操作流畅度等进行测试评价，具体涉及虚拟画面文字、图片、音视频、动作识别等，新媒体资源配置是否达到设计目标。在对虚拟展览的规划开发过程中要经过多轮自测与专家评审，采纳档案专业人员意见建议，对内容脚本、音画模型、要素呈现、交互设计加以调整。经历多次针对界面元素和版面细节、视觉表现、卡顿问题等内容的内部测试后再面向社会开放。结合前述构建档案虚拟展览的基本思路和用户体验调查对感官、交互、内容、情感的现实需求，内测评价指标可包括：感官体验上的色彩搭配合理性、设计风格统一性、画面元素沉浸感；交互体验上的互动性、易学度、流畅感、识别效果、响应速度、反馈精度；内容体验上的形式多样性、知识普及性、内容创新性、与档案元素结合度；情感体验上的满足感、认同感、启发性、趣味性。

## 3 探索档案虚拟展览实践案例

江苏省档案馆积极深化档案资源开发利用，将档案展览陈列作为推进馆藏资源开发利用的着力点和突破口。本文论证档案虚拟展览应用设计模型，以江苏档案期刊风采虚拟展览为例，确定图文素材、验证技术框架，尝试构建档案虚拟展览模型实践应用案例。

### 3.1 虚拟展陈界面视觉语言

#### 3.1.1 提炼体现档案文化特色的视觉色彩

色彩是档案虚拟展览向公众传递情感要素的重要表达形式，能影响人们情绪与生理感受。江苏档案期刊风采虚拟展览通过色彩表达建构用户视知觉，传递档案特色。虚拟展览界面主副色从档案展品、档案期刊配色等中提取，界面设计选取了期刊封面最具代表性的朱砂红作为场景主色，降低红色明度并提升了纯度，使得到的色彩更具现实感，同时兼顾档案历史厚重感，形成整体上的庄重氛围。以期刊封底绿、棕、紫、黄色作为点缀色进行适配，适当提高其亮度以平衡用户注意力与视觉焦点。功能辅助性色彩主调设置为黑白灰，基于 HSV 色彩模式和 Color.review 颜色校验工具[8]将其从期刊页面中精确提取并融入虚拟展览界面色彩系统（见图 1）。

图1　江苏档案期刊风采虚拟展览界面

### 3.1.2　设计兼具档案特色和审美意趣的图标符号

图标在档案虚拟展览界面起到表意、引导、指示作用，也是体现设计感与丰富界面层次的重要元素，一般由单一文字、图形或其演化符号构成。图标符号的设计既要凸显江苏档案期刊的个性，还要符合社会大众审美倾向。现有的多数档案虚拟展览界面普遍采用单一相似的图标格式，档案元素体现不明显，也缺乏审美价值与辨识度，遑论给用户带来情感上的使用期待。江苏档案期刊风采虚拟展览界面设计尝试结合地方档案文化与场景实境，解构重组出形式上丰富多变的符号意向，色调上契合档案虚拟展览场景界面以及导览系统中功能性内容服务，图标符号的线条与配色跟随场景变化进行调整，与背景情境保持一致的同时也保留有较高的可识别度和辨识性。

### 3.1.3　塑造融合档案文化意象的场景氛围

场景氛围的塑造是增强公众对虚拟展览沉浸代入感、提升情感体验的重要手段。档案馆蕴含丰富多样的文化元素，从中获取灵感并利用多种设计途径完成档案文化意向与视觉界面的关联映射，可以营造出区别于其他领域展陈、具备浓厚档案个性色彩的虚拟展览场景氛围。例如江苏档案期刊风采虚拟展览主界面采用档案实物图片、灯光结合实景效果的表现形式，以通透轻量的色彩辅以现实世界光影模拟，使公众甫一进入场景即被柔和精美的虚拟展馆设计吸引，产生深度浏览与探究的兴趣。为减少公众浏览过程中的迷失感，采用矢量插画与仿真光影色彩模拟现实场景，遵循极简原则的同时体现设计风格上的创新。在主界面打造虚实融合的画面质感，提升了公众兴趣期待，不同的场景与环境生发不同情感体验与反馈。又如虚拟展览界面关联展陈对象的 AR 展示，使读者沉浸式观赏档案实物细节，进一步增强现实感知。通过转角、遮挡物设置悬念，暖色散射光线营造柔和舒缓效果，木色背景打造舒适空间感，闪光点或明亮的灯光起到突出作用（见图 2）。

图2 巧用光影、装饰物等强化虚拟场景界面层次感

### 3.1.4 多维地图导览与社交互动呈现

对原有扁平化的导览地图进行多维呈现能有效提升档案虚拟展览导览信息的可获取性和地图浏览的真实感。公众在浏览江苏档案期刊风采虚拟展览时选择导览地图信息辅助观展，一类是具备明确的观展目标或规划路线，另一类则是无序随意观览。这两种状态下对于地图导览的关注点与信息粒度需求不尽相同。对于无参观目标的地图信息呈现可采用面性区块方式概括表达，符合对展陈档案内容整体性认知需求；对于有明确参观目标的地图信息呈现着重凸显档案虚拟展厅立体结构与浏览路线，隐去不必要展品信息，聚焦核心信息板块。江苏档案期刊风采虚拟展览导览地图界面支持平面与3D选择呈现，缩小放大查看全貌，点击拖拽移动等交互操作，帮助公众快速便捷地了解展示物阐释信息，获取档案知识。

公众进入江苏档案期刊风采虚拟展览界面后产生信息交互的行为需求，视觉层面浏览、收听内容，信息层面产生搜索行为，点击界面功能操作实现交互。在社交互动方面，江苏档案期刊风采虚拟展览界面设置留言区域，档案期刊相关展品或特定场景详情页配置点赞功能，为公众表达情感提供具象化出口。点赞、评论的反馈设计放大了公众对自身互动行为的感知力度，使其成为档案虚拟展览推广中的一环。通过收藏、分享、参与知识竞答活动等活跃文化交流氛围，最终在情感层次满足档案虚拟展览现实需求，实现人文关怀。

### 3.2 载体呈现形式选择

目前主流的虚拟展览呈现形式依托的媒介主要有网站和微信平台等，江苏档案期刊风采虚拟展览采用官方微信公众号、小程序同步推广形式。微信公众号用户主要通过扫码或搜索来获取档案虚拟展览信息，进入展览界面。但用户黏性受微信公众号活跃程度、普及程度、技术开发能力影响。小程序依托微信平台，是微信公众号无法承担过多功能需求下的有力补充，体现出高效便捷的移动化信息服务理念，伴随技术迭代优化，其操作成本更加低廉，导览内容也更加丰富，兼具推广度，在实践中更加受到江苏档案期刊风采虚拟展览用户的青睐。与网站呈现相比，微信平台呈现具有随时获取服务的便捷特点，随着小程序功能不断丰富和开发技术日益成熟，相信小程序推广今后会成为普及率较高的一种档案虚拟展览呈现形态。

## 4 结语

档案事业现代化是一个重大的时代课题与复杂的系统工程，举办技术赋能、形式新颖、贴近民生的档案陈列展览是新时代大势所趋，也是发挥档案价值、开展档案宣传教育的有力途径。本研究选取新时期档案陈列展览中虚拟展览这一微观角度切入，提出档案虚拟展陈感官、交互、内容、情感体验设计对策性研究，以打造虚实相生、多样幻变的档案展览空间，希望为应对技术高速发展给档案工作带来的影响、挑战与机遇，助力新时期档案陈列展览现代化建设尽一点绵薄之力。

### 注释及参考文献

［1］中办国办印发《"十四五"全国档案事业发展规划》［EB/OL］.［2023-03-12］. https://www.saac.gov.cn/daj/toutiao/202106/ecca2de5bce44a0eb55c890762868683.shtml.

［2］档案展览工作规范行业标准征求意见稿［EB/OL］.［2023-03-17］.https://www. saac.gov.cn/daj/tzgg/202302/eeb9254e014444018287d3cad8aef4f0/files/acf879e0299e49649b a7c9b017de18a5.doc.

［3］Norman D，Miller J，Henderson A. What You See，Some of What's in the Future，and How We Go About Doing It：HI at Apple Computer［C］/ /Conference Companion on Human Factors in Computing Systems，1995：155.

［4］ISO 9241—210. Ergonomics of Human—System Interaction—Part 210：Human—Centered Design for Interactive Systems［S］. Geneva：ISO，2008.

［5］百年征程 初心永恒——中国共产党在江苏历史展网上展馆［EB/OL］.［2023-03-13］. http://100zc.jschina.com.cn.

［6］周文泓. 社交媒体平台作为档案库的内涵及特点解析［J］.档案学研究，2019（2）：104-110.

［7］顾文佳. UI 设计中用户交互体验的视觉思维［D］.杭州：中国美术学院，2012.

［8］张国权，李战明，李向伟，等. HSV 空间中彩色图像分割研究［J］.计算机工程与应用，2010（26）：179-181.

# 治理视域下高校干部人事档案专项审核：价值、困境与路径

## ——以 N 学院为例

刘俊恒[1]　郭硕楠[2]

1　南京特殊教育师范学院
2　南京大学信息管理学院

**摘　要**：高校干部人事档案工作的高质量发展是构建高校档案工作治理体系的关键部分。本文首先分析高校干部人事档案专审常态化开展的现实意义。其次，以 N 学院的干部人事档案专项审核情况为基础，结合调研情况，剖析专项审核中出现的多类别档案材料不齐全、归档材料不规范、档案前后时间记载不一致、传统档案管理方式仍占据主流问题及其产生原因。最后从"四化"的角度，提出提升档案治理水平，加强制度化管理；增强业务协同，完善全流程标准化管理；聚焦数智赋能，推动档案数据化管理；推进能力建设，打造专业化人才队伍的发展策略，打造党管档案的生动实践，以期提升高校干部人事工作质效，为高校高质量发展提供档案智慧。

**关键词**：干部人事档案；党管档案；专项审核；档案数据化

## 1　引言

高校干部人事档案是了解和考察教职工的重要一手资源，也是高校干部队伍建设的关键环节。监管、审核等档案治理的重要手段正深度应用到干部人事档案工作中。做好干部人事档案专项审核工作有利于科学客观地评价干部人才，在干部选拔任用和高质量发展等中心工作中发挥基础性保障作用，更能够为全面从严管理干部、从严治党保驾护航。

近年来，党中央高度重视干部人事档案工作。2018 年，《干部人事档案工作条例》对干部人事档案工作提出科学化、制度化、规范化要求。2021 年，中组部部署开展干部人事档案专项审核工作，重点审核中层干部及副高级以上专业技术职务人员。2022年 9 月，中办发布《推进领导干部能上能下规定》要求"深化对干部的日常了解……动态掌握干部现实表现"。2023 年 4 月，中共中央组织部等部委联合印发《关于做好取消普通高等学校毕业生就业报到证有关衔接工作的通知》，进一步优化了干部人事档案的归档范围。此外，从地方层面来看，2022 年 6 月，江苏省委组织部对全省高校干部人

事档案进行审查，这也为江苏省高校干部人事档案向纵深发展奠定基础。高校各项事业的发展都离不开人事档案的支撑，档案专项审核工作则是保障人事档案服务高校中心大局的重要环节，为此，应探寻高校干部人事档案专审的价值意蕴，分析专审工作面临的困境难题，寻求提升高校干部人事档案工作质效的路径，为高校高质量发展提供档案智慧。

## 2 高校干部人事档案专审价值意蕴

### 2.1 改善档案造假不良风气，提升人事工作公信力

档案专项审核工作是高校建设高质量干部队伍的重要保障。干部人事档案中详细记载干部的基本信息，是干部选拔任用的关键依据。2015 年《干部人事档案造假问题处理办法（试行）》对干部人事档案造假行为和处理意见进行严格规定，其适用对象仅包括公务员、参公管理人员、国企和事业单位领导人员，高校教职工在严格意义上并不适用此处理办法。此外，新修订的《中国共产党纪律处分条例》对没有如实填报、篡改和伪造个人档案资料行为给予严重警告处分。其适用对象是党员和党组织，高校非党员教职工亦不适用。虽然《档案法》规定"篡改、毁损、伪造档案或者擅自销毁档案的给予行政处分"，但对高校干部人事档案造假的监管力度不足，缺少较为明确的处理办法，使档案造假人员有了可乘之机。因此，各地省委组织部定期在高校开展档案专项审核检查工作，加强对人事档案的审核力度，对改善高校档案造假的不良风气、营造优良用人氛围具有不可或缺的重要意义。

### 2.2 帮助教职工正确掌握个人信息，纠正错误认知

档案专项审核工作对于教职工而言，能够帮助其正确了解个人信息，比如部分教师由于记忆模糊或者误将转正时间认为是入党时间，导致对入党时间记忆不清；再如部分教师会认为提前到岗时间即参加工作时间，事实上参加工作时间是以合同上规定的时间为准，诸如此类的问题都会在档案专项审核中被发现并及时告知教职工本人改正，教职工因此才更正了对某些信息的错误认知，同时也满足教职工在信息查询、关系转接、社保工资以及职称评审等方面的需求。

### 2.3 筑牢选人用人防火墙，打造高质量干部队伍

档案专项审核在高校干部队伍建设中也发挥着重要作用。干部人事档案审核是干部选拔任用"凡提四必"中的关键环节，是贯彻落实全面从严治党的现实举措。笔者认为，应当在干部入职时便对其人事档案进行全面把关，严格审核其"三龄两历一身份"，及时查漏补缺。在考察干部时更需再次仔细审核其学历和职称等重要信息，并以此作为考察干部的重要依据，为组工部门提供后备人才干部信息库，从而助力打造更加优良的干部队伍。

## 3 高校人事档案专项审核的困境分析

干部人事档案专项审核是档案工作者面临的共同课题，对于高校教职工和干部队伍建设等方面具有重要意义，因此定期在高校开展档案专项审核是极为必要的。近年来，

不少高校相继引进档案学专业的人才，一定程度补齐了高校档案人才队伍的短板，但由于人事档案管理是一项长期性且延续性的工作，因此在开展档案专项审核工作中，笔者也发现还存在相关问题制约人事档案管理的质效提升。

### 3.1 多类别档案材料不齐全，影响人事档案资源完整性

#### 3.1.1 学籍材料不齐全

学籍材料是干部学习经历最原始、最完整的记录，每段学习经历从报考到入学再到毕业的全过程，需要归档的数量和类型都较多，因此很容易造成材料缺失。尤其是老教职工档案，由于上学时间早等历史原因，学籍档案材料不全问题突出。还有部分高校未将学历学位及毕业证书复印件及时归档，而国（境）外毕业的教职工档案或存于当地人才中心或存于其毕业高校，因此造成其在国（境）外阶段的学历学位档案缺失。根据政策要求，需要及时通知本人补充其学历学位证书及教育部留学服务中心出具的认证材料，以免影响人事档案资源的完整性。

#### 3.1.2 工作经历材料不齐全

工作经历材料对于每位教职工而言是至关重要的，会影响教职工的工龄累计。由于高校引进的部分社会人员曾在其他类型单位比如私企等单位工作，且很多单位不具备保管人事档案的权限，因此在员工离职后并没有及时将员工的劳动合同、辞职证明和社保缴纳证明等一系列原件归档，造成相关人事档案材料缺失；同时，高校内部分调动的教职工，前工作单位未能将其上一年度的年度考核登记表及时归档，而接收单位有时疏于档案的审核，造成其工作经历材料不齐全。

#### 3.1.3 党团材料不齐全

首先，入团志愿书是干部本人在中学时期形成的较早的档案材料，但笔者在专审中发现部分教职工的档案中缺少此份材料，多是由于中学的学籍档案未能及时归档。其次，在发展党员过程中经常出现借阅情况，甚至出现发展党员接收后未能及时交给人事部门归档的情况。同时，在审核档案中发现缺失党员材料后，组织部门未能及时补齐。此外，国外留学毕业生出国前的学籍档案可能存在当地人才中心，而党员档案却转回户籍所在地二级党组织，导致出现党员档案与人事档案分离的状况，影响其党员身份的认定。

### 3.2 归档材料不规范，档案科学管理水平亟待提升

本轮专项审核发现高校人事档案中尚且存在归档材料不规范的现象，主要体现为归档材料填写的不规范以及鉴定审核环节的不完善。

#### 3.2.1 归档材料填写不规范

笔者通过调研发现，人事档案归档材料填写不规范主要由档案形成部门和高校教职工本人两方面造成。一方面，由于档案形成部门未及时准确传达档案材料的填写说明，在收集归档时未能有效审核不符合规定的材料，导致归档材料填写存在不规范现象；另一方面，因高校教职工本人未能按要求使用钢笔或黑色水性笔填写档案材料，书写字迹潦草或不清楚，有时甚至影响人事档案材料的可读性、准确性和规范性，导致归档材料不规范。

### 3.2.2　归档材料鉴定环节不完善

首先，审批手续或印章的不完备，如教职工年度考核登记表中缺少必要的签字或单位盖章或个别重要栏目空着未填。如年度考核登记表以及干部任免审批表缺少相应印章。而印章是文件生效的重要标志，没有印章使得档案材料的公信力大打折扣。其次，档案管理人员未对接收的人事档案进行全面鉴定，档案中存在大量不应归入人事档案的材料，比如干部人事档案转递通知单等。再次，应该及时补充归档的没有及时补充归档。近年来高校引进许多海外留学的毕业生，由于其人事档案或由当地人才中心保管或由其原毕业院校保管，在档案转递到本单位时没有及时将其海外留学的毕业证书及学习成绩表归档，导致其学历材料缺失。此外，由于近年来高校规模日益扩大，引进人员日渐增多，人员重名现象层出不穷，常会出现张冠李戴的现象。这也提醒档案工作者一定要注意区别同名人员档案材料，可根据其所在部门、出生日期和籍贯等个人信息加以鉴别。

## 3.3　档案前后时间记载不一致，档案真实性难以保障

### 3.3.1　年龄问题

人事档案中形成最早的材料一般是入团志愿书，多为干部在初中时期形成，往往会出现入团志愿书与后期的学生入学登记表或干部履历表间记载的出生日期不一致现象，或是由于当时填表时年龄过小未仔细填写，抑或由于将阴阳历日期混淆，这就需要组织进行审核认定其出生日期。

### 3.3.2　工龄问题

由于高校工作者来源广泛，因此判定其参加工作时间的材料也不同。高校人员主要来源于三方面：高校应届毕业生、企事业单位工作者和军转干部，或参考转正定级审批表，或依据劳动合同书，或依据应征入伍登记表。由于干部本人在填写时常常误将提前到岗时间认为是其参加工作时间，导致其干部履历表与档案中的工作经历材料不相符。

### 3.3.3　入党时间

正确的入党时间是党员大会接收为预备党员之日，正确的党龄是从转正之日算起，预备期一年。由于干部本人误将转正时间认为是入党时间，误将党龄认为是从预备党员之日算起，所以常常会出现其干部履历表记载与档案实际情况不相符的现象。

## 3.4　传统档案管理方式仍占据主流，档案数字转型正当其时

当前许多高校人事档案信息化建设相对滞后，大部分高校档案管理系统还是单机版，仅具备手动录入相关信息的功能，仅能看到人事档案目录，无法实现人事档案全文数字化，干部人事档案单套制管理更无从谈起。人事档案管理工作中的收集、鉴别和查阅等诸多环节依然只能通过线下单一方式实现，无法实现远程查借阅功能。而人事系统诸多信息均为教职工本人填写，又无法确保真实性。长期以来，人事系统、人事档案系统与组织部门系统处于割裂关系，无法实现干部人事档案管理系统与组织、人事等部门系统对接。这不仅给档案查阅利用等环节带来诸多不便，也无法满足干部人事档案信息资源的共享利用需求，人事档案数字化转型正当其时。

## 4 高校干部人事档案专项审核的提升路径

基于对高校干部人事档案专项审核工作困境的剖析，笔者结合实际工作经验，提出从档案治理、业务协同、数据化管理和能力建设四个维度全方位提升高校干部人事档案专项审核工作质效，构建高校人事档案工作治理体系。

### 4.1 提升档案治理水平，加强制度化管理

高校干部人事档案专项审核需要用严格的制度规范人事档案收、管、存、用各环节，推动高校干部人事档案规范化建设。健全的高校人事档案管理制度使人事档案管理工作能够有序开展。于凤仙认为："完善的档案管理制度主要包括档案材料的源头关和过程关，以此规范日常工作。"[1]高校应当以《干部人事档案条例》为工作基本准则，结合学校实际，进一步健全和完善干部人事档案管理工作职责、档案室管理制度、档案查（借）阅制度、收集鉴别归档制度、档案转递制度、干部档案工作保密规定等制度，使高校人事档案管理工作有章可循、有据可依。此外，可围绕巡视巡察等工作和人员招录、人才引进、军转安置等关键环节，全面贯彻落实人事档案各项制度，进一步规范程序，建立长效机制，全面提升档案治理水平。

### 4.2 增强业务协同，完善全流程标准化管理

高校人事档案部门可以建立台账式管理方式，由专人负责维护在编干部档案和退休干部档案两个名册，动态全流程更新干部档案材料的收集、转出（入）登记、查（借）阅登记簿。档案管理部门和组织人事部门应做好人事档案业务协同，严格审核"三龄两历一身份"的真实性和完整性；组织人事部门要核对其信息填写是否一致，不一致时及时将认定信息与本人核对，以免后续继续填错；档案形成部门要及时做好干部人事档案材料的收集、整理、移交和归档工作，做到应收尽收、应交尽交、应归尽归。比如组织部门要及时移交干部选拔任用中形成的任免和考察等材料，干部经济责任审计相关材料，奖惩材料以及发展党员过程中的党员档案；人事部门要及时移交年度考核、调动、工资调整、职称评审、教职工奖惩等材料；各学院要及时收集、移交教职工的教育教学、科学研究过程中的获奖、处分等材料。只有各部门做到全流程标准化业务协同，才能有效保障人事档案的完整性。

### 4.3 聚焦数智赋能，推动档案数据化管理

随着数智赋能时代的到来，人事档案工作环境发生了重大变化，迫切需要更新人事档案工作的理念与方法，加强人事档案数据库建设，推进干部人事档案的信息化水平提升。《干部人事档案数字化技术规范》（GB/T 33870—2017）规定了干部人事档案数字化人员和目录建库、档案扫描、图像处理及数据的存储、验收、交换和备份要求，在《纸质档案数字化技术规范》（DA-T31—2017）的基础上，单独对干部人事档案做出规定，体现其重要性和独特性。张鸿艳认为：将人事档案系统和人事信息管理系统无缝融合，优势互补，提高人事工作效率。[2]王宁认为："人事档案数据化建设包括数据归集、语义组织、数据挖掘与分析和数据利用与服务四个流程。"[3]人事档案数据化有利于实现人事档案从"纸件"到"指尖"的蜕变，为强化干部队伍建设提供内容丰富、信息准

确、研判全面的参考数据。

### 4.4 推进能力建设，打造专业化人才队伍

高校人事档案管理工作者是提升高校人事档案管理效能的中坚力量。加强档案管理队伍建设，对高校人事档案专业化科学化管理有举足轻重的作用。《"十四五"全国档案事业发展规划》提出"加快推进档案人才培养，提升档案智力支撑能力，实现人才强档工程，加大多层次人才培养力度"。笔者通过调研部分省内高校的人事档案工作者发现，从事人事档案管理工作的多为组织人事或档案部门的兼职人员或档案学专业的应届毕业生，他们大都缺乏人事档案的专门培训，有的只知理论不懂实践。且各地针对高校人事档案管理人员的培训普遍数量少、规模小、层次不高，这也在一定程度制约了人事档案管理人员业务水平的提升，阻碍了高校干部人事档案工作的顺利开展。因此，各地组织人事及档案部门有必要在高校定期组织开展人事档案业务培训，尽量选取面对面讨论、手把手传授等方式，加强对人事档案业务知识的学习培训。

### 注释及参考文献

［1］于凤仙. 高校干部人事档案专项审核对档案管理工作的启示［J］. 档案管理，2022（3）：119–120.

［2］张鸿艳. 大数据背景下人事档案信息资源建设的现状与进路研究——基于档案数据管理视角［J］. 山西档案，2020（1）：81–86.

［3］王宁，孔梦帆，于雪. 大数据背景下高校人事档案数据化组织流程与实现路径研究［J］. 情报科学，2022（11）：103–109.

［4］杨立志，潘璐，金博. 基于专项审核视角的高校干部人事档案管理效能提升路径研究［J］. 档案管理，2023（1）：98–100.

［5］全其宪. 伪造、篡改档案行为的刑法规制——以"高考冒名顶替"等案件为例［J］. 档案学通讯，2022（3）：80–86.

［6］陆冬梅. 数据化时代高校干部人事档案价值实现路径研究［J］. 档案管理，2022（1）：81–82.

［7］万淑君，张玮. 干部人事档案专项审核全覆盖试点工作实践——以南开大学为例［J］. 中国档案，2021（6）：60–61.

# 纳米氧化镁脱酸剂对不同历史时期酸化纸张脱酸效果测试研究

张 羽

辽宁省档案馆

**摘 要:** 本文收集整理从清光绪二十二年(1896)至 2020 年 120 多年间辽宁地区不同历史时期档案纸样,建立档案信息数据库。从中选取 26 种纸样进行脱酸前后的 pH 值、白度、厚度、抗张强度、耐折度、撕裂度、柔软度、耐破度等 8 项测试对比。通过测试数据分析出酸化档案在经过纳米氧化镁脱酸剂脱酸处理后的真实脱酸效果,以及脱酸前后对纸张各项性能造成影响的数据变化。通过测试数据的对比分析,总结纳米氧化镁脱酸溶剂在辽宁地区甚至整个东北区域内国家重点档案脱酸应用的可行性,以期为今后纸质档案脱酸工作积累下数据基础,也为今后进一步开展档案脱酸工作提供重要实践依据。

**关键词:** 酸化档案;脱酸技术;测试

## 1 不同历史时期纸样的收集与整理

根据辽宁地区纸样结构特点,对馆藏纸质档案进行调研,收集整理出部分有年代特点的纸质档案进行信息采集,本次共计收集整理出 45 份纸样,通过初步观察纸样特征,记录来源(纸张来源:重复作废的档案或资料中筛选、旧物市场采购、捐赠)。部分纸样照片见图 1。

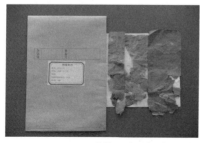 

光绪二十二年(1896)　　　　　　　　光绪三十四年(1908)

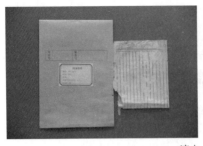

清末　　　　　　　　　　　　民国二年（1913）

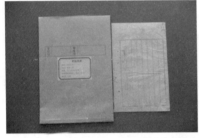
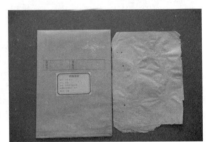

民国七年（1918）　　　　　　　　民国时期

50年代　　　　　　　　　　　　90年代

图1　部分纸样照片

## 2　纸样信息采集

对收集整理出的 45 份纸样的 pH 值、厚度和白度等信息进行了初步检测。如表 1 所示。

表1　45份纸样信息初步检测

| 序号 | 编号 | 时间 | pH值 | 厚度 | 色度值 | | |
|---|---|---|---|---|---|---|---|
| | | | | | L | a | b |
| 1 | 清代1号 | 光绪二十二年（1896） | 5.47 | 98um | 63.8 | 33.6 | 9.3 |
| 2 | 清代2号 | 光绪三十年（1964） | 4.86 | 150um | 77.8 | 3.5 | 18.2 |
| 3 | 清代3号 | 光绪三十一年（1905） | 5.01 | 125um | 73.2 | 4.7 | 18.7 |
| 4 | 清代4号 | 光绪三十三年（1907） | 5.21 | 202um | 76.3 | 6.0 | 24.5 |
| 5 | 清代5号 | 光绪三十四年（1908） | 4.68 | 137um | 69.5 | 5.1 | 18.0 |
| 6 | 清代6号 | 宣统元年（1909） | 4.08 | 112um | 77.8 | 5.7 | 21.4 |
| 7 | 清代7号 | 宣统二年（1910） | 5.05 | 237um | 80.7 | 3.2 | 18.4 |
| 8 | 清代8号 | 宣统三年（1911） | 4.87 | 225um | 73.8 | 4.0 | 16.1 |
| 9 | 清代9号 | 宣统三年（1911） | 6.84 | 120um | 77.8 | 2.9 | 16.9 |

续表

| 序号 | 编号 | 时间 | pH值 | 厚度 | 色度值 | | |
|---|---|---|---|---|---|---|---|
| | | | | | L | a | b |
| 10 | 清代10号 | 清末 | 4.90 | 100um | 75.6 | 3.4 | 15.8 |
| 11 | 清代11号 | 民国元年（1912） | 5.83 | 180um | 77.0 | 4.5 | 18.1 |
| 12 | 民国1号 | 民国二年（1913） | 4.62 | 165um | 69.8 | 7.5 | 21.1 |
| 13 | 民国2号 | 民国四年（1915） | 4.91 | 125um | 69.5 | 11.6 | 30.8 |
| 14 | 民国3号 | 民国五年（1916） | 4.40 | 87um | 78.4 | 5.5 | 24.1 |
| 15 | 民国4号 | 民国六年（1917） | 5.17 | 75um | 79.7 | 5.6 | 23.3 |
| 16 | 民国5号 | 民国七年（1918） | 5.30 | 63um | 82.4 | 3.0 | 17.6 |
| 17 | 民国6号 | 民国十年（1921） | 4.83 | 100um | 78.6 | 5.7 | 24.7 |
| 18 | 民国7号 | 民国十一年（1922） | 4.87 | 87um | 75.8 | 6.2 | 24.1 |
| 19 | 民国8号 | 民国十二年（1923） | 4.73 | 75um | 73.3 | 24.0 | |
| 20 | 民国9号 | 民国十四年（1925） | 5.65 | 212um | 80.0 | 2.6 | 15.3 |
| 21 | 民国10号 | 民国十五年（春季）（1926） | 5.56 | 100um | 77.1 | 7.3 | 23.3 |
| 22 | 民国11号 | 民国十六年（1927） | 5.42 | 95um | 76.0 | 5.8 | 25.3 |
| 23 | 民国12号 | 民国二十年（1931） | 4.91 | 80um | 81.6 | 5.1 | 22.3 |
| 24 | 民国13号 | 民国二十一年（1932） | 3.80 | 110um | 75.6 | 6.1 | 23.5 |
| 25 | 民国14号 | 民国 | 5.54 | 125um | 79.2 | 3.7 | 16.1 |
| 26 | 民国15号 | 民国 | 5.71 | 37um | 72.8 | 1.0 | 13.6 |
| 27 | 民国16号 | 民国 | 4.94 | 188um | 83.1 | 2.3 | 16.3 |
| 28 | 民国17号 | 民国三十年（1941） | 3.99 | 110um | 74.9 | 6.7 | 25.2 |
| 29 | 民国18号 | 民国 | 4.44 | 200um | 82.3 | 4.7 | 18.5 |
| 30 | 民国19号 | 民国 | 4.42 | 88um | 75.8 | 4.0 | 20.0 |
| 31 | 民国20号 | 民国 | 4.48 | 70um | 80.5 | 6.0 | 22.1 |
| 32 | 民国21号 | 民国 | 5.54 | 62um | 80.2 | 5.1 | 22.1 |
| 33 | 50年代1号 | 50年代 | 4.58 | 88um | 87.9 | −0.5 | 13.5 |
| 34 | 50年代2号 | 50年代 | 5.23 | 99um | 84.7 | 1.3 | 15.2 |
| 35 | 50年代3号 | 50年代 | 4.60 | 50um | 88.0 | 1.0 | 3.3 |
| 36 | 50年代4号 | 50年代 | 4.75 | 122um | 73.8 | 3.3 | 16.2 |
| 37 | 50年代5号 | 50年代 | 5.07 | 48um | 86.5 | −0.5 | 6.1 |
| 38 | 60年代1号 | 60年代 | 4.67 | 100um | 86.2 | 1.7 | 15.2 |
| 39 | 60年代2号 | 60年代 | 4.04 | 125um | 78.1 | 5.7 | 22.1 |
| 40 | 70年代1号 | 70年代 | 5.91 | 105um | 93.7 | 0.5 | 12.4 |
| 41 | 70年代2号 | 70年代 | 4.35 | 80um | 80.0 | 4.6 | 20.7 |
| 42 | 80年代1号 | 80年代 | 5.62 | 83um | 87.8 | 1.7 | 15.7 |
| 43 | 80年代2号 | 80年代 | 6.33 | 100um | 89.0 | 1.0 | 13.6 |
| 44 | 90年代1号 | 90年代 | 4.58 | 90um | 86.2 | −0.1 | 13.8 |
| 45 | 90年代2号 | 90年代 | 6.12 | 82um | 90.9 | 0.2 | 11.2 |

## 3 实验纸样选取

在已收集整理出的45份纸样中，根据不同年代及酸化情况选取26份作为实验测试纸样。其中清代包括光绪三十年、光绪三十一年、光绪三十三年、宣统元年、宣统二年、宣统三年，共计 6 个年份纸样。民国包括民国元年、民国二年、民国四年、民国五年、民国十二年、民国十六年、民国二十一年、民国三十年共计 8 个年份纸样。当代包括二十世纪 50 年代的 4 份纸样，60 年代、70 年代、80 年代、90 年代的各 2 份纸样，为与自然酸化纸样的脱酸测试进行对比，又选取机制会议记录簿和手工宣纸 2 种模拟酸化纸样，共计 28 种实验测试纸样。

## 4　测试设计思路

（1）使用无水有机液脱酸法—纳米氧化镁脱酸技术，通过雾化喷淋对选取的 28 种测试纸样进行脱酸测试。

（2）测试纸张脱酸前后的 pH 值、白度、厚度、抗张强度、耐折度、撕裂度、柔软度和耐破度等理化数据，对比脱酸前后纸张数据参数的变化。

（3）利用三维超景深数码显微系统，观察 28 种实验纸样纤维在脱酸前后的微观结构变化。

（4）通过实验纸样脱酸前后的各项数据变化的对比分析，分析无水有机液脱酸法—纳米氧化镁脱酸剂的实际脱酸效果。

## 5　测试材料及仪器

见表 2。

表2　测试材料及仪器

| 材料和仪器名称 | 型号 | 生产厂家 |
|---|---|---|
| 手工宣纸 | 红星净皮罗纹 | 红星宣纸集团有限公司 |
| 机制会议记录簿 | — | — |
| 纯净水 | 娃哈哈 | 杭州娃哈哈集团有限公司 |
| 柠檬酸 | 分析纯 | 天津市致远化学试剂有限公司 |
| 软毛刷 | 无 | 市售 |
| 真空干燥箱 | DZF-6020型 | 上海一恒科技有限公司<br>上海一恒科学仪器有限公司 |
| 白度仪 | CR-10 Plus | 日本柯尼卡美能达 |
| HANNA手持式pH测量仪 | HI99171 | 意大利哈纳 |
| 纳米氧化镁 | — | 鼎纳科技有限公司 |
| 基恩士数码显微系统 | VHX-6000 | 基恩士（中国）有限公司 |
| 电脑测控耐折度仪 | DCP-MIT135B（R） | 四川长江造纸仪器有限责任公司 |
| 电脑测控卧式抗张试验机 | DCP-KZ（W）300 | 四川长江造纸仪器有限责任公司 |
| 电脑测控纸张撕裂度仪 | DCP-SLY1000 | 四川长江造纸仪器有限责任公司 |
| 纸张耐破度测定仪 | YT-NPY5600 | 杭州研特科技有限公司 |
| 柔软度测定仪 | YT-RRY1000 | 杭州研特科技有限公司 |

## 6 测试标准

见表3。

表3 测试标准

| 编号 | 标准号 | 标准名称 |
|---|---|---|
| 1 | GB/T 10739—2002 | 纸、纸板和纸浆试样处理和试验的标准大气条件 |
| 2 | GB/T 12914—2008 | 纸和纸板抗张强度的测定 |
| 3 | GB/T 454—2002 | 纸耐破度的测定 |
| 4 | GB/T 455—2002 | 纸和纸板撕裂度的测定 |
| 5 | GB/T 457—2008 | 纸和纸板耐折度的测定 |
| 6 | GB/T 8942—2016 | 纸柔软度的测定法 |
| 7 | GB/T 12911—91 | 纸和纸板油墨吸收性的测定法 |
| 8 | GB/T 13528—2015 | 纸和纸板表面pH的测定 |
| 9 | GB/T 1543—2005 | 纸和纸板不透明（纸背衬）的测定（漫反射法） |
| 10 | GB/T 1545—2008 | 纸、纸板和纸浆水抽提液酸度或碱度的测定 |
| 11 | GB/T 22880—2008 | 纸和纸板CIE白度的测定，D65/10°（室外白光） |
| 12 | GB/T 24423—2009 | 信息与文献用纸耐久性要求 |
| 13 | GB/T 250—2008 | 纺织品色牢度试验评定变色用灰色样卡 |
| 14 | GB/T 3979—2008 | 物体色的测量方法 |
| 15 | GB/T 450—2008 | 纸和纸板试样的采取及试样纵横向、正反面的测定 |
| 16 | GB/T 451.2—2002 | 纸和纸板定量的测定 |
| 17 | GB/T 462—2008 | 纸、纸板和纸浆分析试样水分的测定 |
| 18 | GB/T 465.2—2008 | 纸和纸板浸水后抗张强度的测定 |
| 19 | GB/T 5698—2001 | 颜色术语 |
| 20 | GB/T 7921—2008 | 均匀色空间和色差公式 |
| 21 | GB/T 7974—2013 | 纸、纸板和纸浆蓝光漫反射因数D65亮度的测定（漫射/垂直法，室外日光条件） |
| 22 | GB/T 7975—2005 | 纸和纸板颜色的测定（漫反射法） |
| 23 | GB/T 8940.2—2002 | 纸浆亮度（白度）试样的制备 |
| 24 | DA/T 11—94 | 文件用纸耐久性测试法 |
| 25 | DA/T 16—95 | 档案字迹材料耐久性测试法 |
| 26 | DA/T 64.1—2017 | 纸质档案抢救与修复规范第1部分：破损等级的划分 |
| 27 | DA/T 64.2—2017 | 纸质档案抢救与修复规范第2部分：档案保存状况的调查方法 |
| 28 | DA/T 64.3—2017 | 纸质档案抢救与修复规范第3部分：修复质量要求 |
| 29 | DA/T 64.4—2018 | 纸质档案抢救与修复规范第4部分：修复操作指南 |

## 7 测试过程

### 7.1 使用纳米氧化镁脱酸剂进行脱酸

将纳米氧化镁脱酸剂装在喷壶里，对需要脱酸的纸张逐页均匀喷洒，将喷涂脱酸处理后的纸张挂样待其自然干燥后，放入恒温恒湿环境中：温度为23℃，相对湿度为

50%，稳定 24h 以上，进行性能检测。

## 7.2 纸张表面 pH 的测定

纸张的酸碱度能够反映纸张的保存状况，通过测试纸张的 pH 值大小来获取纸张的酸碱度。纸张的 pH 值越低，酸催化纤维素降解的速度越快，即纸张的酸化程度越大，纸张受到的破损程度越严重。测试中为保证 pH 值测试稳定，采取表面法进行测试。在纸张表面滴加 1~2 滴蒸馏水，然后将平头复合电极缓慢浸入水中和纸张紧密接触，待便携式 pH 计显示的读数稳定后，记录结果。测量过程中，为了客观地反映纸张的酸碱度，采用五点法测 pH，即在一张纸上分别取左上、右上、正中、左下、右下五个位置点，并多次测量取其算术平均值。手持式 pH 测量仪见图 2。

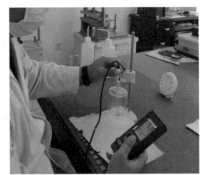

图2　手持式pH测量仪

## 7.3 纸张白度的测定

测试使用 DRK 白度仪对纸张的色度进行检测评估，要求时每个色度值多次测量，取其平均值。对纸张进行脱酸处理过程中，脱酸液的使用会对纸张中纤维素分子的降解带来影响，从而造成纸张表面色度值的变化。DRK 白度仪的 L、a、b 三个参数能够很好地表明纸张表面色度的变化。三个参数的变化分别代表：L 参数表示亮度，即明暗度的变化（最小值的含义为黑色）；a 参数代表从红色到绿色（最小值是绿色）；b 参数表示从黄色到蓝色（最小值是蓝色）。白度仪见图 3。

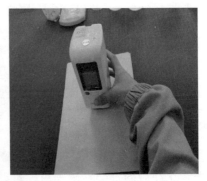

图3　白度仪

### 7.4 纸张机械强度的测定

纸张的机械强度主要包括耐折度、抗张强度、撕裂度、耐破度和柔软度。根据标准将纸样裁成所需大小测定纸张的各机械性能，每个纸张样品参数多次测量后取其平均数。在纸张性能测试前，所有试样在《纸、纸板和纸浆试样处理和实验的标准大气条件》（GB/T 10739—2002）规定条件下进行处理，在温度（23±1）℃和相对湿度50%±2%的恒温恒湿环境下平衡一天后进行测定。

#### 7.4.1 纸张耐折度的测定

耐折度是纸张的基本机械性能之一，用来表示纸张抵抗往复折叠的能力。纸张的耐折度是测量纸张受一定力的拉伸后，再经来回折叠致断裂所需要的折叠次数，以次数表示，单位是双折次。按纵向裁切纸样为纵向耐折度，按横向裁切纸样为横向耐折度。一般情况下由于纸张纤维的排列及纵向纤维结合力大等原因，纵向耐折度普遍要优于横向耐折度。电脑测控耐折度仪见图4。

**图4　电脑测控耐折度仪**

图5为5号宣统二年纸样脱酸前后测定耐折度所需的纸样图。

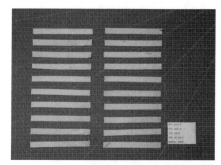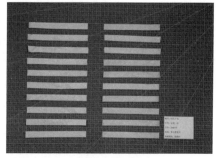

**图5　宣统二年纸样脱酸前后测定耐折度所需的纸样图**

#### 7.4.2 纸张抗张强度的测定

抗张强度即抗拉强度，是在标准试验方法规定的条件下单位宽度的纸或纸板断裂前所能承受的最大张力，是纸张的基本机械性能之一。纸张往往做纵向测定或横向测定，分别称作纵向抗张力或横向抗张力。一般情况下由于纸张纤维的排列及纵向纤维结合力大等原因，纵向抗张强度普遍要优于横向抗张强度。电脑测控卧式抗张试验机见图 6。

图6　电脑测控卧式抗张试验机

图 7 为 13 号民国二十年纸样脱酸前后测定抗张强度的纸样图。

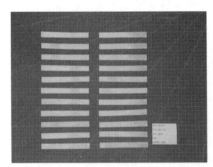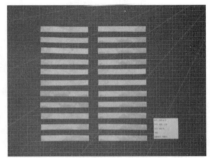

图6　民国二十年纸样脱酸前后测定抗张强度的纸样图

### 7.4.3　纸张撕裂度的测定

撕裂度是指采用一定长度的力臂和规定长度的预切口，对纸撕裂一定距离纸页所需的力，是纸张的基本机械性能之一，影响纸张的撕裂度因素首先是纤维的平均长度，其次是纤维结合力、纤维排列方向、纤维强度和纤维的交织情况等。同样纸张的横纵向撕裂度是不一样的，通常纸张横向撕裂度大于纵向撕裂度。电脑测控纸张撕裂度仪见图 8。

图8　电脑测控纸张撕裂度仪

#### 7.4.4 纸张耐破度的测定

耐破度是由液压系统施加压力，当弹性胶膜顶破试样圆形面积时的最大压力。测试时，将试样放置于弹性胶膜上，紧紧夹住试样周边，使之与胶膜一起自由凸起。当液压流体以稳定速率泵入，使胶膜凸起直至试样破裂时，所施加的最大压力即为试样耐破度。电脑测控纸张耐破度仪见图 9。

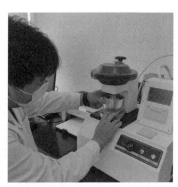

图9 电脑测控纸张耐破度仪

#### 7.4.5 纸张柔软度的测定

柔软度是在规定条件下，板状测头将试样压入狭缝一定深度时，仪器记录试样本身的抗弯曲力和试样与狭缝处摩擦力的最大矢量之和，仪器示值越小说明试样越柔软。影响纸张的柔软度因素首先是纤维的平均长度，其次是纤维结合力、纤维排列方向、纤维强度和纤维的交织情况等。同样纸张的横纵向柔软度是不一样的，通常纸张纵向柔软度优于横向柔软度。电脑测控纸张柔软度仪见图 10。

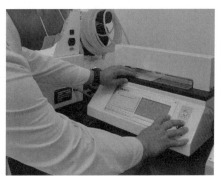

图10 电脑测控纸张柔软度仪

## 8 测试结果

### 8.1 不同历史时期历史纸样脱酸前后 pH 值测试小结

pH 值能够直观显示纸张的酸碱度，脱酸前后的 pH 值变化是纸张脱酸效果最主要的考量指标。测试中采取五点法测 pH，包括了每页纸样的前半部分、中间部分、后半部分，共选取五个不同位置。

根据表4中数据可以看出，去酸前后 pH 值变化。

### 表4　28份纸样去酸前后pH值变化

| 序号 | 年代 | 年份 | 去酸前pH值 | 去酸后pH值 |
|---|---|---|---|---|
| 1 | 光绪三十年 | 1904 | 4.86 | 7.04 |
| 2 | 光绪三十一年 | 1905 | 5.01 | 8.13 |
| 3 | 光绪三十三年 | 1907 | 5.21 | 7.20 |
| 4 | 宣统元年 | 1909 | 4.08 | 8.56 |
| 5 | 宣统二年 | 1910 | 5.05 | 7.12 |
| 6 | 宣统三年 | 1911 | 4.87 | 7.86 |
| 7 | 民国元年 | 1912 | 5.83 | 7.54 |
| 8 | 民国二年 | 1913 | 4.62 | 7.66 |
| 9 | 民国四年 | 1915 | 4.91 | 7.76 |
| 10 | 民国五年 | 1916 | 4.40 | 7.93 |
| 11 | 民国十二年 | 1923 | 4.73 | 7.00 |
| 12 | 民国十六年 | 1927 | 5.42 | 7.01 |
| 13 | 民国二十一年 | 1932 | 3.80 | 6.88 |
| 14 | 民国三十年 | 1941 | 3.99 | 6.67 |
| 15 | 50年代1号 | 1950—1959 | 4.58 | 7.50 |
| 16 | 50年代2号 | 1950—1959 | 5.28 | 7.09 |
| 17 | 50年代3号 | 1950—1959 | 4.60 | 8.49 |
| 18 | 50年代4号 | 1950—1959 | 4.75 | 6.59 |
| 19 | 60年代1号 | 1960—1969 | 4.67 | 7.31 |
| 20 | 60年代2号 | 1960—1969 | 4.04 | 7.06 |
| 21 | 70年代1号 | 1970—1979 | 5.91 | 7.25 |
| 22 | 70年代2号 | 1970—1979 | 4.35 | 7.56 |
| 23 | 80年代1号 | 1980—1989 | 5.62 | 8.11 |
| 24 | 80年代2号 | 1980—1989 | 6.33 | 7.89 |
| 25 | 90年代1号 | 1990—1999 | 4.58 | 8.01 |
| 26 | 90年代2号 | 1990—1999 | 6.12 | 7.66 |
| 27 | 机制会议记录簿 | — | 3.26 | 7.67 |
| 28 | 手工宣纸 | — | 3.12 | 7.05 |

### 8.2　不同历史时期历史纸样脱酸前后白度测试小结

L、a、b代表物体颜色的色度值，其中L代表明暗（黑白),a代表红绿色,b代表黄蓝色，$\Delta E$ 为总色差。

$\Delta L = L_{脱酸后} - L_{脱酸前}$，　$\Delta a = a_{脱酸后} - a_{脱酸前}$，　$\Delta b = b_{脱酸后} - b_{脱酸前}$，其中如果 $\Delta L$ 为正值，表

示脱酸后的样品比脱酸前样品偏亮偏白，为负值表示比脱酸前样品偏暗偏黑；Δa如果显示是正值，表示脱酸后的样品比脱酸前样品偏亮偏红，为负值表示比脱酸前样品偏暗偏绿；Δb如果显示是正值，表示脱酸后的样品比脱酸前样品偏亮偏黄，为负值表示比脱酸前样品偏暗偏蓝。

色差公式表达为：$\Delta E=\sqrt{(\Delta L)^2+(\Delta a)^2+(\Delta b)^2}$。ΔE评价标准见表5。

表5　ΔE评价标准

| 等级 | 变色程度 | ΔE |
|---|---|---|
| 0 | 无变色 | ≤1.5 |
| 1 | 很轻微变色 | 1.6~3.0 |
| 2 | 轻微变色 | 3.1~6.0 |
| 3 | 明显变色 | 6.1~9.0 |
| 4 | 较大变色 | 9.1~12.0 |
| 5 | 严重变色 | >12.0 |

脱酸前后纸张颜色变化的结果如表6所示。

表6　脱酸前后纸张颜色变化的结果

| 序号 | 年代 | 脱酸前色度值 | | | 脱酸后色度值 | | | 色差 |
|---|---|---|---|---|---|---|---|---|
| | | L | a | b | L | a | b | |
| 1 | 光绪三十年 | 77.8 | 3.5 | 18.2 | 79.3 | 2.5 | 17.1 | 2.11 |
| 2 | 光绪三十一年 | 73.2 | 4.7 | 18.7 | 76.6 | 4.5 | 20.8 | 4.00 |
| 3 | 光绪三十三年 | 76.3 | 6.0 | 24.5 | 74.9 | 4.5 | 18.6 | 16.25 |
| 4 | 宣统元年 | 77.8 | 5.7 | 21.4 | 82.5 | 1.4 | 13.6 | 10.07 |
| 5 | 宣统二年 | 80.7 | 3.2 | 18.4 | 81.1 | 3.6 | 19.9 | 1.60 |
| 6 | 宣统三年 | 73.8 | 4.0 | 16.1 | 77.1 | 3.3 | 16.5 | 3.40 |
| 7 | 民国元年 | 77.0 | 4.5 | 18.1 | 79.2 | 3.6 | 17.4 | 2.48 |
| 8 | 民国二年 | 69.8 | 7.5 | 21.1 | 73.5 | 4.5 | 17.9 | 5.74 |
| 9 | 民国四年 | 69.5 | 11.6 | 30.8 | 70.6 | 11.4 | 31.0 | 1.14 |
| 10 | 民国五年 | 78.4 | 5.5 | 24.1 | 80.1 | 5.5 | 26.0 | 2.55 |
| 11 | 民国十二年 | 73.3 | 7.2 | 24.0 | 75.3 | 6.7 | 24.0 | 2.06 |
| 12 | 民国十六年 | 76.0 | 5.8 | 25.3 | 82.2 | 4.8 | 23.6 | 6.51 |
| 13 | 民国二十一年 | 75.6 | 6.1 | 23.5 | 77.5 | 6.3 | 22.9 | 2.00 |
| 14 | 民国三十年 | 74.9 | 6.7 | 25.2 | 77.4 | 6.6 | 26.4 | 2.77 |
| 15 | 50年代1号 | 87.9 | -0.5 | 13.5 | 88.3 | -1.6 | 11.7 | 2.15 |

续表

| 序号 | 年代 | 脱酸前色度值 | | | 脱酸后色度值 | | | 色差 |
|---|---|---|---|---|---|---|---|---|
| | | L | a | b | L | a | b | |
| 16 | 50年代2号 | 84.7 | 1.3 | 15.2 | 85.3 | 1.91 | 16.2 | 1.32 |
| 17 | 50年代3号 | 88.0 | −1.0 | 3.3 | 90.1 | −0.6 | 4.7 | 2.56 |
| 18 | 50年代4号 | 73.8 | 3.3 | 16.2 | 75.4 | 4 | 17.7 | 2.30 |
| 19 | 60年代1号 | 86.2 | 1.7 | 15.2 | 88.9 | 1.4 | 14.6 | 2.78 |
| 22 | 60年代2号 | 78.1 | 5.7 | 22.1 | 79.6 | 4.6 | 20.9 | 2.21 |
| 21 | 70年代1号 | 93.7 | 0.5 | 12.4 | 96.5 | 1.2 | 8.5 | 4.85 |
| 22 | 70年代2号 | 80.0 | 4.6 | 20.7 | 81.1 | 3.8 | 18.3 | 3.29 |
| 23 | 80年代1号 | 87.8 | 1.7 | 15.7 | 89.2 | 1.2 | 14.5 | 1.91 |
| 24 | 80年代2号 | 89.0 | 1.0 | 13.6 | 93.2 | 0.5 | 11.4 | 4.77 |
| 25 | 90年代1号 | 86.2 | −0.1 | 13.8 | 87.9 | 0.1 | 11.9 | 2.56 |
| 26 | 90年代2号 | 90.9 | 0.2 | 11.2 | 95.4 | 0.1 | 9.5 | 4.81 |
| 27 | 机制会议记录簿 | 83.91 | −0.48 | −0.27 | 82.97 | −0.29 | −0.87 | 1.13 |
| 28 | 手工宣纸 | 89.69 | −0.91 | −0.4 | 90.74 | −0.9 | 0.53 | 1.40 |

以国际照明协会规定的 CIE 标准色度系统作为评价标准，根据表 6 中数据可以看出，经纳米氧化镁脱酸处理后的纸张色度值均有不同程度的改变，纸张类型和年代不同，造成的影响也不同，但整体都不会影响对纸张信息的正常阅读。

### 8.3 不同历史时期历史纸样脱酸前后耐折度测试小结

见图 11。

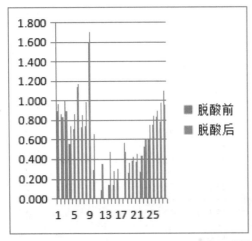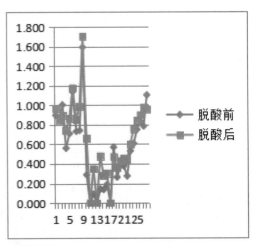

图11　耐折度测试结果

## 8.4 不同历史时期历史纸样脱酸前后抗张强度测试小结

见图12。

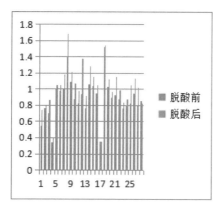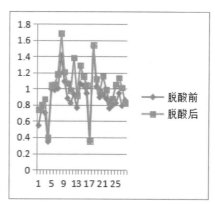

图12 抗张强度测试结果

## 8.5 不同历史时期历史纸样脱酸前后撕裂度测试小结

见图13。

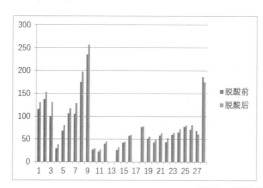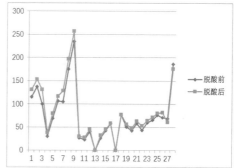

图13 撕裂度测试结果

## 8.6 不同历史时期历史纸样脱酸前后耐破度测试小结

见图14。

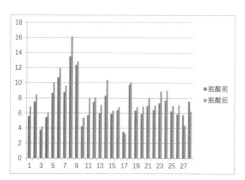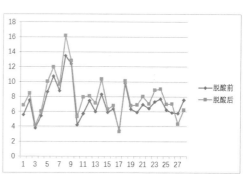

图14 耐破度测试结果

### 8.7 不同历史时期历史纸样脱酸前后柔软度测试小结

见图 15。

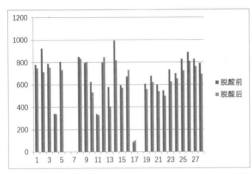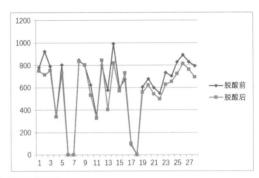

图15 柔软度测试结果

## 9 总结

测试所选的 28 种纸样，脱酸后的 pH 均有明显的提高，脱酸后的 pH 范围在 6.59~8.56，大部分纸样呈弱碱性。耐折度、抗张强度、撕裂度、耐破度和柔软度这五项物理性能在脱酸后也均有不同程度的提高，说明使用纳米氧化镁对不同历史时期纸样进行脱酸是有效果的。

6 种清代纸样，其中 4 种耐折度有提高，2 种耐折度略有下降；抗张强度均有提高，提高范围在 5.13%~36.76%；撕裂度均有提高，提高范围在 10.34%~30.74%；耐破度均有提高，提高范围在 10.88%~22.50%。柔软度除了 6 号（宣统三年）纸样较硬，脱酸前后纸样测试均超量程，其余 5 种脱酸后的柔软度均有降低，范围在 1.19%~22.72%。从以上数据可以看出脱酸后的清代 6 种纸样的物理性能有明显的提高，抗张强度和撕裂度的提高率最高达到了 30% 以上，耐破度的提高率最高超过了 20%，大部分纸样提高率达到 10%以上。

8 种中华民国纸样，耐折度提高明显，其中 3 种纸样脱酸后的耐折度和脱酸前相比较已经翻倍。抗张强度均有提高，提高范围在 10.92%~47.97%。撕裂度均有提高，提高范围在 9.27%~22.71%。耐破度均有提高，提高范围在 3.72%~39.30%。柔软度均有降低，降低范围在 9.27%~22.71%。

12 种当代纸样，10 种纸样脱酸后耐折度提高明显，1 种纸样耐折度略有下降。抗张强度均有提高，提高范围在 1.05%~27.83%。撕裂度均有提高，提高范围在 1.86%~22.51%。11 种纸样脱酸后的耐破度有提高，提高范围在 3.17%~20.95%，1 种纸样脱酸后的耐破度比脱酸前降低了 5.41%。10 种纸样的柔软度提高，1 种纸样的柔软度下降，1 种纸样测量时超量程。

2 种模拟纸样，27 号（机制会议记录簿）脱酸后纸样耐折度有明显提高，28 号（手工宣纸）脱酸后的耐折度略有下降。27 号（机制会议记录簿）脱酸后的抗张强度提高较明显，28 号（手工宣纸）脱酸后的抗张强度略有下降。2 种纸样脱酸后的撕裂度、耐破度和柔软度均有下降。

由于不同历史时期和不同地域纸张材料的差异性，及全国各地区保管环境外因不同的复杂性，测试误差存在非零性、随机性和未知性。此次测试研究以纸张 pH 值变化、白度变化和纸张物理性能变化为评价指标，通过试验数据的对比分析，对纳米氧化镁脱酸溶剂在辽宁地区甚至整个东北区域内国家重点档案脱酸应用进行可行性验证，以期为今后纸质档案脱酸工作积累下数据基础，也为今后进一步开展档案脱酸工作提供重要实践依据。

### 注释及参考文献

［1］李涛. 中国古代纸质文物的无损化学分析［D］.北京：中国科学院大学（北京），2010.

［2］张兴伟. 近现代纸质文物保护与修复技术探索［J］.文物修复与研究，2016（00）.

［3］王燕静，祁克军，朱姝蓓. 纸质文献的老化机理与现代技术保护技术研究［J］.农业图书情报学刊，2017（4）.

［4］瞿耀良，刘仁庆，王建库. 空气湿度对纸张耐久性的影响［J］.中国档案，1995（4）.

［5］何晓晶，孙星光. 纸质档案去酸技术研究现状与启示［J］.中国档案，2020（6）.

［6］张金萍. 近现代文献酸化危机与防治思考［J］.文物保护与考古科学，2008（20）.

［7］张玉芝，张云凤，张金萍，等. 近现代文献去酸关键技术集成与应用［J］.文物保护与考古科学，2019（4）.

［8］刘闯，张世著，赵家玲. 纳米技术在纸质文献脱酸保护中的进展［J］.人类文化遗产保护，2018（00）.

［9］陈立. 近现代纸质文献可持续性保护研究［J］.图书馆界，2018（3）.

［10］何晓晶，孙星光. 纸质档案脱酸技术研究现状与启示［J］.中国档案，2020（6）.

# 我国电子文件与数字档案研究发展演变与格局透视

## ——基于国家社科基金项目及其论文类成果统计分析

雷天骄[1]　李姗姗[2]　朱思雨[2]

1　陕西师范大学档案馆
2　西北大学公共管理学院

**摘　要:** 本文借助 Python 和 ITGInsight，从三个层面对 2010—2022 年间 109 个相关国家社科基金项目进行深度分析：一是基于年度立项数、年度立项类型、立项单位的基本立项情况分析；二是基于项目名称关键词、主题词、选题背景的主题演变分析；三是基于论文类项目成果的关键词聚类、关键词时序、作者与机构合作网络等的基本格局分析。结果发现，我国电子文件与数字档案研究呈现出以下变化：领域研究力量壮大，研究导向明晰，技术追踪敏锐，研究主题散点式发展，但内核问题有待持续性攻关，对内对外合作生态有待创设，新技术应用研究有待深化。

**关键词:** 电子文件；数字档案；国家社科基金项目；演变；格局

## 1　问题的提出

"文件档案管理数字转型"[1]作为档案事业创新发展的关键，一直是档案学的核心研究热点[2][3]，其中电子文件（ER）、数字档案（DA）作为该热点的核心研究对象，在概念范畴、逻辑关系、功能定位上密切相关，对二者（合称 ERDA）的现有研究成果进行总体梳理和整合分析，有助于更清晰地洞察第二个百年档案学研究的发展动向与进路。

已有学者在不同时期、从不同视角对 ER 或 DA 的研究现状、热点和趋势进行过梳理。如我国电子文件研究初期阶段主要关注法律问题、管理理论、管理模式、中外比较等问题[4]，"十一五"期间逐渐认识到我国电子文件研究"没有适时地进行方法论转换"[5]，而近十余年来又以长期保存、凭证性、元数据、信息安全、国外经验等为研究热点[6]；再如我国电子档案与数字档案研究主要关注档案信息化、数字档案馆、信息安全、元数据、大数据、档案法、载体保护等研究主题[7][8]，同时区块链技术应用[9]、集成与知识服务[10]等正在成为新的研究热点或趋势。

但是，鲜有学者从综合视角对两个主题的研究成果进行整体梳理和分析，相对而言关于电子文件研究进展的探讨居多。同时，大多采取期刊文献计量法，较少从科学基金视角对 ERDA 的研究现状进行分析，部分基于基金的档案学热点研究中包含相关分析。为此，本文拟以我国人文社会科学学科方面最具影响力的科研资助基金"国家社科基金项目"作为数据源，通过统计分析 2010—2022 年 ERDA 相关项目立项及其论文类成果情况，窥探其发展与演变。

## 2 数据来源与研究方法

为确保研究的全面性和准确性，从两个方面获取数据。一方面，以国家社科基金项目数据库[11] 为基础数据来源，以全国哲学社会科学工作办公室的相关文件为补充[12]，对 2010—2022 年间"图书馆·情报与文献学"下"题目 =ER/EA/DA"的相关项目逐一人工筛选，共得到 109 项。另一方面，在 CNKI 中，以"支持基金"为检索项对上述 109 个项目的研究成果逐一检索，范围限定于"北大核心"和 CSSCI，时间截至 2022 年 12 月 30 日，共得到 775 篇相关文献。

在此基础上，综合运用 Python 和 ITGInsight 研究工具，并辅以人工，逐年提取项目的名称、类别、负责人、申报机构、研究背景等以及论文类成果的作者、作者单位、关键词等数据，为归纳十余年来我国 ERDA 研究领域的主题类聚、时序特征、研究力量、发展态势等奠定基础。

## 3 项目立项及演变情况

### 3.1 立项数量年度分布

10 余年来年度立项数量总体呈增长态势，其中 2010—2013 年间稳定在 4~6 项，2013—2016 年增长至年均 8 项，2017—2022 年增加至 10 项以上，占档案学总立项数比例高达 50.4%，见图 1。但是，其平均年增长率略低于整个档案学的总平均年增长率，可能潜藏着分支演变或新的热点。

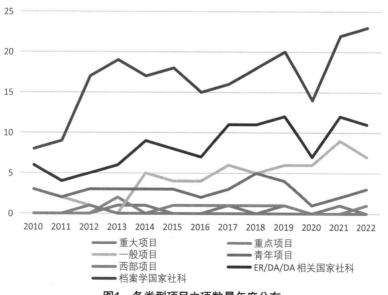

**图1 各类型项目立项数量年度分布**

由图 1 可见，109 个项目覆盖重大、重点、一般、青年和西部五类，暂未发现相关后期资助项目。其中，一般项目和青年项目居多，分别为 58 项和 37 项，一般项目稳定上升，青年项目较为波动，这说明该研究领域既有着稳定的中坚力量深耕于某些核心命题，同时也保持着新鲜活力。重大项目和重点项目分别为 4 项、8 项，占总比也较高，说明 ERDA 研究领域经过多年积淀已开始聚合上升至更高层面。西部项目仅有 2 项，一定程度说明研究力量分布不均衡。

### 3.2 项目研究力量分布

109 个项目共涉及 41 个申报单位，其中累计立项 4 项及以上的有 7 个单位，立项数占总比 48.6%。

其中，上海大学尤为突出，共立项 15 项，包括 1 项重大项目、3 项重点项目，1 位学者获批 3 项项目，5 位学者获批 2 项项目，可见其深耕于该领域，具有较好的连续性系统性。其次是中国人民大学，共立项 14 项，包括 2 项重大项目、1 项重点项目，从立项年度和研究主题看，其研究比较有前瞻性、影响力，如率先开展了社交媒体档案、电子文件单轨制等研究，每年召开的中国电子文件管理论坛深具影响力。接下来的几个立项单位具有较为明显的研究特色，如南京政治学院关注网络档案信息、数字档案馆、电子文件管理智能化，吉林大学较为关注档案资源聚合与知识发现，郑州航空工业管理学院则关注智慧城市、大数据、"互联网 +"、创新驱动发展战略等新背景下的档案信息服务。

### 3.3 项目选题背景分析

分析项目名称发现，约有 70 个项目选题中包含有较为明确的研究背景，在对其进行人工抽取、归类及逐年排序后发现，其具有鲜明的时代特色和政策导向性，见表 1。

由表 1 可知，"大数据"是使用频次最高的研究背景词，高达 13 次，自 2017 年首次使用后一直受青睐；其次是使用 7 次的"信息生态学理论"，但在 2016 年以后较为鲜见；使用 4~5 次的"社交媒体""云计算环境""互联网 +"仅在 2015—2019 年间较多使用；使用 5 次的"数字人文"则是 2019 年后的热门背景词。近几年紧跟国家治理方针政策，研究背景向智慧城市、数字政府、创新型国家等方向转变。

表1 研究背景相关词抽取与统计

| 相关词 \ 年份 | 2010 | 2011 | 2012 | 2013 | 2014 | 2015 | 2016 | 2017 | 2018 | 2019 | 2020 | 2021 | 2022 | 总计 |
|---|---|---|---|---|---|---|---|---|---|---|---|---|---|---|
| 信息生态学理论 | 1 | | 1 | 1 | 1 | 1 | 1 | | | 1 | | | | 7 |
| 网络环境 | 1 | | 1 | | | | | | | | | | | 2 |
| 生命周期理论 | 1 | | | | | | | | | | | | | 1 |
| 信任管理 | | | 1 | | | | | 1 | | | | | | 2 |
| 云计算环境 | | | | 2 | | 1 | | | 1 | | | | | 4 |
| 智慧城市 | | | | | 2 | | | | | | 1 | | | 3 |
| 信息化 | | | | | | 2 | | | | | | | | 2 |
| 新媒体环境 | | | | | | 1 | | 1 | | | | | | 2 |
| 数字时代 | | | | | | 1 | | | 1 | | | | 2 | 4 |
| 馆际合作 | | | | | | 1 | | | | | | | | 1 |

续表

| 相关词 \ 年份 | 2010 | 2011 | 2012 | 2013 | 2014 | 2015 | 2016 | 2017 | 2018 | 2019 | 2020 | 2021 | 2022 | 总计 |
|---|---|---|---|---|---|---|---|---|---|---|---|---|---|---|
| 社交媒体 | | | | | | | 2 | 2 | 1 | | | | | 5 |
| "互联网+" | | | | | | | 1 | 1 | 1 | | | | | 4 |
| 知识时代 | | | | | | | 1 | | | | | | | 1 |
| 信息治理 | | | | | | | 1 | | | | | | | 1 |
| 大数据 | | | | | | | | 5 | 3 | 2 | 1 | 2 | | 13 |
| 区块链 | | | | | | | | | 1 | | | 1 | | 2 |
| 多元数字技术 | | | | | | | | | 1 | | | | | 1 |
| 创新扩散理论 | | | | | | | | | 1 | | | | | 1 |
| 社会记忆构建 | | | | | | | | | 1 | | | | 1 | 2 |
| 数字人文 | | | | | | | | | | 3 | 1 | | 1 | 5 |
| 价值驱动 | | | | | | | | | | 1 | | | | 1 |
| 用户交互 | | | | | | | | | | 1 | | | | 1 |
| 数字政府 | | | | | | | | | | 1 | | | | 1 |
| 创新型国家建设 | | | | | | | | | | 1 | | | | 1 |
| 数据驱动 | | | | | | | | | | | | 1 | | 1 |
| 人工智能 | | | | | | | | | | | | 1 | | 1 |
| 红色叙事 | | | | | | | | | | | | | 1 | 1 |
| 创新驱动发展 | | | | | | | | | | | | | 1 | 1 |

### 3.4 项目研究主题分析

借助 Python3.8，导入项目名称，去除"研究"等无用词汇，得到 109 个项目的高频词汇和关键词词云，见图 2。

图2 关键词词云

其中，主轴核心词是"档案"，共出现 72 次，说明研究具有较强的学科专属性。第一梯队为词频高于 10 的"数字""数据""资源""电子""信息""文件""管理""知识""背景""治理""服务"等名词，一定程度上反映了我国 ERDA 研究的热点，信息挖掘和知识发现备受关注。第二梯队为词频 5~10 的词汇，可根据词性分为两部分：一是"国家""网络""档案馆""媒体"等概念名词，反映了 ERDA 研究场景的多元化；二是"创新""建设""构建""归档""实现"等动词与"理论""体系""模式""路径"等名词，反映了针对某一研究主题所要达到的研究目标。第三梯队是"大数据""云计算""区块链""人工智能"等，从多个维度延展着 ERDA 的研究范畴与分支，并孕育着新的研究方向。

基于上述项目关键词的类聚特征，结合项目负责人的研究方向，共提炼和归纳出 21 个具体研究主题，对其首次出现和使用频次进行逐一分析后发现，其呈现出一定的时序特征，见表 2。

表2　项目主题归纳及逐年分布统计

| 项目内容主题 ＼ 年份 | 2010 | 2011 | 2012 | 2013 | 2014 | 2015 | 2016 | 2017 | 2018 | 2019 | 2020 | 2021 | 2022 | 总计 |
|---|---|---|---|---|---|---|---|---|---|---|---|---|---|---|
| 电子文件管理 | 1 | 2 | 1 | 2 | 1 | 1 | 1 | | | 1 | | | | 10 |
| 网络信息归档与利用 | 2 | 1 | 1 | | | | | | 2 | | | | 1 | 7 |
| 公共档案资源 | 1 | 1 | | | 1 | 1 | 1 | 1 | | | | | | 6 |
| 档案信息生态 | 1 | | 1 | | | 1 | 1 | | | | | 1 | | 5 |
| 数字档案检索 | 1 | | | | | | | 1 | 1 | | | | | 3 |
| 政府电子文件 | 1 | | | | | | | 1 | | | | | | 2 |
| 数字档案馆 | | 1 | | 1 | 1 | 1 | 2 | | | 1 | 1 | | | 8 |
| 数字档案信息整合 | | 1 | | 1 | | 2 | | | | 1 | | | | 5 |
| 数字档案资源 | | | 1 | 3 | 3 | 2 | | 1 | 1 | 1 | | | 1 | 13 |
| 电子文件凭证价值 | | | 1 | | 1 | | | | | | | | | 2 |
| 企业电子文件 | | | 1 | | | | | | | | | | | 1 |
| 知识组织与服务 | | | | | 2 | | 1 | 1 | | 6 | | 1 | | 12 |
| 档案信息服务 | | | | 1 | 1 | 2 | 3 | 1 | | 1 | | | | 9 |
| 档案信息化 | | | | 1 | | | | | 1 | | | | | 3 |
| 社交媒体文件 | | | | | | 1 | 2 | 2 | | | | | | 5 |
| 档案自媒体传播 | | | | | | | | 2 | 2 | | | | | 4 |
| 档案大数据 | | | | | | | | | | 2 | 1 | | | 3 |
| 档案用户研究 | | | | | | | | | 1 | | | | | 1 |
| 个人数据存档 | | | | | | | | | | 1 | | | | 1 |
| 档案数据治理 | | | | | | | | | | 2 | 2 | 3 | 2 | 9 |
| "单轨/套制" | | | | | | | | | | 1 | 1 | 1 | 1 | 4 |

由表 2 可知，数字档案资源、知识组织与服务、电子文件管理三个主题的出现频次高于 10。其中，"数字档案资源"在 2013—2015 年立项较多，近几年陆续也有立项，

主要关注数字档案资源长期保存、安全保障、知识集成、社会化开发等；"知识组织与服务"在 2019 年立项高达 6 项，这是电子文件和数字档案研究向内容挖掘纵深化发展的标志；直接研究"电子文件管理"的有 10 项，但大多在 2017 年以前，内容主要包括电子文件的软件规范、元数据、凭证保障等，近几年演化为电子文件"单轨制、单套制"、政务电子文件归档、网络信息归档、社交媒体归档、个人数据存档等更细的研究分支。

## 4　论文类研究成果情况

为印证和深化上述分析结果，借助 ITGInsight，对上述 109 个项目的 775 篇论文类研究成果进行量化分析。

### 4.1　机构合著网络分析

将 775 篇论文的作者单位导入 ITGInsight，对一位作者署名多个机构的数据进行了清洗，仅保留其隶属学院，同一机构不同时期命名不同的情况采用机构现用名，得到发文量排名前 30 位的机构合作网络（图 3），节点数字表示发文数量，连线粗细与合著数量正相关。

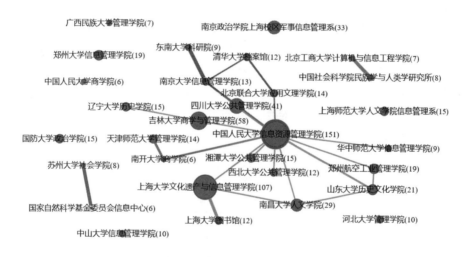

**图3　项目论文类成果的发文机构合作网络**

由图 3 可知，高校是 ERDA 国家社科基金的核心研究力量，已形成了以中国人民大学、上海大学为核心的合作网络，但核心节点之间联系较弱，学校间合作度低，机构地域分布不平衡，这与国家社科基金项目提倡广泛合作的理念稍显不符。发文量排名前 30 的机构中没有中央和地方档案局（馆），高校发文机构也以院系为主，鲜有实践部门，未来应鼓励基于实践的原创研究成果产生，促进院校与实践部门的合作，形成更大规模的特色研究团队。

### 4.2　论文关键词聚类与时序分析

运用 ITGInsight 软件，提取 775 篇相关论文中词频排名前 30 位的关键词，绘制关键词聚类图，节点数字表示关键词频次，见图 4。

由图 4 可见，论文类成果关键词聚类与项目研究内容主题归纳（3.4）较为吻合，可见社科基金项目研究紧贴项目主题，产生了大量研究内容紧密契合的研究成果。关键词主要聚类在电子文件保存与管理、大数据环境下的数字档案馆建设、数字人文与社交媒体、数字档案资源相关主题，主题之间紧密联系。电子文件保存与管理主题下的关键词包括"档案管理""长期保存""区块链"等，电子文件是在数字环境中直接形成的原始记录，在政策法规、学术研究中常常与数字档案并列，其科学研究与档案管理密不可分。近年来电子文件的"单轨制、单套制"管理日益受到重视，区块链技术的不可篡改性、可追溯性等特性可以推进电子文件实现"单轨制、单套制"管理[13]，研究前景广阔。大数据环境下的数字档案馆建设主题包括"档案数据""云计算""信息服务"等关键词，大数据环境下用户的档案利用需求发生变化，对于数字档案馆的信息服务水平、建设水平也提出了更高要求，数字档案馆所保存档案数据的利用、数字档案馆建设战略成为学者们研究的重点。同时，大数据环境下飞速发展的网络计算机技术在数字档案馆建设中的应用也是学者们的主要研究方向，新技术环境下档案安全的保障备受关注。数字人文与社交媒体主题下的关键词包括"档案馆""档案服务""知识服务"等，数字人文为档案服务、知识服务提供了技术支持，拓展了档案价值的实现路径，促进了档案服务社会，相关研究近几年保持着较高热度。社交媒体文件归档研究也是近年来的研究热点，反映出了 ERDA 领域研究对象的拓展。档案数字档案资源主题下的关键词包括"档案利用""综合档案馆""开放数据"等，档案工作日益重视开放和服务，数字档案资源越来越面向公众和社会发挥价值，开放数据、利用数据的需求日益增加，相关研究层出不穷，数据挖掘等先进信息技术在档案开放利用中的应用也受到了学者们的关注。

**图4　论文类成果的关键词聚类图**

## 4.3 研究主题的演变分析

为直观展现研究热点的发展变化规律，借助 ITGinsight 软件绘制论文类研究成果的关键词时序图，见图 5。

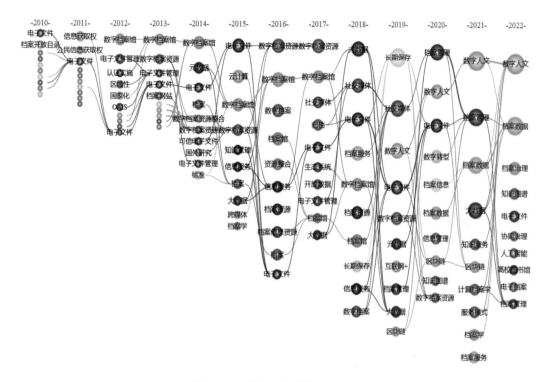

图5 论文类成果的关键词时序图

由图 5 可知，该领域的研究对象正从内聚走向泛化，相关关键词由国家化、档案馆等，向数字人文、社交媒体过渡；而研究主题从基础问题向全局问题深化，代表性关键词从档案开放目录、电子文件管理等，转向信息服务、知识服务、协同治理等。此外，随着数字技术更新迭代加快，对新技术的追踪更加敏锐，关键词从元数据、云计算等，转向区块链、计算档案学、人工智能等。

## 5 研究态势与格局

"从建设性的后现代主义的观点来看，解构和建构并不是对立的，而是可以达到和谐统一。"（于英香，2008）[14] 十余年来随着信息技术的普及应用和加速迭代演进，档案领域在固本拓新的基础上顺势而为，ERDA 研究也在否定与自我否定中螺旋式演进。

### 5.1 研究选题：紧跟政策导向

ERDA 领域对社会发展进程和政府政策导向具有极高的敏锐度，结合档案领域的发展愿景，从数字化到数据化，再到智慧化，快速地切转着研究主题与热点。"十二五"期间，档案信息化围绕"电子文件管理"和"数字档案馆建设"在全国范围内展开[15]，

2010—2011 年共 5 项直接相关项目立项。2015 年 7 月 4 日，国务院印发《国务院关于积极推进"互联网+"行动的指导意见》，2016—2019 年连续 4 年各有 1 项相关项目立项。《全国档案事业发展"十三五"规划纲要》提出持续推进数字档案馆建设、加快提升电子档案管理水平，此后共有 9 项相关项目立项，且不断攀升。2015 年 10 月，党的十八届五中全会提出"实施国家大数据战略，推进数据资源开放共享"，2017 年共有 5 项包含"大数据"的项目立项。2016 年出台的《电子文件归档与电子档案管理规范》明确增添"电子档案"，ERDA 的法律地位不断完善，在此背景下，学术领域也调整和转变着 ERDA 研究定位与范域，4 项"单轨制、单套制"相关项目立项。2020 年"智慧社会背景下数字档案资源治理体系研究"立项。2020 年新修订的《档案法》明确规定"电子档案与传统载体档案具有同等效力"，2022 年"新《档案法》规制下档案数字监管模式研究"立项。此外，随着数字人文迎来研究热潮，2019 年以来共有 5 项相关项目立项。从对文件、档案内容的数字化管理到开展系统的数据关联管理，再到大数据环境下海量 ERDA 资源的智慧化管理，ERDA 研究紧随数字化时代政府政策导向，致力于满足多样化业务需求，服务社会发展。

### 5.2 研究对象：从内聚到泛化

从研究对象演变看，ERDA 研究的关注点逐步从面向机构的政府电子文件、数字档案馆等向面向个人的社会化媒体文件、档案用户、个人电子文件[16]等拓展。相对而言，档案馆、政府机构等社会组织通常有相应的电子文件管理规范，研究重点集中在电子文件管理的规范化、科学化、信息化上；个人电子文件的产生具有自发性、随机性，数量大且形式灵活，难以沿用传统方法进行管理，如何对其进行有效管理和利用成为近几年的研究热点。个人电子文件的管理利用推动着整个社会记忆的构建，全民档案意识的提升使得档案数据资源更加丰富、载体更为多样化、社会价值更为凸显、知识服务更为多元，促进了档案管理实践和科研的发展。由于这些研究对象受到关注的时间较短，还有很多空白有待进一步填补，如个人存档的凭证性确认、安全保障、元数据标准、技术方案及政策法规等问题。

### 5.3 研究格局：从管理到治理

电子文件产生初期，由于对新兴事物的谨慎及对纸质文件的依赖，ERDA 管理通常采取"双轨制、双套制"模式，同一份文件的两种文件形式（纸质和电子）同时伴随业务进程流转，归档后同时处于存储和利用状态[17]，其管理局限于部门内部存档备份，难以发挥电子文档方便资源共享等优势。随着区块链、云计算、虚拟技术等新技术的发展，"单轨制、单套制"模式下电子文件归档和使用的便利性、安全性和可行性不断提升，相关科研与实践在国内外日渐兴起[18]，2019 年以来每年均有一项相关项目立项，新冠疫情期间"不见面审批""全流程电子化"等电子文件单轨制模式推进实施[19]。"单轨制、单套制"模式下文件流转、归档全程都以电子文件的形式存在，ERDA 的管理、利用与整个业务系统充分融合，其价值得以被深入挖掘。通过观察项目成果标题变化，结合图 5 的关键词时序变化发现，伴随数智技术的发展与应用，ERDA 管理开始强调数据治理体系的构建，将数字连续性管理、数据资产化管理和部门数据互联互通相结合，未来"单轨制、单套制"模式的大规模推进要求政府、档案管理部门、技术部门协同合作，做好顶层设计，系统规划管理流程，实现电子文件与数字档案一体化管理，建设管理与服务并进的双元治理体系。

## 5.4 研究手段：从追赶到赋能

图情档案学科发展紧跟时代潮流，每一轮新技术的发展都会对学界的理论与实践研究产生重要影响，从每一年的申报指南中也可以看出，国家社科基金鼓励学者们应用新技术促进学科发展。2017年以来包含"大数据"一词的ERDA相关国家社科基金立项达到13项，2018年的项目"基于区块链的网络文件信任保障机制及应用架构研究"首次在电子文件管理中引入了区块链技术，2019年的项目"国家大数据战略背景下档案数据治理体系构建研究"首次提到了档案数据治理的概念，且以知识组织与服务为主题的立项数达到6项，这与知识图谱、关联数据等技术的发展密不可分。2020年含有人工智能的项目成果发表。2020年的项目"信息网络技术驱动档案移动服务创新路径研究"反映了信息技术发展对数字档案服务的推动作用。近五年来相关研究成果中新的技术名词不断涌现，技术更新迭代加快。

令人眼花缭乱的新技术不断涌现，学者在不断追求新兴研究热点的同时，对于部分技术研究的系统性、深入性不足，大多只注重新技术的引入和运行模式的搭建，缺乏完整的政策、安全、技术实现研究，如区块链技术的应用只在2018年、2021年分别立项1项。近几年档案数据治理、智慧档案、数字人文等研究主题出现，ERDA研究越来越注重传承与创新的平衡，逐渐构建起模式、标准、保障等完整的新技术赋能研究，与ERDA管理的全过程相结合，推动技术赋能的实现。

## 6 结语

综上，电子文件与数字档案作为档案学领域的核心研究热点依旧保持着强劲的发展势头。研究热度未减，立项数稳步增长、成果数量巨大；研究力量壮大，研究团队扩大、机构合作增强；研究导向明晰，从内到外拓展、从聚焦到泛化；技术追踪敏锐，研究主题散点式发展。但是，内核问题有待持续性攻关，对内对外的合作生态有待创设，新技术应用研究有待深化，在否定—肯定—再否定中守正创新，达到深耕与创新的正和博弈，是未来十年该领域纵深发展的关键。

### 注释及参考文献

［1］冯惠玲，连志英，曲春梅，等.回顾与前瞻："十三五"档案学科发展调查和"十四五"档案学重点研究领域展望［J］.档案学通讯，2021（1）：4-15.

［2］张斌，杨文.中国档案学研究热点与前沿问题探讨［J］.图书情报知识，2020（3）：28-40，62.

［3］周耀林，张兆阳，衡倩.科学基金视域下近十五年我国档案学研究进展［J］.档案管理，2022（4）：9-18.

［4］曹芳.近十年来我国电子文件研究论文的统计与分析［J］.档案学研究，2003

（4）：45-49.

［5］［14］于英香. 电子文件研究方法论转向［J］. 档案学通讯, 2008（4）：54-57.

［6］艾楠竹. 近十年我国电子文件研究——基于知识图谱的分析［D］. 武汉：武汉大学, 2018.

［7］冯微微. 我国电子档案研究热点与发展趋势的文献计量分析［D］. 沈阳：辽宁大学, 2020.

［8］钟万梅. 我国数字档案载体保护研究现状与未来展望［J］. 档案, 2022（1）：5-10.

［9］郑超, 刘锌, 王二宝, 等. 基于区块链的数字档案管理研究综述［J］. 信息工程大学学报, 2022（4）：491-498.

［10］杜慧平, 吕元智. 国外数字档案资源跨媒体集成知识服务研究热点分析［J］. 浙江档案, 2018（6）：16-19.

［11］国家社科基金项目数据库［EB/OL］.［2022-12-20］. http：//fz.people.com. cn/skygb/sk/index.php/index/index/3098.

［12］全国哲学社会科学工作办公室［EB/OL］.［2022-12-20］. http://www.nopss. gov.cn/.

［13］陈勇, 肖文鹤. 区块链技术在电子文件管理中的应用路径［J］. 北京档案, 2022（3）：35-37.

［15］王兰成. 新媒体环境下电子档案管理新技术发展与应用［J］. 中国档案, 2017（1）：64-66.

［16］许臻, 颜祥林. 近二十年来我国电子档案研究主题的分析［J］. 山西档案, 2021（1）：173-180.

［17］鲍志芳, 马嘉悦. 基于单轨制、单套制、双轨制和双套制概念辨析之文件管理模式探讨［J］. 档案学通讯, 2018（4）：30-34.

［18］李威. 电子文件与电子档案"单轨制"的两个不同视角［J］. 档案管理, 2020（2）：123-124.

［19］陈恬, 李东, 张丽萍, 等. 电子档案单轨制管理助力抗疫——以国家自然科学基金项目电子档案为例［J］. 山西档案, 2020（3）：29-35.

# 数字孪生档案馆构建研究

胡晓庆

中山职业技术学院

**摘　要:** 数字孪生技术是现实空间与数字信息空间融合的关键技术,顺应数字信息技术发展,构建数字孪生档案馆是档案工作实现跨越式发展的重要探索。本文以数字孪生技术为基础,探索数字孪生档案馆的模型与体系架构,阐述数字孪生档案馆的价值与构建难点,以期推动档案信息技术的发展。

**关键词:** 数字孪生;双向映射;模型构建

大数据、云计算、AR、VR、MR 等信息技术的发展使物理实体与数字信息的深度融合成为当代科技发展的新趋势,两者的融合在拓展物理实体的全生命周期健康发展、拓展物理实体服务深度等方面发挥重要作用。数字孪生正是解决物理实体与数字信息虚实融合的关键技术,2021 年发布的《中华人民共和国国民经济和社会发展第十四个五年规划和 2035 年远景目标纲要》明确提出"探索建设数字孪生城市"的愿景。

如何抓住信息技术发展新契机,融入国家数字城市建设大战略是摆在档案工作者面前的重要课题。数字孪生技术的全生命演进、数据保真、虚实融合等特征可为档案工作提供新视角,可成为档案馆实现转型与价值创造的重要驱动力,也可为当前智慧档案馆提供新的技术支撑与数字基座。基于数字孪生技术构建的数字孪生档案馆以数据为驱动,综合利用多源数据融合、仿真、可视化等信息技术,基于平台化、一体化的建设思路解决传统数字档案馆及当前智慧档案馆所缺乏的顶层设计问题,打破因单纯依靠技术对齐导致的信息孤岛、信息壁垒等问题。

基于此,本文尝试利用数字孪生技术,借鉴图书馆、博物馆、城市建设等领域数字孪生技术融合应用的成功案例,探讨数字孪生档案馆的构建,以推动档案工作融入国家数字孪生城市战略。

## 1　数字孪生与档案工作

### 1.1　数字孪生及其应用

数字孪生的概念最早出现于 2003 年,由密歇根大学 Michael Grieves 教授在产品生命周期管理课程上提出,最初被命名为"信息镜像模型"(Information Mirroring

Model）；2012 年，在 NASA 发布的技术路线图（Technology Roadmap）中，使用了"数字孪生"（Digital Twins）的表述[1]；数字孪生技术自 2016 年开始已连续四年被 Gartner 列入十大战略技术趋势[2]。

数字孪生是伴随着信息科学的发展与人类对于虚拟世界的渴求出现的新技术，当前尚无关于数字孪生的统一定义。学术界达成共识的点在于：数字孪生是物理世界与虚拟世界映射融合的一种技术，通过数字化方式建立物理实体的多维度、多时空尺度、多学科、多物理量的动态虚拟模型来仿真和刻画物理实体在真实环境中的属性、行为、规则等[3]。数字孪生以数据与模型的集成融合为基础与核心，通过在数字空间实时构建物理对象的精准数字化映射，基于数据整合与分析预测来模拟、验证、预测、控制物理实体全生命周期过程，最终形成智能决策的优化闭环[4]。

数字孪生技术最初应用于航天航空及军工领域，随着工业互联网、中国制造 2025 等国家战略的提出，在智能制造领域得到了长足的发展，目前在电力、医疗、车间管理、城市管理等领域都得到了探索性的研究。作为目前热门的元宇宙的底座技术，数字孪生技术正在成为引领互联网取得实质进展的新宠。

数字孪生技术也得到了档案学界的关注，开展了数字孪生技术与档案工作结合的探索性研究。展倩慧等探讨了数字孪生技术在智慧档案馆中的应用场景，并构建了基于数字孪生技术的智慧档案馆模型[5]；王静在分析了数字孪生技术融入数字档案馆建设的优势后，提出了数字孪生技术在数字档案馆规划立项、招投标、实施、运行维护等过程中的应用[6]；孙向阳开展了数字孪生背景下档案馆提供虚拟交互、泛在感知、协同管控和情景交融四大智慧服务场景的研究[7]；吴倩提出了面向馆舍、档案及用户的数字孪生档案馆工作场景[8]。学术界已有的研究成果，侧重于数字孪生技术对当前档案馆建设的推动性作用。本文从数字孪生的本质特征出发，尝试构建适应未来数字社会的新形态档案馆，为档案馆未来发展提供理论基础。

## 1.2 数字孪生技术特征及其与档案工作的契合点

作为新兴起的虚实融合技术，数字孪生具有虚实映射、实时同步、数据保真、多源异构数据融合、全生命周期共生演进等特征。

### 1.2.1 虚实映射特征引领档案工作实现新跨越

数字孪生虚实映射是指现实世界中的物理实体与数字空间中的孪生体能够实现双向映射、数据连接和状态交互[9]。虚实空间的融合将为档案工作带来新的发展机遇，一是促使档案工作抢抓技术发展新机遇，及时融入国家数字化、信息化发展大局；二是顺应数字空间公众基数迅速增长的趋势，让档案工作走进更多人的视野；三是利用数字孪生技术提供更加新颖智慧的档案服务。虚实空间的映射，同时可以促进档案实体空间的布局优化，档案信息资源的深度开发，突破现有档案工作的封闭性、内向性，引领档案工作实现新跨域。

### 1.2.2 实时同步特征完善档案工作前端控制机制

数字孪生实时同步是指基于庞大、多元的实时数据，数字孪生体可全面、精准、动态地反映物理实体外观、性能、位置等的状态变化[10]。基于数字孪生技术的档案工作，可利用数据实时传输的特征，从档案形成的前端即文件阶段即介入，甚至可以在产生档案的事件酝酿阶段就利用数字孪生技术进行归档内容、归档元数据、归档流程等的干预，完善档案前端控制，促进档案工作机制的完善。

### 1.2.3 数据保真特征吻合档案真实性特点

数据是数字孪生的源泉，数字孪生的高精准性对其数据提出了更高的要求，真实可靠的数据是保证数字孪生体真实准确反映物理实体运行情况的前提，否则得出的结论可能谬以千里。数字孪生中关于数据真实性保证的相关技术，将在推动档案真实性尤其是电子文件和电子档案真实性工作中发挥积极作用。

### 1.2.4 全生命周期演进契合档案生命周期理论

全生命周期共生演进是指数字孪生所实现的映射状态覆盖物理实体从设计、生产、运营到报废的全生命周期，孪生体也随物理实体生命周期进程而不断演进更新[8]。档案生命周期理论也是档案学的基础理论，数字孪生与档案学相通的理论基础，为数字孪生技术应用于档案工作奠定了理论前提。

### 1.2.5 多源异构数据融合技术推动档案数据治理获得新发展

数字孪生技术应用中需要处理大规模来自不同传感器、不同系统或平台的数据，因此多源异构数据整合也是数字孪生的重要特征之一。档案数据治理是当前深度推进档案开发利用的重要手段，在档案数据治理工作中，来源于不同机构、不同系统、不同格式的数据之间无法关联与融合是阻碍数据治理取得突破的重要因素，数字孪生技术中关于多源异构数据融合的技术可为解决这一障碍提供新的视角，将数字孪生引入档案工作将推动档案数据治理获得突破性进展。

## 2 数字孪生档案馆模型

### 2.1 数字孪生档案馆内涵

数字孪生档案馆是基于数字孪生技术的档案馆新形态，遵循数字孪生的基本特征与规律，主要指基于档案馆物理实体及其运行过程中产生的历史数据和实时数据，通过对档案馆物理实体及数据抽象后建模并进行仿真刻画，在虚拟空间形成多领域多尺度的档案馆物理实体的数字孪生体，在数字孪生体中反映档案馆的要素、属性、行为、规则与逻辑等全生命周期管理过程。数字孪生档案馆与物理实体档案馆通过模型与数据实现互相映射，在孪生体中精准模拟实体档案馆运行，从而优化档案政策制定、实体档案馆的布局设计、资源配置、服务利用等工作，提升当前档案馆的水平和服务质量。数字孪生档案馆主要由实体档案馆、数字孪生体及两者间的链接构成。

### 2.2 数字孪生档案馆五维模型

数字孪生档案馆落地的关键在于数字孪生体构建，而孪生体构建成功的关键在于通过对实体档案馆要素与流程的分解抽象形成的模型，模型构建的精度越高，对物理实体的还原度越高，数字孪生体对物理实体的映射效果越精准。

数字孪生体模型构建的维度选择是数字孪生档案馆建设的重点与难点，学术界对于数字孪生模型构建开展了多视角探索，其中以陶飞教授等提出的数字孪生五维模型认可度最高。概括而言，档案馆实体主要包含空间、资源、人员、服务等因素，与陶飞教授的数字孪生五维模型视角有诸多共同之处，以该模型为指导，结合档案工作实际，本文提出相应的数字孪生档案馆五维模型（Archives Digital Twins，A-DT），表示为：

$$A_{DT} = (A_{PE}, A_{VE}, A_{SS}, A_{DD}, CN)$$

式中，$A_{PE}$ 表示档案馆物理实体，$A_{VE}$ 表示依据档案馆建立的虚拟档案馆，$A_{SS}$ 表示档案馆数字孪生过程中的服务化封装，$A_{DD}$ 表示档案馆孪生数据，CN 表示各组成部分之间的链接，该模型囊括了数字孪生档案馆建设过程中的各个重要因素，数字孪生档案馆五维模型结构如图 1 所示。

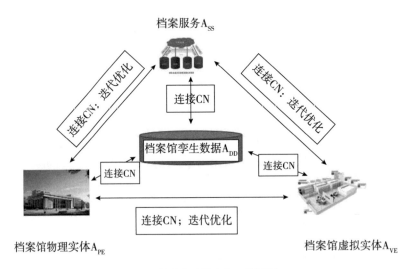

**图1　数字孪生档案馆五维模型**

### 2.2.1　物理维：档案馆物理实体（$A_{PE}$）

档案馆物理实体是数字孪生档案馆五维模型的构建基础，对档案馆物理实体的准确分析与有效维护是建立数字孪生档案馆模型的前提。陶飞教授数字孪生五维模型指出，根据不同应用需求和管控粒度对物理实体进行分层是构建数字孪生模型的基础，按照物理实体的结构层次，可构建单元级、系统级、复杂系统级三个层级的模型。

对档案馆而言，档案馆的位置选择、馆藏情况、文件及资源管理、档案用户行为、提供利用方式、规章制度等具体工作，可视为单元级物理实体，建立单元级数字孪生模型；空间、资源、服务等档案馆基本工作可视为系统级物理实体，建立系统级数字孪生模型；档案馆则作为复杂系统模型进行构建。最后通过对各级模型的交互与耦合关系进行描述，构建数字档案馆孪生模型，对档案馆进行全面全周期演化进行分析与预测。数字孪生档案馆物理实体模型级别如图 2 所示。

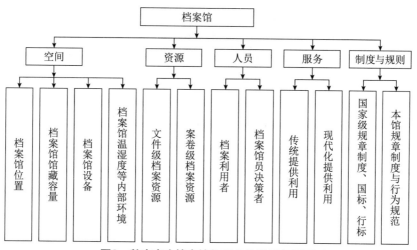

**图2 数字孪生档案馆物理实体模型级别图**

### 2.2.2 孪生维：数字孪生体（$A_{VE}$）

数字孪生体是由各层级的多维模型相互融合协同驱动运行的。各模型从多时间尺度、多空间尺度对物理实体进行描述与刻画，从而揭示物理实体的特征。一般包括几何模型（$G_V$）、物理模型（$P_V$）、行为模型（$B_V$）、规则模型（$R_V$）四类。

数字孪生档案馆的几何模型（$G_V$）包括各层级档案馆物理实体的形状、尺寸、位置等参数，与实体档案馆具有良好的时空一致性，通过细节层次的渲染可以使几何模型从视觉上更加接近实体档案馆。物理模型（$P_V$）则在几何模型的基础上增加了实体档案馆的物理属性、约束及特征等信息，如结构、数量、功能、类型等，可使用 Hypermesh 等工具对实体档案馆从宏观与微观视角进行动态刻画与模拟。行为模型（$B_V$）描述档案馆在不同时间尺度下的外部环境与干扰，以及内部运行机制共同作用下产生的实时行为，如档案归档、档案整理、档案查借阅等行为。规则模型（$R_V$）包括基于档案馆的历史关联数据的运行规则建立的规章制度、基于隐性知识总结的档案馆工作经验，以及档案领域的标准与准则。

上述四类模型，经过组装、集成与融合，最终建立对应实体档案馆的完整的数字孪生档案馆。以系统级数字孪生档案馆模型为例，其中空间模型由 $G_V$、$P_V$、$B_V$、$R_V$ 四种类型模型组装而成；资源模型则由 $P_V$、$B_V$、$R_V$ 三种类型组装融合而成；人员模型、服务模型、制度模型则均由 $B_V$、$R_V$ 组装融合而成。

### 2.2.3 服务维：服务（$A_{SS}$）

在数字孪生档案馆应用过程中将产生体量庞大的各类数据、模型、算法，对于档案利用者、档案馆工作人员、档案馆决策者等不同用户而言，无须了解数字孪生档案馆复杂的技术背景，因而需要以软件、移动 App 等形式满足其需求。服务正是针对这些数据、模型、算法、软件、移动 App 等进行的服务化封装，最终形成以工具组件、模块引擎等支撑数字孪生档案馆内部功能运行的"功能性服务"，以及软件、移动 App 等"业务性服务"。

#### 2.2.4 数据维：孪生数据（$A_{DD}$）

数据是数字孪生档案馆的驱动，包括档案馆物理实体数据、数字孪生档案馆数据、服务数据、知识数据及融合衍生数据。档案馆物理实体数据包括体现档案馆规模、作用的物理要素属性数据及档案馆运行状况、环境参数、突发状况等动态过程的数据，这些要素一般通过传感器、嵌入式系统等进行采集；数字孪生档案馆数据包括档案馆孪生体的几何模型数据、物理模型数据、行为模型数据及规则模型数据；服务数据则主要是构建数字孪生档案馆时的"功能性服务"和"业务性服务"的各种算法、模型、处理方法、档案馆馆藏资源数据、档案馆开发利用数据等。知识数据则是为了更逼真地反映档案归档、整理等工作环节而采用的专家知识、行业标准、相关规则等数据。融合衍生数据是对以上几种数据进行转化、预处理、分类、关联、集成、融合等相关处理后形成的新数据，通过对档案馆及其数字孪生体的实时数据、历史统计数据、行业标准与规则等进行关联融合，反映更加全面准确的信息。

#### 2.2.5 连接维：连接各要素间数据（CN）

各要素之间的互联协同是支撑数字孪生档案馆智慧运行的关键。主要包括：可通过MTConnect、MQTT 等协议进行的档案馆物理实体与孪生数据之间的交互；档案馆与其孪生体之间的交互；档案馆实体与服务化封装之间的交互；可通过数据口接口实现的档案馆孪生体与数据间的交互；可通过 MQseries、RPC 等软件接口实现的孪生体与服务化封装之间的交互；服务化封装与数据之间的交互。

### 3 数字孪生档案馆体系

数字孪生档案馆是一个多技术、多数据、多领域融合的复杂生命体，其本质是通过孪生大数据驱动的闭环赋能体系，通过档案馆物理实体与虚拟信息空间的双向映射与交互达到虚实融合，以虚促实的目的。在已构建的数字孪生档案馆五维模型基础上，依托数字孪生的关键技术与要素，可建构如下的数字孪生档案馆体系。

数字孪生档案馆从数据采集存储到功能实现，可分为数据与模型层、功能实现层、人机交互层，层级之间相互递进，形成一个完整的过程，具体体系如图 3 所示。

#### 3.1 数据与模型层

数据与模型是数字孪生档案馆建构成功的关键，其中档案馆数据是源泉，孪生模型是内核。数据主要由实体档案馆数据、孪生数据及其他相关数据构成，包括数据采集、传输、处理与存储等不同环节。对档案馆的历史数据与实时数据采集是数字孪生档案馆的支撑，根据五维模型，采集的数据内容应包括空间数据、人员数据、档案资源信息、服务信息、制度与规则数据，可通过传感器、RFID 标签、智能物联网系统、安防系统、全域数字化标识系统等途径采集。同时需要对采集到的数据进行清洗、分类等处理工作，最终存储在数据平台中。

模型由建模与运算两部分构成。建模是对采集到的档案馆数据进行分类后，开展特征提取，从而完成对空间、档案资源、服务等不同单元物理实体的抽象与建模，使模型能实现对档案馆物理实体单元的实时映射与预测。运算包含对档案馆物理实体实时数据处理的嵌入式计算和对档案馆复杂模型与历史数据计算的云计算两种。

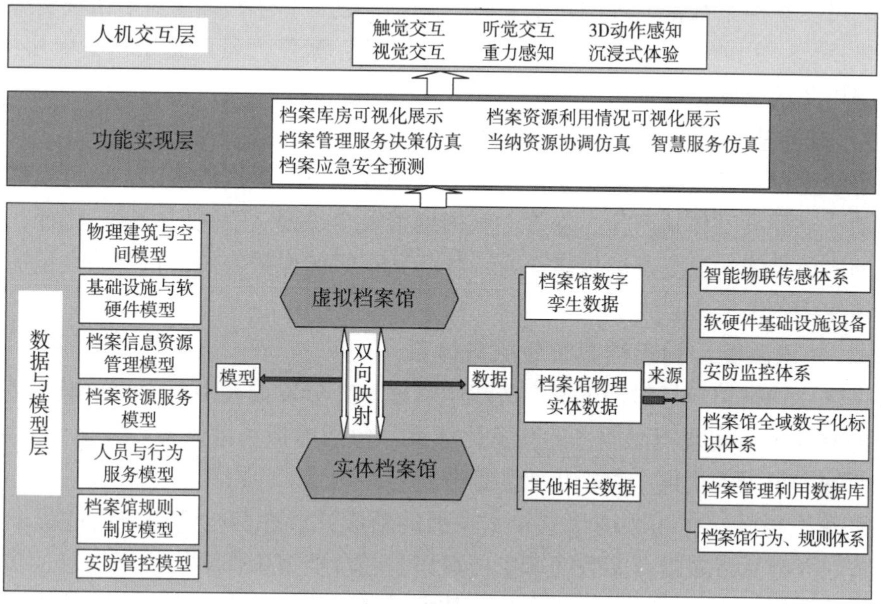

图3  数字孪生档案馆体系

## 3.2  功能实现层

数字孪生档案馆的最终价值体现在其功能的实现，功能实现层是数字孪生档案馆的核心，该层利用首层建立的模型与收集的数据进行分析与预测，实现数字孪生档案馆优化空间设计、监测档案全生命周期运行、提供全方位智慧化服务等相应功能，同时，因孪生档案馆能准确反映档案馆的实际运行情况，可实现辅助决策功能。

## 3.3  人机交互层

该层主要功能在于为数字孪生档案馆使用者（包含用户、工作人员、管理决策者等）与数字孪生系统间提供通常的交流渠道，以便使用者迅速掌握档案馆的特性与实时性能，并便捷地向数字孪生档案馆下达命令。人机交互不但包括触觉、视觉听觉交互，在虚拟技术及人工智能技术支撑下，3D动作感知、重力感知等交互技术也可应用于数字孪生档案馆，提升用户的使用体验。

## 4  数字孪生档案馆建构价值与难点

数字孪生档案馆是档案工作融入国家数字化发展大局，搭乘信息技术快车实现跨越式发展的重要途径之一。

### 4.1  技术赋能，突破档案数据治理难题

档案资源的形态经历了纸质档案时代的模拟态、数字化时代的数字态之后，在以数据开发为资源开发新视角的当代进入了数据态时期。成因于档案工作条块化的管理体制，档案数据多源、异构情况较为普遍，成为开展数据级档案开发与利用的藩篱，数字

孪生档案馆建构过程中，对多源异构数据的处理是其重要的工作环节，通过数字孪生技术赋能，可实现档案数据治理的技术突破。此外，数字孪生档案馆对于馆藏资源的全方位全周期跟踪，也将激活档案数据中的"零数据"，激发大量沉睡于档案库房的资源，从而发掘更大的档案价值。

### 4.2 孪生应用，完善档案实体保护

数字孪生档案馆是与实体档案馆高度一致的数字空间虚拟档案馆，通过模型构建与数据驱动，对档案实体从产生、保管、利用到销毁全过程一一映射。这一特征，对于频繁利用的实体档案尤其是高龄档案而言，将起到很好的保护作用，在存储大量历史档案的档案馆使用价值巨大。

### 4.3 知识赋能，构建档案智慧服务体系

数字孪生档案馆通过对档案资源的孪生管理，充分发掘其中蕴含的知识价值，在信息技术的驱动下，实现档案服务的智慧化体系，包括虚拟场馆体验、数字化全域感知、更加全面的知识服务提供、可视化的数据分析与预测等。

数字孪生档案馆作为顺应信息技术发展的新尝试，在其构建与应用过程中面临技术、人才、资金等诸多难点。数字孪生档案馆是融合档案工作多维模型构建、多源异构档案数据采集与处理、云计算、双向映射技术、VR、AR 技术、人机交互技术等诸多新型技术的成果。这些新技术在数字孪生档案馆的落地应用离不开技术人员的参与，对各项技术在数字孪生档案馆中的实际应用需要技术人员与档案专业人员深入研究新技术的特征及档案工作的特点。与此同时，新技术大都需要投入大量的资金。技术、人才、资金对于档案馆而言都是建立数字孪生档案馆需要跨越的藩篱，都是难以靠自身单独的实力解决的问题。档案馆应积极面对信息技术对于档案工作的冲击，变被动为主动，主动融入同级别政府的数字化发展规划，制定政策吸引有实力的技术公司参与数字孪生档案馆建设。

## 5 结语

数字孪生档案馆是档案工作顺应信息技术进步、顺应虚实融合发展趋势的选择之一，从当前来看困难诸多，投入巨大，但从长远来看其蕴含的价值和带来的效应远大于其投入，可成为档案工作深度融入国家信息发展大局、实现突破的重要切入点，档案界应当接受新观念，积极投身信息技术的大潮，实现自身工作的转型与突破。

### 注释及参考文献

［1］张兴旺，王璐. 数字孪生技术及其在图书馆中的应用研究——以雄安新区图书馆建设为例［J］. 图书情报工作，2020（17）：64-73.

［2］王东波. 基于数字孪生的智慧图书馆应用场景构建［J］. 图书馆学研究，2021（7）：28-34.

［3］陶飞. 数字孪生五维模型及十大领域应用［J］. 计算机集成制造系统，2019（25）：1-18.

［4］［9］［10］范晓晖，等．数字孪生技术应用白皮书2021［P］．中国移动通信有限公司研究院，2021：6．

［5］展倩慧，杨智勇，杨鹏．基于数字孪生技术的智慧档案馆模型建构研究［J］．浙江档案，2021（2）：50-52．

［6］王静．基于数字孪生技术的数字档案馆建设探析［J］．浙江档案，2021（7）：47-49．

［7］孙向阳．数字孪生环境下档案馆智慧服务场景应用研究［J］．浙江档案，2022（2）：33-37．

［8］吴倩．孪生档案馆：基于数字孪生的新型档案服务模式［J］．北京档案，2022（4）：24-27．

［11］王璐，张兴旺．面向全周期管理的数字孪生图书馆理论模型、运行机理与体系构建研究［J］．图书与情报，2020（5）：86-95．

［12］翟秀凤，胡大敏，刘景亮．New IT技术驱动下数字孪生图书馆虚实空间融合机理［J］．新世纪图书馆，2022（2）：16-22．

［13］李超，刘君武，王理，等．数字孪生在智慧城市中的应用［J］．中国检验检测，2022（30）：42-46．

# 从建设项目档案中一根桩的工程数据追溯建造历史

**摘　要:** 档案是记录建设项目历史的重要工具,应具有真实性、完整性、内部联系性。本文针对一根桩的工程档案内容数据进行建造历史的追溯,介绍一根桩从钢筋水泥等原材料一步一步被建筑工人制作成嵌入地底、承受数千吨重量的工程基础构件的过程,探讨档案管理过程中理性思维培养与维护的应用与方法,提出档案管理工作不仅要保护档案形态,还要具备对档案内容数据的基本梳理能力、概括能力,为建筑工程领域的档案管理提供一个探索思路。

**关键词:** 建设项目;档案管理;电子档案;工程桩;数据追溯;建造历史

## 1　引言

档案是建造过程中留下的有价值的记录和资料,对于工程建设的管理、设计、施工等各个环节都起到了重要的作用。由于建设项目涉及多个阶段和多个部门,其复杂性长期发展,导致现在存在许多档案管理问题亟待解决。[1][2]尤其在建设项目中,基于建筑材料、工程质量安全、工程验收结果的可靠性,档案管理更是必须严格按规定进行。本文以一根桩的工程电子档案为例,通过查找文件→提取文件→内容读取→鉴别关键信息→梳理历史顺序→引申理解→逻辑重构等步骤,全面分析了文件生成与归档时的应用和方法。通过对桩工程数据的追溯,得出一个档案管理的理性思路,为今后建筑工程领域的档案管理提供一种理论基础。

## 2　初识建设项目中的"桩"

在建设项目中,"桩"一般指钢筋混凝土桩、预制桩或灌注桩等工程桩。它们是为了加强土壤或者承受负荷而嵌入地下的柱状物。桩作为建筑基础支撑体系的一种,因具有较高的抗压、抗弯、抗剪等抗力特性及良好的一体化性,被广泛地运用在各种建设项目中,如桥梁、码头、高层建筑、工业建筑、塔吊、范围较大的管道、深基础支撑、边坡支撑等。桩的使用可以在一定程度上承受地质条件的影响,可以改善原来土质地基承载能力不良的情况,提高建筑物或工程的稳定性,在工程建设中有着重要的作用。

## 2.1 桩的历史记录的重要性

记录桩的历史信息对于建设项目来说具有非常重要的意义,有利于提高工程质量[3]、保障工程安全,同时也是数据分析和促进工程创新的重要途径。一般来说,桩的历史记录是指桩的施工记录、桩的监测数据、桩的质量检测和验收报告等。记录桩的完整历史信息,有利于开展后期的维护、管理和评估工作。具体说来,桩的历史记录的重要性可以从以下几个方面体现:

(1)通观全局,提高项目质量。在建设项目中,桩作为整个建筑工程的基础,在设计、施工和验收时需要高度重视,一旦出现问题将会对整个工程造成影响。记录桩的历史信息,有助于跟踪管控桩施工的全过程,及时发现和解决相关问题,提高项目施工质量。

(2)维护管理,保障安全。在建设过程中,桩的质量问题可能对工程安全产生影响。记录桩的历史信息,有利于后期工程的安全管理与检测工作,有效预防工程安全事故。

(3)质量控制,保证施工质量。记录桩的施工记录和质量报告,有利于建立档案,及时纠正施工中出现的问题,保证施工质量。

(4)数据分析,促进工程创新。记录桩的历史信息,可以进行数据分析,研究桩的工程特性,积累宝贵的经验,推动工程管理创新。

## 2.2 桩的档案的重要性

桩的档案是建设项目管理的重要组成部分,具有管理决策、质量控制、施工验收、维护升级和科学研究等多方面的作用。及时、准确地建立和维护桩的档案,将会对建设项目的顺利开展和高质量完成有很大的帮助。桩的档案的重要性主要表现在以下几个方面:

(1)施工质量的依据。桩的施工过程记录、桩的质检报告、验收报告等档案可以作为施工质量的重要依据,对于工程质量的控制和保证有着至关重要的作用。

(2)工程管理的主要依据。桩的档案是工程的重要组成部分,针对桩的安装、检测、维护等工作,有关管理人员可以通过参考档案做出决策和管理,提高工程管理效率。

(3)项目验收的重要依据。前期施工阶段中,桩的档案记录查验能够便于项目验收工作的开展,有助于产权归属、商业运营等工作的顺利展开。

(4)工程维修、保护和升级的基础资料。桩的档案记载着桩的安装时间、位置、技术参数、监测数据、损坏情况等信息。这些信息可作为后期的维修保护和升级改造的参考数据,有效地减少运维成本。

(5)作为科学研究的基础资料。桩的档案是研究地下结构分布和性质特征的重要依据,可以为相关研究提供基础数据和丰富的样本。

## 2.3 桩的档案管理的关键点

桩是一种重要的基础施工物,通常是深入地下的,在建设过程中难以直接观察。因此,它们的质量和性能必须通过档案来记录和保存,以便在使用过程中进行检查、维护和维修。所以，桩的档案管理在建设项目中非常重要。桩的档案管理相对复杂，主要表现在以下几个方面：

（1）施工时间长。桩是深深嵌入地下的建筑物，在施工中需要充分考虑土层的稳定性和地基的承载力，施工时间会比较长，因此，桩的档案管理需要在整个施工过程中进行。

（2）资料繁多。桩的施工涉及很多相关的材料和设备，包括施工过程控制记录、质量检测报告、桩身材料样本等，这些资料需要进行记录、整理、归档和保存。

（3）施工技术复杂。桩的施工包含多种技术与技能，如钻孔、钢筋笼绑扎下放、灌注混凝土等，各项技术涉及不同的施工方法和工艺技术，需要进行不同的记录和处理。

在上述问题的长期影响下，当前很多建设项目档案管理人员难以从已归档保存的建设项目档案中读取到一根桩从施工开始到施工结束的历史记录，这是缺乏理性分析能力的微观表现。从宏观上来说，缺乏理性分析能力是建设项目电子文件归档与电子档案管理工作中的关键困难。当宏观上的关键困难分解到每一个具体的管理单元中时，管理人员理应具备运用理性分析能力去理解建设项目档案中桩的历史的能力。

## 3 桩的历史追溯逻辑构建

本文以广东省已归档的某一高速公路建设项目电子档案为基础材料，运用理性分析能力，追溯某桥中某墩下某一根桩的建造历史。

### 3.1 三步构建逻辑路径

首先找到对应的案卷，案卷所属一级档案分类为"施工文件"。

其次查看案卷目录，翻阅卷内文件内容，初步判定该案卷中涉及该桩建造历史的电子文件有 10 个以上。那么这些文件有什么内在联系呢？运用逻辑思维判断得出这些文件可以以"时间轴"为路径进行串联，并将这些电子文件按照时间进行排序，同时依据档案内容信息对当日施工事件进行初步命名。分析结果如图 1 所示。

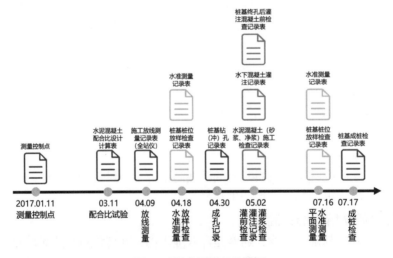

**图1 时间路径梳理分析图**

最后根据现有脉络，结合每份电子文件的内容，参考施工常理，分析重现该桩的建造历史。

### 3.2 据实分析历史重现

2017年1月11日，由施工方管理人员在工程管理信息系统中录入测量控制点——水准导线点的初始坐标，水准导线点是为进行水准测量而设立的基准点，通常用于测量地面高程。它们通过测量和确认其高程值后，被标识和记录在一张地图或记录表中的标识点，以便于今后再次进行测量和校正（见图2）。

图2　测量控制点示意图

2017年3月11日，形成"水泥混凝土配合比设计计算表"，对应的施工事件为配合比试验。试验在正式生产或施工前进行，通过从正式生产或施工中随机抽取样品，对所选混凝土塌落度、强度等参数指标进行测量，根据这些试验结果，可以对水泥混凝土配合比进行优化和调整，以确保混凝土质量和强度符合设计和要求，试验结果可以作为混凝土质量管理的参考依据（见图3、图4）。

图3　混凝土塌落度检测　　　　图4　混凝土试块强度检测

2017年4月9日，形成"施工放线测量记录表（全站仪）"，对应的施工事件为放线测量，是施工过程中记录测量数据的重要文件，记录测量平面点位、测量方法、测量结果等信息，以确保施工的准确性和安全性。

2017年4月18日，形成"水准测量记录表""桩基桩位放样检查记录表"，对应的施工事件为水准测量和放样检查。通过记录桩位放样信息，可以及时发现错误并进行调整，保证桩位放样的准确性和可靠性。施工单位可以结合记录表对工程进展情况和质量情况进行汇报和交底（见图5）。

2017 年 4 月 30 日，形成"桩基钻（冲）孔记录表"，记录整个成孔过程中的钻孔深度、进度、土层、水位等信息，保障钻孔施工的准确性和可靠性。该桩的成孔钻进时长跨度为 8 天（见图 6）。

图5　桩位放样　　　　　　　　图6　桩成孔

2017 年 5 月 2 日，成孔后下放钢筋笼（见图 7），形成"桩基终孔后灌注混凝土前检查记录表"，主要用于记录桩基终孔后灌注混凝土施工前的检查情况，包括检查地面基础、钢筋数量和质量、混凝土灌注设备、钻孔清洁情况等。该记录表的作用是确保灌注混凝土施工前的检查工作充分且合格，以保证后续施工的质量和安全；"水下混凝土灌注记录表"主要用于记录水下混凝土灌注的施工过程（见图 8），包括混凝土拌和、输送、灌注、水下放置、集中整平等各个环节。该记录表的作用是记录施工工程的过程和质量数据，确保施工过程中每个环节的质量要求得到满足。"水泥混凝土（砂浆、净浆）施工检查记录表"主要用于记录水泥混凝土施工的各项质量检查结果，包括水泥、砂、石材、水等原材料的检查和混凝土制备和施工中的各项质量检查。该记录表的作用是记录施工过程中重要的质量检查数据，反映施工质量的情况，为后续的施工和验收工作提供依据。

图7　下放钢筋笼　　　　　　　图8　混凝土灌注

2017 年 7 月 16 日，混凝土养护完成后，对施工完成的桩进行平面竖向位置的测量复核，形成"平面位置测量记录表""水准测量记录表"。

2017 年 7 月 17 日，对桩基的成桩质量进行检查、检测、确认，并形成"桩基成桩检查记录表"。

### 3.3 延伸思考意义总结

本文案例中的桩，从动土到成桩检查完成，施工时间约 85 天，主要经历了护筒埋设定位→成孔→钢筋布设→混凝土浇筑这 4 个阶段；在正式入场前需完成测量控制点信息录入和混凝土配合比检测的基础工作，测量控制点信息是为了后期测量工作的开展提供前提条件，混凝土配合比检测是为了后期混合料生产工作提供前提条件；位置测量分为平面坐标测量和竖向标高测量，分别在成孔前和成桩后进行桩位置测量确认；正式成孔前要埋设钢护筒，为机械成孔提供定位导向和地面局部保护；成孔的过程中需要不断地记录标高、水位、取样判断地质情况，成孔要用到质量 5.2 吨、直径 1.6m 的冲锤冲击；成孔完成后，要将预制完成的钢筋笼网送入孔内；27.5m 长的桩连续 3 个小时灌注了 67 立方米、10 车混凝土。灌注完成后的 2.5 个月进行成桩检查，这期间混凝土逐渐固化达到标准强度。这根桩从无到有的经历就这样梳理出来了。

那么从建设项目档案中一根桩的工程数据追溯建造历史对档案管理人员来说有什么意义呢？能帮助他们了解建设项目档案中一根基础工程桩的历史和背景，帮助他们更好地保存、管理和利用档案资料，还可以加强他们对档案保存和管理的认识[4]，更能为历史与文化保护、工程建设以及城市发展等做出积极的贡献。

（1）理解事实规律。可以帮助档案管理人员更好地理解建筑工程的历史背景和技术特点，进而更加全面地把握底层建筑档案的特点、保存内容和运用方法，更好地开展档案管理和数据分析工作。可以让档案管理人员更加深入地了解建筑工程的整个结构，为建筑工程的保养和更新提供必要的信息和依据。

（2）加强鉴定能力。有助于档案管理人员更好地把握历史文化价值，开展相应的研究工作，探究建筑工程的技术原理和传承。这对于加强国家档案的保护与运用、发掘建筑文化瑰宝具有重要意义，同时，也是档案管理人员本着责任和使命所必须做的工作。

（3）指导类似工程。对于开展后续的工程建设和设计工作也具有重要的指导意义。建设过程中，关于基础工程桩的建设资料和信息，可以成为未来工程建设时的重要参考，可以避免相同问题的再次出现，同时也可以优化工程施工的设计方案，取得更大的效益并保证安全性。

（4）普及知识文化。对于普及城市建筑知识，推动文化与教育普及，带动城市建设和社会发展也有着积极的意义。丰富与系统的建筑知识普及和宣传，可以让人们更好地理解建筑的构造和作用，提高人们的建筑审美能力，同时也有利于推进文明城市和可持续城市的建设。

## 4  总结

本文以一根桩的工程电子档案为例，通过查找文件、提取文件、内容读取、鉴别关键信息、梳理历史顺序、引申理解、逻辑重构等步骤，探讨了建设项目档案记录建造历史的重要性和档案管理的应用与方法。

在笔者看来，建设项目中的"桩"作为一个工程建设的基础构件，在历史记录方面具有不可替代的重要性。当建筑项目完成后，桩的存在与否可能对建筑物的稳定性产生重大影响。档案管理人员可以借助理性分析能力，逐步梳理出档案中的关键信息，并基于时间轴组织这些信息，最终重现一根桩从无到有的建造历史。通过逻辑构建和据实分析，可以更加真实、全面地了解建筑项目中桩的历史和背景。这种思维方式具有延伸思考意义，可以帮助档案管理人员加强鉴定能力、指导类似工程，并促进知识文化普及，为建筑工程的历史记录和文化保护提供高质量的档案管理服务，为建筑工程领域的档案管理提供有益的探讨，并为档案管理工作提供一种理性思路和方法。

**注释及参考文献**

［1］史江. 我国重大科技基础设施项目档案管理的特点、问题及改进策略研究［J］. 浙江档案，2022（5）：37-39.

［2］徐雅楠. 建筑工程档案管理的重要性及其强化策略分析［J］. 工程与建设，2022（2）：576-578.

［3］刘倩琳. 刍议工程档案管理对建设工程质量的影响［J］. 建筑工程技术与设计，2018（25）：2985.

［4］冯惠玲. 走向单轨制电子文件管理［J］. 档案学研究，2019（1）：7.

# 基于机器人技术的核电智慧文档构建与实施

施千里　陈　莹

福建福清核电有限公司

**摘　要：**历年来，福建福清核电有限公司（以下简称"福清核电"）积极响应和落实"国家核能发展""一带一路""互联网＋""大数据"和"人工智能"等国家战略和中核集团"数字核电"规划，在文档数字化、文档管理知识化方面不断探索，从最初的 OA 系统应用，到全面采用国际先进的文档一体化 ECM（企业内容管理系统），在文档精细管理方面不断创新。福清核电将"机器人＋人工智能"的技术引入文档管理领域，开展了基于机器人技术的核电智慧文档的探索，在实践层面，开展智能核电文档机器人研究，以核电文档管理的业务需求为出发点，将人工智能和机器人技术与文档的形成、传递以及利用等环节相融合；在理论层面，深入研究人工智能技术应用于核电文档的现实背景与价值，形成面向智慧转型的新一代核电文档智能化管理体系。

**关键词：**机器人技术；核电智慧文档；智慧转型；一线双核多应用

## 1　背景

核电领域作为国家智能制造的重点领域之一，其数字化、智慧化建设备受关注与重视。2017 年 7 月，《新一代人工智能发展规划》发布，提及发展支撑核电安全运营的智能保障平台。2018 年，国家发改委、国家能源局、生态环境部、国防科工局联合发布了《关于进一步加强核电运行安全管理的指导意见》，明确要求"推进信息化、智能化、大数据等新技术在核电运行安全管理中的应用"。

伴随国产第三代核电机组"华龙一号"研发设计和建成投产，"华龙出海"这一核电"走出去"战略对核电文档智能化管理和创新应用提出了更高要求。随着"华龙一号"项目全面建成，企业的工作重心转向生产运行和运营管理，文档工作重心也从项目档案管理转移到以档案查询利用为主，同时用户对文档知识的需求与日俱增，在此背景下，福清核电引入人工智能等新一代信息技术，将人工智能技术与文档管理业务深度融合，面向智慧转型构建新一代核电文档智能化管理体系，提升文档处理的效率与能力，有力提升核电企业文档管理水平，有效服务生产运营管理，增强核电企业的核心竞争力。

## 2 基于机器人技术的核电智慧文档构建

"华龙一号"示范工程智慧文档精细管理，通过"人工智能"的成熟技术，以服务档案业务、数据采集、数据管理、电子档案利用为目标，集人机交互、智能互动、数据分析等功能于一体，形成核电行业文档智能化精细管理的良好实践；以核电文档管理领域的业务需求和管理目标为出发点，以信息技术和创新为驱动力，构建福清核电文档智能化精细管理整体解决方案，满足文档管理中的档案收集、整理、管理、利用以及服务五大业务环节的数字化和智能化全面覆盖。在智慧化转型的探索道路上，福清核电做出了新一代核电文档智能管理体系的有效实践，在技术、管理、经济、社会等方面具有可观的应用效益。

面向智慧转型的新一代核电文档智能化精细管理体系建构思路，福清核电应用"一线双核多应用"的总线部署，打造文档管理的智慧大脑与知识图谱构建工具，通过"技术核 + 知识核"的方式驱动核电文档深层次利用与核电业务高效运转。通过"一线双核多应用"的层次化部署与分阶段实践，能够有效完成核电文档管理"智慧转型"的宏观愿景与既定目标。首先，"一线"——核电业务全寿期与核电文档生命周期的交互式管理将核电业务全寿期与核电文档全生命周期紧密关联在一起，定位于之前业务流程管理与文档管理的相对脱节、横向步骤之间逻辑关系不明确的问题，借助人工智能技术实现业务及文档数据的前端控制、动态存档、多维处理、四性保障与多尺度交互，实现智慧转型视角下核电业务全寿期与核电文档生命周期相交互的核电企业数据治理模式。其次，"双核"——核电文档 AI 中台与核电文档知识库旨在将文档智能管理所需的技术与多部门业务管理的知识相结合，在"智慧转型"的要求下产生可落地的、实用性的核电业务"智慧"，从执行层上升至辅助决策层。最后，"多应用"——面向泛在业务场景的应用服务集成，该模式在"一线"打造的核电大数据综合治理体系与"双核"提供的 AI 技术支持及细粒度知识服务的基础上，成为"智慧转型"的必要成果和实践表征，时刻与智慧转型的目标保持一致。

## 3 基于机器人技术的核电智慧文档的实施

### 3.1 开发核电文档实体机器人

实体机器人拥有智慧的大脑，集机器人自身载体、语言处理、语言识别、人脸识别、图像识别、数据挖掘、数据运算、智能搜索、自动控制等技术于一体，学习和实践人的意识、思维和行为方式，从而为人类处理复杂、繁重、特殊的工作。

### 3.2 应用核电文档虚拟机器人

顾名思义，虚拟机器人存在于虚拟世界，它的作用主要是协助员工完成一系列档案管理的日常操作。具体功能包括智能文档著录、智能批分与分发、智能文档编研等。核电厂信函的著录是对收到的信函文件进行信息采集，获取其发文编号、来文单位、标题及附件中的内容，通过人为识别的方式，将这些信息著录到 ECM 系统中。核电厂信函的批分是对收到的信函文件，根据相关渠道号、发文单位及附件中的内容，判断转发至相关的部门和处室,抄送相关的领导等。文档编研是以纸质或电子文件、档案的内容为基础,在文档升版时编写参考资料、汇编相关素材的过程。以福清核电维修规程文件的编研升版为例,通常会涉及何时升版维修规程文件、编制升版文件的内容和参考来源、文件编研后如何快速有效利用最新版本文件等问题。

虚拟机器人主要采用 RPA 技术(Robotic Process Automation),它是一种智能软件技术,利用软件自动化及 UI 自动化等技术,基于预设的规则或脚本,控制或操纵鼠标、键盘等输入设备,实现人工软件操作行为的模拟和软件系统交互的自动化。其基本原理如图 1 所示。

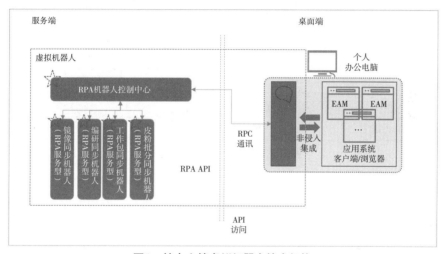

图1　核电文档虚拟机器人技术架构

### 3.3　开展智能核电文档综合利用

文档综合利用子系统提供核电智能文档机器人的核心 AI 能力。从功能领域上来看其包括 CV(计算机视觉)的图像功能域,以及处理文本信息的 NLP/NLU(自然语言处理/理解)功能域。

为了提高缺陷类工单的准备效率和质量,智能生产文件利用功能为工作包准备人在准备工作包时自动、智能地推荐工作包相关内容,包括引用规程和图纸、备件、维修风险、工器具等内容。工作包准备人在推荐页面选择或添加合适的内容后,系统可实现自动将以上内容填写至工单准备系统的功能。

智能文档编研实现从档案、文档、系统中获取升版需要的内容,然后根据智能推荐算法得到维修规程每个章节的推荐内容,接着由用户在推荐页面选择、修改或填写合适的内容,最后将保存编研过程的推荐信息或者导出编研后的规程文件。同时提供文件应当升版和文件升版后提醒用户更新工作文件的功能。

### 3.4　实施核电文档大数据分析

文档数据中心采用的是 B/S 结构,开发框架选择 SSM,开发语言是 JavaEE。系统采用三层结构,分别是表现层、WEB 应用层和数据层。表现层是 HTML 页面,在浏览器中运行，表现层是 MVC 的 View。WEB 应用层的控制层是 MVC 的 Controller，业务逻辑层是 MVC 的 Service，实体层是 MVC 的 POJO。数据层由 MyBaits 数据库开发框架组成。如图 2 所示：

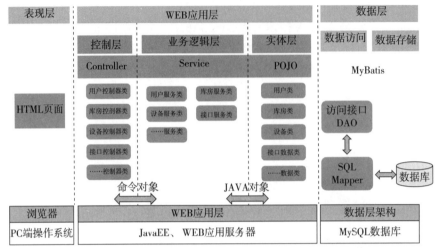

图2　核电文档大数据分析架构

档案数据中心是未来服务于档案馆业务科室加强档案实体库房监控和确保电子数据利用情况可视的信息中心，让专业人员及时了解和掌握库房的安全和电子数据利用的安全。档案中心页面主要为档案馆有关实体设施的数据情况实时动态获取，让数据多跑腿，人员少跑路，用数据说话。

### 3.5　创建文档智慧大脑

以核电文档 AI 技术资源池为基础，构建福清核电公司文档智能精细管理的技术核，打造文档管理的智慧大脑。以通用性技术为基础，定制化技术算法为核心，在应用前台与数据后台之间创造性地架设中台，从而以算法调用需求为导向实现 AI 算法资源的灵活配置与集成。智慧大脑建设的能力面向前端应用服务，是对各种 AI 技术、算法进行集成化管理和自由组合，以实现面对业务服务需求的敏捷化开发与快速响应。智慧大脑是一个分布式任务调度平台，是中台战略的关键支撑。针对快速开发、大量数据、低延迟等互联网应用的实际需要，智慧大脑平台采用先进实用的微服务架构重构解决系统解耦、性能低下等问题，而且支持云计算部署，可以满足高并发、高可用、高稳定和高安全等性能要求。智慧大脑为自然语言算法池、计算机视觉算法池和数据处理算法池以三大算法池为底层支撑。底层算法池是基础性、灵活性算法，如 Bert 算法，其算法本身无法被其他程序或者应用直接使用，需要对其参数、算法模型等进行调优、修改、定制开发，并将多个算法进行组配，实现某个关键 AI 能力。三大算法池相互支撑，形成智慧大脑的 AI 基础设施。AI 基础设施即中台中各项人工智能能力的基础核心，提供各种基础算法的"基板"平台，是项目建设任务的核心。

### 3.6 建设文档一点通平台

文档一点通平台从福清核电文档管理和生产运行业务对文档的实际需求出发，基于知识工程理论开展相关建设，以自然语言处理、知识图谱构建技术为支撑，以实现核电文档的结构化、协同化、知识化和智能化为核心目标，采用"理论研究—技术研发—实践应用"的研究思路开展平台建设。

从核电文档的知识工程建设方法入手，制定详细的数据处理流程，深入研究课题相关的人工智能技术，包含文档结构化解析、专有名词识别、知识图谱构建、文本内容相似度比对、语义查询、知识检索等技术，最后将理论与技术相融合，以核电不同专业领域文档为实践数据对象，构建了三大模块的实践应用：一是文档内容数据化，包含文档的结构化解析和在线编辑，该过程是非结构化文档数据向结构化数据转变的过程；二是数据加工知识化，对已完成的文档数据进行知识加工处理，包含知识模型构建、知识匹配、知识实体识别和数据维护等，该过程是结构化数据向知识化数据转变的过程；三是知识服务智能化，基于已形成的知识图谱数据开展知识服务，面向用户提供全文检索、知识检索和智能问答等服务。

### 3.7 构建维修领域知识图谱

以基于知识组织的核电文档聚合模式构建福清核电公司文档智能管理的知识核，要求通过构建知识库的方式为核电文档知识服务打下基础，再以数字化核电文档为数据源，结合本体构建、知识图谱、自然语言处理等技术，提供包括知识模型构建、文档自动解析、知识单元提取、知识图谱构建、语义查询等一系列工具及服务，从而推动数字文档向知识图谱的高效转化。福建福清核电有限公司的知识图谱构建工具实现了数字化核电文档中知识的细粒度化、语义关联的有效挖掘以及新知识的创造，并为核电文档知识的高效查询提供可能。

福清核电知识图谱构建工具是一个集成文档解析、知识模型设计、知识图谱构建及其知识化应用的系统平台。该成果分为两大部分，分别是图谱构建工具后台系统和知识应用前台系统；具体功能包括文档解析、知识模型构建和知识图谱展示与应用等。

### 3.8 总结智慧文档管理成果

数字化是文档管理的翅膀，是文档信息从蛹化为蝶的过程，知识化是文档管理的目标，是文档开展服务的基础；智能化是文档服务的方向，是为未来文档发挥增值价值的重要举措。

福清核电对标世界一流，不断探索创新文档管理方式，在文档专业领域积累沉淀了丰富的文档管理经验和亮点，逐渐成为行业标杆。为总结文档管理知识，固化文档管理经验，夯实丰富福清核电文档管理的理论体系，使科研项目的宝贵成果得以系统化、成品化、共享化，福清核电立足实际、引智借脑，在国家档案局、核工业档案馆、中国人民大学信息资源管理学院等机构以及兄弟电厂文档骨干的大力支持和合作下，先后编制出版了《数字化核电文档管理》《核电厂文档管理经验反馈手册》《智慧核电文档管理》，不仅实现了文档数字化、智能化研究成果的共享，推进数字化、智能化和云服务技术在文档领域的应用，也有利于不断拓展福清核电文档管理品牌影响力。3 本书籍被选为中国核能行业协会信息化专业委员会培训教材。

## 4 结束语

面向智慧转型的新一代核电文档智能化精细管理体系建构思路，福建福清核电有限公司应用了"一线双核多应用"的总线部署，打造文档管理的智慧大脑与知识图谱构建工具，通过"技术核＋知识核"的方式驱动核电文档深层次利用与核电业务高效运转。在智慧化转型的探索道路上，福清核电做出了新一代核电文档智能管理体系的有效实践，在技术、管理、经济等方面取得可观的应用效益，在一定程度上说明了其可行性与回报意义。在技术上，首次将机器人、人工智能技术与文档管理业务成功结合，实现智能化和机器人技术的应用落地，奠定福清核电在智能化和机器人的基础能力，实现了核电厂区文档智能服务全覆盖，创新了核电行业的人工智能应用模式，逐步提升面向业务前端应用的精准度和效率，也实现了全局化管理的技术优化；四大核心成果的成功实践，改变了福清文档部门未来发展的方向，逐渐向业务驱动、AI 加持、知识服务的 3.0 时代迈进；从文档领域系统提升为全局性的总线系统，有效提升各个业务系统的 AI 能力，实现了能力接口总线化、AI 技术全局化，打通不同部门间的数据壁垒；经济方面，节省了人工耗时和纸质投入成本，部分文档智能技术的集成，从根本上解决了重复造轮子的问题，减少了重复建设带来的成本浪费；在国家"十四五"战略规划的引领下，未来也会有更多核电企业走上智慧转型的道路，从而实现行业的整体进步。随着计算机与信息技术的不断发展，大数据、云计算、物联网、人工智能与区块链等推动着核电文档管理工作迎来新一轮的技术革命和制度革命，"一线双核多应用"的核电文档管理智慧转型战略框架是应时而为的研究成果。通过对"一线双核多应用"战略框架的构建与实施，形成了核电文档智能化精细管理转型的阶段划分与演化路径，为核电文档精细化管理指明了发展方向。

### 注释及参考文献

［1］费建章，王甲甲，李可．基于机器学习的智能文档编制技术研究［J］.科技创新与应用，2020（34）.

［2］杨春．人工智能技术在电力工程数据处理中的研究与应用［J］.电子设计工程，2020（2）.

［3］王洪帅．基于文档编写与检查的智能问答系统设计与实现［D］.西安：西安电子科技大学，2021.

# 基于知识图谱的核电管理程序智能查询方案研究

倪 腾

中核坤华能源发展有限公司

**摘 要**：在大数据和人工智能技术迅猛发展的时代背景和核电企业向"智慧电厂"发展的企业背景下，为了构建起核电文档知识化组织与利用的解决方案，推进企业档案工作转型升级，实现核电企业知识的积累、共享与重用，本文采用基于知识图谱的方法探索核电管理程序智能化查询的方案。方案依照领域对象和业务场景知识，构建管理程序内容的本体模型；采用数据挖掘的方法，提取解析后文档中的实体、属性、关系等信息组成三元组数据，构建知识图谱，最终完成了包含众多实体及关系的企业管理程序知识图谱；最后通过可视化工具实现检索结果的可视化。项目实现了文档资源的自动挖掘、自动聚类、文档内容、知识层级的智能查询与利用，数据之间关联关系的多维度可视化展示，为用户提供了更为便捷、直观的利用体验，提升了企业的知识化管理水平。

**关键词**：知识图谱；人工智能；档案；知识管理

## 1 研究背景

### 1.1 时代背景

自计算机面世以来，人类社会在经历了计算机技术发展的一系列浪潮之后，基本完成了信息化的使命。随着传统的纸质、照片等模拟信号逐步转化为数字信号以及物联网等数字信息采集方式的进步，数据存储成本不断下降，云计算大幅提高数据处理能力，这些技术的进步，使之前人类所不能采集、存储、处理的"大数据"变得可以采集、存储和处理了，信息社会进入了大数据时代。

大数据给予的海量标注样本以及超强计算能力推动了人工智能的迅猛发展。如今，信息化走向智能化是信息社会发展的必然趋势，"AI+"成为信息技术赋能传统行业的基本模式。站在时代的潮流面前，作为占有社会大量宝贵信息资源的档案部门，需要有所作为，利用时代赋予的利器，变革我们的行业，让档案管理变得智慧。

### 1.2 企业背景

本项目是笔者在海南核电工作期间，针对海南核电经过多年的文档信息化发展，文档一体化，档案电子化、网络化已较为成熟，但随着数据、信息的数量不断增多，在信息利用过程中逐渐显现出一些不足的现状开展的课题研究。

一是信息检索效率较低。现有的文档体系是针对案卷级和文件级的检索，首先需要通过文档分类及元数据等检索信息定位文件，打开文件后，再到文件中查找所需内容信息。这种从文件到内容的两级查找模式查询效率较低。全文检索虽然可以直接查询文件内容，但使用的方法是字符匹配，而不是语义匹配，查找的准确率非常低。

二是信息检索的准确率和查全率不高。为了确保文件查准率和查全率，以往的做法是尽可能地提取和著录丰富的元数据信息，特别是内容描述类的元数据，但这些元数据主要依靠手工著录，而一份文件往往涉及非常多的实体信息，为了对文件内容做到全面、细致的描述，需要投入大量的人力成本。以海南核电为例，虽然文档系统具有全文检索功能，但由于缺乏检索结果优化、语义主体分析、关联关系，检索的查全率、准确率不足，实际使用效果不佳。

三是数据分散、数据间缺乏关联。文档和文档之间，文档信息和设备、构筑物、人员、项目之间缺少关联。信息和实体是密不可分的，但目前只能通过手工建立，效率非常低。

## 2 研究目的和意义

本项目研究的目的即在核电企业实现文档的知识概念层级的检索和检索结果的可视化呈现，以提升用户体验，更好地发挥文档资源利用价值。

对文档信息资源进行智能查询建设至少具有以下意义：

（1）探索非结构化文本信息的利用途径。

（2）提供高质量的文本信息查询，让用户查询检索智能化。

（3）探索实现企业知识管理的路径。

随着知识经济时代的来临，在未来的全球化竞争中，知识管理能力将成为企业的核心竞争力和可持续发展的关键。技术的快速发展，知识的获取、积累、传播和共享迫使企业的各项活动需要知识管理的支持。[1]档案信息作为企业重要的知识来源，如何从档案中提炼知识并进行管理是企业档案管理面临的重要机遇和挑战。从核电企业的档案资料库中提取关于核电项目建设、安全生产等方面的知识，并运用知识模型、知识地图、文档智能查询等技术更加主动高效地提供相关知识服务，是对核电企业档案管理向档案服务知识化转型的有益实践，能够有效促进核电企业知识管理能力的提升。

## 3 系统总体设计

### 3.1 设计目标

智能查询系统设计的总体目标是实现智能查询，而智能查询的标准就是语义理解、信息关联和关联可视化。要实现语义理解，就需要用到知识表示，目前知识表示最有效的方法就是采用知识图谱，因为知识图谱本质上就是一种大规模的语义网络。此外还需要利用自然语言处理技术。

由于核电文档种类和知识领域众多，一次性全面构建企业知识图谱具有很大难度，海南核电选取管理程序作为利用知识图谱实现智能查询的试点类型。之所以选择管理程序，主要基于几点考虑：

第一，管理制度类文件非常重要，核电企业要求凡事有章可循，管理程序是核电厂开展各项工作的准绳，核电厂产生的各类状态报告、经验反馈最终也需要落实到管理程序中固化。因此，管理程序凝聚了核电厂的管理精髓，是宝贵的经验和知识的积累载体。也正是因为管理程序的重要性，管理程序在日常工作中利用频率高，检索的准确率和检索效率要求高，有智能检索的需求。

第二，管理程序是典型的非结构化信息，而非结构化信息难以利用传统非关系型数据库进行存储和数据计算、处理，而这恰好是非关系型的图数据库的处理强项。管理程序语言、格式比较规范，是高质量的语料，这有利于构建知识图谱。

### 3.2 设计思路

首先分析管理程序文件中的概念、属性及相互关系，构建企业知识图谱的模式图；然后将管理程序内容存储到非结构化数据库；然后依靠 AI 平台来对标准文档进行内容解析、将文档中的内容转换为相应的实体，并抽取实体的属性，与概念属性对齐后，得到实体间的关系，进而形成三元组数据；接下来程序把三元组转换为实体节点和关系边的网络化图谱表示，并存储到图数据库和非结构化数据库；最后利用可视化工具实现知识的可视化检索和展示。

那么如何构建知识图谱呢？如图 1 所示，图中的实体层就是知识图谱的示意图，也就是我们的目标，知识图谱由节点和边构成，图上的节点就是实体，边则表示关系。实体是指现实世界中的事物，如人、地名、概念等。关系表达实体之间的某种联系。

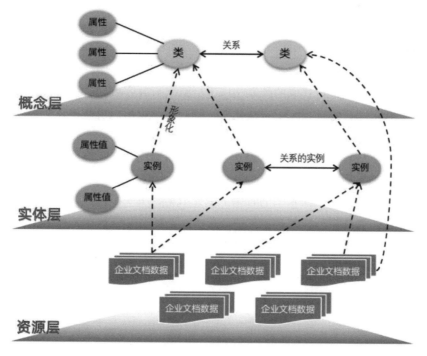

图1　整体架构图

那么如何将非结构化文档转换为实体和关系呢？首先需要设计知识图谱，通过对资源层的分析明确抽取哪些内容，将这些内容抽象为概念（也称为类），分析概念之间的关系。其次用概念层构建的框架作为模型到资源层中去抽取数据，将数据存入知识图谱中。

文档智能查询方案主要基于知识图谱构建，主要分为两部分内容：文档知识模型设计、文档知识地图模型设计，如图 2 所示。

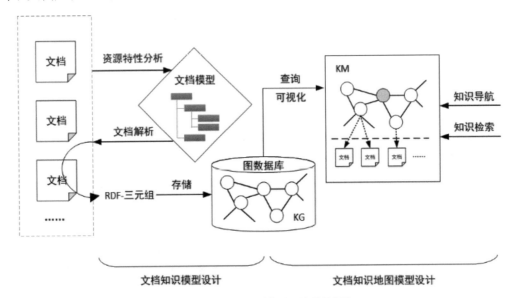

图2　文档知识地图模型设计整体框架

文档知识模型设计：基本遵循"知识表示—知识关联—知识存储"的思路，在文档知识模型构建的基础上，对获取的核电文档进行结构与内容数据解析，建立实例，定义关系，存入图数据库，为文档知识可视化奠定基础。企业知识模型设计又可以分成两个步骤：本体模型的构建和数据图的构建。其中本体模型的构建主要是指概念的定义，主要包括管理程序、流程、定义项、术语、文档、程序责任者、岗位部门、规定、流程步骤、标准领域十个模型概念。

数据图的主要任务是在模式图的骨架上填充数据，主要包含文档特征梳理、文档结构解析、知识解析、知识关联等四个环节。

文档知识地图模型设计：基于图数据库查询，获取已构建的实体与关系，通过可视化工具进行呈现。

## 4　实施过程

### 4.1　本体模型构建

本体的概念最早起源于哲学领域，指的是对客观存在系统的解释和说明。[2]

本体模型表示的是企业知识图谱中的本体以及本体之间的关系，通常这是构建知识图谱的第一步，类似于数据库设计的 E-R 图。[3]本体模型的构建以及概念分类的选取是在对 1500 余份核电文档进行特性分析的基础上，结合核电领域的背景知识以及企业业务流程进行设计的。经过分析，提取了管理程序、标准领域、术语、文档、岗位部门、责任、流程、流程步骤、规定等 9 个概念。每个概念有一个或多个属性，每个概念和其他概念之间存在相互关系。概念、属性和关系构成了本体模型。

这几个概念包含的内容、关系、属性介绍如图 3 所示。

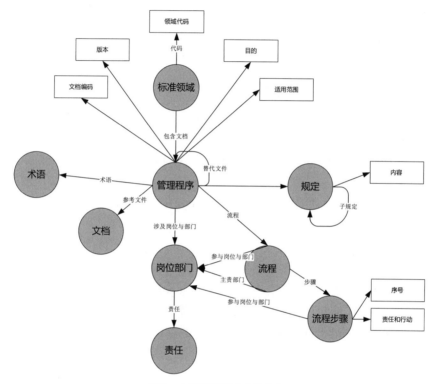

图3　文档管理程序本体定义

## 4.2　数据图构建

在完成本体模型的构建之后，我们已经有了管理程序知识图谱的框架；在完成数据收集之后，我们就有了内容；将收集到的数据通过计算机自动解析、形成结构化的数据，利用本体模型将这些数据相互关联，从而形成实体相互关联的数据图。

### 4.2.1　内容抽取

由于管理程序结构比较规范，适合采用基于文本模式的实体抽取方法。针对本体模型中的各类概念，制定各自的抽取方法。如："管理程序"的实体来源于对管理程序标题的抽取。标准领域的实体来源于对程序编码的抽取。"术语"来源于对定义所在章节的识别和抽取。"文档"来源于对依据文件、参考文件和替代文件等位置的自动抽取等等。由于海南核电的管理程序并不是格式化生成的，不同管理程序的文本结构没有做到完全一致。因此，对于同一类实体的提取，可能需要建立多种文本模式抽取方法，如术语实体，术语和具体定义之间有的是冒号分隔，有的是破折号分隔。参考文件实体，则有《[ 文件名称 ]》([ 文件编号 ])、《[ 文件名称 ]》[ 文件编号 ]、[ 序号 ]《[ 名称 ]》([ 其他说明 ]) 等几种文本模式。

#### 4.2.2 知识匹配

人工确认后，需要将文档与知识模型进行对比匹配，使之对应相应的概念属性，以被系统所理解。匹配后，系统将能识别管理程序文件中包含的所有实体以及实体的属性并进行抽取、存储，根据本体模型定义的概念间的关系，得到该管理程序中实体间的相互关联关系，从而形成文档的结构关系图。

#### 4.2.3 内容存储

将系统自动识别抓取出的三元组存入图数据库。

#### 4.2.4 系统技术架构

采用 BS 结构（浏览器 / 服务器模式），用户通过浏览器使用海南核电文档知识工程服务平台的相关功能。系统逻辑架构整体而言包括平台软件架构、数据服务架构、网络与服务器，其中应用服务器与数据服务器均通过基于 Docker 的方式进行部署。

平台软件架构采用 Spring Boot + Vue 的前后端分离架构，以 Nginx 作为代理服务器。前端采用 Bootstrap Vue、Ant Design Vue、Uikit 等作为开发框架，增强了用户操作界面的友好性，后端通过 Spring Data MongoDB、Spring Data Neo4j、Spring Data Elasticsearch 与数据库进行交互，实现数据的持久化与读取，并通过 Spring MVC 与 Spring Data Rest 实现与前端的数据交互。

数据服务架构包括主流的非关系型文件数据库 MongoDB、Neo4j 数据库服务器、Elastic-search 数据库服务器、文件系统，其中 MongoDB 负责存储系统业务数据以及本体数据、Neo4j 负责存储知识图谱实例层相关数据、Elasticsearch 负责存储全文检索相关的数据，物理服务器的文件系统用于临时文件的存储。

此外，还包括知识问答模块，知识问答模块通过调用 AI 平台的相关接口获取数据，并可以对问答结果进行反馈。

## 5 实施效果

### 5.1 知识概念层级查询

项目根据本体模型对文档中解析出来的内容添加语义含义，知识概念查询就是在传统的关键词搜索的基础上添加了语义层，用户输入某个关键词进行搜索时，系统通过该关键词涉及的多个概念在语义本体中定位，并进行语义扩展，形成一个新的搜索概念集，进而以此搜索概念集对处理对象进行精确搜索，从而直接获得搜索结果。[4]

知识概念层级查询示例：在查询系统中输入"绩效考核管理"查找该概念的具体内容，系统会查询实体并返回相同名称的所有实体。可以查看不同来源对当前实体的定义。当点击术语概念中的"绩效考核"时，系统将直接返回绩效考核术语的定义，并列出所有概念中与绩效考核相关的命中结果。当用户点击来源时，可以查看该内容在原始文件中的位置，并能够查到该术语和其他实体之间的相互关系（如图 4 所示）。

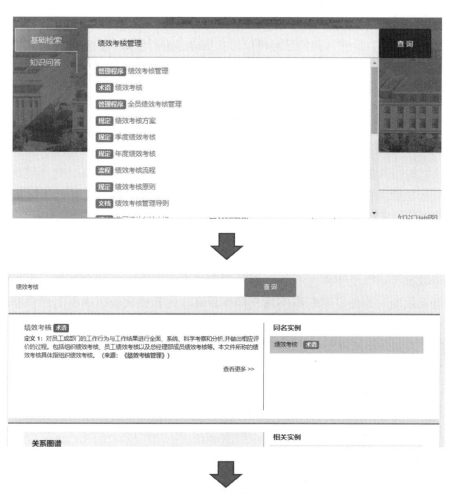

**图4　知识概念层级查询示例**

## 5.2　知识可视化呈现

如前 4.5、4.6 部分所述，系统实现了多维度的知识可视化呈现，可以动态查看管理程序和术语、责任部门、流程、程序规定之间的关联关系；可以分领域查看该领域下的所有管理制度。通过查询，可以快速找到相应节点的关系网络图、节点的基本详情等信息。若想进一步了解节点知识详情，或查询节点相关文档，可以点击信息卡中相关要素进行跳转。

## 6　思考和展望

对核电企业的管理程序进行知识图谱的应用打开了"档案＋人工智能"的一扇大门，但这只是一个开始，未来计算机 AI 的发展将对档案工作带来深刻的影响和变革。

### 6.1　思考

文档智能查询的实现表明从文档管理走向内容管理和知识管理的时机和条件都已经具备。计算机出现以前，档案管理只能到案卷一级；计算机出现以后，计算机可以通过元数据快速定位到文件，越来越多的档案可以按件管理；随着自然语言处理技术、知识图谱等技术的出现，目前，我们已经可以对文档内容进行管理。内容的聚合和挖掘进一步产生有价值的知识，从而使知识管理可以真正得到落地。掌握了内容和知识，文档部门就可以提供更有价值的服务。

### 6.2 展望

当今信息技术的发展日新月异，智慧档案的发展是一个长期的过程，需要不断的探索。

继续完善知识图谱系统。通过词汇挖掘建立同义词库、缩略词库。建立管理程序引用标准与标准库的比对机制，当管理程序引用的标准发生升版时，自动提醒程序管理部门和编制部门评估管理程序是否需要升版。建立智能推荐功能，例如当用户搜出差住宿标准时，计算机识别出用户正在关注出差这项管理活动，则可以推送报销流程，出差交通费用标准等信息，也可以通过关联管理活动的文种，推荐出差申请、报销的相关表单，还可以推荐近期关于出差报销方面的管理指令的内容。为用户画像，当程序升版时，根据升版变动的内容判断哪些用户群体对修改内容感兴趣，进而向用户自动推荐内容。

不断扩大知识图谱规模。管理程序的数量一般只有千余份，只是核电厂上百万份文件中的很小一部分，知识图谱的规模需要扩大，例如将管理指令纳入知识图谱，构建以设备、构筑物等核电厂核心对象为中心的知识体系，通过对公文的内容挖掘，建立人员、机构、会议、奖项、职务等相互关系的知识图谱，自动生成组织机构沿革，系统可以回答某个员工的所有奖惩信息、职务变动信息，某个临时性机构在某一年度的负责人等传统全文检索不能回答的问题。

结合自然语言理解，实现自动知识问答。知识图谱主要是要解决内容级信息关联问题，为自然语言理解建立背景知识。知识图谱的构建离不开 NLP 技术对于自然语言的抽取、NLP 的应用离不开知识图谱的关联方分析和推理能力。两者结合才能真正发挥计算机认知智能的能力。

## 7 结论

本项目通过对 1500 余份海南核电文档进行内容解析，构建企业管理程序本体模型，并采用数据挖掘的方法，提取解析后文档中的实体、属性、关系等信息组成三元组数据，构建知识图谱，最终完成了包含众多实体及关系的企业管理程序知识图谱。实现了文档资源的自动挖掘、自动聚类、文档内容、知识层级的智能查询与利用、数据之间关联关系的多维度可视化展示，为用户提供了更为便捷、直观的利用体验，提升了企业的知识化管理水平。

通过对该方案的研究，表明利用知识图谱技术在核电企业实现管理程序语义级的智能检索和结果可视化呈现是可行的，利用知识图谱技术还可以在企业实现智能提醒、智能推荐、辅助决策等智慧档案管理功能。文档管理走向内容管理和知识管理的时机和条件已经具备。

**注释及参考文献**

［1］蔡盈芳. 企业档案信息的知识管理研究［J］. 档案学研究，2014（2）：44-48.

［2］刘琳娜，薛建武，汪小梅. 领域本体构建方法的研究［J］. 情报杂志，2007(4)：16-18.

［3］袁安云. 基于大数据的企业图谱的研究与应用［D］. 广州：华南理工大学，2017.

［4］宗萍. 文本检索关键技术及其新兴应用研究综述［J］. 情报探索，2012（10）：81-84.

# 基于 RPA 技术的核电档案自动著录研究与应用

苟兴昊

中国核动力研究设计院

**摘　要**：文章分析了核电档案电子化的管理现状和存在的问题，针对核电档案的特点和内容，提出了以计算机技术为基础的新型档案著录模式，实现核电档案的自动化著录。本文提出的自动化著录方案主要包括以下内容：电子文件自动分类，快速进行本地资源管理；档案元数据自动合并收集；自动执行电脑键鼠操作，完成电子档案著录、归档工作。本文针对元数据自动获取提出了利用图像识别技术的改造方案，最后对两种方案进行了分析与对比，并给出了各方案的试用场景。本文利用计算机技术对核电档案信息化改造进行了探索，推进了档案业务的数智化转型，为档案工作提质增效。

**关键词**：RPA；档案；自动化；OCR；核电

## 1　前言

随着核电数字化研发的快速推进与发展，核电产品在需求、设计、实验、制造等全生命周期各个过程阶段都步入数字化阶段，生产的各类成果数据也以电子数据为主。但由于一些特殊原因，仍会有多单位合作、非网络环境或本身工作需求等场景产出大量的纸质化数据。这些数据是核电科研人员的智慧，也是档案资源不可或缺的一部分。因此，如何高效、准确地将纸质化数据同步存入数字档案系统是一个非常有意义的课题。本文将基于 RPA 技术（机器人流程自动化，Robotic Process Automation）[1] 对核电档案自动化著录进行研究探索，以实现电子文件数据快速、准确档案化存储的目的。RPA是计算机领域中的一种用于自动执行通常需要人工干预的业务流程的技术，通过调用计算机本身的系统指令，按照事先规定好的规则模仿人类的活动行为，不断地进行鼠标移动、鼠标点击、键盘输入、数据处理等操作。目前该技术在金融领域已经得到了广泛的应用[2][3][4]。本文通过利用 RPA 技术，针对核电领域文档特点和档案系统特点，研究出一套适用于核电档案自动著录的解决方案，对工业档案自动化也具有一定参考价值。

## 2 核电电子档案著录业务痛点

### 2.1 数据种类问题

目前核电站各类工程项目的建设过程中既会生成大量需要移交的文件，也会接受大量委托方提供的文件。这些文件通常以纸质载体形式呈现，并且各家单位对文件格式通常有自己的要求，导致文件样式繁多。

（1）文件来源。设计院目前需归档档案主要分为电子档案和纸质档案。电子档案来自其他项目管理系统的集成接口，绝大部分信息元素已自动填入，但仍有部分信息需下载原文查看后手动填写。纸质文档来自各个单位，通常采用扫描仪扫描的形式转为电子文件，所有信息均需人工录入。

（2）文件种类。核电领域产生的数据本身总类较为繁多，例如说明、报告、图纸、图册、模型等。待归档文件通常以 pdf 格式存储在各著录员电脑中，很难从文件本身区分文件种类，只能通过 pdf 图片的尺寸大小大体将文件划分为文档、单张图纸、图册，再由著录员打开文件查看内容确定。

（3）文件样式。因各单位要求不同，核电领域产生的文件通常包括不同的样式，即使是同种类文件，在表现形式上也可能存在巨大的差异。文件中的同一种信息元素，在物理位置、名称等多方面都存在不同，甚至存在两种信息元素在不同样式模板下表达恰好相反，更甚可能存在信息元素需要拆分组合才能提取的情况。不同单位各自都有一套样式要求，多类的文件样式导致归档工作难度较大，即使熟练的员工也需要仔细核对，整个工作费时费力。

### 2.2 档案元数据问题

为保证档案信息的完整性，核电领域档案单条条目通常包含多类信息，包括基本的题目、文件编号、版本等信息，还从工程、项目、专业、人员、时间、单位、主题、权限等多维度进行记录。大部分信息通常包含在文件中的各个位置且长短不一，部分信息需从外部获取。并且因行业要求，人员信息通常都为手签字体，不同人员写字风格迥异，识别难度较大。根据信息的特点，核电档案信息基本可以划分为五类，如表 1 所示。

表1　档案元数据类别

| 数据类别 | 数据特点 | 实例 |
| --- | --- | --- |
| 系统信息类 | 为档案系统自带的数据信息类型 | 数据库编号、属性标签、权限等 |
| 项目信息类 | 为档案文件的其他现实信息 | 项目名称、工程名称等 |
| 档案信息类 | 为档案文件中记录的信息类型 | 题目、文件编号、版本等 |
| 操作信息类 | 为执行档案操作的记录信息 | 送交人、接收人、入库时间等 |
| 辅助信息类 | 其他信息 | 备注、管理状态等 |

### 2.3 系统操作问题

（1）著录方面。由于档案系统归档了各类的档案资源文件，不同种类的档案通常有不同的归档步骤和归档入口，并且需要将所有的档案信息元数据逐一键入档案系统。个别业务行为涉及多个关联操作，需先后从不同的文件源中提取不同的信息著录到不同的系统位置。

（2）接口方面。当前设计院档案系统设计初期并未考虑档案数据日渐增大的情况，仅有结构化数据批量导入导出的功能，未开发自动录入信息的功能。而为档案系统做定制化升级或建设新的档案系统成本过高。

## 3 核电档案流程自动化解决思路

核电档案著录的痛点主要来源于档案系统操作烦琐复杂，以设计院为例，档案著录需要逐一校对文件前几页内容，以及整体文件质量的检查。著录员需要根据提交的归档清单逐一检查文件是否和清单一致，并对每一份文件进行信息提取。著录员需根据文件的类型，在档案系统对应的功能入口处创建新的条目，并依次将所有信息填入档案系统。档案系统内的大部分信息均可从文件本身直接读取，部分信息需依靠外部数据查询，如作者部门、所属项目等。

建立档案的批量著录问题，需要先解决数据来源问题。文件本身能够直接读取的部分能够由人工建立信息条目表，不能直接获取的也有间接查询方式。如作者部门可以通过通讯录进行查找，所属项目可以建立项目与编号的映射表。数据来源明确后可以交给RPA进行批量著录。

### 3.1 基于信息表 +RPA 的档案批量著录研究与应用

RPA 是通过编写指令模仿人工的操作方式来操作，但由于 RPA 完全依赖于指令的设计，因此 RPA 流程需要比人工流程更为复杂、严谨。根据实际探索，RPA 流程分为五个部分，分别为流程初始化、元数据获取、元数据整理、系统著录、异常处理。如图 1。

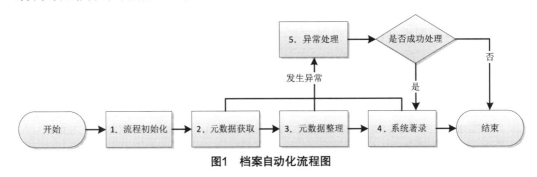

图1 档案自动化流程图

#### 3.1.1 流程初始化

由于档案系统著录发生在工作 PC 电脑上执行，而 RPA 需要对文件进行操作，随机存放一是不便于查找，二是容易干扰其他工作文件。因此设置固定位置作为 RPA 操作区，方便查找的同时也限定 RPA 操作范围。初始化过程需要对运行时的各个参数的设置进行初始化。根据参数功能可分为四个类型，即运行配置参数、文件配置参数、系统配置参数和模式配置参数。

运行配置参数为 RPA 流程正常执行所需要的参数，例如日志存放位置、临时文件工作区等。文件配置参数为核电档案著录的数据参数，例如待处理文件存放位置、处理完成文件存放位置等。系统配置参数为操作对象系统的参数，如档案系统入口、账号等。模式配置参数为方便著录员选择工作内容的参数，如归档类型选择、执行方案选择、延时运行等。为方便不同人员使用，参数通过配置的形式加载，使用更灵活。

### 3.1.2 元数据获取

元数据的获取需要整合信息条目表、映射表和通讯录中的内容，形成一个新的完整数据表。RPA 首先需要打开 EXCEL 文件逐行读取数据，其次需要打开 Web 网页进行页面元素搜索，并根据搜索结果进行数据提取，最后进行所有数据的合并。而像作者科室等需要打开指定网页，并根据 EXCEL 中的作者元数据进行搜索查找，完成科室数据的获取。人工进行操作时非常简单，只需在页面对应位置输入即可。但计算机对页面的感知程度与人类是不同的。采用 RPA 技术中的元素定位方式，由于通讯录这类网页内容简单且较为固定，通过 HTML 中的结构路径辅助定位，再通过系统的 OS 接口进行模拟键盘、鼠标的输入，就可以模仿人类的形式进行页面搜索，用类似的方式可以完成搜索内容的拾取。

### 3.1.3 元数据整理

从 EXCEL 和 Web 获取的数据都相互独立，还需要将所有数据合并才能投入使用。各类的数据都以类似键值对的形式存在，即使多表合并也只需根据表中的元素映射关系即可完成数据的整合。

### 3.1.4 系统著录

档案系统元数据著录是档案自动化著录的核心难点部分。如 2.3 节所述，档案著录涉及的系统界面较多，且操作复杂。并且与通讯录不同的是，通讯录底层实现简单、单一，除上述获取方式外，通过构造 HTTP 请求也能获取目标信息。而档案系统底层实现复杂，信息页面一般采用模拟窗口的形式展示，所有界面信息均由 js 后台生成。在页面视觉布局不变的情况下，元素的"css selector"发生变化、元素文字内容变化等，每次刷新都可能导致页面的元素结构发生变化，仅凭结构路径不能做到元素的准确定位。引入 NLP 技术，则可通过将第一次采集时的 HTML 的元素节点和节点属性都保存起来，每一次查找时根据结构路径和属性内容进行匹配，找到相似度最高的元素节点位置即为实际的元素位置，实现位置的自动定位。

除此之外，目前设计院所使用的档案系统技术路线较为特殊，其附件上传/下载功能是采用 java applet 实现的，与常见实现方式有所不同。要查看一个 Applet 需要 JVM，JVM 可以是 Web 浏览器的一个插件，或一个独立的运行时环境[5]。因此，在基于 Applet 的上传/下载界面操作时，常规的 RPA 元素拾取方式并不足以拾取，需要定制化升级。Applet 本质上还是一个 Java 程序，使用的还是 JAVA API。通常下载功能都会设计为创建 Windows 窗口进行可视化路径选择，这也就提供了获取窗口句柄进而定位路径输入框的机会。

### 3.1.5　异常处理

在理想环境下，上述的部分已经可以实现档案自动化著录功能，但 RPA 只是根据既定的指令模拟人进行机械的操作，并不能像人一样灵活处理事务。一个完善的 RPA 流程，应该考虑到各类异常情况的处理方式，避免流程出错中断。可能出现异常的情景大体有三类，分别是数据问题、流程问题和浏览器问题。

（1）数据问题。对于数据的完整性和准确性，大部分元数据信息为人工建立，可以认定为真实有效。但可能存在记录者因遗忘或数据损坏等因素导致记录表中的内容缺省。因此在实际著录前需要对数据完整性进行检验，设置一部分为必有项，缺失则跳过该条数据，其他非必填项则正常执行著录但也记录并提示异常。

（2）流程问题。除去正常开发层面的异常处理以外，还需要考虑流程逻辑上的缺陷。例如在科研生产过程中，不可避免会产生一些人为错误。一方面部分文件的编号可能出现重复，任何新文件归档前都应核查档案系统是否存在重复编号，存在则应跳过自动录入交给人工处理。另一方面，升版文件需考虑系统内版本是否连续的情况，非对应版本也不应录入系统。此外部分流程还涉及文件合并等操作，倘若文件合并失败，也不应录入系统。

（3）浏览器问题。浏览器或网络等因素导致档案系统无法正常使用的情况也应纳入考虑，对于系统、网络卡顿等因素导致的个别操作失败的情况，应设置刷新机制赋予流程一定容错性。整体异常处理思路如图 2 所示。

### 3.2　基于 OCR+RPA 的档案自动著录研究与应用

基于信息表 +RPA 的档案批量著录方案虽然可以自动著录设置好的数据信息，但仍然需要人工进行信息条目表的填写。这部分内容数据量大，消耗时间高，且所有数据在文件本身可以拾取。同时，对于上传的附件仅能从命名的方式进行自动挂接上传。一旦命名失误，就会著录失败甚至会出现错位上传导致档案系统内信息混乱的情况。想要达到完全自动化著录的效果，需要实现从电子文件本身自动提取。由于电子文件通常以不可编辑的 pdf 版本进行归档处理，需要引入计算机领域的 OCR 技术来实现文本信息提取的目的。

### 3.2.1　识别与提取

OCR 全称是光学字符识别（Optical Character Recognition），是通过人工智能技术，对图像文件进行分析处理，精确识别图片文字，配合 NLP 技术，可以实现从图像中提取结构化数据的能力。由于核电行业档案数据量大、模版相对固定，且历史档案已形成了结构化的数据元数据信息，拥有大量的可训练样本，因此采用监督学习方式更加高效。

由于核电领域目前存在多套文档模版，对于不同模版均需单独对其进行模型训练，在实际运用中，应首先识别文档类型再做信息的提取。不同模版的训练过程都类似，以设计院常用模版为例，其档案数据元数据信息都集中存在于文件前几页，且多为固定格式文本和表格文本的形式出现，因此可分别处理，降低算法难度。对于 OCR 服务接受的 pdf 文件，可拆解为单页图片分别分发至模型推理模块进行标准化的文字检测识别任务，将文本形式的数据提取出来。再对特定页进行表格识别，将输出结果转化为表格结构。最终将所有识别结果按规格抽取，形成最终识别结果数据，如图 3 所示。在多文档模版的情况下，最终生成的结果中，除了识别出来的档案元数据信息以外，还应包含模板类型信息，以方便后期维护和著录员做其他统计。

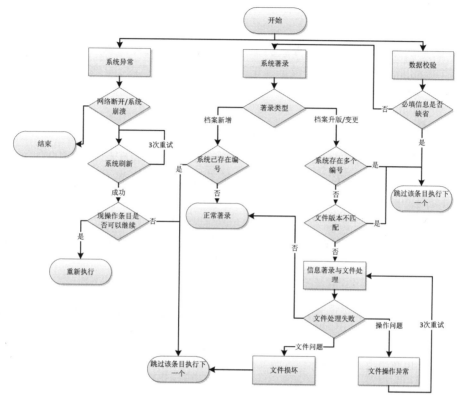

**图2　档案批量著录异常处理机制**

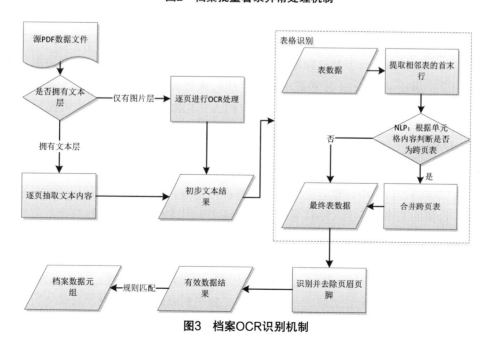

**图3　档案OCR识别机制**

### 3.2.2 流程优化

引入 OCR 可以将基于信息表 +RPA 的档案批量著录方案中的人工操作进一步节省，但由于任何一个 OCR 算法都不能保证 100% 的识别率，因此，在执行著录之前需增加人工对 OCR 识别结果校审的环境。同时，在异常处理方面，应增添对 OCR 的考虑，对于 OCR 服务的异常应与系统异常做类似的处理。对于 OCR 识别的结果，对必填关键内容缺省的条目，应当跳过该条数据并记录异常；对非必填内容的缺省，则应该正常执行但同样记录异常。

## 4 实验

针对上述的两种自动档案著录方案，从实际待归档项目中抽取了 100 份文件用于自动归档测试。两种方案对比如表 2 所示。基于信息表 +RPA 的档案批量著录方案只比传统人工著录快 37% 左右，但人工参与时间节省了近 140%，极大地释放了人力。引入 OCR 后，著录速度进一步提高了 40%，人工操作缩减到 20 秒，主要用于 OCR 信息的校审。但引入 OCR 服务开销不小，且除了软件上的开销还需要硬件上的支持，受一定的基础条件限制。

表2 实验结果对比

| 对比项 | 人工著录 | 基于信息表+RPA的档案批量著录方案 | 基于OCR+RPA的档案自动著录方案 |
|---|---|---|---|
| 平均执行时间 | 8分钟/条 | 5分钟/条 | 3分钟/条 |
| 正确率 | 100% | 99% | 95% |
| 人工参与时间 | 8分钟/条 | 3分钟/条 | 20秒/条 |
| 硬件要求 | 无 | 本地可直接执行 | 需引入OCR服务 |
| 准确性 | 主要依赖于人工 | 主要依赖于人工 | 主要依赖于OCR算法 |

档案著录业务本身由于对象数据量大，需要从图片文件提取的内容信息较多，且模版相对固定，因此采用 OCR 技术成本有限且能带来极大的提升。对于人工提取信息时间较短、内容较少的业务，采用基于信息表 +RPA 的档案批量著录思路也可提升效率。

## 5 结论

随着计算机技术的发展，越来越多的新型技术可以用于改造传统行业。通过 RPA 技术，可以使档案行业中烦琐复杂的著录工作提质增效，将员工人力时间释放出来到更有意义、价值的工作业务上。不仅是档案著录业务，凡工作烦琐、内容高度重复，通常需要员工花费大量时间和精力并仔细核对内容的业务，均可通过 RPA 节省人力、物力。对于传统行业，积极地探索新技术的应用是推动行业创新进步的方式之一。核电档案自动著录研究后续研究方向应转向安全方案的构建和识别率的提升等，打造识别率更高、能力覆盖范围更广、安全性更高的自动化服务，实现档案的全生命周期自动化管理。

## 注释及参考文献

［1］Van der Aalst W M P, Bichler M, Heinzl A. Robotic process automation［J］. Business & information system engineering, 2018（4）: 269–272.

［2］周燕飞. 财务机器人流程自动化应用研究［J］.商业文化, 2020（14）: 15–17.

［3］朱力维, 李想, 宋航. RPA 机器人流程自动化在财会领域的应用探析［J］.中国集体经济, 2022（3）: 165–166.

［4］历吉斌. 应用机器人流程自动化对商业银行固定资产会计核算进行数字化改造［J］.金融会计, 2021（9）: 34–40.

［5］Applet［EB/OL］.［2022–08–19］. https://www.runoob.com/java/java-applet-basics.html.

# 数字化转型背景下档案数字服务的若干思考

## ——构建苏州工业园区档案"一网通查"

梅 洪[1] 张 舒[2]

1 苏州工业园区航星信息技术服务有限公司
2 苏州大学

**摘 要:** 数字化转型背景下,重塑档案利用体系,构建基于"一网通办"的公共数字服务是档案价值利用的重要途径。本文从查档利用角度出发,解析档案"一网通查"的基本内涵与要求,充分调研国内现有案例,结合苏州工业园区档案工作基础,提出构建苏州工业园区档案"一网通查"的思路与策略。

**关键词:** 档案价值;一网通办;档案数据

数字政府业务未来的核心重点是发挥数据融合的价值,支撑政务服务的"跨省通办"和市域治理的"一网统管",提高法人、个人办事便利性和提升政务治理水平[1]。高质量数据以及更加便捷、普惠的数字公共服务的有效供给是数字政府建设的基础性需求。档案作为一种"固定资产"[2],具有"真实性""记录性"[3]的特点与制度性稀缺[4]的客观特性,是公共数据中真实反映了政治、经济、民事等多方面的基础性数据。利用服务是档案工作的目标与宗旨[5],《"十四五"全国档案事业发展规划》,明确要求"深入推进档案资源体系建设""深入推进档案利用体系建设"。档案的独特属性是对数字政府建设的有效补充,而数字政府的数字服务为档案的利用提供了新的感知通道,因此档案工作的数字化转型与数字政府建设存在双向需求,包括且不限于:(1)档案数据资源作为高质量数据要素对数字政府形成有效补充;(2)档案数字服务是数字公共服务的重要组成部分;(3)通过数字政府"一网通办",可以提供更加便捷、高效、集约化的档案服务。在此背景下,实现档案服务有效融入数字政府建设存在以下关键节点:(1)档案数据资源的整合与治理;(2)"一网通办"作为档案利用体系的数字应用渠道与感知渠道;(3)档案服务的数字化多元应用场景设计与落地。

其中基于"一网通办"的档案创新应用是有效串联档案数据资源体系建设与档案数据多元化应用场景落地的中间枢纽。本文以基于"一网通办"的档案服务"一网通查"为切入点,从国内、苏州工业园区实践经验出发,思考档案数字服务的实现路径。

## 1 档案"一网通查"的基本内涵

学界并无系统性的"一网通查"专业研究，但对档案数据的价值有基础性的共识。在资源组织层面，金波提出"档案数据资源整合"[6]"档案数据共享利用"[7]，推动档案数据服务的智能化、社会化、个性化，把"资源库"变成"知识库""思想库""智库"[8]。黄富才从医院档案数据共享角度，探讨了在"区域范围内整合各种零散档案资源，形成一个开放性、区域性的数字档案体系"[9]，"推动数据资源在区域范围内实现全面开放，实现医疗信息资源的共享和综合运用"[10]。而在资源共享层面，周林兴[11]、李妲[12]、张东华[13]、易涛[14]分别从机制角度、数据伦理角度、数据壁垒角度探讨了制约档案数据开放共享的因素。梁绍红[15]、浙江省档案数字化改革攻坚专班[16]分别从浙江省档案工作数字化转型的理论层面及落地成果"浙里档案"的实践层面，对浙江省档案工作及基于"一网通办"的民生档案服务进行了系统阐述。

本文所指的档案"一网通查"，是在有限国土空间条件下，以区域内档案数据资源为整合归集对象，城市数据底座为载体支撑，政务服务平台"一网通办"为集中统一入口，为个人、法人、政府等提供专属的档案数字服务。包括对涉及个人、法人所有档案的全文一站式查档服务、即时出证。更深层次的内部逻辑是区域范围内档案数据资源的集中归集与治理，实现对查档对象的定向开放，与政府内部的数据共享，以下是档案"一网通查"的具体内涵：

在资源组织层面，实现档案行政管理部门、行政审批局、公积金中心、房产交易中心、人力资源、教育局、医疗部门等局办、事业单位、国有企业的档案管理系统、涉档业务系统相互打通，打破数据孤岛，实现档案数据汇集，构建统一的档案数据池。其中既包括存量的需要数据化的档案，也包括增量的需要档案化的数据，以及上级业务条线回流的数据。

在查档路径层面，基于"一网通办"政务服务平台，采用政务服务的统一集中入口，实现个人信息一次填报、身份一次验证，档案一站通查。通过微信小程序"融易办"或PC端"一网通办"等数字化感知，突破时间、空间限制，实现随时、随地查档。

在价值利用层面，即对数据定向开放，实现涉及个人、法人的档案"一网通查"；政府内部的数据共享，将档案数据资源与行政审批的"数字空间""一人一档""一企一档"深度融合，完善用户画像，助力"免证审批"建设及应用场景的落地。

## 2 档案"一网通查"的实践调研启示

笔者于2022年11月至2023年1月，采用实地调查法、德尔菲法、文献调查法、网络调查法对国内涉及档案"一网通查"的案例进行了调研。

2018年"最多跑一次"改革以来，国内多个省市、组织尝试了民生档案"一网通查"服务，有代表性的如下。

（1）自助查档模式。浙江、陕西、上海等地的自助查档模式，通过自助查档机、查档系统查阅民生档案、工商档案等。

（2）平台查档模式。全国档案查询利用服务平台、长三角民生档案查档平台模式，通过政务服务平台，发送查档申请，后台查档，然后通过邮件、快递等形式反馈查档结果。

（3）基于"一网通办"的"一网通查"模式，包括常州民生档案"一网通查"与浙江"浙里档案"掌上查档模式。常州市实现了行政区域内的档案数据的纵向与横向打通汇集，在政务大厅实现个人档案集中查档，目前可查阅 60 多种民生档案。浙江模式则是从省级层面统一规划、统一部署，实现档案数据的纵向贯通汇集，通过"浙里办"App 中的"浙里档案"实现民生档案的查阅，目前可查阅 8 大类 13 小类的民生档案。

（4）工商档案模式。基于"一网通办"政务服务平台，通过电子营业执照（或授权）、身份验证等可实现线上全文查阅关联企业档案，并提供具有法律效力的电子签章。

不同的地区，不同的部门近年都在档案查阅利用服务方面进行有益探索，根据调研，本文对其特点总结如下：

（1）民生档案是档案社会化利用的主要入口。国内各省市以及国家档案局（馆）的相关实践表明，民生档案作为查档需求最大的档案，与个人、法人息息相关，是档案服务与政务服务相结合的重要突破口。

（2）统一规划、统一部署是档案"一网通查"的前提条件，全国查档案服务利用平台、长三角民生档案查档平台，以及常州、浙江的查档模式，均由最高一级的档案行政部门，会同政务服务部门，基于政务服务平台，进行统一规划、统一部署及统一建设，查档结果互认。

（3）政务服务平台是"一网通查"的技术支撑。从线下查档、自助查档，到选择利用政务平台提供查档服务，不仅是不同政务服务的有效整合，也是档案利用层面的意识统一。政务服务平台（一网通办）的统一集中入口，"电子营业执照"、面部识别等身份信息验证模式的复用，有效减轻了线下查档体系的建设成本，提高了查档效率。

（4）移动端的数字化感知是查档的主要形式。工商档案自 2018 年以来的线上查档、移动端查档实践，以及浙江省"浙里档案"的民生档案查档模式探索表明，通过移动端集中查阅档案是可行的。通过提供关键词段、档案全文的查阅服务，可有效解决困扰档案部门多年的时间、空间问题，也是美国[17]、加拿大[18]、新加坡[19]等国家的档案部门在数字政府应用中较为常见的做法。通过加盖电子签章，实现结果互认，也是目前市场普遍认同的形式。

因此，在园区构建档案"一网通查"，首先要做好制度保证、体系设计，会同有关部门做好数据梳理、数据对接与数据治理，做好与"一网通办"的对接工作。

## 3 苏州工业园区构建档案"一网通查"的重要意义

档案"一网通查"是在苏州工业园区丰富档案资源基础上，基于数字政府服务一体化的，践行"四敢精神"的一项数字公共服务尝试。

### 3.1 全面实现档案资源体系建设的数字化转型

在档案资源实体分散保存的基础上，实现数据的逻辑集中。园区档案资源主要分布在园区档案管理中心、园区行政审批局、园区公积金中心、园区不动产交易中心、人力资源中心等不同部门、企业。在"最多跑一次""办成一件事""办成一类事"的服务背景下，若要求实现实体资源集中，统一对外提供查档利用服务，会出现过高的国土空间成本、房屋建设成本，以及多元档案管理系统的建设成本与人力成本。

通过"一网通查"，对园区档案资源进行统一起底梳理，打通系统壁垒，实现数据集中归集，可以有效避免实体建设带来的巨大经济成本，只需要对系统建设、系统对接、数据治理等方面进行小成本投入，实现对档案的数据资源化管理，在档案资源建设方面实现数字化转型。

### 3.2 深度改变传统的档案借阅利用模式

通过数字化感知（手机、平板等上网设备）实现个人、法人档案"一网通查"，突破过往规定时间、空间查档的桎梏，在任何时间、任何地点实现一次填报，并通过一次验证即可查阅档案全文，并即时出证。

（1）提供查档服务的档案保管部门，节省了提供服务的专门人员，以及为了便利查档、出证而采购的查档机、计算机、打印机、复印机等，降低了办公用品及硬件投入。根据园区行政审批局工商档案"掌上查"的经验，自2018年投入使用以来，截至2023年1月31日，共提供了线上查档服务475427次，占总查档量的91.6%，提供查询打印服务15万次，节省办公纸张6011174张，节省办公经费100余万元。

（2）查档服务需求主体，节省了因档案保管部门的工作时间、工作地点限制带来的时间、空间、交通成本，以及开具查档证明所需的额外成本，也避免了因多个档案保管地点带来的多次查档成本。

### 3.3 提供更具价值的数字公共服务

#### 3.3.1 将档案数据资源纳入公共数据体系

档案数字资源建设的内在逻辑是形成档案数字资产，并对外提供数字公共服务，这与数字政府、数字经济、数字社会建设，盘活数据资源，合理配置数据要素，实现数据的开放与共享是一致的。在数字化转型背景下，要求"公共数据按照逻辑集中、物理分散、一体管理"，档案归档与档案资源建设实质是公共数据资源体系建设的基础，二者具有高度的工作前瞻性与职能互补性。

#### 3.3.2 档案数字服务丰富数字政府应用场景

在档案数字资源建设的基础上，实现"一人一档""一企一档"，即馆藏、室藏档案对限定对象定向开放，不仅可以为个人、法人、政府部门等查档主体提供"一站式"的查档服务，还可以在更深层次实现数据的多元化利用，包括补充完善人口库、法人库、诚信库等基础数据库、专题数据库等数据的建设，还包括与现有的园区"数字空间"（园区版Myinfo）的深度融合，补充现有的个人、法人的证照、数据，在行政审批过程中的"免证审批"、房产交易、教育入学、国有银行"信用贷款"等方面发挥更大的数据价值。

## 4 园区开展档案"一网通查"的现实基础

园区建设档案"一网通查"具有制度基础、档案资源基础、利用需求基础、技术实践基础。

### 4.1 制度建设基础

2008 年园区管委会办公室《苏州工业园区档案管理细则》(苏园管办〔2008〕55 号)明确了园区档案管理中心主管园区内的档案事业,是集中保存、管理苏州工业园区永久保管档案的基地和利用档案的服务中心。文件赋予园区档案管理中心在档案收集、保管、利用等方面的权责,以及对园区内档案工作的监督指导职能。相配套的,在资源体系建设方面园区发布了《关于规范苏州工业园区重大活动档案管理的通知》(苏园管办〔2008〕56 号)、《苏州工业园区档案征集办法》(苏园管办〔2011〕58 号)、《苏州工业园区档案馆收集档案范围实施细则》(苏园管办〔2014〕38 号)、《苏州工业园区档案馆档案接收进馆标准》、《苏州工业园区档案馆接收档案基本名录》、《苏州工业园区城建档案管理规定》(苏园管〔2018〕16 号)、《苏州工业园区城建档案分类大纲》及编制说明;在利用体系方面,制定了《苏州工业园区档案馆档案利用须知》,各进馆单位也制定了档案利用制度。在档案监督指导方面,园区发布了《苏州工业园区档案工作年度评价制度》(苏园管办〔2012〕68 号)。

在数字政府建设方面,《苏州工业园区"十四五"数字政府建设发展规划》面向自然人、法人,建设和完善用户数字空间,丰富"一人一档""一企一档"及数据标签体系,形成面向"用户"的专属档案服务,在数字政府层面对档案的利用予以肯定。

### 4.2 档案利用需求基础

各社会群体对园区档案具有旺盛的利用需求。园区档案管理中心在过去三年中平均每年提供约 3707 人次,536487 件次和 45924 卷次的查档服务,园区行政审批局平均每年提供 160902 人次的查档服务,其中线上查档平均 151467 人次 / 年。

园区提供多渠道查档服务,除提供窗口服务外,还提供自助查档、掌上查档、线上查档等服务。

### 4.3 档案资源体系基础

自 1994 年苏州工业园区成立以来,经过近 30 年的发展,形成了以园区档案管理中心为永久保存档案的保管基地,监督指导行政审批局、不动产交易中心、公积金中心、人力资源服务中心等多部门协同保管的档案资源体系。

目前园区档案管理中心馆藏量为 36 万卷,48 万件[20],从构成要素上来看,主要是园区开发建设以来管委会机关各局办的档案,园区各国有控股大公司、直属企事业单位、各街道的永久保存的档案,城建档案,以及婚姻、拆迁、会计、环保、规划建设等专业档案和照片、声像、视频、实物等载体档案。根据各政务条线对于本条线档案工作的规定以及园区档案进馆的相关要求,园区档案资源还分布在行政审批局、社会事业局、教育局、不动产交易、公积金中心、人力资源交易中心、公共资源交易中心、街道、医院等不同局办、企事业单位。

## 4.4 实践基础

园区行政审批局、园区档案管理中心在基于"一网通办"的档案查档方面积累了丰富的实践经验，以及坚实的技术支持。自2016年起，园区行政审批局在行政审批、"一网通办"等政务服务方共投入7000多万元，包括"企业工商档案网上查询系统""档案管理系统对接一网通办"等，目前已经实现园区非股份制企业的工商档案通过"一网通办"在线查档、"融易办"掌上查档。2022年园区档案管理中心开展档案数据治理工作，同年在园区"融易办"微信小程序上线"民生档案掌上查"，提供婚姻登记（2008—2021）、出生证明（2013—2020）和独生子女（2005年原跨塘）档案的查档服务。

2020年园区行政审批局开始"一网通办"二期平台建设，全面构建"一人（企）一档"专属数字空间建设，用户空间利用数据汇聚和用户画像技术，精准推送个性化服务。目前个人部分已关联出生医学证明、结婚证、不动产权证等在内的16项电子证照。

## 5 苏州工业园区档案"一网通查"建设与对策建议

苏州工业园区开展民生档案"一网通查"建设是全面推进数字园区建设，实现园区档案事业高质量发展的重要工作，也是整合园区档案数据资源，充分利用"一网通办"政务服务平台技术支撑，服务数字政府，实现数字惠民的公共数字服务。本文基于档案数据的归集、存储、治理及利用等方面，设计档案"一网通查"的框架如下（如图1所示）。

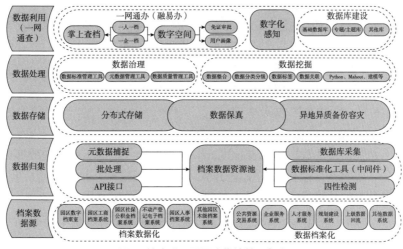

图1 档案"一网通查"的核心框架

## 5.1 档案"一网通查"的建设框架

建议广泛吸收借鉴国内关于查档的先进经验与实践，充分结合园区实际，坚持"统一规划、数据融通、平台复用、数字化感知"的原则，在顶层设计、数据资源归集、数据治理、政务服务平台接入及查档路径等层面开展建设工作，实现同一规范、统一入口、数据惠民、一站查档。

档案"一网通查"的核心框架包括档案数据源、数据归与存储、数据处理、数据利用（一网通查）四个层面。

### 5.1.1　档案数据源

档案数据源把握档案数据化与数据档案化两个维度，档案数据化即存量档案的数据化，包括园区档案管理中心、园区行政审批局、不动产登记中心等不同局办、部门、企业保存纸质档案的数据化工作，技术工具包括但不限于 OCR、AI 等。数据档案化，即将具有保存价值的行政审批、政务服务等产生的电子文件进行归档，采用形式包括电子文件单套归档，已经实践的经验包括企业开业材料的单套归档、行政审批事项的单套归档。

### 5.1.2　数据归集与存储

在园区智慧城市、数字政府的数据底座下构建园区档案数据资源池，向下对接园区档案数字档案室、工商档案管理系统、公积金档案管理系统、不动产登记档案系统等，进行批量数据采集、元数据捕捉、数据标准化等操作以及四性检测，实现档案数据资源的可信归集。并进行分布式存储，采用数据保真措施，以及数据异地异质备份容灾。

### 5.1.3　数据处理

把握数据治理与数据挖掘两个方面。采用数据标准工具、数据质量管理工具、元数据管理工具，建立起档案数据分类分级机制，以"个人""法人"为基准进行数据整合关联，形成"一人一档"与"一企一档"。

### 5.1.4　数据利用（一网通查）

档案"一网通查"的应景应用落地，从"定向开放""内部共享"两个角度出发，分为三个应用场景，包括个人、法人通过"融易办"小程序实现档案"一网通查"；补充个人 / 法人数字空间，实现档案资源证照化，助力"免证园区"建设；补充完善人口库、法人库、诚信库、电子证照库等基础专题数据库建设。

## 5.2　档案"一网通查"重点内容

### 5.2.1　突出数据首位度，完善顶层设计

（1）突出档案在公共数据中的首位度。园区档案唯一全面保存了自园区成立以来所有政务、商务、民事等多个方面的信息资源，包括各类证照、沿革信息、实践经验等，因此园区档案具有公共数据的主数据与基础数据这一首位度。进行档案"一网通查"不仅是档案资源开发利用的首创措施，也是数字政府建设在数据归集、数据治理、数据利用方面的创新。

（2）完善优化档案数据利用顶层设计。实现"一网通查"需把握好园区数字政府建设中政务服务一体化发展的大趋势，党政办、审批局、规建委、档案管理中心等局办、部门，在档案资源体系、档案利用体系、档案治理体系建设等方面达成共识，作为组织保证。充分发挥园区档案管理中心在园区档案保管、利用，以及档案监督指导的中心地位，在电子文件单套归档、档案数据汇聚融通、数据资源利用等方面形成标准、规范，

完善《园区档案管理细则》《档案利用制度》设计数据归集、保管、治理、利用流程，实现档案数据的规范化管理。

### 5.2.2 发挥职能优势，融入数字政府

（1）职能融合。将档案归档这一唯一可实现跨部门、跨单位、跨系统、跨业态的高质量信息资源归集工作职能作为公共数据管理的突破口。以档案"一网通查"，构建档案数据资源池为契机，部分承担数据归集、使用、加工、公开等职能，实现档案管理职能与数据管理职能的部分深度融合。

（2）数据融合。将档案的分类、划控、鉴定，与公共数据分类分级相结合，在档案数据治理的过程中，对档案化数据与数据化档案进行数据标签，形成档案数据这一基础数据或主数据清单，作为公共数据数据清单的主要构成部分。

### 5.2.3 挖掘档案价值，转化资源优势

（1）档案价值导向具有双向需求，园区以档案管理中心、行政审批局等部门为代表的档案管理部门保存了极为丰富且质量极高的档案资源与数据资源。将资源优势转化资产优势，最终形成生产要素，既是数字政府建设的要求，也是档案事业主动求变，工作前移，服务政务、经济、社会发展的内生需求。

（2）价值应用具有多场景特性，档案"一网通查"不仅要满足人民群众对于多元查档模式的需求，也要满足对于一站式查档的需求。在数据共享层面，满足提高审批效率，数据按需复用；在数据库建设方面，满足数据补充的需求。

## 6 结语

实现档案"一网通查"是数字化转型背景下园区档案工作的一项勇敢尝试，是新时代档案事业高质量发展深度融入数字政府的一项基础性工作。将档案利用被动服务前置为主动服务，在个人（法人）利用、政务服务等方面提供更多的应用场景，是档案工作有效融入数字政府建设，将园区档案的资源优势有效转化为价值优势的重要途径。

### 注释及参考文献

［1］Jifeng Sun. IDC PeerScape. 中国数字政府数据安全领导者实践［EB/OL］.（2013-01-09）［2023-05-24］. https://www.idc.com/getdoc.jsp?containerId=CHC48645422.

［2］国务院. 关于加强行政事业单位固定资产管理的通知［EB/OL］.（2013-01-09）［2023-05-24］. http://www.gov.cn/zhengce/zhengceku/2020-09/08/content_5541517.htm?ivk_sa=1023197a.

［3］邵华. 试论档案价值及其泛在［J］. 档案学通讯，2017（2）：23-27.

［4］王小云，汤玲玲，王梦露，等. 档案信息资源的制度性稀缺研究［J］. 档案学研究，2020（6）：53-59.

［5］［7］金波，杨鹏，邢慧. 大数据时代档案数据共享利用探析［J/OL］. 情报科学. http://kns.cnki.net/kcms/detail/22.1264.G2.20230313.1535.028.html.

［6］金波，陈坚，李佳男，等. 大数据时代档案数据资源整合探究［J］. 档案与建

设，2022（9）：18-23.

［8］金波，杨鹏. 大数据时代档案数据治理研究［J］.档案学研究，2020（4）：29-37.

［9］黄富才. 区域性开放背景下的医院档案数据共享研究［J］.2021（5）：145-148.

［10］Zhuang Y，Sheets L，Shae z，et al. Applying blockchain technology forhealth infomation exchange and persistent monitoring for elimical trials［J］.Proceedings of the AMIA Annual Fall Symposium，2018：1167-1175.

［11］周林兴，黄星. 大数据时代档案数据开放共享机制探析［J］.档案与建设，2023（2）：8-12.

［12］李妲. 大数据时代档案数据开放共享机制及推进策略探析［J］.档案与建设，2023（3）：13-17.

［13］张东华，尹泷杰. 数据伦理视域下档案数据开放规范发展探析［J］.档案与建设，2022（3）：21-24.

［14］易涛."最多跑一次"改革背景下档案数据壁垒的生成与消解［J］.浙江档案，2018（2）：14-17.

［15］梁绍红，夏振华. 浙江档案工作数字化转型的探索与实践［J］.浙江档案.2022（3）：45-48.

［16］浙江省档案馆数字化改革攻坚专班. 建设"浙里档案"全省性应用打造浙江档案标志性成果［J］.浙江档案，2023（1）：13-16.

［17］National Archives Electronic Records Archives（ERA）.［EB/OL］.［2023-05-20］.https://www.archives.gov/era.

［18］Collection Search［EB/OL］.［2023-05-20］.https://recherche-collection-search.bac-lac.gc.ca/eng/Home/Search.

［19］Archives Online［EB/OL］.［2023-05-20］.https://www.nas.gov.sg/archivesonline/.

［20］苏州工业园区档案管理中心. 中心介绍［EB/OL］.（2023-05-04）［2023-05-24］.http://www.sipac.gov.cn/szdaglzx/zxjs/list_tt.shtml.

# 档案韧性治理：档案事业现代化转型的新路径

王春蕾[1]　加小双[1, 2, 3]

1　中国人民大学信息资源管理学院
2　中国人民大学档案事业发展研究中心
3　中国人民大学人文北京研究中心

**摘　要：** "十四五"时期，我国档案事业处于变革与发展交织、问题与矛盾并存的转型机遇期。档案治理以满足国家治理需求为基点，以善治为目标。档案的价值和生命在于服务和利用。当前我国档案治理在内部核心面向上存在制度缺失、在中部关系面向上存在协调困难、在外部时空面向上面临技术冲击。因此，本文将"韧性"概念嵌入档案治理中，力求实现制度体系韧性、主体结构韧性、过程运行韧性，提出优化制度配置，夯实规范体系韧性；强化沟通协调，保障主体结构韧性；深化数智赋能，提升过程运行韧性三方面优化路径。

**关键词：** 档案治理；韧性治理；数智时代

## 1　引言

档案是人类社会发展到一定阶段的文明产物和实践活动的历史记录，作为国家统治活动中有意识保存的产物，产生于国家形成之后，发展于国家治理之中。在国家治理体系与治理能力现代化建设背景下，档案不仅指档案本身，也在一定程度上泛指以档案为中心，将档案作为记录方式、政治工具和信息资源的治理活动[1]。

档案治理是国家治理现代化背景下档案事业发展面临的新课题。2014 年国家档案馆（局）将"推进治理体系和治理能力现代化"作为年度工作重点，从政策和实践层面开启了档案治理现代化的研究。[2] 此后，档案治理作为档案学界的关注热点引发研究热潮，面向现代化的档案治理研究聚焦基本术语，理论研究空前活跃。但档案治理现代化是一个不断发展、不断变革的过程，随着政策更迭、技术革新、需求转变和业务优化，研究边界不断交叉，应用场景日趋多元，治理要素更加多样和复杂，治理风险也随之不断增加。

## 2　研究之源：韧性治理概念的阐述

"韧性"概念发轫于 20 世纪 70 年代的自然科学领域，本意指物体遭受外力时的自我修复能力。[3]20 世纪 80 年代以来，韧性逐渐得到社会科学领域的关注，衍生出韧性治理概念，即指多元治理主体为了强化对于复合型风险的适应、学习与变革的能力，基于合作治理和组织学习机制建立的一种新型治理模式。[4]韧性治理的研究大致经历了"工程—生态—演进"的研究视角转向[5]，主题已不再局限于狭义上的自然灾害及社会风险，开始拓展到行政的压力型体制、基层治理、国家治理等议题。吉登斯认为现代性具有双重特性，一方面降低了某些领域的风险，另一方面又导入了大量的新的风险参量。[6]整体来说，韧性治理是为了实现打通多元主体碎片形态、增强场域内外协同联动、促进资源高效配置的功能整合目标[7]，旨在提升社会治理过程中的可持续发展能力。

需要明确的是，现阶段关于韧性治理总体上形成了作为理论分析的"治理韧性"研究和作为实践探索的"韧性治理"研究两种路径。韧性治理以"治理"为依托，韧性是优化治理行动的核心逻辑、修补治理体系漏洞的关键要素；治理韧性则更看重"韧性"，韧性既是反映治理绩效的形式属性也是实现治理体系韧性的结果表达。

在档案事业现代化发展背景下，受到档案原始记录性的影响，已经明显暴露且易识别的"显性风险"并不多见。但是，在"数据引领潮流、智慧塑造未来"的数智时代洪流中，档案工作正经历着一个从档案实体管理到数字管理再到数据管理、从手工操作到自动操作再到智能操作、从档案分散利用到集成共享再到智慧服务的变革过程[8]，暂时未形成威胁且需特定条件诱发的"隐性风险"有渐起之势。同时，档案治理的基本面向、价值目标和应用场景也需同速因应、调适和流变，需要综合回应国家治理对档案治理提出的新目标和新要求，有效耦合档案工作环境和模式巨大变革环境下的外部技术冲击和内部结构需求，在国家治理场域下强化治理韧性，实现档案韧性治理。因此，本研究旨在从韧性治理的角度，侧重治理的过程探讨将韧性嵌入档案治理的逻辑进路。

## 3 动因之问：韧性嵌入档案治理的缘由

### 3.1 内部核心面向：制度与结构的双重缺失

制度主义的风险观认为现代社会结构和制度是风险社会形成的根源，强调从组织的制度和结构层面进行改革以应对风险。[9]

档案制度体系针对的是增进档案治理有效性的问题，是档案治理体系的核心问题。从制度视角来看，当前档案治理环境下，法规制度体系、激励制度体系、协作制度体系[10]三大根本性制度仍然存在缺失，权责权限划分不明，制度执行监管制度未完善。在法规制度体系中，2020 年，我国新修订了《中华人民共和国档案法》（以下简称《档案法》），将档案与国家治理联系起来写进法律条文，但与档案治理直接相关的法律法规仍然空白，难以组成一套保障档案治理有效运转的办事规程和行动准则；在激励制度体系中，由于缺乏对档案治理的价值认同和制度共识，无法最大限度地激发和释放档案治理多元化主体的内在潜能和活力；在协作制度体系下，目前未有相关政策制度、管理指南或国家标准详细说明档案局馆之间、档案部门与其他部门之间、档案部门与其他社会主体之间在职能职责和业务运行中的问题。

治理体系是一个纵横交错的结构，纵向描述自上而下治理主体之间的层级关系，横向结构指同一层级不同治理主体及其内部要素之间的关系。[11]以结构视角聚焦，多元主体参与档案治理加大了统筹协调、组织管理和调度应用的难度。一方面，在自上而下的层级关系中，中央与地方在机构改革的政事分离逻辑下，国家—省—县三级档案机构设置差异比较大。同时，档案行政机关与档案机构之间内部权力结构演化尚未明晰，科层制集权模式下的集中配置与纵横分工带来的信息碎片和数据孤岛没有消弭。"局馆分离"改革以精简职能、优化服务为目标，但在现实执行中，各地档案行政管理职能划转和机构设置情况各异，档案局存在"空转"现象，档案馆负担过重或者档案局馆之间业务活动割裂。另一方面，在同级治理主体之间，档案部门与其他政府部门在职能履行上无法联合行动，在运行机制上无法联合决策。例如，在国家数据局组建的背景下，从隶属关系上看，二者分属党委系统和政府系统，在信息资源归档和开放的统筹与协调上存在职责权限、管理内容、监管范围划分不清。此外，随着强调政府行政强制力为主的"大政府、小社会"模式转变为倡导社会力量广泛参与的"小政府、大社会"模式[12]，档案部门对于企业、社会组织仍无法真正放权、分权和赋权。

### 3.2　中部关系面向：认知与参与的双重迟滞

文化主义把风险当作人们心理认知的结果，主张通过具有象征意义的理念和信念来治理社会风险。[13]

在以治理心态为引，回归到"人"的本身思考档案治理问题时，治理认知就成为档案韧性治理的条件和基础。在档案治理体系与治理能力的关系中，"认知力"是衡量治理能力的前提性指标，在方向性引导和实践性驱使中保障了档案治理体系和治理能力建设的底色。在档案治理的认知体系中，管理者认知和公众认知影响着档案治理转型的进度。就管理者认知而言，当前部分管理人员针对档案管理的认知程度仅流于档案收集、整理层面，仍然局限在传统档案管理逻辑中，在选择治理方式时，以执行档案治理工具为主，忽略了社会性、文化性、经济性、信息技术等治理工具选择。就公众认知而言，档案治理是服务型社会中德治与法治的统一，虽然在治理语境下强调公民成为网络结构中的一环，但大多数公民未意识到档案工作的重要性与必要性，将档案视为一种"神圣的权威""君主的心脏、安慰和珍宝"，未意识到平民叙事的记忆价值与情感价值。

在参与层面，在公民社会背景下，公民主体性地位的觉醒加剧了对"国家叙事"的反思性批判，在以"社团运动"为中心的参与式治理模式下，数字化、智能化工具加强了社会空间内的多元主体弥合与互联程度，跨越了时间与空间充足社会关系网络，加剧了权力分化与价值重塑。同时随着档案资源总量的增长，档案资源结构呈现出"非公共化"和"平民化"的特征，"非公共档案"开始走进历史舞台。当前，参与式档案管理下在激发多元主体参与活力与潜力、应用网络平台拓宽参与路径、评估参与主体角色和作用等层面依然存在诸多困境，在档案资源上下流动的过程中，仍然存在参与意识淡薄、参与机制不健全、参与渠道不畅通等衍生问题。

### 3.3　外部时空面向：更迭与调适的技术风险

在外部时空面向，数据孤岛、数据质量、数据权属、信息伦理、知识产权保护等问题愈发突出[14]，数据风险日益加深。一方面，从时间维度而言，技术更迭加剧了风险的多样性。治理场域由稳定单一走向动态复杂，单纯强调竞合并存、价值共创、开放协同的档案治理无法应对当前数智治理语境下权利分配风险、利益整合风险、制度运行风险等一系列治理生态失衡的风险[15]。另一方面，从空间维度来说，档案与数据的调适深化了数据安全风险，保障档案数据主权完整性、真实性和可靠性成为亟待解决的问题。同时，多元异构数据的汇集与融合还存在缺口，目前档案数据整理和利用等手段还不健全，无法保证档案数据来源可靠、程序规范和要素合规，例如在线上提交、线下处理的流程会出现元数据、电子签章等要素缺失。

## 4　结构之晰：档案治理韧性的核心体现

档案韧性治理的核心是将韧性思维嵌入治理体系与治理能力现代化的逻辑、框架和要素中，推动档案治理由"刚性规制"向"韧性耦合"转型。

### 4.1　关键要素：主体结构韧性

传统档案管理的刚性规制关注不同治理主体的基本角色、职能职责、行动范畴，以"权力链条"牵制权利行使。在韧性治理模式下，"主体结构韧性"尤其关注相关主体、主体与客体间的结构—功能网络，以行动者的结构互联打通功能互构，即由党委领导、政府负责、档案部门主导、各形成单位协同、跨机构合作，档案相关社会组织协作、公民个人参与的档案相关者共同形成横纵链接、上下互联的档案治理共同体。

### 4.2　依托力量：规范体系韧性

作为档案治理安排组成部分的档案制度包含在档案治理体系之中，在回应治理方式新要求的语境下，可持续制度规范体系不能缺席。保障组织档案治理结构协调运行的过程中，需要档案制度与规范提供工具性保障。档案治理效能提升的必由之路是建设科学、完备的法律和制度体系，摸清现有档案治理语境下制度存在的问题、障碍、矛盾，发现和完善制度空白点，疏通痛点、难点和堵点，明确档案制度目标指向，强化不同类目、不同性质档案制度间的协调配合，形成规制性、激励性和协作性相结合的档案制度体系。

### 4.3　核心逻辑：过程运行韧性

治理过程韧性包含吸收干扰和持续适应两个维度，渗透"事前—事中—事后"的全生命周期运行逻辑。吸收干扰对应档案治理过程中的可控性，档案治理现代化的要义在于坚持巩固制度性优势，即通过优化布局，来设定基本规则、界定治理过程中的可控范畴、营造良好沟通的环境。持续适应对应档案治理过程中的适应性，在数字化、数据化融入档案治理整体过程中，要求档案治理更加关注前端，增强技术在全流程档案治理中的韧性，发挥好数据资产功效，智能管理多元化档案资源。

### 4.4 动力机制：持续发展韧性

韧性治理中的持续发展意味着对过往治理实践的系统复盘与反思，既包括对档案治理经验的深度挖掘，也包括在此基础上的持续优化。一方面体现在组织学习机制中，档案治理语境下档案组织学习集中体现为迎合数字技术的潮流，即依托集约、通用的平台，归档标准化、可复用的资源，推进档案资源快速化、智能性应用。同时充分发挥整合领导能力、激活组织的自主学习和创新能力、发展常态化的组织学习机制、将学习经验整合成可持续的组织制度结构等，推动组织以学习力为导向的韧性提升；另一方面体现在创新适应机制中，现代信息技术催生档案治理对象由传统档案转向档案数据，推进档案治理进一步打破时空隔阂，超越物理域和信息域的局限，向更深层次的认知域和知识域延伸。

## 5 策略之思：档案治理韧性实现的路径

### 5.1 优化制度配置，夯实规范体系韧性

制度是档案治理的根本支撑与实践动能，赋予了治理主体充分的行动权力，需要从以下三方面强化档案制度韧性：第一，完善法律法规制度。增强中央和地方档案立法的协调性，同时强化档案相关法律制度之间的衔接，合力提升治理效能，精准回应社会需求。第二，完善权责分配与协调制度。为了保障档案部门、社会组织和个人等重要参与力量的事权，应以制度明确多元主体的权责关系，并通过建立协调机制确保档案治理主体的准入性权力和功能性权力。第三，完善利益分配与激励制度。档案部门应采取张力型政治体制，并通过制度的开源和节流来健全社会力量和个人参与档案治理的法规体系[16]。

### 5.2 强化沟通协调，保障主体结构韧性

"韧性"要求主体组织结构与功能有韧性属性呈现，其决定了一个系统内部不同主体间关系的持久性。[17]一方面，要强化各主体的及时反应、持续适应、共同协作等意识与能力，有效化解档案治理语境下"隐性风险"的系统性变化。另一方面要促使各主体的角色及功能发挥功效最大化。摆脱强制性权力工具依赖，强化主体沟通，通过灌输差异性、包容性的治理理念，强化合作利他、责任担当意识，健全协作性价值引导机制。

### 5.3 深化数智赋能，提升过程运行韧性

档案韧性治理强调在档案治理过程中的各个环节衔接通畅，动态均衡。在档案治理过程中，需要积极应用数字技术，实现数智深度赋能，借助知识图谱、关联数据、深度学习、神经网络等智能技术赋予强化数据生产力，不断减少档案治理过程的时间成本和人力成本。此外，在数智时代的档案治理中，还需要通过人机群智协同打造档案韧性治理共同体，实现人机共融共生、人机协调联动、人机高效配合。

### 注释及参考文献

［1］杨文. 档案与国家治理研究［J］. 档案学通讯，2022（5）：109-112.

［2］常大伟，黄轩宇，段莹茹．回顾与展望：档案治理现代化的十年探索（2014—2023）［J］.档案与建设，2023（5）：26–30.

［3］姜晓萍，李敏．治理韧性：新时代中国社会治理的维度与效度［J］.行政论坛，2022（3）：5–12.

［4］何兰萍，曹慧媛．韧性思维嵌入治理现代化的政策演进及结构层次［J］.江苏社会科学，2023（1）：132–141.

［5］陈桂生，徐铭辰．基于数字素养与技能的韧性治理［J］.江淮论坛，2023（1）：42–49.

［6］安东尼·吉登斯．现代性与自我认同：晚期现代中的自我与社会［M］.北京：中国人民大学出版社，2016.

［7］王倩．场域理论视角下韧性社区治理逻辑与风险解构策略［J］.求索，2022（6）：122–130.

［8］杨鹏，金波．数智时代智慧档案建设的逻辑理路与运行线路［J］.档案学通讯，2023（2）：48–56.

［9］赵方杜，石阳阳．社会韧性与风险治理［J］.华东理工大学学报（社会科学版），2018（2）：17–24.

［10］徐拥军．"十四五"时期档案治理体系建设的内涵解析［J］.档案与建设，2021（6）：15–16，29.

［11］张贤明，张力伟．国家纵向治理体系现代化：结构、过程与功能［J］.政治学研究，2021（6）：63–74，176.

［12］嘎拉森，徐拥军．档案治理体系的构成要素与实现路径［J］.档案学通讯，2022（6）：61–69.

［13］赵方杜，石阳阳．社会韧性与风险治理［J］.华东理工大学学报（社会科学版），2018（2）：17–24.

［14］金波，杨鹏．"数智"赋能档案治理现代化：话语转向、范式变革与路径构筑［J］.档案学研究，2022（2）：4–11.

［15］常大伟，黄轩宇，段莹茹．回顾与展望：档案治理现代化的十年探索（2014—2023）［J］.档案与建设，2023（5）：26–30.

［16］王英玮，戴柏清．制度创新视角下档案治理效能提升路径探析［J］.档案学通讯，2022（4）：17–25.

［17］钭晓东．从"刚性规制"迈向"韧性治理"：环境风险治理体系与治理能力现代化变革［J］.中国高校社会科学，2022（5）：96–109，159.

# "一网通办"背景下民生档案的整合共享机制研究

## 聂勇浩　张俊杰

中山大学信息管理学院

**摘　要：** 民生档案整合共享是推动民生档案资源有效利用的重要方式，而"一网通办"则是实现民生档案整合共享的契机。本文采用案例研究法对"浙里档案"民生档案整合共享进行实证调研，梳理"浙里档案"民生档案整合共享的模式，从个案入手总结民生档案整合共享的整体架构和保障体系。民生档案整合共享的模式包括"资源层、平台层、服务层"的整体架构和"安全保障体系、政策规范体系、部门协同机制"的保障机制。"浙里档案"在整体架构中构建整合的民生档案资源库、嵌入统一的公共数据平台、开发场景化的民生档案服务，在保障机制中实现跨网数据安全保障、宏观与微观结合的政策保障、建立部门协同保障机制。

**关键词：** 一网通办；民生档案；档案整合共享

## 1　引言

民生档案包括各类与民生有关的专门档案[1]，是党和政府各部门、各单位在保障和改善民生工作中形成的真实记录，是维护人民群众各项权益的原始凭证[2]。民生档案跨域性和大众性的资源特性要求其必须实现整合共享才能充分发挥其在公共管理和公共服务方面的价值。民生档案整合共享是以实现资源优化配置、共享、利用为目的，以实际需要及特定主题为依据，对资源进行整理、重组等加工处理的活动[3]。

党的十八大以来，国家高度重视民生档案的整合共享议题，出台多部相关文件。国务院先后印发《政务信息系统整合共享实施方案》《关于加快推进全国一体化在线政务服务平台建设的指导意见》等文件，提出统一工程规划、统一标准规范、统一备案管理、统一审计监督、统一评价体系的政务信息系统建设总体原则[4]，就全面推进政务服务"一网通办"做出部署[5]。

"一网通办"背景下，研究民生档案的整合共享机制，一方面，有助于提升档案部门的机构效能，构建各级档案部门之间、档案部门与业务部门之间的档案数据互联互通、整合共享体系；另一方面，有助于满足社会公众对档案服务的需要，使新时代的公共文化服务更突出公共取向、融合时代内涵。

本研究在"一网通办"背景下梳理民生档案的整合共享机制。结合现有相关理论研究，设计民生档案的整合共享模式和条件的调研框架。从资源整合、平台建设、场景服务、安全保障、政策规范、部门协同六个维度，调研分析"浙里档案"的资源整合与共享模式，为民生档案数据整合工作提供参考，以进一步满足人民群众日益增长的查档需求。

## 2 文献综述与研究设计

### 2.1 文献综述

已有研究主要分析了民生档案整合共享的模式和策略。民生档案整合共享的模式有基于协同理论的档案信息服务模式[6]、基于共建共享理念的综合档案馆民生档案资源建设模式[7]、基于区块链技术的民生档案跨馆利用模式[8]、基于信息惠民工程的民生档案数字连续性管理模式[9]。民生档案整合共享的策略有建立合作机制、打造共享平台、注入先进技术等。一是建立合作机制。立足于齐抓共管、相互配合、随机应变的三个原则[10]，吸纳政府、市场主体、社会组织等多元主体[11]，建立统一的工作机制、合作规划、管理体系、组织模式和技术标准[12]。二是打造共享平台。需要成立工作小组、制定信息化架构、明确接入方案、统一数据标准、编制实施清单[13]，将民生档案的数据信息采集、整理编目、系统管理等模块内容进行信息化处理[12]。三是注入先进技术。应用区块链技术[8]，语义网中的关联数据、知识图谱等技术[14]，移动互联网、物联网、云计算、大数据等新兴信息技术[11]。

通过对相关文献进行梳理，可以发现已有成果对民生档案的整合共享机制的系统梳理、归纳和总结还较为薄弱。针对现有研究存在的不足，本研究结合政策要求和实践趋势，在"一网通办"视域下研究民生档案的整合共享机制，以"浙里档案"为案例，系统梳理民生档案整合共享机制的支撑架构和保障体系。

### 2.2 案例选择及分析框架

本研究以 2022 年浙江省档案馆推出的"浙里档案"为研究案例，探讨"一网通办"背景下民生档案整合共享的整体架构和保障机制，从而为民生档案的服务转型提供理论支持。针对如何实现民生档案整合共享的研究问题，研究构建了包含整体架构和保障机制两个维度的分析框架。民生档案的整体架构包括资源、平台、服务三个要素，在资源层实现资源整合，在平台层实现平台集成，在服务层实现服务协同。民生档案的保障机制包括安全保障体系、政策规范体系、部门协同机制，安全保障体系中需要保障共享数据安全；政策规范体系需要宏观与微观结合的政策为民生档案整合共享工作提供动力、形成规范；部门协同机制能够解决数据权属界定不清和整合共享流程模糊的问题（见图 1）。

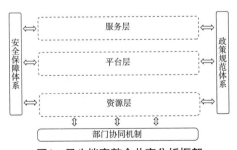

图1 民生档案整合共享分析框架

## 2.3　研究方法及数据来源

本文主要使用案例研究法对民生档案整合共享现状进行实证研究，从个案入手总结民生档案整合共享的整体架构和保障体系。研究在 2023 年 1 月 10 日至 2023 年 5 月 5 日期间，通过收集网上公开资料的方法了解"浙里档案"资源整合与共享现状。在"中国知网"收集"浙里档案"相关学术论文，在中华人民共和国档案局官网、浙江省人民政府官网、浙江政务服务网、浙江省档案馆、浙江档案报等网站收集"浙里档案"相关政策文件，在百度、bing 等搜索引擎收集"浙里档案"的新闻报道。

## 3　民生档案整合与共享的整体架构

"浙里档案"资源整合与共享的整体架构包含"构建整合的民生档案资源库""嵌入统一的公共数据平台""开发场景化的民生档案服务"三个关键要素。通过整体架构的建设，实现"浙里档案"的资源整合、平台集成、服务协同。

### 3.1　构建整合的民生档案资源库

资源整合是民生档案整合共享工作的基础。构建整合的民生档案资源库有四个主要任务，分别是民生档案汇集、民生档案数字态转化、组织和描述民生档案、民生档案数据质量控制。

第一，收集民生档案。收集民生档案需要明确其收集范围和收集来源。一是明确整合共享工作中民生档案的收集范围。浙江省档案馆经过调研论证，制作"全省汇集档案资源共享方式和利用范围图解表"，确定了全省归集共享的民生档案范围包括婚姻、土地承包、山林定权、房产、移民、知青、国有转制企业职工、户籍、学籍、公证、独生子女、出生医学证明 12 类档案[15]。二是明确整合共享工作中民生档案的征集来源。浙江省主要面向教育、就业、卫生、社保、住房等民生业务部门，省、市、县三级档案保管单位以及图书馆、博物馆、文化馆、纪念馆等公共文化服务机构开展档案征集工作。浙江省档案馆突破馆际限制，实现了民生档案归属和流向的集中统一。

第二，民生档案数字态转化。"浙里档案"民生档案整合共享工作实现了民生档案资源的增量电子化和存量数字化。一方面，民生档案资源增量电子化。在《浙江省省直单位电子公文归档与电子档案管理暂行办法》等相关文件的指导下，浙江省档案馆从实体归档向电子化归档转变。省直单位的 OA 系统普遍设立归档模块，浙江省各级档案馆规范了电子档案的归档移交流程，逐步开展政务服务事项的业务系统数据的电子化归档工作。目前，浙江省档案馆已接收 29 家单位移交的近 71 万件电子档案[15]。以婚姻登记档案为例，其是民生档案的重点利用内容，但由于婚姻登记业务分散在民政部门且婚姻登记信息化办理较晚，导致婚姻登记档案具有很强的分散性、不完整性和不准确性，不易实现婚姻登记档案的集中统一。为此浙江省民政厅建设婚姻登记系统，并开发了在线归档模块支持数据对接，从而实现了婚姻登记档案从省民政厅婚姻登记系统向各级民政部门数字档案室的实时、在线归档[16]。另一方面，民生档案资源存量数字化。浙江省档案馆将数字化技术融入档案事业，推动馆藏纸质档案数字化，从而奠定档案数据共享中心的资源基础。目前，浙江省档案馆纸质档案数字化复制件 555 万件、6700 多万页，数字化率达到 70.71%[17]。在电子档案封装上，浙江省档案馆采用具有我国自主知识产权的 OFD 格式，以保障资源格式统一与长期保存。其中，丽水市档案局承担了"OFD 格式封装行政审批电子档案的可靠性研究与实践"科技项目，建设丽水市统一政务服务平台与"1+10+N"档案协同管理系统，从管理实践和技术路径两个维度验证 OFD 格式文档的可行性和安全性[18]。浙江省档案馆在 OCR 文字识别后开展质检工作，对数字化成果进行监督，以确保电子文件内容准确、格式规范。

第三，组织和描述民生档案。一是在组织方面，对民生档案进行分类整理。"浙里档案"开展数字化档案资源分类工作，实现档案资源系统化整合。浙江省档案资源共享中心平台参照国家档案局、浙江省档案馆有关数据库结构的规定，设置民生档案目录数据库的分类整理结构，其中包括婚姻、土地承包、山林、房产、移民、知青、国有转制企业职工、户籍、学籍、公证、独生子女、出生医学证明档案 12 个民生档案门类[15]。全省档案馆按照试点单位、提质扩面单位、其他单位三个批次梳理完善所保管的数据资源，并根据民生档案数据库的分类结构，分批次地将民生档案及其他开放档案的目录和全文分类归集上传至浙江省档案数据共享中心平台[19]。二是在描述方面，将民生档案数据标准化，完成著录和标引工作。在数据标准化阶段，浙江省档案馆根据相关标准与规范，开展数据采集、数据存储和数据共享工作，并将数据转化为国家档案局规定的通用文件格式。在著录阶段，浙江省档案馆将著录字段分为必填项和选择项，并运用容缺容错和数据关联方式保证目录和全文的挂接[15]。

第四，民生档案数据质量控制。一方面，对著录数据进行审核。浙江省档案馆实行系统内批量数据报错纠错机制，在线反馈数据差错，并予以改正，以保证著录数据的质量[20]。另一方面，对开放数据进行鉴定与审核。一是在工作团队上，浙江省档案馆组建"开放审核"专家服务团队，对基层档案馆、业务部门、保管部门进行开放鉴定培训与指导。二是在工作环节上，浙江省档案馆首先开展 1966 至 1998 年间已满封闭期的馆藏档案的摸排工作，制定开放审核计划，分期分批进行开放鉴定。其次，设置初审、复审、终审的三层环节及对应的负责人。其中，在复审环节后，档案馆将以全宗为单位向文件形成部门征求开放意见。同时，在开放鉴定工作的总体进程中，馆内不定期举办开放鉴定工作交流会，以协商的方式解决阶段性的问题[20]。三是在技术应用上，浙江省档案馆在开放鉴定工作中引入人工智能技术，基于 NLP 技术开展"机器鉴定 + 人工辅助"的档案开放审核模式。馆内工作人员根据开放鉴定业务的工作经验，配置时间、内容、来源、地域等维度的审核规则，形成 AI 辅助档案开发的审核规则库和敏感词库[21]。AI 根据审核规则库的要求做出档案开放的初步鉴定，而鉴定负责人则在人工审核流程节点上对 AI 开放鉴定结果给出审核意见。这种模式有效提升了开放鉴定效率和准确性。截至 2022 年，浙江省档案馆共对 24 万件档案进行开放鉴定，并定期向社会公布开放档案目录[20]。

### 3.2 嵌入统一的公共数据平台

平台集成是民生档案整合共享的关键。嵌入统一的公共数据平台的主要环节是接入统一平台、构建基础设施体系、实现信息系统对接。

接入统一平台。接入统一平台意为依托一体化智能化的平台，运用其规则、应用、架构进行模块建设，从而实现数据对接。接入或构建一体化集成平台有利于解决数据孤岛问题，避免低水平重复建设，实现档案数据有效利用。"浙里档案"接入省公共数据平台——浙江政务服务网，完成档案数据的整合与共享。该平台由浙江省大数据局建立，覆盖省市县三级政务部门，实现省级统建、市县共享。其中，"一体化数字资源系统"（Integrated Resources System，简称 IRS）是平台的技术核心与中枢，管理和运作着全省政务数字应用、公共数据、智能组件等数字资源[22]。通过接入浙江政务服务网，在数据联通上，"浙里档案"连接人社、民政、教育、卫健等民生业务部门的数据接口，并应用平台的知识库、数据仓、模型库、算法库、规则和法律库，实现数据的整合共享；在管理服务上，通过电脑端或移动端"浙里办""浙政钉"操作 IRS 开设的"应用、数据、组件、云资源"四个模块，以查看、发布、展示、申请使用、维护平台中的数据和应用[22]，开展算力技术、数据保障、应用服务的一体化管理，实现业务的集成服务。

构建基础设施体系。基础设施体系包括档案馆及其系统与应用工具等软硬件设施。"浙里档案"通过构建完善、前沿的基础设施体系，有效支持了民生档案的互联互通、整合共享。一是完成档案馆建设。在建设实体档案馆方面，浙江省各市县已基本完成档案馆新馆的建设并投入使用，实现档案库房、档案装具、温湿度调控、消防、安防等设备的升级完善。在数据档案馆方面，浙江省自 2015 年起梯次开展数字档案馆的建设，并配置虚拟机服务器、存储设备、核心交换机等设备[17]。截至"十三五"期末，全省各级数字档案馆（室）依次建成，其中浙江省档案馆成为全国示范数字档案馆[23]。二是完成系统开发。浙江省先后完成局域网档案智能化管理系统开发、馆室一体化电子档案归档接收系统、馆际馆室业务协同系统开发、电子档案长久保存系统、政务网档案便民利用服务系统开发和历史数据迁移[15]。三是完成应用及工具的适配。在应用配置方面，依托大数据、人工智能技术，建成局域网和政务网数据中台、业务中台，并完成适配，推动电子档案的多维归类和智慧编研；在后端建设档案部门数据仓，实现开放档案的目录和全文汇集；在前端建设微信小程序"掌上查档"和"浙里办"APP 等移动端查档服务工具，提供一体化档案查阅服务。在技术工具方面，采取自动排队上传和应用切片上传技术，提高档案的上传效率；采用 Solr 全文检索引擎，提升全文检索的响应速度[17]。

实现信息系统对接。系统林立将影响民生档案资源的整合共享，因此有必要开展信息系统对接工作。在顶层，浙江政务服务网与全国档案查询利用服务平台、"长三角"地区查档服务一体化平台进行系统对接，实现综合档案馆与部门档案室的数据共享，加强档案查询利用的全面性。在前端，浙江省数字档案馆与业务部门进行系统对接，数字档案馆通过电子档案交换系统对民政厅、人社厅、交通厅等 12 个业务部门开展档案接收、监督指导工作，并通过政务外网环境下的馆际业务协同系统实现民生档案目录、文件、全文的上传和挂接[15]。在后端，浙江省数字档案馆和浙江省大数据中心进行系统对接，通过政务云向一体化智能化数据中心归集全省开放档案数据[17]。

### 3.3 开发场景化的民生档案服务

"场景化服务"指集成服务,打造用户所需的一体化应用场景,并且随着用户需求的变化和对用户需求理解的深入,场景能够得以延伸和迭代[24]。场景化服务是数字档案馆提供个性化民生服务、提高用户利用率、增强用户群体黏性的创新服务方式。"浙里档案"开展场景化设计,通过应用场景集成服务,用户便可在场景化应用中一站式地获取所需服务。"浙里档案"根据民生档案的利用重点,设计查询、出证、展览三个子场景,实现一屏查阅民生档案、跨时空电子出证、集中利用馆藏资源。

第一,在查询服务中,"浙里档案"设计"我的档案一键通"应用场景。"我的档案一键通"通过"认证—推送"的方式实现用户信息个性化匹配。在匹配方式上,用户可以在"我的档案一键通"中通过身份证号精准匹配和姓名模糊匹配两种方式查询自己的民生档案。在匹配内容上,"我的档案一键通"连通人社、民政、教育等12个部门的28个涉及民生档案的数据接口,将用户身份信息与出生、上学、就业、结婚、置业、救助、就医、退养八个方面的民生信息相匹配。此外,"浙里档案"还根据民众利用需求,提供人才市场代理信息,让用户了解个人档案的存档机构、存档时间、档案编号和档案状态。

第二,在出证服务中,"浙里档案"设计"档案通查出证"应用场景。"档案通查出证"通过线上和线下两种形式提供出证服务。在线上出证中,用户在"浙里档案"提交个人申请信息,查询全省档案馆档案,并通过电子邮件、电子出证的方式获取证明文件。此外,用户还可利用"电子出证文件验证"功能对电子证明文件中档案馆电子印章的真实性进行验证。在线下出证中,支持到馆自取和快递送达两种方式获取证明文件。其中,"智能查档地图"能够显示附近的档案馆,为用户规划到馆路线。

第三,在展览服务中,"浙里档案"设计"走进档案"应用场景。用户在该场景中能够集中浏览全省档案馆的网上展厅、编研成果、珍贵馆藏、开放档案,全方位了解档案知识。通过"走进档案"子场景,"浙里档案"促进了档案资源的高效利用,发挥档案文化资源浸润人心、资政育人的效果。

## 4 民生档案整合与共享的保障机制

"浙里档案"资源整合与共享的保障机制包含"实现跨网数据安全保障""宏观与微观结合的政策保障""建立部门协同保障机制"三个关键要素。通过保障机制的建设,实现"浙里档案"的跨网数据安全、政策标准制定、部门协同行动与协同决策。

### 4.1 跨网数据安全保障

民生档案整合共享的安全问题主要体现为跨网数据在数据传输、数据开放和数据存储中存在风险。构建安全保障体系能够有效保障跨网数据的安全。

一方面,在安全管理制度上保障跨网数据的安全。一是面向数据的保密审查制度。档案馆与浙江省保密局制定《数据归集共享安全保密工作解决方案》,对涉密文件采用的技术手段和文件解密要求等保密事项做出规定,从档案保密管理、上网信息审查、档案利用等全流程保障跨网数据的安全。浙江省人民政府制定《浙江省公共数据开放与安全管理暂行办法》，明确禁止开放和受限开放的公共数据范围，明确公共数据开放主体的安全管理职责，保护了国家秘密、商业秘密和个人隐私[25]。"浙里档案"在相关文件的指导下，形成跨网数据安全管理工作流程。在数据归集前，保密部门需要对档案数据进行密级认定，并将结果反馈所对接的档案馆，档案馆根据审查结果，对其中拟开放的档案数据进行复查。在数据归集后，档案馆还需要对已上传数据进行监督检查，如果发现其中有涉及国家秘密、商业秘密、个人隐私的数据，应当立即终止开放，并撤回数据。二是面向基础设施的等级保护制度。《浙江省数字政府建设"十四五"规划》《浙江省信息安全等级保护管理办法》《浙江省数字基础设施发展"十四五"规划》推进了档案信息化核心基础设施设备和系统软件自主可控，并提出需要建立并落实基础设施安全保护制度、网络安全等级保护制度和涉密信息系统分级保护制度[26]。"浙里档案"按照国家有关技术规范、标准和《浙江省信息安全等级保护管理办法》第八条选定信息系统相应的保护等级，并向专家评审组申报审定[27]。三是风险管理制度。"浙里档案"完善数据安全风险预警体系和安全应急预案，与外包人员签订安全责任书，并通过实行季度例会制度、值班制度、备份制度，实现对跨网数据安全风险的有效把控、研判和处置。

另一方面，在安全技术应用上保障跨网数据的安全。"浙里档案"与高校、科研院所、档案企业合作开展数据存储、数据备份等信息安全方面的技术研发与应用。一是数据存储方面的封装技术和保真技术。"浙里档案"应用 OFD 格式转换技术进行数据封装，并将数据分类整合成 ZIP 形式的长久保存信息包，应用可信时间戳等技术进行数据保真，最后将数据存储进电子档案长久保存系统。二是数据备份方面的异质备份和异地备份技术。在异质备份方面，"浙里档案"采用"数转模"的备份方式。"数转模"即将数字信号转换为模拟信号，从而实现数字资源的长期保存[28]。由于光盘、硬盘、磁带、缩微胶片仍是目前最适宜长期保存的介质，所以"数转模"方案能够将磁带长期保存的优点和数字资源便于利用的优点相结合，实现档案资源安全存储与有效利用的平衡。"浙里档案"依托电子文件管理统一平台，在数据存储进分布式系统的同时，对需要长期保存的电子档案进行磁带备份，并通过"洞库磁带离线检测系统"对磁带的安全性和可用性进行定期检测。目前，"浙里档案"已升级中心机房存储系统，并向 403 洞库同城异备机房迁移数据。在异地备份方面，"浙里档案"主要向华东备份基地和新疆维吾尔自治区档案馆迁移数据。目前，"浙里档案"向华东备份基地迁移了 300TB 数据[29]。三是网络环境安全保护方面的云防护、区块链和网络攻防演练技术。"浙里档案"在全流程采用云防护和区块链技术保障跨网数据的安全，并对浙江省档案馆等单位开展网络攻防演练，针对因特网、政务网等不同网络环境模拟黑客攻击，以检验跨网数据的环境安全性。

### 4.2 宏观与微观结合的政策保障

建设科学完整的政策规范体系能够为民生档案整合共享工作提供动力、做出指引，使民生档案整合共享工作有序开展、形成规范。在政策规范体系中，"浙里档案"不仅在宏观层面上结合国家的战略部署，还在微观层面制定可操作的标准规范。

在宏观层面，结合国家的战略部署。"最多跑一次""数字浙江"等战略部署为"浙里档案"整合共享工作提供动力。由此，"浙里档案"加强民生档案资源整合共享，做出了借势而为的战略选择。一是在总体数字化部署上，"最多跑一次""数字浙江"等战略部署，为浙江省数字化改革指明根本方向。"数字浙江"战略部署为省域级别的数字资源整合共享提供了根本指引。《政务信息资源共享管理暂行办法》《开展政务信息系统整合共享应用试点》推动了浙江省跨部门数据整合共享的标准制定和平台建设。二是在档案数字化部署上，浙江省档案馆不断推动档案工作数字化转型。2020 年新修订《中华人民共和国档案法》对档案工作数字化工作的技术应用、平台建设提出要求，据此，浙江省召开全省数字化改革大会，做出了加强数字化技术、思维、认知的具体要求。

在微观层面，提供四个方面的标准规范。浙江省在"浙里档案"建设进程中，围绕《浙江省省级政府信息资源目录》管理和"档案管理和开放共享示范工程"等工作议题，在数字化改革体系、数字档案室建设、一体化平台建设、电子文件管理等方面制定政策标准。一是数字化改革的规范，制定《浙江省数字化转型标准化建设方案（2018—2020 年）》《浙江省数字化改革标准化体系建设方案（2021—2025）》《浙江省政法智能化发展"十四五"规划》《政务办事"最多跑一次"工作规范》《浙江省档案工作数字化转型总体方案》，对全省数字化改革工作做出总体部署。二是数字档案室建设的规范，制定《浙江省机关数字档案室建设规范（试行）》《浙江省档案室业务建设评价办法》《浙江省省直单位虚拟档案室电子档案管理办法》，提出数字档案馆的总体框架、功能要求和建设评价。三是平台建设的规范，制定《浙江省档案数据共享中心平台运行管理办法》《浙江省档案数据共享中心档案目录数据库结构标准》，规范平台管理方法和数据库结构。四是电子文件管理的规范，制定《浙江政务服务网电子文件管理暂行办法》《浙江省公共数据和电子政务管理办法》《浙江省公共数据开放与安全管理暂行办法》，明确政务数据管理的上传方式、保存格式和分类方法。其中，电子文件归档是管理工作的重点内容，为规范归档流程和技术，制定了《浙江省档案馆政务服务电子档案接收办法》《浙江政务服务网电子文件归档功能需求和技术规范（试行）》《浙江政务服务网行政审批类电子文件归档元数据方案》，明确政务大数据的归档范围和数据交换接口规范。

### 4.3 部门协同保障机制

数据整合共享中部门协同机制的不完善将会导致数据权属界定不清和整合共享流程模糊。为此，需要加快顶层设计，通过结构化协同和非结构化协同两种方式构建部门协同机制。

在结构化协同方面，设置跨部门组织，开展联合行动。"浙里档案"成立以浙江省档案馆主要领导为组长，省市县级档案馆有关档案业务和信息化专家为成员的档案数字化改革攻坚专班[24]。在专业工作组的指导下，联合制定跨部门数据整合共享规划，并在对全省 30 多家市县档案馆调研的基础上，梳理实际工作中存在的问题，调整民生档案整合共享的相关方案。

在非结构化协同方面，确立协调机制，进行联合决策，制定联合规则。一是开展联合决策。浙江省主要通过召开会议的方式指导民生档案整合共享工作开展。召开会议的方式有助于量化民生档案整合共享工作当前的成效，并梳理下一阶段的工作任务。浙江省召开全省档案局长馆长会议，明确"浙里档案"的建设目标和重点，并对应用场景建设、智能监管系统等具体内容做出决策部署。二是制定联合规则。制定联合规则主要体现在制定政策和制定标准两个方面。在制定政策方面，出台相关政策文件，能够在客观上对参与主体进行约束。以婚姻登记档案利用问题为例，浙江省档案局与浙江省民政厅联合制定《关于加快推进婚姻登记档案数据共建共享工作的通知》，要求档案馆与民政部门开展婚姻登记档案电子化归档、纸质档案数字化、档案数据标准化等工作，实现婚姻登记数据共建共享[30]。在制定标准方面，浙江省通过建立统一标准来规范民生档案整合共享工作的开展。浙江省档案局和浙江省财政厅联合制定《浙江省电子会计凭证归档业务指引（试行）》，确定电子会计凭证归档的职责分工、系统功能、处理流程[31]；浙江省档案局、浙江省机构编制研究会、浙江省标准化研究院、浙江省数据管理中心等部门联合制定《政务办事"最多跑一次"工作规范》，统一制度建设、归档数据、集成服务、监督检查等方面的要求。浙江省通过将数据、网络、平台标准化[32]，解决民生档案整合共享工作中数据孤岛、系统林立的问题。

## 5　研究结论与展望

民生档案整合共享是数字化时代的发展趋势和应有之义，"一网通办"则为民生档案整合共享提供了良好契机。本文以"浙里档案"为案例，研究"一网通办"背景下民生档案的整合共享机制。通过分析"浙里档案"的工作报告、新闻报道、政策法规、标准规范等文件，对"浙里档案"的工作模式、工作成效进行梳理。研究还存在分析框架不全面的缺陷，在下一阶段，将完善文章的调研框架，从更多维度梳理民生档案整合共享模式，并提出更具普适性的改进策略。

### 注释及参考文献

[1] 中华人民共和国国家档案局. 关于加强民生档案工作的意见［EB/OL］.（2007-12-29）［2023-04-05］. https://www.saac.gov.cn/daj/gfxwj/201910/2b3688f061aa4b8f95e02088a26d0e66.shtml.

[2] 周书生，姚向阳，林红，等. 民生档案查档"一网通办"服务平台建设研究——以精准扶贫档案查阅利用为例［J］.四川档案，2021（1）：22-25.

[3] 马广惠，安小米，宋懿. 电子政务背景下数字档案资源整合政策内容分析［J］.档案学研究，2018（4）：82-91.

[4] 中华人民共和国中央人民政府. 国务院办公厅关于印发政务信息系统整合共享实施方案的通知［EB/OL］.（2017-05-03）［2023-04-05］. http://www.gov.cn/gongbao/content/2017/content_5197010.htm.

[5] 中华人民共和国中央人民政府. 国务院关于加快推进全国一体化在线政务服务平台建设的指导意见［EB/OL］.（2018-07-31）［2023-04-05］. http://www.gov.cn/zhengce/content/2018-07/31/content_5310797.htm.

[6] 杨智勇，谢雨欣. 基于协同理论的档案信息服务模式研究［J］.档案管理，

2022（1）：25-29.

［7］管先海，孙大东，亓晓华，等. 基于共建共享理念的综合档案馆民生档案资源建设探究［J］.档案管理，2018（1）：43-46.

［8］张春风，徐卫红. 基于区块链技术的民生档案跨馆利用模式的探讨研究——以沈阳市民生档案跨馆利用平台建设为例［J］.中国档案，2020（7）：39-41.

［9］宋懿，安小米. 信息惠民视角下的民生档案整合与服务研究［J］.档案学研究，2016（1）：44-50.

［10］张素霞. 民生档案资源整合共享研析［J］.中国档案，2019（1）：58-59.

［11］归吉官，农秀北. 边境地区涉外民生档案资源整合机制创新研究［J］.北京档案，2021（11）：31-33.

［12］张蓉. 长三角地区民生档案一体化管理策略研究［J］.浙江档案，2021（5）：62-63.

［13］胡敏. 异地查档便民服务安徽推动档案工作更好融入长三角一体化发展［J］.中国档案，2021（10）：36-37.

［14］王向女，姚婧. 长三角地区红色档案资源整合探析［J］.浙江档案，2020（2）：30-32.

［15］林空，季文云，Lin Weihong.建设"浙里档案"全省性应用打造浙江档案标志性成果"浙里档案"数字应用建设综述［J］.浙江档案，2023（1）：13-16.

［16］浙江新闻. 手机也能查档啦！婚姻、职称、出生证明等档案，浙里办 APP 都能查［EB/OL］.（2019-04-11）［2023-04-05］. https://zj.zjol.com.cn/red_boat.html?id=100055365.

［17］郑金月. 建设融入数字政府大格局的新一代数字档案馆浙江省档案馆全国示范数字档案馆创建工作综述［J］.中国档案，2020（1）：40-42.

［18］中华人民共和国国家档案局. 浙江省《政务大数据归档管理研究》等 4 个国家档案局科技项目顺利通过验收［EB/OL］.（2020-08-19）［2023-04-05］. https://www.saac.gov.cn/daj/kjgzdt/202008/ba23ce0b57c04a4b91d6441ca21f4475.shtml.

［19］中华人民共和国国家档案局. 浙江推进档案数据资源归集共享提质扩面［EB/OL］.（2023-01-13）［2023-04-05］. https://www.saac.gov.cn/daj/xwdt/202301/4ca32dc40ad14232b44a5275c95a9511.shtml.

［20］浙江省档案馆. 关于印发《浙江省档案馆 2022 年工作要点》.《2022 年重点事项任务》的通知［EB/OL］.（2022-02-23）［2023-04-05］. https://zjjcmspublic.oss-cn-hangzhou-zwynet-d01-a.internet.cloud.zj.gov.cn/jcms_files/jcms1/web2753/site/attach/0/d9014b94c20d497e9e7ba934ba7a7cb3.pdf.

［21］周友泉，连波，曹军."浙里数字档案"重大应用场景实践"档案 AI 辅助开放审核"组件的性能与应用［J］.浙江档案，2022（11）：22-24.

［22］浙江省人民政府. 浙江打造一体化数字资源系统 IRS，把"信息孤岛"连成"数字大陆"［EB/OL］.（2021-11-30）［2023-04-05］. https://www.zj.gov.cn/art/2021/11/

30/art_1554467_59173815.html.

[23] 浙江省人民政府. 省发展改革委省档案局关于印发《浙江省档案事业发展"十四五"规划》的通知 [EB/OL]. (2021-06-24) [2023-04-05]. https://www.zj.gov.cn/art/2021/6/24/art_1229540815_4671280.html.

[24] 张艳丰, 欧志梅. 数字孪生技术驱动下智慧图书馆场景化服务模式研究 [J]. 情报理论与实践, 2022 (8): 47-53.

[25] 浙江省人民政府. 浙江省公共数据开放与安全管理暂行办法 [EB/OL]. (2020-06-12) [2023-04-05]. https://www.zj.gov.cn/art/2021/12/21/art_1229604638_2382460.html.

[26] 浙江省人民政府. 省发展改革委省档案局关于印发《浙江省档案事业发展"十四五"规划》的通知 [EB/OL]. (2021-06-24) [2023-04-05]. https://www.zj.gov.cn/art/2021/6/24/art_1229540815_4671280.html.

[27] 中华人民共和国中央人民政府. 浙江省信息安全等级保护管理办法 [EB/OL]. (2006-12-01) [2023-04-05]. http://www.gov.cn/zhengce/2021-12-24/content_5719193.htm.

[28] 王海欧. 明清档案"数转模"问题的审视与思考 [J]. 中国档案, 2017 (6): 64-66.

[29] 李玉娥, 赵诣. 浙江省档案馆数字赋能加快推动档案治理体系和治理能力现代化 [J]. 中国档案, 2023 (3): 37.

[30] 省档案局和省民政厅联合推进全省婚姻登记档案数据共建共享 [J]. 浙江档案, 2018 (4): 5.

[31] 浙江省财政厅. 浙江省档案局浙江省财政厅关于印发浙江省电子会计凭证归档业务指引（试行）的通知 [EB/OL]. (2021-11-19) [2023-05-05]. http://czt.zj.gov.cn/art/2021/11/19/art_1164164_58923647.html.

[32] 浙江档案. 政务办事"最多跑一次"工作规范·第3部分: 政务服务网电子文件归档数据规范 [EB/OL]. (2018-04-03) [2023-05-05]. http://www.zjda.gov.cn/art/2018/4/3/art_1378497_17032636.html.